Bróga Páipéir
agus Stocaí Bainne Ramhair

Micheál Breathnach

Pádraic Breathnach a chuir in eagar

Cló Iar-Chonnachta
Indreabhán
Conamara

An Chéad Chló 2007
© Cló Iar-Chonnachta 2007

ISBN 978-1-905560-19-6

Dearadh clúdaigh: Clifford Hayes
Dearadh: Foireann CIC

Bord na
Leabhar
Gaeilge

Tugann Bord na Leabhar Gaeilge
tacaíocht airgid do Chló Iar-Chonnachta

arts
council
s chomhairle
ealaíon

Faigheann Cló Iar-Chonnachta cabhair airgid
ón gComhairle Ealaíon

Clóchur: Cló Iar-Chonnachta, Indreabhán, Co. na Gaillimhe.
Teil: 091-593307   **Facs:** 091-593362   **r-phost:** cic@iol.ie
Priontáil: Athenaeum Press Ltd., Gateshead, Tyne & Wear NE11 0PZ

Le grá, do shliocht Mhichael Phatch:

Peter, Colm, Mary Anne, Michael, Pádraic, Tomás, Billy, Anna

Michael Phatch i nGleann Mhac Muirinn.

Clár

Buíochas

Gabhaim buíochas speisialta leis na daoine seo a leanas:

Peter, Colm, Anna, Michael agus Mary Anne, as a gcuid eolais faoina n-athair, Michael Phatch Bhreathnaigh, a roinnt go fial liom agus as pictiúir a chur ar fáil; Micheál Mac Con Iomaire, Casla, mac deirféar le Michael Phatch, faoina chuid cúnaimh; Liam Mac Con Iomaire, mac eile leis an deirfiúr chéanna; Roibeard Ó Cathasaigh, Roinn an Oideachais, Coláiste Mhuire Gan Smál, Luimneach; Edel Ní Chuirreáin, Ceannasaí Raidió na Gaeltachta, faoi chead a thabhairt dom na taifeadtaí a rinne Raidió na Gaeltachta le Michael Phatch a lua; an tOllamh Séamas Ó Catháin, Béaloideas Éireann, An Coláiste Ollscoile, Baile Átha Cliath, as cead agus comhairle; Ríonach uí Ógáin, léachtóir, Béaloideas Éireann, An Coláiste Ollscoile, Baile Átha Cliath; Mícheál Ó Fátharta, Michele Ní Fhátharta, Liam Mac Peaircín, Roinn na Gaeilge, Coláiste Mhuire Gan Smál, Luimneach, faoi na scéalta a chur ar phár ó na téipeanna; CRD (An tIonad Stiúrthóireacht Taighde), Coláiste Mhuire Gan Smál, Luimneach, a thug tacaíocht airgid don togra seo, go háirithe Mick Healy, stiúrthóir an ionaid sin; Foireann an Ionaid Chlos-Amhairc, Coláiste Mhuire Gan Smál, Luimneach; Mícheál Ó Catháin, as a chúnamh mór eagarthóireachta; foireann Chló Iar-Chonnachta: Caitríona Ní Bhaoill, Deirdre Ní Thuathail; Lochlainn Ó Tuairisg.

Réamhrá

An Scéalaí Micheál Breathnach (1902–1985)

Rugadh Micheál Breathnach (Michael Phatch Pheadair Mhichíl Mhóir) i nGleann Mhac Muirinn ar an 25 Deireadh Fómhair 1902. Ba í Áine Nic Dhonncha as Ros an Mhíl a mháthair. Bhí beirt dheartháireacha aige, Pádraic agus Colm, agus beirt dheirfiúracha, Máire agus Áine, móide leasdeartháir, Peadar, mar bhí a athair pósta faoi dhó. (Bean de mhuintir Mhaidín as ceantar Mhaigh Cuilinn, a bhásaigh, ba ea an chéad bhean.) Ba é Micheál an dara duine ba shine.

Chaith Peadar suim de bhlianta i Meiriceá nuair a bhí sé óg. Phós sé bean darbh ainm Bríd Ní Spealláin ach ní raibh aon chlann orthu, agus tháinig siad abhaile go hÉirinn agus chuaigh le siopadóireacht i gceantar Chois Fharraige. Dhíol siad an gnó nuair a bhí siad amach sna blianta, agus cheannaigh siad teach ar an Rinn Mhór, áit ar chaith siad an chuid eile dá saol.

Chuaigh Máire go Meiriceá freisin mar ar pósadh í le Seán Ó Fathaigh as Uachtar Ard. Bhí muirín orthu. Níor fhill sí riamh ar a háit dúchais.

Chuaigh Pádraic go Meiriceá nuair a bhí sé sna fichidí agus chaith sé seacht nó ocht de bhlianta ann. Fear an-mheabhrach a bhí ann, ach chlis ar a shláinte ar feadh píosa agus tháinig sé abhaile gur thóg sé teach i nGleann Mhac Muirinn mar ar chaith sé an chuid eile dá shaol go sona sásta le feirmeoireacht.

Chaith Áine tamall i Meiriceá chomh maith. Tháinig sí abhaile agus phós sí fear as Gleann Trasna, fear de mhuintir Thuathail, agus bhí siopa beag ansin acu. Nuair a cailleadh a fear agus go raibh a muirín imithe, dhíol Áine an siopa agus chuaigh sí chun cónaithe in Áth Luain lena hiníon.

Cailleadh Colm le tinneas nuair a bhí sé bliain is fiche d'aois.

Ar an 10 Eanáir 1938 phós Michael Phatch Bríd Ní Chéidigh (Bidín

Bhill Teaimín) as Cnoc Aduaidh. Bhí deichniúr clainne acu: Pádraic, Peadar, Liam, Máire Áine, Micheál Seosamh, Tomás, Colm, Pádraic, Micheál agus Áine. Fuair an chéad Phádraic bás ina pháiste dó agus b'amhlaidh do Mhicheál Seosamh ar leathchúpla do Thomás é. Cé is moite d'achar sé seachtaine a chaith sé i Sasana nuair a mheall deartháir a chéile, Tomás Ó Céidigh, anonn leis é, níor fhág Michael Phatch Éire riamh. Níor thaithnigh Sasana leis; bhí sé uaigneach ann.

Cé nach raibh sé ach thart ar chúig bliana d'aois, tá cuimhne mhaith ag a mhac Colm ar a athair ag filleadh abhaile ó Shasana. Is cuimhneach leis go raibh sé amuigh lena mháthair a bhí ag cur éadaí ar an tuarlíne agus gur stop carr ag an ngeata, agus cé a thiocfadh amach as ach a athair agus cóta fada bánbhuí air. Is cuimhneach leis an gliondar a bhí ar a chroí agus ar chroí a mháthar chomh maith mar ní raibh aon tsúil acu leis.

Tamhnach shléibhe i ngar do Ros an Mhíl, i bparóiste an Spidéil, is ea Gleann Mhac Muirinn arb iad Doire Choill, Seanadh Phéistín, Cnoc Aduaidh agus Muiceanach na Coille na bailte atá ina thimpeall. Naoi gcinn de thithe a bhí ann nuair a bhí Michael Phatch ina shea, ceithre cinn acu sin uireasach comhluadair. De na cúig theach eile, ba Bhreathnaigh trí cinn acu: muintir Mhichael Phatch féin, teach a dhearthára Pádraic (Peaitín) agus teach a chol ceathar, Peter William Pheadair. Chomh maith leo sin ansin bhí clann Uí Neachtain agus clann Uí Choisteala.

Cé go mba bhaile sléibhe é, níorbh áit uaigneach é Gleann Mhac Muirinn ach áit mheidhreach arae bhí neart strainséirí, nó uaisle, ag tarraingt air ó chuile chearn den domhan i ngeall ar a lochanna a raibh na bric gheala an-fhairsing iontu an t-am sin. Bhí ceithre cinn de bháid ag Michael Phatch agus thugadh sé na hiascairí amach nó ligeadh sé dóibh dul amach iad féin, agus chuir daoine acu fúthu ina theach, ar *Lodge* Ghleann Mhac Muirinn an t-ainm a tugadh air.

Ba mhinic ceol is amhránaíocht tigh seo Mhichael Phatch, ceol á chasadh ag na strainséirí agus ceol á chasadh ar an mbosca ceoil ag Michael Phatch féin. D'imrítí cártaí, d'insítí scéalta agus d'óltaí corrdheoch. Níorbh fhear é Michael Phatch a d'óladh mórán, ach ba dhuine cuideachtúil é, agus nuair a bhíodh beagán ar bord aige agus é tar éis amhrán a rá, ba ghnás leis an dá chois a chrochadh agus bhuaileadh sé anuas faoin urlár iad agus deireadh sé: "*Up the mountains*, a dheartháirín. Ní bheidh muid beo ach tamall."

Ach, go deimhin féin, níor cheol is amhránaíocht amháin é; b'éigean éirí le giolc an éin ar maidin agus obair anróiteach a dhéanamh. Chomh maith le haire a thabhairt do strainséirí, d'oibrigh Michael Phatch go crua ar thalamh bhocht. Chuir sé fataí agus arbhar (eorna is coirce), bhain sé féar, chuir sé tornapaí, meaingil agus glasraí tí (meacna dearga, oinniúin agus cabáiste). Bhaineadh sé agus dhíoladh sé an-lear móna, suas le dhá scór leoraí blianta. Bhí chuile shórt déanta le láí, spáid, píce, speal, corrán, sluasaid, sleán is eile; chuile obair déanta chomh slachtmhar, chomh pointeáilte, nó mar a deir a mhac Colm: "Ní raibh cloch as claí, ní raibh dris i ngarraí, ní raibh copóg i sráid, ní raibh scioból gan doras ná coca féir gan bhrat ná cruach mhóna gan ghníomh."

Bhí coill ar a thalamh ina mbaineadh sé adhmad agus meas (cnónna is airní). Dhéanadh sé cléibh, ciseoga agus maidí siúil. Bhíodh muca freisin aige, cé nárbh fhear muc chomh mór lena athair é a raibh cráin mhuice aige, a mharaíodh muca agus a dhíoladh a gcuid feola. Tuairim is dhá scór beithíoch a bhí aige, idir Angus is Hereford, móide flít mór caorach. Bhí cuid mhór cearc (gnáthchearca is cearca bantaim), lachain, géabha agus turcaithe ag a bhean Bríd.

Leis an meirse a bhaint as an obair agus leis an am a ghiorrachan, chumadh Michael Phatch píosaí filíochta. Dhéanadh sé sin freisin, amanta, ina luí ar a leaba dó san oíche. Chum sé amhráin i mBéarla agus i nGaeilge, agus bhí ceanna acu an-fhada, suas le tríocha véarsa, ar nós an amhráin a chum sé faoina áit dúchais, Gleann Mhac Muirinn. Bhí an-chumas Béarla aige agus b'fhear an-fhoghlamtha é d'fhear nach ndeachaigh ar aon choláiste. Ba dhuine é a dhéanadh go leor machnaimh ar an saol. Ba dhuine an-tuisceanach é. B'athair cneasta é a thug tacaíocht mhór dá chlann, "a raibh sé éasca go maith ag daoine dá ghasúir an dallamullóg a chur air." B'fhear diaganta é a deiredh an paidrín páirteach chuile oíche, "ach níor chreid sé chuile shórt a bhí an eaglais a rá – ar go leor bealaí bhí sé roimh a am; bhí a chreideamh féin aige. Ba dhuine é a bhí an-sásta ina intinn."

Cé go raibh sé na sé troithe, aon orlach ar airde, ní raibh meáchan mór ann.

Thug sé slám mór scéalta uaidh, idir sheanscéalta is gnáthscéalta, do lucht bailithe béaloidis agus d'aithris sé scéalta ar Raidió na Gaeltachta.

Cailleadh a bhean ar an 8 Eanáir 1981 agus cailleadh é féin ar an 19 Deireadh Fómhair 1985.

Cé go bhfuil athruithe móra tagtha ar Ghleann Mhac Muirinn le tamall, tá sliocht Mhichael Phatch go tréan ansin i gcónaí. Tá triúr mac leis ann: Pádraic, Micheál agus Peadar (Peter), an bheirt thosach pósta faoi seach ar Mháirín Nic Dhonncha as Leitir Móir agus ar Bhríd Ní Chualáin as Ros an Mhíl. Cé go bhfuil cónaí ar Cholm i nGaillimh, tá teach freisin aige i nGleann Mhac Muirinn, é pósta ar Helen Ní Neachtain as an mbaile céanna.

Tá Liam (Billy) ina chónaí i Meiriceá, é pósta ar Chaitlín Ní Chualáin as Cor na Rón. Tá Máire Áine (Mary Anne) pósta ar Mháirtín Seosamh Ó Cuanaigh as Bearna agus cónaí orthu ann. Tá Áine ina cónaí ar an gCeathrú Rua, í pósta ar John Deairbe as an mbaile sin. Cailleadh Tomás cúpla bliain ó shin.

Tá cupla comhluadar Coistealach i nGleann Mhac Muirinn i gcónaí. Tá daoine de mhuintir Neachtain ann agus tá cúpla duine strainséartha tagtha chun cónaithe ann.

Mar a Bailíodh na Scéalta

Is éard atá sa leabhar seo ná bailiúchán de shé cinn déag de sheanscéalta móide an scéilín béaloidis "An Giorria Draíochta", a thóg mé ar téip ón scéalaí Michael Phatch Pheadair Mhichíl Mhóir as Gleann Mhac Muirinn, Ros an Mhíl, Conamara.

Chuir mise aithne an chéad uair ar Mhichael Phatch samhradh na bliana 1969 nuair a bhí mé ag múineadh i gColáiste Chonnacht sa Spidéal. Ar achainí an ardmháistir thug Micheál Mac Con Iomaire, ball eile den fhoireann teagaisc, ar mhac deirfíre de Mhichael Phatch é, thug sé Michael Phatch aniar le cúpla seanscéal a inseacht do na scoláirí.

Chun na fírinne a rá níor mhórán measa a bhí ag an am ar sheanchaithe ná ar sheanscéalta: bhí an nós as faisean, ní raibh éisteoirí ann, ach amháin ag comórtais Oireachtais, cé go raibh tábhacht lena gcur i dtaisce i gcartlann. Ach don ghnáthdhuine ní raibh ann ach rabhdalam reandaí seafóideach. Ní raibh i gceist, dáiríre, ag an ardmháistir ach scíth bheag a thabhairt dá fhoireann. Is deacair an neamhaird sin a thuiscint anois.

Ach bhí dóthain spéise agamsa ann, ámh, gur fheistigh mé mo théipthaifeadán. Blaiseadh beo de cheird na seanscéalaíochta, sula mbeadh sí sa chré uilig, a shantaigh mé.

Ba é an seanscéal "Iníon Rí Láimh gan Aithne" a d'aithris sé; ach faoi go raibh sé chomh fada, bhí an rang thart sular chríochnaigh an scéal agus ní bhfuair mé ach mant. Níor mheas mé gur mhístaid rómhór é sin, ámh; bhí an blaiseadh cloiste cuibhrithe agam agus ghread mé liom sásta go maith liom féin go dtí mo chéad rang eile.

Ach faoin mbliain 1975 bhíos ag múineadh i gColáiste Mhuire Gan Smál, Luimneach, agus theastaigh uaim mo bhlaiseadh den tseanscéalaíocht a thabhairt do na mic léinn, ach toisc go rabhas éirithe níos tuisceanaí faoi sin, níos gairmiúla, níor leor agam mant. Níor leor agam tús scéil gan a dheireadh a bheith agam chomh maith. Bhí an mant do mo phriocadh. Ar éirigh leis an Mac Rí na geasa a chur de? Ar éirigh leis teacht slán? Bhí a fhios agam gur éirigh leis bualadh le hIníon Rí Láimh gan Aithne, gur chuidigh sí leis an fáinne a bhí sa tobar leis na cianta a aimsiú agus gur chuidigh sí leis an tsnáthaid a bhí caillte leis na céadta bliain i seanscióból a fháil. Ach ar éirigh leis ubh an iolraigh a thabhairt anuas ón nead a bhí i mbarr an chrainn ghloine a bhí i lár an oileáin sceirdiúil, ar éirigh leis sin a dhéanamh, le linn na stoirme móire? Céard a tharla ansin? Cén chríoch a bhí leis? Ar éirigh leis Iníon Rí Láimh gan Aithne a phósadh?

Bhí dúil agam freagraí a fháil ar na ceisteanna sin. Bhuail mé bleid ar an bhfón ar Mhicheál Mac Con Iomaire, agus sheol an bheirt againn go Gleann Mhac Muirinn, mé ag ceapadh go n-inseodh Michael Phatch an scéal ar fad as an nua; gur mar sin a chaithfeadh sé é a dhéanamh, de rite reaite mar dhuine a raibh paidir fhada foghlamtha de ghlanmheabhair ina óige aige. Ach níor chaith sé sin a dhéanamh chor ar bith. D'iarr sé orm deireadh mo sheantéipe fadó a chasadh dó agus *away* leis go binn. Chríochnaigh Michael Phatch an scéal sin an lá sin ina theach féin, chomh tréan céanna is a chuir sé tús leis i gColáiste Chonnacht sé bliana roimhe sin.

Bhí an galar tolgtha agam. Bhí cor nua curtha i mo shaol. Shantaigh mé scéal eile. Scéal eile agus scéal eile. B'in mar a bhí mé nó go raibh seacht gcinn déag de scéalta tógtha agam uaidh. Thóg mé roinnt gnáthsheanchais chomh maith uaidh – leigheasanna, orthaí, amhráin is eile – ach ní raibh iontu sin ach aguisíní, gnáthchomhrá nuair a bheadh sé réidh le scéal.

Níor in aon gheábh amháin a thóg mé na scéalta uaidh ach de réir a chéile, scéal an turas thar shuim bheag de bhlianta. B'in mar a theastaigh sé uaimse agus b'in mar ba rogha leis-sean freisin é, déarfainn. Thaithnigh mo chuid cuairteanna air liomsa agus thaithnigh siad leis-sean, agus níor theastaigh ó cheachtar againn go mbeidís thart róluath. Cén deifir a bhí leis?

Dhéanainn mo bhealach ó Luimneach go Maigh Cuilinn, suas Uachtar Ard, aníos bóthar Sheanadh Phéistín, thar *Lodge* Fhormaoile, go gcasainn isteach faoi dheis go dtí mo thamhnach shléibhe, Gleann Mhac Muirinn, oiread dúile agam san aistear is a bhí agam sna scéalta, mé ag déanamh staidéar úr chuile bhabhta ar chuile chasadh sa bhóthar, ar chuile phíosa criathraigh, ar chuile fhothrach tí, ar chuile loch is draein, ar chuile theach is beithíoch. (Agus is beag athrú atá tagtha ar an mbealach sin ó shin cé is moite gur tearra in áit gainimh atá ar an mbóthar.)

Chuirtí fáilte mhór i gcónaí romham tigh an Bhreathnaigh. D'fháiltíodh a bhean Bidín romham, Bidín Bhill Teaimín as Cnoc Aduaidh, agus d'fháiltíodh Michael Phatch féin romham, cé gurbh annamh nach raibh slaghdán de chineál éigin airsean, agus bhain bodhaire freisin leis.

Shuíodh Michael is mé féin ar chathaoireacha le hais a chéile sa chisteanach, mo théipthaifeadán ar chathaoir eile os ár gcomhair, *mike* i mo láimh. Ba ghnách le Bidín a bheith sa chisteanach freisin. Bhí iníon leo, Mary Anne, a bhí tagtha abhaile as Sasana, ina cónaí in aice leo agus amanta bhíodh a beirt ghasúr sise, Eoin agus Anne Marie, i láthair chomh maith, iad ina suí ar an urlár. Agus b'fhéidir go mbeadh Colm, mac le Michael Phatch, a bhí ar inneall le haghaidh na nduán, i raon éisteachta.

Le linn an scéal a bheith ar siúl aige bhíodh an scéalaí i ndomhan an scéil sin, é istigh sa scéal mar a déarfá, meangadh suáilceach nó meangadh duairc ar a éadan, agus bhíodh geáitsí áirithe ar siúl aige. Bhíodh sé braiteach ar an éisteoir freisin, ámh, mar amanta, nuair a bhíodh áibhéil mhór sa rud a bhí sé a rá nó nuair a d'úsáideadh sé focal áirithe, dhéanadh sé míniú nó thugadh sé a bharúil. Mar shampla tá an téarma "barra rotha" aige in "Loinnir Mac Leabhair" agus deir sé ar an bpointe: "Sin *wheelbarrow*". Tá an focal "saoiste" aige i scéal eile agus míníonn sé gurb in a thugtar amanta, an lá atá inniu ann, ar *"ganger"*. In "An Giorria Draíochta" tá trácht ar bheithígh atá á mbuachailleacht ar an sliabh i Suí Con (baile eile i ngar do Ghleann Mhac Muirinn), a raibh a n-úthanna móra bainne á mbleán ar maidin os comhair shúl na mban, ag giorria. Stopann sé agus deir sé: "Níl aon fhocal bréige ansin anois, chomh fírinneach is atá tú i do shuí ansin."

Ar chríochnú scéal fada dó, bhí rabharta curtha aige de. Bhíodh sé cineál oibrithe, suaite ann féin, sásta go hiondúil, agus mórtasach, go raibh obair mhaith curtha i gcrích aige. Cé go mbíodh sé an-bheo ann féin, bhíteá ag rá leat féin nár cheart scéal eile a iarraidh air, nár chóir tada eile a dhéanamh ach spruschaint. Agus b'in a dhéantaí go hiondúil; d'óladh sé deoch fuisce, agus thugtaí fuisce agus mo chuid tae domsa. Ach ní bhíodh a gharchlann, Eoin agus Anne Marie, sásta. Bhídís ag impí scéal eile. "Scéilín eile, a Dheaideo! Inis scéilín eile!" I nGaeilge Chonamara ní gá chor ar bith gurb ionann "scéilín" agus "scéilín" – is minic gur téarma muirneach é, cuma cé chomh gearr fada is atá scéal.

Ach is í an tréith is mó ar fad faoi Mhichael Phatch, agus faoi na seanscéalaithe seo go léir, a théann i bhfeidhm ormsa ná an chuimhne uafásach a bhí aige: cuimhne na gcúig gceann, na gcúig mbeann is na gcúig muineál, cuimhne na naoi bhfaobhar! – bhí an cineál sin cuimhne ag Michael Phatch. Formhór na scéalta anseo tá siad bunáite uair an chloig faid, cúpla ceann níos faide ná an uair.

Óna athair agus óna sheanathair a thóg Michael Phatch a chuid scéalta agus deireann sé go bhfuaireadar sin iad, nó a mbunáite, ó Sheán Ó Conchúir as Bun na gCipeán i ngar d'Uachtar Ard.

Tá scéalta seachas iad seo agamsa tógtha ó Mhichael Phatch. Thóg an bailitheoir béaloidis lánaimseartha Proinsias de Búrca as Corr na Móna go leor uaidh, idir sheanscéalta, amhráin, shíscéalta, ghnáthscéalta is eile, bunáite na scéalta seo agamsa ina measc. Tá an scéal iomráiteach "Loinnir Mac Leabhar" anseo agamsa. Thóg Proinsias é faoi dhó ó Mhichael Phatch. Tá sé freisin ag Seán Mac Giollarnáth ina leabhar *Loinnir Mac Leabhair* (1936), ó bhéal Sheáin Uí Bhriain as Iorras Aintheach. Tá sé tógtha ag bailitheoirí eile ó scéalaithe eile. Ba shaothar suimiúil é staidéar comparáideach a dhéanamh idir na leaganacha difriúla den scéal seo agus de na scéalta ar fad. Tá fáil ar bhailiúchán Phroinsiais i gCartlann Choimisiún Béaloideasa Éireann, atá ar caomhnadh anois i Lárionad Uí Dhuilearga do Bhéaloideas na hÉireann agus Cnuasach Bhéaloideas Éireann sa Choláiste Ollscoile, Baile Átha Cliath. D'fhonn éascaíocht áirithe a dhéanamh air seo, cuirim innéacs sa leabhar seo den saothar a thóg Proinsias ó Mhichael Phatch. San áireamh sa leabhar chomh maith tá innéacs den ábhar a thóg Raidió na Gaeltachta ón scéalaí thar na blianta.

Na Scéalta Féin

Tá na scéalta seo pulctha lán le ríthe, banríonacha nó daoine uaisle, a raibh mac amháin nó triúr mac acu, ar cuireadh geasa ar dhuine acu dul go dtí an Domhan Thiar nó an Domhan Thoir ag tóraíocht seo siúd: iníon rí, capaill, deoch leighis nó eile. Is minic a thugtar jabanna oibre don té sin. Is minic é ag fáil cúnaimh ó dhuine nó ó ainmhí.

Tá scéalta anseo atá casta i dtaca le líon na n-eachtraí de, a mbeadh sé an-éasca ar fad dul amú iontu, agus bíodh is iad léite cuid mhaith babhtaí agamsa, is minic nach mbím in ann cuimhneamh i gceart ar scéal amháin thar scéal eile. Ach bhí Michael Phatch in ann idirdhealú a dhéanamh eatarthu, gan iad aige ach ina chloigeann.

Sna seacht gcinn déag de sheanscéalta a d'inis sé domsa ní dheachaigh sé amú ach babhta amháin. B'in in "Lán-Dearg Mac Rí in Éirinn", a ndearna sé dearmad cor áirithe a chur ina lár, ach in achar ar bith b'fheasach dósan go raibh amú air. Stop sé, an-díomá air, agus ar sé, "Á, a dhiabhail, rinne mé dearmad ar chuid de. Nach é an trua é anois? Bhuel, cuirfidh mé isteach é nuair a bheas mé á chríochnú." Ní raibh ann ach eachtra bheag, cúpla líne faid. Chuir sé ina dheireadh é agus d'éirigh liomsa é a ardú agus é a fhí isteach san áit cheart gan uaim ná lot.

Sa scéal "Loinnir Mac Leabhar" insítear eachtra faoin nGríobh

Ingneach, agus eachtra eile faoi Chailleach na gCearc. Tá an dá eachtra chéanna sin in "Mac Chonchúir Iarla" freisin. Shílfinn gur dóigh gur meascán é.

Is é "Gabha an Óir" an scéal is faide anseo. Tá suas le hochtó nóiméad cainte ann, 15,410 focal, rud is ionann is fad cúig cinn de ghnáth-ghearrscéalta. Is é "Loinnir Mac Leabhair" an dara scéal is faide, é cúpla nóiméad ama níos giorra, 14,542 focal ann. D'áireofaí "Gabha an Óir", is dócha, ina AT 550 (*Search for the Golden Bird*) nó ina AT 300 (*The Dragon Slayer*) arae "*a text can be a fragment of a type, or combine episodes that fit several of them.*" G. D. Zimmermann, (*The Irish Storyteller*, Dublin, Four Courts Press, 2001, 498)

In "Gabha an Óir", agus is mar seo a bhíonn sé in an-chuid scéalta béaloidis, is é an fear bocht nó an t-amadán a fhaigheann an ceann is fearr ar an bhfear saibhir nó cumhachtach. Is minic mar an gcéanna go mbíonn "*characters built on polarities: rich/poor, beautiful/ugly, kind/unkind*" (ibid). In "Mac na Baintrí" faigheann an mac iníon an rí le pósadh, i ngeall ar an lámh in uachtar i gcomórtas a fháil ar an rí. Mac baintrí eile, an tríú mac, in "Baintreach agus a Triúr Mac", ar síleadh i dtosach gur leathamadán é, beireann sé an bua ar fhear uasal, ar dhraíodóir glic, ar fhathach mór agus ar mháthair an fhathaigh.

Tugaimis faoi deara gur minic gurb é an tríú mac, an té is lú a mbíonn súil leis, is mó a dhéanann gaisce. Ní mórán measa atá i dtosach ar Lán-Dearg le hais a dheartháireacha ba shine, Úr agus Artúr, ach is aigesean atá an misneach. Is amhlaidh don tríú mac in "Rí Draíochta faoi Thalamh". Agus, ar ndóigh, in "An Giorria Draíochta", is mó an chiall is an stuaim atá ag Micil Chearra bocht ná ag an mBlácach, ar tiarna talún é.

Tá éan áirithe in "Gabha an Óir" agus is minic tagairtí d'éanacha áirithe sa bhéaloideas. Tá an t-éan órga in "Gruagach na gCleas" anseo, tá an t-éan gorm in "Rí Draíochta faoi Thalamh", tá an Ghríobh Ingneach in "Loinnir Mac Leabhair" agus in "Mac Chonchúir Iarla".

Drochdhragún nó droch-ollphéist sa tóir ar chreach atá in "Gabha an Óir". Ag cosaint tobair atá an ollphéist in "Triúr Mac Rí ag Tóraíocht Deoch Leighis". Ollphéist chosanta den chineál céanna atá in "An *Talking Bird, an Singing Tree* agus an *Golden Water*". Agus is as bolg ollphéiste a d'éalaigh Lán-Dearg.

Ar ndóigh, scéalta draíochta iad na scéalta seo ar fad. Tá draíocht de shaghas éigin iontu, fianna draíochta, giorriacha draíochta, madraí rua nó madraí allta draíochta, draíocht acu nó iad faoi dhraíocht, caint dhaonna go minic acu. In "Gruagach na gCleas" tugann madra rua draíochta cúnamh do mhac rí atá faoi gheasa. Scéal *Repeated Transformations* (D610) é seo ina dtiontaíonn an madra rua é féin i gclónna difriúla le héalú ó naimhde atá sa tóir air: ina bhean álainn, ina éan, ar ais ina mhadra rua, ina ghearráinín, ina eascann, ina éan, ar ais ina mhada rua, ina chlaíomh solais, ina éan, ina eascann arís, ina éan arís, ina fháinne, ina ghráinne cruithneachtan, ar ais arís ina mhadra rua, a chuid naimhde á n-athrú féin freisin le breith air – *Lord of the Rings, eat your heart out!*

Sárscéal mór gaisce móide scéal Fiannaíochta é "Loinnir Mac Leabhair". Scéal dílseachta agus rómánsaíochta é a bhfuil macallaí de "Oidhe Chlainne Uisnigh" ann. Sárscéal álainn eile is ea "Rí Connell agus an Gadaí Dubh".

Sílim go mba mhó an meas a bhí ag Michael Phatch ar an scéal "An *Talking Bird*, an *Singing Tree* agus an *Golden Water*" ná ar aon scéal eile aige. "Sin scéal nach bhfaighidh tú in aon leabhar," a deireadh sé, é an-mhórálach, sílim, é a bheith aige féin. Agus is mórscéal álainn, suáilceach é gan amhras.

Is é "Conall Buan", AT 567 (*The Magic Bird-heart*), mo rogha scéil féin, ámh. Scéal tarraingteach grá é ach go bhfuil neart móitífeanna eile ann chomh maith.

Pé ar bith é, "Seo é mo scéalsa, Dia le mo bhéalsa. Tiocfaidh an t-éag, ba mhór an scéal, beannacht Dé le hanam na marbh. Áiméan." Mar "ní bhfuair mise ach bróga páipéir agus stocaí bainne ramhair, cead siúl as Baile Átha Cliath, bonn agus leithphingin a ól tigh Chonchúir Uí Chonchúir i gCathair Mhuirisc ar mo bhealach abhaile."

Coláiste Mhuire Gan Smál
Ollscoil Luimnigh
Lá 'le Pádraig 2007

Modh Eagarthóireachta

Ó tharla dlúthdhiosca fuaime ag dul leis an leabhar seo agus léiriú cuimsitheach air ar chanúint an scéalaí, socraíodh nár ghá modh eagarthóireachta lániomlán a leagan amach. Tar éis an méid sin, cloíodh le *Gramadach agus Litriú na Gaeilge: An Caighdeán Oifigiúil* (Baile Átha Cliath, 1958) den chuid is mó ach glacadh le foirmeacha canúna d'fhocail atá aitheanta in Niall Ó Dónaill, *Foclóir Gaeilge–Béarla* (Baile Átha Cliath, 1977). Tugadh aitheantas do chanúint an scéalaí maidir leis na pointí seo a leanas go háirithe.

1. Níor bhain rialtacht i gcónaí le foirmeacha, le hinscne ná le tuisil na n-ainmfhocal agus na n-aidiachtaí ag an scéalaí agus tugtar chun rialtachta anseo iad: *alla/allta > allta*; *an cheirtlín/an ceirtlín > an cheirtlín*; *an chlaíomh/an claíomh > an chlaíomh*; *an ghaoth/an ghaoithe > an ghaoth*; *luipreachán/laprachán > laprachán*; *péin/féin > féin*; *spíc/spíce/spike > spíce/spike*; *strainséir/strainséara > strainséir*; *strainséirí/strainséaraí > strainséirí*; *stuf/stuif > stuif*; *talúna/talún > talún*; *clí/clé > clé*. Ach fágadh gan athrú foirmeacha mar: *capaill/caiple*; *an talaimh/na talún*; *focail/focla*.

2. Cuireadh an leagan caighdeánach de na focail seo a leanas i bhfeidhm: *ag gabháil > ag dul*; *aimhreas > amhras*; *amáireach > amárach*; *breáichte > breátha*; *deabhal > diabhal*; *gáirí > gáire*; *graithe/graithí > gnó/gnothaí*; *lá arna mháireach > lá arna mhárach*; *luathaichte > luaithe*; *méir > méar*; *treasna > trasna*, srl.

3. Ag dul le canúint an scéalaí, glacadh le foirm an Ghnáthchaite mar Choinníollach in áiteanna: *dá dtéinn, dá gceannaíodh*, srl.

4. Ag dul le canúint an scéalaí glacadh le *déanadh* mar shaorbhriathar, Aimsir Chaite.

5. Is minic foirm an tseantabharthaigh aige mar thuiseal ainmneach chomh maith sna hainmfhocail *láimh, cois, cluais, bois*, agus fágtar amhlaidh anseo iad. Níor tugadh aitheantas d'fhoirmeacha caolaithe mar *bróig*.

6. Ionann is i gcónaí bhí an guta fada *í* ag an scéalaí leis na tréaniolraí dar críoch *-nna* agus *-cha*, agus leis na lagriolraí dar críoch *-eog* agus *-óg*. Tá siad tugtha chun rialtachta anseo: *bainiseachaí > bainiseacha*; *iníonachaí > iníonacha*; *carrannaí > carranna*; *fuinneogaí > fuinneoga*; *spúnógaí > spúnóga*.

7. Ní scríobhtar isteach gutaí cúnta, agus fágtar ar lár an siolla breise *e* i bhfocail mar: *sochraide* > *sochraid*; *leithéide* > *leithéid*, srl.

8. Is minic leaganacha difriúla de bhriathra aige: *thaithin/thaithnigh*; *téir/téirigh*; *cail/cá bhfuil*; *nach raibh/ná raibh*, srl, agus tugtar chun rialtachta anseo iad.

9. Cé gurb é an guta fada *é* nó an défhoghar *ia* atá ag an scéalaí mar fhoirm choibhneasta, aimsir fháistineach, den bhriathar *bheith*, is mar 'bheas' atá sé anseo. Chomh maith céanna coinnítear, mar atá aigesean, foirmeacha coibhneasta, táite is scartha, na mbriathra faoi chéile.

10. Scríobhtar an Modh Foshuiteach agus an Modh Guifeach faoi mar a mheastar iad a bheith ag an scéalaí.

11. Baintear feidhm as an leagan *dá* roimh choinníoll agus an leagan *á* roimh ainm briathartha: *dá mbeinn*; *á dhéanamh*, srl.

12. Tá na frásaí *is dóigh/is dócha* tugtha chun rialtachta. Tá *go dtí a/go dtína* fágtha mar atá, chomh maith leis an gcónasc *nó/ná*.

13. Scríobhtar *-(a)ithe* agus *-tha* in áit *-í/thaí* sna haidiachtaí briathartha *réitithe*; *tugtha*, srl.

14. Den chuid is mó, seachas é a ghiorrachan, fágtar an dara pearsa, uimhir iolra, Modh Ordaitheach, ar an ngnáthchaoi: *réitígí*; *déanaigí*; *isteachaigí*, srl.

15. Coinnítear an *t* i ndeireadh an dobhriabhair *aríst*, an *a* i dtús an dobhriathair *ariamh*, agus fágtar an séimhiú ar lár i ndiaidh na copaile, Aimsir Chaite, i gcásanna mar *ba gaire*; *ba deise*, srl.

16. Déantar *chun* as *'un* agus déantar *chuig* as *'uig*, agus ceadaítear an t-urú i ndiaidh an réamhfhocail simplí *sa*: *sa mbaile*; *sa bpóca*, srl. Ní scríobhtar an *b* i ndeireadh na bhforainmneacha réamhfhoclacha *leo*, *acu*, *rompu*, srl. Ná ní dhéantar giorrachan ar na pearsana *agam*, *agat*, *againn* den fhorainm réamhfhoclach sin, ná ní dhéantar fadú ar *léi*.

17. Glantar an séimhiú a bhí ag an scéalaí de na na pearsana difriúla de na forainmneacha réamhfhoclacha *do*, *de* agus *trí*: *dhom* > *dom*; *dhíom* > *díom*; *thríom* > *tríom*, srl.

18. Glantar an séimhiú a bhí ag an scéalaí ar na focail *féin* agus *timpeall*.

19. Cuirtear *d'* in áit an *t'* a bhí ag an scéalaí mar fhoirm dhara pearsa uatha den aidiacht sealbhach: *t'éadan* > *d'éadan*; *t'ainm* > *d'ainm*, srl.

20. Fágtar ar lár an *t* roimh *s* i gcásanna mar *an-tsuim*, *an-tsaoirse*, ná ní bhreactar é idir an *n* agus an *r* i gcásanna mar *anró* agus *scanradh*.

21. Baineadh feidhm as an dobhriathar *cá*, áit a raibh *cé* ag an scéalaí.

22. I líon an-bheag cásanna chuaigh an scéalaí amú de bheagán sa scéal. Cheartaigh sé é féin i ngach cás, ámh, agus tá an chuid cheartaithe léirithe idir lúibíní cearnacha [ ].

Na Scéalta

Gabha an Óir

Bhí gabha fadó ann sa tseanaimsir agus is é an t-ainm a thugaidís air, Gabha an Óir. Fear an-saibhir a bhí ann agus bhí go leor airgid aige. Fear foghlamtha, léannta a bhí san am céanna ann. Ní mórán leabhar nár léigh sé. Bhí an gabha pósta ach ní raibh muirín ar bith air, agus san áit a raibh an gabha ina chónaí ansin, bhí na céadta céadta coillte móra tiubha timpeall air.

I gceann éicint de na coillte seo, uair sa mbliain, thagadh éan áirid a raibh gifte mór ag baint léi agus bhí gifte eile aici: chuireadh sí éanacha an aeir a chodladh leis an gceol binn a bhí aici. Ach bhí gifte mór eile ag baint léi ansin agus ní raibh a fhios ag aon fhear tada faoin éan seo ná faoin ngifte i bhfoisceacht mílte mílte den áit a raibh an gabha ach an gabha féin. Agus bhí a fhios aige sin cén gifte a bhí ag baint léi agus bhí sé á faire ar feadh dhá scór blianta. Ach an choill a dtagadh sí i mbliana ann, ní ann a thagadh sí an chéad bhliain eile agus chinn air a theacht trasna ariamh uirthi. Agus is é an gifte a bhí ag baint léi – fear ar bith a gheobhadh í, a mharódh í, a ghlanfadh í, a bhainfeadh aisti a cuid aobha, a róstfadh iad agus a d'íosfadh iad, bheadh dhá phíosa óir faoina philiúr chuile mhaidin nuair a dhúiseodh sé, ab fhiú suim mhór airgid.

Bhuel, ní raibh a fhios ag aon fhear é seo ach ag an ngabha féin amháin. Ní raibh a fhios ag a bhean é.

Bhuel ansin, bhí deartháir ag an ngabha agus is é an leasainm a thugaidís air, Pártalán. Bhí Pártalán bocht pósta agus bean agus beirt ghasúr fir aige ach go rabhadar an-óg fós lag agus ní fhéadfadh Pártalán bocht a bheith tada níos boichte ná a bhí sé. Is é a raibh de shlí mhaireachtála aige, ag dul chuig na cnoic agus na coillte seo ag baint róipín scuaba, á dtabhairt abhaile, agus thugadh a bhean chuig an mbaile mór ansin iad á ndíol. Agus, ar ndóigh, ní mórán a bhí le fáil aici orthu. Ach maireachtáil dhona a bhí sé a dhéanamh.

Bhuel, ní thabharfadh an gabha solas an lae dó, bhí sé chomh crua sin, chomh holc, chomh gangaideach.

Ach bhí go maith is ní raibh go holc. D'imigh chuile shórt ceart. Maidin bhreá fómhair a bhí inti, d'éirigh Pártalán bocht – agus ba suarach é a bhricfeasta – go dtug sé leis a róipín agus chuaigh sé chuig ceann éicint de na coillte. Bhain sé róipín scuaba agus nuair a bhí sé á fháisceadh sa róipín, d'airigh sé an ceol ab áille a d'airigh sé ariamh, in áit éicint timpeall air. Bhreathnaigh sé suas agus céard a d'fheicfeadh sé thuas i mbarr crainn ach an t-éan seo nach bhfaca sé a leithéid ariamh, agus nuair a bhí an ghrian ag scalladh ar a cuid clúmhaigh, ní raibh sí ag fágáil spré amhairc ar bith i gcloigeann Phártaláin.

Ach, m'anam ón diabhal nach ndearna sé ach iontú thairis. Casadh méaróg de chloch leis. Ní raibh a fhios ag Pártalán bocht tada faoin éan ná faoi éan ar bith. Chaith sé léi. Bhuail sé an t-éan ach níor mharaigh sé í. D'imigh sí den chrann ach thit trí nó ceathair de chleiteacha anuas ar an talamh aisti.

Bhí Pártalán bocht an-simplí agus ní rinne sé ach siúl anonn agus breith orthu. Thóg sé ina ghlaic iad agus chroch sé an róipín air. Agus ar a theacht abhaile dó agus imeacht dó ar maidin, bhí teach an ghabha i leataobh an bhóthair agus chaithfeadh sé a dhul thar theach an ghabha ar a bhealach go dtí na coillte agus abhaile. Cé a bheadh amuigh ar an mbóthar nuair a bhí Pártalán ag teacht ach an gabha agus chonaic sé na cleiteacha aige. Agus murach sin ní labhródh sé chor ar bith leis.

"Cá bhfuair tú na cleiteacha sin?" a deir sé.

D'inis Pártalán bocht dó mar atá inste agamsa.

"Bhuel, má thugann tú na cleiteacha sin domsa," a deir sé, "tabharfaidh mé cúig ghine buí duit orthu."

"Bíodh sé ina mhargadh," a deir Pártalán.

Chuaigh an gabha isteach agus thug sé amach cúig ghine buí ag Pártalán agus shín Pártalán chuige na cleiteacha.

"Fair an t-éan sin domsa," a deir an gabha, "ar thit na cleiteacha sin aisti agus má fhaigheann tú an t-éan sin domsa, beo nó marbh, tabharfaidh mé suim mhór airgid duit uirthi."

"Tá go maith," a deir Pártalán. "Bíodh sé ina mhargadh."

Bhí go maith is ní raibh go holc. Nuair a d'imigh Pártalán agus na cúig phunt aige, chuaigh an gabha isteach go dtí an bhean. Leag sé suas i dtaisce na cleiteacha agus dúirt sé go raibh sé ag dul ag fiach is ag foghlaeireacht ach níor lig sé aon bhlas air féin leis an mbean ariamh faoin éan ná tada.

Bhí go maith is ní raibh go holc. Chuaigh Pártalán bocht abhaile agus na cúig ghine buí aige agus, ar ndóigh, thíos a frítheadh é ach thuas a fágadh é. Thug a bhean léi na scuaba ar an bpointe agus chuaigh sí chuig an mbaile mór – agus na cúig phunt – agus thug sí riar mór uafásach earraí siopa abhaile léi agus fuílleach mór airgid mar bhí go leor le fáil san am sin ar chúig phunt. Ach bhí suipéar maith an oíche sin ag Pártalán agus ag an dá pháiste agus ag an mbean.

Bhí go maith. Ar maidin lá arna mhárach – mar atá a fhios agat féin, rud a mbeadh brabach ag duine air, beidh níos mó fonn air a dhul á dhéanamh an dara huair – d'éirigh Pártalán bocht níos moiche agus d'imigh sé chuig an gcoill aríst an dara lá ag baint na scuaba agus bhí bricfeasta maith go leor an mhaidin sin aige.

Ach bhain sé an róipín scuaba agus nuair a bhí sé á bhfáisceadh isteach sa rópa, airíonn sé an ceol céanna a d'airigh sé an lá roimhe sin. Chroch sé a chloigeann ach ní raibh sí sa gcrann a raibh sí ann an lá roimhe sin. D'fhair sé trí nó ceathair de chrainnte ach sa deireadh chonaic sé í.

"Tá tú ann, a chailín," a deir sé.

Thug sé aire dó féin an lá sin níos mó ná an chéad lá. D'éalaigh sé agus fuair sé méaróg mhaith de chloch agus bhí sé ag éalú ariamh go dtáinig sé chomh gar don éan, thíos fúithi, agus a d'fhéad sé. Thóg sé *aim* uirthi agus bhuail sé í agus chuir sé anuas marbh ar an talamh í.

Bhí go maith. Ní rinne sé ach breith ina ghlaic uirthi agus an róipín scuaba a chaitheamh siar ar an ngualainn leis an láimh eile agus d'imigh leis. Agus de bharr na cleiteacha a bheith aige an lá roimhe, ní raibh aon bhaol go dtiocfadh sé thar theach an ghabha i ngan fhios, ar fhaitíos go mbeadh an t-éan aige.

Ach cé a bheadh amuigh ar an mbóthar ach an gabha. Agus, ar ndóigh, bhí an gabha ag aireachas air agus thug sé faoi deara an clúmhach ag scalladh ar an éan sula raibh sé i ngar dó chor ar bith.

"By *dad*," a deir sé, "tá sí ag an diabhal, pé ar bith cén chaoi a bhfuair sé í."

Ach tháinig Pártalán.

"Tá sí agat, bail ó Dhia ort," a deir an gabha.

"Tá, *by dad*," a deir Pártalán.

"Má thugann tú domsa an t-éan sin," a deir an gabha, "tabharfaidh mé céad gine duit uirthi."

"Bíodh sé ina mhargadh," a deir Pártalán.

Chuaigh an gabha isteach agus thug sé amach céad gine buí ag Pártalán agus shín sé chuige iad. Shín Pártalán an t-éan chuige. D'imigh Pártalán bocht abhaile agus a chroí i mbarr a bhéil, ach bhí a chroí i mbarr a bhéil ag an ngabha seacht n-uaire ní ba mheasa mar bhí an saibhreas anois le bheith aige.

Bhuail sé isteach go dtí an bhean agus dúirt sé léi go raibh sé ag dul ag fiach is ag foghlaeireacht anois, an t-éan seo a ghlanadh, na haobha a bhaint aisti agus iad a bheith leagtha rósta ar an drisiúr nuair a thiocfadh sé tráthnóna.

"Tá go maith," a deir a bhean.

D'imigh an gabha agus diabhal mórán achair a bhí sé imithe nuair a rug a bhean ar an éan, ghlan sí amach é, bhain sí as na haobha agus leag sí síos ar ghreideall nó ar ghríosach dhearg iad. Agus diabhal blas ar bith ach go rabhadar leagtha síos aici – níor chuir sí scian in arán ariamh bean ba dea-chroíúla ná bean an ghabha, agus ní raibh teach Phártaláin i bhfad uaithi, agus nuair a d'fhaigheadh an dá ghasúr bheaga an gabha imithe, thagaidís ar cuairt chuile lá chuici; thugadh sí greim le n-ithe dóibh agus bolgam le n-ól – ach cé a shiúlfadh isteach ach dhá pháistín Phártaláin agus na haobha leagtha síos ar an ngríosach ag bean an ghabha.

"Á, a ghasúir," a deir sí.

Shuigh duine acu síos ar chaon taobh den tine.

"Tugaigí aire do na haobha seo," a deir sí, "le faitíos go ndófaidís. Caithfidh mé a dhul chuig an tobar ag iarraidh buicéad uisce." Agus bhí an tobar píosa maith uaithi.

"Agus," a deir sí, "má fhaigheann sibh boladh an dó orthu, meas tú an mbeadh sibh in ann iad a iontú?"

Agus níl a fhios agam an dtug sí arm dóibh nó mura dtug ach, tugadh nó ná tugadh, d'imigh sí agus diabhal mórán achair a bhí sí imithe nuair a fuair an leaidín ba sine boladh an dó. Agus chuaigh sé á n-iontú, go bhfóire Dia orainn, agus ní raibh arm ar bith aige. Ach dhóigh sé a mhéiríní ar chaoi ar bith ach d'iompaigh sé iad. Agus nuair a dhóigh sé na méiríní – mar atá a fhios agat – sháigh sé na méiríní ina bhéal. Agus nuair a sháigh sé na méiríní ina bhéal, leis an mblas álainn a bhí ar na haobha, cén diabhal blas a dhéanfadh sé ach a dtarraingt aníos. Rinne sé dhá leith díobh, shín sé leath chuig an gceann eile a bhí taobh thall agus bhí siad ag cangailt an ghreim deireanach de na haobha nuair a tháinig bean an ghabha isteach.

"Ó, Dia dár réiteach, a ghasúir," a deir sí nuair a chonaic sí an rud a bhí déanta acu, "céard atá déanta agaibh orm?"

Ní raibh a fhios aici anois tada – céard a bhain díobh ná tada – ach bhí faitíos uirthi roimh an ngabha.

"D'ordaigh an gabha dom,," a deir sí, "na haobha sin a bheith leagtha suas ar phláta – rósta dó – nuair a thiocfadh sé aríst, agus maróidh sé mé. Diabhal a fhios agam nach mé a chaitheamh a dhéanfadh sé."

Ach rinne sí staidéar.

"Ó, a dhiabhail!" a deir sí, "is fearr dom rith amach agus breith ar shicín. Ní aithneoidh sé aobha an tsicín thar aobha an éin."

D'imigh sí amach, agus ar a dhul isteach léi leis an sicín, nuair a bhí a fhios ag an dá ghasúirín go raibh beagáinín déanta as bealach acu – níor thug sí milleán ar bith dóibh – d'éirigh siad ina seasamh agus d'imigh siad amach abhaile. Ghlan sí an sicín. Bhain sí amach na haobha agus róst sí iad agus leag sí suas ar phláta iad.

Bhí go maith is ní raibh go holc. Nuair a tháinig an gabha tráthnóna, leag sí a dhinnéar ar an mbord. D'fhiafraigh sé cá raibh na haobha agus dúirt sí go raibh siad thuas ar an drisiúr ar an bpláta, go dtabharfadh sí anuas chuige iad. Ach thug. Agus thug sí faoi deara gurbh iad na haobha an chéad rud a d'aimsigh sé.

D'ith sé iad, ach má d'ith, níorbh iad aobha an éin a bhí ite aige ach aobha an tsicín. Ach ní raibh a fhios aige sin.

Bhí go maith is ní raibh go holc. Chuadar a chodladh an oíche sin. Agus idir an lá agus an oíche ag scaradh ó chéile – bhí bean an ghabha idir a bheith ina dúiseacht agus ina codladh – d'airigh sí an gabha ag díriú aniar sa leaba agus ag tógáil an philiúir óna chloigeann. Thosaigh sé ag tóraíocht, ag cartadh agus ag réabadh, ach dá mbeadh sé ag tóraíocht ó shin, ní bhfaigheadh sé aon bhlas.

"Shílfeá," a deir a bhean, "gur chaill tú rud éicint."

"Á, muise, rud éicint a chaill mé ansin aréir ach b'fhéidir go bhfaighinn amárach é."

M'anam nach bhfuair ná arú amárach.

Ach bhí go maith is ní raibh go holc. Thug Pártalán abhaile an chéad punt chuig an mbean. Chuir sí i dtaisce an chéad punt agus thug sí léi na scuaba aríst, an chuid a d'fhan aici den chúig phunt, chuaigh sí chuig an mbaile mór agus thug sí riar mór eile earraí siopa léi.

Níor stop an chéad punt Pártalán bocht gan a dhul chuig an gcoill ar maidin lá arna mhárach aríst. D'imigh leis agus chuaigh sé chuig an gcoill.

Agus amach timpeall a dó dhéag nó a haon a chlog chuaigh bean Phártaláin ag cóiriú na leapacha. Chóirigh sí a leaba féin agus Phártaláin an chéad uair. Chuaigh sí ag cóiriú leaba an dá pháiste ansin, agus nuair a thóg sí piliúr óna gcloigeann, céard a thitfeadh anuas faoina cosa – ba bhean an-simplí a bhí inti – ach dhá phíosa airgid. Thóg sí iad agus thug sí faoi deara gur dhá phíosa óir a bhí ann. Chuaigh sí amach chuig an solas, ach má chuaigh féin, ní raibh sí ag baint aon mheabhair as.

Shíl sí ansin nach raibh aon áit ag an dá ghasúr leis an airgead seo a fháil ach go mb'fhéidir gur i dteach an ghabha a casadh orthu é – an dtuigeann tú, mar ba Gabha an Óir an t-ainm a bhí air – agus dá bhfaigheadh an gabha amach go dtabharfaidís aon cheo ón teach, go gcaithfeadh sé iad. Ach bhí sí ar síorchrith le faitíos.

"Leagfaidh mé suas ar phláta é," a deir sí, "go dtaga sé féin anocht nó tráthnóna, agus b'fhéidir go mbeadh aon scil aige ann."

Nuair a tháinig Pártalán – bhí sé ag ithe a dhinnéir – chuaigh sí suas agus thug sí anuas an dá phíosa gur spáin sí dó iad.

D'éirigh Pártalán ina sheasamh agus thug sé amach sa doras iad. Chaith sé i bhfad ag breathnú orthu. Ach ní raibh aon éirim i bPártalán ach an oiread. Ní raibh aon fhoghlaim air agus bhí sé simplí. Níor bhain sé aon mheabhair astu.

"Bhuel," a deir sé, "is é a bhfuil de leigheas air seo anois," a deir sé, "níos mó. Coinnigh do rún agat féin anois," a deir sé leis an mbean. "Tá an t-ádh feasta orainn."

Bhí go maith is ní raibh go holc. Choinnigh. Bhí an gabha ag tóraíocht chuile mhaidin nó go raibh a chroí briste – ar feadh bliana agus dhá bhliain – ach má bhí féin, ní bhfuair sé aon cheo faoi aon philiúr.

Níl aon mhaidin ná aon lá a ndeachaigh bean Phártaláin ag cóiriú leaba an dá pháiste nach raibh dhá phíosa óir faoin bpiliúr agus bhí sí á dtógáil agus á gcur suas i dtaisce. B'fhiú suim mhór airgid é, an dtuigeann tú? Ach lá agus bliain ina dhiaidh, cheannaigh Pártalán feilm agus chuir sé isteach stoc uirthi. Agus nuair a chuala an gabha go raibh an fheilm ceannaithe ag Pártalán agus stoc aige uirthi, ar ndóigh, bhí sé le ceangal le teann éad agus feirg agus ba mhór leis Pártalán. Ní raibh a fhios aige faoi bhonnacha an diabhail ina intinn féin cá bhfuair sé an t-airgead.

Ach bhí go maith.

"Beidh a fhios agamsa é," a deir sé.

Bhí go maith is ní raibh go holc. Bhí sé ag faire Phártaláin ariamh – agus is dócha go raibh Pártalán ag coinneáil as a bhealach – ach bhí sé ag faire ariamh air gur casadh air é. B'fhear an-simplí a bhí i bPártalán. Chreidfeadh sé chuile shórt. Ach bhí sé píosa ag caint.

"Chuala mé, bail ó Dhia ort," a deir an gabha, "gur cheannaigh tú feilm."

"Cheannaíos," a deir Pártalán.

"Chuir tú stoc uirthi."

"Chuireas."

"Ach ar mhiste dom fiafraí díot," a deir an gabha, "cá bhfuair tú an t-airgead?"

Níor labhair Pártalán tada an chéad uair.

"Ar ndóigh, ní hé an tsuim airgid a thug mise duit ar an seanéan lofa sin" a deir sé, "le go mbeifeá in ann feilm agus stoc a chur uirthi."

"Muise, go deimhin, ní hé a mh'anam," a deir Pártalán.

Bhí sé an-simplí. Céard a dhéanfadh sé ach tosaíonn sé ag inseacht a scéil dó mar atá inste agamsa duitse anois nó go dtáinig sé chomh fada leis an áit a bhfuil mise.

"Á," a deir an gabha, "bhí a fhios agamsa go maith," a deir sé, "nach mba dea-airgead é sin agus nach le haghaidh an ádh a chas sé ort. Bhí a fhios agam go bhfuair tú ar bhealach an diabhail éicint é nach raibh ceart. Cén chaoi a bhféadfadh an méid sin airgid a bheith agat?"

"Meas tú," a deir Pártalán bocht, "céard a bheadh ag baint leis?"

"Tá an mí-ádh ag baint leis," a deir an gabha.

"Fuair an t-áibhirseoir greim ar do dhá pháiste agus fuair sé greim ort féin ansin agus ar do bhean agus ní hé an chaoi a bhfaighidh sibh bás nádúrtha ar bith," a deir sé, "ach tiocfaidh an t-áibhirseoir agus tabharfaidh sé síos beo beithíoch go hifreann i lár an lae sibh."

Thit Pártalán bocht as a sheasamh. Nuair a fuair sé biseach, "Dia dár réiteach!" a deir sé. "Céard is fearr dom a dhéanamh chor ar bith?"

"Inseoidh mise duit," a deir an gabha, "céard is fearr duit a dhéanamh. Téirigh abhaile anois," a deir sé, "agus amach ag an am marbh den oíche anocht, tabhair leat an dá pháiste sin agus tabhair chuig an gceann is faide de na coillte iad. Tabhair isteach ina ceartlár iad agus maraigh ann iad is fág ann iad is ní bheidh a fhios nach mada allta nó beithígh fiáine – ó tá sé beo leo – a mharaigh iad. Ní bheidh aon chruthú gur tusa a mharaigh iad ná a thug leat iad, mar ní chuimhneofaí go brách go ndéanfá a leithéid. Ach," a deir sé, "tá seans acu a bheith maraithe nó ite ag beithígh fiáine sula mbeidh siad uair an chloig féin ann."

D'imigh Pártalán bocht agus é ag gol go dtáinig sé abhaile go dtí an bhean agus d'inis sé an scéal di. Thit an bhean as a seasamh mar ní raibh dhá pháiste ar bith i bhfoisceacht mílte díobh ba bhreátha ná iad is ní raibh aon dá dheoir uisce a thit d'aill ariamh ba chosúla le chéile ná an bheirt. Ní raibh aon aithne ar cheachtar acu thar an gceann eile.

Ní dheachaigh Pártalán ná an bhean a chodladh chor ar bith an oíche sin, ach amach deireadh oíche thug Pártalán greim le n-ithe don dá pháiste. Dhúisigh sé iad agus thug sé leis iad agus níor chónaigh an feaı bocht ariamh go dtug sé chuig an gceann ab fhaide uaidh de na coillte uile iad. Bhí sé ag siúl nó go ndeachaigh sé isteach ina ceartlár agus shaothraigh sé é mar bhí an oíche dubh. Ach bhí gealach deireadh oíche ann agus ní mórán achair a bhí sé sa gcoill nuair a d'éirigh an ghealach. Chonaic sé bun crainn agus

shuigh sé síos air. Bhí an dá ghasúirín bhochta lena thaobh agus thosaigh sé
ag smaoineamh air féin.

"Muise, 'chrá Dé," a deir sé ina intinn féin, "nach mbeidh bás an dá
pháiste ormsa go brách, pé ar bith a dhéanfas diabhal ná áibhirseoir. Bíodh
an diabhal aige," a deir sé, "ní mharóidh mise iad. Ní bheidh a mbás ormsa.
Séard a dhéanfas mé anois, fágfaidh mé anseo iad agus ní féidir nó tiocfaidh
mada allta nó leon nó beithíoch fiáin éicint a íosfas nó a mharós iad ach ní
bheidh a mbás ormsa ar chaoi ar bith."

D'éirigh sé ina sheasamh agus leag sé láimh ar ghualainn an dá ghasúirín
agus dúirt sé leo suí síos agus go raibh sé féin ag dul ina leithéid seo d'áit agus
go mbeadh sé chucu faoi cheann ceathrú uaire nó deich nóiméad.

Ach d'imigh sé. Dá bhfanfadh an dá ghasúirín bhochta ó shin, ní
thiocfadh Pártalán. Bhí an lá á chaitheamh agus ba ghearr gur thiteadar ina
gcodladh, is nuair a dhúisíodar thosaigh siad ag bladhrach agus ag
caoineachán. Bhí fuacht agus ocras orthu. Ach bhí siad ag caoineadh go
rabhadar tuirseach. Ní rabhadar in ann níos mó a chaoineadh. Ach i
bhfoisceacht uaire den ghrian a dhul i dtalamh, tar éis an bhail a bhí orthu,
d'airigh siad torann uafásach ag teacht tríd an gcoill. Agus chuala siad a
n-athair ag caint go minic ar bheithígh fiáine agus chuimhnigh siad air – an
leaidín is sine. Chuaigh siad isteach tuilleadh ar chúl an chrainn go
bhfeicfidís céard a bheadh ann ach bhí siad ag breathnú amach idir na
géagáin. Faoi dheireadh, cén deabhac a d'fheicfidís ag teacht ach fear mór
ard a bhí os cionn sé troithe go hard ar airde. Bhí gunna mór ar a ghualainn,
mála leathair, iris faoina mhuineál ann agus é thíos ar a dhroim agus beilt
mhór uafásach aniar faoina lár agus í lán le hurchair. Bhuail fáitíos uafásach
ansin iad ach chromadar tuilleadh.

Ach faoi dheireadh, de réir mar a bhí sé ag teannadh leo – is dócha gur
ag dul thar an áit a raibh siad a bhí sé ar a bhealach – thug an leaidín ba sine
faoi deara an chasóg a bhí air. Ó bhun a smige go dtína bhásta, bhí dhá *row*
de chnaipí na croise céasta anuas uilig inti, *row* ar chaon taobh.

"By *dad*," a deir sé ina intinn féin. Thug sé cogar don leaidín beag, "Ní
drochfhear é sin, pé ar bith cé hé féin. Ní dhéanfaidh sé sin aon cheo orainn.
An bhfeiceann tú cnaipí na croise céasta ina chasóg?"

Diabhal blas a rinne siad ach éirí amach de léim ón gcrann, agus nuair
a bhreathnaigh an duine uasal orthu, ba bheag nár thit sé as a sheasamh agus
é an-deireanach sa tráthnóna. Labhair sé go suáilceach leo agus ba dona a
bhíodar in ann aon labhairt a dhéanamh. Bhí a gcuid éadain smeartha anuas
uilig de bharr caoineacháin agus sianaíl. D'fhiafraigh sé díobh céard a thug
anseo iad, cár leis iad nó cérbh as iad. Is é a raibh siad in ann a thabhairt de

cheol ansin ná de *description* cé mba leis iad, is é a raibh siad in ann a thabhairt de cheol dó, gur Pártalán a bhí ar a n-athair. Ní raibh sé ag fáil aon mheabhair air.

Ach bhí go maith. Cheistnigh sé iad.

"Ní thiocfaidh bhur n-athair anocht," a deir sé, "ná amárach, mar tá bhur n-athair marbh ag leon nó ite ag mada allta."

"Mar ní dhéanfadh an t-athair libhse é sin," a deir sé. "Dá mbeadh sé le theacht ar ais, fadó inniu a bhí sé go dtí sibh."

Ach ní rinne sé ach an mála leathair a bhí ar a dhroim a thógáil anuas, agus bhí riar mór lóin fanta ann, feoil agus arán geal a bhí aige lena dhinnéar. Roinn sé leo é agus, ar ndóigh, bhíodar stiúctha leis an ocras. Ach d'ith siad é.

"Bhuel anois, a ghasúir," a deir sé, "más maith libh féin é, níl agamsa ach mé féin agus mo bhean agus tá muid fíorfhada as seo. Tá mise pósta agus bean agam ach níl aon mhuirín orm agus," a deir sé, "más maith libh é, tabharfaidh mise abhaile anocht sibh. Beidh leaba bhreá the chlúmhaigh agaibh, piliúr maith clúmhaigh faoi bhur gcloigeann, an bricfeasta amárach agus féadfaidh sibh fanacht go bhfaighidh mise tuairisc cé leis sibh. Pé ar bith cérb as sibh, gheobhaidh mise tuairisc air."

Ar ndóigh, mo léan, is é a raibh uaidh an dá pháiste bhochta é. Chroch sé leis iad agus tabhair fad ar fhad ach bhí air a dhul i bhfad. Nuair a tháinig sé isteach go dtí an bhean, bhí na soilse i bhfad lasta. Nuair a chonaic bean an duine uasail an dá pháiste óga – an dá pháiste bhreátha a bhí ag teacht aige – chuaigh sí ar a dhá glúin agus choisric sí í féin.

"Míle glóire le Mac Dé!" a deir sí. "Cá bhfuair tú an dá pháiste sin? Mura dtug Dia muirín ar bhealach dúinn," a deir sí, "tá muirín anois againn, buíochas le Mac Dé."

Thosaigh sí ag rá paidrín agus nuair a bhí sí réidh, "Bhuel," arsa an duine uasal, "dhá pháiste bhreátha iad ceart go leor ach níl aon mhaith duit a rá go bhfuil muirín ort, mar caithfidh mise a fháil amach cé leis an dá pháiste sin. Is mór an trua a n-athair is a máthair sin," a deir sé, "ach níl mé ag rá go bhfuil a n-athair beo ach is dócha go bhfuil a máthair beo. Ach caithfidh mé tuairisc a fháil cé leis iad."

"Ná bac le tuairisc ná fáirnéis," a deir a bhean. "Ní raibh aon athair ná máthair ariamh acu a bheas chomh maith dóibh liomsa ná chomh ceanúil orthu."

Agus b'fhíor di. Ní raibh.

Ach bhí go maith is ní raibh go holc. Fuaireadar an suipéar te bruite nár itheadar a leithéid ariamh cheana. Cuireadh isteach a chodladh i leaba bhreá chlúmhaigh iad agus piliúr clúmhaigh faoina gcloigeann mar bhí an oiread caointe i gcaitheamh an lae acu – an dtuigeann tú? – go rabhadar marbh.

Nuair a d'éirigh an duine uasal ar maidin lá arna mhárach, is é an focal deireanach a dúirt sé leis an mbean – ag fiach is ag foghlaeireacht a bhíodh sé, "Tabhair aire mhaith don dá pháiste sin," a deir sé. "Ná faighimse amach go ngabhfaidh siad ar iarraidh aríst go bhfaighidh mise amach cé leis iad."

"Ná bíodh faitíos ort," a deir sí.

Ach d'imigh sé agus amach ar uair a haon a chlog nó a dó dhéag nuair a chuaigh sí ag cóiriú na leapacha, nuair a thóg sí an piliúr ó cheann an dá pháiste, thit an dá phíosa airgid anuas faoina cosa. Thug sí léi agus bhreathnaigh sí air ach – bhí sí seo níos meabhraí ná bean Phártaláin – bhí a fhios aici go maith go mb'ór ceart é acu.

"Tá sé sin déanta," a deir sí, "leis na céadta nó na mílte bliain. Ach is fearr," a deir sí, "é a leagan suas go dtaga sé féin tráthnóna is go mbeidh níos mó meabhair aige ann."

Ach séard a bhí á *puzzle*áil nó á cur i dteannta: cá bhfaigheadh an dá pháiste a bhí chomh lag leo an dá phíosa airgid nó cén chaoi a rabhadar in ann é a iompar agus gan é a bheith caillte acu? Níor chuimhnigh sí sin gur faoin bpiliúr a bhí sé tagtha chor ar bith.

Ach bhí go maith. Nuair a tháinig an duine uasal tráthnóna, leag sí a dhinnéar ar an mbord – bhí sé ag titim ina oíche – chuaigh sí suas agus thug sí anuas chuige é. Ar ndóigh, d'éirigh sé de léim agus rug sé air agus las sé solas éicint istigh agus bhreathnaigh sé air. Ach ní mórán breathnú a bhí déanta aige air, nuair a d'éirigh sé gur thosaigh sé ag damhsa ar an urlár.

"Á! Is aoibhinn Mac Dé," a deir sé, "don dá pháiste sin pé ar bith cé leis iad nó cén chaoi ar chas sé orthu. Sin iad an dá pháiste," a deir sé, "a fuair gifte an éin atáimse a thóraíocht," a deir sé, "le cúig bliana agus dhá fhichead is níor tháinig mé trasna riamh uirthi."

Ach d'inis sé an scéal don bhean ansin faoin éan órach agus an gifte agus b'in é an chaoi a raibh an dá phíosa óir faoi chloigeann na bpáistí.

"Bhuel anois," a deir sé nuair a bhí an scéal sin críochnaithe aige, "más fada gearr a bheas an dá pháiste sin sa teach seo," a deir sé, "faigh mála mór leathair. Tá neart acu ansin. Cuir síos an dá phíosa sin sa mála chuile lá den bhliain," a deir sé. "Más fada gearr a bheas siad in éineacht linn," a deir sé, "beidh sé sin le fáil acu an lá a n-imeoidh siad."

"Tá go maith," a deir a bhean.

Níor theastaigh sé ón duine uasal mar ba fear tréan agus fear an-chneasta a bhí ann, agus bhí a bhean chomh maith leis.

Ach bhí an duine uasal ag fiach is ag foghlaeireacht chuile lá agus ag cur tuairisc na bpáistí ach – dá mbeadh sé ag cur tuairisc ó shin – ní bhfuair sé amach cé as a dtáinig an dá ghasúr nó cé a mba leis iad. Is dócha, i ngeall ar an mbealach a tugadh chun bealaigh iad, gurbh é an chaoi ar plúchadh é – mar a déarfá – nár déanadh aon chaint de nó go dtéadh caint don bhuíochas. Ach ní bhfuair sé aon tuairisc cé a mba leis iad.

Choinnigh sé iad nó go raibh siad in ann a dhul chuig an scoil. Chuir sé chuig an scoil ansin iad go raibh siad sa seachtú rang, is nuair a bhí siad sa seachtú rang, ba bheirt bhuachaillí breátha, slachtmhar, dea-mhúinte a bhí iontu. Chuir sé chuig coláiste ansin iad agus chaitheadar trí bliana ag dul chuig an gcoláiste. Agus nuair a bhíodar réidh leis an gcoláiste, ba bhuachaillí breátha iad. Thug sé leis iad ansin chuile lá dá dtéadh sé ag foghlaeireacht is ag fiach. Thug sé gunna do chaon bhuachaill acu, mála urchar ar a ghualainn – agus d'imídís leo, an triúr acu. Ach bhí sé á mhúineadh le fiach agus foghlaeireacht nó gur cheap sé go rabhadar in ann a dhul ina rogha áit.

An lá deireanach a raibh siad in éineacht leis, bhíodar thuas ar mhullach cnoc an-ard agus bhíodar ag tógáil lón agus dheamhan blas ar bith ach go raibh an lón tógtha acu, nuair a d'airigh an duine uasal plód mór géabha fiáine ag teacht aniar sa spéir os a chionn.

"Éirigh i do sheasamh anois," a deir sé leis an leaid ba sine, "le go bhfeice mé céard atá tú in ann a dhéanamh." Nuair a tháinig na géabha díreach os a chionn, "Caith leis an ngé thosaigh," a deir sé.

Chaith agus chuir sé anuas í.

"Caith leis an gceann deiridh anois," a deir sé.

Chaith agus chuir sé anuas í.

"Buachaill maith thú," a deir sé.

D'fhan siad mar sin go ceann tamaill eile agus is gearr gur airigh sé plód eile ag teacht. Dúirt sé an rud céanna leis an dara mac, an dara deartháir.

"Caith leis an gceann tosaigh anois," a deir sé.

Chaith agus chuir sé anuas í.

"Caith leis an gceann deiridh."

Chaith agus chuir sé anuas í.

"Bhuel anois," a deir sé, "tá mé an-ríméadach," a deir sé. "Is cuma daoibh cén áit de sheacht gcranna an domhain a dtabharfaidh sibh bhur n-aghaidh ach tá sibh in ann bhur mbeatha a shaothrú is ní call daoibh fuacht nó faitíos a bheith agaibh," a deir sé, "roimh rud ar bith a chasfas oraibh. Agus is é an fáth a thriail mé leis seo anois sibh," a deir sé, "tá sibh tagtha san aois anois, bail ó Dhia oraibh," a deir sé, "go bhfeictear dom go mba cheart go mbeadh an oiread céille agaibh is go mba mhaith libh bhur n-athair agus máthair a fheiceáil nó iad a fháil amach dá mbeadh sibh in ann."

Ar ndóigh, thosaigh an bheirt ag scairtíl le teann ríméid go bhfaighidís cead a leithéid de rud a dhéanamh.

"Bhuel anois," a deir an duine uasal, "ní choinneoidh mise uair an chloig níos faide sibh. Gabhfaidh muid abhaile anois," a deir sé, "is ar maidin amárach," a deir sé, "féadfaidh sibh," a deir sé, "a dhul ar thuairisc bhur n-athair agus bhur máthair. Ach pé ar bith lá go deo a gcasfaidh sibh ar m'áras-sa, más fada nó gearr é, má bhímse beo romhaibh," a deir sé, "is libh an t-áras seo i mo dhiaidhse."

"Go raibh míle maith agat," a deir an leaid ba sine.

Tháinigeadar abhaile an oíche sin. Chaitheadar an oíche trian le fiannaíocht, scéalaíocht, sú sá chodlata. Ní dheachadar a chodladh chor ar bith gur gheal an lá, lá arna mhárach.

Ba mheasa leis an duine uasal agus leis an mbean iad ná an t-amharc a bhí ina súil. Ba bheirt fhear óga an-mhúinte iad. Ach nuair a bhí a mbricfeasta ite acu, thug sé gunna do chaon fhear acu. Chuaigh sé suas ansin agus thug sé mála urchar anuas agus thug sé mála urchar do chaon fhear acu agus chuireadar anuas ar a gcuid guaillí iad. Nuair a bhí sin déanta aige, thug sé leis scian agus ghearr sé ceithre cinn de chnaipí na croise céasta as a chasóg agus thug sé péire acu do chaon fhear acu.

"Cuirigí iad seo in bhur bpócaí anois," a deir sé, "agus rud ar bith a chinnfeas oraibh ar aon bhealach eile leis an ngunna, má chuireann sibhse é seo sa ngunna," a deir sé, "is cuma céard é féin – dona nó maith é – ach gheobhaidh sibh an bua air."

"Go raibh maith agat," a deir an dá dhuine uasal óga.

"Bhuel, téirigh suas anois," a deir sé leis an mbean, "agus tabhair anuas an mála leathair airgid atá thuas ansin."

Agus, ar ndóigh, mo léan, bhí sé fánach aici. Chuaigh sí suas ach ní chorródh sí den talamh é. Chuaigh an duine uasal suas.

"Caithfidh tú mála eile a fháil," a deir sé.

Fuair. Rinneadar dhá leith díreach den mhéid óir a bhí faighte acu ó tháinigeadar chuige go dtí an lá a rabhadar ag dul ag imeacht. Rinne sé dhá leith de ach ní dheachaigh aon tseaneire ar dhá leaid óga ariamh mar a bhí orthu nuair a bhíodar ag fágáil an duine uasail.

Ach – le scéal fada a dhéanamh gearr – d'fhág siad slán aige agus bhíodar ag silt na ndeor agus iad sin ag silt na ndeor ina ndiaidh. Ach d'fhógair sé orthu ar deireadh, dá gcasfaidís thart go brách, go mba leo an t-áras ina dhiaidh.

D'imigh leo. Amach timpeall a dó dhéag sa lá bhíodar ag siúl ar thaobh cnoic. Cén diabhal a d'fheicfidís ag dul anuas ach giorria baineann.

"Caithfidh muid í," a deir fear acu leis an bhfear eile.

"Ná caith. Ná caith," a deir an giorria. "Má thugann tú ceathrú m'anama domsa," a deir sí, "tabharfaidh mise chuig áras anocht thú nár chaith tú a leithéid ann ó chuaigh cóta ort. Agus nuair a bheas tú ag imeacht ar maidin amárach," a deir sí, "gheobhaidh tú bricfeasta chomh maith agus a d'ith tú ariamh, agus dhá ghiorria óga, má thugann tú ceathrú m'anama domsa."

"Tá go maith," a deir sé.

Chroch an giorria léi iad. Bhíodar ag siúl agus ag siúl go dtáinigeadar go taobh cnoic eile. D'oscail an cnoc, agus nuair a d'oscail an cnoc, chuaigh an giorria isteach. Ní fhacadar a leithéid de pharthas in aon áit sa domhan ariamh. Ná ní fhaca aon duine eile. Chaitheadar an oíche sin in éineacht leis an ngiorria ag fiannaíocht, scéalaíocht, sú sá chodlata.

Nuair a bhí a mbricfeasta ite lá arna mhárach acu, chuaigh sí amach agus thug sí isteach dhá ghiorria óga chucu, ceann ag chaon fhear. D'fhág siad slán aici agus ghlacadar buíochas léi agus ghlac an giorria buíochas leo.

Bhí siad ag siúl an lá sin go ndeachadar suas taobh cnoc mór ard eile. Cén diabhal a d'fheicfidís ag dul anuas ach lom.

"Caithfidh muid í," a deir fear acu leis an bhfear eile.

"Ná caith. Ná caith," a deir an lom. "Má thugann tú ceathrú m'anama domsa," a deir sí, "an pálás a chaith tú aréir ann, bhí sé go maith ach," a deir sí, "ní bheidh sé i bhfoisceacht blao asail den phálás a gcaithfidh tú an oíche anocht ann má thugann tú ceathrú m'anamsa domsa."

"*By dad*, tabharfaidh," a deir sé.

Chroch sí léi iad agus, ar ndóigh – le scéal fada a dhéanamh gearr – dá fheabhas a raibh pálás an ghiorria, bhí pálás an loma ag baint a bharr de.

Ar maidin lá arna mhárach nuair a bhí a mbricfeasta ite acu, chuaigh sí amach agus thug sí isteach dhá lom chucu. Bhí lom ansin agus giorria ag chaon fhear acu. Bhí ceithre cinn de bheithígh fiáine acu.

Bhí go maith is ní raibh go holc. An tríú lá, bhíodar ag siúl ar thaobh cnoc eile is cén diabhal a d'fheicfidís ag dul anuas ach mada allta.

"Caithfidh muid í," a deir fear acu.

"Ná caith. Ná caith," a deir an mada allta. "Má thugann tú ceathrú m'anama domsa," a deir sí, "dá fheabhas an dá phálás atá caite le dhá oíche agaibh, níl tada iontu," a deir sí, "le hais mar a chaithfeas sibh an oíche anocht."

"Tá go maith," a deir sé.

Thug sí léi iad agus chuaigh sí go taobh cnoc eile agus d'oscail sé sin.

Ach, ar ndóigh, bhí sé ag baint an amhairc as an tsúil uilig, an parthas a bhí ag an mada allta. Chaitheadar an oíche le fiannaíocht, scéalaíocht, sú sá chodlata go dtí an lá arna mhárach, is nuair a bhí a mbricfeasta ite acu, chuaigh sí amach agus thug sí isteach dhá mhada allta. Bhí sé cinn de bheithígh fiáine anois acu.

An ceathrú lá, bhíodar ag siúl ar thaobh cnoc eile, cén diabhal a bheadh ag dul anuas ina n-aghaidh ach leon, leon mór uafásach.

"Caithfidh muid í," a deir fear acu.

"Ná caith. Ná caith," a deir an leon. "Má thugann tú ceathrú m'anama domsa," a deir sí, "níor chaith tú i do shaol ariamh in aon pharthas – agus ní chaithfir aríst go lá an bhreithiúnais – oíche is aoibhne ná an oíche a chaithfeas tú anocht. Agus nuair a bheas tú ag imeacht uaimse," a deir sí, "ar maidin amárach, tabharfaidh mé dhá leon óga duit."

"Tá go maith," a deir sé.

Chuadar ag parthas an leoin, agus má chuaigh féin, b'fhíor don leon é. Bhí sé ag baint an fharasbairr ar chuile bhealach de na trí oíche eile, is níor chaitheadar aon oíche ariamh chomh haoibhinn léi.

Nuair a bhí a mbricfeasta ite lá arna mhárach, thug sí isteach dhá leon chucu. Bhí ocht gcinn de bheithígh fiáine anois acu.

D'imigh leo ansin – agus ní raibh a fhios acu cá rabhadar ag dul ach ag imeacht rompu – is cén diabhal áit a gcastar iad ach isteach i gcolbha baile mhóir. Agus nuair a tháinigeadar isteach i gcolbha an bhaile mhóir, bhí na gunnaí ar na guaillí, na málaí urchar agus málaí airgid, agus bhí beilteanna aniar faoina lár a bhí lán le hurchair. Ach ní hé an saol atá anois ann a bhí an uair sin ann.

An chéad duine a chonaic iad, rith sé thar an gclaí. An chéad duine eile, chuaigh sé thar sconsa. Ach is gearr gur thosaigh na doirse á ndúnadh agus bratacha ag dul ar na fuinneoga. Bhíodar ag siúl isteach go ndeachadar go dtína leath agus bhíodar ag dul thar theach a bhí dhá stór ar airde, agus chonaiceadar a chloigeann amach ag fear óg – is bhí an fhuinneog thuas ar an dara stór – is é ag breathnú anuas orthu. Bhreathnaigh duine acu suas air.

"Muise, le do thoil," a deir sé, "an dtabharfá lóistín na hoíche go maidin dúinn?"

"Muise, *by dad*, thabharfainn," a deir sé, "míle fáilte. Ach táim ag creathadh le faitíos. Tá na beithígh sin fiáin. B'fhéidir go dtarraingeoidís ó chéile mé."

"Ná bíodh fuacht ná faitíos ort," a deir fear acu, "roimh na beithígh sin. Tá na beithígh sin chomh socair leat féin agus liomsa. Ní dhéanfaidh na beithígh sin tada ort."

Ní rinne sé ansin ach rith anuas chomh tréan is a bhí ann agus d'oscail sé an doras. Chroith sé lámha leo agus cuireadh na beithígh ar stábla agus fuaireadar a suipéar agus chaitheadar féin agus fear óg an tsiopa an oíche le fiannaíocht, scéalaíocht nó gur gheal an lá, lá arna mhárach.

Nuair a bhí a mbricfeasta ite acu – ar ndóigh, ní íoc amháin a thugadar air ach íoc seachtaine – d'fhág siad slán aige agus bhain sé gealladh díobh dá gcasfaidís sa mbaile mór go brách aríst, gan dearmad a dhéanamh a theacht ar cuairt chuige, agus gheall siad sin dó.

Agus nuair a bhíodar achar gearr ón teach dhá stór, thosaigh na doirse ag dúnadh aríst, cailíní agus mná ag rith thar chlaíocha agus ag creathadh le faitíos – ní nárbh ionadh é – ach, "By dad," a deir fear acu leis an bhfear eile, "níl a fhios agam nach olc atá muid a dhéanamh anois."

"Tuige?" a deir an deartháir.

"Gheobhaidh muid muid féin i dtrioblóid," a deir sé.

"Cén fáth a bhfuil tú á rá sin?" a deir an deartháir.

"Tá an iomarca faitíos ar na daoine romhainn," a deir sé. "Tá an iomarca beithígh fiáine againn. Níl beart ar bith is fearr a dhéanamh ná, an chéad chrosbhóthar a chasfas orainn, cuireadh muid cúirt i dteannta a chéile," a deir sé, "céard is fearr dúinn a dhéanamh."

Ach d'imigh leo gur bhailíodar amach thar an mbaile mór, agus ní fada ón mbaile mór a chuadar nuair a chas crosbhóthar leo a raibh ceithre bhóthar air. Bhí crann daraí ag fás ar thaobh na láimhe deise de bhóthar éicint ar an gcrosbhóthar, a bhí ag fás ann leis na céadta bliain. Shuíodar síos faoina bhun.

"Anois," a deir fear acu, "níl beart ar bith is fearr dúinn a dhéanamh," a deir sé, "agus is suaimhní a bheas muid, agus b'fhéidir go bhfaigheadh muid tuairisc ár n-athair is ár máthair," a deir sé, "ná scarúint ó chéile go ceann lá agus bliain. Ní bheidh an oiread beithígh fiáine againn," a deir sé, "is ní bheidh oiread faitíos romhainn. Agus," a deir sé, "pé ar bith cé againn a thiocfas ar an gcrosbhóthar seo – é a theacht anseo nuair a bheas lá is bliain istigh ar uair a dó dhéag – agus pé ar bith againn a thiocfas ann an chéad uair, mura mbeidh an fear eile ann," a deir sé, "is dócha," a deir sé, "go mbeidh imní air go mbeidh rud éicint air."

"Bhuel," a deir an fear eile, "cén chaoi a mbeadh fhios agamsa, dá dtagainn, an marbh nó beo a bheifeása," a deir sé, "mura dtiocfá ann?"

Labhair an lom.

"Bheadh a fhios," a deir an lom. "Cuir láimh siar i mo chluais chlé," a deir sí. "Tá lann scine thiar inti agus tabhair aniar í."

Chuir. Bhí lann scine thiar inti agus bhí sí chomh glas le deoir aille.

"Breathnaíodh an bheirt agaibh ar an lann sin anois," a deir sí.
Bhreathnaigh.

"Bhuel anois," a deir an lom, "sáigh isteach sa gcrann sin anois í," a deir sí, "is ní bhfaighidh aon duine ansin í go ceann lá is bliain. Agus pé ar bith cé agaibh a thiocfas anseo," a deir sí, "nuair a bheas lá agus bliain istigh, má bhíonn an lann sin sa gcóir agus sa gcuma chéanna a bhfuil sí anois," a deir sí, "beidh an té eile beo slán. Ach má bhíonn lorg dusta," a deir sí, "ná cuma bheag mheirg ar bith air, beidh sé faoi dhraíocht nó marbh."

Sháigh sé isteach sa gcrann í, chroitheadar lámha le chéile agus d'imigh siad.

Bhí go maith is ní raibh go holc. Chomh tráthúil lena bhfaca tú ariamh agus gan cuimhne ar bith aige air, cá gcasfadh fear acu dhá mhí díreach ina dhiaidh sin aríst ach isteach sa mbaile mór céanna. Agus nuair a bhí sé ag teacht isteach i gcolbha an bhaile mhóir, bhí na ceithre cinn de bheithígh fiáine aige ceart go leor ach ní mb'in tada le hais ocht gcinn.

Thug sé faoi deara ar bharr simléir agus ar na fuinneoga agus ar *phole*anna a bhí sáite sa talamh go raibh bratacha dubha crochta ar fud an bhaile mhóir.

"By *dad*," a deir sé, "tá brón éicint ar an mbaile mór seo anocht. Níl a fhios agam nach dona an áit a bhfuil mé ag teacht. Tá rud éicint suas. Ach mar sin féin," a deir sé, "seansálfaidh mé é."

D'imigh leis is bhí sé ag siúl ariamh go dtáinig sé chomh fada leis an teach dhá stór a raibh sé féin agus an deartháir ann roimhe sin. Agus, ar ndóigh, nuair a chonaic an fear óg ag teacht é, mo léan, d'aithin sé é. Rith sé amach roimhe agus chroith sé láimh leis. Thug sé isteach é. Chuir sé na beithígh ar stábla agus tugadh ar pharlús é – an fear óg – nó gur ith sé a bhéile. Agus nuair a bhí a bhéile ite aige, shuigh sé féin agus fear an tsiopa – nó fear an bhaile mhóir – shuíodar síos i leataobh tine bhreá, ag caint is ag comhrá.

"By *dad*," a deir an fear óg a tháinig, "feictear dom," a deir sé, "go bhfuil cuma bhróin ar an mbaile mór anocht thairis nuair a bhí muid anseo cheana. Bhí sé ag breathnú go breá," a deir sé, "ach tá cuma an-bhrónach amach is amach anocht air."

"Ní iontas dó sin," a deir fear an tsiopa.

"Céard atá suas?" a deir an fear óg.

"Inseoidh mé sin duit anois," a deir sé. "Tá beithíoch áirid sa bhfarraige," a deir sé, "beithíoch mór fiáin a dtugann siad an dragún uirthi. Tá ardchíos amuigh aici sin ar an tír seo," a deir sé. "In éadan lá agus chaon seachtú bliain, caithfidh sí iníon rí, iníon bhanríon, iníon phrionsa nó iníon duine uasail is saibhre sa tír a bheith le fáil aici. Agus mura mbeidh," a deir sé, "déanfaidh sí léirscrios ar an tír."

"Ó, dona go leor," a deir an fear óg.

Bhí siad ag caint.

"Bhuel," a deir an fear óg, "cé atá le tabhairt anois chuici léi?"

"Bhuel, inseoidh mé sin duit," a deir fear an tsiopa. "Tá iníon an rí," a deir sé. "Níl an rí anois," a deir sé, "an-fhada chor ar bith ón áit a bhfuil mise anseo i mo chónaí," a deir sé. "Tá sé i gceann thoir an bhaile mhóir – a pharthas – agus," a deir sé, "iníon an rí atá le tabhairt léi ar maidin amárach chuici."

"Bhuel, ar mhiste dom fiafraí díot," a deir an fear óg, "cén áit a luíonn nó cén áit a mbeidh iníon an rí le tabhairt léi chuici nó cén áit é féin?"

"Bhuel, spáinfidh mise amárach duit é," a deir fear an tsiopa. "Is é an áit a mbeidh iníon an rí," a deir sé, "beidh sí ina suí istigh i gcathaoir airgid ar a sámh – chomh breá is a leag tú súil ariamh uirthi – agus," a deir sé, "ní ghabhfaidh léi ach an rí agus an bhanríon féin agus tiománaí, agus ní dhéanfaidh siad ach an chathaoir airgid sin a leagan amach ar an trá. Suífidh an iníon isteach inti. Fágfaidh siad slán aici ach casfaidh siad," a deir sé, "le casadh do shúl."

"Tuigim," a deir an fear óg. "Is bocht an scéal é. Bhuel," a deir sé, "cé nach bhfuil duine ar bith sa mbaile mór nó duine ar bith ag an rí a bheadh in ann an iníon a chosaint ar an dragún? Shílfeá," a deir sé, "fear ba lú le rá ná rí, go mbeadh dream éicint aige a bheadh in ann an iníon a chosaint ar an dragún."

"By dad, níl," a deir fear an tsiopa, "ach tá gaiscíoch ag an rí," a deir sé, "tá sé á bheathú le trí bliana le fréamhacha mairteola, uibheacha fuara, chuile chineál," a deir sé, "agus tá sé ag gealladh don rí go maróidh sé an dragún. Ach tá dabht agam air," a deir sé. "Agus má mharaíonn sé an dragún," a deir sé, "tá sé geallta ag an rí dó go dtabharfaidh sé an iníon dó le pósadh."

"By dad," a deir an fear óg, "fair play dó. Fear maith é."

Ach bhí go maith is ní raibh go holc.

"Anois," a deir an fear óg, "bheinn an-bhuíoch díot," a deir sé, "nuair a bheas mé ag imeacht ar maidin, dá mbeifeá in ann an áit sin a spáint uait dom nó dá mbeinn in ann an trá a dhéanamh amach. Ba mhaith liom amharc a fháil ar an dragún sin," a deir sé, "agus ar an mbean óg sula bhfaighinn bás. Ba mhaith liom rud éicint mar sin a fheiceáil. Agus," a deir sé, "ní le spóirt é. Tá an-trua agam," a deir sé, "don rí, don bhanríon agus don iníon. Ach cén neart atá air?"

"Ó, spáinfidh mise duit é," a deir fear an tsiopa.

Ach ar maidin, nuair a bhí a bhricfeasta ite ag an bhfear óg, chroch sé leis a cheithre cinn de bheithígh agus chuaigh fear an tsiopa in éineacht leis. Chuadar tamaillín amach ón mbaile mór agus bhí cnoc mór mí-ásach ard tamall maith uathu.

"Bhuel, nuair a ghabhfas tú ar bharr an chnoic sin," a deir fear an bhaile mhóir leis, "suigh síos ar a bharr. Feicfidh tú an trá is breátha dá bhfaca tú ariamh thíos i mbun an chnoic sin agus tá an fharraige ag teacht isteach. Tá bóthar an rí," a deir sé, "ag rith le bun an chnoic agus tá an trá ag teacht go taobh an bhóthair mórán. Ach," a deir sé, "ar an trá sin, má fhanann tusa tamall ansin" a deir sé, "feicfidh tú an cóiste péire capall ag teacht – iníon an rí agus an rí agus an bhanríon agus an tiománaí – agus feicfidh tú an chathaoir airgid á leagan ar an trá."

Ghlac an fear óg an-bhuíochas le fear an tsiopa. D'fhág sé slán aige agus d'imigh leis – é féin agus a cheithre cinn de bheithígh agus a ghunna. Níor chónaigh sé ariamh go ndeachaigh sé ar bharr an chnoic ab airde – feictear dó – a raibh sé ariamh air.

Shuigh sé síos ar a bharr.

"By dad," a deir sé, "bhí sé ag inseacht na fírinne."

Ní fhaca sé a leithéid de thrá ariamh is a chonaic sé – trá bhreá. Thosaigh sé ag breathnú ina thimpeall ach ní fhaca sé gaiscíoch, duine ná deoraí ag corraí. Agus pé ar bith cén sórt breathnú a bhí sé a dhéanamh timpeall air, faoi cheann tamaillín céard a d'fheicfeadh sé uaidh ar mhullach an chnoic – agus ní fhaca aon duine ariamh roimhe ná ó shin aon teampall ann ach é féin – ach seanteampall ón díle é. Bhí sé ag breathnú uirthi.

"'Chrá Dia," a deir sé, "go ngabhfaidh mé isteach, is ó tharla nach bhfuil aon duine le feiceáil, abróidh mé paidir dom féin agus paidir don chailín óg."

Ach d'imigh leis, agus d'fhan na ceithre cinn de bheithígh taobh amuigh agus chuaigh sé isteach sa seanteampall. Ach ní dheachaigh sé i bhfad síos ón doras nuair a chuaigh sé ar a dhá ghlúin. Dúirt sé cúpla paidir, agus nuair a d'éirigh sé, choisric sé é féin. Bhí sé ag casadh amach an doras. Céard a d'fheicfeadh sé ar thaobh na láimhe deise don doras ag dul amach dó ach claíomh uafásach. Bhreathnaigh sé uirthi. Ach bhí sí uafásach uilig. Agus pé ar bith cén chaoi ar bhreathnaigh sé an dara huair uirthi, chonaic sé priondáil scríbhneoireacht ar lann an chlaíomh.

Agus bhreathnaigh sé air. Bhí sé foghlamtha. Léigh sé é. Agus séard a bhí priondáilte air: fear ar bith – is é an meáchan a bhí an chlaíomh, leath-tonna – fear ar bith a ghabhfadh síos agus a d'ólfadh deoch as an tseanchailís a mbíodh an sagart ag ól fadó aisti, go mbeadh sé in ann an chlaíomh sin a thabhairt amach agus í a chasadh timpeall a mhullaigh taobh amuigh den doras trí huaire, mar a chasfadh sé camán a bheadh ag bualadh báire aige.

"By *dad*," a deir sé, "beidh sé ar a thriail."

Ní rinne sé ach siúl síos agus rug sé ar an tseanchailís ach ní raibh aon tsúil aige go raibh aon deoir inti. Agus, *by dad*, nuair a chroch sé ar a chloigeann í, bhí – agus gach ar thogair sé a ól. Ach d'ól sé a shaindeoch aisti. Leag sé uaidh arís í. Nuair a chuaigh sé taobh amuigh don doras, rug sé ar bharr na coise agus shíl sé í a chrochadh agus chroch sé í go réidh gan tarcaisne ar bith. Chuir sé suas díreach os cionn a mhullaigh í agus thug sé timpeall trí huaire í agus leag sé anuas ar an talamh í.

"By *dad*," a deir sé, "ní drocharm thú."

Ní rinne sé ach í a bhualadh ar a ghualainn agus chroch sé leis í, agus shiúil sé síos tamall taobh an chnoic, is diabhal mórán achair síos a bhí sé ar thaobh an chnoic nuair a shuigh sé síos agus thosaigh sé ag breathnú ina thimpeall. Agus chonaic sé na mílte mílte cloigeann ag cromadh agus ag ardú ar chnoc mór eile a bhí os cionn na trá anonn ar a aghaidh. Ach ní fhaca sé gaiscíoch ná cóiste go raibh sé tamaillín deas.

Is gearr go bhfaca sé an cóiste ag teacht. Chonaic sé iníon an rí á cur amach agus, ar ndóigh, ní rinneadar ach í a chur amach, slán a fhágáil aici. Agus bhí sé ag breathnú síos ach ní i bhfad go bhfaca sé – bhí a fhios aige go maith gur ag gol a bhí sí – chonaic sé ag triomú a héadan lena gruaig í. Ach bhí an-trua aige di.

Ach faoi dheireadh, pé ar bith sa diabhal cén sórt breathnú a bhí sé a dhéanamh amach ar an bhfarraige, chonaic sé deannach geal farraige ag dul na céadta slat sa spéir.

"By *dad*," a deir sé, "a chailín, chomh fada le mo bharúil, tá tú ag teacht. Is fearr dom," a deir sé, "a bheith ag baint coisméig de."

Bhí sé ag siúl leis síos, agus chomh tráthúil lena bhfaca tú ariamh, bhí sé féin agus an dragún ag teacht in éineacht ar an trá. Agus ar an bpointe boise agus a chuir an dragún – níor bhreathnaigh sé ar iníon an rí ná iníon an bhanríon – ar an bpointe agus a chuir an dragún a dhá chois thosaigh aníos ar an trá, d'áitigh an leon í, d'áitigh an mada allta í agus d'áitigh an lom í. Ach ní raibh an giorria tagtha fós.

Bhí siad ag cur badráil an diabhail mhóir uirthi, ach is é an chaoi a raibh sí ag fáil an bhua orthu, chasfadh sí a drioball timpeall agus bhuailfeadh sí iad agus chuirfeadh sí fiche slat uaithi iad. Ach bhíodar ag cur an-bhadráil uirthi. Ní raibh sí chomh sciobtha go dtí iníon an rí agus a bheadh sí dá mbeadh gan aon cheo a bheith roimpi.

Ach pé ar bith cén chaoi ar bhreathnaigh an fear óg ina dhiaidh – agus bhí sé ag teannadh anuas léi – cén diabhal a d'fheicfeadh sé ag teacht agus droch-chuma uirthi ach an giorria.

"Fan thusa siar go fóilleach," a deir sé leis an ngiorria, "go bhfeice mé céard a dhéanfas mé féin léi."

Ní rinne sé ach trí léim a thabhairt i ndiaidh a chúil agus thug sé trí léim ar aghaidh agus thug sé an chlaíomh mórtimpeall a mhullaigh trí huaire, agus i leaba an dragún a bhualadh taobh an chloigeann, is é an chaoi a dtug sé an chlaíomh agus bhuail sé suas faoin ngeolbhach í agus chuir sé an cloigeann leathchéad slat sa spéir. Agus sula raibh an cloigeann tagtha anuas as an aer ar an trá, bhí an fhuil ag dul thar bhéal a bhróga chuile áit sa trá agus an fharraige, amach feadh amhairc dearg le fuil.

Agus nuair a tháinig an cloigeann ar an talamh, bhí iníon an rí ag breathnú air, ach níor chorraigh sí as an gcathaoir. Nuair a tháinig an cloigeann ar an talamh, ní rinne sé ach siúl anonn, chuir sé láimh ina phóca, tharraing sé aníos *dagger* de scian agus d'oscail sé béal an dragúin agus ghearr sé an teanga aisti agus bhuail sé ina phóca í.

Bhí go maith is ní raibh go holc. Bhí sé ag imeacht den trá – níor bhreathnaigh sé ar iníon rí ná banríon – bhí sé ag imeacht den trá nuair a d'éirigh an bhean óg as an gcathaoir de léim. Chuaigh sí roimhe agus chroith sí láimh leis.

"Céad míle fáilte romhat," a deir sí, "cé nach n-aithním thú. Caithfidh tú a theacht abhaile anois go dtí m'áras féin," a deir sí, "in éineacht liomsa."

"By *dad*, ní chaithfead," a deir sé. "Tá mé róthuirseach."

"Má tá tú róthuirseach," a deir sí, "teann uait suas anseo ar an talamh bán seo thuas go ligfidh tú do scíth agus beidh tú in ann a theacht ansin."

"Tá go maith," a deir sé.

Chuaigh. Shuigh sé síos lena taobh ar an talamh bán agus na ceithre cinn de bheithígh lena thaobh.

Agus ní blas ar bith ach go rabhadar ina suí nuair a thit an fear óg ina chodladh agus thit na ceithre cinn de bheithígh – pé ar bith céard a bhí ag baint leis an dragún, más drochspiorad é, bhíodar ag ceapadh gurbh ea – ach thit sé ina chodladh agus thit na ceithre cinn de bheithígh ina gcodladh, is diabhal mórán achair a bhíodar ina gcodladh nuair, pé ar bith cén breathnú a bhí sí a dhéanamh – an bhean óg, iníon an rí – cén diabhal a d'fheicfeadh sí ag teacht ach an gaiscíoch mór a bhí an t-athair a bheathú le trí bliana – agus mar seo agus mar siúd – is gan amharc ar bith le feiceáil air roimhe seo, mar bhí sé i bhfolach.

"Cén sórt liúdramán é seo," a deir sé, "atá in éineacht leat?"

"Sin é an fear óg," a deir sí, "a shábháil mise ar an dragún agus a mharaigh an dragún."

"Go deimhin, ní hé," a deir sé, "ach mise a mharaigh an dragún."

"Go deimhin, ní thusa a mharaigh an dragún ach é seo a mharaigh é."

"Thug tú d'éitheach!" a deir sé.

Ní rinne sé ach a láimh a shá faoina bheilt agus a chlaíomh a tharraingt agus bhain sé an ceann don fhear óg.

"Tá éagóir mhór déanta agat," a deir iníon an rí, "agus éagóir mhí-ásach déanta agat."

"An rud céanna leatsa anois," a deir sé.

Chuir sé a láimh ina phóca agus tharraing sé aníos páipéar agus peann – nó más peann a bhí aige – tharraing sé aníos é.

"Mura saighneálfaidh tú é seo domsa anois," a deir sé, "gur mé a mharaigh an dragún agus a shábháil thusa," a deir sé, "tá do cheannsa san áit chéanna a bhfuil ceann an fhir óig."

B'éigean di é a dhéanamh mar bhí an iomarca faitíos uirthi. Nuair a bhí sin déanta aige, ní rinne sé ach breith ar láimh uirthi.

"Teann uait anois," a deir sé.

Thugadar a n-aghaidh ar pharthas an rí. Ach bhí go maith. Ní baileach a bhíodar ag parthas an rí nuair a tháinig meach agus chuir sí ga i gcluais an ghiorria agus dhúisigh an giorria. Agus nuair a chonaic an giorria an máistir marbh, thosaigh sí ag bladhrach, ag caoineachán chomh hard is a bhí sé ina cloigeann agus dhúiseodh sí i bhfoisceacht trí chéad míle di.

Dhúisigh sí an lom, dhúisigh sí an leon agus dhúisigh an mada allta. Nuair a chonaic na ceithre cinn an máistir marbh, tabhair caoineadh ar chaoineadh ach bhí sé ina chaoineadh.

Bhí go maith is ní raibh go holc. Nuair a bhí a ndóthain caointe acu, "Ná caoinigí níos mó anois," a deir an giorria. "Tá an scéal sách dona," a deir sí. "Beidh an fear óg sin," a deir sí, "ina shláinte chomh súpláilte, chomh láidir, chomh folláin an t-am seo amárach agus bhí sé ariamh."

"Cén fáth a bhfuil tú á rá sin?" a deir an lom.

"Inseoidh mé sin duit," a deir sí. "Tá a fhios agamsa cá bhfuil luibh agus aróg," a deir sí, "a leigheasfas é sin."

"Cá bhfuil siad?" a deir an lom.

"Trí chéad míle as seo," a deir an giorria.

"Fada go leor ó bhaile," a deir an lom.

"Ní hea," a deir an giorria, "ná chor ar bith. Tabhair thusa agus an leon," a deir sí, "agus an mada allta aire mhaith don chorp agus don cheann le faitíos go bpiocfadh éanacha ná tada na súile as a cheann agus beidh mise anseo ar maidin amárach," a deir sí, "ag deich nóiméad roimh a hocht agus an luibh sin agus an aróg agam."

Bhí go maith is ní raibh go holc. D'imigh an giorria. Bhreathnaigh an lom ach ní raibh aon amharc aige uirthi ní ba mhó. D'imigh sí ar nós urchar as gunna. D'fhanadar an oíche sin ag tórramh an choirp, agus an ceann chomh maith, le chéile, agus ag deich nóiméad roimh a hocht lá arna mhárach, pé ar bith breathnú a bhí an lom a dhéanamh, chonaic sé an giorria ag teacht agus an luibh agus an aróg ina béal aici. Agus nuair a tháinig sí, leag sí ar an gcnocán iad.

"Thusa is láidre anois," a deir sí leis an leon. "Beir thusa ar an gcolainn anois," a deir sí. "Béarfaidh an mada allta agus an lom ar an gceann agus socróidh siad díreach in aghaidh na colainne é. Cuimleoidh mise an luibh agus an aróg seo timpeall ar an áit a ghearr sé," a deir sí, "agus ní bheidh a fhios aige nach ina chodladh a bhí sé."

Bhí go maith. B'fhíor di. Rinneadar mar a dúirt an giorria. Nuair a chuimil sí an luibh agus an aróg air, d'oscail sé a dhá shúil.

"An bhfuil mé i bhfad i mo chodladh?" a deir sé.

"Tá tú i do chodladh ón am seo inné," a deir an giorria, "dá mba i do chodladh a bheifeá."

"Is deile?" a deir sé. "Cén chaoi a raibh mé ach i mo chodladh?"

"Ní hea, muis," a deir an giorria. "Bhí tú marbh."

D'inis sí an scéal dó faoin ngaiscíoch – mar a d'inis mise duitse anois – gur bhain sé an ceann de lena chlaíomh agus go mb'éigean d'iníon an rí páipéar a shín sé chuici a shaighneáil nó go ngabhfadh a ceann féin san áit chéanna."

"Más in é an sórt daoine atá san áit seo," a deir an fear óg, "ní fhanfaidh muide ann."

Thug sé a dhroim do pharthas an rí is don bhaile mór, agus d'imigh sé féin agus a cheithre cinn do bheithígh rompu mar a d'imíodar cheana.

Ach nuair a tháinig iníon an rí agus an gaiscíoch mór – agus chonacthas ag teacht iad agus í sábháilte ag an ngaiscíoch mór ón dragún – thíos a frítheadh iad, thuas a fágadh iad. Cuireadh suas bratacha geala fud an bhaile mhóir, lasadh tinte cnámh agus caitheadh féasta naoi n-oíche agus naoi lá. Agus bhí iníon an rí le fáil ag an ngaiscíoch ag a leithéid seo d'am. Is beag nach mbeadh an bhliain istigh, ach ní bheadh baileach.

Bhí go maith is ní raibh go holc. D'imigh an fear óg agus thug sé cúl – ní raibh a fhios ag an rí tada faoin bhfear óg ná faoi na beithígh ach an oiread – ach d'imigh sé, agus chomh tráthúil lena bhfaca tú ariamh, ocht mí ina dhiaidh seo aríst, cén deamhan nó diabhal áit a gcasfaí aríst é ach isteach sa mbaile mór céanna. Agus nuair a bhí sé ag teacht isteach an geábh seo ann, ní bratacha dubha a bhí crochta ann ach bratacha geala ar *pholeanna*, ar fhuinneoga agus ar shimléir agus ar chuile áit.

Ach d'imigh leis. Níor chuimhnigh sé ar thada. Bhí sé ag siúl go dtáinig sé chuig an teach céanna a raibh sé ann faoi dó roimhe sin, chuig an bhfear óg nó fear an tsiopa, agus, ar ndóigh, má tháinig féin, ní mba fear gan fáilte é.

Ach bhí go maith is ní raibh go holc. Tugadh ar an bparlús é, agus nuair a bhí a dhinnéar ite aige – ní raibh aon chall na beithígh anois, an geábh seo, a chur ar stábla ná in aon áit; bhíodar istigh san áit chéanna a raibh sé féin mar bhí na beithígh sin in ann caint chomh maith le ceachtar acu sin, agus níos fearr, agus níos mó fios acu. Ach bhíodar istigh ann – sa bparlús – agus iad ina suí síos go deas, é féin agus an fear óg, timpeall ar thine bhreá.

"By *dad*," a deir sé, "feictear dom go bhfuil bród mór, buíochas le Dia, ar an mbaile mór seo anocht thar mar a bhí air an babhta deireanach a raibh mé anseo."

"Á, ní iontas é sin," a deir an fear óg, "má chuimhníonn tú," a deir sé. "Nach raibh mé ag inseacht duit faoin dragún agus faoi iníon an rí agus go raibh an dragún len í a thabhairt leis agus mar seo agus mar siúd? Agus d'inis mé duit," a deir sé, "faoin ngaiscíoch. Ach, *by dad*," a deir sé, "mharaigh an gaiscíoch mór an dragún agus tá iníon an rí sábháilte. Shábháil sé í. Agus níl sé ceathrú uaire," a deir sé, "ó chuaigh an rí agus an bhanríon suas ansin thar an doras, iníon an rí agus an gaiscíoch agus tá an bhainis ag dul á caitheamh anocht i bparthas an rí agus tá cuid di á caitheamh cheana."

Ach sul má labhair an fear óg eile, "By *dad*," a deir fear óg an tsiopa, "feictear dom gur áirid an rud é. Tá rud éicint bunoscionn leis an scéal seo," a deir sé. "Nach diabhlaí tráthúil, bail ó Dhia ort, atá tú féin thart anocht?"

Thosaigh an fear óg ag gáire ach níor dhúirt sé tada go ceann tamaill.

"Bhuel, feicfidh tú ar ball," a deir sé, "go bhfuil rud éicint ann."

Ach bhí go maith. Diabhal mórán achair gur ghlaoigh sé ar an ngiorria. Tháinig an giorria go dtí é.

"Téirigh suas," a deir sé leis an ngiorria, "isteach i bparlús an rí agus abair le hiníon an rí," a deir sé, "gur dhúirt mise léi cuid den fheoil agus den dinnéar – chuile shórt a bhain leis an dinnéar a bhí acu á ithe tráthnóna nó inniu – a chur anuas anseo agamsa."

Óró, d'imigh an giorria le buille a dhroma. Níor chónaigh sé ariamh gur shiúil sé isteach i bparthas an rí agus bhí an rí sa bparlús agus an bhanríon. Agus cén áit a raibh iníon an rí, go tráthúil, ach ina seasamh ag an mbord nuair a tháinig an giorria isteach. Agus, ar ndóigh, bhí an gaiscíoch mór sa bparlús agus na bocanna móra uilig.

Ach níor lig aon duine air féin go bhfaca sé an giorria ná tada, ach nuair a tháinig sí isteach, "Céad míle fáilte romhat," a deir iníon an rí – ar ndóigh, is dócha gur chuimhnigh sí go maith ar na beithígh – "Céard atá tú a iarraidh?"

D'inis an giorria di.

"Abair leis," a deir sí, "go bhfuil sin le fáil aige agus míle fáilte."

Rinne sí suas *parcel* di agus thug sí don ghiorria é, agus is gearr go raibh an giorria glanta agus í istigh fud an tí aríst ag an mbeirt fhear óga.

"Anois," a deir fear na mbeithígh le fear an tsiopa, "nach bhfeiceann tú go bhfuil rud éicint ann?"

"Muise, *by dad*, bhí a fhios agam ó fuair mé amharc ort," a deir sé, "anocht, go raibh rud éicint suas."

Is gearr ina dhiaidh sin gur ghlaoigh sé ar an mada allta. Dúirt sé leis sin a dhul suas agus cuid de na milseáin agus na rudaí milse a bhí acu théis a ndinnéir a chur suas chuige.

Chuaigh, is nuair a tháinig sí isteach, chuir iníon an rí céad míle fáilte roimpi. Bhí an rí ag breathnú orthu ach níor labhair sé tada.

"Abair leis go bhfuil sin le fáil aige," a deir sí, "agus míle fáilte roimhe."

Fuair. D'imigh sí agus thug sí ar ais iad.

Ach nuair a chonaic fear óg an tsiopa é sin, bhí a fhios aige go maith.

"Bhí mé ag rá i gcónaí," a deir sé, "nuair a chonaic mé anocht thú, go raibh rud éicint suas."

Is gearr gur ghlaoigh sé ar an leon. Chuir sé chun bealaigh í. Bhuel, séard a bhí sí sin a iarraidh, cuid den ól milis – fíon agus chuile chineál ól milis – a bhí acu a chur anuas chuige.

Tháinig sí isteach go dtí í agus chuir sí céad míle fáilte roimpi.

"Abair leis," a deir sí, "pé ar bith atá sé a iarraidh, go bhfuil sé sin le fáil aige agus fáilte."

Thug an leon ar ais é.

"Anois," a deir sé leis an bhfear óg, "an bhfeiceann tú go bhfuil rud éicint ann?"

Ach an lom an ceann deireanach ar ghlaoigh sé uirthi. Chuir sé an lom chun bealaigh.

"Abair léi," a deir sé, "gur dhúirt mise léi cuid den ól crua agus den bhiotáille chrua," a deir sé, "a bhíodar a ól ar deireadh uilig, má tá siad á ól anois, cuid de a chur anuas chugamsa faoi láthair."

D'imigh an lom agus nuair a tháinig an lom isteach – is dócha go raibh níos mó ómóis don lom aici, gurbh é is mó a throid nó a rinne a dhícheall – chroith sí láimh leis.

"Céad míle fáilte romhat," a deir sí leis an lom. "Is maith a chuidigh tú le do mháistir," a deir sí, "an lá ar shábháil sé mise ar an dragún."

"Rinne mé mo dhícheall," a deir an lom

"Céard atá tú a iarraidh?" a deir sí.

D'inis an lom di.

"Abair leis," a deir sí, "go bhfuil sin le fáil aige agus míle fáilte agus go bhfuil mise ag cur tuairisc air."

"Tá go maith," a deir an lom.

D'imigh an lom, agus nuair a tháinig sí agus an t-ól crua aici, d'óladar braon de. D'inis an lom an scéal don mháistir gur chuir iníon an rí – gur dhúirt sí leis go raibh sí ag cur tuairisc air agus go mba mhaith léi é a bheith go maith.

Diabhal mórán achair a bhí na beithígh fiáine imithe ón bparlús – an lom an ceann deireanach – nuair a d'éirigh an rí ina sheasamh agus tháinig sé anall go dtí an iníon ag an mbord.

"Cé as a bhfuil na beithígh fiáine sin a tháinig isteach anseo anocht?" a deir sé.

"Bhuel, inseoidh mise sin duit," a deir sí. "Sin iad na beithígh fiáine," a deir sí, "a bhí in éineacht leis an bhfear óg a shábháil mise agus a mharaigh an dragún."

D'éirigh an rí de léim agus d'oscail sé a dhá shúil chomh mór le pota.

"Cén deamhan nó diabhal atá tú a rá?" a deir sé. "Nach é an gaiscíoch mór seo thall a shábháil tú agus a mharaigh an dragún?"

"Go deimhin, ní hé, muis," a deir sí.

"Agus cén fáth a raibh tú ag déanamh bréige mar sin?" a deir an rí.

"Bhuel, inseoidh mise sin duit," a deir sí. "Tá cruthú agam," a deir sí. "Tá cruthú na gceithre cinn de na beithígh fiáine sin agam," a deir sí. "Ní raibh blas ar bith," a deir sí, "ach go raibh mise agus an fear óg sin ina suí ar an talamh bán nuair a tháinig an gaiscíoch sin aníos, pé ar bith cá raibh sé i bhfolach, agus nuair a bhí muid ag sárú ar a chéile," a deir sí, "dúirt sé liomsa gurbh é féin a mharaigh an dragún is dúirt mise leis nárbh é. Bhain sé an ceann," a deir sí, "den fhear óg agus ba é an rud céanna a bhí le déanamh liomsa murach go mb'éigean dom saighneáil ar pháipéar dó gurbh é a mharaigh an dragún is a shábháil mise."

"Ach cá bhfuil an fear óg sin anois?" a deir an rí.

"Tá sé ina leithéid de theach," a deir sí, "sa mbaile mór."

"Céard a déarfá," a deir an rí, "dá gcuirfinn fios air?" a deir sé.

Ní rinne an rí ach a shearbhóntaí a chur amach. Níor chónaíodar ariamh go dtáinigeadar isteach sa teach a raibh an fear óg ann is a chuid beithígh – is bhí fear óg an tsiopa é féin iarrtha chuig an mbainis, ach de bharr fear na mbeithígh a theacht, ní dheachaigh sé chuig an mbainis. Ach – le scéal fada a dhéanamh gearr – d'imigh chaon duine acu ansin chuig an mbainis in éineacht leis na searbhóntaí, agus nuair a tháinigeadar isteach i bpálás an rí, is é fear óg na mbeithígh a bhí chun tosaigh. Nuair a chuir sé a chloigeann isteach an doras i bpálás an rí, agus d'éirigh an rí ina sheasamh agus ní ligfeadh sé ní b'fhaide é. Tháinig sé aníos agus chroith sé láimh leis.

"Céad fáilte romhat," a deir an rí.

"Go maire tú," a deir sé.

"Bhuel déan an fhírinne anois," a deir an rí.

"Sula dté tú níos faide, an tusa an fear a shábháil m'iníonsa ar an dragún agus a mharaigh an dragún?" a deir an rí.

"By *dad*, is mé," a deir an fear óg.

"Bhuel, an bhfuil tú cinnte anois?" a deir an rí.

"Tá mé cinnte de," a deir an fear óg.

"Á, shíl mise," a deir an rí, "gurbh é an gaiscíoch seo thall a mharaigh í."

"Bhuel, tá tú ag dul amú," a deir sé.

Ghlaoigh sé anall ansin ar an ngaiscíoch, an rí.

"Shíl mé," a deir an rí leis an ngaiscíoch, "go mba thusa a mharaigh an dragún?"

"Gan dabht, is mé," a deir sé.

"Ní thú, muis!" a deir an fear óg. "Glacaim pardún agat," a deir an fear óg, "ach mise a mharaigh í."

"Thug tú do dheargéitheach," a deir an gaiscíoch mór.

"Bhuel, tá sé sin an-éasca a leigheas," a deir an fear óg – fear an-mhúinte a bhí ann. "Tá cruthú leis. Más tú a mharaigh an dragún," a deir sé leis an ngaiscíoch, "Cá bhfuil teanga an dragúin?"

Dhearg an gaiscíoch mór is níor fhan *budge* aige, is nuair a bhí a fhios aige go raibh sé crochta, ní rinne sé ach cic a tharraingt ar an ngiorria, agus ar an bpointe is a tharraing sé cic ar an ngiorria, ní leis a chuaigh. D'éirigh an leon agus rug sé i ngreim píobáin air. D'éirigh an mada allta agus rug sé i ngreim cúl cinn air. D'éirigh an lom agus ba mheasa an lom ná ceachtar acu. Ach an fhad is a bhí an rí ag breathnú ina thimpeall, bhí sé tarraingthe ó chéile ina phíosaí beaga faoi chosa an rí acu.

"Go lige Dia do shláinte is do shaol duit, muise," a deir an rí. "Sin é an rud céanna," a deir sé, "a dhéanfainnse leis, nó cleas seacht n-uaire níos measa dá bhfágtaí agam lena dhéanamh."

Ach bhí go maith is ní raibh go holc. Thosaigh an bhainis as an nua agus mhair sí naoi n-oíche agus naoi lá, agus phós fear óg na mbeithígh fíáine, phós sé féin agus iníon an rí. Agus maidir le bainis – ní haon mhaith dom caint air – ní raibh tús ná deireadh léi ach b'fhearr an deireadh ná an tús.

Ach bhí go maith is ní raibh go holc. Níor chuir sé cois i mbróg ariamh aon fhear óg, uasal nó íseal, ba mhúinte, ba deise nó ba dea-chroíúla agus ní raibh aon leaid óg sa mbaile mór, nuair a bhí sé seachtain pósta, nach raibh craiceáilte le cion air.

Ach bhí go maith is ní raibh go holc. Nuair a bhí sé mí pósta, bhí sé Domhnach ag an aifreann agus bhí plód de na fir óga timpeall air agus chuala sé caint acu faoi choill mhór a bhí in aice leis an áit a raibh an rí ina chónaí. Ní raibh sí i bhfad uaidh. Chuala sé caint acu ar bheithíoch fiáin a bhí sa gcoill go dtugaidís fia seilge uirthi. Ach d'insíodar dó fúithi agus dúirt siad leis nach raibh aon fhear a lean an fia ariamh nach mbeadh sí ag dul ó cheann thiar na coille go dtí an ceann thoir di ó d'éirigh an ghrian ar maidin, agus nuair a bheadh an ghrian ag dul faoi, d'éireodh sí i gceann thoir na coille agus ghabhfadh sí amach thar sconsa a bhí timpeall air a bhí dhá throigh dhéag ar airde, agus ní raibh aon fhear ariamh a lean thar an sconsa í.

Pé ar bith é, chuadar ina diaidh agus bhí urchair á bualadh acu uirthi chomh tréan agus a bheadh clocha sneachta ag titim as an spéir. Bhí confairt agus cúití á stróiceadh, ach má bhí féin ní rabhadar ag baint *feather* aisti. Bhí sí ag dul soir agus siar ariamh nó go ndeachaigh an ghrian síos, agus nuair a bhí, chuaigh sí amach thar bharr an sconsa i gceann thoir na coille. Níor lean aon fhear í ach an fear óg agus a cheithre cinn de bheithígh.

Nuair a chuaigh sé síos le taobh an sconsa, leag sé a dhá chois nó a dhá bhróg ar bhóthar chomh mín – feictear dó – is a leag sé ariamh ina shaol. Ach ar an bpointe boise a bhuail a chois an bóthar, dhún sé chomh dorcha timpeall air agus nár léir dó a láimh dá sínfeadh sé uaidh amach í.

"*By dad*," a deir sé, "tá mé ceaptha."

Bhí go maith is ní raibh go holc. Ní raibh a fhios aige cá raibh sé – ní mba léir dó é – agus bhí na beithígh lena thaobh ach ní fheicfeadh sé iad.

Bhí go maith. Thosaigh sé ag cuimhneamh air féin. Ach sa deireadh chuimhnigh sé – ní raibh aon chipíní solais ag imeacht an uair sin – bhí sórt cloichín bheag éicint ina phóca aige a bhí chomh mór nó níos mó ná cúpla cloch paidrín, agus nuair a chuimleofá de chloch eile í, bhainfeadh sí tine, ach chuimhnigh sé uirthi. Diabhal blas a rinne sé ach í a tharraingt as a phóca agus chuimil sé ar chloch a bhí sa sconsa í. Bhain sí an-lasair de thine agus cén áit a raibh sé ach ina sheasamh i mbun crainn – crann mór ard.

Thosaigh sé á cuimilt ariamh. Bhí an áit beo le brosna ansin, a bhfuil fhios agat – seanchipíní agus chuile shórt mar sin. Ach ba coill uafásach í. Ach thosaigh sé ag cruinniú brosna nó go raibh gabháilín deas brosna cruinnithe aige agus – más páipéar nó pé ar bith cén deis a rinne sé – las sé sórt tine bheag i mbun an chrainn. Nuair a thosaigh an tine ag lasadh thosaigh sé ag cruinniú mar bhí sí ag cur solais tríd an gcoill. Ach sa deireadh bhí tine uafásach aige.

Nuair a bhí an tine ina *prime*, bhí na ceithre cinn de bheithígh ina suí lena taobh agus é féin ina shuí ar a haghaidh agus bhí sé ag sioc go Halifax. Ach gearr gur airigh sé an caoineachán ba cráite a d'airigh sé ariamh in áit éicint timpeall air.

Thosaigh sé ag breathnú timpeall air, ach faoi dheireadh, pé ar bith breathnú a rinne sé suas i gcrann mór uafásach ard, cén diabhal a bhí thuas ina bharr ach bastard de sheanchailleach agus í ag caoineachán ar nós an diabhail.

Ach is é an caoineadh a bhí sí a dhéanamh ansin, "Nach deas an chaoi é," a deir sí, "mise púnáilte leis an bhfuacht agus leis an anó anseo agus an sioc ag dul go cnámh ionam agus thusa thíos ansin," a deir sí, "le taobh do thine bhreá bhruite, thú féin agus do cheithre cinn de bheithígh."

"Más ea, a sheanbhean," a deir sé, "gabh anuas agus déan do ghoradh."

"Ní ghabhfaidh mé anuas," a deir sí. "Tá na beithígh sin drochmhúinte."

"Níl na beithígh drochmhúinte. Ní dhéanfaidh siad sin tada ort."

"Á, tá," a deir sí, "ach an bhfuil a fhios agat céard a dhéanfas tú?" a deir sí. "Caithfidh mé slaitín bheag chugat," a deir sí, "agus buail *tipín* beag ar chaon cheann acu agus nuair a bhuailfir," a deir sí, "gabhfaidh mise síos."

Chaith sí anuas chuig an amadán an tslaitín agus ní rinne sé ach gur theangmhaigh sé leo, agus cén diabhal a dhéanann sé ach na ceithre cinn de bheithígh a iontú isteach ina gceithre cinn de chlocha glasa. Agus ar an bpointe is a bhí sin déanta aige, bhí sí féin abhus de léim agus bhuail sí é féin sa gcloigeann de shlat eile agus rinne sí cloch ghlas eile de.

"Tá tú críochnaithe anois, a bhuachaill," a deir sí.

Bhí go maith is ní raibh go holc. Nuair nach dtáinig fear iníon an rí abhaile ná a chuid beithígh, ar ndóigh, maidir le brón anois, bhí sé sa mbaile mór – ach tá mé á ghiorrú – bratacha dubha is chuile shórt. Ní raibh a leithéid de bhrón ariamh ann ag na fir óga agus ag chuile dhuine dá raibh ann.

Ach bhí go maith. D'imigh sin ann féin. Ní raibh sé ach achar gearr anois ón lá seo go dtáinig an lá go raibh an dá dheartháir le theacht chuig an gcrosbhóthar go dtína chéile.

Tháinig an deartháir eile chuig an gcrosbhóthar ar uair a dó dhéag ach ní raibh mo dhuine ann.

"Sáigh isteach do láimh ansin," a deir an lom, "agus tarraing amach an lann scine sin."

Sháigh. Tharraing. Bhreathnaigh an lom uirthi is níor bhain sé aon mheabhair aisti. Bhreathnaigh an mada allta uirthi is níor bhain sé aon mheabhair aisti. Bhreathnaigh an leon is níor bhain. Bhreathnaigh an giorria uirthi.

"Níl sé marbh," a deir an giorria, "ach inseoidh mé duit," a deir sí, "tá sé faoi dhraíocht nó i ngéibheann in áit éicint, ach níl sé marbh. Níl beart ar bith is fearr dúinn a dhéanamh anois," a deir an giorria, "ná siúl isteach an baile mór. Coinníodh chuile dhuine a rún aige féin. B'fhéidir go bhfaigheadh muid amach go raibh sé thart anseo le gairid nó céard a tharla."

Ach b'fhíor di. D'imigh leo.

Agus, ar ndóigh, nuair a chonacthas ag teacht isteach an baile mór é, bhí chuile leaid óg dá raibh sa mbaile mór cinnte dearfa go mba é fear iníon an rí é mar ní aithneodh aon duine aon duine acu thar a chéile agus ní fhacadar an deartháir eile ariamh – é seo mar a déarfá. Shíleadar gurbh é fear iníon an rí é. Bhíodar amuigh roimhe ag croitheadh a láimh agus á phógadh agus chuile shórt. Agus nuair a tháinig sé go dtí parthas an rí, níor aithin an rí é is níor aithin an iníon é – théis é a bheith pósta aici, níor aithin sí nach é a fear féin é.

Ach níor lig sé tada air féin ina dhiaidh sin. D'fhan sé i bparthas an rí – más cúpla lá nó trí é – go bhfuair sé tuairisc chuile shórt, bunoscionn, céard a tharla is cá raibh an deartháir agus cá ndeachaigh sé.

Diabhal blas a rinne sé nuair a bhí chuile shórt faighte amach aige, ach chuaigh sé go dtí leaids an bhaile mhóir, is ní raibh a fhios acu fós nach é an fear céanna é – agus gurbh é an chaoi a raibh sé ag dul ag baint sásamh den fhia.

"Beidh lá eile againn leis an bhfia sin," a deir sé.

Ach d'imigh leo. Thug sé leis an chonfairt – an chaoi chéanna a raibh an deartháir – agus tháinigeadar chuig an gcoill le héirí na gréine.

D'éirigh an fia i gceann thoir na coille. Bhí sí ag dul ón gceann thoir go dtí an ceann thiar. Ní rabhadar ag baint *feather* aisti ach nuair a chuaigh an ghrian síos – nó nuair a bhí sí ag dul síos – chuaigh sí amach thar bharr an sconsa.

Níor lean aon fhear í ach an fear óg agus a cheithre cinn de bheithígh. Agus nuair a bhuail sé a dhá chois ar an mbóthar, cén diabhal a tharla ach an chaoi chéanna ar tharla sé don deartháir: dhún sé chomh dorcha ina thimpeall.

"By *dad*," a deir sé, "tá mise chomh ceaptha le mo dheartháir, nó is dócha," a deir sé, "nach bhfuil sé i bhfad as seo ar chuma ar bith."

Ach bhí go maith. Ní raibh aon tine ná solas aige ach chuimhnigh sé ar an gcloichín. Bhí ceann de na clocha seo ina phóca aige – bhídís ag chuile dhuine an t-am sin – ach thosaigh sé ag scríobadh. Bhí sé ar siúl ariamh go rinne sé tine ar chuma ar bith. Ach ní raibh aon ghair ag an tine a bhí ag an deartháir uirthi nuair a bhí sé seo réidh léi. Bhí sí ina *prime*, is nuair a bhí sí ina *prime*, is gearr gur airigh sé an caoineachán.

Agus is dócha go raibh amhras aige. Diabhal mórán breathnú a rinne sé nuair a chonaic sé an cailín báire thuas i mbarr an chrainn agus sin é an caoineadh céanna a bhí sí a dhéanamh.

"Nach deas an chaoi é," a deir sí, "agus mise púnáilte agus an sioc ag dul go cnámh ionam agus thusa ansin le do cheithre cinn de bheithígh ar aghaidh do thine?"

"Má tá," a deir sé, "gabh anuas anseo agus déan do ghoradh."

"Ní ghabhfaidh mé anuas," a deir sí; "tá na beithígh sin fiáin, olc."

"Níl," a deir sé. "Tar anuas anseo agus déan do ghoradh. Ní dhéanfaidh na beithígh sin tada ort."

"Ní ghabhfaidh mé síos," a deir sí, "nó go mbuailfidh tusa na beithígh – ach caithfidh mé slaitín bheag chugat," a deir sí, "agus buail *tipín* orthu."

Chaith sí anuas an tslat. Ach, má chaith, níor bhuail sé na beithígh.

"Gabh anuas anseo," a deir sé, "agus téigh thú féin má tá tú fuar."

"Ní ghabhfaidh mé anuas, muis," a deir sí.

"Bhuel, mura dté tú anuas," a deir sé, "a bhastaird, cuirfidh mise anuas thú agus siúl agat."

"Déan do dhícheall," a deir sí.

Diabhal blas a rinne sé ach an gunna a lódáil agus bhuail sé den dá bhairille ar chlár na baithise í, agus má bhuail féin, níor bhain sé *feather* aisti.

"Déan do dhícheall," a deir sí aríst.

Labhair an giorria.

"Cuir cnaipe na croise céasta ann," a deir an giorria leis an bhfear óg, "agus feicfidh tú féin go dtiocfaidh sí anuas."

Diabhal blas a rinne sé ach an cnaipe a chur isteach agus nuair a thug sé aghaidh an ghunna uirthi, "Á! Ná caith. Ná caith," a deir sí. "Má thugann tú ceathrú m'anama domsa," a deir sí, "gabhfaidh mé síos agus inseoidh mé duit cá bhfuil do dheartháir agus na ceithre cinn de bheithígh, agus beidh sibh slán folláin."

"Gabh anuas go beo mar sin," a deir sé.

Chuaigh. Sheas sí amach ar aghaidh na tine. Chuir sí láimh siar ina brollach agus thug sí aniar seancheirt nach raibh a fhios cé mhéad cor agus casadh a bhí uirthi. Bhí sí á scaoileadh agus á scaoileadh ariamh is ní raibh istigh sa gceirt ach cipín a bhí timpeall ocht n-orlaí ar a fhad.

Shín sí chuige é.

"Seo anois," a deir sí. "Buail an chloch sin is gaire duit ansin, an chloch ghlas sin."

Bhuail. Cén diabhal a d'éireodh aníos ach a dheartháir. Chroith sé láimh leis agus phógadar a chéile.

"Buail na ceithre cinn eile sin anois," a deir sí.

Bhuail. D'éirigh na ceithre cinn de bheithígh ach idir iad uilig, láimh agus pógadh, bhí sé ann. Ach nuair a bhí chuile shórt thart, "Caith í," a deir an giorria.

"Ná caith. Ná caith," a deir sí. "Ná caith. Má thugann tú ceathrú m'anama domsa," a deir sí, "beidh tú ar an ngaiscíoch is fearr ar sheacht gcranna an domhain."

"Caith í," a deir an giorria. "Féach an sléacht," a deir an giorria, "atá déanta ag an gcailín báire sin. Níl aon chloch ghlas a fheiceann tú ansin nach mac prionsa nó banríon í."

Diabhal blas a rinne sé ach siúl anonn agus thosaigh sé ag bualadh. Chomh tréan in Éirinn is a bhí sé ag bualadh, bhí fear óg ag éirí. Ach ní raibh sé ag breathnú ina thimpeall ach ag siúl ina bhealach.

Diabhal blas a rinne sé ach a ghunna a chrochadh agus chaith sé í, is nuair a bhí sí ag fáil bháis, "Mo bheannacht duit féin," a deir sí, "ach mo mhallacht do bhéal do mhúinte."

Bhí go maith. D'imigh an bheirt deartháir ar maidin. D'oscail an bóthar mór amach – níor fhan draíocht ná asarlaíocht ann; bhí sé chomh geal leis an lá chuile áit – bóthar breá dhá throigh dhéag ag dul amach trí lár na coille. Níor chónaigh siad ariamh go dtáinigeadar go dtí parthas an rí, is ar ndóigh, nuair a tháinigeadar anois, má frítheadh thíos cheana iad, níor frítheadh thíos anois iad – thíos a frítheadh iad ach thuas a fágadh iad.

Thosaigh féasta agus bainis mhór eile agus mhair sí naoi n-oíche agus naoi lá eile. Is nuair a bhí an bhainis thart, is í iníon an rí féin a labhair.

"Bhuel anois," a deir sí, "tá scíth ligthe agaibh théis na bainise agus chuile shórt, agus, *by dad*, tá barúil agam faoi chuile shórt – an chaoi ar tharla sé – ó cuireadh cóta orainn. Agus feictear dom," a deir sí, "fir chomh cumhachtach libh, bail ó Dhia oraibh, nó fir chomh tréan libh, go mba cheart," a deir sí, "go mbeadh sé in bhur n-intinn nó in bhur meabhair go mba mhaith libh bhur n-athair is bhur máthair a fháil amach, má tá siad beo chor ar bith."

Ar ndóigh, bhreathnaigh an bheirt ar a chéile is tháinig náire orthu.

"Is é an chéad rud é ba mhaith linn a fháil, muis," a deir an mac is sine, "dá mbeadh muid in ann a ndéanamh amach."

"Bhuel," a deir iníon an rí, "ní bheidh sibh in ann a ndéanamh amach go dtóróidh sibh iad. Bígí faoi réir anois," a deir sí, "ar maidin amárach. Tabharfaidh muid linn cóiste péire capall," a deir sí, "agus má tá siad in áit ar bith," a deir sí, "taobh istigh d'fharraige na hÉireann, gheobhaidh muid amach iad."

"Go raibh míle maith agat," a deir an fear a bhí pósta aici agus ghlac an fear eile a sheacht n-oiread buíochas léi.

Ach ar maidin lá arna mhárach, nuair a d'airigh an rí cá rabhadar ag dul, dúirt sé go gcaithfeadh sé féin a dhul in éineacht leo, agus an bhanríon.

D'imigh leo, an dá fhear óga agus an bhean óg, iníon an rí, agus an bhanríon agus an rí agus na hocht gcinn de bheithígh fiáine istigh sa gcóiste. Bhí píosa mór curtha díobh acu, ach má bhí, bhí píosa maith le déanamh acu agus gan a fhios acu cá rabhadar ag dul. Ach tháinigeadar ar chrosbhóthar.

"Tá muid chomh dona is a bhí muid ariamh anois," a deir fear acu. "Níl a fhios againn cé acu seo bóthar a dtógfaidh muid."

"Mura bhfuil a fhios agatsa é," a deir an giorria, "tá a fhios agamsa é. Tóg an bóthar seo," a deir sí, "agus orlach féin ní ghabhfaidh tú as compás go seasfaidh tú amach ar aghaidh doras tí d'athar agus do mháthar."

Bhí go maith. D'imigh leo agus bhí na mílte mílte curtha díobh acu nuair a d'fhógair an giorria orthu.

"Sin é teach d'athar is do mháthar ansin anois," a deir sí.

Nuair a sheas an cóiste amuigh, d'airigh Pártalán – bhí sé chomh hóg is chomh láidir – is a bhean – is a bhí sé ariamh – d'airigh sé an torann is sheas sé sa doras ach, más ea, níor chuimhnigh sé gur aon mhac leis a bhí ann ná rud ar bith dá shórt. Ach nuair a chonaic sé an rí, is beag nár thit sé as a sheasamh.

Ar ndóigh, isteach leo agus thosaigh siad ar an scéal ach, ar ndóigh, bhí leath na hoíche caite nuair a bhí an scéal thart. Ní thabharfadh a raibh de shaibhreas sa domhan an rí amach as. Bhí sé ag caitheamh na hoíche le pléisiúr agus le spóirt. Níor chorraíodar go dtí lá arna mhárach as. Agus séard a dúirt sé ar maidin gurbh iomaí comórtas a raibh sé ariamh ann, nár chaith sé a leithéid de chomórtas ariamh agus a chaith sé i dteach Phártaláin.

Nuair a tháinig lá arna mhárach, dúirt an fear óg a bhí pósta ag iníon an rí nár mhaith leis a dhul abhaile go brách go dtugadh sé cuairt ar an duine uasal a thóg iad, a mhúin foghlaeireacht agus fiach dóibh agus chuile shórt. Dúirt iníon an rí go raibh míle fáilte roimh rud ar bith a theastaigh uaidh – a dhul go dtí é.

Chuaigh. Agus bhí an duine uasal ag breathnú chomh breá is a bhí sé ariamh agus, ar ndóigh, nuair a chonaic sé sin ag teacht iad, is beag nár thit sé as a sheasamh. Ach d'aithin sé sin iad. Ach maidir le fáilte, bhí sé rompu.

Ach nuair a fuair sé amach go raibh iníon an rí pósta ag fear acu – ní raibh an fear eile pósta chor ar bith fós – bhí sé ag damhsa le ríméad.

Nuair a bhí an oíche sin caite i dteach an duine uasail acu, ar maidin lá arna mhárach chuadar ar ais agus d'fhágadar an mac eile le Pártalán sa mbaile. Agus chuaigh iníon an rí agus a fear féin abhaile, an rí agus an bhanríon.

Sé mhí ina dhiaidh, phós mac Phártaláin iníon duine uasail ba saibhre a bhí sa tír. Tháinig an rí agus an bhanríon ar an mbainis sin freisin agus chaitheadar naoi n-oíche agus naoi lá eile ann. Ach – le scéal fada a dhéanamh gearr – idir rí agus banríon, murar chaith siad saol fada le séan, go gcaithe muide é.

Sin é mo scéalsa anois, Dia le mo bhéalsa, tiocfaidh an t-éag, ba mhór an scéal, beannacht Dé le hanam na marbh. Áiméan.

Tiarna Talún i gCondae na Mí

Sa tseanaimsir fadó bhí dhá thiarna talún ina gcónaí thíos i gCondae na Mí. Agus an dá dhúiche a bhí ag an dá thiarna, bhíodar ar aon teorainn le chéile, agus dá bhrí sin, bhí an dá thiarna an-mhór le chéile. Agus níl mórán lá ar bith a mbeadh an dá thiarna, a n-éireodh leo a bheith sa mbaile nach ngabhfadh an bheirt amach ag siúlóid in éineacht. Ach bhí siad ar an gcaoi sin nó ar an mbealach sin achar fada – ach sa deireadh pé ar bith é, an lá seo, d'éirigh leo go rabhadar sa mbaile – lá breá i dtús an fhómhair a bhí ann – agus bhuaileadar amach ag siúlóid. Agus chuadar an-fhada ón áit a rabhadar ina gcónaí. Ach faoi dheireadh bhíodar ag siúl ar bhóthar mór leathan agus tháinigeadar go dtí coirnéal sconsa agus thosaigh siad ag siúl leis an sconsa agus feictear dóibh nach raibh tús ná deireadh air. Ach nuair a bhí siad timpeall – is dócha – leath bealaigh, thug siad faoi deara staighre cloiche ag dul suas ar thaobh an sconsa go ndeachaigh sé go barr.

Bhuaileadar suas ar a bharr, agus nuair a bhreathnaigh siad isteach, bhí páirc ar feadh an achair – chuile thaobh den staighre – le feiceáil acu. Agus bhí fear agus fiche istigh inti agus gan orthu ach a léine is a dtreabhsar, fear agus fiche óga agus iad ag gearradh féir go tréan le speal agus fiche.

Nuair a bhí siad píosa ag breathnú orthu, an tiarna a rabhadar ar a dhúiche, "Nach deas an radharc iad sin?" a deir sé leis an tiarna eile.

"By *dad*, is deas," a deir an tiarna eile.

Rinne an tiarna a rabhadar ar a dhúiche staidéar ansin.

"Is deas," a deir sé, "agus ní cheapfainn," a deir sé, "go bhfaighfeá mórán fear agus fiche in Éirinn inniu is fearr ná iad sin."

"Bhuel, céard atá tú a rá?" a deir an tiarna eile. "Gheobhadh agus mise," a deir sé, "fear agus fiche ar mo dhúiche féin chomh maith leo."

"Bhuel, b'fhéidir go bhfaighfeá," a deir an tiarna a rabhadar ar a dhúiche, "ach dá bhfaighfeá," a deir sé, "ní haon athair agus aon mháthair amháin a bheadh acu."

"Bhuel, amhdaím é sin," a deir an tiarna eile, "ach ní hé sin an fáth," a deir sé, "nach bhfaighinn fear agus fiche ar mo dhúiche chomh maith leo."

Bhuel, is dócha gur chuir sé cineál múisiam áirid ar an tiarna a rabhadar ar a dhúiche, ach rinne sé staidéar.

"Bhuel, cén geall a chuirfeá leis," a deir sé, "go bhfaighfeá fear agus fiche ar do dhúiche chomh maith leo?"

"Chuirfinn geall ar bith leis," a deir an tiarna eile. "Chuirfinn bunáite," a deir sé, "gach ar fiú mé leis. Chuirfinn mo dhúiche leis."

"Ó, by dad," a deir an tiarna a rabhadar ar a dhúiche – na fear is fiche a bhí ag gearradh an fhéir – "by dad," a deir sé, "is mór an geall é sin. Ach ó chuaigh sé chomh fada sin," a deir sé, "bíodh sé ina mhargadh. By dad," a deir sé, "más mar sin é, cuirfidh mise mo dhúiche i d'aghaidh."

"Tá go maith," a deir an tiarna eile, "ach níl aon mhaith," a deir sé, "an diabhal cainte; caithfidh muid é sin a fháil saighneáilte ó dhlíodóir."

"Tá go maith," a deir an tiarna a rabhadar ar a dhúiche.

Chuadar beirt anuas an staighre – níl a fhios agam an bhfaca na fear is fiche a bhí ag gearradh an fhéir iad nó mura bhfaca – ach chuadar anuas an bealach céanna a ndeachadar suas, agus d'imigh leo go ndeachadar chuig an mbaile mór ba gaire dóibh agus an dlíodóir ab fhearr a bhí sa mbaile mór, thógadar é.

Agus nuair a d'inis siad an scéal don dlíodóir – nó an cása – thosaigh sé ag gáire, ag sórt magadh fúthu.

"By dad," a deir sé, "feictear dom, bail ó Dhia oraibh, fir chomh foghlamtha agus a bhfuil oiread airgid agus talún acu libhse, gur áirid an sórt geall é sin. Is iondúil," a deir sé, "pé ar bith cén fear a chaillfeas an geall sin," a deir sé, "is iondúil nach mbeidh aige ach a shrón a chur roimhe chun bóthair."

"Bhuel, níl aon neart air," a deir an tiarna a raibh na fear is fiche ar a dhúiche. "Tá an geall á chur," a deir sé, "agus níl muid ag dul siar anois ann."

Ach saighneáladh an geall.

Bhí go maith is ní raibh go holc. Tháinig an dá thiarna abhaile an oíche sin agus ar maidin lá arna mhárach, nuair a bhí a mbricfeasta ite acu, tháinig an bheirt acu le chéile agus d'imigh leo aríst is níor chónaíodar go ndeachadar chomh fada leis an spota céanna a rabhadar ann an lá roimhe, an áit a raibh an staighre ag dul suas ar thaobh an sconsa ar an bpáirc. Chuadar suas, agus nuair a chuadar ar a bharr, bhí na fear is fiche ag gearradh féir go tréan an dara lá chomh maith céanna.

Nuair a bhreathnaigh siad síos fúthu, céard a bheadh ach staighre eile ag dul síos ar an taobh istigh – a thabharfadh isteach sa bpáirc thú – den bhóthar.

Síos leo, agus bhíodar píosa maith isteach tríd an bpáirc, nuair a thug duine de na fir a bhí ag gearradh faoi deara iad. Agus is é an t-ainm a bhí air sin, Dónall. Deartháir is fiche sa bhfear is fiche a bhí ag gearradh an fhéir, mar mac is fiche a bhí iontu. Bhuel ansin, is é an t-ainm a bhí ar an mac is sine acu, Dónall, agus is é an t-ainm a bhí ar an mac ab óige, Cormac. Nílim in ann cruthú cén t-ainm a bhí ar an gcuid eile ach bhí sórt rialú nó sórt máistreacht ag an mbeirt sin ar an gcuid eile. Ach ba é Dónall an máistir ab airde ar chaoi ar bith; ba é an mac ba sine é.

Ach pé ar bith cén chaoi ar chroch Dónall a chloigeann, chonaic sé an dá thiarna ag teacht agus d'aithin sé an tiarna – mar a déarfá – a raibh sé féin ina chónaí ar a dhúiche. Ach tháinig an dá thiarna chomh fada leis. Bheannaigh siad do Dhónall agus bheannaigh Dónall dóibh. Agus, go múinte, leag Dónall uaidh an speal sa bhféar agus nuair a chonaic na fiche deartháir eile Dónall ag leagan uaidh a speal, leagadar féin uathu a gcuid spealta agus shuíodar síos.

Thosaigh an dá thiarna agus Dónall ag caint, agus d'inis an tiarna a raibh Dónall ar a dhúiche, d'inis sé an scéal do Dhónall. Thosaigh Dónall ag meangaireacht gháire.

"By dad," a deir sé, "is mó a déarfainn," a deir sé, "le dream bocht nach mbeadh foghlaim ná scoláireacht ná airgead ná talamh acu, ach beirt mar sibhse," a deir sé, "feictear dom gur áirid an sórt geall é sin."

"Bhuel, sin é an chaoi a bhfuil sé anois," a deir an tiarna. "Níl neart air. Tá an geall curtha," a deir sé, "agus saighneáilte ó dhlíodóir."

"Bhuel, más mar sin é," a deir Dónall, "cén sórt gaisce nó cén sórt cleasa gaisce a chuirfeas sibh an dá fhear agus dhá fhichead a dhéanamh le go mbeadh a fhios agaibh cé acu fear is fiche is fearr? Ag cur ailtíní cnámh in aghaidh a chéile," a deir sé, "ag caitheamh meáchain nó ag bualadh báire?"

"Tá mé ag ceapadh," a deir an tiarna, "gur ag bualadh báire a chuirfeas muid é."

"Tuigim," a deir Dónall.

Rinne Dónall staidéar ansin.

"Bhuel anois," a deir Dónall, "tá mise chomh dona is a bhí mé ariamh agus muid uilig," a deir sé. "An t-athair atá orainn," a deir sé, "fear fíorghéar orainn é agus ní móide," a deir sé, "go dtaithneodh sé leis muid ag cur an oiread sin ama amú agus go ngabhfadh muid ag bualadh an bháire sin. Ach," a deir sé, "a bhfuil le rá agamsa anois leat, bí anseo ag a dó dhéag a chlog amárach agus beidh scéal agamsa duit," a deir sé. "Beidh a fhios agamsa duitse," a deir sé, "cén chaoi a dtiocfaidh sé."

Ach bhí go maith. Chroith an dá thiarna láimh leis agus d'imigh leo agus chuaigh an fear is fiche ag gearradh féir nó go raibh sé in am a dhul abhaile. Ach nuair a tháinigeadar abhaile tráthnóna agus d'itheadar a ndinnéar nó a suipéar, d'inis Dónall an scéal don athair. Agus is é an sásamh a thug an t-athair dó: go mba seacht míle measa a bheas sé bliain ó anocht agus bliain ó amárach.

"An deargscabhaitéara," a deir sé. "Nuair a bhí sibhse lag lúbach," a deir sé, "shíl sé mo chuid talún a bhaint díomsa go héagórach, ach níor éirigh leis. Is túisce a d'fheicfeadh an diabhal caoch é," a deir sé, "ná go mbuailfeadh sibhse lucht báire dó."

Níor thaithin sin le Dónall ná leis na fiche deartháir eile ach níor dhúradar tada.

Bhí go maith is ní raibh go holc. D'éirigh siad ar maidin lá arna mhárach agus d'ith siad a mbricfeasta sách moch agus chuadar chuig an bpáirc. Agus ar uair a dó dhéag bhí Dónall ag cuimhneamh go dtiocfadh an dá thiarna, agus ní raibh a fhios ag an bhfear bocht céard a dhéanfadh sé – bhí náire air – mar bhí faitíos air go gceapfadh an dá thiarna go mba é an chaoi a raibh faitíos orthu – ar an mac is fiche – go ligfidís síos iad.

Ach nuair a tháinig an dá thiarna, chaith Dónall uaidh an speal agus chaith na fiche deartháir uathu iad. Ach bhí siad píosa ag caint nuair a d'fhiafraigh an tiarna de Dhónall, "Cén scéal atá agat?"

"*By dad*, níl aon scéal maith agam," a deir Dónall. "Níor thug sé sásamh maith dom," a deir sé, "ná solas ar bith," a deir sé, "le go ngabhfainn ag bualadh an bháire duit," a deir sé. "Agus níl neart agam ort," a deir sé. "*By dad*," a deir sé, "tá aiféala orm ach níl aon neart agam ort."

Tháinig dath geal ar an tiarna mar bhí a fhios aige go mbeadh a dhúiche caillte aige mura dtéadh na mac is fiche ag bualadh – agus ba chuma leis caillte ar bhealach ná buachtáil ach gan iad a chliseadh. Ach bhí go maith. Tháinig dath geal air agus ní mórán cainte a rinne sé nuair a d'éirigh an dá thiarna ina seasamh agus bhí siad ag imeacht. Anois nuair a bhí siad timpeall is fiche slat ó Dhónall, bhuail spadhar Dónall agus chuimhnigh sé air féin.

"Haigh!" a deir sé. "Gabh i leith."

Ghlaoigh sé ar an tiarna ar ais.

"Beirthe nó feannta," a deir sé, "marbh nó caillte é – bíodh an scian is géire ag feannadh – buailfidh muid an báire ar aon nós."

Ní rinne an tiarna ach siúl anall go dtí é agus bhuail sé trí bhois sa droim air.

"Muise, mo chú thú," a deir sé, "bhí a fhios agam go raibh spiorad fir ionat, nach ligfeá síos mé, agus buachtáil nó caillte," a deir sé, "tá ríméad anois orm go bhfuil an báire ag dul á bhualadh."

"Bhuel anois," a deir Dónall, "sula n-imeoidh tú, cén t-am nó cén lá a mbeidh an báire ag dul á bhualadh?"

"An lá i ndiaidh arú amárach," a deir an tiarna.

"Cén t-am?" a deir Dónall.

"Ag a dó dhéag a chlog," a deir an tiarna, "a chaithfear isteach an liathróid ar a leithéid seo de pháirc."

"Tá go maith," a deir Dónall.

Chroith an dá thiarna láimh leis agus leis na fiche deartháir eile, agus d'imigh leo.

Bhí go maith is ní raibh go holc. D'fhan an mac is fiche ag gearradh féir nó go raibh sé in am a dhul abhaile. Ach ar a dhul abhaile dóibh, chuireadar cúirt i dteannta a chéile nach raibh beart ar bith ab fhearr dóibh a dhéanamh an oíche roimh an mbáire ná a gcuid camán agus bróga agus éadach báire a chur amach tríd na fuinneoga agus éirí dhá uair níos moiche ná a bhídís ag éirí na laethanta eile, agus a dhul chuig an bpáirc agus go mbeadh an oiread oibre déanta acu agus a bheadh caillte acu leis an mbáire. Ach d'fhág sin go raibh an t-athair an-ghéar orthu.

Bhí go maith is ní raibh go holc. Ar chaoi ar bith tháinig an oíche roimhe. Bhí an báire ag dul á bhualadh arna mhárach. Chuireadar amach a gcuid bróga agus éadach báire agus camáin tríd na fuinneoga agus d'éirigh siad cúpla uair níos luaithe an lá seo ná aon lá eile agus d'imigh leo, agus nuair a tháinigeadar chuig an bpáirc, chuireadar na camáin agus na bróga agus an t-éadach i bhfolach faoin bhféar le faitíos go dtiocfadh an t-athair nó duine ar bith a mbeadh amhras ar bith aige orthu.

Ach bhí go maith is ní raibh go holc. Chuadar ag gearradh féir nó gur cheap Dónall go raibh sé ag tarraingt ar an am imeacht. D'imigh siad agus thugadar leo a gcuid bróga agus éadach báire agus camáin, agus nuair a bhí siad ag siúl isteach ar an bpáirc, deich nóiméad don dó dhéag a bhí sé.

Bhí dhá mhíle duine an uair sin ar an bpáirc, agus nuair a tháinig na mac is fiche isteach, chuadar in áit éicint ar leataobh nach bhfeicfí iad, gur bhaineadar díobh a gcuid éadach oibre agus chuireadar orthu éadach an bháire, bróga agus éadach. Agus nuair a bhí sin déanta acu, tháinigeadar anall go dtí an áit a raibh an cruinniú, agus chonaic Dónall an tiarna a raibh sé féin ar a dhúiche. Tháinig sé go dtí é.

"Bhuel anois," a deir Dónall, "tá mé ag dul ag cur ceist ort. Cén chaoi," a deir sé, "nó cén bealach a mbeidh an báire seo á bhualadh?"

"Bhuel," a deir an tiarna, "ní bhfaighidh aon fhear," a deir sé, "den dá fhear agus dhá fhichead cead a fháil ar an liathróid ach dhá iarracht dá chamán ar an liathróid – isteach nó amach í."

"Tá go maith," a deir Dónall.

Bhí go maith is ní raibh go holc. Deich nóiméad ina dhiaidh, bhí sé a dó dhéag a chlog. Caitheadh isteach sa spéir an liathróid i lár na páirce – bhí an dá gheaing socraithe ar chaon taobh. Caitheadh isteach í. Ní raibh an liathróid tagtha ar an talamh, nuair a bhuail Dónall dá chamán í agus chuir sé amach í. Caitheadh isteach aríst í an dara huair agus ní raibh sí oiread tagtha ar an talamh an dara huair, nuair a bhí camán Chormaic agus camán Dhónaill ag teacht in éineacht uirthi. Ach is é Cormac a bhuail an dara huair í, agus chuir sé amach í.

Níor lig an *referee* – nó pé ar bith máistir a bhí ar an mbáire – níor lig sé ní b'fhaide é. Shéid sé an fheadóg agus dúirt sé nach raibh aon mhaith ag aon fhear as fir Éireann a dhul ag bualadh báire leis na mac is fiche. Ach bualadh na bosa, séideadh na feadóga agus bhí an báire gnóthaithe acu.

Shiúil an tiarna a chaill a dhúiche anall go dtí an tiarna a raibh Dónall ar a dhúiche is chroith sé láimh leis.

"Go maire tú do chuid fiacha," a deir sé. "By *dad*, ní raibh an geall sin i bhfad á bhuachadh."

"By *dad*, ní raibh," a dúirt an tiarna a raibh Dónall ar a dhúiche.

Ach bhí go maith. Nuair a bhí an báire thart, bhí Dónall agus na fiche deartháir ag imeacht den pháirc, agus ghlaoigh an tiarna orthu.

"Níl sibh ag dul ag imeacht uaimse," a deir sé, "chomh dona sin."

Ní raibh Dónall ag tabhairt aon sásamh dó, mar bhí deifir air, ach san am céanna níor mhaith leis é a eiteachtáil.

"Caithfidh sibh a theacht chuig an teach in éineacht liomsa," a deir sé, "go mbeidh dinnéar agaibh agus go bhfeicfidh mé ceart sibh."

Ach bhí sé ag dul leo gur imigh siad agus tháinigeadar in éineacht leis an tiarna go dtáinigeadar ar an teach. Maidir le dinnéar, fuaireadar é.

Nuair a bhí an dinnéar tógtha acu, chuaigh an tiarna siar i seomra mór agus thug sé aniar sparán airgid agus leag sé gine is fiche óir ar aghaidh chaon fhear acu timpeall an bhoird. Nuair a bhí sin déanta aige, chuaigh sé siar agus thug sé aniar ól agus thug sé riar deas le n-ól ag chaon fhear acu, agus nuair a bhí sin déanta aige, "Bhuel anois," a deir sé le Dónall, "tá súil agam go bhfuil sibh buíoch díom agus tá mise fíorbhuíoch díbhse," a deir sé, "agus ní as ucht," a deir sé, "go gcaillfinn mo dhúiche é, ach níor thug tú le rá inniu," a deir sé, "go raibh aon fhear is fiche in Éirinn a bhí ag dul ag cur aon fhaitíos orainn."

"Bhuel, sin é . . . sin é corp mo chuid cainte," a deir Dónall. "Ní faoin ngeall é."

"Ach, bhuel anois," a deir an tiarna, "tá sibh ag dul abhaile," a deir sé, "agus tá mise an-bhuíoch díbh agus tá an geall buaite agaibh, ach tá súil agam anois," a deir sé, "nach n-ólfaidh sibh aon deoir níos mó go dté sibh abhaile."

"Ná bíodh faitíos ort," a deir Dónall.

D'fhág siad slán ag an tiarna agus d'imigh leo, agus ar nós chuile shórt, is dócha go raibh cineál ríméid ar na créatúir, ó bhuadar an báire. Ach bhíodar ag dul thar teach leanna a bhí leath bealaigh idir an pháirc a rabhadar ag baint an fhéir air agus an pháirc a raibh an báire á bhualadh uirthi, labhair duine éicint acu agus dúirt sé, "Is fearr dúinn deoch a bheith againn," a deir sé, "sláinte an bháire."

Ach bhuaileadar isteach ar chaoi ar bith. Níl mé in ann a rá ar beag nó mór a d'óladar ach níor óladar an iomarca, déarfainn. Ach le chuile útamáil agus chuile shíobráil, cineál deireanach go maith a bhíodar ag teacht abhaile an oíche seo. Agus nuair a bhí siad ag teacht i bhfoisceacht cúpla céad nó trí slat den teach, bhraith Dónall go mbeadh amhras ag a n-athair go raibh rud éicint contráilte, agus sheas sé agus labhair sé leis na fiche dearthair.

"Níl aon ghnó abhaile againn anois anocht," a deir sé. "Níl aon ghnó abhaile againn," a deir sé, "mar tá a fhios agam," a deir sé, "céard atá le fáil againn. Ach," a deir sé, "séard a dhéanfas muid anois," a deir sé, "codlóidh muid sa scioból tuí," a deir sé, "atá siar ón teach ansin," a deir sé, "agus b'fhéidir go mbeadh chuile shórt fuaraithe amárach – go mbeadh an scéal fuaraithe ag an seandream."

"Ní chodlóidh muid i scioból tuí ná scioból féir," a deir Cormac, "go mbeidh a fhios agamsa céard atá an seandream a rá an chéad uair."

"Tá go maith," a deir Dónall.

D'imigh Cormac agus d'éalaigh leis go ndeachaigh sé sa doras dúnta taobh amuigh a bhí ar an teach. Agus na doirse a bhí ar na tithe an uair sin – ní hé a fhearacht anois é – chomhaireofá caoirigh amach idir na siúntaí a bhí sna cláir. Ach bhí sé ag breathnú isteach, agus bhí an t-athair ina shuí ar aghaidh na tine agus an mháthair i leataobh na tine is iad ag caint is ag comhrá.

Gearr gur airigh sé – go bhfaca sé – an t-athair ag éirí agus ag dul soir is ag seasamh sa doras. Agus bhreathnaigh sé amach. Agus nuair a bhreathnaigh, bhreathnaigh sé síos ar an mbean nó ar mháthair an mac is fiche.

"Cuirfidh mé geall," a deir sé, "gur sa scioból tuí a chodlós na scabhaitéirí seo anocht, agus más ea," a deir sé, "nuair a gheobhas mise ina gcodladh ann iad, tabharfaidh mise tine don scioból."

"Óra," a deir an mháthair, "cuimhnigh ar Dhia. Nach cuma duit chor ar bith cá gcodlóidh siad ach iad a bheith ceart?"

"Téirigh thusa a chodladh," a deir sé, "má tá an t-ádh ort."

Ach bhí go maith is ní raibh go holc. Nuair a d'airigh Cormac an méid sin, d'imigh leis. Níor chónaigh sé nó go dtáinig sé go dtí Dónall.

"Nár dhúirt mise leat," a deir Dónall. "Bhuel anois," a deir Dónall, "níl tada níos fearr ná an scioból tuí atá ag an gcomharsa seo thuas agus codlóidh muid anocht ann. Scaoilfidh muid an oíche tharainn ann."

"Tá go maith," a deir Cormac.

D'imigh leo is níor chónaigh na créatúir – idir spealadóireacht féir agus bualadh báire agus chuile shórt, bhíodar tuirseach – go dtáinigeadar chuig scioból na comharsan. Bhí sé lán le tuí. Shíneadar siar agus thiteadar ina gcodladh. Agus i maidneachan an lae, nuair a bhí lá agus oíche ag scaradh ó chéile, is é Cormac an chéad fhear a dhúisigh. Ní rinne sé ach éirí de léim agus sheas sé i ndoras an sciobóil agus bhí feiceáil aige ar scioból a athar ón áit a raibh sé ina sheasamh. Agus céard d'fheicfeadh sé, ach bhí deireadh scioból a athar ag dó go talamh. Ní rinne sé ach rith go dtáinig sé go dtí Dónall agus dhúisigh sé Dónall agus nuair a d'oscail Dónall a dhá shúil, "By dad," a deir Cormac, "fear dá fhocal é: tá an scioból dóite go talamh aige."

"Nár dhúirt mise leat aréir," a deir Dónall, "nach raibh aon ghnó abhaile againn?"

Bhí go maith is ní raibh go holc. Dhúisíodar na naoi bhfear déag eile, agus nuair a d'éirigh siad sin, "Bhuel anois," a deir Dónall, "níl aon ghnó abhaile againn inniu ar chuma ar bith. Is fearr dúinn imeacht anois," a deir sé, "agus beidh muid ag siúl," a deir sé, "go dtaga muid ar bhóthar a mbeidh ceithre chrosbhóthar air, agus déanfaidh muid ár n-intinn suas ansin," a deir sé, "céard is fearr dúinn a dhéanamh."

Ach dhúisigh siad na naoi bhfear déag eile agus d'imigh leo go dtáinig siad ar an gcrosbhóthar a raibh na ceithre bhóthar air agus ní raibh sé fíorfhada uathu ach an oiread. Shuíodar síos agus labhair Dónall.

"Bhuel anois," a deir Dónall, "chomh fada agus a fheicimse, níl beart ar bith is fearr dúinn a dhéanamh: tá bóthar ag dul soir, bóthar ag dul siar, bóthar ag dul ó thuaidh agus bóthar ó dheas; tógfaidh cúigear againn," a deir sé, "chaon bhóthar acu sin. Beidh fear corr ann," a deir sé, "agus fágfaidh muid mise a bheith i m'fhear corr. Agus más soir nó siar, ó thuaidh nó ó dheas é," a deir sé, "imeoidh mise in éineacht le cúigear éicint go gcasfaidh bóthar eile orm agus tabharfaidh mise mo bhealach féin orm féin ansin," a deir sé. "Ach sula bhfágfaidh muid an áit a bhfuil muid anois," a deir sé, "tá mise ag baint gealladh de chuile fhear de na mac agus fiche againn," a deir sé, "fiche duine agus mé féin, lá agus bliain ó inniu, a theacht ar an gcrosbhóthar seo ar uair a dó dhéag a chlog, go mbeidh a fhios againn," a deir sé, "cén chaoi a ndeachaigh an saol dúinn nó cén chaoi a rinne muid más maith nó dona é."

Bhí chuile fhear sásta. Ach chuaigh cúigear siar, cúigear soir, cúigear ó dheas agus cúigear ó thuaidh, ach níl mé in ann a rá cé acu cúigear a ndeachaigh Dónall leo – ach d'imigh siad.

D'fhág siad slán ag a chéile agus ní i bhfad a bhí Dónall ag siúl in éineacht leis an gcúigear nuair a casadh bóthar eile dó ag briseadh amach den bhóthar mór. D'fhág sé slán ag an gcúigear agus d'imigh leis, agus bhí sé ag siúl agus is gearr gur casadh an-ard sa mbóthar air – bhí an bóthar ag éirí suas in aghaidh cnoic – agus bhí sé ag éirí amach an uair sin théis am dinnéir go maith sa lá. Bhí beagán ocrais ag teacht ar Dhónall bocht.

Ach bhí go maith is ní raibh go holc. Nuair a chuaigh sé go mullach an aird, nuair a bhreathnaigh sé roimhe, céard a d'fheicfeadh sé ach cathair mhór uafásach agus plód mór fear ag obair uirthi á tógáil agus iad ag cur cinn uirthi nó cloigeann.

"'Chrá Dia," a deir Dónall, "go mb'fhéidir go bhfaighinn obair anseo."

Bhí go maith is ní raibh go holc. D'imigh leis agus níor stop sé go dtáinig sé go dtí an áit a raibh na fir ag obair. Is ní i bhfad a bhí sé ag breathnú, nuair a thug sé faoi deara cén máistir nó *ganger* – nó tugann cuid acu saoiste ar an ng*anger* ach ní raibh a fhios agamsa é go dtí le gairid; ach pé ar bith cén t-ainm atá air – tháinig Dónall go dtí é agus d'fhiafraigh sé de an dtabharfadh sé obair dó. Agus dúirt an saoiste nach dtabharfadh.

"*By dad*," a deir Dónall, "is aisteach an fear thú," a deir sé. "Shílfeá," a deir sé, "go mba mhaith leat fear eile oibre a fháil."

"Ní maith," a deir an saoiste. "Tá mo dhóthain fir oibre cheana agam."

Rinne Dónall staidéar.

"Bhuel," a deir Dónall, "an dtabharfá obair dom dá ndéanfainn obair beirt?"

"*By dad*, thabharfainn," a deir an saoiste.

"*By dad*, is barrúil an fear thú," a deir Dónall. "Ní thabharfá obair ar bith dom," a deir sé, "dá mbeinn ag déanamh ach obair duine agus thabharfadh tú obair dom dá ndéanfainn obair beirt."

"Á, bhuel," a deir an saoiste, "tá réasún leis sin. Giorróidh sé sin an obair," a deir sé, "agus laghdóidh sé an costas."

"Bhuel, tá sé sin le rá," a deir Dónall. "Bhuel anois," a deir Dónall, "tá mé chomh dona is a bhí mé ariamh san am céanna. Strainséir anseo mé. Níl a fhios agam cá bhfaighidh mé lóistín le dhul ag obair nó cá bhfaighidh mé mo bheatha."

"Bhuel," a deir an saoiste, a deir sé, "tá na fir ag dul chuig a ndinnéar anois go díreach agus mise chomh maith leo, agus fan anseo go dtaga muid ar ais agus beidh tuairisc againn cá bhfaighfeá lóistín."

Ach d'imigh an saoiste agus na fir, agus nuair a d'imigh siad, bhí Dónall ag breathnú ina thimpeall chuile áit. Chuir sé a leathchois suas ar chloch nach raibh an-ard agus bhí sé ag breathnú soir is ag breathnú siar, síos is suas, is diabhal mórán breathnú a bhí déanta aige, nuair a chonaic sé fear mór ag déanamh air as an taobh ó dheas agus thug sé faoi deara go mba duine uasal ceart a bhí ann.

Ach bhí an duine uasal ag déanamh air agus is dócha go raibh sé ag déanamh iontas Dónall a bheith ann, ach nuair a tháinig sé chomh fada is gur bheannaigh sé do Dhónall agus bheannaigh Dónall dó go suáilceach, "Ar mhiste a fhiafraí díot," a deir sé le Dónall, "céard atá tú a dhéanamh anseo?"

"Ní miste, muise," a deir Dónall. "Fear mé ag lorg oibre," a deir sé. "Tá mé i bhfad ó bhaile is strainséir mé. Nuair a tháinig mé anseo," a deir sé, "d'iarr mé obair ar an nganger nó ar an saoiste atá anseo," a deir sé, "is ní thabharfadh sé aon obair dom.. Bhuel," a deir sé, "nuair a dúirt mé leis go ndéanfainn obair beirt, dúirt sé go dtabharfadh sé obair dom is tá mé ag fanacht anseo," a deir Dónall, "go dtaga na fir ar ais óna ndinnéar go bhfaighidh mé tuairisc cá bhfaighidh mé lóistín."

"Ó, tá réasún leis," a deir an duine uasal.

Ach bhí an duine uasal ag caint píosa deas, agus sa deireadh labhair Dónall.

"By dad, bail ó Dhia ort," a deir Dónall, "is beag nach ndéarfainn," a deir sé, "go bhfuil rud éicint le déanamh agat féin leis an gcathair seo."

"Níl tú i bhfad amuigh," a deir an duine uasal. "Is mé atá á tógáil."

"By dad," a deir Dónall, "nuair a chonaic mé ag teacht thú, bhí mé ag cuimhneamh air."

Ach bhí sé féin is an duine uasal ag caint, agus is gearr a bhíodar ag caint nuair a bhí Dónall ag breathnú chuile áit timpeall air. Ach thug sé breathnú anseo ó dheas ar chaoi ar bith agus chonaic sé cathair mhór uafásach, a bhí chomh mór le péire mar í – dá mb'fhéidir – cathair nua tamall maith ó dheas dó.

"Seo, ar mhiste dom a fhiafraí díot, a dhuine uasail, le do thoil," a deir Dónall, "cé leis an chathair mhór sin thíos?" a deir sé. "Cá bhfios nach bhfaighinn lóistín ann?"

"Ní miste, muise," a deir an duine uasal. "Liomsa í sin," a deir sé.

"By dad," a deir Dónall, "bail ó Dhia ort, caithfidh sé nach bhfuil aon inseacht scéil agus a bhfuil d'airgead agat agus tú ag tógáil na cathrach seo agus más leat an chathair sin."

"Á, bhuel," a deir an duine uasal, "níl bád ar bith gan dhá thaobh. Níl scéal ar bith," a deir sé, "gan údar. Tá údar leis sin."

"Muise, ar mhiste dom fiafraí díot," a deir Dónall, "cén t-údar atá leis sin?"

"Ní miste," a deir an duine uasal. "Níl agamsa," a deir sé, "ach mé féin is mo bhean agus m'iníon agus triúr nó ceathair searbhóntaí, is níor chodail ceachtar againn," a deir sé, "aon néal sa gcathair sin le lá agus bliain."

"Ó, *by dad*," a deir Dónall agus d'oscail sé a dhá shúil. "Is áirid an rud é sin, a deir sé, is dócha, nach mbeadh aon dochar fiafraí díot," a deir sé, "cén t-údar atá leis sin?"

"Bhuel, níl," a deir an duine uasal. "Tá údar mór leis."

"Bhuel, ar chodail aon duine sa gcathair sin," a deir Dónall, "le lá agus bliain?"

"*By dad*, tá sé chomh maith agam a rá leat nár chodail," a deir an duine uasal. "D'íoc mé gine agus fiche," a deir sé, "buidéal *special*, thug mé paca leabhar dóibh, doisín coinnle, neart tine lena gcluais," a deir sé, "d'íoc mé gine is fiche le chaon fhear – fear agus fiche – a gheall dom go gcodlóidís sa gcathair sin. Ach nuair a tháinig mise ar maidin," a deir sé, "bhí na fear agus fiche sin marbh, agus ní raibh aon tuairisc ar an ngine is fiche, agus sin é an chaoi a bhfuil an chathair sin."

"Agus cá ndéanann tú codladh?" a deir Dónall.

"Tá mé ag codladh sa mbaile mór," a deir sé, "agus tá cóiste péire capall agam. Fágfaidh mé an chathair seo," a deir sé, "chuile thráthnóna ar a sé a chlog agus tiocfaidh mé ar maidin lá arna mhárach ar a naoi a chlog."

"Bhuel, céard atá ag tarlú sa gcathair," a deir Dónall, "le nach féidir leat codladh ann?"

"Inseoidh mé sin duit," a deir sé. "Tá clog mór istigh sa gcathair sin," a deir sé, "agus nuair a bhuailfeas sé sin an dá uair déag am marbh den oíche," a deir sé, "ar an bpointe boise a bheas an dá uair déag buailte aige, ní bheadh a fhios agat cén pointe," a deir sé, "ón gcloch íochtair sa bh*foundation* den chathair sin go dtí an maide mullaigh atá ar a barr, an mbeadh sí ina bruscar anuas in do mhullach. Tosóidh sí ag croitheadh agus á bualadh fré chéile – gach a bhfuil istigh inti."

"Á, muise, dona go leor," a deir Dónall.

Ach bhí go maith is ní raibh go holc. Rinne Dónall staidéar fada.

"Bhuel," a deir Dónall, "an dtabharfá gine agus fiche domsa dá gcodlóinn anocht inti?"

"*By dad*, ní thabharfaidh," a deir an duine uasal. "Tá an iomarca caillte cheana agam léi."

"Bhuel, níl mise ag iarraidh buidéal *special* ar bith ort," a deir Dónall, "ach paca leabhra, tine mhaith le mo chluais, doisín coinnle. Agus más maith leat é," a deir sé, "cuimhnigh ar an rud atá mise a rá leat: más diabhal," a deir sé, "nó duine saolta atá sa gcathair sin, beidh fios a ghnó nó a bhroscáin agamsa duit ar maidin amárach."

By dad, rinne an duine uasal staidéar agus faoi dheireadh thug sé isteach do Dhónall. "Bhuel, más mar sin é," a deir an duine uasal, "tar uait anois. Níl aon chall duit a dhul ag obair inniu, agus níl mé ag rá," a deir sé, "go dteastóidh aon obair uait amárach más mar sin é."

"Tá go maith," a deir Dónall.

D'imigh leo agus thug an duine uasal anuas chuig an gcathair mhór é. Tugadh isteach ar pharlús é agus fuair sé a dhinnéar chomh maith agus a d'ith sé ariamh, is nuair a bhí a dhinnéar ite aige, d'imigh sé féin is an duine uasal amach ag siúlóid timpeall ar an gcathair. Ach nuair a tháinig an t-am – nó nuair a bhí an t-am ag tarraingt ar a sé a chlog – d'ordaigh an duine uasal dá shearbhóntaí agus thugadar isteach carnán móna agus shocraíodar síos tine bhreá agus leagadar doisín coinnle nua ar an mbord breá a bhí in aice na tine agus paca leabhra, agus leag an duine uasal é féin buidéal *special* ar chloigeann an bhoird agus gine agus fiche le taobh an bhuidéil.

"Seo anois," a deir sé le Dónall, "sin í mo pháighese anois duitse," a deir sé.

"Bhuel," a deir Dónall, "ní raibh mise ag iarraidh buidéal *special* ar bith ort."

"Is cuma faoi," a deir an duine uasal.

Ach bhí go maith is ní raibh go holc. D'fhág an duine uasal slán ag Dónall, agus nuair a bhí an duine uasal agus na searbhóntaí ag imeacht, d'airigh Dónall an eochair á casadh sa doras mór a bhí ar an taobh ó dheas den chathair, agus bhí a fhios aige go raibh sé faoi ghlas anois, má ba mhaith nó b'olc leis é.

Ach bhí go maith is ní raibh go holc. Nuair a d'éirigh sé chomh dorcha is nár léir do Dhónall aon cheo, las sé coinneal, tharraing sé chuige leabhar agus shuigh sé síos i gcathaoir bhreá bhog ag cloigeann an bhoird. Agus bhí tine bhreá lena chúl. Níor airigh sé an oiread is an mhíoltóg féin ag corraí sa gcathair nó gur bhuail an clog mór an dá uair déag.

Agus, nuair a bhuail an clog mór an dá uair déag, ar an bpointe is a bhí an dá uair déag buailte, óró, an t-urlár a raibh cosa Dhónaill leagtha air, ón gcloch íochtair go dtí an chloch uachtair thosaigh sé ag corraí. Ní bheadh a fhios agat cén pointe a mbeadh ón gcloch íochtair go dtí an chloch uachtair den chathair isteach i do mhullach.

"*By dad*," a deir Dónall, "níl cosúlacht mhaith air seo ar chaoi ar bith."

Ach bhí sí mar sin i bhfad. Ach sa deireadh, an doras mór ar chuir an duine uasal an glas air ag imeacht dó, óró, buaileadh d'iarraidh nó de fab é agus shíl Dónall go raibh sé isteach ar fud an tí. Ní rinne Dónall ach éirí ina sheasamh san áit a raibh sé ag léamh agus sheas sé i lár an urláir.

"Cé atá ansin?" a deir sé.

Ní bhfuair sé aon fhreagra.

"Cé atá ansin?" a deir sé aríst.

Ní bhfuair sé aon fhreagra.

"Bhuel, pé ar bith cé atá ansin anois," a deir Dónall, "más fuacht nó anó atá air," a deir sé, "tá neart tine agus teasa anseo len é a leigheas má thagann sé chomh fada leis."

Ní bhfuair sé aon fhreagra. Shuigh sé síos aríst agus thosaigh sé ag léamh, agus diabhal mórán achair ina dhiaidh – pé ar bith fab a bualadh ar an doras an chéad uair, shíl sé go raibh sé ina spruánaí uilig an dara huair nuair a bualadh aríst é.

D'éirigh Dónall de léim an dara huair agus d'fhiafraigh sé cé a bhí ann. Ní bhfuair sé aon fhreagra. D'fhiafraigh sé an dara huair is ní bhfuair.

"Bhuel, pé ar bith cé atá ansin, anois," a deir Dónall, "más tart nó ocras atá air," a deir sé, "fuacht nó deartan, tá chuile cheann acu anseo le fóirithint a dhéanamh air."

Ní bhfuair sé aon fhreagra. Shuigh sé síos aríst agus thosaigh sé ag léamh. Ach an tríú babhta nuair a bualadh an doras, shíl Dónall go raibh an chathair is a raibh ann anuas ar a mhullach. Chroith sé ón gcloch íochtair go dtí an chloch uachtair nó an maide uachtair sa teach. Shíl Dónall go raibh sé istigh agus bhuail spadhar feirge é. D'éirigh sé de léim agus sheas sé i lár an urláir.

"Cé atá ansin?" a deir sé.

Ní bhfuair sé aon fhreagra.

"Cé atá ansin?"

Ní bhfuair.

"Bhuel," a deir sé, "pé ar bith cé atá ansin anois, más tart nó ocras atá air, fuacht nó deartan, tá chaon cheann acu anseo le fóirithint a dhéanamh air. Agus, *by dad*," a deir sé, "ó chuaigh sé chomh fada is go ndeachaigh sé, más troid nó achrann atá sé a iarraidh ach an oiread," a deir sé, "tá neart anseo le fáil aige – fuílleach – má thagann sé chomh fada leis."

Sin é an oiread a d'oscail an doras mór isteach agus shiúil fear breá óg – duine uasal ceart isteach – aniar an *hall* mór agus bhí Dónall ina shuí ar an gcathaoir agus shiúil sé anuas go dtí Dónall agus chroith sé láimh leis.

"Céad míle fáilte romhat," a deir sé le Dónall.

"Go maire tú," a deir Dónall.

"Is tú an fear is fearr," a deir sé, "a tháinig isteach sa gcathair seo le lá agus bliain."

"Muise, b'fhéidir gur mé," a deir Dónall.

"Ach is tú," a deir sé.

Ní rinne an fear a tháinig isteach ach seasamh agus a dhroim a chur leis an tine agus bhí Dónall ag breathnú suas idir an dá shúil air. Agus nuair a bhí Dónall ag breathnú suas air, bhí sé ag cinnt ar Dhónall déanamh amach ar fear den saol seo nó den saol eile a bhí ann. Ach faoi dheireadh, "Muise, ar mhiste liom fiafraí díot le do thoil," a deir Dónall, "ar fear den saol seo nó den saol eile thusa?"

"Ní miste, muise," a deir sé. "Tá aiféala orm," a deir sé, "caithfidh mé a rá leat gur fear den saol eile mé."

"Ó, Dia is Muire," a deir Dónall, "ar mhiste liom fiafraí díot," a deir sé, "cén sórt trioblóid nó cén anó atá ort a thug ar ais anseo thú?"

"Ní miste, muise," a deir sé. "Tiarna talún a bhí ionamsa," a deir sé, "agus is mé athair an fhir óig sin a raibh tú ag caint inniu leis," a deir sé. "Sin é mo mhac ar leis an chathair seo. Anois, nuair a bhí mise i mo chónaí anseo," a deir sé, "ní mórán achair ó d'imigh mé den saol," a deir sé, "bhain mé na céadta céadta punt," a deir sé, "airgead éagórach mailíseach – de thionóntaí bochta agus de bhaintreacha bochta. Bhain mé na céadta acra talún," a deir sé, "de thionóntaí bochta agus de bhaintreacha bochta. Agus," a deir sé, "ní raibh aon chall agam leis," a deir sé.

Ach bhí go maith is ní raibh go holc. Nuair a bhí sin inste aige do Dhónall, "Bhuel anois," a deir sé, "an t-airgead mailíseach a bhain mise de na tionóntaí agus de na baintreacha, tá chuile phingin, beag is mór, ariamh," a deir sé, "ina ngineacha óir in aon phota amháin faoina leithéid seo d'urlár," a deir sé, "ina leithéid seo de sheomra sa gcathair agus mura bhfuil aon fhaitíos ort a theacht in éineacht liom," a deir sé, "spáinfidh mé duit é."

"Ní bheadh aon fhaitíos ar aon duine," a deir Dónall, "a dhul san áit a mbeadh airgead."

Bhí go maith. D'éirigh Dónall agus an leaid seo – an duine uasal – agus níor chónaigh an duine uasal ag dul trí sheomraí go dtáinig sé isteach sa seomra mór seo a raibh urlár cláir ann agus go ndeachaigh sé sa gcúinne agus bhuail sé a sháil anuas ar chlár.

"Tá an pota thíos ansin anois," a deir sé, "agus ní ghabhfadh gine eile ann. Agus déarfaidh tú le mo mhac ar maidin," a deir sé, "nuair a thiocfas sé anseo, nuair a bheas an bricfeasta ite aige," a deir sé, "tugadh sé leis an cóiste agus an pota airgid sin. Tosaíodh sé ag an gcloigeann is faide uaidh den dúiche," a deir sé, "agus bíodh sé, bíodh sé ag imeacht," a deir sé, "go dté an ghrian faoi, ag roinnt an airgid. Agus ba cheart go mbeadh sé roinnte an uair sin aige. Agus mura bhfuil cuid den dream ar thóg mise an t-airgead – nó ar bhain mé díobh é go mailíseach – beo," a deir sé, "tá a gclann ann nó tá duine éicint a bhaineann leo ann. Roinneadh sé an t-airgead sin, agus nuair a bheas an t-airgead sin roinnte aige," a deir sé, "téadh sé ar ais aríst agus tugadh sé ar ais a gcuid talún do na baintreacha agus do na tionóntaí bochta ar bhain sé díobh go mailíseach é. Agus nuair a bheas sé sin déanta," a deir sé, "réitithe amach, tá bóthar saor agamsa."

"Tá go maith," a deir Dónall.

"Bhuel anois," a deir sé, "tá pota óir eile agam nach bhfuil an oiread agus leithphingin rua féin mailíseach ann," a deir sé, "ach m'airgead cneasta díreach féin agus tá sé ina leithéid seo de sheomra, agus mura bhfuil aon fhaitíos ort a theacht in éineacht liom, spáinfidh mé duit é."

"Nár dhúirt mé cheana leat," a deir Dónall, "nach mbeadh aon fhaitíos ar aon duine a dhul san áit a mbeadh airgead."

Ach d'imigh leo agus níor chónaigh sé go dtáinig sé go dtí an áit a raibh an dara pota. Bhuail sé a sháil anuas faoin gclár agus nuair a thóg sé an tsáil, "Bhuel anois," a deir sé le Dónall, "an pota óir sin," a deir sé, "níl an oiread agus leithphingin rua mailíseach ag baint leis. Tá mé ag bronnadh an phota óir sin ortsa," a deir sé, "mar bhronntanas agus is maith an oidhe ort é."

"Go raibh míle maith agat," a deir Dónall.

"Pé ar bith lá go brách," a deir sé, "ar maith leat é a thógáil, tabhair leat é, óir is leat é."

"Tá go maith," a deir Dónall. "Go raibh míle maith agat."

D'imigh an bheirt agus tháinigeadar aniar go dtáinigeadar san áit a raibh Dónall an chéad uair agus chuir an fear a dhroim leis an tine agus bhí sé féin agus Dónall tamall beag ag caint, ach sa deireadh labhair sé.

"Bhuel anois," a deir sé, "le faitíos nach gcreidfeadh mo mhac ar maidin thú nuair a thiocfas sé," – chuir sé láimh ina phóca agus tharraing sé aníos litir – "tabharfaidh tú dó an litir seo," a deir sé. "Agus nuair a léifeas sé an litir seo," a deir sé, "beidh a fhios aige féin céard a dhéanfas sé agus beidh chuile shórt ceart."

"Tá go maith," a deir Dónall.

Ní rinne Dónall ach breith ar an litir uaidh, agus nuair a chas Dónall a chloigeann thart ag cur an litir ina phóca, nuair a chroch sé a chloigeann aríst, ní raibh an duine uasal ná duine ná deoraí le feiceáil aige.

Muise, d'fhan sé ina shuí tamall ag breathnú. Ní fhaca sé duine ná deoraí agus ní raibh an oiread agus an mhíoltóg féin ag corraí sa gcathair. Ní rinne sé ach breith ar an mbuidéal *special* agus bhain sé as an corc agus tharraing sé chuige agus bhain sé a shaindeoch as.

Nuair a bhí sin déanta aige, las sé coinneal nua. Níor fhág sé aon seomra sa gcathair nár shiúil sé nó go bhfuair sé seomra a raibh leaba bhreá bhog chlúmhaigh ann – agus piliúr breá clúmhaigh – is d'fháisc sé é féin isteach inti agus thit sé ina chodladh is níor airigh sé oíche ná lá nó go raibh sé ina lá, lá arna mhárach agus píosa den lá ann.

Ach nuair a tháinig an mac, an duine uasal óg agus a chuid searbhóntaí – bean agus iníon – chuig an doras mór taobh amuigh, nuair a chas an duine uasal an eochair agus bhain sé an glas de, níor lig an faitíos dó a dhul idir an dá ursain, mar bhí sé ag ceapadh go raibh Dónall marbh. Séard a rinne sé, fógairt. "Hé, a Dhónaill," a deir sé, "an bhfuil tú beo?"

Ní bhfuair sé aon fhreagra an chéad bhabhta, ach an dara babhta d'airigh Dónall é, pé ar bith áit i mbarr an tí a raibh sé. D'éirigh Dónall de léim agus, "Muise, i nDomhnach," a deir Dónall, "muise, táimse beo. Cén diabhal a bheadh orm?"

Tharraing Dónall air a threabhsar – is níor chuir sé air ach a threabhsar. Agus is é an áit a raibh an staighre a bhí sa gcathair, isteach díreach ar aghaidh dorais mhóir a raibh an duine uasal ina sheasamh ann. Agus nuair a chuaigh Dónall anuas an staighre, bhí dath geal ar an duine uasal mar bhí sé ag déanamh iontas cén chaoi a mbeadh Dónall beo. Ach ní raibh sé ach ar an dara spreabhsán deireanach nuair a d'iarr an duine uasal de, "Bhuel anois," a deir an duine uasal, "déan an fhírinne dúinn ach ná déan aon bhréag: an bhfaca tú tada nó ar airigh tú tada?"

"Muise, *by dad*, a dhuine uasail," a deir sé, "níl aon chall bréaga agam. Chonaic mé tada agus d'airigh mé tada."

"Céard a chonaic tú?" a deir an duine uasal.

"Chonaic mé d'athair," a deir sé.

"Chonaic tú m'athair!" a deir an duine uasal.

"Chonaiceas, *by dad*," a deir Dónall.

D'inis Dónall an scéal dó mar atá sé inste agamsa duitse anois, agus nuair a bhí an scéal críochnaithe aige, thit an duine uasal as a sheasamh. Ach nuair a fuair sé biseach, "Bhuel anois," a deir Dónall, "le faitíos go gceapfá gur ag cumadh bréaga nó ag inseacht bréaga atá mé, tá cruthú anseo agamsa."

Tharraing sé aníos an litir agus shín sé chuige í is nuair a léigh an duine uasal an litir, thit sé as a sheasamh aríst.

Nuair a fuair sé biseach, "Muise, anois, a Dhónaill," a deir sé, "sin é an chaoi a mbíonn sé. Ní raibh aon chall dó," a deir sé, "aon phingin airgid éagórach ná mailíseach a bhaint d'aon duine bocht, de bhaintreach nó de thionónta. Anois ní raibh aon chall dó," a deir sé, "an oiread agus cruma talún a bhaint díobh ach cár fhág tú cathú."

Ach bhí go maith is ní raibh go holc.

"Bhuel," a deir Dónall, "déarfainn go mbeidh suaimhneas agatsa níos mó."

"Ó, tá mé cinnte de sin," a deir an duine uasal. "Isteach leat anseo anois," a deir sé le Dónall. "Níl aon chall duit a dhul ag obair ar chaoi ar bith."

Chuaigh siad isteach ar an bparlús agus an dinnéar ab fhearr a leagadh ariamh – nó an béile ab fhearr – d'ordaigh an duine uasal é. Nuair a bhí an béile leagtha ar an mbord, chuir sé teachtaireacht suas chuig an áit a raibh an chathair nua, ag ordú an tsaoiste a bhí thuas agus na fir oibre uilig anuas. Agus chaitheadar an lá sin le fleá agus féasta, ithe agus ól, spraoi agus spóirt nár caitheadh a leithéid sa gcathair ariamh.

"Bhuel anois," a deir sé le Dónall nuair a bhí chuile shórt thart, "níl mé ag dul ag cailleadh níos mó leis an gcathair nua," a deir sé.

D'ordaigh sé don tsaoiste gan a theacht lá arna mhárach. Thug sé páighe do na fir – d'íoc sé an tsaoiste – agus dúirt sé leo gan a theacht níos mó, go raibh an obair thart.

Ach bhí go maith is ní raibh go holc. An oíche chéanna, "Bhuel anois," a deir sé le Dónall, "níl a fhios agam," a deir sé, "an eiteoidh tú mé nó mura n-eiteoidh tú – bheinn ag iarraidh impí ort," a deir sé.

"Céard é seo?" a deir Dónall.

"Bheinn ag iarraidh an impí anois ort: an bhfanfá in éineacht liom?" a deir sé. "Thógfadh muid an cloigeann den chathair nua sin," a deir sé, "agus tá go leor seanstór anseo, theastódh caoi uathu – agus d'athródh muid anuas í. Agus bheinn fíorbhuíoch díot," a deir sé, "dá bhfanfá in éineacht liom. Ní bheidh máistir ná máistreás ort," a deir sé, "agus beidh páighe mhaith duit."

"Muise, i nDomhnach," a deir Dónall, "ní call impí ar bith duit," a deir sé. "Nach ag lorg oibre a tháinig mé agus nach é a bhfuil uaim obair a fháil."

"Bhuel, tá go maith mar sin," a deir an duine uasal. "Beidh obair le fáil agat agus obair fhada."

Bhí go maith is ní raibh go holc. D'fhan Dónall ag an duine uasal agus ní raibh sé ach sé seachtaine nó go raibh an chathair nua an cloigeann tógtha uilig agus í thuas ar na seanstóir agus na seanstáblaí agus caoi is cóir ar chuile shórt.

Ach bhí go maith. Bhí Dónall agus an duine uasal agus iad uile ag caitheamh saol an-chompóirteach. Ach nuair a bhí Dónall sé mhí ag an duine uasal, bhí sé féin agus Dónall amuigh sa ngairdín ag cur caoi ar phabhsaetha agus ar chrainnte agus ar chuile shórt. Ach nuair a bhíodar an tógáil scíthe, labhair an duine uasal.

"Bhuel anois, a Dhónaill," a deir sé, "is mór a déarfas tú," a deir sé. "Nuair a bhí an chathair á bualadh faoi chéile ón gcloch íochtair go dtí an chloch uachtair agus go dtí an maide mullaigh agus," a deir sé, "ní raibh mé ag codladh aon néal. Bhuel anois," a deir sé, "níl mé ag codladh mórán ach oiread."

"Céard atá ag cur isteach ort anois?" a deir Dónall.

"Bhuel," a deir sé, "tá aon rud amháin ag cur isteach orm. Níl a fhios agam," a deir sé, "cén mhaith a d'fhéadfainn a dhéanamh mar, pé ar bith céard a bheadh agam," a deir sé, "ag dul liom, feictear dom nach mbeadh mo dhóthain ann le maith a dhéanamh ort."

"Tá do dhóthain maith déanta agat ormsa," a deir Dónall. "Níl mise ag iarraidh maith ar bith ach mo pháighe a shaothrú – m'obair a dhéanamh."

"Bhuel," a deir an duine uasal, "an bhfuil a fhios agat céard a dhéanfas mé leat? A bhfuil de mhaith a bhfuil mé in ann a dhéanamh ort," a deir sé, feictear dom gurb in a bhféadfainn a dhéanamh. Tabharfaidh mé, tabharfaidh mé m'iníon le pósadh duit," a deir sé.

Phléasc Dónall ag gáire. Chuir sé scairt as.

"Ó," a deir Dónall, "ar seafóid atá ag teacht ort? Do leithéidse de dhuine uasal," a deir sé, "ag dul ag tabhairt d'iníon domsa nach bhfuil ionamsa ach seansclábhaí bocht," a deir sé, "atá ag tóraíocht a lá oibre."

Rinne an duine uasal staidéar.

"Ó, céard atá tú a rá?" a deir an duine uasal. "A Dhónaill, tá tú i bhfad amuigh. Nach saibhre an fear thú féin," a deir sé, "ná mise."

"Ara, cén chaoi a bhfuil tú á rá sin?" a deir Dónall.

"Céard faoin bpota óir," a deir sé, "atá istigh faoina leithéid seo d'urlár sa seomra sa gcathair sin?"

Rinne Dónall staidéar.

"Ó, muise," a deir Dónall, "níor chuimhnigh mise go raibh aon phota óir faoin ngrian," a deir sé.

"Bhuel, tá sé sin agam," a deir an duine uasal, "pé ar bith rud a d'fhág m'athair agatsa," a deir sé, "is leat é."

Ach bhí go maith is ní raibh go holc. I gceann tamall gearr ina dhiaidh sin phós Dónall agus iníon an duine uasail, agus maidir le saol compóirteach, bhí sé á chaitheamh sa gcathair. Ní raibh taibhse ná diabhal ná beo ná saolta le n-aireachtáil inti ach iad ag caitheamh saol ceart compóirteach.

Ach bhí go maith is ní raibh go holc. Nuair a bhí Dónall tamall pósta, ní nach ionadh d'inis sé don bhean óg, ar ndóigh, go raibh fiche deartháir eile aige. D'inis sé di an chaoi ar fhágadar an baile, faoin mbualadh báire, faoin dá thiarna, faoin athair agus faoin scioból ag dó agus an chaoi ar imigh siad agus ar casadh thart é.

Ach nuair a d'inis sé an scéal sin don bhean óg – maidir leis an mbean óg ní raibh sí ag fáil meabhair ar bith cén chaoi a bhféadfadh fiche deartháir a bheith aige – d'inis an bhean óg don athair agus don mháthair é agus, ar ndóigh, ní raibh siad sin ag fáil meabhair ar bith air.

Ach d'inis Dónall dóibh nuair a bheadh an lá is bliain istigh, mura raibh siad á chreistiúint, go raibh na fiche deartháir le bheith ar a leithéid seo de chrosbhóthar ag uair a dó dhéag a chlog. B'fhada le bean Dhónaill agus leis an athair is leis an máthair go dtáinig an lá, ach nuair a tháinig, nuair a bhí an bricfeasta ite acu, d'ordaigh an seanduine uasal an dá chapall a chur faoin gcóiste, Dónall is a bhean, é féin is a bhean féin gur imigh siad go dtáinigeadar ar an gcrosbhóthar. Is nuair a tháinigeadar ar an gcrosbhóthar, ní raibh duine ná deoraí le feiceáil.

Bhí Dónall ag breathnú soir is ag breathnú siar, ach nuair a tháinig an t-am ceart, is gearr go bhfaca sé ceathrar ag teacht aniar, ceathrar as an taobh ó thuaidh, cúigear as an taobh ó dheas, ach – le scéal fada a dhéanamh gearr – bhíodar ag teacht ariamh nó go dtáinig na fiche deartháir ar an gcrosbhóthar.

Bhí cuid acu a raibh éadach maith orthu, bróga maithe agus iad ag breathnú maith go leor. Agus bhí tuilleadh acu a bhí stróicthe cineál – iad mar dá mbeidís díchéillí nó ag caitheamh an tsaoil. Ach pé ar bith cén chaoi a rabhadar, níor leag an duine uasal a shúil ar aon fiche fear ariamh ba bhreátha ná iad. Ní mba tada Dónall ar ghualainn cuid acu.

Ach bhí go maith is ní raibh go holc. Croitheadh lámha leo – an duine uasal agus a bhean agus bean Dhónaill agus chaon duine acu – agus más thíos a frítheadh iad is thuas a fágadh iad. Agus maidir le hiontas, bhí an duine uasal agus a bhean á dhéanamh agus bean Dhónaill. Ach le scéal fada a dhéanamh gearr, nuair a bhí sé in am a dhul abhaile nó iad a scarúint ó chéile, ghlac an duine uasal scrupall do na fiche fear breá óga. Labhair sé le Dónall.

"An bhfuil a fhios agat céard a dhéanfas tú, a Dhónaill?" a deir sé. "Níl aon pheaca ar an saol," a deir sé, "is mó ná na fiche fear breá óga a bheith ag imeacht mar sin," a deir sé. "Ach an bhfuil a fhios agat céard a dhéanfas tú anois?" a deir sé. "Seo é an t-aon mhaith amháin a iarrfas mise ortsa: Labhair leo," a deir sé, "agus inis an scéal seo dóibh: má thagann siad in éineacht leat," a deir sé, "go dtí mise, tabharfaidh mise dhá acra dhéag talún dóibh," a deir sé, "ar an talamh is fearr in Éirinn, do chaon fhear acu.

Déanfaidh mé teach nua," a deir sé, "ar chaon phíosa den dá acra dhéag do na fiche dearthár. Beidh siad féin ag saothrú orthu," a deir sé, "ó thosós siad go stopfaidh siad. Beidh páighe mhaith dóibh agus ní thógfaidh sé ach timpeall is sé mhí," a deir sé, "go mbeidh na fiche teach sin déanta. Agus tabharfaidh mé mo ghealladh duit," a deir sé, "nach mbeidh na fiche teach sé mhí déanta nuair a bheas na mná óga is saibhre in Éirinn – clann iníonacha feilméaraí agus prionsaí, mar níl fiche fear eile in Éirinn níos breátha ná iad – pósta acu."

Ach bhí go maith. D'inis Dónall an scéal do na fiche dearthár agus is maith a bhíodar sásta. An méid a tharraing an cóiste an chéad uair a líonadh í, thug Dónall abhaile iad agus chuaigh sé ar ais aríst go dtug sé leis an chuid eile. Ach pé ar bith cén cineál oíche a chaitheadar an oíche a chonaic Dónall an taibhse, ní mba tada í ar ghualainn na hoíche a caitheadh sa gcathair an oíche seo.

Lá arna mhárach, nuair a bhí a mbéile ite acu, thug an duine uasal amach iad gur spáin sé a phíosa féin talún do chaon fhear acu agus an áit a mbeadh na tithe á ndéanamh. Ach bhí go maith. Tháinigeadar abhaile aríst an oíche sin. Ach le scéal fada a dhéanamh gearr, thosaigh an obair ar chaoi ar bith. Rinne an duine uasal fiche teach nua dóibh agus thug sé dhá acra dhéag talún dóibh. Fuair sé sconsa déanta timpeall ar chuile theach acu – geata ag dul isteach air – agus ní raibh sé ach sé mhí iontu nuair a bhí chuile fhear ariamh acu pósta. Agus ní raibh siad ach bliain pósta nuair a bhí muirín ar chuile fhear acu.

Bhí go maith is ní raibh go holc. Bhí chuile shórt ag imeacht ceart. Ach blianta fada, achar fada, ina dhiaidh, bhí Dónall agus a bhean óg féin, iníon an duine uasail, bhíodar – Domhnach breá a bhí ann – bhíodar ina suí amuigh sa ngairdín an taobh ó dheas den chathair. Agus bhí bóthar mór ag dul anuas ó bhóthar an rí go dtí cathair an duine uasail, agus geataí iarainn air agus, pé ar bith cé mar a chroch Dónall a chloigeann, chonaic sé fear bocht ag dul anuas an bóthar agus ag déanamh ar an gcathair. Bhí sé ag aireachas air nó go ndeachaigh sé isteach an doras mór. Agus bhí sé ordaithe ag Dónall do na searbhóntaí aon fhear bocht – ná traibhléara nó fear déirce – gan é a ligean ón doras gan bia agus airgead. Agus bhí an dlí céanna ag an duine uasal – ag athair bhean Dhónaill.

Ach bhí go maith. Diabhal mórán achair gur chroch Dónall a chloigeann aríst, agus nuair a chroch, chonaic sé an fear bocht ag dul amach ón gcathair agus ag siúl suas an bóthar. Agus d'aithin sé é. Ní rinne sé ach éirí ina sheasamh chomh tréan is a bhí cois air agus tháinig sé aníos agus isteach go dtí an searbhónta.

"Cá raibh an fear sin ag dul?" a deir sé.

"Muise, bhí sé ag iarraidh déirce nó ag iarraidh airgid," a deir an searbhónta.

"An dtug tú airgead dó?" a deir Dónall.

"By *dad*, níor thugas," a deir an searbhónta.

"Tuige?" a deir Dónall. "Nach raibh sé ordaithe agam gan duine ar bith a ligean ón doras gan airgead nó bia agus deoch a thabhairt dó?"

"Bhuel," a deir an searbhónta, "tá mise anseo," a deir sé, "le cúig bliana agus dhá fhichead agus ní fhaca mé aon fhear bocht ag cruinniú aon airgead nó ag iarraidh aon déirce ar Dhomhnach – ach chuile lá den tseachtain," a deir sé, "bhí sé le fáil acu – ní fhaca mé aon fhear," a deir sé, "go dtí é sin."

"Lean é," a deir Dónall. "Lean agus abair leis a theacht ar ais."

Lean an searbhónta é agus tháinig an fear bocht ar ais. Agus sheas sé idir dhá ghiall an dorais. D'aithin Dónall go maith é. Chuir Dónall láimh ina phóca agus shín sé airgead chuige. Agus nuair a shín, rinne Dónall staidéar.

"Muise, *by dad*, bail ó Dhia ort," a deir Dónall, "ní cleachtadh liom," a deir sé, "tá mé píosa anseo, agus níor chuala mé an dream atá anseo romham ag rá go bhfacadar aon fhear ag dul thart ar Dhomhnach breá ag iarraidh aon déirce ach thú féin. Caithfidh sé," a deir sé, "gur chaith tú tús do shaoil go dona, nó cén chaoi ar chaith tú é, nó an raibh tú pósta, nó an raibh talamh agat, nó cén chaoi a raibh tú?"

"Bhí talamh agam," a deir sé, "agus na céadta acra agus an talamh ab fhearr a bhí in Éirinn."

"Bhuel, an raibh tú pósta?" a deir Dónall.

"Bhíos, *by dad*," a deir sé, "agus mac agus fiche agam."

"Mac agus fiche?" a deir Dónall.

"Bhí, *by dad*," a deir sé.

"Bhuel, cá bhfuil na mac is fiche sin?" a deir Dónall.

"Á, muise," a deir sé, "tá aiféala orm gur dhóigh mé is gur bhruith mé iad."

"Dhóigh tú is bhruith tú iad!" a deir Dónall.

"Dhós," a deir sé.

"Cá bhfuil do bhean?" a deir Dónall.

"Fuair sí bás," a deir sé, "le briseadh croí."

Rinne Dónall staidéar maith ansin.

"Á, bhuel, an aithneofá aon duine den chlann mhac sin anois," a deir Dónall, "dá bhfeicfeá iad?"

"Ní aithneodh ná thusa," a deir sé, "mar níl siad le n-aithneachtáil agat."

Ní rinne Dónall ach a láimh a chur suas agus bhí ball dóráin faoi bhun a chluais dheas ar a mhuineál agus leag sé a mhéar air.

"Muise, shílfeá," a deir sé, "go n-aithneofá Dónall féin?"

Ní rinne an fear bocht ach breathnú suas air, agus nuair a bhreathnaigh, thit sé as a sheasamh agus thosaigh sé ag bladhrach caoineacháin. Agus nuair a fuair sé biseach, d'éirigh sé.

"Bhuel anois," a deir Dónall – leag sé láimh ar a ghualainn – "is mór an náire duit é," a deir sé. "Níl duine ar bith den mhac is fiche sin," a deir sé, "dóite ná bruite. Tá siad sin chomh slán, chomh folláin, chomh láidir agus a bhí siad an lá ar imigh siad uait ag baint a gcuid féir. Agus," a deir sé, "mór an náire agus is bocht an scéal é. Agus más maith é," a deir sé, "spáinfidh mise chuile fhear acu sin duit amárach má fhanann tú san áit a bhfuil tú anocht."

Ach thug sé toil. D'fhan.

Ar maidin lá arna mhárach thug Dónall leis é sa gcóiste agus thosaigh sé ag an gcéad teach nua a bhí déanta do na mac is fiche – agus chuile fhear acu ag croitheadh lámha leis an athair agus á phógadh – nó go dtáinig sé go dtí an t-ochtú mac.

"Cuir an píce ann," a deir an t-ochtú mac le Dónall.

"Á, ná cuir. Ná cuir," a deir Dónall. "Déan maith in aghaidh an oilc."

Ach bhí go maith is ní raibh go holc. Spáin Dónall chuile mhac ariamh de na fiche mac don athair, agus nuair a bhí sin spáinte aige, chasadar abhaile. Agus nuair a tháinigeadar chuig an gcathair a raibh Dónall ina chónaí ann, thug Dónall a dhinnéar dó, agus nuair a bhí a dhinnéar ite aige, leag Dónall a láimh ar a ghualainn.

"Bhuel anois," a deir sé, "is bocht an jab a rinne tú – bocht, bocht an scéal é. Is bocht an chaoi a bhfuil tú. Ach anois," a deir sé, "tá an dá chrann ar do bhois agat. Má fhanann tú in éineacht liomsa anois," a deir sé, "ar feadh an chuid eile de do shaol, ní bheidh call duit a dhul ag cruinniú puinn déirce nó ag imeacht romhat ar na bóithre. Agus más fearr leat é sin," a deir sé, "ná imeacht mar atá tú, tá an dá chrann ar do bhois agat."

Ach thug sé toil agus dúirt sé le Dónall go bhfanfadh sé in éineacht le Dónall.

D'fhan an t-athair in éineacht le Dónall agus leis an mbean óg agus leis an duine uasal ach – le scéal fada a dhéanamh gearr agus gan a dhul níos faide leis – idir iad uilig, deartháireacha, mná óga agus chuile dhuine, chaitheadar saol fada le chéile uaidh sin amach.

Iníon Rí Láimh gan Aithne

Sa tseanaimsir bhí tiarna ina chónaí in Éirinn. Bhí aon mhac amháin aige, agus nuair a tháinig an mac suas in acmhainn nó suas sna déaga de bhlianta, is é an cheird is mó a bhí ar bun aige, ag bualadh i bpáirc a bhí in aice le pálás nó teach a raibh an tiarna ina chónaí ann. Bhíodh an t-athair ag casaoid air faoi bheith ag bualadh an bháire chomh síoraí ach ní raibh aon mhaith dó ann. Ach bhíodh sé ag bualadh leis ó bhliain go bliain go raibh sé suas go dtí bliain is fiche. Ach san am sin bhí sé ag ceapadh nach raibh mórán báireoir ar bith sa domhan a bhí in ann cinnt air.

Ach bhí go maith is ní raibh go holc. Lá breá fómhair a bhí ann. Ní raibh air ach a léine is a threabhsar agus bhí sé ag bualadh báire istigh sa bpáirc, agus bhí an pháirc – is é a raibh idir í féin agus bóthar an rí, sconsa. Ach tháinig seanfhear thart agus mála ar a ghualainn, ag iarraidh déirce. Chonaic sé mac an tiarna ag bualadh an bháire sa bpáirc agus leag sé an mála ar bharr an sconsa agus lig sé é féin isteach ar an sconsa agus chuir sé bail ó Dhia air.

"Go mba hé duit," a deir mac an tiarna.

D'iarr an seanfhear déirc ach níor thug mac an tiarna aird ar bith air. Faoi cheann scaithimh dúirt an seanfhear, "By *dad*, bail ó Dhia ort," a deir sé, "ní fhaca mé mórán báireoir ariamh nach bhfuil tú chomh maith leis."

"Céard atá tú a rá?" a deir mac an tiarna. "Ní fhaca tú mórán báireoir ariamh féin leath chomh maith liom."

"By *dad*, chonaiceas," a deir an seanfhear, "agus," a deir sé, "bhí mise céad lá de mo shaol," a deir sé, "agus chuirfinn crua go leor ort é."

"Tá go maith," a deir mac an tiarna. "Isteach leat," a deir sé, "agus beidh cluife againn."

D'fhág an seanfhear an mála ar an gclaí agus chuaigh sé isteach agus chuaigh siad ag imirt, nó bhíodar a dhul ag imirt.

"Céard air a n-imreoidh muid anois?" a deir an seanfhear le mac an tiarna.

"Á, muise, imreoidh muid ar gheasa beaga," a deir sé.

"Tá go maith," a deir an seanfhear.

Chuadar ag imirt agus fuair mac an tiarna an chéad chluife.

"Cuir do gheasa anois," a deir an seanfhear.

"Cuirfead," a deir sé. "Líon an pháirc sin," a deir sé, "le fianna dearga."

Rinne an seanfhear sin dó. Ní raibh aon orlach den pháirc nach raibh fia dearg ina sheasamh uirthi.

Bhí go maith. Chuadar ag imirt an dara huair agus, *by dad*, fuair an seanfhear an dara cluife.

"Cuir do gheasa anois," a deir mac an tiarna.

"Ní beag duit a thúisce," a deir an seanfhear. "Tá mise do do chur faoi gheasa anois," a deir sé, "gan an dara béile a ithe ar aon bhord, gan an dara hoíche a chodladh ar aon leaba go dtuga tú Iníon Rí Láimh gan Aithne chugamsa don tír seo."

"Cá bhfuil an rí sin ina chónaí?" a deir mac an tiarna.

"Cuir do shrón romhat," a deir an seanfhear, "agus gheobhaidh tú amach é."

D'imigh an seanfhear agus chuir sé an mála ar a ghualainn agus bhuail sé bóthar. Ní rinne mac an tiarna ach an camán a chaitheamh uaidh agus bhuail sé isteach agus bhí sé ag sileadh na ndeor le brón.

Nuair a tháinig sé isteach, bhí an t-athair ina shuí i gcathaoir ag léamh páipéar nuaíochta. Chonaic sé ag caoineachán é.

"Cuirfidh mé geall," a deir an t-athair, "go bhfuil trioblóid tarraingthe ag an mbáire ort. Dúirt mé i gcónaí leat," a deir sé, "go dtarraingeodh sé trioblóid ort."

"Tá," a deir sé, "agus mo dhóthain."

"Céard atá anois ort?" a deir an t-athair.

D'inis sé dó.

"Tá do dhóthain ar d'aire anois," a deir sé, "ach san am céanna, tiocfaidh tú uaidh."

Bhí go maith is ní raibh go holc. Chuaigh sé a chodladh an oíche sin – an mac – agus d'éirigh sé ar maidin lá arna mhárach ag a hocht a chlog, d'ith sé a bhricfeasta, thug sé lón leis agus bhuail sé bóthar. Bhí sé ag siúl idir oíche agus lá trí choillte, trí dhriseacha, trí dhraigheanacha, trí thomacha agus trí chuile áit go raibh sé trí mhí dhéag ag siúl. Agus aon oíche amháin nuair a bhí na trí mhí dhéag istigh, titim i gcom na hoíche, bhí sé ligthe isteach ar sheanchlaí i leataobh coille – ní raibh tús ná deireadh ar an gcoill, bhí sí chomh mór sin – agus gan ann ach go raibh sé beo leis an ocras agus leis an anó. Agus pé ar bith cén sórt breathnú a bhí sé a dhéanamh isteach sa gcoill, chonaic sé mar a bheadh sórt solas nó réaltóg bheag i bhfad uaidh agus ní i ngar dó.

"Muise, 'chrá Dia," a deir sé, "pé ar bith cén chaoi a bhfuil nó nach bhfuil mé, dá dhonacht a bhfuil mé, *by dad*," a deir sé, "ní chodlóidh mé aon néal anocht go mbeidh a fhios agam," a deir sé, "cén sórt solas atá ansin."

Ach d'imigh leis agus chuaigh sé isteach sa gcoill. Agus pé ar bith stróiceadh a fuair sé ariamh ná trioblóid ná anró, níl a fhios céard a fuair sé an uair seo go raibh sé stróicthe stiallta, a chuid lámha gearrtha is a chosa. Ach sa deireadh thug sé faoi deara go dtáinig sé ar chosán beag, mar a bheadh ann sa tseanaimsir, i lár na coille. D'imigh leis agus bhí sé ag siúl ariamh go ndeachaigh sé chomh fada is go raibh a fhios aige nach réaltóg a bhí sa solas. Ach bhí sé ag déanamh air, agus nuair a bhí sé i bhfoisceacht trí nó ceathair de chéadta slata de, "*By dad*," a deir sé, "b'fhéidir gur mór an t-amadán mé. Níl a fhios agam anois," a deir sé, "ó thalamh go haer ná ó Dhia na Glóire, cé atá ina chónaí nó cén sórt solas é sin. B'fhéidir," a deir sé, "gur fathach draíochta é nó b'fhéidir gur drochdhream a mharódh mé. Ach san am céanna," a deir sé, "is cuma liom beo nó marbh, déanfaidh mé air."

Rinne sé air, agus nuair a tháinig sé chomh gar dó agus a d'fhéad sé, rinne sé amach gur áit é a raibh sórt cónaí inti, ach – le scéal fada a dhéanamh gearr – tháinig sé chomh gar dó sa deireadh is go bhfaca sé gur botháinín a bhí ann nó sórt bráicín beag.

D'imigh sé leis agus níor chónaigh sé ariamh go dtáinig sé amach ar a aghaidh. Agus bhí sórt leathdhoraisín beag isteach air agus poll ar an doras agus as amach a bhí an solas ag teacht. Ach sa deireadh tháinig sé chomh fada leis an doras, agus nuair a tháinig sé go dtí an doras, ní raibh air ach sórt leathdhoras agus lig sé é féin isteach air.

Bhreathnaigh sé isteach. Ní raibh duine ná deoraí istigh sa mbotháinín ach seanbhean chríon liath. Bhí a gruaig chomh geal le giobóg lín agus í ag dul síos thar a básta agus í ag sníomhachán le tuirne lín.

"Bail ó Dhia ort," a deir sé.

"Go mba hé duit," a deir an tseanbhean suas air.

Ní rinne sí ach an tuirne a chaitheamh uaithi.

"Ó, céad míle fáilte romhat," a deir sí, "a mhac an tiarna as Éirinn."

"Ó," a deir sé, "níl a fhios agam ó thalamh go haer," a deir sé, "nó cén chaoi a n-aithníonn tú mé?"

"Ó, aithním go maith thú," a deir sí, "agus ba chóir go n-aithneofása mise freisin. Chaith mise ocht mí dhéag do d'oiliúint do d'athair."

"Bhuel, cén t-ainm atá ort?" a deir sé.

"Bhuel, ar chuala tú caint ariamh," a deir sí, "ar Shíle Feasa na Fírinne?"

"Á, *by dad*, chuala mé caint ar an mbean sin ag m'athair," a deir sé.

"Bhuel, mise an bhean atá ansin anois," a deir sí, "agus chaith mise ocht mí dhéag do d'oiliúint do d'athair. Ach caithfidh sé," a deir sí, "go bhfuil trioblóid na gcéadta ort nó anó mór ort agus thú a theacht chomh fada seo, nó céard a thug anseo thú?"

Shuigh sé síos agus d'inis sé an scéal di. Nuair a bhí an scéal inste aige faoi na geasa agus faoin seanfhear, "Bhuel," a deir sí, "tá do dhóthain ar d'aire. Tá a leithéid de rí ann," a deir sí, "in áit éicint sna seacht ndomhan, ach níl mise in ann," a deir sí, "a dhéanamh amach cén áit a bhfuil sé ina chónaí. Ach níl mórán leabhar," a deir sí, "a scríobhadh ariamh nach bhfuil agamsa."

Réitigh sí greim le n-ithe.

"Seo, anois," a deir sí. "Ith greim thusa. Téirigh a chodladh agus gabhfaidh mise ag léamh go maidin duit."

Chuaigh mac an tiarna a chodladh – agus é ag teastáil uaidh – agus chuaigh an tseanbhean ag léamh, agus bhí sí ag léamh nó gur tháinig solas an lae isteach. Ach nuair a d'éirigh mac an tiarna, bhí a bhricfeasta – nó pé ar bith cén sórt greim bia a bhí aici – bhí sé leagtha ar an mbord agus nuair a bhí sé á ithe, "Bhuel," a deir sí, "tá mise ag léamh ó chuaigh tú a chodladh aréir, ach tá mé chomh dall inniu," a deir sí, "agus a bhí mé an t-am a dtáinig tú. Tá a leithéid de rí ann," a deir sí, "ceart go leor, ach níl mé in ann a chruthú duit cén áit a bhfuil sé ina chónaí. Ach," a deir sí, "is é a bhfuil mé in ann a dhéanamh duit, nuair a bheas an greim sin ite agat," a deir sí – bhí trí nó ceathair de cheanna de cheirtlíní móra snátha crochta ar thaobh seanbhalla beag a bhí istigh ann agus bhí písín leathair ceangailte, poll ann agus an snáithe amuigh ann agus é curtha isteach faoi cheann de na criosa a bhí ar cholbha an cheirtlín – "an bhfeiceann tú an cheirtlín sin" a deir sí, "thiar ar thaobh an bhalla?"

"Feicim," a deir sé.

"Bhuel, tabharfaidh tú leat í sin," a deir sí, "amach ar an mbóthar mór, ach fan go fóilleach."

Rinne sí cáca min choirce.

"Cuirfidh tú é seo i do phóca anois," a deir sí. "Tabharfaidh tú leat amach an cheirtlín agus," a deir sí, "béarfaidh tú ar an bpísín leathair sin," a deir sí, "a bhfuil cloigeann an tsnátha amuigh ann. Fair amach é," a deir sí. "Caith an cheirtlín romhat an bóthar. Cuir an cáicín min choirce seo i do phóca. An ghaoth a bheas i ndiaidh an cheirtlín sin," a deir sí, "ní thiocfaidh sí suas léi, agus an ghaoth a bheas roimpi, beidh sí ag breith uirthi. Ach ar uair a dó dhéag a chlog sa ló," a deir sí, "gabhfaidh an cheirtlín isteach i leataobh an bhóthair. Téirigh thusa isteach in éineacht leis an gceirtlín an uair sin," a deir sí, "agus bain plaic as an gcáicín min choirce seo agus beidh tú chomh súpláilte, chomh scafánta," a deir sí, "agus a bhí tú an lá ar fhág tú d'athair sa mbaile."

"Go raibh míle maith agat," a deir mac an tiarna.

"Tá deartháir liomsa," a deir sí, "ina chónaí seacht gcéad míle as seo. Agus nuair a thiocfas an cheirtlín amach ó leataobh an bhóthair," a deir sí, "ar uair a dó dhéag a chlog, ní ghabhfaidh sí isteach den bhóthar mór aríst," a deir sí, "nó go mbeidh an ghrian ag dul faoi. Agus nuair a bheas an ghrian ag dul faoi," a deir sí, "gabhfaidh sí isteach seanbhóithrín eile," a deir sí, "mar atá ag teacht isteach tríd an gcoill seo. Lean thusa an cheirtlín," a deir sí. "Beidh an siúl céanna agatsa a bheas ag an gceirtlín. Agus," a deir sí, "tiocfaidh tú ar bhotháinín eile go díreach glan mar é seo, agus níl ina chónaí sa mbotháinín sin," a deir sí, "ach mo dheartháirse. Agus mura mbeidh aon tuairisc aige sin duit," a deir sí, "níl mórán leabhar sa domhan nár léigh sé sin agus nach bhfuil aige, *by dad*," a deir sí, "gabhfaidh sé crua go leor leat."

Bhí go maith is ní raibh go holc. Rinne sé mar a dúirt an tseanbhean. Chuir sé an cheirtlín amach ar an mbóthar. Chuir sé an cáca min choirce ina phóca. D'imigh an cheirtlín mar a chaithfeá urchar as gunna. D'imigh mac an tiarna ina diaidh, is ní raibh a fhios aige a raibh sé ag déanamh coisméig ar bith. Ach bhí an cáicín min choirce ina phóca agus ar uair a dó dhéag i lár an lae chuaigh an cheirtlín isteach i leataobh an bhóthair.

Ní rinne sé ach suí síos, ach ní raibh mórán triail aige, bhain sé cúpla plaic as an gcáca min choirce agus bhí sé chomh slán, chomh folláin, chomh súpláilte is a bhí sé ariamh.

Tháinig an cheirtlín amach. D'imigh léi ar nós na gaoithe Mhárta agus eisean ina diaidh. Agus nuair a bhí an ghrian ag dul faoi, tháinig an cheirtlín ar cholbha coille a bhí níos mó ná an chéad choill.

Bhí seanbhóithrín ag rith isteach, agus chuaigh an cheirtlín isteach agus níor sheas sí ariamh gur sheas sí amach ar aghaidh doras botháinín beag eile mar a bhí sé ann an oíche roimhe. Agus nuair a tháinig sí chomh fada le doras beag a bhí ar an mbotháinín, bhí seanfhear críon liath ligthe amach ar leathdhoraisín. Ní rinne sé ach rith amach.

"Céad míle fáilte romhat," a deir sé leis an gceirtlín. "Tá sé seacht gcéad bliain," a deir sé, "ó bhí tú anseo cheana. Caithfidh sé," a deir sé, "go bhfuil trioblóid mhór ag baint leat agus thú a theacht anois."

Ach ní raibh an focal as a bhéal nuair a tháinig mac an tiarna.

"Céad míle fáilte romhat," a deir sé, "a mhac an tiarna as Éirinn."

"Ó," a deir mac an tiarna, "níl a fhios agam ó Dhia na Glóire," a deir sé, "cén chaoi a n-aithníonn tú gur mac tiarna mise nó cé as mé."

"Ó, d'aithneodh mise," a deir sé, "chuile mhac tiarna agus chuile mhac rí sa domhan. Céad míle fáilte romhat," a deir sé. "Isteach leat."

Ní rinne sé ach breith ar an snáithe agus ní bheadh trí ghail bainte as píopa agat nuair a bhí an cheirtlín casta suas aige mar a bhí sí ariamh. Thug sé isteach í agus chroch sé ar thaobh an bhalla í. Dúirt sé le mac an tiarna a dhul isteach, suí síos. Agus réitigh sé greim le n-ithe dó. Agus nuair a bhí mac an tiarna ag ithe, d'fhiafraigh sé de cén sórt trioblóid nó cén sórt anró a thug an t-achar sin é.

D'inis mac an tiarna dó.

"Tá a leithéid de rí ann," a deir sé, "ceart go leor. Ach," a deir sé, "níl mise in ann a chruthú duit cén áit a bhfuil an rí sin ina chónaí. Tá sé siúráilte ann," a deir sé, "ach is é a bhfuil le déanamh agat," a deir sé, "ith greim anois," a deir sé, "téirigh a chodladh agus gabhfaidh mise ag léamh go maidin duit."

"Go raibh míle maith agat," a deir mac an tiarna.

Chuaigh mac an tiarna a chodladh agus chuaigh an seanfhear ag léamh.

Ach nuair a d'éirigh mac an tiarna ar maidin, bhí greim le n-ithe leagtha ar bhoirdín dó. Bhí sé á ithe. Tháinig an seanfhear isteach.

"Bhuel," a deir sé, "tá mise ag léamh ó chuaigh tusa a chodladh aréir. Agus tá mé chomh dall inniu," a deir sé, "agus a bhí mé an t-am seo aréir. Tá a leithéid de rí ann ceart go leor ach," a deir sé, "níl mé in ann a chruthú cá bhfuil sé. Ach," a deir sé, "gach a bhfuilim in ann a dhéanamh duit, déanfaidh mé é."

Nuair a bhí greim ite ag mac an tiarna, ní rinne an seanfhear ach a dhul anonn go dtí an balla agus rug sé ar cheirtlín a bhí i bhfad Éireann níos mó ná an cheirtlín a bhí ag mac an tiarna an lá roimhe. Spáin sé dó í agus bhí an písín leathair céanna ar chloigeann an tsnátha. Ní rinne sé ach cáca min choirce a dhéanamh.

"Cuir é seo i do phóca anois," a deir sé, "agus tabharfaidh tú amach an cheirtlín seo ar bhóthar an rí. Tá deartháir domsa," a deir sé, "ina chónaí seacht gcéad míle as seo. Níl aon leabhar," a deir sé, "ar scríobhadh ná a priondáileadh sa domhan ariamh, rí ná banríon ná aon bhlas eile dá bhfuil ann, nach bhfuil a fhios aige – cheapfainn – agus mura mbeidh aon tuairisc aige sin duit," a deir sé, "tá tú réidh. Tabharfaidh mise duit an cheirtlín seo anois," a deir sé, "an ghaoth a bheas ina diaidh, ní bheidh sí ag teacht suas léi, an ghaoth a bheas roimpi beidh sí ag breith uirthi agus beidh an siúl céanna agatsa. Agus ar uair a dó dhéag a chlog," a deir sé, "gabhfaidh sí isteach i leataobh an bhóthair. Téirigh thusa isteach," a deir sé, "agus bain plaic as an gcáca min choirce seo agus ní bheidh a fhios agat ar shiúil tú aon choisméig ariamh. Nuair a bheas an ghrian ag dul faoi tráthnóna amárach," a deir sé, "nó tráthnóna anocht, beidh tú ag cloigeann seanbhóithrín eile," a deir sé; "casfaidh an cheirtlín isteach agus tiocfaidh sí ar bhotháinín eile mar é seo, agus mura mbeidh aon tuairisc ag an bhfear sin duit," a deir sé, "ní bheadh aon bharúil agam duit."

Ach bhí go maith is ní raibh go holc. Rinne mac an tiarna mar a dúirt sé agus níor chónaigh sé ariamh go dtáinig sé chuig cloigeann an bhóithrín, an áit a raibh an dara seanfhear ina chónaí. Chuaigh an cheirtlín isteach agus sheas sí amach ar aghaidh an doras beag.

Bhí seanfhear, ag breathnú i bhfad Éireann níos sine ná an chéad seanfhear, ligthe amach ar an doraisín. Ar an bpointe is a chonaic sé an cheirtlín, rith sé amach.

"Céad míle fáilte romhat," a deir sé, "tá sé seacht gcéad bliain ó bhí tú anseo cheana. Caithfidh sé," a deir sé, "go bhfuil rud éicint áirid suas agus tú a theacht anois."

Ní raibh blas ar bith ach go raibh an focal as a bhéal nuair a tháinig mac an tiarna.

"Céad míle fáilte romhat," a deir sé, "a mhac an tiarna as Éirinn. Céard a thug anseo thú?"

"Inseoidh mé ar ball duit é," a deir mac an tiarna.

"Isteach leat," a deir sé.

Ní rinne sé ach breith ar chloigeann an tsnátha, agus an fhad is a bheifeá ag baint dhá ghal as píopa, bhí an cheirtlín tochraiste suas aige mar a bhí sí ariamh.

Thug sé isteach í agus chroch sé ar thaobh an bhalla í.

"Bhuel anois," a deir sé le mac an tiarna, "tá ocras ort."

"Tá," a deir mac an tiarna.

Réitigh sé greim le n-ithe dó. Nuair a bhí an greim ite ag mac an tiarna, d'fhiafraigh sé de cén sórt trioblóid a bhí aige. D'inis sé dó.

"Tá a leithéid de rí ann," a deir sé, "ceart go leor, ach níl mé in ann a chruthú duit faoi láthair," a deir sé, "ach beidh scéal agam leis an aimsir duit. Gabh a chodladh anois," a deir sé, "tá tú tuirseach – agus gabhfaidh mise ag léamh go maidin duit."

"Go raibh míle maith agat," a deir mac an tiarna.

Chuaigh mac an tiarna a chodladh. Chuaigh an seanfhear ag léamh, agus ar maidin lá arna mhárach nuair a d'éirigh mac an tiarna, thug sé faoi deara – bhí béile leagtha ar an mbord – ach thug sé faoi deara nár labhair an seanfhear tada go raibh a bhéile ite aige.

Nuair a bhí a bhéile ite aige, ghlaoigh an seanfhear amach air. Thug sé leis suas é agus bhí siad ag dul suas agus suas go ndeachaigh siad ar mhullach cnoc a bhí fíorard.

"An bhfeiceann tú an loch sin?" a deir sé.

"Feicim," a deir mac an tiarna.

"Bhuel, is é an t-ainm atá uirthi sin anois," a deir sé, "Loch na Seilge. Sin í an loch anois," a deir sé, "is mó a bhfuil asarlaíocht agus draíocht ag baint léi sna seacht ndomhan."

"Agus cén fáth a bhfuil an méid sin draíochta ag baint léi?" a deir mac an tiarna.

"Bhuel," a deir sé, "tá sí sin faoi dhraíocht ag Rí Láimh gan Aithne. Sin í anois," a deir sé, "Loch na Seilge, agus an bhfeiceann tú an charraig mhór sin thíos anois," a deir sé, "píosa amach ón gcladach?"

"Feicim," a deir mac an tiarna.

"Bhuel, in éadan chuile lá agus bliain," a deir sé, "tiocfaidh triúr iníon Rí Láimh gan Aithne ar snámh uirthi sin i bhfoirm trí eala nó ar chuma trí eala. Is iad na trí bhean is breátha sna seacht ndomhan iad. Ach an bhean is breátha acu," a deir sé, "is í an bhean is sine í, agus tá sí i bhfad níos mó ná an dá eala eile. Agus níl aon uair a dtiocfaidh siad ar snámh ar an loch sin – an charraig mhór sin a fheiceann tú anois," a deir sé, "atá chomh mór le páirc – nuair a bheas píosa maith snáfa acu, tiocfaidh siad isteach uirthi sin agus ligfidh siad a scíth. Agus nuair a bheas siad le dhul amach an dara huair," a deir sé, "éireoidh siad agus croithfidh siad a gcuid sciathán agus titfidh cleiteacha astu," a deir sé.

"Bhuel," a deir sé, "gabh thusa i bhfolach faoin gcarraig sin is gaire duit agus bí ag aireachas uirthi, agus nuair a fheicfeas tú ag croitheadh a gcuid sciathán iad, breathnaigh meabhrach orthu," a deir sé, "agus tabhair faoi deara an eala is mó acu, na sciatháin nó na cleiteacha a thitfeas aisti sin," a deir sé. "Nuair a gheobhas tusa imithe amach an dara huair ag snámh iad, gabh amach agus tóg na cleiteacha agus cuir i do phóca nó cuir i do láimh iad agus téirigh ar chúl na carraige arís go dtaga siad isteach agus," a deir sé, "beidh siad ag tóraíocht na gcleiteacha sin, mar ní fhéadfaidh siad cleite ar bith a fhágáil ina ndiaidh. Tá siad sin faoi dhraíocht ag a n-athair," a deir sé, "agus faoi asarlaíocht, agus má bhíonn aon chleite amháin caillte acu," a deir sé," níl a fhios céard a dhéanfas sé leo.

"Ach," a deir sé, "nuair a thiocfas siad an dara huair," a deir sé, "agus iad ag tóraíocht na gcleiteacha, gheobhaidh an dá eala is lú – an dá dheirfiúr is óige – na cleiteacha, ach beidh na cleiteacha eile ar iarraidh ón mbean is sine. Agus beidh sí sin oibrithe le fearg," a deir sé. "Is í an bhean is fírinní í sa domhan. Rud ar bith a gheallfas sí sin duit," a deir sé, "déanfaidh sí é. Bhuel," a deir sé, "nuair a fheicfeas tusa cuthach feirge uirthi, éirigh i do sheasamh, croch suas na cleiteacha i do láimh agus spáin di iad. Agus," a deir sé, "iarrfaidh sí na cleiteacha ort agus abair nach dtabharfaidh," a deir sé, "go dtáinig tú rófhada á dtóraíocht."

Ach bhí go maith is ní raibh go holc. Chuaigh mac an tiarna síos agus chuaigh sé i bhfolach faoin gcarraig ba ghaire don chladach, agus níorbh í an fhad sin a bhí sé ann chor ar bith nuair a chonaic sé na trí eala ag imeacht ar snámh amuigh ar an loch. Ach faoi dheireadh agus é sách tuirseach, is gearr go dtáinigeadar isteach ar an gcarraig mhór seo agus luíodar síos uirthi agus chaitheadar píosa maith ann. Ach sa deireadh nuair a d'éiríodar, chroitheadar a gcuid sciathán agus chonaic sé cleiteacha ag titim as a gcuid sciathán. Ach thug sé faoi deara an eala mhór – na cleiteacha a thit aisti sin, bhí siad níos mó ná na cleiteacha eile.

Agus nuair a bhí sin déanta acu, amach leo, agus nuair a d'imigh siad as amharc, chuaigh sé síos agus thóg sé na cleiteacha seo agus thug sé leis ina láimh iad agus chuaigh sé i bhfolach aríst.

Ní raibh sé fíorfhada ann nuair a tháinig siad ar ais. Thóg an dá eala ba lú – an dá dheirfiúr ab óige – thógadar a gcuid cleiteacha ach bhí an deirfiúr ba shine – bhí sí oibrithe le fearg.

Ach sa deireadh, d'éirigh sé ina sheasamh agus chonaic sí é agus chonaic sí na cleiteacha aige,

"Tabhair dom na cleiteacha sin," a deir sí, "go beo."

"Ní thabharfaidh, *by dad*," a deir sé.

"Á, tabharfaidh," a deir sí, "agus deifir ort."

"Ní thabharfad, *by dad*," a deir sé. "Tháinig mé rófhada á dtóraíocht."

"Bhuel," a deir sí, "má thugann tú domsa na cleiteacha sin, pé ar bith achainí sa domhan a iarrfas tú ormsa, tá sé le fáil agat. Mar," a deir sí, "má bhíonn mo dhá dheirfiúr sa mbaile romhamsa," a deir sí, "b'fhéidir go mbeadh mo chloigeann ar an spíce," a deir sí, "roimh a deich nóiméad don sé tráthnóna amárach nó," a deir sí, "tá seacht saghas draíochta agus asarlaíocht ag m'athairse agus níl a fhios céard a dhéanfas sé liom. Ach," a deir sí, "tarraingeoidh mise ceo draíochta ar an dá dheirfiúr is óige," a deir sí, "le go mbeidh mé féin chomh luath céanna leo sa mbaile."

"Bhuel," a deir mac an tiarna, a deir sé, "níl mise ag dul ag tabhairt duit na gcleiteacha, pé ar bith céard a gheallfas tú, mura ngeallfaidh tú domsa," a deir sé, "nach bpósfaidh tú aon fhear eile sa domhan ach mise."

"Geallfaidh mé é sin duit," a deir sí, "agus tabharfaidh mé slán ó lámha m'athar thú. An bhfeiceann tú an loch sin?" a deir sí.

"Feicim," a deir mac an tiarna.

"Sin í an loch is mó asarlaíocht anois," a deir sí, "sa domhan. Beidh stoirm uirthi sin amárach," a deir sí, "a chuirfeadh scanradh ar na seacht ndomhan, ach anois," a deir sí, "má thugann tú domsa na cleiteacha sin, déanfaidh mise bóthar chomh mín, chomh réidh, chomh crua duit is a leag tú do chois ariamh air, trasna tríd an loch sin go dtuga mé i bhfoisceacht dhá chéad slat den phálás a bhfuil m'athair ina chónaí ann thú."

"Tá go maith," a deir sé.

"Tiocfaidh mise isteach i do rúma," a deir sí, "trí pholl na heochrach ag a dó dhéag a chlog anocht agus inseoidh mé duit," a deir sí, "cén saghas oibre a bheas ag m'athair le tabhairt duit amárach. Fíor-dhrochfhear é," a deir sí. "Tá seacht saghas draíochta agus seacht saghas asarlaíocht aige."

"Go raibh maith agat," a deir sé.

Thug sé di na cleiteacha. D'imigh sí san aer, agus pé ar bith cén sórt breathnú a rinne sé ina thimpeall, chonaic sé an bóthar ba bhreátha a chonaic sé ariamh ag dul trasna tríd an loch. Ní rinne sé ach siúl air chomh tréan is a bhí sé in ann. Níor chónaigh sé ariamh go dtáinig sé ar thalamh tirim. Agus bhí sé i bhfoisceacht dhá chéad slat den chaisleán a raibh Rí Láimh gan Aithne ina chónaí ann.

D'imigh leis agus níor chónaigh sé go dtáinig sé go dtí an geata mór, agus nuair a tháinig sé go dtí an geata, bhí searbhónta ag an ngeata.

"Cá bhfuil tú ag dul?" a deir an searbhónta.

"Tá mé ag dul ag tóraíocht oibre," a deir sé.

"Maith mar a tharla," a deir an searbhónta, "máistir ag tóraíocht buachaill agus buachaill ag tóraíocht oibre."

"*By dad*, muis, ag tóraíocht oibre atá mé," a deir mac an tiarna, "má fhaighim í."

"Bhuel, gheobhaidh tú í, muis," a deir sé. "Déarfainn go bhfuil obair ag an rí seo."

Isteach leis, agus nuair a thug an searbhónta isteach go dtí an rí é, thug an rí isteach ar an bparlús é agus thug sé a shuipéar dó chomh maith is a d'ith sé ariamh agus steall le n-ól.

Chuaigh sé a chodladh. Nuair a bhí sé ar uair a dó dhéag san oíche, tháinig Iníon Rí Láimh gan Aithne isteach trí pholl na heochair.

"Bhuel anois," a deir sí, "is é an saghas oibre a bheas le déanamh amárach agat: chaill máthair mhór an rí," a deir sí, "máthair mhór m'atharsa – chaill sí fáinne óir," a deir sí, "i dtobar atá i bhfoisceacht fiche slat den phálás seo. Tá an tobar sin," a deir sí, "ceithre fichid troigh ar domhain. Tá staighre cloiche ag dul síos go dtí é, agus is é an obair atá le fáil agatsa amárach," a deir sí, "an tobar sin a thaoscadh agus an fáinne atá ar íochtar an tobair sin," a deir sí, "a bheith i do láimh agat le síneadh chuig m'athairse ag a sé a chlog. Agus mura mbeidh sé sin déanta agat, beidh do chloigeann ar an spíce ag a deich nóiméad théis a sé. Ach," a deir sí, "ná déan punt oibre. Nuair a spáinfidh sé an tobar sin duit," a deir sí, "imeoidh sé agus ní fheicfidh tú aríst é go dtí a sé a chlog. Ná déan punt oibre," a deir sí, "go dtaga mise. Agus ag deich nóiméad roimh a sé," a deir sí, "beidh mise go dtí thú agus taoscfaidh mise an tobar duit, mar a bhfuil d'fhir sa domhan," a deir sí, "ní bhainfidís deoir as an tobar sin. Níl aon channa," a deir sí, "a chaithfidís amach nach ngabhfadh seacht gcinn isteach ina aghaidh."

Bhí go maith. Ní raibh go holc. D'imigh sí agus d'fhan mac an tiarna ina chodladh go raibh sé a hocht a chlog ar maidin agus d'éirigh sé. Bhí a bhricfeasta leagtha ar an mbord. Nuair a bhí a bhricfeasta ite aige, tháinig an rí go dtí é.

"Tá obair le déanamh agam duit," a deir an rí.

Thug sé amach é agus spáin sé an tobar dó. Dúirt sé leis go raibh fáinne óir ar thóin an tobair sin, a chaill a mháthair mhór seacht gcéad bliain ó shin, agus an fáinne sin a bheith aige ina láimh dó ag a sé a chlog, nó mura mbeadh, go mbeadh a chloigeann ar an spíce ag deich nóiméad théis a sé.

"Tá go maith," a deir mac an tiarna.

Ach nuair a d'imigh an rí, bhí an oiread cathú agus faitís air gur rug sé ar channa a bhí leagtha taobh an tobair. Chaith sé amach ceann, agus nuair a chaith sé amach canna, chuaigh trí cinn isteach. Chaith sé amach ceann eile, agus nuair a chaith sé amach é sin, chuaigh sé channa isteach. Ach an tríú geábh a chaith sé amach, chuaigh naoi gcanna isteach.

Leag sé uaidh an canna. Nuair a bhí sé ag teannadh leis an am ar gheall an bhean óg dó go mbeadh sí ar ais, bhuail faitíos é. Bhí faitíos air go mb'fhéidir go gclisfeadh sí. Ach ag deich nóiméad roimh a sé go díreach, tháinig an bhean óg.

"Cé mar atá tú a dhéanamh?" a deir sí.

"Níl mé ag déanamh tada," a deir sé.

Nuair a d'inis sé di céard a rinne sé, "Á," a deir sí, "nár dhúirt mé leat gan punt oibre a dhéanamh?"

Ní rinne sí ach lámh a chur ina póca. Tharraing sí aníos méaracán. Sháigh sí síos sa tobar é. Thóg sí a lán agus chaith sí amach é. Sháigh sí síos aríst é agus chaith sí amach é, agus an tríú méaracán a chaith sí amach, níor fhan aon deoir ar thóin an tobair nár lean é. Agus nuair a bhí deireadh an uisce éirithe as an tobar agus á leanacht, tháinig an fáinne aníos. Chuir sí a láimh síos agus rug sí air agus shín sí chuige é.

"Seo anois," a deir sí. "Sín é sin chuige," a deir sí. "Ná bíodh fuacht ná faitíos ort roimhe," a deir sí. "Níl aon tsnaidhm a gcuirfidh sé," a deir sí, "nach scaoilfidh mise."

Ach bhí go maith is ní raibh go holc. Tháinig an rí ag a sé a chlog agus bhí an fáinne ag mac an tiarna ina láimh le síneadh chuige.

"By dad," a deir an rí, "bail ó Dhia ort, fear maith thú, ach tá tuilleadh oibre le déanamh fós agat."

Bhí go maith is ní raibh go holc. Tugadh isteach é agus fuair sé a shuipéar chomh maith is a d'ith sé ariamh, agus cuireadh a chodladh é. Agus ag a dó dhéag a chlog, tháinig Iníon Rí Láimh gan Aithne isteach trí pholl na heochair.

"Bhuel anois," a deir sí, "tá mé ag dul ag inseacht duit cén obair a bheas le déanamh amárach agat. Tá scioból anseo anois," a deir sí, "ag an rí, nár cartadh le trí chéad bliain agus nár glanadh. Agus," a deir sí, "chaill a mháthair mhór snáthaid airgid ann seacht gcéad bliain ó shin agus," a deir sí, "caithfidh tú an tsnáthaid sin a bheith agat i do láimh don rí ag a sé a chlog tráthnóna amárach, nó mura mbeidh, beidh do chloigeann ar spíce ar deich nóiméad théis a sé. Ach," a deir sí, "ná déan punt oibre ó imeos sé go dtaga mise agus déanfaidh mise an obair duit."

Bhí go maith is ní raibh go holc. D'éirigh mac an tiarna agus fuair sé a bhricfeasta, agus thug an rí amach é. Dúirt sé leis an stábla sin a bheith chomh glanta aige ag a sé a chlog agus go mbeadh an rí agus an bhanríon in ann a mbricfeasta nó a ndinnéar nó a suipéar a ithe den urlár.

"Tá go maith," a deir mac an tiarna.

Bhí píce mór ceithre ladhar leagtha le giall doras an sciobóil.

"Tá píce ansin," a deir an rí, "a ghlanfas é."

"Tá go maith," a deir mac an tiarna.

Nuair a d'imigh an rí, bhí an oiread faitís ar mhac an tiarna gur rug sé ar an bpíce agus chaith sé amach píce. Agus nuair a chaith sé amach píce, chuaigh trí cinn isteach. Ach níor thug sé faoi ach trí gheábh. Leag sé uaidh an píce agus dúirt sé go ngéillfeadh sé don bhean óg. Ach ag deich nóiméad roimh a sé, bhí sé ag déanamh cnaipí le faitíos. Tháinig an bhean óg.

"Cé mar atá tú a dhéanamh?" a deir sí.

"Níl mé ag déanamh tada," a deir sé. "Chaith mé píce amach agus chuaigh a sheacht n-oiread isteach."

"Nár dhúirt mé leat," a deir sí, "gan punt ar bith a dhéanamh?"

Ní rinne sí ach láimh a chur ina gruaig agus tharraing sí biorán gruaige as. Sháigh sí isteach faoi shlám aoiligh é agus chaith sí amach é. Sháigh sí isteach an dara huair é agus chaith sí amach é. Agus an tríú huair a chaith sí amach, níor fhan aon bhlas sa scioból nár lean é, agus an slám deireanach a bhí ag dul amach, ní rinne sí ach a láimh a chur isteach ann agus rug sí ar an tsnáthaid agus shín sí chuige í.

"Seo anois," a deir sí, "tabhair dó í sin. Ná bíodh fuacht ná faitíos ort roimhe."

Ach le casadh do shúl, d'fhéadfadh an rí agus an bhanríon ab fhearr a bhí sa domhan ariamh a mbricfeasta, a ndinnéar nó a suipéar a ithe d'urlár an scioból.

Tháinig an rí ag a sé a chlog.

"Tá do chuid oibre déanta agat," a deir sé.

"Tá, *by dad*," a deir mac an tiarna.

Shín sé chuige an tsnáthaid.

"Drannadh an fheairín chríonna, muise," a deir mac an tiarna, "ort féin agus ar do sheanmháthair murar gann a chuaigh sé uirthi ag cailleadh snáthaid sa seanscioból sin."

Ach bhí go maith is ní raibh go holc. Tugadh isteach é. Fuair sé steall le n-ól agus a dhóthain le n-ithe agus chuaigh sé a chodladh. Agus ar uair a dó dhéag tháinig Iníon Rí Láimh gan Aithne isteach trí pholl na heochair.

"Tá dhá obair chrua go maith déanta agat," a deir sí, "ach tá dhá obair mhóra chrua níos measa le déanamh agat fós. Ach," a deir sí, "inseoidh mise duit céard a bheas le déanamh amárach agat. Tá cnocán mór ard anois," a deir sí, "os cionn na cathrach anseo agus beidh an chathair is breátha," a deir sí, "a déanadh sna seacht ndomhan ariamh le déanamh amárach agat agus," a deir sí, "nuair a imeos an rí uait," a deir sí, "ná déan punt oibre go dtaga mise. Ní bheidh cloch ná spalla," a deir sí, "ná coincréit, bloc ná aon bhlas a bhain le haon cheo ariamh ag dul sa gcathair sin ach sciathán as chuile éan nó cleite as chuile éan dá bhfuil sa domhan. Agus," a deir sí, "ní bheidh tusa in ann é sin a dhéanamh – ná aon fhear eile – mar," a deir sí, "chaill na céadta agus na mílte a gcloigne cheana i ngeall ar an gcathair sin agus caillfidh tusa freisin é. Ach ná déan punt oibre," a deir sí, "nó go dtaga mise, agus beidh mise chugat," a deir sí, "ag deich nóiméad roimh a sé. Déanfaidh mise an obair."

Bhí go maith is ní raibh go holc. Nuair a bhí a bhricfeasta ite ag mac an tiarna an lá sin, thug an rí amach é. Thug sé suas ar an gcnocán mór ard seo é. Ní raibh aon bhall oirnéise dár rug fear ceirde ariamh air nach raibh leagtha ar an gcnocán.

"Tá oirnéis ansin," a deir an rí, "agus caithfidh tú a leithéid seo de chathair a bheith déanta agat," a deir sé. "Ní bheidh cloch ná spalla, gaineamh ná coincréit ná aon cheo ag baint léi ach cleite as chuile éan dá bhfuil sa domhan agus," a deir sé, "mura mbeidh sí déanta agat ag a sé a chlog, beidh do chloigeann ar an spíce ar deich nóiméad théis a sé."

"Dona go leor," a deir mac an tiarna.

D'imigh an rí. Rug mac an tiarna ar bhall oirnéise. Ní raibh a fhios aige céard a bhain de ach an oiread le *man in the moon*. Ach shuigh sé síos. Nuair a bhí sé ag teannadh leis an am, thosaigh imní ag teacht air. Má thosaigh féin, chuir sé suas leis. Bhí faitíos air nach dtiocfadh an bhean óg.

Ach tháinig an bhean óg.

"Cé mar atá tú a dhéanamh?" a deir sí.

"Níl mé ag déanamh tada," a deir sé, "mar níl a fhios agam le haon cheo a dhéanamh."

"Níl aon chall duit leis," a deir sí.

Ní rinne sí ach láimh a chur ina póca agus tharraing sí aníos slaitín draíocht. Rug sí ar thrí chipín adhmaid a bhí caite ar an gcnocán agus chuir sí na trí cinn in aghaidh a chéile. Bhuail sí trí iarraidh den tslaitín ar an gcnocán, agus le casadh do shúl, bhí an chathair ba bhreátha a déanadh sna seacht ndomhan ariamh déanta aici le cleite as chuile éan a bhí sa domhan, agus bhí cleite amháin d'fhuílleach aici.

"Bhuel," a deir sí, "'is é an t-ainm a thugann siad ar an gcleite seo anois," a deir sí, "atá díreach anseo agamsa," – ba é an cleite ba mhó é dá raibh ann uilig é – "sin cleite anois," a deir sí, "as an gCoileach Deacrach agus," a deir sí, "cuirfidh mise é sin," a deir sí, "mar choileán aimsire ar an gcathair seo."

"Tá go maith," a deir mac an tiarna.

Bhí go maith is ní raibh go holc. D'imigh sí le casadh do shúl. Tháinig an rí. Bhí an chathair déanta aige.

"*By dad*," a deir sé, "tú an fear is fearr a chas ariamh orm."

"B'fhéidir gur mé," a deir mac an tiarna.

"*By dad*, is tú," a deir sé, "an fear is fearr a chas ariamh orm, ach beidh obair níos cruaidhe le déanamh amárach agat."

"Tá go maith," a deir mac an tiarna. "Déanfaidh mé mo dhícheall."

D'imigh an rí agus tugadh isteach mac an tiarna agus fuair sé a dhóthain le n-ithe agus le n-ól is chuile shórt. Agus nuair a chuaigh sé a chodladh, ar uair a dó dhéag san oíche tháinig Iníon Rí Láimh gan Aithne isteach agus b'eo é an geábh deireanach. Ach, "Bhuel anois," a deir sí, "tá trí jab crua déanta agat ach," a deir sí, "tá ceann níos cruaidhe amárach romhat. An bhfuil a fhios agat an loch sin a ndearna mise an bóthar tríthi?"

"Tá a fhios," a deir sé.

"Bhuel anois," a deir sí, "chuirfeadh sé scanradh ar na seacht ndomhan an stoirm a bheas ar an loch seo amárach," a deir sí, "le hasarlaíocht m'athar.

Tá oileán istigh ar an loch sin," a deir sí. "Tá crann gloine istigh air ag fás atá dhá fhichid troigh ar airde. Tá nead iolraigh thuas ina bharr. Tá aon ubh amháin inti agus caithfidh tusa an ubh sin a bheith agat in do ghlaic," a deir sí, "do m'athairse ag a sé a chlog tráthnóna amárach, nó mura mbeidh, beidh do chloigeann ar an spíce ag deich nóiméad théis a sé."

"Dona go leor," a deir mac an tiarna.

"Bhuel anois," a deir sí, "nuair a thabharfas sé go dtí cladach na locha ar maidin thú, spáinfidh sé an t-oileán duit. Chuirfeadh sé scanradh ar an domhan mór," a deir sí, "an stoirm a bheas ar an loch sin. Níl bóthar ná cosán as. Nuair a imeos an rí uait," a deir sí, "le casadh do shúl," a deir sí, "beidh an bóthar is míne agus is crua ar leag tú cois ariamh air déanta isteach agamsa ar an oileán sin duit agus," a deir sí, "téirigh isteach. Suigh síos i mbun an chrann gloine sin," a deir sí, "mar a bhfuil d'fhir sa domhan," a deir sí, "ní mó ná éin an aeir atá in ann a dhul suas an crann sin. Agus," a deir sí, "suigh síos i mbun an chrainn sin agus ná déan punt oibre go dtaga mise. Beidh mise chugat ag deich nóiméad roimh a sé," a deir sí, "agus gheobhaidh mise an ubh duit."

"Go raibh míle maith agat," a deir mac an tiarna.

Rinne sé mar a dúirt sí. Thug an rí chuig an gcladach é, ach níor dhúirt sé leis go raibh bóthar ná cosán ann, bealach ná trá, ach a rá leis an ubh a bheith aige dó ag an bpálás nuair a thiocfadh sé ar ais.

Bhí go maith is ní raibh go holc. D'imigh an rí agus ní mórán achair a bhí sé imithe – pé ar bith breathnú a rinne mac an tiarna amach – nuair a chonaic sé an bóthar ba bhreátha dá bhfaca sé ariamh isteach go dtí an t-oileán.

Chuaigh sé isteach. Shuigh sé síos i mbun an chrainn. Ní rinne sé punt oibre ach, ar nós chuile lá, thosaigh imní ag teacht air. Tháinig sí chuige ar deich nóiméad roimh an sé.

"Bhuel anois," a deir sí, "ní rinne tú tada?"

"Ní rinneas," a deir sé. "Níl mé in ann."

"Ó, níl," a deir sí, "ná aon fhear eile."

Ní rinne sí ach láimh a chur ina gruaig agus tharraing sí ribe gruaige as a ceann. Leag sí suas in aghaidh an chrainn é. Rinne sí dréimire a raibh dhá fhichid runga ann.

"Téirigh suas an dréimire seo anois," a deir sí, "ach ar a bhfaca tú ariamh," a deir sí, "ag dul suas ná anuas duit, fainic an sciorrfá ná an mbrisfeá aon runga nó má bhriseann tú aon runga sa dréimire sin," a deir sí, "brisfidh tú ceann de mo chnámhasa."

"Á, níl baol orm," a deir sé.

Chuaigh sé suas chomh héasca lena bhfaca tú ariamh agus rug sé ar an ubh amach as an nead agus thug sé anuas í agus nuair a bhí sé ag teacht ar an dara runga ba gaire don talamh, lena raibh de ríméad is de dheifir air – is dócha gur lig sé a mheáchan rómhór air – bhris sé ceann de na rungaí.

"Á," a deir sí, "tá laidhricín mo choise clé briste agat."

"Á, Dia dár réiteach," a deir sé.

"Á, níl dochar ann," a deir sí. "Níl dochar ann. Tiocfaidh muid uaidh sin."

Bhí go maith is ní raibh go holc. Rinne sí an bóthar céanna dó amach arís ar ais go ndeachaigh sé ar an talamh, agus nuair a tháinig an rí ag a sé a chlog, bhí mac an tiarna ina sheasamh san aird sin roimhe agus ubh an iolraigh ina láimh aige.

"*By dad*," a deir an rí, a deir sé, "is tú an fear is fearr a chas ariamh orm. Ní bheidh aon obair anois le déanamh agam duit," a deir sé, "go ceann seachtaine arís. Tabharfaidh mé seachtain scíthe duit."

Agus is é an chaoi a raibh an rí ag tabhairt na seachtaine scíthe dó ag dul ag socrú plota eile dó lena chur chun báis, mar bhí sé ag cinnt air an láimh in uachtar a fháil air.

Ach bhí go maith is ní raibh go holc. Fuair sé a bhéile chomh maith is a d'ith sé ariamh agus streall le n-ól is chuaigh sé a chodladh. Agus ar uair a dó dhéag san oíche tháinig Iníon Rí Láimh gan Aithne isteach go dtí é.

"Bhuel anois," a deir sí, "tá tú sábháilte agam ó lámha m'athar, ach tá siad ag socrú plota eile amach anois le thú a chur chun báis agus tá go leor asarlaíocht aige. Níl sé in ann mise a bhualadh ar mhórán bealaí," a deir sí, "ach mura bhfuil féin, bheadh faitíos orm go mb'fhéidir go dtarlódh aon cheo go mbeifeá marbh nó básaithe agus," a deir sí, "tá sé chomh maith dúinn an oíche dheireanach a dhéanamh de. Imeoidh muid anocht," a deir sí, "théis uair a dó dhéag a chlog mar," a deir sí, "tá sé déanta amach ag m'athair agus ag mo mháthair," a deir sí, "go mb'fhéidir go bhfuil mise ag cuidiú leat. Ach," a deir sí, "d'fhág mise rud i mo leaba ar maidin inniu," a deir sí, "a spáin do mo mháthair nach raibh mé ag tabhairt aon chúnamh duit ná ag déanamh aon chuidiú leat. Imeoidh muid théis a dó dhéag anois," a deir sí, "agus tabharfaidh muid ár n-aghaidh ar do bhaile, pé ar bith cá bhfuil do bhaile."

Bhí go maith is ní raibh go holc.

"Tá go maith," a deir mac an tiarna.

Nuair a bhuail sé an dá uair déag, scaitheamh ina dhiaidh, d'imíodar amach trí pholl na heochair, agus nuair a bhíodar amuigh ar an mbóthar mór, "Bhuel anois," a deir sí, "déanfaidh mise capall díom féin. An bhfuil aon mhaith de mharcach leat?"

"Tá," a deir sé, "chomh maith is a chuir cois i stíoróip ariamh."

"Tá go maith," a deir sí. "Ní foláir duit sin. Déanfaidh mise capall díom féin," a deir sí.

Rinne. Bhí srian agus diallait airgid uirthi ar chasadh do shúl.

"Téirigh de léim sa diallait anois," a deir sí.

Chuaigh. An ghaoth a bhí roimpi, bhí an capall ag breith uirthi agus an ghaoth a bhí ina diaidh, ní raibh sí ag teacht suas léi agus bhíodar ag imeacht mar sin go raibh sé a dó dhéag lá arna mhárach, agus nuair a bhí sé ar uair a dó dhéag, "Breathnaigh i do dhiaidh anois," a deir sí.

Bhreathnaigh sé ina dhiaidh.

"Ó, go sábhála Dia sinn," a deir sé, "tá an rí ag teacht inár ndiaidh," a deir sé, "agus arm aige agus chuirfeadh sé scanradh ar an domhan mór."

"Ná bac leis," a deir sí. "Breathnaigh i mo chluais dheas anois," a deir sí, "go bhfeice tú an bhfuil aon cheo inti."

Bhreathnaigh. Chrom sé amach agus bhreathnaigh sé isteach ina cluais.

"Ní fheicim tada ann," a deir sé, "ach mar a bheadh snoíochán beag adhmaid nó sliseoigín bheag adhmaid."

"Ó, beir go beo air," a deir sí, "agus caith i do dhiaidh é."

Ní rinne sé ach a láimh a chur isteach ina cluais, rug sé ar an snoíocháinín adhmaid agus chaith sé ina dhiaidh é. Agus nuair a bhreathnaigh sé ina dhiaidh, le casadh do shúl bhí coill a bhí trí chéad míle ar a leithead agus trí chéad míle ar a fhad idir é féin agus an rí agus an t-arm agus bhí sí fásta chomh tiubh le coill snáthaidí móra, ach, "Tá sé stoptha anois," a deir sé.

Nuair a tháinig an rí agus an t-arm chomh fada leis an gcoill, b'éigean dóibh casadh ag iarraidh claimhte, tuaite agus arm a ghearrfadh an choill. Ach leis an moill a bhí ar an rí agus ar an arm, bhí siadsan na céadta mílte i bhfad uathu.

Lá arna mhárach aríst ar uair a dó dhéag a chlog, dúirt sí leis breathnú ina dhiaidh.

Bhreathnaigh.

"Tá sé ag teacht inniu anois," a deir sé, "agus chuirfeadh sé scanradh ar an domhan mór."

"Ná bac leis," a deir sí. "Stopfaidh mise é. Breathnaigh faoi mo shúil dheas anois," a deir sí.

Bhreathnaigh.

"An bhfuil aon cheo fúithi?" a deir sí.

"Níl," a deir sé, "ach tá braoinín beag uisce ag titim uaithi.

"Ó, cuir do bhois faoi," a deir sí, "agus caith i do dhiaidh é."

Chaith. Nuair a chaith sé ina dhiaidh é, le casadh do shúl, chuirfeadh sé scanradh ar sheacht gcearn an domhain, an fharraige mhór cháite a bhí na mílte ar fad, na mílte ar leithead, a bhí idir é féin agus an rí.

"Tá sé buailte inniu," a deir sí, "ach tá lá eile fós orainn."

Bhí go maith is ní raibh go holc ach an tríú lá ar uair a dó dhéag a chlog, "Breathnaigh i do dhiaidh anois," a deir sí.

Bhreathnaigh.

"Tá sé ag teacht anois," a deir sé, "agus na lasracha dearga aniar as a bhéal. Chuirfeadh sé scanradh," a deir sé, "ar sheacht gcearn an domhain. Tá faitíos orm," a deir sé, "go dtiocfaidh sé suas linn."

"Ná bac leis," a deir sí. "Stopfaidh mise é. Breathnaigh faoi mo shúil chlé," a deir sí.

Bhreathnaigh.

"An bhfuil aon bhlas fúithi?"

"By dad, ní fheicim tada fúithi," a deir sé, "ach shílfeá go bhfuil sórt goirín beag gearr," a deir sé, "nó mar a bheadh ruainnín de chloch ag titim anuas uaithi."

"Cuir do bhois fúithi sin," a deir sí, "agus caith i do dhiaidh go beo é."

Chaith sé ina dhiaidh é, agus le casadh do shúl bhí sconsa dhá throigh dhéag ar airde – nach leagfadh seacht gcranna an domhain – trí chéad míle ar leithead idir é féin agus an rí agus an t-arm.

Agus nuair a tháinig an rí chomh fada leis, ní raibh sé in ann breathnú thairis.

"Tá sé buailte inniu anois," a deir sí, "agus níl asarlaíocht an rí anois" a deir sé, "ach ag dul timpeall leathchéad míle eile agus beidh sé sin déanta againn sula mbeidh aon deis eile aige le theacht suas linn."

D'imigh leo. Níor chónaíodar ariamh – níor ísligh mac an tiarna ariamh den chapall gur leag sí i bhfoisceacht trí ceathrú míle é dá bhaile féin, de theach an tiarna.

Nuair a d'ísligh mac an tiarna den chapall, d'iontaigh sí ina bean óg aríst mar a bhí sí ariamh.

"Bhuel anois," a deir sí, "tá mise ag dul ag scarúint uaitse. Níl mise," a deir sí, "ag dul go dtí d'athairse ná go dtí d'áitse," a deir sí. "Ní fhaca d'athairse mise ariamh," a deir sí, "agus níl a fhios aige cé mé féin. Ach," a deir sí, "gheobhaidh mise amach go fóill thú. Ar a bhfaca tú ariamh anois," a deir sí, "ná lig d'aon duine nó d'aon cheo thú a phógadh. Má phógann aon bhlas do bhéal anois," a deir sí, "nó go bhfeice mise aríst thú, ní chuimhneoidh tú go bhfaca tú Iníon Rí Láimh gan Aithne ariamh ná Rí Láimh gan Aithne ná aon duine a bhain leis. Déanfaidh tú dearmad air.

Agus," a deir sí, "b'fhéidir go bpósfá bean éicint eile, ach déanfaidh tú dearmad ormsa," a deir sí, "má phógann aon bhlas do bhéal. Tá mé ag fágáil slán agat anois, ach b'fhéidir go bhfaighinn amach go fóill thú."

Bhí go maith is ní raibh go holc. D'fhág sé slán aici agus, ar ndóigh, nuair a tháinig mac an tiarna i bhfoisceacht achar gearr den bhaile aríst, bhí feilméaraí ag obair i bpáirceanna, agus daoine comharsana a raibh aithne acu air, bhíodar ag rith ag croitheadh láimhe leis agus ag iarraidh é a phógadh, ach níor lig sé d'aon duine é a phógadh.

Nuair a tháinig sé abhaile go dtí an seantiarna, ar ndóigh, thíos a frítheadh é ach thuas a fágadh é. Chroith sé láimh leis agus shíl sé é a phógadh, ach níor thug sé a chead dó.

Ach ná ba fearr a bheas an mí-ádh, sula ndeachaigh sé a chodladh, nuair a bhí sé ag scaoileadh a bhróg, bhí coileán beag sa teach, coileán cú óg nuair a d'imigh sé. D'aithin an coileán é, agus pé ar bith fáilte a bhí ag aon duine roimhe, bhí a sheacht n-oiread ag an gcoileán roimhe. Ach pé ar bith cén sórt mí-ádh a bhí ag baint leis, chrom sé síos ag scaoileadh a bhróige agus éiríonn an coileán agus pógann sé a bhéal – chuimil sé a phus dá bhéal – agus le casadh do shúl níor chuimhnigh sé go bhfaca sé Iníon Rí Láimh gan Aithne ariamh ná aon duine a bhain léi.

Ach bhí go maith is ní raibh go holc. D'imigh chuile shórt thart. D'imigh lá is d'imigh mí is d'imigh sé mhí is d'imigh naoi mí agus d'imigh bliain. Ach i gceann na bliana rinneadh cleamhnas idir mac an tiarna agus iníon duine uasail a bhí an-tréan, an-deisiúil, nach raibh an-fhada ón áit a raibh an tiarna ina chónaí.

Ach ar aon chaoi, nuair a bhí sé sé mhí théis d'Iníon Rí Láimh gan Aithne an scéal seo a rá leis, d'imigh sí féin agus bhí sí ag siúl ariamh go dtáinig sí go dtí i bhfoisceacht b'fhéidir scór mílte nó achar gearr den áit a raibh mac an tiarna ina chónaí. Agus casadh isteach i dteach duine uasail í. Agus fear an-mhaith a bhí sa duine uasal agus bhí ochtar gasúr óga aige – nó clann óg – is ní raibh aon scoil in aice leo. Tháinig an bhean óg seo isteach agus d'iarr sí lóistín. Thug an duine uasal lóistín na hoíche di agus ní dheachadar a chodladh – oíche fhada a bhí inti – go raibh a fhios ag an duine uasal go raibh sí fíorfhoghlamtha, an-léannta ar chuile bhealach, agus d'fhiafraigh sé di ar maidin lá arna mhárach – dúirt sé léi go dtabharfadh sé páighe mhaith di go n-íocfadh sé go maith í dá bhfanfadh sí ag múineadh léinn agus scoile dá chuid gasúr nó go mbeidís suas in acmhainn.

Dúirt sí go bhfanfadh. Ach ní mba tada bean an duine uasail; ní raibh inti ach mar a bheadh bean cheannaí nó bean tincéara i gcomórtas leis an mbean óg, an t-éadach a bhí uirthi.

Ach bhí go maith. D'fhan an bhean óg ann agus bhí an-chion ag an duine uasal agus ag a bhean agus ag na gasúir uirthi. Ach mhúin sí léann dóibh.

Ach bhí go maith is ní raibh go holc. Bhí mac an tiarna agus an bhean óg – iníon óg an duine uasail seo – ag dul ag pósadh. Agus ní raibh aon fhear a chuir cois ina bhróg ariamh ba dea-chroíúla ná athair mhac an tiarna, agus ar sé leis an mac, seachtainí roimh ré, gairm scoile a chur amach ag cruinniú lucht bainise, ag cruinniú chuile chineál stuif agus chuile ól agus chuile bheatha. Agus dúirt sé leis gan comharsa bocht ná saibhir i bhfoisceacht mílte de – gan aon airí ná aon duine – a fhágáil amuigh gan iarraidh ar an mbainis.

Ach bhí go maith is ní raibh go holc. Dúirt mac an tiarna go ndéanfadh. Agus nuair a tháinig mac an tiarna, théis a bheith ag tabhairt cuireadh do chuile dhuine, d'fhiafraigh an tiarna de, "An bhfuil tú siúráilte anois," a deir sé, "go bhfuil chuile dhuine, beag is mór, iarrtha ar an mbainis agat?"

"Tá," a deir sé.

"An bhfuil tú siúráilte anois," a deir an t-athair, "gur iarr tú chuile dhuine i bhfad agus i ngearr – an t-achar a d'ordaigh mé duit – ar an mbainis?"

"Táim, *by dad*," a deir an mac. "Níor fhág mé duine ar bith amuigh."

"Bhuel, ar iarr tú a leithéid seo de dhuine uasal a bhfuil an bhean óg ag múineadh na scoile nó na scoláireachta dá chlann?" a deir an t-athair.

"D'iarras, *by dad*," a deir an mac.

"Fainic," a deir an tiarna, "an ndearna tú aon dearmad den bhean óg uasal atá ag múineadh na ngasúr?"

"Á, ní rinneas," a deir an mac. "Dar a shon, ní rinneas," a deir sé. "D'iarr mé í."

"Tá go maith," a deir an t-athair. "Is maith liom é sin."

Bhí go maith is ní raibh go holc. Thosaigh an bhainis ar chaoi ar bith. Bhí siad ag teacht is ag teacht, agus ba é an duine uasal a raibh an bhean óg ag múineadh na scoile don chlann, ba é an fear deireanach é a bhí ag teacht. Ní raibh neart acu air. Pé ar bith cóiste nó bealach a bhí acu, bhris sé síos ar an mbealach. Ach pé ar bith am a dtáinigeadar ar chuma ar bith, d'éirigh an seantiarna agus, ar ndóigh, chuir sé míle fáilte rompu. Ach chuir sé seacht bhfáilte roimh an mbean óg.

Nuair a tháinig an bhean óg uasal seo ar an mbainis, níorbh fhiú páipéar puint a raibh d'éadach ná de chosúlacht ar aon duine ar an mbainis ach an méid a bhí uirthi féin, is ní raibh an seantiarna ag tógáil súil ar bith di ó tháinig sí isteach.

Ach bhí go maith. Bhí an bhainis á caitheamh, agus is é an sórt gnás a bhí an uair sin ann: chaithfeadh chuile bhean óg, chuile fhear óg agus chuile sheanduine agus chuile bhean sórt cleas spóirtiúil éicint a dhéanamh. Ach bhí siad á dhéanamh de réir a chéile nó go raibh sé déanta acu ar fad faoi dheireadh.

Bhuel, is dócha go raibh coimhthíos nó náire nó cúthaileacht ar chuile dhuine roimh an mbean óg uasal seo mar ní raibh aon aithne uirthi. Níor iarr aon duine uirthi sin aon chleas a dhéanamh. Ach nuair a cheap an seantiarna go raibh sé déanta ag chuile dhuine ach ag an mbean óg uasal, d'éirigh sé ina sheasamh. Tháinig sé go dtí í agus ghlac sé pardún aici.

"Bhuel anois, a bhean uasal," a deir sé, "glacaim pardún agat. Tá cleas spóirtiúil déanta ag chuile dhuine, beag agus mór," a deir sé, "bocht agus nocht agus a bhfuil ann, ach níor iarr aon duine ortsa aon chleas a dhéanamh. Agus cheapfainn," a deir sé, "bail ó Dhia ort, bean is lú le rá ná thusa, go mbeifeá in ann cleas spóirtiúil éicint a dhéanamh."

"Á, ní eiteoidh mise thú, a dhuine uasail," a deir sí.

D'éirigh sí ina seasamh agus chuaigh sí amach agus sheas sí i lár an urláir. Chuir sí láimh ina póca agus chaith sí amach cúpla gráinne coirce agus cúpla gráinne cruithneacht ar an urlár.

Nuair a bhí sin déanta aici, rinne sí cearc agus coileach. Nuair a shíl an chearc a gob a chur sa gcoirce nó san eorna, chuir an coileach gob inti.

"Ní dhéanfá é sin," a deir an bhean uasal, "an lá," a deir sí, "ar thaosc mise an tobar duit a bhí dhá fhichid troigh ar domhain i dtalamh, ar chaill mo sheanmháthair mhór fáinne óir ann tá seacht gcéad nó trí chéad bliain ó shin agus ar ordaigh m'athair duit," a deir sí, "an tobar sin a bheith taosctha agat agus an fáinne sin a bheith agat dó nuair a thiocfadh sé abhaile, nó mura mbeadh, go mbeadh do chloigeann ar an spíce ag a deich nóiméad théis a sé a chlog."

"Níl aon chuimhne agam air," a deir an coileach.

"Níl aon mhilleán agam ort," a deir an chearc.

Chaith sí amach cúpla gráinne eile, agus nuair a shíl an chearc gob a chur ann chuir an coileach gob inti.

"Ní dhéanfá é sin," a deir an chearc, "an lá ar ghlan mise an scioból mór duit nár glanadh le trí chéad bliain, nach nglanfadh a raibh sa domhan, nuair a d'ordaigh m'athair duit é a bheith glanta sciúrtha amach agat chomh maith is go bhféadfadh an rí is an bhanríon a mbéile a ithe den urlár ag a sé a chlog, nó mura mbeadh, go mbeadh do chloigeann ar an spíce ag deich nóiméad théis a sé. Tháinig mise," a deir sí, "agus rinne mé an obair duit agus thug mé saor ó lámha m'athar thú agus fuair mé an tsnáthaid airgid a bhí caillte ag mo mháthair mhór sa scioból sin trí chéad bliain ó shin agus thug mé duit í le síneadh chuige."

"Níl aon chuimhne agam air," a deir an coileach.

Bhí go maith is ní raibh go holc. Chaith sí amach trí nó ceathair de ghráinneacha eile. Nuair a shíl an chearc gob a chur ann, chuir an coileach gob inti.

"Ní dhéanfá é sin," a deir an chearc, "an lá a rinne mise an chathair duit," a deir sí, "a bhí ordaithe ag m'athair duit, go dtug mé slán óna lámha thú. Ní raibh sé ordaithe duit," a deir sí, "cipín adhmaid nó tairne ná tada dá shórt a bheith ag baint léi ach cleite," a deir sí, "as chuile éan ar sheacht gcranna an domhain a bheith á dhéanamh ó bhun go barr. Ach bhí go maith," a deir sí. "Tháinig mise go dtí thú. Rinne mé an chathair. Chuir mé cleite as chuile éan dá raibh sa domhan á dhéanamh agus chuir mé cleite," a deir sí, "as an éan ba mhó a bhí ar na seacht ndomhan ariamh mar choileán aimsire uirthi, cleite as éan a dtugann siad an Coileach Deacrach air. Chuir mé mar sciathán aimsire uirthi duit é agus thug mé slán ó lámha m'athar thú."

"Níl aon chuimhne agam air," a deir an coileach.

Bhí go maith. Chaith sí amach trí nó ceathair de ghráinneacha eile. Nuair a shíl an chearc gob a chur ann, chuir an coileach gob inti.

"Ní dhéanfá é sin," a deir an chearc, "an lá a rinne mise an bóthar breá mín faoi do chosa duit isteach ar an loch," a deir sí, "a chuirfeadh uafás ar an domhan mór le hasarlaíocht m'athar, isteach ar an oileán a raibh crann gloine ag fás ann a bhí dhá fhichid troigh ar airde. Bhí nead iolraigh thuas ina bharr agus bhí aon ubh amháin inti, agus bhí an cloigeann le cailleadh agat," a deir sí, "ag deich nóiméad théis a sé mura mbeadh an ubh sin agat le haghaidh m'atharsa ag a sé a chlog. Rinne mise bóthar duit isteach ar an oileán sin. Rinne mé dréimire suas in aghaidh an chrainn duit. Thug tú anuas an ubh agus ar a dhul anuas duit ar an dara runga deireanach," a deir sí, "bhris tú laidhricín mo choise clé."

"Bain díot do bhróg," a deir an coileach, "go bhfeice mé."

Bhain an chearc di an bhróg agus nuair a bhreathnaigh sé, bhí laidhricín na coise clé briste.

Sin é an uair a chuimhnigh mac an tiarna air féin agus ní rinne sé ach rith anonn go dtí an bhean óg agus chuir sé a dhá láimh timpeall ar a muineál.

"Céad milliún fáilte romhat," a deir sé, "a Iníon Rí Láimh gan Aithne. Is tusa mo bheansa," a deir sé, "agus is tusa mo chéile go dtaga Lá an tSléibhe. Má tá an cleamhnas seo déanta," a deir sé, "níl na snadhmanna snadhmtha."

Caitheadh bainis iníon an duine uasail agus é féin in aer agus thosaigh bainis nua idir é féin agus Iníon Rí Láimh gan Aithne. Mhair sí naoi n-oíche agus naoi lá agus b'fhearr a deireadh ná a tús.

Ach ar an bpointe boise agus bhí a fhios gurbh í Iníon Rí Láimh gan Aithne í a bhí i dteach an tiarna, bhí geasa an tseanfhir a chuir na geasa ar an mac an lá a dtáinig sé chuig an bpáirc ag bualadh an bháire, bhíodar thart, caite. Ní raibh aon mhaith iontu níos mó. Bhí na geasa curtha de ag mac an tiarna.

Mhair mac an tiarna agus an seantiarna agus Iníon Rí Láimh gan Aithne saol fada le séan uaidh sin amach.

Mac Chonchúir Iarla

Sa tseanaimsir fadó bhí tiarna ina chónaí anseo in Éirinn agus is é an t-ainm a thugaidís air, Conchúr Iarla. Bhí aon mhac amháin aige, agus nuair a bhí an mac seacht mbliana, chuir sé chuig scoil é ag foghlaim léinn agus oideachais. Nuair a bhí na seacht mbliana sin istigh aige, chuir sé seacht mbliana eile é chuig an scoil ag foghlaim cleasaíocht agus beartaíocht agus ridireacht gaisce.

Bhí sé bliain agus fiche anois an uair seo, agus an lá a raibh sé réidh leis an scoil, ghlaoigh sé amach ar an tsráid ar an máistir scoile agus is é an t-ainm a bhí ar an máistir scoile a bhí ann á mhúineadh, fear a dtugaidís Manannán air.

"Déan an fhírinne anois," a deir sé le Manannán, "ar mhúin tú aon ghaiscíoch ariamh is fearr ná mise?"

"By dad," a deir Manannán. Rinne sé staidéar. "Caithfidh mé a rá nár mhúineas," a deir sé, "ach aon ghaiscíoch amháin eile," a deir sé, "agus bhí buannaíocht éicint aige sin," a deir sé, "as a chuid leabhra nach bhfaca mé ag aon ghaiscíoch ariamh."

"Cén t-ainm a bhí air sin?" a deir Mac Chonchúir.

"Mac Ghamhnáin," a deir sé, "Rí na Cruinne Brice an t-ainm a bhí air."

"Meas tú cá bhfuil sé sin anois?" a deir Mac Chonchúir, "nó cá bhfuil sé ina chónaí?"

"Sin ceist," a deir an máistir, "nach bhfuil mé in ann a fhreagairt. Tá barúil agam," a deir sé, "nach bhfuil sé sa tír seo. Tá sé amach i gceann éicint de na tíortha coimhthíocha."

"Bhuel, pé ar bith cá bhfuil sé," a deir Mac Chonchúir, "an dara béile ní íosfaidh mise d'aon bhord agus an dara hoíche ní chodlóidh mé ar aon leaba go mbeidh a fhios agam cé is fearr an fear mé féin ná Mac Ghamhnáin."

Chroith sé láimh leis an máistir scoile, d'fhág sé slán aige agus tháinig sé abhaile. D'ith sé a shuipéar an oíche sin agus chuaigh sé a chodladh, agus ar maidin lá arna mhárach d'éirigh sé agus bhuail sé síos chuig an bhfarraige.

Bhain sé sliseog de phíosa dúrach agus sliseog de phíosa daraí agus chaith sé amach ar an bhfarraige iad agus rinne sé an bád ba bhreátha a shnámh ar uisce ariamh. D'fheistigh sé suas í. D'ardaigh sé suas a cuid seolta móra bocóideacha bacóideacha bándearg faoi bharr na gcrann a bhí chomh fada, chomh díreach, chomh réidh, nach bhfágfadh téad tíre gan tarraingt, maide rámha gan briseadh ná almóir gan róbhriseadh ag dul ag treabhadh na farraige móire nár treabhadh ariamh roimhe ná ina dhiaidh ó shin.

Ach, d'imigh leis. Bhí an gaineamh garbh ag dul in íochtar agus an gaineamh mín ag dul in uachtar. Bhí lúb ag dul ar na heascanna in eascanna a chéile leis an meascadh a bhí sé a thabhairt don fharraige nó go raibh sé trí lá ag seoladh. Agus nuair a bhí, bhí sé ag dul thar oileán agus thug sé faoi deara an trá ba bhreátha ar leag sé súil ariamh uirthi timpeall an oileáin, agus pé ar bith breathnú a thug sé isteach, chonaic sé bean óg ina suí i gcathaoir airgid agus mar a bheadh sí ag gol agus í ag triomú na ndeora lena cuid gruaige.

"'Chrá Dia," a deir sé, "gur chuala mé ariamh nach raibh sé ceart a dhul thar mhnaoi gan fios a gol."

Ghlac sé an bád sa siúl agus thug sé a haghaidh isteach ar an trá agus tharraing sé suas í agus tháinig sé go dtí an bhean óg.

"Cén t-údar gol atá agat?" a deir sé.

"Ná bac liomsa," a deir sí, "ach téirigh ar do bhealach."

"Ní ghabhfaidh mé ar mo bhealach go brách," a deir sé, "go mbeidh a fhios agam cén t-údar gol atá agatsa."

"Bhuel," a deir sí, "níl mórán triail agam an scéal sin a inseacht duit. Tá fathach mór draíochta," a deir sí, "as an Domhan Thiar le theacht do m'iarraidhse anseo anois nóiméad ar bith. Bhí aon deirfiúr déag eile agamsa," a deir sí, "ag m'athair is ag mo mháthair, agus tá siad tugtha leis cheana aige agus mise an duine deireanach atá sé a thabhairt leis inniu. Is gearr go mbeidh sé anseo anois agus b'fhearr duit a bheith ag imeacht as an mbealach."

"Mo chrá is mo mhilleán," a deir Mac Chonchúir, "má fhágaim an áit a bhfuil mé go brách go mbeidh a fhios agam cén sórt beithíoch brocach, tútach, salach é sin atá ag déanamh na ceirde sin."

Diabhal mórán fanacht a bhí air go bhfaca sé deannach geal farraige sa spéir, agus nuair a bhreathnaigh sé uaidh, chonaic sé an bád ag teacht agus iomramh na gcéadta uirthi. Tháinig sí agus bhuail sí gob ar an trá, agus an fear mór a chuaigh amach aisti, bhí an spéir uilig le feiceáil idir a dhá chois ach ní raibh tada le feiceáil os cionn a mhullaigh. Nuair a chonaic sé Mac Chonchúir ar an gcéibh, "Go mba seacht míle milliún measa a bheas tú bliain ó anocht," a deir sé, "agus bliain ó amárach. Is gearr eile go mbeadh mo bhean imithe agat."

"Go mba seacht míle milliún measa a bheas tusa bliain ó anocht agus bliain ó amárach," a deir Mac Chonchúir. "Dá mbeinnse ag iarraidh do bhean a bheith imithe agam," a deir sé, "is fadó bhí sí imithe agam. Ach cén sórt beithíoch brocach, tútach, salach thusa," a deir sé, "atá ag déanamh na ceirde sin?"

"Ó, fan," a deir an fathach, "go dté mise chomh fada leat. Níl a fhios agam," a deir sé, "céard is fearr dom min a dhéanamh faoi mo chosa díot nó thú a chur de shéideog don Domhan Thiar."

"B'fhéidir go mbeifeá sách maith," a deir Mac Chonchúir.

Ach tháinig an fathach agus rugadar ar a chéile ar chuma ar bith.

Bhíodar ag coraíocht agus ag caraíocht agus ag réabadh. Bhíodar ag déanamh ardán den ísleán agus ísleán den ardán, cruán den bhogán agus bogán den chruán. Bhíodar ag tabhairt toibreacha glasa fíoruisce aníos tríd na clocha duirlinge lena gcosa, ach faoi dheireadh chuaigh an fathach mór in íochtar agus mharaigh Mac Chonchúir é, agus nuair a bhí sé maraithe, ní rinne sé ach siúl anonn go dtí an bhean óg agus rug sé i ngreim láimhe uirthi.

"Tar uait abhaile anois," a deir sé. "Fágfaidh mise sa mbaile ag d'athair agus ag do mháthair féin slán sábháilte thú."

D'imigh leo, agus nuair a bhíodar an tarraingt ar an teach, bhí an t-athair is an mháthair istigh agus shíl siad gurbh é an fathach mór a bhí ag teacht á n-iarraidh féin chomh maith leis an iníon. Ach nuair a bhí an iníon ag teannadh gar go maith don teach, chuir sí suas sampla éicint gur aithin an mháthair is an t-athair go raibh sí sábháilte. Ach nuair a tháinig sí féin agus Mac Chonchúir isteach, thíos a frítheadh iad ach thuas a fágadh iad. Crochadh bratacha geala chuile áit timpeall an tí agus chuir an t-athair suas fleá agus féasta do Mhac Chonchúir ar feadh naoi n-oíche agus naoi lá.

Nuair a bhí sin déanta, dúirt sé le Mac Chonchúir a raibh sé in ann de mhaith a dhéanamh air, go ndéanfadh sé é: go dtabharfadh sé an gearrchaile nó an iníon le pósadh dó agus ceathrú cuid nó cúigiú cuid a chuid airgid, nach bhfeicfeadh sé caite go brách.

"Go raibh míle maith agat," a deir Mac Chonchúir. "Tá trian de mo shaol," a deir sé, "le déanamh agamsa fós. Seans go dtiocfad," a deir sé, "in aghaidh dhá sheans nach dtiocfad. Ach má thagaim go brách," a deir sé, "tá mé ag gealladh duit go bpósfaidh mé an bhean óg."

D'imigh leis agus níor chónaigh sé go dtáinig sé go dtí a bhád, agus nuair a bhí sé trí lá ag seoladh ar an bhfarraige aríst, bhí sé ag dul thar oileán eile.

"Mo chrá agus m'anam," a deir sé, "má théim thar an oileán sin go brách go mbeidh a fhios agam cé atá ina chónaí ann."

Tharraing sé isteach ar an oileán agus thug sé feisteas lá is bliain ar an mbád. Bhí sé ag siúl suas tríd an oileán gan teach gan both gan tada a fheiceáil – duine ná deoraí – nó go ndeachaigh sé ar a mhullach. Agus nuair a chuaigh, chonaic sé cathair chomh hálainn is a chonaic sé ariamh agus an doras oscailte taobh na gréine uirthi.

Shiúil sé isteach is ní raibh duine ná deoraí istigh ach bord leagtha le taobh balla. Bhí trí mhuigín anraith leagtha air, trí bhairín aráin agus trí bhairín feola. Bhí ocras ar Mhac Chonchúir. Ní rinne sé ach blogam a bhaint as ceann de na muigíní anraith, plaic as an mbuilín aráin agus plaic as an mbairín feola – as chaon cheann de na trí cinn. Ní rinne sé coimhthíos le ceachtar acu. Agus ar an bpointe is a bhí an greim deireanach slogtha aige, d'airigh sé an torann ab uafásaí a d'airigh sé ariamh, ag teacht. Ní rinne sé ach cromadh isteach faoin mbord i bhfolach agus d'fhill sé éadach an bhoird anuas taobh amuigh de.

Is gearr gur shiúil triúr fear óg isteach. Bhí sé ag breathnú orthu amach faoin éadach, agus ó mhullach a gcinn go bonn a gcoise, bhíodar dearg le fuil. Agus bhí seomra mór taobh na láimhe clé den doras agus ní rinneadar ach casadh suas ann agus ní bheadh dhá ghal bainte as píopa agat nuair a tháinigeadar anuas chomh slán, chomh folláin agus a bhíodar ariamh.

Thosaigh siad ag ithe, agus ba triúr deartháir iad. Bhí an deartháir ba sine – is é a bhí ag cloigeann an bhoird agus is gearr gur thit ruainne beag aráin nó ruainnín feola ar an urlár uaidh agus chrom sé á thógáil, agus nuair a chrom, céard a d'fheicfeadh sé istigh faoin mbord ach Mac Chonchúir.

Fear an-dea-mhúinte a bhí ann, an deartháir ba sine – agus an dara deartháir – ach bhí an mac ab óige ní ba gangaidí agus ní b'oilce ná iad.

Ach nuair a chrom sé síos, chonaic sé Mac Chonchúir.

"Ó, gabh amach as sin," a deir sé. "Níl call fuacht ná faitíos a bheith ort romhainn. Níl muid a dul ag déanamh aon dochar duit."

D'éirigh Mac Chonchúir amach de léim agus sheas sé i lár an urláir.

"Níl fuacht ná faitíos agamsa," a deir Mac Chonchúir, "roimh fhear ar bith, cuma cé hé féin."

Ach d'fhan an triúr ag ithe go raibh a mbéile ite acu, agus nuair a bhí, d'fhiafraigh Mac Chonchúir díobh cén sórt triúr fear a bhí iontu. D'inis an deartháir is sine dó.

"Bhí deirfiúr anseo againn," a deir sé, "tá cúpla bliain ó shin bean óg. Tháinig fathach draíochta," a deir sé, "as a leithéid seo d'áit, á hiarraidh agus thug muid dó í. Bhuel, bhí trí oileán ar an bhfarraige againn," a deir sé, "i ndiaidh a chéile agus an t-oileán ab fhaide uainn," a deir sé, "nuair a bhí sé bliain pósta, d'iarr sé orainn é. Thug muid dó é. An dara bliain," a deir sé, "d'iarr sé an dara hoileán agus thug muid dó é. Ach an tríú bliain," a deir sé, "d'iarr sé an tríú hoileán orainn agus ba deacair linn scaradh leis. Séard a dhéanann sé," a deir sé, "ach bhuail sé cogadh orainn. Tá muid ag troid anois," a deir sé, "le lá agus bliain agus tá muid níos measa anois ná a bhí muid ariamh. An méid atá muid a mharú inniu," a deir sé, "tá siad beo amárach agus," a deir sé, "sin é anois an ócáid," a deir sé, "a bhfaca tú muid ag teacht isteach agus ag dul suas sa seomra sin."

"Tuigim," a deir Mac Chonchúir.

Bhí go maith is ní raibh go holc.

"Bhuel anois," a deir Mac Chonchúir, "ó tharla go bhfuil tú chomh dea-chroíúil agus gur inis tú an fhírinne, ná bíodh aon deifir mhór amárach oraibh," a deir sé. "Fanfaidh mise anseo anocht agus tabharfaidh mé láimh chúnta amárach daoibh."

"Go raibh míle maith agat," a deir an mac is sine.

Bhí go maith is ní raibh go holc. Chaitheadar an oíche sin le fiannaíocht, scéalaíocht agus sú sá chodlata go raibh sé domhain san oíche. Ach chuadar a chodladh. Ach ar maidin lá arna mhárach bhí an oiread deifir ar an triúr – agus d'éirigh siad níos luaithe ná Mac Chonchúir – bhíodar ag ithe a mbricfeasta agus bhí Mac Chonchúir ina dhúiseacht ar an leaba.

"Feictear dom," a deir an mac is óige leis an mbeirt eile, "gur áirid an fear," a deir sé, "a bhí ag gealladh dúinn aréir go raibh sé ag dul a chúnamh dúinn inniu, atá ina chodladh fós."

"Á, ná bac leis," a deir an mac is sine. "Beireann an chú mall ar a cuid den fhiach. Tá sé sách luath."

Ach nuair a d'airigh Mac Chonchúir é, d'éirigh sé de léim, chuir sé braon uisce ar a lámha is ar a éadan, chuir sé an raca ina cheann, dúirt sé rá agus tháinig sé anuas agus d'ith sé a bhricfeasta.

"Tar uait amach anois," a deir sé leis an mac is sine, "go spáinfidh tú domsa," a deir sé, "cén áit a mbíonn an cath comhraic sin eadraibh."

"Tá go maith," a deir an mac is sine.

Chuaigh sé amach agus chuadar an-fhada ón gcathair a bhí ar an oileán. Spáin an mac is sine cnocán ard dó uaidh.

"Bhuel anois," a deir an mac is sine, "nuair a ghabhfas tú ar mhullach an chnoic sin, tá cnoc eile ar a aghaidh agus," a deir sé, "caithfidh tú a dhul ar an dara cnoc. Nuair a ghabhfas tú air sin, feicfidh tú an slua ag teacht ach, ar ndóigh," a deir sé, "beidh muid féin in éineacht leat."

"Ní bheidh," a deir Mac Chonchúir. "Fanaigíse sa mbaile inniu," a deir sé, "agus ligigí scíth. Agus troidfidh mise an lá inniu ar bhur son."

D'fhan. Thug Mac Chonchúir leis a chlaíomh agus níor chónaigh sé ariamh go ndeachaigh sé ar an gcéad chnoc. Chuaigh sé as sin ar an dara cnoc agus bhí sé píosa maith ina shuí ann sula bhfaca sé tada ag corraí. Ach is gearr go bhfaca sé an slua ag teacht. Ní rinne sé ach gearradh rompu. Thosaigh sé ag dul fúthu is tharstu is tríothu mar a bheadh seabhac uasal ag dul trí phlód éanacha nó préachán gearr trí phlód cearc. Níor fhág sé cloigeann ar cholainn den mhéid sin nár mharaigh sé.

Nuair a bhí sin déanta aige, chaith sé é féin siar i measc na gcorp. Chaith sé corp faoi, corp os a chionn agus corp ar chaon taobh de agus thit sé ina chodladh. Agus diabhal mórán achair a bhí sé ina chodladh nuair a dhúisigh torann uafásach é, agus nuair a dhírigh sé aniar, céard a d'fheicfeadh sé ag teacht ach uan reithe agus pota faoina mhuineál – agus slabhra – agus seanfhear in éineacht leis agus scuab aige. Agus séard a bhí sa bpota, pota íocshláinte. Bhí sé ag spraeáil na híocshláinte ar chaon taobh de agus bhí sé ag déanamh beirt beo in aghaidh chuile dhuine a bhí marbh. Ní rinne Mac Chonchúir ach éirí de léim agus ghearr sé roimhe.

"Is dócha," a deir an t-uan reithe, "nach ag cuidiú liomsa a tháinig tú."

"Bhuel, tá dhá dhóigh nach hea," a deir Mac Chonchúir.

Ach d'áitíodar a chéile. Ach trí ceathrú uaire a mhair an t-uan reithe go raibh sé marbh ag Mac Chonchúir. Chaith sé é féin siar aríst i measc na gcorp agus thit sé ina chodladh, is diabhal mórán achair a bhí sé ina chodladh aríst nuair a d'airigh sé an torann ab uafásaí a d'airigh sé ariamh. Ach nuair a dhúisigh sé an geábh seo, leathnaigh an dá shúil ina chloigeann leis an scanradh a chuaigh tríd. Cé a d'fheicfeadh sé ag teacht ach an Chailleach Bhéarra – agus chuirfeadh sí uafás ar an domhan mór – agus nuair a chonaic Mac Chonchúir ag teacht í, d'éirigh sé de léim le gearradh roimpi.

"Go mba seacht míle measa a bheas tú bliain ó anocht," a deir sí, "agus bliain ó amárach, a ruifínigh bhradaigh. Tá slad mór déanta agat ormsa," a deir sí, "le dhá lá ach ní dhéanfaidh tú níos mó. Chuala mé ariamh," a deir sí, "nach raibh aon chath chomhraic ceart le theacht orm go dtagadh Mac Chonchúir Iarla as Éirinn, ach tá sé agam anois. Ní baol domsa mé a dó," a deir sí, "ní baol dom mé a bhá agus ní baol dom mé a bhascadh."

Bhí culaith chruach uirthi ó bhun a smige go dtí barr a méaracha. Bhí drioball cruach as a tóin, a bhí seacht dtroithe ar fad. Agus rinneadar ar a chéile le dhá chlaíomh. D'áitíodar a chéile. Ní raibh ceachtar acu ag fáil an cheann ab fhearr ar an gceann eile, agus ní raibh Mac Chonchúir ag déanamh aon *ghains* di lena chlaíomh mar ní raibh aon bhuille dá raibh á bhualadh uirthi, nach raibh ag éirí di mar a bheadh sé ag éirí de dhroim aille.

Ach diabhal blas a rinne sé ach an chlaíomh a chaitheamh uaidh agus rugadar ar a chéile. Agus is é an beart a d'imir an Chailleach Bhéarra air ach chas sí an drioball cruach timpeall ar a bhásta agus bhí sí á fháisceadh chomh mór is go raibh sí i gcruth a phutóga a phléascadh.

"Mo chrá ag Dia," a deir sé, "gur le haghaidh mo bháis a tháinig mé."

Pé ar bith seans a fuair sé, tharraing sé an chiotóg agus chuir sé í in aghaidh a hucht agus bhrúigh sé amach beagán uaidh í. Nuair a fuair sé brúite amach beagán í, tharraing sé an láimh dheas agus fuair sé greim cúl cinn taobh thiar uirthi. Chuir sé an láimh chiotóige taobh abhus faoina smig agus lúb sé siar a muineál agus rinne sé dhá leith dá muineál agus thit sí marbh ar an talamh.

Nuair a bhí sin déanta aige, chaith sé é féin siar i measc na gcorp agus thit sé ina chodladh. Níor airigh sé aon torann uaidh sin amach, mar seacht gcatha na Féinne féin, ní dhúiseodh é.

Bhí go maith is ní raibh go holc. Cén diabhal a bheadh sa Domhan Thiar ach fathach mór draíochta agus ní raibh ina chónaí sa teach ach é féin agus a mháthair. Agus ní raibh aon ghreim le n-ithe acu ar feadh cúpla oíche agus cúpla lá. Tháinig an fathach mór isteach titim na hoíche go dtí an mháthair.

"Mo chrá is mo mhilleadh," a deir sé, "murar chuala mé go raibh marú mór sa Domhan Thoir aréir. Is fearr dom an chis a thabhairt liom," a deir sé, "agus a dhul ag iarraidh rud éicint sula bhfaighidh muid bás leis an ocras."

"Tá sé chomh maith duit," a deir a mháthair.

Chroch sé leis an chis. D'imigh sé ar nós na gaoithe Mhárta. Níor chónaigh go dtáinig sé ar an bpáirc an áit a raibh an marú déanta ag Mac Chonchúir, agus cén diabhal, an chéad triúr a chaith sé isteach ar thóin na cise – agus Mac Chonchúir ina shac codlata – ach Mac Chonchúir agus an bheirt a bhí ar chaon taobh de. Agus thosaigh sé ag caitheamh isteach go raibh an chis lán.

Tháinig sé abhaile – agus bhí sé domhain san oíche – agus bhí an mháthair ina codladh. Chaith sé isteach gach a raibh aige i lár na gríosaí deirge, agus an méid a d'fhan ar thóin na cise, chaith sé siar ar áiléar í. Bhí Mac Chonchúir ar thóin na cise anois agus é ina shac codlata i gcónaí.

Bhí go maith is ní raibh go holc. Nuair a bhí a dhóthain ite ag an bhfathach, bhuail sé a chodladh. Níor bhac sé leis an máthair. Ar maidin lá arna mhárach bhí cath comhraic ag teacht i gceann thiar an domhain air agus bhí deifir air. Níor fhan sé le haon bhlas eile a bhruith, ach an méid a d'fhan ina dhiaidh d'fhuílleach san oíche, bhí sé á ithe nuair a d'éirigh an mháthair.

"Is dona an mac do do mháthair thú," a deir sí.

"Tuige?" a deir sé.

"Níor fhiafraigh tú díom a raibh béal orm," a deir sí, "agus mé gan mo bhéal a leagan ar aon bhlas bia le seachtain."

"Ní raibh aon neart agam ort," a deir sé. "Tá cosamar ar thóin na cise ansin thiar," a deir sé. "Téirigh siar nuair a imeos mise. Caith isteach ansin iad. Déarfainn go mbeadh do dhóthain faoi láthair ann."

Nuair a d'imigh an fathach, chuaigh an chailleach siar. Thug sí aniar an chis. Níor bhreathnaigh sí síos ná suas inti ach a raibh inti a bhualadh fúithi isteach sa ngríosach dhearg. Agus cén diabhal a bhí ar thóin na cise – go bhfóire Dia orainn – ach Mac Chonchúir is é ina shac codlata agus níor airigh sé ariamh nó go raibh sé bruite, scallta, dóite go cnámh – sin é an uair a dhúisigh sé sa ngríosach.

D'éirigh sé de léim agus bhí an chailleach ina seasamh ar an teallach. Nuair a chonaic an chailleach ag éirí é, "Á, muise, a dhiabhail," a deir sí, "nach deas an teachtairín múna thú!"

"Go mba seacht míle milliún measa a bheas tú bliain ó anocht agus bliain ó amárach," a deir Mac Chonchúir ag breith i ngreim cúl cinn uirthi. "Tuige a mbeinnse i mo theachtairín múna in aisce agat?"

Agus bhí sé as a chiall anois – bhí sé dóite bruite go cnámh. Ní rinne sé ach a cloigeann a bhualadh faoi leic a bhí san urlár.

"Cuirfidh mise san áit thú," a deir sé, "a mbeidh an t-olc is an mhaith ag siúl ort go lá an bhreithiúnais."

Chuaigh sé amach agus fuair sé arm agus rinne sé poll taobh istigh den tairseach sa teallach nó san urlár agus chuir sé síos ann í.

Chlúdaigh sé í. Bhí sé chomh mór as a chiall nuair a d'imigh sé agus nach raibh a fhios aige cá raibh sé ag dul. Is diabhal mórán achair ó chathair an chéad fhathaigh a bhí sé chor ar bith, nó cén diabhal áit a dtiocfadh sé ach chomh fada le teach mór a raibh fuinneoga air chomh mór le doirse, agus is é an t-ainm a thugaidís air sin, grianán. Agus bhí sé ag imeacht timpeall an ghrianáin as a chiall agus é ag breathnú faoi is thairis, ach is gearr gur chuir bean óg a cloigeann amach trí fhuinneog ar an dara stór. Chuir bean eile a cloigeann amach agus bean eile, agus d'aithníodar go mba gaiscíoch Éireannach é. Thosaigh siad féin ag inseacht dá chéile, ach ghlaodar air agus an chéad bhean a chonaic sé, "Á, a dhiabhail," a deir sí, "fan go ndéana mé treisleán de mo ghruaig, go ndéanfaidh mé rópa go dtuga mé aníos thú."

Bhí sé bruite scallta. Ní aithneodh duine ar bith é.

"Ná bac le treisleán ar bith," a deir sé, "ach ísligh an fhuinneog sin beagán eile."

D'ísligh. Thug sé rite reaite, agus an chéad léim a thug sé, chuaigh sé ar stól na fuinneoige, agus an dara léim isteach.

"Tá dhá bhairille anseo," a deir sí, "bairille íocshláinte agus bairille nimhe. Níl a fhios agam," a deir sí, "cé acu an ceann ceart."

Sháigh sí a méar síos i gceann agus cén diabhal a dhéanfadh sé ach í a dó go cnámh.

"Tá a fhios agam anois é," a deir sí. "Síos leat sa mbairille seo."

Chuaigh sé síos sa mbairille íocshláinte agus tháinig sé aníos as chomh slán chomh folláin is a bhí sé an lá ar fhág sé an baile.

Bhí go maith is ní raibh go holc. Céard a bheadh istigh sa ngrianán ach na haon deirfiúr déag a thug an fathach mór ón athair, ar shábháil sé an ceann eile ar an trá agus ar mharaigh sé an fathach. D'fhan sé an oíche sin in éineacht leo.

Chroch sé leis ar maidin iad go dtug sé go dtí a bhád iad agus d'imigh leo. Agus nuair a bhíodar trí lá ag seoladh, bhíodar ag dul thar oileán eile.

"Mo chrá ag Dia," a deir sé, "nach ngabhfaidh mé thar an oileán seo go brách go mbeidh a fhios agam cé atá ina chónaí ann."

"Ná bac leis an oileán sin," a deir an bhean ba sine de na mná óga – agus níor luigh sí le haer ariamh aon bhean déag ba bhreátha ná iad. "Sin é Oileán Rí na dTurcach," a deir sí. "Tá Mac Rí na dTurcach ina chónaí ansin," a deir sí. "Fear óg gan pósadh é agus tá gairm scoile amuigh ar an bhfarraige aige le seacht mbliana ag tóraíocht mná deasa. Agus b'fhéidir," a deir sí, "dá bhfeicfeadh sé muide, gurb ionainn a chuirfeadh sé an tsuim agus b'fhéidir go dtiocfadh sé i dtrioblóid mhór dúinn. Ná bac leis."

Ach ní raibh aon mhaith di ann. Chuaigh Mac Chonchúir isteach. Tharraing sé a bhád suas, agus an chéad diabhal áit a dtáinigeadar ach isteach i dteach a dtugaidís tigh Chailleach na gCearc uirthi. Agus seo cailleach a bhí ag an duine uasal óg, a bhí ag beathú cearca dó agus á dtindeáil.

Bhí go maith is ní raibh go holc. Cé a bheadh istigh in éineacht le Cailleach na gCearc ach Muicí na Muc. Sin fear a bhí ag an duine uasal ag tindeáil muca. Bhí sé féin agus Cailleach na gCearc ag cúirtéireacht.

Bhí go maith is ní raibh go holc. M'anam ón diabhal go mba fada le Mac Rí na dTurcach go raibh Muicí na Muc ag teacht. Ó tháinig na mná óga isteach, ní raibh sé ag tógáil súil ar bith díobh ach ag breathnú orthu. Ach ba deireanach leis go dtáinig sé is thosaigh sé ag casaoid air, agus nuair a tháinig Muicí na Muc abhaile, d'fhiafraigh Mac Rí na dTurcach de cén diabhal áit a raibh sé go dtí anois.

D'inis sé dó.

"Go mba seacht measa a bheas tú bliain ó anocht," a deir Muicí na Muc. "Tá gairm scoile agatsa ar an bhfarraige," a deir sé, "le seacht mbliana ag tóraíocht mná deasa, ach dá bhfeicfeá na haon bhean déag atá thíos tigh Chailleach na gCearc in éineacht le seanmhairnéalach mór d'Éireannach," a deir sé, "ní chodlófá aon néal go maidin."

"Téirigh síos," a deir Mac Rí na dTurcach leis an Seanfhear Glic a bhí istigh sa teach, "agus breathnaigh an fíor dó an scéal sin."

Chuaigh. A laghad deifir dá raibh ar Mhuicí na Muc, diabhal a leathoiread a bhí ar an Seanfhear Glic. Ní raibh sé ag tógáil súil ar bith díobh.

Nuair a tháinig an Seanfhear Glic go dtí Mac Rí na dTurcach, d'inis sé an scéal dó.

"Tá siad ann ceart go leor agus an mairnéalach, ach thusa," a deir sé, "ná a bhfuil ar d'oileán d'arm ná ar oileán is mó ná é, ní bhainfeadh na haon bhean déag sin den mhairnéalach sin. Ní mhairfeadh a bhfuil d'arm ag dul leat trí ceathrú uaire leis an bhfear sin, gan trácht ar na mná a bhaint de."

"Nuair a bhí mo sheanathair ag beathú do sheanathar," a deir Mac Rí na dTurcach, "bhí m'athair ag beathú d'athar agus tá mise do do bheathúsa, agus mura n-insí tú domsa," a deir sé, "cén chaoi a mbainfidh mé an bhean óg nó na mná sin den mhairnéalach," a deir sé, "beidh do chloigeann ar an spíce an t-am seo tráthnóna amárach."

"Diabhal neart air," a deir an Seanfhear Glic. "Níl aon bhealach le iad a bhaint de," a deir sé, "ach ar aon bhealach amháin. Tabhair cuireadh chun dinnéir anois," a deir sé, "don mhairnéalach agus do na haon bhean déag agus tiocfaidh siad, agus nuair a bheas an dinnéar ite agaibh," a deir sé, "abair nach bhfaca tú aon fhear ariamh a d'ólfadh gach re gloine fuisce leat. Ólfaidh an tÉireannach," a deir sé, "gach a bhfeicfidh sé. Déanfaidh mise fóiséad leathair duit," a deir sé, "le cur aníos taobh istigh de bhóna do léine, agus chuile ghloine a bheas an mairnéalach, nó péire, a bheas sé a ól, bí tusa ag cur ceann nó péire síos i d'fhóiséad leathair agus beidh sé ag dul amach in iallacha do bhróga in íochtar. Bígí ag ól," a deir sé, "ag ól is ag ól go dtite sé ar meisce. Déan do rogha rud ansin leis," a deir sé, "má thograíonn tú é. Níl mise ag rá leat céard a dhéanfas tú leis ach déan do rogha rud leis."

Bhí go maith – b'fhíor dó – is ní raibh go holc. Thug an duine uasal cuireadh chun dinnéir do Mhac Chonchúir. Tháinig sé féin agus na haon bhean déag. D'itheadar an dinnéar, agus nuair a bhí an dinnéar ite, thosaíodar ag ól. Ach bhíodar ag ól is ag ól gur thit Mac Chonchúir bocht ar chúl a chinn ar meisce, agus nuair a thit, chuir an duine uasal fios ar a chuid searbhóntaí, agus pé ar bith cén sórt cordaí a bhí aige, thugadar amach ar an tsráid é agus bhíodar á cheangal go dtugadar ceangal na gcúig gcaol go daor is go docht air, go raibh na cordaí ag dul trína chuid feola isteach go dtí na cnámha.

Agus nuair a bhí sin déanta acu, d'iarr na haon bhean déag ar Mhac Rí na dTurcach cead a thabhairt dóibh é a chaoineadh. Dúirt sé go dtabharfadh. Agus nuair a bhí sé caointe acu, chuireadar Mac Rí na dTurcach faoi gheasa gan baint ná páirt, láimh ná cois a bheith aige leo féin go ceann lá agus bliain.

"Níl sin rófhada," a deir sé.

Ach bhí go maith is ní raibh go holc. Nuair a bhí Mac Chonchúir ceangailte, cuireadh isteach i mbarra rotha é agus sháigh na searbhóntaí leo é. Agus bhí aill mhór os cionn na farraige, a bhí na céadta troigh ar airde, agus thugadar amach ar a barr é agus chaitheadar síos le fána é sa gcaoi nach dtiocfadh sé ar ais go brách. Bhí strapa isteach, strapa amach san aill mhór agus bhí carraig mhór thíos faoina bun agus corrthaoille a théadh ar bharr na carraige. Ach cén diabhal áit ar éirigh leis a theacht ach ar bharr na carraige, agus bhí sé caite ar chúl a chinn ar dhroim na carraige gan mothú gan arann, gan cosúlacht duine ar bith air.

Ach nuair a bhí sé trí lá ar an gcarraig, bhí éan ag teacht don aill mhór, a raibh nead aici inti – an t-éan ba mhó sa domhan – agus is é an t-ainm a thugaidís uirthi an Ghríobh Ingneach. Agus geábh dá raibh sí ag teacht isteach go dtí na laprachán, thug sí faoi deara an sunda ar an gcarraig agus diabhal blas a rinne sí ach ísliú agus thug sí faoi deara go mba duine é. Diabhal blas a rinne sí ach breith lena gob air mar a bhéarfadh sí ar dhuilliúirín de bhileog.

Chroch sí léi é agus thug sí isteach sa nead é. Mharaigh sí ceann de na laprachán agus thug sí dó é. Chomh maith is a d'fhéad sí, bhog sí na snaidhmeanna a bhí ar na cordaí ach ní raibh sé in ann mórán *gains* a dhéanamh díobh.

Ar maidin lá arna mhárach bhí sé maith go leor. D'imigh sí ag soláthar di féin agus dó féin agus don dá éan. Agus pé ar bith cén seans a fuair Mac Chonchúir – bhí an t-ocras cráite air – cén diabhal a dhéanfadh sé ach ceann eile de na laprachán a mharú agus d'ith sé é. Agus nuair a tháinig sí féin agus nuair a chonaic sí an dara laprachán ite, bhí sí oibrithe le fearg.

"Rinne mé mo dhóthain duit," a deir sí, "agus tá mise ag saothrú na muirín sin le bliain – mar seo is mar siúd – agus is é a bhfuil fágtha anois agam, aon cheann amháin."

Ní rinne sí aon cheo air.

D'imigh sí aríst lá arna mhárach ag soláthar don cheann eile agus do Mhac Chonchúir. Nár ba fearr a bheas an mí-ádh, nuair a tháinig sí, nach raibh an tríú laprachán ite ag Mac Chonchúir.

"Bhuel," a deir sí, "is é a bhféadfaidh mé a dhéanamh leat," a deir sí, "an áit chéanna a bhfuair mise thú, tá mé ag dul do d'fhágáil ann."

Ní rinne sí ach breith lena gob agus chroch sí léi é agus leag sí thíos ar bharr na carraige é.

Nuair a bhí sé trí lá eile ar an gcarraig, cén diabhal a bhí ag dul thart ach bád. Lá breá ciúin a bhí ann agus bhí an caiptín i mbarr an chrainn agus *spyglass* aige, agus bhí eolas maith aige ar an spota seo agus bhí a fhios aige go raibh an charraig ann agus ní bheadh an t-éan beag féin uirthi nach bhfeicfeadh sé.

Ach pé ar bith cén sórt breathnú a rinne sé, thug sé faoi deara sunda áirid ar bharr na carraige. Ghlaoigh sé ar dhuine de na mairnéalaigh agus thug sé dó an *spyglass*.

"By *dad*, is aisteach an rud é," a deir an mairnéalach, "ní bheadh a fhios agat an diabhal nó duine é nó céard é féin."

"Ach pé ar bith céard é féin," a deir an caiptín, "caithfidh sé a theacht ar deic anseo."

Chaitheadar amach téadracha agus chuile bhealach agus cuireadh timpeall ar Mhac Chonchúir iad. Ach tugadh ar an gcéad deic é. Tugadh as sin ar an dara deic é agus, ar ndóigh, gan é ach díbheo. Agus nuair a tháinig sé ar an dara deic, tháinig an caiptín go dtí é.

"Cén sórt fear thusa?" a deir an caiptín.

"Muise, donas agus mírath shíoraí ort," a deir Mac Chonchúir. "Is barrúil an fear thú a fhiafraí d'fhear ar bith," a deir sé, "cén sórt fear é, a bhfeiceann tú na téadracha go dtí na cnámha trína chuid feola agus a chuid fola tagtha agus an chuma atá air. Nach bhfaighfeá duine éicint a scaoilfeadh é nó a thabharfadh fóirithint dó?"

Bhí dhá dhochtúir ar an mbád agus chuir an caiptín fios orthu, agus is gearr go raibh na téadracha gearrtha agus cóir leighis curtha air. Nuair a bhí sin déanta, fuair Mac Chonchúir beagán biseach mar bhí sé láidir agus d'fhiafraigh an caiptín de, "Cén sórt fear thú féin anois?" a deir sé.

"Muise, donas agus mírath shíoraí ort," a deir Mac Chonchúir. "Is barrúil an fear thú," a deir sé, "fear nár leag tada ina bhéal is nach bhfuil a fhios aige cén blas atá ar aon bhia saolta le cúig lá dhéag, nach bhfiafródh de an íosfadh sé greim."

Tugadh síos i gcábán é agus fuair sé a bhéile chomh maith is a d'ith sé ariamh. Nuair a bhí a bhéile ite aige, "Cén sórt fear thú féin anois?" a deir an caiptín.

"Donas agus mírath shíoraí ort," a deir Mac Chonchúir. "Ach shílfeá," a deir sé, "go dtabharfá mias uisce agus gallaoireach dom a bhearrfadh mé. Agus b'fhéidir go mbeinn in ann a inseacht an uair sin duit cén sórt fear mé."

Fuair sé sin, agus nuair a bhí sé bearrtha glanta agus é feistithe amach, ní raibh aon fhear ar an soitheach, ná an caiptín, nach gcuirfeadh sé i bpóca a veist.

"Ach cén sórt fear anois thú?" a deir an caiptín.

"Is barrúil an fear thú," a deir sé, "a fhiafraí díom cén sórt fear mé go dtuga tú arm i mo láimh dom."

Diabhal blas a rinne an caiptín ach a chlaíomh a shíneadh chuige.

"Ná bac le cén sórt fear mise anois," a deir Mac Chonchúir, "ach cén sórt fear thusa?"

D'inis an caiptín dó, agus cén caiptín a bhí ann ach an mac ba sine den triúr deartháir – a dtáinig sé isteach sa teach, ar ith sé plaic as chaon bhairín de na bairíní aráin – a bhí ag cogadh leis an bhfathach mór. Agus nuair a bhí an méid sin achair imithe thart, fuair an fathach mór é féin feistithe aríst. Chuir sé cogadh ar ais ar an triúr deartháir, agus séard a thug an bád an bealach seo, bhíodar ag dul go dtí an áit a raibh an cogadh ag teacht orthu ar an bhfarraige agus bhualadar in aghaidh na haille agus bhí siad stoptha ann. Agus sin é an chaoi a bhfaca sé Mac Chonchúir ar an gcarraig.

"Cén diabhal atá do do choinneáil anseo?" a deir Mac Chonchúir, "más in é an chaoi é."

"Tá mé buailte in aghaidh na carraige," a deir an caiptín. "Níl mé in ann a fhágáil."

Bhí sail caite ar an deic, a chas orthu i mbarr farraige in áit éicint. Diabhal blas a rinne Mac Chonchúir ach éirí de léim. Rug sé ar an tsail agus bhuail sé a cloigeann in aghaidh na haille, agus leis an sá a thug sé don bhád, chuir sé míle agus ceathrú i bhfarraige í.

"Tabhair do chúrsa ar an áit a bhfuil cath cogaidh ag teacht anois ort," a deir sé leis an gcaiptín.

Thug. Ní fada a chuadar nuair a chonaiceadar cabhlach báid ag teacht. An chéad bhád a tháinig chomh fada leo, ní rinne Mac Chonchúir ach éirí de léim. Rug sé ar an tsail agus chuaigh sé isteach de léim sa gcéad bhád. Níor fhág sé mac máthar ar aon bhád go ndeachaigh sé ar an mbád deiridh nár mharaigh sé, agus níor fhág sé aon bhád gan bá ach aon bhád amháin, agus níor fhág sé aon duine uirthi sin féin gan marú.

"Is maith an scaitheamh aríst," a deir sé leis an gcaiptín, "go gcuirfidh sé aon chath cogaidh ort."

Ach ghlac an caiptín an buíochas ba mhó leis a chonaic sé ariamh agus dúirt sé leis go ndéanfadh sé a raibh sé in ann de mhaith a dhéanamh dó.

"Tabharfaidh mé mo shoitheach féin duit anois," a deir an caiptín, "le tabhairt leat, pé ar bith taobh a bhfuil do thriall, agus tabharfaidh mise liom an bád eile."

Chroch Mac Chonchúir leis bád an chaiptín agus níor bhain sé méar dá shrón aríst gur *land*áil sé nó go dtáinig sé i dtír ar Oileán Mhac Rí na dTurcach. Tháinig sé isteach go dtí Cailleach na gCearc ach níor aithin sí é. Bhí sé píosa ag caint agus d'iarr sé greim le n-ithe. Agus thug sí dó é ach níor aithin sí é. D'fhiafraigh sé di an raibh aon scéal nua ag dul thart.

Dúirt sí leis gur ina chodladh a bhí sé le seacht mbliana murar chuala sé an ghairm scoile mhór a bhí ar an oileán, go raibh gairm scoile amuigh ag Mac Rí na dTurcach le sé seachtaine ar an bhfarraige ag cruinniú stuif bainise, ag cruinniú dream bainise. "Agus na haon bhean déag," a deir sí, "a bhain sé den mhairnéalach mór – agus a mharaigh sé anuraidh – tá sé ag dul ag pósadh duine acu anocht, agus beidh an deichniúr eile ina *misses* aige."

"Meas tú," a deir Mac Chonchúir, "an mbeadh aon ghlacadh liomsa ar an mbainis?"

"Tá a fhios agam go bhfuil glacadh le chuile dhuine ann," a deir sí.

"Bhuel," a deir Mac Chonchúir, "dhéanfainn fear maith ceoil nó amadán ar chuma ar bith."

Ach bhí go maith is ní raibh go holc.

"An bhfuil mórán bráillíní timpeall ort?" a deir sé leis an gcailleach.

"Tá, *by dad*," a deir an chailleach, "tá riar acu ann."

"Tabhair aniar trí cinn," a deir sé.

"Téirigh thusa ag déanamh folach anois," a deir sé, "agus gabhfaidh mise ag déanamh ceann."

Rug sé ar shnáthaid agus bhí dhá fholach fuaite déanta aige nuair nach raibh déanta ag an gcailleach ach leathcheann.

Chríochnaigh siad na trí cinn.

"Croch leat na trí cinn seo anois," a deir sé leis an gcailleach. "B'fhéidir go dteastódh siad aríst uait."

Chroch. Níor chónaíodar ariamh go dtáinigeadar isteach i dteach na bainise, agus bhí droch-chuma ar Mhac Chonchúir mar bhí caoi curtha aige air féin nach raibh aon aithne air. Bhí na haon bhean déag óg sa seomra agus an bhean – an duine acu a raibh Mac Rí na dTurcach ag dul a phósadh – agus, ar ndóigh, na boicíní móra uilig.

Ach bhí an chisteanach brúite agus trí cinn nó ceithre cinn de bhoird mhóra fhada as a chéile. Ní raibh aon bhia leagtha fós orthu.

Bhí go maith is ní raibh go holc. Nuair a tháinig Mac Chonchúir isteach, bhí an chailleach in éineacht leis. Thosaigh sé ag déanamh a chleasa gaisce. Bhí sé in ann éirí den talamh agus a dhul ar an mboimbéal ab airde a bhí sa teach. Ach bhí sé mar sin nó go dtáinig cúigear nó seisear searbhóntaí agus luchtaíodar ceann de na boird le beatha, chuile chineál bia a leagadh ar bhord ariamh.

Nuair a chonaic Mac Chonchúir luchtaithe é, ghlaoigh sé ar an gcailleach.

"Oscail béal ceann de na folaigh sin," a deir sé.

D'oscail – ag cloigeann an bhoird. Ní rinne sé ach a dhá láimh a chur ar chaon taobh den chloigeann ab fhaide uaidh den bhord agus bhailigh sé a raibh de bheatha uilig air anuas agus chuir sé síos i bhfolach na caillí é. Agus nuair a bhí sin déanta aige, chuir sé cor muiníl ann.

"Croch ort é seo anois," a deir sé, "agus tabhair abhaile é agus tar ar ais anseo aríst."

D'imigh an chailleach leis an bhfolach agus a seaneire uirthi agus ní fada a bhí sí amuigh gur tháinig sí aríst. Nuair a leagadh an dara bord – giorróidh mé beagán é – rinne sé an cleas céanna. Líon sé an dara folach don chailleach agus d'ardaigh sé uirthi é. Nuair a leagadh an tríú bord, rinne sé an rud céanna, ach nuair a bhí an rud céanna déanta leis an tríú bord aige, chuaigh coisí don tseomra agus dúirt sé le Mac Rí na dTurcach go raibh scaibhtéara éicint thíos nach raibh ag tabhairt greim beatha ná deoch ná blogam – ná cead d'aon duine aon bhlas a ithe ná a ól.

Tháinig Mac Rí na dTurcach aniar agus sheas sé taobh abhus de dhoras an tseomra.

"Pé ar bith scaibhtéara," a deir sé, "nó ruifíneach atá ag déanamh rud as bealach ansin – ní oíche í an oíche anocht le duine ar bith a chaitheamh amach – mura dté sé amach," a deir sé, "caithfear é a chaitheamh amach ag na beithígh fiáine, mura stopfaidh sé nó fanacht go socair."

Bhí Mac Chonchúir ag breathnú air. Bhí sé ag dul i ndiaidh a chúil agus ag dul ar aghaidh ach i leaba a dul ar aghaidh go dtí an duine uasal, bhí sé ag tabhairt léimeanna i ndiaidh a chúil ariamh go dtáinig sé chomh gar don duine uasal agus gur rug sé air.

Rug sé i ngreim brollaigh air agus chroch sé díreach os cionn a mhullaigh é agus bhuail sé a chloigeann faoi leic a bhí san urlár agus níor fhág sé sniog ann.

"Ní hé an ceangal ná an bás," a deir sé, "a thug tusa domsa bliain is an oíche anocht a thabharfas mise ortsa ach bás nach scaoilfidh go lá an bhreithiúnais.

"Caithigí amach chuig na beithígh fiáine anois é," a deir sé, "má thograíonn sibh é, nó fágaigí ansin é. Ach, anois," a deir sé, "pé ar bith spraoi ná spóirt a bhí agaibh i gcaitheamh na hoíche, bíodh a sheacht n-oiread aríst go maidin agaibh."

Ach b'fhíor dó. Thosaigh an bhainis – agus tabhair bainis uirthi – go raibh píosa mór den lá ann. Agus nuair a bhí píosa mór den lá ann, ghlaoigh Mac Chonchúir ar Chailleach na gCearc agus ar Mhuicí na Muc agus an sagart méise agus an cléireach maide a bhí le Mac Rí na dTurcach agus an bhean óg a phósadh. D'ordaigh Mac Chonchúir do Chailleach na gCearc Muicín na Muc a phósadh agus d'fhág sé áit Rí na dTurcach ag an mbeirt.

D'imigh sé féin agus na haon bhean déag go ndeachadar go dtí a bhád. Thugadar cúpla máilín óir, forcanna óir, spúnóga óir agus glaic rudaí mar sin leo agus sheoladar ar an bhfarraige aríst. Agus d'imigh leo agus níor chónaíodar ariamh gur bhuaileadar talamh agus trá ar an trá chéanna ar mharaigh sé an fathach mór ar shábháil sé an deirfiúr ann.

Tharraing sé suas a bhád. Thug sé feisteas lá is bliana uirthi agus thug sé na haon deirfiúr déag abhaile chuig a n-athair agus chuig a máthair.

Ach bhí an dá dheirfiúr déag sa mbaile anois. Agus sular imigh sé, d'fhiafraigh an t-athair aríst de an raibh sé ag dul ag pósadh an deirfiúr a shábháil sé roimhe sin.

"Nílim," a deir sé. "Tá trian de mo shaol le déanamh agamsa fós. Seans go dtiocfaidh mé in aghaidh dhá sheans nach dtiocfad."

Agus is é an chaoi a raibh sé ar an gcaoi sin – an dtuigeann tú – bhí sé ag tóraíocht Mac Ghamhnáin, Rí na Cruinne Brice, go bhfaigheadh sé amach é más beo nó marbh é.

Ach d'imigh sé. Agus nuair a bhí sé trí lá aríst ar an bhfarraige, bhí sé ag dul thar oileán eile. Dúirt sé go dtarraingeodh sé isteach ann agus tharraing. Shiúil sé suas droim an oileáin. Ní fhaca sé teach ná both go raibh sé ar a bharr agus chonaic sé cathair álainn uaidh, agus nuair a chonaic, bhí an doras ó dheas oscailte. Chonaic sé fear óg ag obair i ngairdín mar a bheadh sé ag plé le pabhsaetha. Agus nuair a chroch an fear óg a chloigeann, chonaic sé Mac Chonchúir ag teacht agus d'aithin sé Mac Chonchúir. Agus cén diabhal a bhí ann ach Mac Ghamhnáin, Rí na Cruinne Brice. Agus nuair a chonaic sé Mac Chonchúir ag teacht, rith sé. Chuaigh sé isteach sa doras a bhí oscailte agus amach an doras ó thuaidh ar an teach chomh tréan is a bhí cois air. Lean Mac Chonchúir é, agus is é an áit a raibh Mac Ghamhnáin ag déanamh, ar a bhád, a bhí ar an taobh ó thuaidh den oileán, go dtugadh sé an fharraige amach air féin.

Agus bhí Mac Chonchúir ag teacht chomh gar dó agus nach raibh an deis éalaithe aige, agus i leaba a dhul isteach sa mbád, séard a rinne Mac Ghamhnáin, chrom sé síos i bhfolach faoi thaobh an bháid. Agus leis an teannadh a bhí ag teacht le Mac Chonchúir nuair a bhí sé i bhfoisceacht fiche slat den bhád, d'éirigh sé de léim agus chuaigh sé isteach i gceartlár an bháid. Agus cén diabhal a bhí ar urlár an bháid ach rud a dtugann siad oigheann uirthi – níl a fhios agamsa céard a mhíníonn sí – soitheach mór. Cén áit a dtéann sé ach síos san oigheann.

Diabhal blas a rinne sé ach éirí de léim. D'iompaigh sé an t-oigheann anonn os cionn Mhac Chonchúir. Bhí Mac Chonchúir istigh faoin oigheann.

"Fan ansin anois," a deir sé.

D'fhan. D'imigh lá, d'imigh seachtain, ach nuair a bhí Mac Chonchúir naoi lá faoin oigheann, chuimhnigh Mac Ghamhnáin air féin.

"Bhuel, dá mba í an druid anois thú," a deir sé, "ní fhéadfá a bheith beo."

Ní rinne sé ach a dhul isteach sa mbád agus d'iompaigh sé an t-oigheann agus nuair a d'iompaigh sé an t-oigheann, d'éirigh Mac Chonchúir aníos de léim agus lean sé aríst é.

Bhí Mac Chonchúir chomh lag is nach raibh sé in ann a theacht suas leis, agus nuair nach raibh, dúirt sé leis féin, "Muise, chuala mé ariamh," a deir sé, "fear ar bith nach bhfuil in ann troid ar a chuid talún féin, gur fearr an fear an fear eile ná é. Tá a fhios agam anois gur fearr an fear mé ná Mac Ghamhnáin agus ní leanfaidh mé níos faide é."

Diabhal blas a rinne sé ach ag dareáil air go ndeachaigh sé go bád Mhac Ghamhnáin agus í a chrochadh leis.

Cheangail sé dá bhád féin í agus chroch sé leis an dá bhád agus an t-oigheann go dtug sé go hÉirinn iad, go dtáinig sé chuig teach a athar. Agus nuair a bhí sé mí sa mbaile, chuaigh sé go dtí an teach a raibh an dá dheirfiúr déag ann agus an bhean a shábháil sé ar an bhfathach ar an trá. Agus phósadar, é féin agus í féin.

Ach thosaigh an bhainis agus – ar ndóigh, ná bac le bainis – ní raibh tús ná deireadh uirthi. I dteach Shean-Chonchúir a bhí an bhainis á caitheamh, agus an chéad lá ar thosaigh an bhainis, amach i meán an lae – tuairim is a dó dhéag sa lá – bhí Sean-Chonchúir sa gcisteanach, boird mhóra as a chéile, ithe agus ól go tréan. Bhí Mac Chonchúir sa seomra agus na haon bhean déag óg agus an deirfiúr a bhí ag dul ag pósadh agus cuid de na boic mhóra. Ach tháinig strainséir isteach agus shuigh sé síos ar chathaoir is ní raibh fear ar bith ba dea-chroíúla ná ba chóra ná Sean-Chonchúir.

"Suigh isteach, a dhuine chóir," a deir sé leis an strainséir, "agus ith bia."

"Ní íosfainnse bia," a deir sé, "mar a d'íosfadh fear ar bith."

"Cén chaoi a n-íosfá bia?" a deir Sean-Chonchúir.

"D'íosfainn bia," a deir sé, "oigheann a leagan i lár an bhoird, í a líonadh le laofheoil, fear eile," a deir sé, "ag suí ar m'aghaidh, a thosódh ar scéal," a deir sé, "agus nach n-inseodh bréag go mbeadh ár mbéile ite againn."

Níor thuig Sean-Chonchúir é ach chuaigh sé siar go dtí an mac agus d'inis sé dó é, is ar an bpointe a d'inis sé don mhac é, bhí a fhios ag Mac Chonchúir gurbh é Mac Ghamhnáin a bhí ann agus gur ag iarraidh an bháid a bhí sé ag teacht.

Tháinig Mac Chonchúir aniar. Chuir sé searbhóntaí ag iarraidh na hoigheann a bhí i mbád Mhac Ghamhnáin. Leagadh i lár an bhoird í agus líonadh le laofheoil í. Shuigh Mac Chonchúir ar thaobh den bhord agus Mac Ghamhnáin ar an taobh eile. Agus thosaigh Mac Chonchúir ar an scéal san áit ar thosaigh mise air nó go raibh sé chomh fada leis an áit a bhfuil mise anois.

"Is dócha," a deir Mac Chonchúir, "dá réir sin, gur ag iarraidh do bháid a tháinig tú nó ar a tuairisc."

"Tá sé chomh maith dom a rá gurb ea," a deir Mac Ghamhnáin.

"Bhuel, ní bhfaighidh tú í sin," a deir Mac Chonchúir, "gan troid ar a son."

"Tá mé sásta," a deir Mac Ghamhnáin.

Chaitheadar díobh agus amach leo, agus pé ar bith áit a raibh an cuaille comhraic timpeall tigh Chonchúir, bhuail Mac Chonchúir dá chlaíomh é. Níor fhág sé lao i mbó, searrach i gcapall, uan i gcaora, mionnán i ngabhar, leanbh i mbroinn mná ná giorria fionnrua i bhfoisceacht seacht gcéad míle de ar chaon taobh de nár bhain sé cúig iontú tuathal, cúig iontú deiseal astu leis an gcroitheadh a thug sé don ríocht.

D'áitíodar a chéile. Chaitheadar naoi lá ag troid agus ní raibh ceachtar acu ag fáil an cheann ab fhearr ar an gceann eile, agus chuirfeadh sé uafás ar an domhan mór – níor tháinig aon ghaiscíoch ón Domhan Thoir ná ón Domhan Thiar ag breathnú ar chath ariamh nach dtiocfadh ag breathnú – bhíodar ina dhá ngaiscíoch chomh maith sin.

Ach an naoú lá i meán an lae, bhí Sean-Chonchúir ina sheasamh i ndoras an tí, ag breathnú amach orthu, agus bhí fear éicint eile ina sheasamh lena thaobh.

"Chuala mé ariamh," a deir Sean-Chonchúir, "agus tá mé ag ceapadh gur fíor é, nár throid an tÉireannach in aon áit ariamh níos dona ná ar a chuid talún féin."

Ach pé ar bith cén chaoi ar chas Mac Chonchúir a chloigeann, d'éirigh leis an t-athair a fheiceáil sa doras agus is dócha gur bhuail spadhar éicint é. Thug sé an chlaíomh timpeall a mhullaigh agus i leaba é a bhualadh anuas, thug sé aníos í agus bhuail sé Mac Ghamhnáin faoin smig agus chuir sé a chloigeann leathchéad slat sa spéir. Is nuair a bhí sin déanta aige, rug sé ar an gcolainn agus ar an gcloigeann agus chroch sé leis iad. Agus thug sé síos go dtí bád Mhac Ghamhnáin iad.

Shocraigh sé an cholainn istigh ar sheas éicint sa mbád agus chuir sé an cloigeann taobh bun na scine ar an gcolainn agus an sá a thug sé don bhád, chuir sé míle go leith i bhfarraige í.

"Téirigh i do rogha taobh anois," a deir sé, "más maith leat é."

Tháinig sé abhaile agus thosaigh an bhainis as an nua aríst. Ach mhair an bhainis sé mhí agus naoi lá. Ní raibh tús ná deireadh uirthi, bun ná barr, ach í ag feabhsú chuile lá dá raibh ag dul chun cinn.

Ach idir Mac Chonchúir agus Mac Ghamhnáin is é a raibh agamsa dá bharr bróga páipéir, stocaí bainne ramhair, siúl as Baile Átha Cliath, bonn agus leithphingin a d'ól mé i dteach Chonchúir Uí Chonchúir i gCathair Mhuirisc ar mo bhealach abhaile. Bhí an coileach ag rith orm, ach dá mbéarfadh an chearc orm, ní fhágfadh sí deoir ionam.

Gruagach na gCleas

Bhí tiarna fadó in Éirinn, na mílte bliain ó shin, agus bhí sé pósta. Bhí triúr mac aige, agus nuair a bhí an triúr mac ag éirí suas sna déaga de bhlianta, bhuail tinneas bean an tiarna agus fuair sí bás. Agus tamall maith théis í ag fáil bháis, más bliain nó dhó é, phós an tiarna an dara huair. Agus an dara bean a phós sé, bhí sí chomh ceanúil ar na triúr mac agus dá mba í a máthair féin í. Agus bhí siadsan ar an mbealach céanna léi.

Ach tamall fada théis an dara bean a bheith pósta aige, bhí an triúr mac, bhí siad ag bualadh méaróg in aghaidh binn na cathrach le trí chlár, agus siar go maith sa lá sa tráthnóna, tháinig éan tharstu sa spéir agus bhí an ceol ba bhinne aici a d'airíodar ariamh. Agus ní raibh sí ard. Ní rinne an mac is sine ach an clár a bhí ag bualadh na liathróide aige a chaitheamh léi. Bhuail sé í agus thit cleite amháin anuas aisti. Agus is é an dath a bhí ar an gcleite, dath an óir, agus is é an t-ainm a bhí ar an éan a bhuail sé, an tÉan Órga. Ach bhí an oiread solais air agus go gcuirfeadh sé solas na mílte ó bhaile, ar an gcleite.

"Ó, a dheamhain," a deir sé leis an mbeirt deartháir, "nach deas é," a deir sé. "Tabharfaidh mé isteach chuig mo leasmháthair é go bhfeice sí é."

"Ná bac chor ar bith leis," a deir an dara mac, an dara deartháir – agus an bheirt acu – "ná bac chor ar bith leis," a deir sé. "Fág san áit a bhfuil sé an cleite, nó b'fhéidir go mbainfeadh an cleite sin siúl asat."

Ach níor ghéill sé dóibh. Thug sé isteach é, agus nuair a tháinig sé isteach sa gcathair – ní hé fearacht anois é, ní raibh mórán soilse ag imeacht an t-am sin – bhí an áit an-dorcha. Ach bhí an leasmháthair istigh ar chaoi ar bith ach ní raibh an tiarna. Agus nuair a tháinig sé isteach agus an cleite ina láimh aige, phiocfá na bioráin bheaga chuile áit taobh istigh sa gcathair leis an solas a bhí ag imeacht ón gcleite.

"Ach, cá bhfuair tú an cleite sin?" a deir sí.

D'inis sé an scéal di mar atá mise ag inseacht duitse anois.

"Bhuel," a deir sí, "pé ar bith éan ar thit an cleite sin as, tá mise do do chursa faoi gheasa agus faoi mhórdhiomú na bliana gan an dara béile a ithe d'aon bhord ná an dara hoíche a chodladh ar aon leaba go dtuga tú chugamsa," a deir sí, "an t-éan ar thit an cleite sin as."

"Dona go leor," a deir an mac. "Dona go leor. Dia dár réiteach."

Bhuail sé amach go dtí an bheirt deartháir agus d'inis sé dóibh é.

"Ní mórán trua thú," a deir an bheirt deartháir. "Dúirt muide leat go mbainfeadh an cleite sin siúl asat, agus beidh do dhóthain le déanamh anois agat. Tá do dhóthain ar d'aire."

Bhí go maith is ní raibh go holc. Chuadar a chodladh an oíche sin, agus ar maidin lá arna mhárach nuair a d'éirigh an mac is sine, d'ith sé sórt bricfeasta. D'imigh leis. Ní raibh a fhios aige cá raibh sé ag dul. Ach nuair a bhí sé siar go maith sa lá, ag tarraingt amach ar am dinnéir, cén áit a gcasfaí an fear bocht ach isteach i gcolbha easca mhór bháite a bhí na mílte ar a fad. Agus ní raibh sé ach tuairim is fiche coisméig isteach inti – ní raibh trí horlaí ná fad do bhróige idir chaon chaochpholl dá raibh san easca – nuair céard a bheadh ina shuí ar a chorraghiob ar thulán cíbe ach an mada rua.

Chonaic an mada rua é agus labhair sé.

"Is ann duit," a deir sé le mac an tiarna.

"Sea, cheana," a deir mac an tiarna.

"Caith díot na stocaí agus na bróga anois," a deir an mada rua, "agus iompróidh mise duit iad. Agus is mór an éadromacht duit iad agus beidh do chosa, beidh siad tirim agat le cur ort, mar beidh an ghrian ag dul faoi," a deir sé, "nuair a bheas tú ag éirí aníos as colbha na heasca seo."

Ghlac mac an tiarna buíochas leis an mada rua. Agus ní rinne sé ach iad a bhaint de agus chaith sé chuige iad agus chuir sé snaidhm ar an dá bharriall a bhí sa dá bhróg. Ní rinne an mada rua ach breith orthu agus chaith sé siar ar a ghualainn iad, ceann ar chaon taobh dá dhroim, agus d'imigh sé ar nós na gaoithe Mhárta is ní fhaca mac an tiarna aon amharc aríst air nó go raibh an ghrian ag dul faoi, is nuair a bhí, d'airigh sé go raibh sé ag éirí amach i gcolbha na heasca. Agus nuair a bhí sé ag teacht as an easca, cé a d'fheicfeadh sé ina shuí roimhe ach an mada rua. Labhair an mada rua aríst.

"Nach mór is fiú duit anois," a deir sé, "na bróga agus na stocaí a bheith tirim agat le cur ort le hais iad a bheith fliuch báite."

Ghlac mac an tiarna buíochas mór leis.

"Tiocfaidh tú in éineacht liomsa anois anocht," a deir an mada rua, "go dtí m'áras féin," a deir sé, "agus caithfidh muid an oíche ann, agus níor chaith tú aon oíche le sult," a deir sé, "ná le spóirt i do chathair féin ariamh ó rugadh thú nach mbeidh oíche agat chomh deas léi."

Ghlac mac an tiarna buíochas leis. D'imigh leo. Chuadar suas taobh cnoic a bhí fíorard, agus nuair a tháinigeadar ar a mhullach, bhí an oíche ann nó an oíche tite. Bhí cnoc eile ar a n-aghaidh agus ar thaobh an chnoic a rabhadar ar a bharr. Shiúileadar síos le fána, agus ní mórán achair síos a bhíodar nuair a chonaic mac an tiarna an teachín ab áille ar leag sé súil ariamh air. Agus bhí an doras oscailte agus solas glórmhar amach as. Nuair a tháinigeadar chuig an doras, ba é áras an mhada rua é. Chuaigh an mada rua isteach chun tosaigh agus chuaigh mac an tiarna isteach ina dhiaidh. Bhí tine bhreá dhearg lasta ina craiceann ann, tine gan dé gan deatach, tine chuifearnach chaifearnach a dtiocfadh na seangáin ón mongán á dtéamh féin léi, bhí sí chomh deas, chomh breá sin.

Leag an mada rua anuas bord bia agus dí – bhí an t-ól féin aige. Shuigh an bheirt acu isteach agus d'itheadar a sáith agus d'óladar a sáith. Agus nuair a bhí sin déanta acu, shuigh duine acu síos ar chaon taobh den tine. Thosaigh siad ag caint.

"Creidim," a deir an mada rua, "gur faoi gheasa do leasmháthar atá tú."

"Sea," a deir mac an tiarna. "Caithfidh mé a rá gurb ea."

"Bhuel," a deir sé, "ag fear a dtugann siad Gruagach na gCleas air, rí mór," a deir sé, "atá an tÉan Órga sin. Is aige atá formhór éanacha an domhain," a deir sé. "Tá na héanacha is deise sa domhan aige agus tá na héanacha is dona agus is gránna sa domhan aige. Ach caithfidh mise," a deir sé, "a dhul in éineacht leat amárach go bhfaighe mé an tÉan Órga sin," a deir sé, "ó Ghruagach na gCleas. Ach," a deir sé, "níl mé ag rá leat nach bhfaighidh mé mo dhóthain ó Ghruagach na gCleas sula mbeidh mé in ann é a fháil uaidh."

"Go raibh míle maith agat," a deir mac an tiarna.

Bhíodar ag caint is ag comhrá, fiannaíocht, scéalaíocht, sú sá chodlata go raibh sé amach deireanach san oíche. Ach chuadar a chodladh. Ach níor gheal an lá ar an mada rua. D'éirigh sé. Agus nuair a d'éirigh mac an tiarna, bhí bord óil, bia agus dí aríst leagtha anuas ag an mada rua. Nuair a bhí a ndóthain ite agus ólta acu, d'imíodar. Agus nuair a bhí sé siar go maith sa lá, cá gcasfaí aríst iad ach i gcolbha easca bháite eile a bhí i bhfad Éireann ní b'fhaide agus ní ba mheasa ná an easca an lá roimhe sin.

"Bain díot na bróga agus na stocaí anois," a deir an mada rua, "agus iompróidh mise iad agus beidh an ghrian ag dul faoi tráthnóna nuair a bheas tú ag éirí aníos as colbha na heasca seo."

"Go raibh míle maith agat," a deir mac an tiarna.

Chaith an mada rua na bróga is na stocaí thíos iontu siar ar a ghualainn, ceann ar chaon taobh dá dhroim. D'imigh sé ar nós na gaoithe Mhárta.

Nuair a bhí an ghrian ag dul faoi – bhí mac an tiarna ag éirí aníos ó cholbha na heasca – bhí an mada rua ina shuí roimhe mar a bhí sé an oíche roimhe.

"Bhuel," a deir sé, "tiocfaidh tú in éineacht liomsa aríst anocht," a deir sé, "go dtí m'áras agus beidh oíche sult agus spóirt againn, agus ní bheidh deoir anuas ná aníos ort," a deir sé. "Beidh do dhóthain le n-ithe agus le n-ól agat."

D'imigh leo, agus an chaoi chéanna a rinneadar an oíche roimhe, chuadar suas ar mhullach cnoic, agus ag dul síos le fána an chnoic dóibh, is gearr go bhfaca mac an tiarna cathair nó teachín bunáite chomh hálainn céanna is a chonaic sé an oíche roimhe. Tháinigeadar isteach agus bhí tine bhreá ina craiceann ann. Ní rinne an mada rua ach rug sé ar chathaoir – agus cathaoir dhaor – agus leag sé ag mac an tiarna í agus dúirt sé leis suí síos.

Réitigh an mada rua bord bia agus óil, agus d'itheadar agus d'óladar a sáith. Bhí siad ag caint ar chuile shórt, fiannaíocht, scéalaíocht, sú sá chodlata nó go raibh sé domhain san oíche.

"Bhuel," a deir an mada rua, "ní bheidh ort," a deir sé, "éirí chomh moch amárach agus a bhí ort inniu, agus ní bheidh an oiread le siúl agat," a deir sé, "ná agamsa. Beidh muid luath go maith amárach," a deir sé, "in aice le cathair Ghruagach na gCleas."

Chuadar a chodladh, agus nuair a d'éirigh mac an tiarna lá arna mhárach, sách luath a bhí a bhéile leagtha ar an mbord ag an mada rua.

D'imigh leo agus bhíodar ag siúl go raibh sé idir a trí nó ceathair a chlog tráthnóna. Sheas an mada rua.

"Tá tú i bhfoisceacht dhá chéad slat anois," a deir sé, "de chathair Ghruagach na gCleas."

Chuir an mada rua a láimh ina phóca. Tharraing sé aníos bruis nó sórt scuaibín beag. Thug sé do mhac an tiarna í. Chuir sé a láimh ina phóca aríst agus tharraing sé aníos buidéal.

"Seo anois," a deir sé, "cuir iad seo i do phóca."

Chuir mac an tiarna ann iad.

"Bhuel, iséí an gnó atá agat díobh seo anois," a deir an mada rua, "nuair a thiocfas tusa anois," a deir sé, "go dtí geata atá ag dul isteach ar chathair Ghruagach na gCleas, beidh searbhónta ann. Fiafróidh sé díot cá bhfuil tú ag dul. Abair gur ag tóraíocht máistir. Gabhfaidh sé isteach go dtí Gruagach na gCleas," a deir sé, "agus inseoidh sé an scéal dó. Tiocfaidh sé sin amach," a deir sé, "agus ceistneoidh sé thú. Agus fiafróidh sé díot cén sórt ceird a bhí sa mbaile agat, agus abair leis," a deir sé, "gur ag deasú éanacha a bhí tú. Níl aon éan ar sheacht gcranna an domhain," a deir sé, "nach bhfuil cuid acu aige. Tá cuid acu a bhfuil an clúmhach tite le haois díobh, na héanacha is gránna sa domhan," a deir sé, "agus thabharfadh sé páigh ar bith," a deir sé, "d'fhear ar bith a bheadh in ann caoi a chur orthu. Ach níl sé ag fáil aon fhear a dhéanfadh é sin."

Ach bhí go maith is ní raibh go holc.

"Tabharfaidh sé chugat," a deir sé, "an préachán is gránna agus is dona ag dul leis, an chéad uair, mar níl aon bharúil aige – ní bheidh aon bharúil aige go mbeidh an cheird agat. Tabhair aon chuimilt amháin den bhruis seo ar an bpréachán sin agus ní bheidh aon éan ag Gruagach na gCleas," a deir sé, "ón Éan Órga féin amach a bheas chomh hálainn leis. Agus," a deir sé, "tosóidh sé ag tarraingt éanacha chugat ansin go mbeidh an t-éan deireanach tarraingthe chugat, agus beidh sé bunáite an oíche an uair sin," a deir sé.

"Tabharfaidh sé chugat ansin," a deir sé, "an tÉan Órga nuair a fheicfeas sé go bhfuil an cheird agat. Breathnaigh thusa," a deir sé, "ar an Éan Órga agus abair leis nach bhfuil tú in ann é a dhéanamh tada níos fearr sa lá, ach dá mbeadh an oíche agat, go ndéanfadh tú i bhfad níos fearr é, go bhfuil an iomarca solais air mar atá sé sa ló ach go ndéanfaidh tú san oíche – tráthnóna – é.

"Is nuair a gheobhas tusa," a deir sé, "Gruagach na gCleas agus a bhfuil timpeall ar a chathair de shearbhóntaí agus d'arm ina gcodladh, croch leat an tÉan Órga," a deir sé. "Tá sé istigh – pé ar bith ainm a thabharfá air – *cage* nó ciseán agus clúdach air," a deir sé. "Ach ar a bhfaca tú ariamh," a deir sé, "pé ar bith treascairt nó treabhadh a gheobhas tú," a deir sé, "fainic an gcorrófá an clúdach den Éan Órga, nó má chorraíonn tusa an clúdach den Éan Órga, dúiseoidh sé a bhfuil i bhfoisceacht trí chéad míle de leis an torann a dhéanfas sé, agus lasfaidh sé," a deir sé, "timpeall cathair Ghruagach na gCleas leis an solas a bheas air. Éireoidh sé féin agus dúiseoidh sé a chuid airm agus ní i bhfad a ligfeas siad thú go mbeidh tú gafa. Ach tóg mo chomhairlese anois," a deir sé. "Déan é sin."

D'imigh mac an tiarna agus níor chónaigh sé go dtáinig sé go dtí geata Ghruagach na gCleas. Bhí an searbhónta ann agus d'fhiafraigh sé de cá raibh sé ag dul. Agus dúirt sé gur ag tóraíocht máistir. Ní rinne an searbhónta ach a chur isteach agus tháinig Gruagach na gCleas amach. Bhí siad ag caint.

"Cén sórt ceird atá agat," a deir sé.

"Ag deasú éanacha atá mé," a deir sé, "ó chuaigh cóta orm."

"*By dad*, is tú an fear céanna a theastaíonn uaimse," a deir Gruagach na gCleas. "Isteach leat," a deir sé.

Chuaigh. Chuir sé ina shuí síos i seomra breá é agus ní i bhfad go dtáinig searbhónta chuige agus seanphréachán aige. Ní raibh ribe ar bith clúmhaigh air is ní fhéadfadh fear ar bith breathnú air, bhí sé chomh gránna sin. Ní rinne mac an tiarna ach breith air, chuir sé a láimh ina phóca agus tharraing sé aníos an bruisín beag seo, tharraing sé aníos an buidéal. Agus ní mórán cuimiltín ar bith a rinne sé air nuair a bhí sé ar nós scáthán – a chuid clúmhaigh – agus é ar an éan ab áille sa domhan.

Rug an searbhónta air agus rith sé go dtí Gruagach na gCleas agus spáin sé dó é.

"Ó!" a deir Gruagach na gCleas. Rith sé. Tháinig sé go dtí mac an tiarna. "Is tú an buachaill," a deir sé, "le scaoileadh fúthu."

Thosaigh na searbhóntaí ag tarraingt chuige chuile éan a bhí go dona – agus dá ghránna agus dá raibh aige – go raibh an ghrian faoi, is nuair a bhí, nó i ngar a bheith faoi, tháinig Gruagach na gCleas é féin go dtí é agus d'fhiafraigh mac an tiarna de an raibh aon éan eile anois le deasú aige.

"Níl," a deir sé, "ach aon éan amháin ach," a deir sé, "tabharfaidh mé chugat é sin anois," a deir sé, "go bhfeice mé an bhfuil tú in ann é a dhéanamh tada níos fearr ná atá sé."

Tháinig sé agus an tÉan Órga aige agus thóg Gruagach na gCleas an clúdach de agus spáin sé dó é.

"Níl mé in ann é a dhéanamh tada níos fearr ná atá sé," a deir mac an tiarna, "ach déanfaidh mé níos fearr i bhfad é," a deir sé, "agus beidh sé níos deise amárach ná atá sé inniu, má fhaighim le déanamh san oíche é."

"Gheobhair," a deir Gruagach na gCleas, "agus fáilte. Leagfar isteach in do rúm anocht é," a deir sé, "san áit a mbeidh tú ag dul a chodladh agus féadfaidh tú do rogha rud a dhéanamh leis."

"Tá go maith," a deir mac an tiarna.

Nuair a bhí a shuipéar ite aige, chuaigh sé a chodladh, mar ó dhia, agus céard a rinne sé ach nuair a cheap sé iad a bheith chun suaimhnis uilig, chroch sé leis an tÉan Órga ach níor chorraigh sé an clúdach go raibh sé píosa maith ó chathair Ghruagach na gCleas. Thosaigh sé ag dul síos i bpoill agus i scailpreacha – agus bhí an oíche chomh dubh leis an bpic. Ach bhí sé ag fáil an oiread treascairt sa deireadh agus gurbh é a dúirt sé leis féin, "Is deas an chaoi é," a deir sé, "duine á bhascadh agus á mhúchadh agus solas ar iompar aige."

Cén diabhal a dhéanann sé ach an clúdach a thógáil den Éan Órga, agus ar an bpointe is a thóg sé an clúdach, rinne sé an oiread torainn agus gur bhain sé an mothú as mac an tiarna agus scal sé an oiread solais is gur dhúisigh sé Gruagach na gCleas agus a chuid airm is searbhóntaí uilig. Leanadar é agus ní i bhfad a ligeadar é go raibh sé gafa.

Rugadar air. Bhí Gruagach na gCleas é féin in éineacht leo. Nuair a tháinig sé go dtí é agus é i ngreim, "Cén fáth ar ghoid tú m'éan?" a deir sé.

Thugadar ceangal na gcúig gcaol ansin air go daor is go docht, ar nós go raibh laidhricín a choise deise in ann scéal a inseacht do pholl a chluaise.

"Cén fáth ar ghoid tú m'éan?" a deir Gruagach na gCleas.

"Ní raibh aon neart agam air," a deir sé, "bhí mé faoi gheasa mo leasmháthar."

"Bhuel, más mar sin é," a deir Gruagach na gCleas, "níl muid ag dul ag déanamh aon dochar duit. Scaoilfidh muid thú. Ach pé ar bith lá go brách," a deir sé, "a dtiocfaidh tú chugamsa leis na trí chlaíomh atá ag Cú Chogadh na gCailleadha Móra atá ina leithéid seo d'áit, tabharfaidh mise duit an tÉan Órga agus míle fáilte."

"Déanfaidh mé mo dhícheall," a deir mac an tiarna.

D'imigh Gruagach na gCleas. Thug sé leis an tÉan Órga abhaile, é féin is a chuid airm is searbhóntaí. D'imigh mac an tiarna bocht agus bhí sé á mhúchadh is á bhascadh go raibh an lá is an oíche ag scaradh ó chéile. Agus nuair a tháinig beagáinín de mhaidneachan an lae ann, pé ar bith breathnú a rinne sé, cén diabhal a fheiceann sé ina shuí aríst ar a chorraghiob roimhe ach an mada rua, is ní raibh sé an-ghar don mhada rua chor ar bith nuair a labhair an mada rua.

"Ní rinne tú mar a dúirt mise leat," a deir an mada rua.

"Ní raibh aon neart agam air," a deir mac an tiarna.

"Bhuel, is dócha nach raibh," a deir an mada rua, "ach," a deir sé, "teannaigh uait anois," a deir sé, "go sciobtha. Má shiúil tú géar ariamh," a deir sé, "siúlfaidh tú anois. Tabharfaidh muid ár n-aghaidh anois ar Chú Chogadh na gCailleadha Móra."

D'imigh leo, agus más fada nó gearr a thóg sé orthu, níor chónaigh an mada rua ariamh go raibh sé i bhfoisceacht leathchéad slat de chathair Chú Chogadh na gCailleadha Móra. Agus sheas sé. Chuir sé a láimh ina phóca agus tharraing sé aníos bruis eile agus buidéal.

"Nuair a thiocfas tú anois," a deir sé, "go dtí geata Chú Chogadh na gCailleadha Móra, tá sé ar an gcaoi chéanna a raibh geata Ghruagach na gCleas – tá searbhónta air. Fiafróidh sé díot cá bhfuil tú ag dul agus abair gur ag tóraíocht oibre. Déarfaidh an searbhónta sin leat go dteastaíonn fear oibre ó na Cailleadha Móra.

"Gabhfaidh sé isteach," a deir sé, "agus tiocfaidh an Chailleach Mhór amach. Fiafróidh sí díot cén sórt ceird atá agat má tá tú ag tóraíocht oibre. Abair léi," a deir sé, "gur ag glanadh claimhte agus tuaite agus chuile iarann a mbeadh meirg air atá tú. Níl aon chlaíomh," a deir sé, "ar sheacht gcranna an domhain nach bhfuil cuid acu acu. Tá cuid acu a bhfuil troigh meirg orthu," a deir sé, "agus cuid eile atá i ngar a bheith ite uilig aici. Agus tá trí chlaíomh acu," a deir sé, "nó ceann – ar an gclaíomh is áille ar sheacht gcranna an domhain. Sin í an chlaíomh," a deir sé, "atá Gruagach na gCleas ag iarraidh a fháil ar an Éan Órga. Abair leo," a deir sé, "gur ag deasú claimhte a bhíonn tú.

"Tabharfaidh sí chugat," a deir sé, "an chlaíomh is dona sa gcathair, le drochbharúil duit, a bhfuil sí ag ceapadh nach bhfuil an cheird agat. Cuimil – tabhair aon chuimilt amháin den bhruis seo di," a deir sí. "Cuir braon den bhuidéal ar an mbruis agus tabhair aon chuimilt amháin di agus beidh sí chomh sciúrtha," a deir sí, "leis an gClaíomh Solais atá aici a chuirfeadh solas na céadta mílte ó bhaile. Nuair a fheicfeas sí é sin," a deir sé, "beidh sí ag tarraingt claimhte chugat go mbeidh tú tuirseach.

"Nuair a bheas an chlaíomh deireanach deasaithe agat," a deir sé, "fiafraigh di an bhfuil aon cheann eile aici. Déarfaidh sí leat nach bhfuil ach aon chlaíomh amháin, an chlaíomh is fearr ar sheacht gcranna an domhain. Tabharfaidh sí chugat í," a deir sé, "le go bhfeice sí an bhfuil tú in ann í a dhéanamh tada níos fearr. Abair thusa léi nach bhfuil tú in ann í a dhéanamh tada níos fearr sa ló," a deir sé, "go bhfuil an iomarca solais uirthi – ach go ndéanfaidh tú níos fearr san oíche í. Beidh a shliocht ort," a deir sé. "Leagfar isteach in do rúm í, agus tá sí istigh i gcása agus i gcása daor docharach," a deir sé.

"Nuair a gheobhas tú na Cailleadha Móra," a deir sé, "agus a gcuid searbhóntaí, chuile dhuine dá bhfuil timpeall orthu, chun suaimhnis, imigh leat," a deir sé. "Tabhair leat an cása, ach ar a bhfaca tú ariamh," a deir sé, "fainic an gcorrófá an chlaíomh as an gcása, pé ar bith céard a tharlódh, nó má dhúisíonn tú na Cailleadha Móra," a deir sé, "pé ar bith seans a bhí agat ar Ghruagach na gCleas, ní bheidh seans ar bith agat má bheireann siad sin ort."

"Tá go maith," a deir mac an tiarna.

D'imigh leis go dtáinig sé go dtí geata na gCailleadha Móra agus bhí an searbhónta air. Chuaigh an searbhónta isteach agus dúirt sé go raibh fear ag an ngeata ag tóraíocht oibre. Chuaigh an Chailleach Mhór amach agus tháinig sí go dtí é agus cheistnigh sí é. D'fhiafraigh sí de cén sórt ceird a bhí aige, agus d'inis sé di gur ag glanadh claimhte meirgeach, chuile chineál tua, iarannacha go mbeadh meirg orthu.

Ach ní raibh aon bharúil aici dó ach thug sí isteach é. Chuir sí searbhónta ag iarraidh an chlaíomh ba mhó a raibh meirg uirthi a bhí sa gcathair, agus tháinig sé agus í aige. Ní rinne mac an tiarna ach láimh a chur ina phóca, tharraing sé aníos an buidéilín agus an bruisín, scaoil sé braon as an mbuidéal anuas ar an mbruis, chuimil sé di é. Bhí sí chomh glan, chomh sciúrtha is go ndéanfadh sí scáthán don Chailleach Mhór. Óró, thosaigh sí ag damhsa ar an urlár le ríméad.

"Thusa an buachaill céanna," a deir sí, "bhí ag teastáil uainne. Pé ar bith páighe a iarrfas tú ormsa," a deir sí, "tá sí le fáil agat. Tá plaic anseo le glanadh," a deir sí, "agus ní hé an beagán é."

Thosaigh siad ag tarraingt chuige go raibh sé siar go maith sa lá, ach faoi dheireadh bhí a ndeireadh réidh aige. Ach ní raibh sé ag tógáil i bhfad air. Ach nuair a bhí, d'fhiafraigh sé di an raibh aon chlaíomh eile aici. Dúirt sí go raibh claíomh amháin aici nach raibh a leithéid ar sheacht gcranna an domhain, ach nach raibh a fhios aici an raibh sé in ann í a dhéanamh tada níos fearr ná a bhí sí.

"Tabhair chugam í," a deir sé, "go bhfeice mé í."

Thug.

"Bhuel," a deir sé, "níl mé in ann í a dhéanamh tada níos fearr sa lá, ach mura bhfuil," a deir sé, "déanfaidh mé i bhfad níos fearr san oíche í. Tá an iomarca solais sa ló uirthi," a deir sé, "mar atá sí."

"Tá go maith," a deir an Chailleach Mhór, "leagfar isteach i do rúm anocht í agus féadfaidh tú do rogha rud a dhéanamh," a deir sí, "am ar bith a dtogróidh tú – a dhul a chodladh – ach bíodh sí réitithe ar maidin agat."

"Ná bíodh faitíos ort," a deir mac an tiarna.

D'imigh an Chailleach Mhór. Chuaigh mac an tiarna a chodladh mar ó dhia nuair a bhí a shuipéar ite aige is bhí an chlaíomh is an cása sa seomra.

Bhí go maith is ní raibh go holc. D'fhan sé ansin ach níor leag sé láimh ar an gcása ná ar an gclaíomh nó go bhfuair sé ina gcodladh iad, gur airigh sé cuid acu ag srannadh, agus pé ar bith bealach a fuair sé amach, chroch sé leis an cása a raibh an chlaíomh ann agus d'imigh leis. Bhí sé ag siúl, agus pé ar bith treascairt a bhí sé a fháil leis an Éan Órga, bhí sé ag fáil a sheacht n-oiread leis an gClaíomh Solais.

Ach sa deireadh bhí sé ag bá is á bhascadh chomh mór – is á mhúchadh. "Muise, mar a dúirt mé cheana," a deir sé, "nach áirid an rud," a deir sé, "fear á bhá agus fear á bhascadh – agus níl a fhios agam nach i bpoll báite a ghabhfas mé a bháfar uilig mé," a deir sé, "agus solas ar iompar agam."

Bhí solas ar an gclaíomh – an dtuigeann tú? Cén diabhal a dhéanann sé ach an cása a oscailt, agus nuair a d'oscail sé an cása, rinne sé an oiread torainn agus go ndúiseodh sé i bhfoisceacht trí chéad míle de. Scal an oiread soilse ón gclaíomh agus gur dhúisigh sí na Cailleadha Móra lenar chuir sí de sholas trí na fuinneoga is tríd an gcathair is a raibh ann.

Dhúisigh na Cailleadha Móra a gcuid searbhóntaí uilig agus leanadar é, is ní i bhfad a ligeadar é go raibh sé i ngreim. Agus thugadar ceangal na gcúig gcaol go daor is go docht air is d'fhiafraigh an Chailleach Mhór de cén deamhan ná diabhal a bhí air ag goid an chlaíomh – a leithéid de chlaíomh – uaithi murach nárbh fhiú léi go gcaillfeadh sé an t-anam.

"Bhuel," a deir sé, "ní ghoidfinnse do chlaíomh," a deir sé, "ach nach raibh aon neart agam ort. Tá mé faoi gheasa mo leasmháthar."

"Bhuel, más mar sin é," a deir sí, "tá tú ag dul ag fáil bóthar saor. Níl muid ag dul ag déanamh aon cheo ort ach go gcaithfidh muid an chlaíomh a fháil ar ais."

"Á," a deir sé, "níl mise ag dul ag coinneáil an chlaíomh uait."

Ach thug an Chailleach Mhór léi an chlaíomh agus scaoileadar mac an tiarna chun bealaigh. Bhí sé á threabhadh agus á mhúchadh – an fear bocht – agus chuile dhroch-chaoi air nuair a bhí an lá agus an oíche ag scaradh ó chéile. Agus cén diabhal a bheadh ina shuí roimhe ach an mada rua, agus d'aithin mac an tiarna go maith ar an mada rua go raibh cineál feirge air.

"Is ann duit," a deir an mada rua.

"Sea," a deir mac an tiarna.

"Ní rinne tú mo chomhairle aríst aréir," a deir an mada rua.

"Ní rinneas," a deir sé. "Ach diabhal neart a bhí agam air. Séard a dúirt an Chailleach Mhór liomsa," a deir sé, "nuair a bhí mé ag imeacht, 'Bhuel,' a deir sí, 'pé ar bith lá go brách a dtiocfaidh tú go dtí mise agus an gearráinín rua,' a deir sí, 'atá ag Pleibistín Órach,' a deir sí, 'Rí an Domhain Thoir, a thabhairt chugamsa, a bhfuil na sligíní óir go talamh air, nach bhfuil a leithéid de chapall ar sheacht gcranna an domhain, tabharfaidh mise duit,' a deir sí, 'an Chlaíomh Solais agus míle fáilte.'"

"Déanfaidh mé mo dhícheall," a deir mac an tiarna leis an mada rua – dúirt sé gurbh in é a dúirt sé leis an gCailleach Mhór.

"Tuigim," a deir an mada rua. "Tá a fhios agam anois," a deir sé, "ceart go leor nach raibh aon neart agat air. Ach," a deir sé, "tá go leor amach romhat anois. Cogar mise leat anois," a deir sé, "an bhfuil tú i do mharcach maith?" Sa Domhan Thoir ansin a bhí Rí Pleibistín Órach ina chónaí. Ach b'eo gearráinín rua a bhí aige agus ní raibh tada air ach sligíní óir uilig go talamh agus ba é an capall ba galánta sa domhan é. "Ach an bhfuil tú i do mharcach maith anois?" a deir an mada rua le mac an tiarna.

"By dad, bhínn ag marcaíocht capall sa mbaile," a deir sé.

"Tá go maith," a deir an mada rua. "Déanfaidh mise capall díom féin anois, srian agus diallait," a deir sé, "agus nuair a bheas an diallait agus an tsrian ormsa, téirigh de léim sa diallait."

Chuaigh. Thóg an mada rua timpeall is míle an chéad uair, an-réidh go bhfeicfeadh sé – thriail sé mac an tiarna – go bhfeicfidh sé cén chaoi a raibh sé in ann marcaíocht. Ach, *by dad*, fuair sé amach go raibh sé ina mharcach maith. D'imigh an mada rua, is na seacht ngaotha Mhárta is tréine a shéid as spéir ariamh, ní thiocfaidís suas leis. Agus ní raibh aon ghaoth Mhárta ag dul ag breith in aon bhearna air. Bhí sé ag tabhairt seacht gcnoc, seacht ngleann, seacht mbaile caisleáin dá mbeidís ann, is níor chónaigh sé ariamh gur leag sé na ceithre cosa ar thalamh an Domhain Thoir agus níor chónaigh sé ariamh go rabhadar i bhfoisceacht céad slat de chathair Rí Pleibistín Órach, a bhí sa Domhan Thoir.

Bhí go maith is ní raibh go holc. Nuair a bhí, sheas an mada rua.

"Ísligh anois," a deir sé.

D'ísligh.

"Bhuel anois," a deir sé – chuir sé a láimh ina phóca agus tharraing sé aníos bruis agus buidéal – "cuir iad seo anois i do phóca," a deir sé, "mar a rinne tú an dá bhabhta cheana, is nuair a thiocfas tú chuig an ngeata seo," a deir sé, "tá searbhónta air. Agus ní searbhóntaí atá aige seo," a deir sé, "ach arm agus searbhóntaí timpeall na cathrach chomh maith le chéile mar," a deir sé, "seo é an capall is áille sa domhan atá aige agus is iomaí gaiscíoch a chaill a anam a tháinig ag iarraidh an chapaill sin. Ach," a deir sé, "b'fhéidir go dtabharfadh muide uaidh í."

Bhí go maith is ní raibh go holc.

"Fiafróidh an searbhónta díot," a deir sé, "cá bhfuil tú ag dul agus abair gur ag tóraíocht máistir. Fiafróidh sé díot," a deir sé, "cén sórt ceird atá agat. Nuair a thiocfas an máistir amach, abair leis," a deir sé, "gurb é an cheird atá agat mórán ó bhí tú seacht mbliana – nach raibh a fhios cé na caiple a bhí ag d'athair agus go raibh tú ag deasú capall. Dhá mbeadh a gcosa briste nó dá mbeadh tada *wrong* lena gcraiceann ná tada contráilte, go raibh tú in ann caoi a chur orthu, agus an capall ba ghránna a bhí ar sheacht gcranna an domhain, go mbeadh sí ag breathnú ar an gcapall ab áille sa domhan nuair a bheifeá réidh léi.

"Tiocfaidh Rí Pleibistín Órach," a deir sé, "agus cuirfidh sé an searbhónta ag iarraidh an chapaill is gránna ag gabháil leis. Níl a fhios cé na caiple atá aige. Tabharfar chugat í. Nuair a thabharfas tú cuimilt de seo nó dhá chuimilt," a deir sé, "ní bheidh sí ag breathnú thar bhromach bliana. Beidh sí ar an gcapall is deise sa domhan. Tosóidh sé ag tarraingt chugat ansin," a deir sé, "nó go mbeidh chuile cheann réitithe agat ach an gearráinín. Sin é an ceann deireanach a thabharfas sé chugat, mar tá sé ag ceapadh," a deir sé, "cuma cén fear é, nach bhfuil sé in é a dhéanamh tada níos fear ná atá sé agus, ar ndóigh, níl," a deir sé, "ar bhealach agus tá ar bhealach eile."

"Abair thusa leis," a deir sé, "fiafraigh an bhfuil aon cheann eile aige nuair a bheas siad réidh agat. Déarfaidh sé go bhfuil capall amháin eile aige agus go dtabharfaidh sé chugat é go bhfeice tú é."

Ach thug agus, ar ndóigh, nuair a chonaic mac an tiarna é, bhí sé ag baint an amhairc as a dhá shúil bhí sé chomh hálainn sin.

"An bhfuil tú in ann é sin a dhéanamh tada níos fearr ná atá sé?" a deir an rí.

"By *dad*, caithfidh mé a rá leat," a deir mac an tiarna, "nach bhfuil mé in ann é a dhéanamh tada níos fearr sa ló. Ach déanfaidh mé níos fearr san oíche é. Fág sa stábla – a leithéid seo de stábla é," a deir sé, "agus cuirfidh mise caoi anocht air sula dté mé a chodladh. Agus nuair a fheicfeas tú amárach é, dá dheiseacht dá bhfuil sé," a deir sé, "ní aithneoidh tú é."

Ach bhí go maith is ní raibh go holc. Rinne an Rí Pleibistín Órach sin, agus chuaigh mac an tiarna sa stábla – mar ó dhia – nuair a bhí sé ina oíche agus d'fhan sé ansin go raibh chuile shórt suaimhneach. Ach dúirt an mada rua leis, ar a bhfaca sé ariamh, nuair a thabharfadh sé leis an gearráinín agus an tsrian air, gan é a theacht ina intinn ná cuimhneamh go brách air, gan a chois a scaradh air le dhul ag marcaíocht air, nó, dá dtéadh, go gcroithfeadh sé é féin agus a raibh de *bhell*eanna air go ndúiseoidís i bhfoisceacht seacht gcéad míle de, nuair a bhuailfeadh sé na *bell*eanna ach gan a dhul ag marcaíocht air agus go raibh aige go mbeadh sé an oiread seo achair ó bhaile.

Dúirt mac an tiarna go raibh sin ceart.

Rinne mac an tiarna mar a dúirt an mada rua ach – le scéal fada a dhéanamh gearr – thug sé an gearráinín leis, amach domhain san oíche. Bhí sé ag tarraingt an ghearráinín ina dhiaidh agus is gearr go ndeachaigh mac an tiarna i bpoll – bhí sé chomh dubh leis an bpic. Is gearr go ndeachaigh an gearrán i bpoll eile. Is gearr go ndeachaigh mac an tiarna i bpoll eile. Ach, ó pholl go poll, bhíodar á dtreascairt agus á ngortú chomh mór agus gur dhúirt mac an tiarna, "Muise, faoi nó os a chionn é, beirthe nó caillte, marbh nó feannta é, *by dad*," a deir sé, "ní bheidh mise ag dul in aon pholl. Téadh sé i bpoll ar bith a dtogróidh sé ach gabhfaidh mise ag marcaíocht air."

Diabhal blas a rinne sé ach éirí de léim, agus nuair a chuir sé a chois trasna ar dhroim an ghearráin – óró! – thosaigh an gearráinín ag seitreach agus chroith sé é féin. Bhuail a raibh de *bhell*eanna air agus chloisfeá na céadta mílte iad. Dhúisigh Rí Pleibistín Órach agus a chuid searbhóntaí agus a chuid airm agus leanadar é. Agus ní i bhfad ó bhaile a ligeadar é ach an oiread go raibh sé i ngreim. Agus nuair a rugadar air, thugadar ceangal na gcúig gcaol go daor is go docht air ar nós go raibh laidhricín a choise deise in ann scéal a inseacht do pholl a chluaise.

"Ach cén fáth ar ghoid tú mo ghearráinín, an capall is áille sa domhan?" a deir an rí.

"Ní raibh aon neart agam ort," a deir mac an tiarna, "bhí mé faoi gheasa mo leasmháthar."

"Bhuel, más mar sin é," a deir an rí, "scaoilfidh muid saor thú. Ach," a deir sé, "caithfidh muid an gearráinín a fháil ar ais."

"Ó," a deir mac an tiarna, "níl mise ag coinneáil do ghearrán de do bhuíochas, mar tá a fhios agam nach bhfuil mé in ann, ach ní raibh aon neart agam ar é a thabhairt liom."

"Bhuel," a deir an Rí Pleibistín Órach, "tá muid ag ligean bóthar saor leat, ach pé ar bith lá go brách," a deir sé, "a dtiocfaidh tú chugamsa agus a dtabharfaidh tú chugam," a deir sé, "iníon, fear óg mise," a deir sé, "gan pósadh agus," a deir sé, "theastódh bean chéile uaim, Rí Ghleann na Scáile as an Domhan Thiar, beidh an gearráinín rua le fáil agat agus míle fáilte."

"Déanfaidh mé mo dhícheall air," a deir mac an tiarna.

Bhí go maith is ní raibh go holc. D'imigh leis agus bhí sé ag treascairt agus ag dul i bpoill is i bprochóga nó go raibh an lá is an oíche ag scaradh ó chéile. Agus cén diabhal a bhí ina shuí roimhe aríst ach an mada rua agus bhí cuma feirge níos mó anois ar an mada rua ná cheana. B'in é anois an tríú geábh a raibh sé tríd ach ní rinne sé comhairle an mhada rua ar aon gheábh.

Ach bhí go maith is ní raibh go holc. Nuair a tháinig sé go dtí é, "Ní rinne tú mar a dúirt mise leat," a deir an mada rua.

"Muise, ní raibh aon neart agam air," a deir sé.

"Níl mé ag tabhairt aon mhilleán duit," a deir an mada rua. "Ach tá a fhios agam," a deir an mada rua, "agus níor mhiste liom geall mór a chur leat go bhfuil a fhios agam cé na geasa a chuir sé anois ort nó cá bhfuil sé do do chur."

"Muise, meas tú cén áit?" a deir mac an tiarna.

"Cuirfidh mé geall," a deir an mada rua, "gur ag iarraidh iníon Rí Ghleann na Scáile atá sé do do chur, agus go dtabharfaidh sé duit an gearráinín má thugann tú ar ais í."

"Sin é an áit cheannann chéanna," a deir mac an tiarna, "a bhfuil sé do mo chur."

"Jab crua é sin," a deir an mada rua. "'Is é an ceann is crua fós é, ach san am céanna," a deir sé, "idir chuile shórt agus chuile chaoi," a deir sé, "b'fhéidir," a deir sé, "go dtabharfadh muid linn í ina dhiaidh sin. Déanfaidh mise capall díom féin anois," a deir sé, "srian agus diallait, agus ar an bpointe is a fheicfeas tú an diallait ormsa agus an tsrian, téirigh de léim ar mo dhroim sa diallait."

Chuaigh. Bhí sé ag tabhairt seacht gcnoc, seacht ngleann, seacht mbaile caisleáin dá mbeidís ann, ach níor chónaigh sé ariamh go ndeachaigh sé don Domhan Thiar. Agus théis a dhul don Domhan Thiar, níl a fhios cé na céadta mílte a chuaigh sé nó go dtáinig sé i bhfoisceacht leathchéad slat nó céad de chathair Rí Ghleann na Scáile a bhí sa Domhan Thiar, agus is aige a bhí an bhean óg d'iníon ba bhreátha a bhí ar sheacht gcranna an domhain.

Ach bhí go maith is ní raibh go holc. Bhí mac an tiarna é féin anois ina fhear breá – chomh breá is a bhí in áit ar bith sa domhan – agus cuma duine uasail air ar an mbealach céanna.

Ach bhí go maith. Nuair a tháinigeadar i bhfoisceacht an achair sin de chathair Rí Ghleann na Scáile, sheas an mada rua – ní ina mhada rua a bhí sé anois ach ina chapall. Ach sheas sé.

"Bhuel anois," a deir sé, "tá mise i mo chapaillín chomh deas is atá ar sheacht gcranna an domhain agus," a deir sé, "gabhfaidh tú aríst ar marcaíocht ormsa nuair a bheas mo scéal inste agam duit. Nuair a thiocfas tusa anois," a deir sé, "ag geata an rí," a deir sé, "ná seas agus ná cúlaigh tada. Tá an geata dhá throigh dhéag in airde," a deir sé, "agus tógfaidh mise abhóg," a deir sé. "Fan ar mo dhroim agus glanfaidh mé isteach de léim í. Níl a fhios," a deir sé, "cén áit ó sheacht gcranna an domhain a bhfuil mac draoi, mac banríon, mac prionsa – daoine uaisle an domhain," a deir sé, cruinnithe ar Rí Ghleann na Scáile agus níl a fhios ag ceachtar acu – ag aon fhear sa domhan," a deir sé, "cé acu a mbeidh an iníon sin aige. Ach," a deir sé, "b'fhéidir go dtabharfadh muide uathu í."

Bhí go maith is ní raibh go holc.

"Nuair a thiocfas tú isteach," a deir an mada rua nó an capaillín, "ná hísligh díomsa go seasafaidh tú amach ar aghaidh doras mór an rí. Agus," a deir sé, "dá dheiseacht dá bhfuil an gearráinín rua," a deir sé, "atá ag Rí Pleibistín Órach sa Domhan Thoir, tá mise seacht n-uaire níos deise ná é."

Chuir sé a láimh ina phóca agus shín sé craoibhín óir chuige. Chuir sé a láimh aríst ann agus shín sé craoibhín airgid chuige.

"Nuair a thiocfas an rí agus an bhanríon sa doras," a deir sé, "agus a ísleos tú, sínfidh tú an chraoibhín óir chuig an rí," a deir sé, "agus an chraoibhín airgid chuig an mbanríon."

"Tá go maith," a deir mac an tiarna.

"Ní fear gan meas anois thú," a deir sé. "Beidh ómós duit. Cuirfear do chapall ar stábla," a deir sé, "mise, agus gheobhaidh mé tindeáil mhaith," a deir sé, "ach ní mórán achair a bheas mé ann ná thusa ach an oiread tabharfar isteach chuig do dhinnéar thú."

Agus bhí go maith is ní raibh go holc. Diabhal blas a rinne mac an tiarna ach an chraoibhín óir a bheith ina phóca agus an chraoibhín airgid. Bhuail sé ar marcaíocht ar an gcapaillín rua aríst – ar an mada rua – agus nuair a tháinig siad go dtí an geata mór, bhí searbhónta ann. Ní rinne an mada rua – nó an capaillín – ach d'éirigh sé de léim agus chuaigh sí trí troithe ní b'airde ná a bhí an geata. Ach ní fhaca aon fhear dá raibh timpeall Rí Ghleann na Scáile ariamh aon chapall eile á dhéanamh sin ach an capaillín seo – is ní raibh oiread na fríde inti.

Bhí go maith. Sheas sé amach ar aghaidh doras pálás an rí. Ar ndóigh, fuair an rí fógra go raibh a leithéid ann agus amach leis agus an bhanríon in éineacht leis. Nuair a chuaigh, d'ísligh mac an tiarna agus d'umhlaigh sé don rí agus d'umhlaigh sé don bhanríon, agus dá mhéid umhlú a rinne an rí dóibh, ní rinne an capaillín rua ach go ndeachaigh sí ar a leathghlúin agus d'umhlaigh sí féin dóibh.

Ní rinne mac an tiarna ach láimh a chur ina phóca agus shín sé an chraoibhín óir chuig an rí agus an chraoibhín airgid chuig an mbanríon is, ar ndóigh, ní fhacadar a leithéid ariamh roimhe ná ina dhiaidh aríst ach an oiread – aon fhear uasal mar é ná aon fhear ba bhreátha ná é.

Chuir an rí searbhóntaí chuige. Thugadar leo an capaillín agus chuireadar isteach i stábla í, agus tugadh isteach chuig a dhinnéar mac an tiarna agus, ar ndóigh, tabhair dinnéar ar dhinnéar ach bhí na céadta is na céadta istigh agus an chathair lán is iad ag tógáil dinnéir chuile áit – ach, pé ar bith seomra mór ar tugadh mac an tiarna ann, bhí chomh maith le céad istigh ann agus bord os cionn boird ann.

Ach nuair a shuíodar isteach ag an dinnéar ar chaoi ar bith, ní hé an bealach céanna chor ar bith a rabhadar féin agus mac an tiarna ag ithe chor ar bith, a bhíodar ag ithe a mbéilí. Agus bhí scairt ar an bhfear abhus agus é ag breathnú ar an bhfear thall nuair a chonaic sé an chaoi a raibh mac an tiarna ag ithe. Thug mac an tiarna faoi deara iad agus labhair sé.

"Shílfeá," a deir sé, "go bhfuil sibh ag déanamh iontais den chaoi a bhfuil mise ag ithe bia."

Níor labhair aon duine. Chonaic sé ag meangaireacht gháire iad. Ach, "Bhuel, anois," a deir sé, "níl aon chall daoibh aon iontas a dhéanamh de sin. Sa ríocht," a deir sé, "a bhfuil mise i mo rí uirthi sa mbaile, sin é an chaoi a itheann chuile dhuine dá bhfuil i mo ríocht a bhia," a deir sé, "agus níl aon chall daoibh aon iontas a dhéanamh de."

Ach bhí go maith is ní raibh go holc. Itheadh an dinnéar. D'ól siad streall. Nuair a bhí sin déanta acu, tháinig an rí isteach sa seomra. Agus bhí go leor acu a bhí ann ina n-oifigigh airm agus arm capall acu, agus bhí arm ag an rí é féin. Ach bhí na céadta capall ann agus tabhair caiple ar chaiple ach bhíodar sin ar na caiple ab fhearr a bhí sa domhan.

D'ordaigh an rí chuile oifigeach airm agus chuile chapall dá raibh ann agus an capaillín rua agus mac an tiarna ag dul ag tabhairt trí rása – mar a déarfá, timpeall na cathrach go bhfeicfeadh sé cé acu capall ab fhearr a thaithneodh leis an iníon, nó an marcach, an dtuigeann tú.

Bhí fuinneog mhór ar thaobh na cathrach agus bhí an iníon agus an rí agus an bhanríon ag breathnú amach tríd an bhfuinneog agus chaithfidís a dhul trí huaire timpeall ar an gcathair.

Ach bhí go maith is ní raibh go holc. Chuaigh mac an tiarna amach. Thug sé amach a chapaillín rua as an stábla – b'eo é an mada rua – agus bhuail sé ar marcaíocht air – agus séard a bhí air srian airgid agus diallait airgid – agus chuaigh sé ag marcaíocht air, agus an chéad bhabhta a ndeachadar timpeall na cathrach, bhí sé ar an gceann, mórán, ba dheireadh uilig acu – ar deireadh.

D'fhiafraigh an rí den iníon, "Cé acu sin anois," a deir sé, "i d'intinn féin," a deir sé, "ná bíodh náire ná cás ort – cé acu sin marcach anois," a deir sé, "atá imithe thart, a chuaigh thart an chéad bhabhta agus atá ag teacht thart an dara babhta – cé acu marcach ab fhearr leat a dhul ar a chúla?"

"Muise, *by dad*," a deir an iníon, a deir sí, "feictear dom," a deir sí, "nó b'fhéidir go bhfuil mé ag dul amú, nach bhfuil fear ar bith acu chomh huasal ná chomh múinte – agus tá an capaillín chomh múinte leis féin – níos múinte níos deise ná an fear atá ag marcaíocht ar an gcapaillín beag rua ná aon chapaillín ann is deise ná í ach an oiread."

"Tá mise ag ceapadh an rud céanna," a deir an rí.

"Bhuel, pé ar bith atá sibhse ag ceapadh," a deir an bhanríon, "tá mise ag ceapadh iad seacht n-uaire níos fearr."

"Tá go maith, mar sin," a deir an rí. "Nuair a thiocfas siad thart aríst," a deir sé, "ar an tríú rása, bí amuigh," a deir sé, "agus téirigh de léim ar a chúla."

Bhí go maith is ní raibh go holc. Nuair a tháinigeadar thart an tríú babhta, bhí an capaillín rua ar an tríú capall deiridh a bhí uilig orthu. Agus ní rinne an iníon – bhí sí amuigh – ní rinne sí ach a láimh a leagan ar chairín an chapaillín – ní raibh an capaillín an-ard – agus chuaigh sí de léim ar a chúla.

D'imigh leo. Agus nuair a chonaic na hoifigigh mhóra, agus na caiple móra na marcaigh a bhí ar na caiple móra, an iníon ag dul de léim ar chúl mac an tiarna, bhuail *jealous* iad – mar a déarfá – ba mhór leo é. Agus cén diabhal a dhéanann siad ach tiomáint ar nós an diabhail mhóir agus d'imigh siad ar nós na gaoithe Mhárta go ndéanfaidís magadh faoin gcapaillín beag.

Nuair a chonaic mac an tiarna ag imeacht iad, "Ó, muise," a deir mac an tiarna le hiníon an rí, "murach go bhfuil faitíos ormsa," a deir sé, "go gcuirfinn anuas thú nó nach mbeifeá in ann fanacht uirthi seo," a deir sé, "ní ghabhfaidís chun tosaigh ormsa."

"Ná bíodh faitíos ar bith ort," a deir sí, "go leagfaidh do chapall mise ná aon chapall eile. Tá mise in ann capall a mharcaíocht," a deir sí, "chomh maith le fear ar bith acu."

"Tá go maith," a deir mac an tiarna.

Ní rinne sé ach thosaigh sé ag biorú amach. Is gearr gur thosaigh sé ag fágáil ceann, péire is trí cinn ina dhiaidh; ach is gearr gur thosaigh sé ag fágáil deich gcinn is dhá cheann déag ina dhiaidh; ach faoi dheireadh, d'fhág sé an ceann tosaigh ina dhiaidh. Is gearr go raibh an capaillín rua agus iníon Rí Ghleann na Scáile imithe as amharc.

Ní rinneadar ach casadh agus d'fhógraíodar ar an rí go raibh an iníon agus an capaillín rua agus an marcach a bhí uirthi imithe agus nach raibh tuairisc ná fáirnéis orthu.

Ní rinne an rí ach sé cinn de na caiple dubha ab fhearr a bhí aige agus sé mharcach a chur ina ndiaidh – an capaillín rua agus mac an tiarna. Leanadar é, agus lá arna mhárach ar uair a dó dhéag, tháinigeadar in amharc.

"Breathnaigh i do dhiaidh," a deir an capaillín rua le mac an tiarna.

Bhreathnaigh.

"An bhfeiceann tú tada ag teacht?" a deir sí.

"Feicim," a deir sé. "Tá sé cinn de chaiple dubha ag teacht agus sé mharcach orthu."

"Ná bac leo," a deir sí.

Thóg sí am. Ní raibh aon deifir uirthi.

"Breathnaigh isteach anois," a deir sí, "i mo chluais dheas go bhfeice tú an bhfuil aon cheo istigh inti."

Bhreathnaigh.

"Ní fheicimse tada inti," a deir sé, "ach ar nós a bheadh gráinne beag gainimh nó scairbh cloiche."

"Cuir do bhois faoi," a deir sí, "nuair a thitfeas sé as mo chluais agus caith i do dhiaidh go beo é."

Chuir. Chaith sé ina dhiaidh é, agus le casadh do shúl, nuair a bhreathnaigh sé, bhí sconsa dhá throigh dhéag, nach leagfadh a raibh de *bhomb*anna sa domhan, na céadta mílte trasna idir é féin agus na sé cinn de chaiple dubha. B'éigean dóibh casadh ag iarraidh oirnéis ag an rí a leagfadh an sconsa. Ach nuair a bhíodar ar ais agus an sconsa leagtha acu, bhí an capaillín rua na céadta mílte uathu.

Bhí go maith is ní raibh go holc. D'imigh an lá sin agus d'imigh an oíche sin, agus ar uair a dó dhéag an dara lá, dúirt an capaillín rua leis breathnú ina dhiaidh. Nuair a tháinig na caiple dubha abhaile gan aon mhaith, chuir an rí amach sé cinn de chaiple donna ab fhearr ná iad agus sé mharcach. Agus an dara lá ar uair a dó dhéag dúirt an capaillín rua le mac an tiarna breathnú ina dhiaidh.

"An bhfeiceann tú tada," a deir sí, "ag teacht i do dhiaidh?"

"Tá sé cinn de chaiple donna ag teacht," a deir sé, "níos fearr ná na sé cinn de chaiple dubha agus sé mharcach orthu."

"Breathnaigh i mo chluais chlé anois," a deir sé, "go bhfeice tú an bhfuil aon cheo ann."

Bhreathnaigh.

"Ní fheicimse tada ann," a deir sé, "ach mar a bheadh snoíocháinín beag bídeach d'adhmad."

"Á, cuir do bhois faoi nuair a thitfeas sé," a deir sí, "agus caith i do dhiaidh é."

Chuir. Agus nuair a bhreathnaigh mac an tiarna ina dhiaidh théis é a chaitheamh uaidh, bhí coill fásta chomh tiubh le coill – dá mbeadh sí ina snáthaidí móra, nach ngabhfadh an fríde féin idir aon chrann – na céadta mílte ar leithead.

Nuair a tháinig na sé caiple donna chomh fada léi, ní raibh aon mhaith dóibh ag ceapadh go ngabhfaidís tríthi. Chasadar ar ais go dtí an rí agus thugadar oirnéis leo go ngearrfaidís cosán tríd an gcoill, ach nuair a thug, bhí an capaillín rua i bhfad uathu anois.

An tríú lá, chuir an rí amach na sé cinn de chaiple bána ab fhearr a bhí ar sheacht gcranna an domhain agus sé mharcach orthu. Agus an tríú lá ar a dó dhéag, dúirt an capaillín rua le mac an tiarna breathnú ina dhiaidh.

Bhreathnaigh.

"An bhfuil aon cheo ag teacht?"

"Tá sé cinn de chaiple bána ag teacht," a deir sé, "nach bhfaca mé a leithéidí ariamh agus sé mharcach orthu."

"Is olc iad na caiple bána," a deir an capaillín rua. "Breathnaigh anois," a deir sí, "faoi mo shúil chlé."

Bhreathnaigh.

"An bhfeiceann tú aon bhlas fúithi?" a deir sí.

"Níl," a deir sé, "ach tá braon uisce ag titim uaithi."

"Cuir do bhois faoi," a deir sí, "agus caith i do dhiaidh é."

Chuir. Agus ar an bpointe boise a bhí sé caite uaidh aige, bhí an fharraige cháite agus na lochanna ab uafásaí dár leag fear ná bean súil ariamh orthu idir í féin agus na sé cinn de chaiple bána.

B'éigean do na caiple bána casadh abhaile. Ní raibh aon mhaith dóibh ann. D'imigh an capaillín rua agus mac an tiarna, agus níor sheas an capaillín rua aríst go raibh sí i bhfoisceacht céad slat de chathair Rí Pleibistín Órach sa Domhan Thoir. Agus nuair a tháinig siad i bhfoisceacht céad slat den chathair, "Ísligh anois," a deir sí. D'ísligh.

"Bhuel anois," a deir sí, "tá muid ar ais," a deir an capaillín rua – seo é anois an mada rua. "Ach tá an bhean is breátha ar sheacht gcranna an domhain againn," a deir sí.

"Tá sí ina bean bhreá gan dabht," a deir mac an tiarna; "ní féidir a rá nach bhfuil."

"Ach," a deir sí, "dá bhreátha dá bhfuil sí," a deir sí, "an bhfuil tusa anois," a deir sí, "ag dul ag tabhairt iníon Rí Ghleann na Scáile do Rí Pleibistín Órach ar an ngearráinín rua?"

"Muise, i nDomhnach, nach gcaithfidh mé í a thabhairt dó?" a deir mac an tiarna.

"Á, a amadáin," a deir sí, "ní thabharfair. Dá bhreátha anois," a deir sé, "dá bhfuil iníon Rí Ghleann na Scáile, déanfaidh mise bean díom féin níos breátha ná í. Fág anseo iníon Rí Ghleann na Scáile," a deir sí. "Ní ghabhfaidh sí i bhfad go dtige tú ar ais. Déanfaidh mise bean díom féin," a deir sí, "agus tabharfaidh tú isteach i ngreim láimhe mé. Agus," a deir sí, "tabharfaidh tú suas do Rí Pleibistín Órach mé. Agus cuirfidh seisean searbhóntaí ag iarraidh an ghearráinín sa stábla, agus tabharfaidh seisean an tsrian duitse i do láimh agus déarfaidh sé leat a bheith ag dul abhaile nó a dhul i do rogha áit agus coinneoidh sé féin iníon Rí Ghleann na Scáile, agus ansin," a deir sí, "beidh deis marcaíocht do do bhean agat. Nuair a gheobhas tú an gearráinín," a deir sí, "bí thú féin agus an gearráinín agus an cailín óg, bígí an giorrú an bhealaigh ar ais," a deir sí, "go dtí cathair Chú Chogadh na gCailleadha Móra agus," a deir sí, "gheobhaidh mise amach go fóill sibh."

Bhí go maith is ní raibh go holc. Rinne sé sin. Thug sé isteach an bhean álainn chuig Rí Pleibistín Órach agus iníon Rí Ghleann na Scáile fágtha taobh amuigh. Thug sé isteach í, agus ar an bpointe is a thug, chuir an rí searbhóntaí ag iarraidh an ghearráinín agus thug sé suas do mhac an tiarna é.

Nuair a d'imigh mac an tiarna agus an gearráinín aige, thug Rí Pleibistín Órach an bhean óg suas staighre dhá stór agus bhí gach a raibh d'fhuinneoga ar an gcathair oscailte agus é ag spáint na seomraí di agus chuile shórt agus, ar ndóigh, bhí sé ag damhsa le ríméad mar ba í an bhean ab áille ar sheacht gcranna an domhain í. Bhí fuinneog mhór oscailte ann ar chuma ar bith ach bhíodar ag caint is ag comhrá is chuile shórt is iad ar aghaidh na fuinneoige Ach an chéad rud eile, cén diabhal a dhéanann an mada rua – b'in í an bhean óg – cén diabhal a dhéanann sé ach d'iontaigh sé isteach ina sheabhac agus amach leis glan tríd an bhfuinneoig. Diabhal blas a bhí ansin ag Rí Pleibistín Órach – bhí mac an tiarna anois na mílte uathu – ach tosaí ag bualadh a bhosa faoi chéile ag bladhrach caoineachán mar ní raibh bean ná gearráinín anois aige.

Ach bhí go maith. Ní raibh sé rófhada go dtáinig an seabhac suas le mac an tiarna agus le hiníon Rí Ghleann na Scáile agus an gearráinín rua.

"Tá sibh ag déanamh go maith, bail ó Dhia oraibh," a deir sé.

"By dad, tá muid maith go leor," a deir mac an tiarna.

D'imigh leo agus níor chónaigh siad ariamh go dtáinigeadar i bhfoisceacht leathchéad slat de Chú Chogadh na gCailleadha Móra.

"Bhuel anois," a deir an seabhac, a deir sé – b'eo é anois an mada rua i gcónaí – "bhuel, anois," a deir sé, "an bhfuil tú ag dul ag tabhairt an ghearráinín rua," a deir sé, "do na trí chailleach mhóra ar an gClaíomh Solais?"

"Muise, i nDomhnach, nach gcaithfidh mé a dtabhairt nó ní bhfaighidh mé an chlaíomh?" a deir mac an tiarna.

"Ní thabharfaidh, muis, a amadáin," a deir sé. "Is beag a bheadh le déanamh agat. Dá dheiseacht anois," a deir sé, "an gearráinín rua le Pleibistín Órach, déanfaidh mise gearráinín díom féin anois," a deir sé, "seacht míle uair níos deise ná é. Fágfaidh tú do ghearráinín rua amuigh anseo anois," a deir sé, "agus iníon Rí Ghleann na Scáile, agus tabharfaidh tú mise isteach chuig an gCailleach Mhór i mo ghearráinín," a deir sé, "agus sligíní óir go talamh liom agus belleanna óir agus chuile shórt. Cuirfidh sí searbhónta ag iarraidh an Chlaíomh Solais sin agus tabharfaidh sí chugat í agus tabharfaidh tusa amach an Chlaíomh Solais," a deir sé. "Beidh an Chlaíomh Solais ansin agat," a deir sé, "an gearráinín rua agus Iníon Rí Ghleann na Scáile, agus tiocfaidh mise suas libh go fóill," a deir sé. "Bígí ag giorrú an bhealaigh ag déanamh ar chathair Ghruagach na gCleas."

Bhí go maith is ní raibh go holc. Rinne an Chailleach Mhór mar a dúirt an mada rua. Thug sí an chlaíomh do mhac an tiarna agus bhuail sé leis agus thug seisean an gearráinín rua don Chailleach Mhór.

Bhí triúr de na Cailleadha Móra ann ansin. Ní rabhadar fíorfhada ón bhfarraige ina gcónaí agus bhí trá in aice leo ar an bhfarraige, a bhí na mílte ar fad agus ar leithead. Ní raibh aon trá sa domhan ba bhreátha ná í. Agus diabhal blas ariamh ach go raibh an gearráinín tugtha dóibh nuair a d'itheadar a mbéile nó pé ar bith céard a rinneadar, chrochadar leo an gearráinín le práinn as agus buaileann an triúr acu ar marcaíocht air. Agus síos leo go ndeachadar ar an trá agus thosaigh siad ag cloigeann na trá agus bhíodar ag dul ó chloigeann di go dtí an cloigeann eile ag rásáil agus, ar ndóigh, maidir le spóirt, bhí sé acu ar an ngearráinín. Bhí sé acu mar ní raibh lé ar bith leis. Agus cén gearráinín a bhí acu ach an mada rua.

Faoi dheireadh, an tríú rása a thugadar, chuaigh an gearráinín rua, mar ó dhia, ag déanamh níos fearr. An chéad rása chuaigh sé amach go dtína dhá ghlúin, mar a déarfá, sa taoille. Ar a dhul ar ais dó an dara rása chuaigh sé go dtína cheathrúna nó go dtína bholg. An tríú rása chuaigh sé an fhad eile amach ar chuma ar bith is nach raibh aníos ach cnámh a dhroma. Ach le scéal fada a dhéanamh gearr, cén diabhal a dhéanann sé ach rinne sé eascann de féin agus d'imigh sé faoin bhfarraige agus bháigh sé na trí Chailleach Mhóra is d'fhág sé sa diabhal ansin iad.

Rinne sé éan de féin ansin agus d'éirigh sé sa spéir agus lean sé mac an tiarna agus an gearráinín rua agus iníon Rí Ghleann na Scáile agus an Chlaíomh Solais agus bhí siad i bhfoisceacht – níl a fhios agam anois ar seacht nó ocht de mhílte de chathair Ghruagach na gCleas nuair a tháinig sé suas leo.

"By dad, bail ó Dhia oraibh," a deir sé, "tá sibh ag déanamh go maith."

"Tá muid maith go leor," a deir mac an tiarna.

D'fhan sé in éineacht leo agus é ag eitilt os a gcionn go dtáinigeadar i bhfoisceacht leathchéad slat de chathair Ghruagach na gCleas. Ach ba é Gruagach na gCleas an fear ba deacra a bheith ag plé leis.

Bhí go maith is ní raibh go holc.

"An bhfuil tú ag dul ag tabhairt an Chlaíomh Solais sin anois," a deir sé le mac an tiarna, "do Ghruagach na gCleas ar an Éan Órga?"

"Muise, i nDomhnach, nach gcaithfidh mé é a thabhairt dó," a deir mac an tiarna, "nó ní bheidh sé ag dul abhaile agam chuig mo leasmháthair?"

"Á, a amadáin," a deir sé. "Ní thabharfaidh tú dó é. Níl aon chall duit leis. Tá an Chlaíomh Solais galánta ceart go leor. Tá sí ar an gclaíomh is áille sa domhan, ach má tá féin," a deir sé, "déanfaidh mise claíomh díom féin," a deir sé, "i bhfad níos áille ná í agus i bhfad níos fearr ná í agus i bhfad níos deise ná í. Agus," a deir sé, "fágfaidh tú an Chlaíomh Solais, iníon Rí Ghleann na Scáile agus an gearráinín agus tabharfaidh tú mise isteach chuig Gruagach na gCleas i mo chlaíomh solais agus tabharfaidh sé duit an tÉan Órga," a deir sé. "Agus," a deir sé, "beidh tú ag imeacht leat," a deir sé, "agus gheobhaidh mise amach go fóill thú nó tiocfaidh mise suas leat am éicint," a deir sé.

Ach bhí go maith is ní raibh go holc. Rinne mac an tiarna mar a dúirt sé. Rinne an mada rua, nó an t-éan, rinne sé claíomh solais de féin agus thug sé isteach chuig Gruagach na gCleas í is, ar ndóigh, sin é an fear a bhí ríméadach. Ní rinne sé ach searbhónta a chur ag iarraidh an Éin Órga ar an bpointe agus thug sé an tÉan Órga do mhac an tiarna. Ar ndóigh, an fear bocht – ní nárbh ionadh – bhí mac an tiarna ríméadach.

D'imigh mac an tiarna agus bhí an tÉan Órga aige – an Chlaíomh Solais, gearráinín rua Phleibistín Órach agus iníon Rí Ghleann na Scáile ag teacht abhaile i leaba an Éin Órga.

Bhí go maith ach ní raibh go holc. Nuair a tugadh an Chlaíomh Solais do Ghruagach na gCleas, diabhal blas a rinne Gruagach na gCleas ach a dhul suas barr an tí, trí stór ar airde, agus thug sé isteach i seomra mór an Chlaíomh Solais, á testáil go bhfeicfeadh sé cén sórt ga a bhí inti nó cén sórt aicsin a bhí inti. Ach bhí fuinneog oscailte ar a aghaidh, agus pé ar bith sa diabhal cén sórt iontais a bhí air ag breathnú uirthi agus á testáil, b'fhada leis an mada rua an t-achar a bhí sé á choinneáil agus diabhal blas a rinne sé ach seabhac a dhéanamh de féin agus amach leis tríd an bhfuinneog.

Ach má chuaigh agus go ndeachaigh, cén diabhal a tharlódh ach lean dhá sheabhac déag é agus bhíodar á sháinniú chomh mór sa spéir sa deireadh agus diabhal blas a rinne sé ach ísliú ar an bhfarraige agus rinne sé eascann de féin. Agus má rinne, nuair a chonaic siadsan an cleas a bhí imeartha aige, d'íslígh an dá sheabhac déag agus rinne siad dhá eascann déag díobh féin, agus nuair a rinne, leanadar é faoin uisce agus bhíodar á sháinniú chomh mór agus go mb'éigean dó éirí arís as an bhfarraige agus seabhac eile a dhéanamh de féin. Agus nuair a chonaic siadsan an cleas a bhí déanta aige, d'éirigh siad féin arís as an bhfarraige agus rinneadar dhá sheabhac déag díobh féin agus leanadar é.

Bhí go maith is ní raibh go holc. Bhíodar á sháinniú chomh mór sa deireadh agus cén áit a n-éireodh leis a bheith ag teacht ach áit a raibh iníon duine uasail ag scaradh éadaí, á dtriomú ar shreangán mór fada a bhí ar dhá pholla amuigh i bpáirc in aice na cathrach. Chonaic sé an bhean óg faoi agus ní rinne sé ach ísliú agus rinne sé fáinne de féin agus chuaigh sé suas ar a méar. Agus ní blas ar bith ach go raibh sé thuas ar a méar nuair cén diabhal a thagann os a chionn ach an dá sheabhac déag agus anuas leo agus rinneadar dhá fhear déag díobh féin.

Agus i leaba a dhul go dtí an bhean óg, isteach leo sa gcathair go dtí an t-athair agus thosaigh siad ag ceannacht na mná óige uaidh, mar a déarfá – an iníon, b'eo í iníon an duine uasail – is go dtabharfaidís na mílte os cionn na mílte punt dó ach an iníon a thabhairt dóibh. Ach, m'anam ón diabhal go rabhadar ag cur an oiread dallach dubh ar an athair. Ar chuma ar bith ach nuair a fuair an mada rua – agus é ina fháinne thuas ar a méar amuigh é – ní rinne sé ach a theacht anuas dá méar agus rinne sé fear óg de féin agus labhair sé léi. Tabhair fear óg breá air ach ba é a ainm é.

"Bhuel anois," a deir sé, "má dhéanann tú an rud atá mise ag dul ag rá leat, mac rí mise," a deir sé, "agus," a deir sé, "ní bheidh do mhalrait de bhean agamsa go brách le pósadh má dhéanann tú an rud a déarfas mé leat."

"By dad, rud ar bith a déarfas tú liom, déanfaidh mé é."

"Bhuel, inseoidh mé anois duit," a deir sé, "céard a dhéanfas tú. Tá siad istigh ansin anois," a deir sé, "do d'iarraidh ar d'athair. Má fhaigheann siad sin greim ormsa," a deir sé, "le m'anam a thógáil atá siad. Tá siad le mé a mharú – an dá fhear déag sin. Agus," a deir sé, "téirigh isteach anois," a deir sé, "tá siad do do cheannacht ó d'athair – agus an bhfuil a fhios agat an comhra mór cruithneacht atá istigh sa teach?" a deir sé.

"Tá a fhios agam," a deir an bhean óg.

"Téirigh isteach," a deir sé, "agus beidh mise i m'fháinne ar do mhéar."

Rinne sé fáinne de féin aríst agus chuaigh sé suas ar a méar.

"Beidh siad ag iarraidh an fháinne ar d'athair," a deir sé, "agus ag rá leat an fáinne a thabhairt dóibh. Oscail thusa an comhra," a deir sé, "agus tosaigh ag caitheamh amach na cruithneacht atá sa gcomhra ar an urlár, agus déan trí charnán nó go mbeidh an gráinne deireanach amuigh agat. Bí ag coinneáil cainte leo agus ná bí ag tabhairt aon tsásamh dóibh. Ach nuair a bheas na trí charnán déanta agat," a deir sé, "gach a bhfuil sa gcomhra, tiocfaidh d'athair go dtí thú, agus beidh fearg air, agus déarfaidh sé leat an fáinne a thabhairt dó. Ná déan thusa," a deir sé, "ach rith síos, tarraing an fáinne," a deir sé, "de do mhéar agus caith isteach sa tine é agus má dhéanann tú é sin," a deir sé, "feicfidh tú píosa spóirt."

Ach bhí go maith.

"Déanfad sin," a deir sí.

Ní rinne an bhean óg ach a dhul isteach. Nuair a chuaigh sí taobh istigh den doras, bhí cúinne ann a raibh an comhra mór ann. Ní raibh a fhios acu sa diabhal cén fáth a raibh sí á dhéanamh. Bhí fáinne ar a méar. Thosaigh sí ag caitheamh amach na cruithneacht nó go rinne sí trí charnán de i lár an urláir. Agus bhí an t-athair ag iarraidh an fháinne i gcónaí agus iadsan ag iarraidh í a cheannacht ón athair. Ach bhí sí ag coinneáil chocaireacht leo agus ag coinneáil coc ariamh leo go raibh an gráinne deireanach amuigh aici. Agus nuair a bhí, bhí an oiread feirge ar an athair, agus chuir sé fearg uirthise agus ní rinne sí ach rith anuas – bhí tine bhreá lasta ina craiceann ann – chaith sí an fáinne isteach sa tine. Diabhal blas a rinne an dá fhear déag nuair a chonaiceadar an jab a bhí déanta ach dhá ghabha dhéag a dhéanamh díobh féin agus thosaíodar ag cartadh na tine nár fhágadar inti ach aon aithinne amháin.

Agus nuair a chaith sise an fáinne sa tine, nuair a chonaic sé iadsan ag déanamh an dá ghabha dhéag díobh féin, nuair a bhí a fhios aige go raibh siad ag teacht gar dó, rinne sé gráinne cruithneacht de féin. D'éirigh sé as an tine agus chuaigh sé isteach i gceann de na carnáin. Nuair a chonaic siadsan an cleas sin agus gan smeachóid fágtha sa tine acu ach an t-aon cheann nó péire, nuair a chonaiceadar an smeachóid ag éirí, céard a bheadh inti ach gráinne cruithneacht. Chuaigh sí sa gcarnán agus nuair a chonaiceadar é sin rinneadar dhá cheann déag de chearca Francacha díobh féin.

Thosaigh siad ag ithe an chéad charnáin, agus nuair a bhí siad i bhfoisceacht scór nó cúpla scór gráinne den ghráinne a d'éirigh as an tine, d'éirigh sé agus chuaigh sé i gcarnán eile. D'itheadar an chéad charnán uilig agus chuadar sa dara carnán, agus nuair a bhí sé sin i ngar a bheith ite acu, d'éirigh an gráinne aríst agus chuaigh sé sa tríú carnán, agus nuair a bhí an dara carnán ite acu, ní rabhadar in ann a dhul thar leath an dara carnán, bhí an iomarca ite acu, agus iad ina dhá cheann déag de chearca Francacha.

Agus nuair a bhí an doras ó dheas – na géill – oscailte ar an gcathair nó ar theach an duine uasail, agus bhí an oiread ite acu gur bhuail tart iad agus bhí abhainn mhór ag rith le taobh na cathrach. Chuadar amach agus thosaíodar ag ól uisce, agus nuair a bhí a ndóthain uisce ólta acu, bhuaileadar a gcuid cloigne faoina gcuid sciathán agus cén diabhal a dhéanann siad ach titim ina gcodladh. Agus nuair a fuair an gráinne a bhí istigh sa gcarnán, sa tríú carnán – b'eo é an mada rua i gcónaí – nuair a fuair sé ina gcodladh iad, ní rinne sé ach mada rua a dhéanamh de féin. Chuaigh sé amach agus bhain sé an dá chloigeann déag díobh.

Agus nuair a d'fhág sé marbh iad, bhí asarlaíocht agus draíocht Ghruagach na gCleas caite anois – ní raibh sé in ann níos mó a dhéanamh. Rinne an mada rua éan de féin aríst agus d'éirigh sé sa spéir, agus bhí mac an tiarna i bhfoisceacht cúpla céad slat de chathair a leasmháthar agus a athar nuair a tháinig an t-éan suas leis.

"By *dad*, bail ó Dhia ort," a deir sé, "tá tú ag déanamh go maith."

"Tá tusa ag déanamh níos fearr ná mé," a deir mac an tiarna.

Ach bhí go maith. Nuair a tháinigeadar i bhfoisceacht leathchéad slat de theach na leasmháthar agus de theach an tiarna, "An bhfuil tú ag dul ag tabhairt an Éin Órga anois," a deir an mada rua, "do do leasmháthair?"

"Ó, a stórach," a deir sé, "nach á iarraidh di a chuaigh mé? Meas tú a gcaithfidh mé?"

"Á, *no*," a deir an mada rua, "ní thabharfaidh tú, a amadáin," a deir sé. "Ná tabhair. Ach nuair a thiocfas tusa chuig an teach," a deir sé, "leag an tÉan Órga ar an talamh. Tiocfaidh do leasmháthair amach sa doras," a deir sé, "agus iarrfaidh sí ort é, agus nuair a bheas tusa ag dul ag breith ar an mada rua," a deir sé, "nó a thiocfas sé amach nuair nach mbeidh tú á thabhairt di, sílfidh sí breith air. Iontóidh an tÉan Órga," a deir sé, "isteach ina ghaiscíoch agus a chlaíomh ina ghlaic aige. Iontóidh an gearráinín rua," a deir sé, "isteach ina ghaiscíoch agus a chlaíomh aige. Iontóidh Iníon Rí Ghleann na Scáile isteach ina gaiscíoch. Ach beidh chuile dhuine dá bhfuil ann," a deir sé, "ina ghaiscíoch agus a chlaíomh ina ghlaic aige ach mise agus thusa. Agus ní féidir an draíocht," a deir sé, "a thógáil díobh sin go dtige mise agus tusa, go dtuga muid cúnamh dá chéile. Agus nuair a thabharfas," a deir sé, "iontóidh siad isteach ar an mbealach céanna a rabhadar cheana."

Ach bhí go maith is ní raibh go holc. Rinne mac an tiarna mar a dúirt sé leis. Nuair a tháinigeadar, tháinig mac an tiarna amach ar aghaidh an dorais. Leag sé an tÉan Órga ar an talamh is, ar ndóigh, d'airigh an leasmháthair, chuaigh sí amach is, ar ndóigh, rith sí de rite reaite go mbéarfadh sí ar an Éan Órga mar ní raibh aon éan ar sheacht gcranna an domhain ba deise ná é. Cén diabhal a tharlaíonn is an mada rua agus mac an tiarna ag breathnú air ach d'iontaigh sé ina ghaiscíoch agus a chlaíomh aige agus d'iontaigh an gearráinín ina ghaiscíoch agus d'iontaigh iníon Rí Ghleann na Scáile agus d'iontaigh chuile dhuine acu dá raibh ann – an chlaíomh solais ina gaiscíoch. Ach – le scéal fada a dhéanamh gearr – rith an bhanríon nó bean an tiarna, is beag nár thit sí as a seasamh. Ní raibh aon chaint ar an Éan Órga aríst an oíche sin.

Thug an mada rua is mac an tiarna cúnamh dá chéile agus d'iontaigh iníon Rí Ghleann na Scáile mar a bhí sí ariamh agus, ar ndóigh, ní raibh aon bhean ar sheacht gcranna an domhain ab áille ná í. D'iontaigh an gearráinín rua mar a bhí sé is d'iontaigh chuile shórt, ach níl a fhios cé na bronntanais a bhí ag mac an tiarna de bharr an mhada rua. Ach an oíche chéanna phós mac an tiarna agus iníon Rí Ghleann na Scáile, an oíche cheannann chéanna i gcathair a athar. Agus ní raibh tús ná deireadh ná deireadh ná barr ar an mbainis a bhí ann lá arna mhárach. Bhí beirt dearthár leis an mada rua ar an mbainis, agus nuair a tháinig lá arna mhárach agus bhí an bhainis thart ar mhac an tiarna, d'imigh mac an tiarna agus an mada rua agus beirt dearthár an mhada rua agus níor chónaíodar go dtáinigeadar go dtí teach an duine uasail a rinne sé fáinne de – a ndeachaigh sé suas ar mhéar na hiníne – mar gheall sé don iníon go bpósfadh sé í. Agus nuair a tháinigeadar go dtí teach an duine uasail, dúirt an duine uasal leis an mada rua nach dtabharfadh sé a iníon go brách d'aon fhear ach an fear a d'fhanfadh in éineacht leis féin sa teach . . .

Ach bhí go maith is ní raibh go holc, nuair a dúirt an mada rua leis an duine uasal go bhfanfadh, bhí an duine uasal an-toilteanach. Chuir sé gairm scoile amach ar fud na tíre i bhfoisceacht mílte de ag cruinniú lucht bainise agus ag cruinniú stuf bainise. Ach, ar ndóigh, maidir le hairgead agus le hór, ní raibh tús ná deireadh air. Dá mbeadh gan tada ann ach a raibh aige, bhí an mada rua in ann a rogha rud a dhéanamh mar bhí draíocht agus asarlaíocht aige.

Ach thosaigh an bhainis ar chuma ar bith agus mhair sí naoi n-oíche agus naoi lá agus b'fhearr an lá deireanach agus an oíche dheireanach ná an chéad lá agus ná an chéad oíche. Chaith an mada rua, iníon an duine uasail, mac an tiarna agus iníon Rí Ghleann na Scáile saol fada le séan uaidh sin amach.

Sin é mo scéalsa anois. Dia le mo bhéalsa. Tiocfaidh an t-éag, ba mhór an scéal, beannacht Dé le hanam na marbh, Áiméan.

Rí Connell agus an Gadaí Dubh

Bhí rí in Éirinn sa tseanaimsir fadó agus bhí sé pósta. Agus níor chuir sé cois i mbróg leathair ariamh ná scian trí arán, aon bhean ba dea-chroíúla ná ba deise ná an bhean a bhí pósta aige, an bhanríon. Ach bhí triúr mac aici ach ní raibh iontu acu gasúir an-óga – an-óg amach is amach. Ach is dócha gur timpeall bliain a bhí idir iad. Ach tamall ón áit a raibh an rí ina chónaí, bhí seanbhean ina cónaí ann i mbotháinín agus is é an t-ainm a thugaidís uirthi, Cailleach na gCearc.

Bhí Cailleach na gCearc, an bhean bhocht, ar ndóigh, bhí sí bocht ach bhí an bhanríon a bhí pósta ag an rí thar cionn di. Bhí sí go maith di agus ní mórán lá ar bith nach dtugadh Cailleach na gCearc cuairt ar an mbanríon. Bhíodh an rí imithe ag foghlaeireacht is ag fiach chuile lá. Níor lig an bhanríon fear bóthair ná fear siúil ná fear a bhí ag iarraidh déirce ón doras ariamh gan bia agus deoch agus airgead a thabhairt dó.

Ach bhí go maith is ní raibh go holc. Faoi cheann tamall maith ina dhiaidh – trí nó ceathair de bhlianta – bhuail tinneas agus breoiteacht an bhanríon bhocht agus ní raibh sí ag déanamh aon mhaith. Ach nuair a thagadh an rí isteach chuile thráthnóna, thagadh sé go dtí í chuig a leaba sa seomra agus ní raibh sí ag tabhairt aon ugach dó – bhí sí ag rá gurbh é an chaoi a raibh sí ag dul chun donacht.

Ach an tráthnóna seo bhí a chroí briste; chuir sí fios air agus dúirt sí leis gurbh é an gnó a bhí aici de go raibh sí ag iarraidh impí air agus go raibh súil aici nach n-eiteodh sé í.

"Pé ar bith impí faoin domhan," a deir sé, "a iarrfas tú ormsa, tá sí le fáil agat."

"Bhuel," a deir sí, "is é an impí atá mise a iarraidh ort anois – tá a fhios agam," a deir sí, "nach bhfuil mé ag dul ag déanamh aon mhaith, agus fear óg thusa fós," a deir sí, "agus fear is lú le rá ná rí, níl mise ag dul ag tabhairt aon mhilleán duit – nuair a gheobhas mise bás," a deir sí, "ní fheilfeadh duitse fanacht mar atá tú an chuid eile de do shaol: caithfidh tú bean eile a fháil nó pósadh má fhéadann tú é."

"Ná bac le bás," a deir sé. "Ná labhair ar bhás ar bith."

"Á," a deir sí, "is fearr atá a fhios agam féin é. Ach is é an impí atá mé a iarraidh ort, teach galánta," a deir sí, "a dhéanamh san áit is deise in Éirinn a gheobhas tú amach do na gasúir, máistir scoile, cócairí, buitléirí, searbhóntaí a chur ag freastal orthu. Agus is é an fáth a bhfuil mé ag iarraidh na himpí sin ort," a deir sí, "tá an oiread de chion agam ar na gasúir is nach bhfaighidh mé bás suaimhneach mura ngeallfaidh tú sin dom, faitíos go ndéanfadh an leasmháthair," a deir sí, "aon éagóir ar na gasúir."

"Tá go maith," a deir an rí. "Ná bíodh faitíos ort ach ná labhair ar aon bhás. Ach má tharlaíonn aon bhlas mar sin," a deir sé, "beidh mise suas le m'fhocal."

"Go raibh míle maith agat," a deir sí.

Bhí go maith is ní raibh go holc. D'imigh mí, d'imigh cúpla mí is ní raibh sé aon ráithe ina dhiaidh go bhfuair an bhanríon bhocht bás. Agus nuair a fuair sí bás is bhí sí curtha is chuile shórt réitithe amach, d'imigh an rí agus shiúil sé go leor condaetha in Éirinn, ach i spota éicint i gCondae Mhaigh Eo, fuair sé an áit ba deise a cheap sé amach go ndéanfadh sé teach galánta don triúr mac. Agus dá mhéid caitheamh dá raibh i ndiaidh na banríona aige, bhí a chroí agus a anam sna triúr gasúir, is bhí a chroí briste ag dul ag scaradh leo. Ach mar sin féin, ní raibh sé ag dul ag briseadh a fhocal a gheall sé dá bhean.

Bhí go maith is ní raibh go holc. Fuair sé fir cheirde is rinne sé an teach, is nuair a bhí an teach réitithe amach agus chuile shórt, chuir sé máistir scoile, buitléir agus cócaire agus searbhóntaí ag freastal ar an gclann agus ag múineadh chuile chineál ceirde dóibh.

Ach bhí go maith is ní raibh go holc. D'imigh sin ann féin, d'imigh bliain ach – déarfainn gurbh í an dara bliain ar chaoi ar bith – phós an rí aríst. Agus nuair a bhí sé bliain pósta, bhí mac óg aige leis an dara bean. Ach níor chuir sí cois i mbróg ariamh aon bhean ba drochmhúinte – bhí sí rómhór inti féin agus bhí sí olc, gangaideach – ná an dara bean, an dara banríon. Thug sí ordú do na searbhóntaí gan fear siúil ná fear déirce ná fear bocht a ligean thar an doras sa bpálás agus, ar ndóigh, go mbeannódh sí ná go labhródh sí le Cailleach na gCearc – ní thaobhódh sí chor ar bith í ná ní ligfeadh sí uirthi féin go bhfeicfeadh sí í.

Ach bhí go maith is ní raibh go holc. Nuair a bhí an páiste a bhí ag an dara banríon bliain d'aois, bhí Cailleach na gCearc ag siúl in áit éicint thart agus céard a d'fheicfeadh sí ag siúl taobh amuigh den phálás ach an bhanríon – agus an rí imithe ag foghlaeireacht. Diabhal blas a rinne Cailleach na gCearc ach déanamh uirthi, agus bhí sí ag siúl ariamh go dtáinig sí chomh gar di is gur bheannaigh sí di. Bheannaigh an bhanríon di go fánach.

"Bhuel anois," a deir Cailleach na gCearc, "is é an fáth a dtáinig mise go dtí thú," a deir sí, "dá chumhachtaí is dá chaillte dá bhfuil tú sa saol – is tá tú ar chuile chaoi dá dhonacht," a deir sí, "agus tá tú siúráilte," a deir sí, "nuair a thiocfas do mhaicín in aois gurb air a bheas an chóróin i leaba a athar. Ach tá tú na mílte mílte i bhfad amuigh," a deir sí. "Ní hin é an chaoi a bhfuil an scéal chor ar bith. Níl tú go maith do dhuine bocht," a deir Cailleach na gCearc, "is níl tú go maith d'aon duine is níl tú go maith domsa ach níorbh é sin don bhean a bhí anseo romhat. Bhí sí go maith do chuile dhuine," a deir sí, "agus bhí sí go maith domsa."

"Is diabhal ar féidir," a deir an bhanríon, "go raibh an rí seo pósta cheana."

"Bhí, *by dad*! Cinnte," a deir Cailleach na gCearc.

"Cá bhfuil an bhean?" a deir an bhanríon.

"Tá sí sa talamh," a deir Cailleach na gCearc.

"An raibh aon mhuirín orthu?" a deir an bhanríon.

"Bhí agus triúr mac," a deir Cailleach na gCearc.

"Cá bhfuil an triúr gasúr sin anois?" a deir an bhanríon.

"Tá siad ina leithéid seo de theach galánta a rinne an rí dóibh," a deir sí, "agus máistir scoile agus buitléirí agus cócairí agus searbhóntaí ag freastal orthu agus iad á dtógáil go maith. Agus nuair a thiocfas an mac sin acusan in aois," a deir sí, "ní bheidh ag do mhaicín ach an bóthar. Dá leitheadaí is dá chaillte a bhfuil tú sa saol, sin é an chaoi a mbeidh sé."

"Á, Dia dár réiteach," a deir an bhanríon. "Dá mbeadh a fhios agamsa é sin," a deir sí, "is gan anseo ar feadh an lae ach mé féin," a deir sí, "bheinnse chomh ceanúil ar na gasúir sin is chomh maith dóibh – agus ba mhór an chuideachta dom iad, dá mbeadh na gasúir sin agamsa anseo, le hais a bheith liom féin i gcaitheamh an lae."

"Is furasta duit é sin a leigheas," a deir Cailleach na gCearc ach ní ar mhaithe léi a bhí Cailleach na gCearc chor ar bith – ach de bharr an bhanríon a bheith go holc. "As seo go ceann cúpla lá, oíche nó trí oíche," a deir sí, "nuair a thiocfas an rí isteach, lig amach aige gur shíl sé nach raibh a fhios agat go raibh sé pósta cheana agus lig amach aige faoi na gasúir. Agus abair leis," a deir sí, "dá gcuirfeadh sé ar ais na gasúir sin, go mbeadh do chroí thuas san aer le ríméad agus go mbeifeá chomh ceanúil orthu agus a bheadh a máithrín féin agus chomh maith céanna dóibh. Agus sin a bhfuil ón rí," a deir Cailleach na gCearc, "mar tá a chroí is a anam sna gasúir is tá a chroí briste ina ndiaidh."

"*By dad*, go raibh míle maith agat," a deir an bhanríon. "Déanfaidh mé é sin."

Bhí go maith is ní raibh go holc. D'imigh cúpla lá nó trí thart agus lig sí amach ag an rí an scéal agus dúirt sé léi go mb'fhíor é, go raibh sé pósta, go raibh na gasúir sa teach agus go dtabharfadh sé ar ais iad dá ngeallfadh sí dó go dtabharfadh sí aire mhaith dóibh agus go mbeadh sí chomh ceanúil orthu lena máthair féin – is mar seo is mar siúd – agus dúirt sí go mbeadh.

Diabhal blas a rinne an rí bocht ach an teach nua a dhúnadh agus na gasúir a thabhairt abhaile, agus lena raibh de phléisiúr ina chroí agus de ríméad, chuir sé féasta suas ar feadh naoi n-oíche is naoi lá le teann ríméad, na gasúir a bheith ar ais sa mbaile aige.

Bhí go maith is ní raibh go holc. D'fhan sé seachtain gan a dhul ag fiach ná ag foghlaeireacht. Níor lig sé tada air féin ach bhí sé ag imeacht thart timpeall go bhfeicfeadh sé cén chaoi a raibh chuile shórt ag dul thart agus chonaic sé chuile shórt ceart. Chonaic sé go raibh sí ceanúil orthu is go raibh sí go maith dóibh.

Ach bhí go maith is ní raibh go holc. D'imigh sé an lá seo ag foghlaeireacht agus, ar ndóigh, bhí sórt fios ag Cailleach na gCearc ach d'éirigh léi an lá a raibh an rí imithe go bhfaca sí an bhanríon uaithi agus tháinig sí go dtí í arís.

"Bhuel anois," a deir sí, "más mian leat," a deir sí, "má thógann tú mo chomhairlese, más mian leat an choróin a bheith ar do mhaicín nuair a thiocfas sé in aois, caithfidh tú fáil réidh leis an triúr clainne seo atá ag an rí."

"Cén chaoi a bhfaighinn réidh leo sin?" a deir an bhanríon.

"Á," a deir sí, "tá sé an-éasca. Tá clár imeartha agamsa," a deir sí, "agus paca cártaí, agus an té a ghabhfas ag imirt leat ar an gclár atá agamsa, ní féidir leis buachtáil ort. Gheobhaidh tú an chéad chluife ar chaoi ar bith agus," a deir sí, "nuair a gheobhas tú an rí imithe amárach nó arú amárach, téirigh amach agus tiocfaidh mise romhat agus beidh an clár imeartha agam agus na cártaí. Cuir i bhfolach faoi do chuid éadaigh é agus cuir siar i seomra éicint é nó go dtí lá arna mhárach. Agus nuair a bheas a mbricfeasta ite ag na gasúir agus an rí imithe, fiafraigh díobh ar imríodar aon chárta ariamh, agus déarfaidh an mac is sine leat gur imir, go mbíodh sé féin is a mháistir scoile agus na searbhóntaí agus iad uilig ag imirt. Abair," a deir sí, "go bhfuil paca cártaí agat is nach fearr daoibh ina gcónaí, gur deacair an lá a chaitheamh gan a bheith ag déanamh rud éicint. Ach nuair a ghabhfas sibh ag imirt," a deir sí, "gheobhaidh tú an chéad chluife, cinnte."

Ach chuaigh agus thug sí chuici an clár imeartha agus na cártaí. Chuir sí i bhfolach iad agus rinne sí mar a dúirt Cailleach na gCearc. Ach ar aon nós d'fhiafraigh sí de na gasúir ar imríodar agus dúirt siad gur imir.

"Tá clár imeartha agamsa," a deir an bhanríon, "agus paca cártaí. Más mian libh é, gabhfaidh muid ag imirt tamall."

"Ó, sin é a bhfuil uainn," a deir an leaidín ba sine.

Ach thug sí aniar iad. Chuadar ag imirt.

"Céard air a n-imreoidh muid anois?" a deir an leaidín ba sine.

"Á, muis, nach bhfuil sé chomh maith dúinn imirt ar gheasa beaga?" a deir an bhanríon.

"Ní miste liom," a deir an mac is sine.

"Ní miste linne ach an oiread é," a deir an bheirt eile.

Chuadar ag imirt agus fuair an bhanríon an chéad chluife.

"Cuir do gheasa anois," a deir an mac is sine.

"Cuirfead," a deir sí. "Tá mise do do chur faoi gheasa anois," a deir sí, "gan an dara béile a ithe d'aon bhord ná an dara hoíche a chodladh ar aon leaba go dtuga sibh na trí chapall atá ag Rí Connell chugamsa anseo, mar theastódh uaim," a deir sí, "trí thuras a thabhairt timpeall na hÉireann leis an tír a fheiceáil."

"Cá bhfuil an rí sin ina chónaí?" a deir an mac ba sine.

"Tá ceithre cheathrú sa domhan," a deir sí, "ceathrú thiar, ceathrú thoir, ceathrú ó thuaidh agus ceathrú ó dheas. Tá sé i gceathrú éicint acu," a deir sí, "taobh thíos ann romhaibh agus faighigí amach é."

"Dona go leor," a deir an leaid ba sine.

Chuaigh sí féin agus an dara mac ag imirt agus fuair an dara mac an cluife.

"Cuir do gheasa anois," a deir an bhanríon.

"By *dad*, cuirfead," a deir sé. "Tá mise do do chur thusa faoi gheasa anois," a deir sé, "a dhul ar an *spike* thiar ar an gcathair seo, dornán tuí nó coirce a cheangal ar an *spike* thoir, snáthaid mhór a chrochadh agus cró os a cionn i lár báire, agus má tá aon tseans go ngabhfaidh aon ghráinne trí chró na snáthaide móire le dhul i do bhéal go dtaga muide ar ais, a sheans a bheith aige agus muna dté, thú a bheith ansin nó go dtaga muide ar ais."

"Á," a deir sí, "tarraing do gheasa. Ní raibh mise ach ag magadh."

"Ní tharraingeoidh muid aon gheas," a deir an mac is sine. "Mac rí ar bith," a deir sé, "a raibh aon mhaith ariamh leis nó a raibh fuil rí ann, níor lig sé síos a gheasa. Chuir sé de iad nó fuair sé bás ann."

Ach chuaigh sí féin agus an mac ab óige ag imirt agus fuair an mac ab óige an cluife. Níor chuir an mac ab óige geas ar bith uirthi. Nuair a bhí na trí chluife imrithe, "Tá sé chomh maith duitse bheith ag dul suas," a deir an mac ba sine, "agus beidh muide ag imeacht."

Is dócha nach raibh sé i bhfad uathu. Fuaireadar an dréimire agus cuireadh suas an bhanríon ar an *spike*. Socraíodh an punann tuí ar an *spike* eile agus an tsnáthaid mhór ar an gcaoi a raibh siad a cheapadh a bhfeilfeadh sí, agus d'imigh na triúr gasúir agus gan a fhios ag na créatúir cá rabhadar ag dul.

Ach nuair a tháinig an rí, nuair a chonaic sé an bhanríon ar bharr na cathrach, thit sé as a sheasamh mar bhí a fhios aige go raibh an sop séidte, go raibh an t-aicsean déanta.

Ach bhí go maith is ní raibh go holc. Níor thug mac ridire, mac rí ná mac banríon ná aon ghaiscíoch a rugadh ariamh ar an talamh na trí chapall ó Rí Connell, mar ní raibh sé ar an talamh aon fhear ba mhó a raibh draíocht agus asarlaíocht aige ná ba mheasa ná ba géire ná Rí Connell is ní dheachaigh aon fhear – aon ghaiscíoch – ariamh ag iarraidh na gcapall nár fhág a anam ann.

Ach bhí go maith is ní raibh go holc. D'imigh leo agus bhíodar ag siúl, ag codladh i gcocaí féir agus i stáblaí – chuile áit – á stróiceadh trí choillte, trí shléibhte agus trí chuile áit dá dhonacht go rabhadar trí mhí dhéag ag imeacht. Agus nuair a bhí na trí mhí dhéag istigh, bhíodar chomh dall ar Rí Connell agus a bhíodar an lá ar fhágadar an baile.

Ach tráthnóna breá fómhair a bhí ann. Bhíodar ag siúl ar bhóthar fíoruaigneach agus gan a fhios acu cá rabhadar. Agus bhí an ghrian le linn a dhul síos. Agus thugadar faoi deara sunda ag déanamh orthu an bóthar. Agus thugadar faoi deara, de réir mar a bhí sé ag teannadh leo, go mba seanfhear a bhí ann. Ach de réir mar a bhí sé ag teannadh leo, bhí cuma an diabhail air. Agus an caipín a bhí air, ní raibh aon lon dubh a d'eitil sa spéir ariamh ba duibhe ná í. Ach ní raibh fear ar bith ba mheasa cuma ná é. Ach nuair a tháinig sé chomh gar do thriúr clainne an rí, ar chuma ar bith, bheannaigh sé go suáilceach dóibh.

"Go mbeannaí Dia daoibh, a dhaoine uaisle," a deir sé agus, ar ndóigh, ní cuma uaisle a bhí ar na créatúir ach cuma tincéaraí.

"Go mbeannaí Dia is Muire duit," a deir an mac ba sine.

Thosaigh siad ag caint. Is gearr an chaint a bhí ann nuair a d'fhiafraigh sé díobh, "By dad, bail ó Dhia oraibh," a deir sé, "cheapfainn gur strainséirí atá fíorfhada – na mílte mílte – ó bhaile sibh," a deir sé. "Tá droch-chuma oraibh. Breathnaíonn sé go bhfuil sibh gaibhte trí dhrochúsáid."

D'inis an mac is sine an scéal dó ó thús go deireadh.

"Tá aiféala mór orm," a deir an seanfhear, "go bhfuil tú ag dul i ndrochaistear."

"Níl aon mhaith duit a dhul ansin," a deir sé. "Níor thug aon fhear ariamh na capaill sin ón rí sin. Ach an bhfuil a fhios agaibh céard a dhéanfas sibh anois?" a deir sé. "Níl sibh i ngar do theach ná do bhoth anois," a deir sé, "le greim le n-ithe ná le n-ól a fháil anocht. Tagaigí in éineacht liomsa ag mo theach," a deir sé. "Níl mé fíorfhada as seo. Níl an oiread sin le spáráil agam," a deir sé, "ach an méid atá agam, beidh sé chomh maith céanna agaibhse."

"Go raibh míle maith agat," a deir an mac ba sine.

Thug sé leis iad agus thug sé chuig an teach iad agus rinne sé tine bhreá agus réitigh sé plaic le n-ithe dóibh. Shuigh siad síos agus thosaigh siad ag caint, agus bhí an seanfhear ag inseacht dóibh a ndeachaigh sé féin de ghábhanna tríd agus trí chuile shórt ach gur chuala sé ariamh nár thug aon fhear ariamh na capaill ó Rí Connell agus nach dtabharfadh go brách.

Ach bhí go maith is ní raibh go holc. Ar maidin lá arna mhárach nuair a bhí plaic ite acu, "By dad," a deir an seanfhear, "tá mé i ndeireadh mo shaoil," a deir sé. "Chuaigh mé trí an oiread gábhanna," a deir sé, "le mo leithéid ar bith. Agus is gearr," a deir sé, "é mo shaol anois. Agus tá an oiread de thrua agam daoibh," a deir sé, "agus an áit a bhfaighidh sibhse bás," a deir sé, "gheobhaidh mise bás. By dad," a deir sé, "tá an oiread de thrua agam daoibh is gur maith liom a dhul a chuideachta daoibh."

"Muise, go raibh míle milliún maith agat," a deir an mac is sine.

Thosaigh siad ag damhsa le ríméad.

Ach d'imíodar. Chuaigh sé in éineacht leo. Níl a fhios agam cén t-achar a bhíodar ag imeacht, oíche agus lá, ach an tráthnóna seo – bhí an ghrian ag dul síos – casadh isteach i bpáirc mhór iad a raibh go leor leor cocaí féir inti. Shuíodar síos i mbun coca féir. Bhíodar písín beag ina suí ann nuair a labhair an seanfhear.

"Bhuel anois," a deir an seanfhear, "tá muid i bhfoisceacht ceathrú míle," a deir sé, "de chathair Rí Connell agus," a deir sé, "níl aon ghair againn corraí as seo go dtige an t-am marfach den oíche," a deir sé, "nó go suaimhní arm Rí Connell agus go suaimhní chuile dhuine, go mbeidh chuile dhuine ina chodladh. Agus éireoidh muid ansin," a deir sé, "agus gabhfaidh muid ag obair."

Ach rinneadar mar a dúirt sé, agus nuair a cheap an seanfhear go raibh sé in am imeacht, d'éirigh sé. Leanadar é agus níor chónaigh an seanfhear ariamh gur leag sé láimh ar cheann de na staples a bhí ar dhoras a raibh ceann de na capaill istigh ann. Bhí a dhóthain stáblaí ann ach bhí an trí chapall seo i dtrí stábla i ndiaidh a chéile agus trí cinn de ghlais orthu. Nuair a tháinig sé chuig an gcéad doras, rug sé ar an staple is bhí an glas air. Ní rinne sé ach láimh a chur ina phóca agus tharraing sé aníos gearrthóir. Níor thóg sé aon fhad air ag gearradh an ghlais is a bheifeá ag rá Jack Robinson. Chuaigh sé chuig an dara doras agus ghearr sé an dara glas. Chuaigh sé chuig an tríú doras agus ghearr sé an tríú glas.

"Tá mo chuid féin déanta agamsa anois," a deir sé. "Téigíse ag obair. Isteachaigí libh anois," a deir sé. "Tá srian airgid agus diallait airgid crochta i chaon stábla acu sin. Tógaigí na capaill an-chineálta, réidh," a deir sé, "le faitíos torann ar bith," a deir sé, "nó má dhúisíonn an rí ná a chuid airm ná a chuid searbhóntaí," a deir sé, "ní i bhfad a bheas muid go mbeidh muid gafa."

Ach chuaigh an triúr isteach agus chuadar go dtí na capaill is ní dheachaigh siad go dtí aon chapall ariamh ba sásta ná iad. Rugadar ar an tsrian agus níor chorraigh an capall ariamh nó gur shíl sé an bhéalbhach a chur ina béal, is ar an bpointe boise is a leag an triúr na trí bhéalbhach ar bhéal na gcapall, ní rinne na capaill ach a gcloigeann a chrochadh agus thosaigh siad ag seitreach agus dhúiseoidís i bhfoisceacht trí chéad míle díobh.

Dhúisíodar an rí, dhúisíodar an t-arm agus gach a raibh ann. D'éiríodar agus, ar ndóigh, maidir le soilse, bhíodar acu. Rith an seanfhear agus na triúr fear óg, ach is gearr a ligeadh iad go rabhadar gafa. Tógadh iad agus tugadh isteach iad, agus is é an áit ar tugadh, isteach i *hall* mór iad. Bhí sé chomh mór le garraí. Sin é an áit a raibh an chúirt orthu ag an rí. Agus séard a bhí istigh i lár an *hall*, bhí carnán airgid ann a bhí chomh mór le cruach mhóna. Bhuel, ag cloigeann doras an *hall* bhí cisteanach ann agus í chomh mór le páirc agus bhí tine mhór thíos ann – nó áit tine ann agus *boiler* mór crochta uirthi. Agus is é an bás a bhíodar len fháil, an *boiler* sin a líonadh le hola, agus nuair a bheadh an ola ag fiuchadh, iad a struipeáil ina gcraiceann agus iad a chaitheamh isteach ann agus iad a dhó agus a bhruith.

Ach bhí go maith is ní raibh go holc. Ní raibh aon dul amú ar an rí ach an oiread. Ní ar an mac is sine a ghlaoigh sé an chéad uair ná ar an seanfhear ná ar an dara mac ach ar an mac ab óige, mar cheap sé go mba é ba simplí, a d'inseodh chuile shórt. Ach bhí sé á cheistiú agus ní raibh aon fhocal a raibh á fhiafraí de nach raibh sé ag tabhairt súil anonn ar an seanfhear.

"Bhuel, *by dad*," a deir an rí, a deir sé agus bhreathnaigh sé ar an seanfhear, "níl a fhios agam," a deir sé, "an bhfuil mé ceart nó mícheart, ach *by dad*," a deir sé, "murach go bhfuil barúil agam go bhfuil sé básaithe nó ag déanamh créafóige, déarfainn gur tú an *leader* orthu. Agus, *by dad*," a deir sé, "chomh fada le mo bharúil, murach go bhfuil a fhios agam go bhfuil sé básaithe, níl do phictiúr in Éirinn," a deir sé, "de réir mar a chuala mé," a deir sé, "ná do shamhail ach an Gadaí Dubh."

"Níl sé básaithe ná ag déanamh créafóige fós," a deir an Gadaí Dubh. "Is é an fear céanna é a bhfuil tú ag caint leis anois. Tá sé beo fós."

"Á," a deir an rí, "ba deacair mise féin a chur as mo mheabhair. Bhí a fhios agam go mba tú an *leader* orthu."

Ach bhí go maith is ní raibh go holc. Bhí sé ag ceistiú an mac ab óige agus bhí an *boiler* thíos crochta agus an ola thíos ann agus an tine á deasú ag searbhónta, ach nuair a bhí an leaid óg i ngar de bheith ceistithe aige, "Déan an fhírinne anois," a deir an rí leis an nGadaí Dubh, "ach ná déan aon bhréag. An bhfaca tú aon fhear ariamh," a deir sé, "in aon ghábh chomh gar don bhás is atá an fear óg sin anois?"

"Bhuel," a deir an Gadaí Dubh, "caithfidh mé a admhachtáil duit, a rí," a deir sé, "bhí mise i ngábh chomh gar don bhás is atá sé. Admhaím go bhfuil sé sách gar dó ach dá ghaireacht dá bhfuil sé dó," a deir sé, "bhí mise i ngábh ní ba gaire dó ná é. Agus tá mé anseo anois ag caint leatsa; tháinig mé as."

"Bhuel," a deir an rí, "caithfidh tú an scéal sin a inseacht domsa nó an gábh sin a mhíniú domsa," a deir sé, "agus má fhaighimse amach go raibh tú in aon ghábh níos gaire don bhás ná atá an fear óg seo anois, beidh bóthar saor ag an bhfear óg."

"Bíodh sé ina mhargadh," a deir an Gadaí Dubh.

"Nuair a bhí mise i m'fhear óg," a deir an Gadaí Dubh, "timpeall deich mbliana fichead, bhí mé pósta. Bhí bean agus muirín lag orm," a deir sé. "Bhí neart fataí agam," a deir sé, "neart coirce, cruithneacht agus eorna agus dalladh móna. Ach bhí go maith," a deir sé, "is ní raibh go holc. Inseoidh mise duit céard a chuir ar an mbóthar mé.

"Níl a fhios agam cé na mílte uaim a bhí an duine uasal mór ina chónaí a raibh triúr iníon aige chomh breá agus a shín le haer ariamh. Tháinig mac *giant* mór," a deir sé, "nó fathach mór draíochta ag iarraidh duine acu le pósadh, an bhean ba sine. Níl mé in ann cruthú duit," a deir sé, "arbh é an t-athair a d'eitigh é nó an bhean óg ach ní bhfuair sé í. Agus nuair nach bhfuair sé le pósadh í, chuaigh sé abhaile agus chuaigh sé go dtí a dhraíodóir. Agus tháinig an draíodóir agus cén diabhal a dhéanann sé leis na triúr mná óga ach iad a chur faoi dhraíocht. Agus is é an draíocht a chuir sé orthu a bheith ina dtrí mhuc san oíche agus ar a gcuma féin sa ló. Bhuel, bheadh ciall trí mhuc," a deir an Gadaí Dubh, "ach níor leag sé cois ar aon talamh ariamh," a deir sé, "aon trí mhuc ba mheasa ná iad.

"Bhí go maith," a deir sé. "Bhí mo chuid móna ag imeacht, mo chuid fataí á ngoid – agus coirce agus chuile shórt dá raibh agam – ach, *by dad*," a deir sé, "dúirt mé sa deireadh go raibh mé chomh dona is go gcaithfinn a dhul ar an mbóthar. Ach sula ndeachaigh mé ar an mbóthar," a deir sé, "bhí mé ag baint lá amach. Chuir mé an bhliain sin isteach," a deir sé. "Bhuel," a deir sé, "bhí cairde go leor agam, ceart go leor, agus comharsana maithe. Chruinnigh mé plód fear," a deir sé, "agus dúirt mé go mbainfinn móin dhá bhliain mar bhí a fhios agam nach bhféadfainn a bheith sa mbaile, nach mbeadh aon cheo agam le haghaidh na ngasúir ná le haghaidh na mná. Bhain muid í agus thriomaigh muid í," a deir sé, "agus rinne muid cruach mhóna di a bhí chomh mór le cnoc.

"Ach maith go leor," a deir sé, "is ní raibh go holc. Bhí mé ag imeacht ag soláthar, agus is iomaí lá," a deir sé, "nach raibh aon bhlas ag teacht chugam ach lámha folmha. Ach an oíche seo," a deir sé, "an lá seo, bhí mé imithe agus bhí mé ag teacht," a deir sé, "agus séard a bhí inti oíche bhroicghealaí – bhí corr-réaltóg ann is ní raibh sí an-dubh. Ach nuair a bhí mé ag teacht i bhfoisceacht cúpla céad slat den teach," a deir sé, "is ann a bhí an chruach mhóna – thug mé faoi deara na trí shunda istigh sa gcruach. D'éalaigh mé ar mo bholg," a deir sé, "nó go dtáinig mé chomh gar dóibh agus – cén diabhal a bhí sa gcruach," a deir sé, "ach na trí mhuc agus trí chis acu. Agus ghabhfadh crib mhóna i chaon chis acu. Chaitheadar isteach go raibh maoil ar chaon cheann acu. Chaitheadar siar ar a gcuid guaillí iad mar a chaithfidís cleite clúmhaigh agus *away* leo.

"Bhuel, a deirimse i m'intinn féin, bás nó bascadh domsa, ní chodlóidh mé aon néal go brách go mbeidh a fhios agam cá bhfuil sibh ag cónaí nó cá bhfuil sibh ag tabhairt na móna. Agus is dócha gur sibh a thug mo chuid fataí agus coirce, eorna agus cruithneacht libh.

"Ach idir mo ghlúine agus ar mo bholg, bhí mé ag imeacht ina ndiaidh ariamh nó go dtáinigeadar i mbun cnoic. Chuadar suas taobh an chnoic, agus nuair a chasadar suas taobh an chnoic, bhí bunfheiceáil mhaith agam orthu, cé nach raibh mé ag teacht an-ghar dóibh. Ach faoi dheireadh, nuair a bhíodar píosa maith suas, mar a bhuailfeá do dhá bhois faoi chéile, d'imigh siad as m'amharc.

"Faoi nó os a chionn é, a deirimse, gabhfaidh mé chomh fada leis an spota sin ar chaoi ar bith go mbeidh a fhios agam sa diabhal," a deir sé, "cá ndeachaigh sibh – más uaimh thalúna nó poll nó céard é féin.

"Ach d'éalaigh mé ar mo bholg go dtáinig mé an-ghar don spota ar imigh siad as m'amharc ann, agus thug mé faoi deara mar a bheadh corraithinne nó solas ag dul aníos as an talamh. Bhí mé ag éalú ariamh go dtáinig mé os a chionn, agus céard a bhí ann ach poll rabhnáilte agus ní raibh sé an-mhór ina bhéal. Ach nuair a bhreathnaigh mé síos, bhí sí chomh mór le páirc ar bith – an uaimh thalúna a bhí thíos – is céard a bhí thíos fúm ach tine mhór a raibh tuairim is crib mhóna uirthi, *boiler* mór crochta uirthi agus iomlán bulláin thíos sa m*boiler* ag bruith. Ní rinne mé, le teann feirge," a deir sé, "ach éalú ar mo bholg. Agus séard a bhí ann, sórt breaclach, agus bhí go leor leacracha agus clocha caite thart timpeall. Ach ní dheachaigh mé an-fhada gur casadh an-aill de chloch liom. Ar mo ghlúine a bhí mé, ag iarraidh a bheith á rabhnáil romham go dtug mé ar bhruach an phoill í. Agus nuair a thug mise ar bhruach an phoill í, leis an scanradh agus an gcuthach a bhí orm, scaoil mé síos í, is cén diabhal áit a ndeachaigh sí ach síos sa mboiler. Rinne sí miodamas den bhoiler agus chuir sé an fheoil agus an broghach fud urlár na huaimhe uilig. Ach má thug agus go dtug nó má rinne, thug mise do na boinn é.

"Thug Dia dom," a deir sé, "nach raibh mé an-fhada ó choill a bhí an-uafásach. An chéad chrann a casadh liom – mar bhí a fhios agam go mbeadh na witches i mo dhiaidh – rug mé ar ghéagán is bhí mé ag dul ó ghéagán go géagán go ndeachaigh mé ar an ngéagán ab airde a bhí ina bharr. Agus shíl mé nach bhfeicfeadh an té is grinne ariamh ar an saol mé.

"Ach bhí go maith," a deir sé. "Ní i bhfad a bhí mise sa ngéagán nuair a chonaic mé na trí witch ag teacht agus na lasracha dearga aniar as a mbéal. Nuair a tháinig an witch ba sine chomh fada leis an gcrann, sheas sí. Ní rinne sí ach slat draíochta a tharraingt as a póca agus bhuail sí iarraidh ar an talamh. Rinne sí claíomh," a deir sé, "a bhearrfadh thú. Dúirt sí leis an dara witch," a deir sé, 'Beir ar an gclaíomh sin agus buail an crann sin.' Ní rinne sí aríst ach an tslat a bhualadh ar an talamh agus rinne sí cú. Agus an dá shúil a bhí i gcloigeann na cú sin," a deir sé, "bhíodar mar a bhí dhá splanc thine, agus na fiacla a bhí ina béal, bhíodar ag dul ceithre horlaí síos thar a smig le mise a tharraingt ó chéile nuair a thitfeadh an crann ar an talamh.

"Bhuail sí an crann," a deir sé. "Leis an gcéad bhuille, chuaigh sí leath bealaigh ann. Agus b'uafásach an crann é," a deir sé. "Bhuail sí leis an dara buille é," a deir sé. "D'airigh mé an crann ag pléascadh. Bhí a fhios agam ansin," a deir sé, "nach mórán achair é mo shaol. Bhí an chú ag faire thíos orm. Ach," a deir sé, "bhí an crann chomh mór agus," a deir sé, "níor éirigh leis imeacht. Choinnigh an craiceann beagán greim," a deir sé. "Choinnigh sé roinnt mhór moille air, is bhí sé chomh mór ina bharr," a deir sé, "is gur thóg sé tamall deas air sular tháinig sé go dtí an talamh.

"Ach ar an bpointe is a bhuail barr an ghéagáin a raibh mise ann an talamh," a deir sé, "chomh tráthúil lena bhfaca tú ariamh," a deir sé, "pé ar bith cén chaoi ar tharla sé," a deir sé, "céard a d'airigh mé ach coileach Mártan ag blaoch. Lig sé trí ghlao. Nuair a bhreathnaigh mé tharam," a deir sé, "ní fhaca mé witch ná cú ná claíomh ná duine ná deoraí. Ach an chéad bhreathnú eile a thug mé, chonaic mé na triúr mná óga ab áille ar leag fear ná bean súil ariamh orthu ag siúl amach ón gcrann agus ag imeacht ina mbealach féin.

"D'fhan mise," a deir sé, "san áit a raibh mé nó gur imigh siad as m'amharc. D'éalaigh mé ar mo bholg ansin, agus tá mé ag rá leat, a rí," a deir sé, "gur maith an mada a choinneodh suas liomsa go raibh mé sa mbaile.

"Cé nach raibh mise i ngábh chomh gar don bhás an uair sin is atá an fear óg sin anois?"

"By dad, caithfidh mé a admhachtáil go rabhais," a deir an rí, "agus níos gaire dó – don bhás – ná é. Agus dá bhíthin sin," a deir sé, "tá bóthar saor ag an bhfear óg seo anois."

Ghlaoigh an rí ar an dara mac ansin. Bhí sé á cheistniú, agus de réir mar a bhí sé á cheistniú, bhí sé á cheistniú crua. Ach de réir mar a bhí sé á cheistniú, sa deireadh, d'fhiafraigh sé den Ghadaí Dubh, "Bhuel, anois," a deir sé, "bhí an fear óg cheana gar don bhás ach tá sé seo níos gaire dó ná é. Tá an boiler ag téamh anois," a deir sé. "An bhfaca tú aon fhear óg ariamh anois," a deir sé, "chomh gar don bhás leis seo nó an bhfaca tú aon fhear in aon ghábh ariamh chomh gar don bhás leis?"

"Bhuel, by dad, chonaiceas," a deir an Gadaí Dubh. "Bhí mise i ngábh eile," a deir sé, "chomh gar don bhás leis. Tá sé gar go maith dó, ach má tá féin, bhí mise i ngábh níos gaire dó ná é. Agus tháinig mé as agus tá mé anseo anois."

"Caithfidh tú an gábh sin a mhíniú domsa," a deir an rí, "agus má fhaighimse amach i m'intinn," a deir sé, "go bhféadfá a bheith i ngábh ar bith níos gaire dó ná é, beidh bóthar saor ag an bhfear seo freisin."

"Bíodh sé ina mhargadh," a deir an Gadaí Dubh.

"D'imigh mise ar maidin – maidneachan lae – ón teach," a deir an Gadaí Dubh, "agus gan greim le n-ithe, le n-ól agam féin ná ag mo bhean ná ag mo chlann. Agus is é a raibh ag teacht chugam san oíche, seanbhó dhearg nach raibh uirthi ach an craiceann agus na heasnacha amach trína craiceann agus seanchapall," a deir sé, "a raibh na heasnacha agus cnámh an droma ceithre horlaí suas ón bhfeoil. Agus," a deir sé, "bhí sé ag sioc," a deir sé, "– sioc a ghabhfadh trí chlár daraí. Bhí fuacht agus ocras orm," a deir sé, "ach d'éirigh liom go dtáinig mé i gcolbha coille. Bhí go leor seanbhrosna ann," a deir sé, "agus thosaigh mé ag cruinniú nó go rinne mé tine i mbun crainn. Ach nuair a las an tine," a deir sé, "bhí mé ag cruinniú nó go rinne mé tine agus tabhair tine uirthi. Ní raibh mé ag iarraidh a dhéanamh ach mé a théamh.

"Ach bhí go maith," a deir sé. "Nuair a bhí an tine ina prime acu," a deir sé, "is gearr gur airigh mé an torann ab uafásaí – ní raibh aon bhlas i dtoirneach," a deir sé, "ach mar a bheifeá ag caitheamh caoráin, leis an torann a tháinig tríd an gcoill. Cén diabhal a thagann amach as an gcoill," a deir sé, "ach dhá cheann déag de chait agus bhí chaon cheann acu," a deir sé, "chomh mór le gamhain bó. Na súile a bhí ina gcloigeann, chuirfidís uafás ar an domhan mór. Shuigh sé cinn acu síos ar thaobh den tine, sé cinn ar an taobh eile. Ach níorbh in tada," a deir sé.

"Ní raibh cúig nóiméad ina dhiaidh gur airigh mé – shíl mé go raibh an choill iontaithe ina barr – gur airigh mé an torann ab uafásaí a d'airigh mé ariamh. Agus céard a thagann amach ach an *leader* mór – an cat mór a bhí mar mháistir orthu is dócha – agus shuigh sé síos díreach," a deir sé, "amach ar aghaidh lár na tine. Bhí mise i mo sheasamh de leataobh," a deir sé. "Ní mórán achair," a deir sé, "a bhí sé ina shuí ann – agus bhí sé ag breathnú thairis," a deir sé, "chaon taobh de – nuair a bhreathnaigh sé orm.

"'Bhfuil tada timpeall ort le n-ithe?' a deir sé liomsa," a deir an Gadaí Dubh.

"Muise, níl aon bhlas timpeall ormsa," a deir an Gadaí Dubh, "ar fiú dom a rá ach an tseanbhó sin a fheiceann tú ansin nach bhfuil uirthi ach an craiceann is na cnámha."

"Ní rinne an cat mór," a deir sé, "ach éirí. Shiúil sé anonn go dtí an tseanbhó. Chas sé a dhrioball san aer agus bhuail sé i lár cnámh an droma í, agus rinne sé dhá leith di chomh díreach is dá mbuailfeá le claíomh í. Chaith sé a leath isteach sa tine," a deir sé. "Nuair a bhí sórt róstadh air sin, chaith sé ag an dá cheann déag de chait é. Dúirt sé leo a bheith á ithe. Rug sé ar an leath eile ansin," a deir sé, "agus chaith sé isteach dó féin é. Chloisfeá an torann a bhí siad ag baint as na cnámha míle ó bhaile.

"Nuair a bhí an tseanbhó críochnaithe acu, shuíodar síos ar an mbealach céanna. Diabhal mórán achair ina dhiaidh – tamall gearr – gur bhreathnaigh sé aríst orm.

"'An bhfuil blas ar bith eile timpeall ort le n-ithe?' a deir sé.

"Níl aon bhlas ag dul liomsa anois le n-ithe," a deir an Gadaí Dubh, "ach an seanchapall sin thoir a fheiceann tú ansin. Bainigí fada nó gearr aisti."

"Ní rinne an cat mór ach éirí agus rinne sé an jab céanna léi a rinne sé leis an mbó: bhuail sé dá dhrioball í agus rinne sé dhá leith de chnámh an droma. Agus nuair a rinne, chaith sé a leath isteach sa tine, agus thug sé don dá cheann déag de chait é agus nuair a bhí sé sin rósta chaith sé a leath féin isteach. Agus d'itheadar í.

"Bhí a fhios agamsa ansin," a deir an Gadaí Dubh, "gur mé féin an chéad duine eile – nach raibh aon bhlas eile le fáil acu ach mé féin – agus bhí a fhios agam gurbh in a raibh de shaol agam.

"Pé ar bith sa diabhal cén chaoi ar bhreathnaigh mé i mo timpeall, chonaic mé píosa de sheanmhaide caite i mbun crainn, agus bhí siadsan ag ithe go tréan," a deir sé. "Diabhal blas a rinne mé ach breith air agus seanchóta a bhí orm a chaitheamh díom agus sháigh mé an maide sa talamh," a deir sé, "agus chroch mé an cóta air. Agus d'éalaigh mé ar mo bholg," a deir sé, "agus bhí crann mór i bhfoisceacht tuairim is fiche slat díom," a deir sé, "a ndeachaigh mé suas sa gcrann – sa ngéagán ab airde a bhí ina bharr.

"Diabhal mórán achair a bhí an seanchapall ite," a deir sé, "nuair a bhreathnaigh an cat mór orm. Shíl sé gur mé a bhí ann agus nuair nach bhfuair sé aon fhreagra," a deir sé, "d'éirigh sé agus shiúil sé anonn agus nuair nach bhfuair sé ach an maide agus an cóta," a deir sé, "dúirt sé leis an dá chat déag, 'Tá cleas imeartha," a deir sé, "imeartha ag an mbuachaill seo orainn ach cuma dó cén cleas a imreos sé orainne, faoi thalamh nó os cionn talún," a deir sé, "ní i bhfad go mbeidh sé againn. Téadh sé cinn agaibh faoi thalamh anois,' a deir sé, 'agus sé cinn os cionn talún. Faoi cheann ceathrú uaire,' a deir sé, 'bígí anseo agus é agaibh.'

"Chuaigh sé chat faoin talamh, sé chat os a cionn agus ní raibh baol ar bith ar an gceathrú uaire a bheith istigh nuair a tháinigeadar agus dúirt siad nach raibh sé faoi thalamh ná os cionn talún. Ach ní mba leis an gcat mór ab fhaillí é," a deir sé.

"'Níl sé i bhfad uainn,' a deir an cat mór, 'mura bhfuil sé faoi thalamh nó os cionn talún.'

"Pé ar bith cén breathnú a rinne sé, cén diabhal a fheiceann sé thuas sa gcrann ach mé.

"'Á, a bhuachaill,' a deir sé, 'is gearr go mbeidh tú sa tine seo.

"'Téadh sé cinn agaibh ar thaobh den chrann sin anois agus grábhaigí é, sé cinn ar an taobh eile agus grábhaigí anuas an crann sin.'

"Chuaigh, agus chloisfeá an torann a bhíodar a bhaint as an gcrann dhá mhíle ó bhaile leis an drad a bhí acu. Is gearr gur airigh sé an crann ag pléascadh. Bhí an crann ag dul anuas de réir a chéile, ach diabhal ar éirigh leis an gcrann a bheith tagtha ar an talamh baileach – pé ar bith torann a rinne na cait – nuair a d'airigh sé an torann ab uafásaí a d'airigh sé ariamh ag teacht tríd an gcoill, agus cén diabhal a thiocfadh amach as an gcoill ach dhá cheann déag de mhadraí allta is chuirfidís uafás ar an domhan mór ag breathnú orthu.

"Agus nuair a bhí siad sin tamall beag amuigh, d'áitíodar féin agus an dá chat déag a chéile. Bhí an Gadaí Dubh ag breathnú as an ngéagán orthu agus, ar ndóigh, ríméad air – iad ag marú a chéile. Na clocha a bhíodar a chur óna gcosa agus na dabaí a bhíodar a chur óna gcosa, bhíodar á gcur leathchéad slat ó bhaile. Ach sa deireadh – bhíodar an fhad ag troid – thit an dá chat déag marbh ar an talamh agus thit an dá mhada dhéag allta marbh ar an talamh. Ach níorbh in tada," a deir sé.

"Bhí an cat mór beo fós agus é ina shuí ar a ghogaide ag breathnú orm, is diabhal mórán achair a bhí na cait marbh – pé ar bith cén torann a tháinig ariamh tríd an gcoill, tháinig a sheacht n-oiread an geábh seo, shílfeá," a deir sé, "gur iontaigh an choill ina bun ina barr – cén diabhal a thagann amach ach an *leader* mór, an mada allta mór a bhí mar *leader* orthu.

"Shuigh sé síos ar aghaidh an chait mhóir ar a ghogaide," a deir sé, "agus thosaigh sé ag nochtadh na bhfiacla agus thosaigh an cat mór ag nochtadh. Agus thosaigh siad ag grábháil agus ag gnúsacht – nach mbeadh a fhios agat cén pointe a n-áiteoidís a chéile. Ach d'áitíodar a chéile sa deireadh," a deir sé, "Chuirfidís uafás ar an domhan mór a bheith ag breathnú orthu. Ach," a deir sé, "maidir le halltracha, bhíodar á gcur óna gcosa. Agus na poill a bhíodar a dhéanamh sa talamh, bháfaí na céadta fear thíos iontu. Ach," a deir sé, "faoi dheireadh, chuimhnigh an cat mór air féin. Cén diabhal a dhéanann sé ach a dhrioball a chrochadh san aer agus bhuail sé an mada allta i lár cnámh an droma agus rinne sé dhá leith de agus thit an mada allta marbh ar an talamh. Ach má thit agus gur thit," a deir sé, "bhí rud éicint ag baint leis an mada allta é féin. Thit an cat mór é féin ar an talamh.

"Bhí an péire sínte le taobh a chéile agus ní raibh a fhios agam beo nó marbh a bhíodar, is chaith mé tamall deas ag aireachas ach ní fhaca mé ag déanamh aon chorraí iad. Ní rinne mé," a deir sé, "ach éalú amach as an ngéagán ar mo bholg nó gur cheap mé go raibh mé i bhfad as a n-amharc. Ach thug mise do na boinn an uair sin é agus cú mhaith a bhéarfadh orm go raibh mé sa mbaile.

"Cheal nach raibh mise chomh gar don bhás an uair sin is atá an fear óg sin anois?"

"*By dad*, caithfidh mé a rá go raibh," a deir an rí, "nó rud éicint níos gaire dó ná é is dá bhíthin sin," a deir sé, "tá bóthar saor ag an bhfear óg sin anois."

Bhuel, bhí beirt saor anois aige – an Gadaí Dubh. Bhuel anois, an tríú mac – an mac ba sine – blaodh air á cheistniú. Agus níl aon fhocal dá raibh á fhiafraí de nach raibh sé ag breathnú ar an nGadaí Dubh.

"Bhuel anois," a deir an rí leis an nGadaí Dubh, "bhí an bheirt eile an-ghar don bhás ach tá an fear óg seo anois níos gaire dó ná iad. Ní i bhfad uaidh an *boiler* anois," a deir sé, "go mbeidh sé ag fiuchadh. Déan an fhírinne anois," a deir sé leis an nGadaí Dubh, "an bhfaca tú aon fhear óg in aon ghábh ariamh chomh gar don bhás leis seo? Ach ná déan aon bhréag."

"Bhuel, *by dad*," a deir an Gadaí Dubh, a deir sé, "ní dhéanfaidh mise bréag ar bith leat. Bhí mise i ngábh eile," a deir sé, "chomh gar don bhás leis. Admhaím nach bhféadfadh sé a bheith mórán níos gaire dó. Ach san am céanna," a deir sé, "ach tháinig mé as is tá mé anseo anois."

"Bhuel, a scaibhtéara," a deir an rí, "caithfidh tú an scéal sin a mhíniú domsa agus má fhaighim amach," a deir sé, "go bhféadfá bheith i ngábh ar bith níos gaire don bhás ná é, *by dad*, beidh bóthar saor aige seo freisin."

"Bíodh sé ina mhargadh," a deir an Gadaí Dubh.

"Nuair a bhí mise," a deir sé, "i bhfad ar an mbóthar, bhí mé ag soláthar do mo bhean is mo chlann. Agus séard ab éigean dom a dhéanamh faoi dheireadh," a deir sé, "chuala mé caint ar fhear," a deir sé, "a raibh cáil eile air – a bhí bunáite chomh maith liom féin ina ghadaí – agus chuir mé fios air. Agus *hire*áil mé é. Agus is é an socrú a rinne muid," a deir sé, "pé ar bith céard a robálfadh muid – más airgead nó ór é – dhá leith a dhéanamh de agus a leath a bheith ag chaon duine againn. Ach thóg mé é ar aon nós.

"Agus nuair a bhí sé píosa fada agam, bhí muid i dteach éicint san oíche i bhfad ó bhaile agus bhí seandream istigh ann ag cuartaíocht agus chuala muid ag caint ar a leithéid seo de *giant* mór iad," a deir sé, "a bhí ina chónaí in uaimh thalúna ar thaobh cnoic. Agus séard a bhí thíos san uaimh," a deir sé, "bhí sé chomh mór le garraí agus bhí cnoc gineacha thíos inti," a deir sé, "bhí cathaoireacha, chuile chineál troscán dá dhaoire, fáinní óir, chuile shórt. Sa ló a bheadh an *giant* amuigh," a deir sé, "Bhí an iomarca faitís roimhe, ní raibh aon chall dó a dhul amach san oíche. Bhí málaí leathair óir ag imeacht ar a dhroim i lár an lae aige agus chuile shórt á tharraingt chuig an uaimh.

"Ach bhí an bheirt againn ag teacht abhaile an oíche seo ar chaoi ar bith, agus chuir muid comhairle i dteannta a chéile, diabhal bás a gheobhadh muid go brách go bhfaigheadh muid amach cá raibh an uaimh ag an *giant* mór.

"Ach d'imigh muid," a deir sé, "agus thóg sé trí seachtaine orainn," a deir sé, "ach, m'anam ag an diabhal go bhfuair muid amach," a deir sé, "sa deireadh an cnoc a raibh an uaimh air. Bhí muid ag éalú," a deir sé, "ach san oíche a tháinig muid ann. Ach bhí muid ag éalú agus chuaigh muid i bhfolach agus d'fhan muid ansin," a deir sé, "go raibh sé ina mhaidneachan lae. Bhí an lá agus an oíche ag scaradh ó chéile nuair a chonaic muid an *giant* mór ag dul aníos as an uaimh, agus chuirfeadh sé uafás ar an domhan mór ag breathnú air. Chonaic muid ag imeacht leis é," a deir sé, "agus d'fhan muid gur imigh sé i bhfad as an amharc.

"Ní rinne muid," a deir sé, "ach a theacht ar bhruach na huaimhe, an áit a dtáinig sé aníos. Ní aireodh aon fhear," a deir sé, "fios cén bealach a bhí síos ná aníos aige. Ach," a deir sé, "séard a rinne muid," a deir sé, "bhí rópa againn – chuir mise an rópa timpeall ar lár an fhir eile," a deir sé, "agus dúirt mé go scaoilfinn síos é – agus mála – go líonfadh sé mála óir thíos," a deir sé, "agus go dtarraingeoinnse aníos é. Nuair a bhí sé ceangailte agam agus mé ag dul á scaoileadh síos, labhair sé.

"'D'anam is do chraiceann ag an diabhal,' a deir sé, 'nach fearr an gadaí thú féin ná mise?' a deir sé. 'Nach sílfeá,' a deir sé, 'gur ort ba chóra an rópa a dhul agus nach ormsa?' a deir sé. 'Cén ghair atá agamsa ortsa,' a deir sé, 'le tada a dhéanamh?' 'Nach ort féin ba cheart an rópa a chur?'

"M'anam ón diabhal," a deir sé, "gur tharraing an t-amadán aníos é. Agus chuir sé orm an rópa. Scaoil sé síos mé agus chaith sé síos mála mór chugam. Líon mé an mála chomh fada is a chuaigh gine ann agus cheangail mé an rópa timpeall air agus chaith mé cloigeann an rópa – bhí an rópa fada – suas chuige. Rug sé ar chloigeann an rópa agus tharraing sé aníos an mála óir go dtug sé ar an mbruach é. Agus nuair a bhí sé ar an mbruach aige, i leaba mála eile a chaitheamh anuas chugam agus an rópa, séard a dúirt sé," a deir sé. 'Tá mo dhóthain féin agamsa anois,' a deir sé, 'an fhad is a mhairfeas mé agus bí thusa agus an fear mór ag baint ceart dá chéile go mbeidh sé ina lá amárach.'

"Sin é an uair a fuair mé amach," a deir sé, "go mb'fhearr an gadaí é ná mé féin. Bhí mé ansin ag siúl na huaimhe, soir agus siar, suas agus síos, ag tóraíocht bealach le í a fhágáil ach bhí sé chomh maith dom," a deir sé, "a bheith ag iarraidh an ghealach a thabhairt den spéir. Ní raibh a fhios agam faoi ghéarchoscara bonnacha an diabhail," a deir sé, "cén bealach bhí ag an *giant* le dhul suas ná anuas.

"Ach bhí go maith. Bhí an lá ag imeacht – á chaitheamh – is mo chroí briste nó go raibh an deireanas ag teacht. Is gearr gur éirigh sé chomh dorcha," a deir sé, "agus is é a raibh d'imní orm go n-aireoinn an *giant* ag teacht – ach," a deir sé, "ní mórán den oíche a bhí ann agus bhí sí chomh dubh leis an bpic nuair a d'airigh mé an talamh ag croitheadh os mo chionn agus bhí a fhios agam nach raibh sé i bhfad uaim.

"Bhí *heap* daoine marbh," a deir sé, "caite i gcúinne ann. Ní rinne mé ach rith anonn," a deir sé, "agus ní raibh sé de thriail agam," a deir sé, "ní raibh caite os mo chionn agam ach duine nó beirt nuair a d'airigh mé an *giant* ag teacht ar bhruach na huaimhe. Ach ní raibh a fhios agam," a deir sé, "cén chaoi a ndeachaigh sé anuas.

"Ní rinne sé," a deir sé, "ach tine mhór a dhéanamh agus *boiler* mór a chrochadh uirthi. Ní rinne sé ach breith ar chis mhór," a deir sé, "agus suas leis. Chaith sé isteach an corp a bhí os mo chionn," a deir sé, "– ní raibh aon solas aige – chaith sé isteach mise ina dhiaidh agus chaith sé isteach go raibh maoil ar an gcis. Agus nuair a bhí," a deir sé, "thug sé síos í agus bhí an tine ina *blaze*. Chaith sé síos i m*boiler* a raibh ar an gcis," a deir sé, "nó gur cheap sé ar chuma ar bith go raibh a dhóthain go maith ann, ach thug Dia dó," a deir sé, "gur éirigh leis mise agus corp eile a fhágáil ar thóin na cise. Agus ní rinne sé," a deir sé, "ach casadh ar a chois agus chaith sé an chis ina sheanurchar gur chaith sé suas i gcarnán na ndaoine marbh í.

"Bhí mise sa gcis," a deir sé, "agus mé ag déanamh cnaipí. Nuair a bhí an méid a bhí sa m*boiler* bruite," a deir sé, "d'ith sé é, agus nuair a bhí sé ite aige, bhí cathaoir mhór mhillteach bhog i leataobh na tine – shín sé siar inti agus thit sé ina chodladh. Agus d'fhan mise," a deir sé, "gur thosaigh sé ag srannadh ceart, ach nuair a thosaigh sé ag srannadh ceart, shíl mé go dtabharfadh sé na halltracha a bhí taobh amuigh ar an gcnoc isteach i mo mhullach. Diabhal blas a rinne mé ach éirí," a deir sé, "éalú, agus bhí mé ag útamáil ariamh," a deir sé, "go bhfuair mé amach an bealach a dtáinig an *giant* anuas. Ach ní raibh a fhios agam cén bealach a raibh sé ag dul suas ná anuas, bhí airde an diabhail mhóir ann.

"Ach pé ar bith sa domhan," a deir sé, "cén chaoi ar éirigh le mo láimh dheas castáil air, cén diabhal áit a gcasfadh sí – séard a bhí ann," a deir sé, "ach taobh crann a raibh dhá leith déanta ar a fhad de agus is é an chaoi a raibh eangacha gearrtha isteach i dtaobh amháin de agus na rungaí a bhí sa taobh eile den chrann le casadh anall. Ní raibh call tairne ná tada ach iad a chur isteach san eanga. M'anam ag an diabhal," a deir sé, "go bhfuair mé ceann amach. Nuair a fuair mé ceann amach," a deir sé, "ní raibh mé ag fanacht le chuile cheann a fháil amach," a deir sé, "ach, *by dad*, bhí mé ag fáil amach ó cheann go ceann, chaon dara ceann," a deir sé, "thosaigh mé ag dul suas. Ach faoi dheireadh," a deir sé, "*by dad*, rinne mé an ceann mullaigh amach. Nuair a fuair mise mé féin ar bharr na talún," a deir sé, "níor bhreathnaigh mé i mo dhiaidh. Thug mise do na boinn é," a deir sé, "go ndeachaigh mé abhaile.

"Cheal nach raibh mise i ngábh an uair sin chomh gar don bhás is atá an fear óg seo?"

"*By dad*, admhaím go rabhais," a deir an rí, "agus níos gaire ná é. Tá bóthar saor ag an bhfear óg sin freisin anois," a deir an rí.

Bhí triúr clainne an rí saor ag an nGadaí Dubh ansin ach bhí an *boiler* ag fiuchadh anois.

"Anois," a deir an rí, "thú féin an fear is gaire don bhás. Níl tú i bhfad uaidh anois," a deir sé. "Níl mórán ceistniú le fáil agat. Déan an fhírinne anois," a deir sé, "an raibh tú in aon ghábh ariamh chomh gar don bhás is atá tú anois? Breathnaigh síos ar an m*boiler* sin."

Bhreathnaigh an Gadaí Dubh air.

"Bhuel, tá mé sách gar dó," a deir an Gadaí Dubh, "agus dá mbeinn níos gaire dó," a deir sé, "agus mé do mo chaitheamh isteach ann, bhí mé i ngábh eile," a deir sé, "níos gaire dó ná é. Agus tá mé anseo anois, tháinig mé as."

"Bhuel," a deir an rí, "má mhíníonn tú an gábh sin domsa agus má fhaighim amach," a deir sé, "go bhfuil tú ag inseacht na fírinne, beidh bóthar saor agatsa freisin."

"Bíodh sé ina mhargadh," a deir an Gadaí Dubh.

"D'imigh mise lá – maidneachan an lae – ón teach, ag soláthar, agus amach i meán an lae," a deir sé, "is é a raibh de bharr an lae agam ag teacht amach as coill, ruainne de thoircín bheag," a deir sé. "Bhí cú agam," a deir sé, "ach sin a raibh agam, ruainne de thoircín. Bhí an choill chomh huafásach," a deir sé, "is ní raibh mé ann cheana ariamh. Nár fheice Dia an t-ádh ar an mí-ádh," a deir sé, "nuair a bhí mé ag teannadh amach lena colbha, cén diabhal a d'fheicfinn ach cathair uafásach.

"Ó, a dhiabhail, a deirimse," a deir sé ina intinn féin, tá mé i ngábh anois.

"Chuimhnigh mé go mba chathair í a raibh fathaigh draíochta ina gcónaí inti. Ní raibh aon ghair agam a dhul i ndiaidh mo chúil," a deir sé. Rinne mé ar m'aghaidh. Ach bhí mé ag éalú thart chomh deas agus a d'fhéad mé nó go raibh mé ag tarraingt i bhfoisceacht cúpla coisméig dá deireadh. Céard a d'fheicfinn," a deir sé, "ach fuinneog a bhí chomh mór le doras agus céard a bhí istigh ar aghaidh na fuinneoige ach bean óg chomh breá is a leag mé súil ariamh uirthi. Bhí páiste aici ba bhreátha," a deir sé, "ar leag fear ná bean súil ariamh air ina hascaill chlé. Bhí scian mhór aici de *dagger* mar a bheadh scian a bheadh ag gearradh feola. Chrochadh sí suas an páiste san ascaill chlé. Chrochadh sí suas an scian. Chuile uair a chrochadh sise an páiste," a deir sé, "thosaíodh an páiste ag gáire agus thosaíodh an bhean ag caoineadh.

"Bás nó bascadh dom, a deirimse, ós scruball mé, diabhal thar an áit a bhfuil mé a ghabhfas mé go mbeidh a fhios agam cén t-údar atá leis an scéal sin. Tá údar áirid leis.

"Ní rinne mé ach an fhuinneog a bhualadh. Scaoil sí anuas an fhuinneog. Labhair sí. Labhair mé léi. D'fhiafraigh mé di cén t-údar a raibh sí á dhéanamh sin. D'inis sí an scéal dom.

"Dúirt sí gur trí fhathach draíochta a bhí ina gcónaí sa gcathair agus go rabhadar imithe ag fiach agus nach mbeadh sé fíorfhada go mbeidís isteach agus go rabhadar ag imeacht ar aontaí chuile áit fud na tíre i lár an lae. Beithíoch ná duine ná caora a bhíodar a iarraidh, níor lig an faitíos d'aon duine aon bhlas a chur ina n-aghaidh ach é thabhairt dóibh.

"'Thugadar trí cinn de bheithígh ó m'athairse lá aonaigh, is nuair a bhí na beithígh tugtha leo acu, tháinig fear acu anall agus rug sé ar láimh ormsa agus chroch sé leis mé, is nuair a tháinig mise anseo,' a deir sí, 'chuir mé an triúr faoi gheasa gan baint ná páirt, láimh ná cois a bheith ag ceachtar acu ionam go mbeadh lá agus bliain istigh. Agus beidh an lá is bliain istigh amárach,' a deir sí, 'agus Dia dár réiteach,' a deir sí, 'tá mise réidh. Thugadar an páiste seo anseo aréir,' a deir sí, 'pé ar bith cé uaidh a dtugadar é agus d'ordaíodar domsa *pie* a bheith déanta den pháiste seo le haghaidh a ndinnéir nuair a thiocfaidís isteach inniu. Níl mórán triail agam anois,' a deir sí, 'agus chuile uair a chrochann mé an páiste, tosaíonn sé ag gáire agus tá sé ag teacht trí mo chroí, ní fhéadfainn é a mharú.'

"'Ó, a dhiabhail,' a deir an Gadaí Dubh, 'an bhfuil a fhios agat céard a dhéanfas tú? Tá toircín agamsa,' a deir sé. 'Níl feoil ar bith is gaire d'fheoil duine ná feoil toircín. Agus,' a deir sé, 'bainfidh mise píosa den mhéar den pháiste," a deir sé, 'agus cuirfidh tú tríd an b*pie* é agus beidh siad siúráilte gurb é an páiste é.'

"Ní rinne mé ach breith ar an gclaíomh agus bhain mé ón alt sa laidhricín den pháiste agus thug di é le cur sa b*pie*. Ní rinne sí ach bairille íocshláinte a bhí in áit éicint in aice léi, an chuid eile de mhéar an pháiste a shá síos ann agus níor fhan pian ná tinneas air. Chuir sí i bhfolach an páiste in áit éicint ar chuma ar bith nach raibh aon fheiceáil air nó thug sí pabhsae éicint nó rud éicint dó nár chorraigh sé in áit éicint nach bhfaca aon fhathach é.

"Rinne sí an *pie* den torc. Mharaigh an Gadaí Dubh an torc. Rinne sí an *pie* den torc agus bhí an *pie* bruite go díreach nuair a tháinig na fathaigh. D'airigh sí ag teacht iad agus d'airigh an Gadaí Dubh iad. Ní raibh aon áit aige le dhul.

"'Chomh tréan is atá cois ort anois,' a deir sí, 'tá siléar mór faoi thalamh ansin thíos,' a deir sí, 'a bhfuil na céadta duine marbh ann. Tá staighre ag dul síos ann,' a deir sí, 'chomh díreach le cois fuipe, agus staighre ard. Bain as,' a deir sí, 'agus chomh híochtarach is a fhéadfas tú a dhul fúthu,' a deir sí. 'Téirigh fúthu mar beidh siad ag dul siar,' a deir sí, 'ag baint píosaí de chuid acu nó á mbruith. Ní bheidh a leath ndóthain anseo ná a gceathrú cuid.'

"Ach tháinig na fathaigh. D'itheadar an *pie*, is nuair a bhí an *pie* ite acu, bhí an Gadaí Dubh i bhfolach faoi na daoine marbha. Dúirt an mac ab óige nach raibh a dhóthain aige féin – an fathach ab óige acu. Ní rinne sé ach éirí agus bhuail sé siar. Agus síos leis agus thosaigh sé ag cartadh agus – ar ndóigh, de bharr an Gadaí Dubh a bheith beo ba é ba bhoige – cén diabhal a chasann leis ach a cheathrú. Ach ní raibh gair ag an nGadaí Dubh bocht corraí. Bhain sé stiall mhór mhillteach dá cheathrú agus chroch sé leis é agus chaith sé síos sa m*boiler* é gur bhruith sé é gur ith sé é.

"Nuair a bhí sé ite aige, faoi cheann tamaill ina dhiaidh dúirt an dara mac nach raibh a dhóthain aige féin – an dara fathach. Bhuail sé síos agus ní hé an chaoi ar bhain sé sin píosa ar bith. Pé ar bith sa diabhal cén chaoi ar éirigh leis an nGadaí Dubh a bheith ag breathnú amach idir dhá chorp, cén diabhal a dhéanann an dara fathach ach é a fheiceáil.

"Diabhal blas a rinne sé ach rith anonn – 'Ara, a bhuachaill,' a deir sé, 'is gearr go mbeidh tú sa mboiler!' – rith anonn le breith orm agus chaith sé siar ar a ghualainn mé mar a chaithfeadh sé cleite clúmhaigh. Bhí an staighre an-díreach agus bhí sé ag dul suas agus chuimhnigh mé orm féin. Ní raibh aon deis sábhála aige féin. Ní rinne mé ach láimh a chur i mo phóca agus tharraing mé an scian bhúistéarachta a bhí agam as mo phóca agus thug mé sa taobh dó í chomh fada is a lig an chois í. Thosaigh an fhuil ag teacht, ach, má thosaigh féin, ní raibh sí ag cur mórán claochló air. Ach, m'anam, nár lig mé ach cúpla spreabhsán eile é gur tharraing mé ar a phutóga í. Scaoil mé a phutóga amach i lár an staighre agus thit sé anuas marbh.

"Rith mé ansin," a deir sé, "agus diabhal blas a bhí de thriail agam le cur os mo chionn – bhí an iomarca cuthaigh orm – ach aon duine amháin nó beirt. Agus diabhal mórán achair, cén diabhal a thagann ach an fathach ab óige aríst nuair nach bhfaca sé an fathach eile ag teacht. Cén diabhal a dhéanann sé sin," a deir sé, ach chonaic sé féin mé.

"'Ara, muise, a bhastaird,' a deir sé, 'tá mo dheartháirse marbh agat ach ní mharóidh tú aon duine eile aríst go brách.'

"Ní rinne sé ach breith orm. Chaith sé siar ar a ghualainn mé mar a chaith an fear eile. Ach níor lig mise baileach chomh fada leis an bhfear eile é, nuair a chuimhnigh mé aríst ar an scian. Thug mé sa taobh an chéad uair dó í," a deir sé, agus thug mé sna putóga ansin dó í. Mharaigh mé é agus scaoil mé amach a chuid putóga anuas fud an staighre is a raibh ann. Rith mé ansin agus chuaigh mé i bhfolach.

"Ach ní raibh aon bhlas sa dá fhathach sin," a deir sé, ach ar nós dhá pháiste, ar ghualainn an fhathaigh mhóir. Nuair nach bhfaca an fathach mór aon duine den dá fhathach eile ag teacht, síos leis. Bhí an siléar is a raibh ann is an staighre dearg le fuil – a gcuid putóga amuigh is chuile shórt. Chloisfeá an torann a bhí sé a bhaint as a chuid fiacla míle ó bhaile. Pé ar bith sa diabhal cén chaoi a bhfuair sé amharc orm, chonaic sé mé.

"Ní rinne sé ach rith anonn agus rug sé lena chiotóg orm agus chuir sé i mo sheasamh i lár an urláir mé. Agus sháigh sé láimh faoina bheilt agus tharraing sé aníos a chlaíomh – claíomh na naoi bhfaobhar. Chuir sé i mo sheasamh i lár an urláir mé agus bhí sé sin – má bhí sé cloch mheáchain, bhí sé deich gclocha fichead, an fathach sin. Thug sé aniar ó mhaol na gualann ach ní ba liomsa ab fhaillí é. Nuair a shíl sé an iarraidh a thabhairt sa gcloigeann domsa, chas mé an cloigeann uaidh agus tháinig a mheáchan féin agus meáchan na claímhe in éineacht, agus cén diabhal a dhéanann sé ach bháigh sé an chlaíomh síos trí urlár an tsiléir. Agus bhí sí curtha chomh domhain aige tríd an urlár," a deir sé, "agus an chéad iarraidh a thug sé ag iarraidh í a tharraingt, chinn sí air. Ach smaoinigh mise orm féin an dara hiarraidh. Agus nuair a shíl sé í a tharraingt an dara huair, a deir sé, thug mé an scian sa taobh dó. Diabhal mórán a rinne mé air," a deir sé.

"Tá a fhios ag Dia gur tharraing sé an chlaíomh théis sin. Tharraing sé an dara hiarraidh orm," a deir sé, "agus chas mé an cloigeann aríst uaidh. Ach bháigh sé ní ba domhaine ná sin an dara huair í. Agus nuair a bháigh sé ní ba domhaine ná sin an dara huair í, dúirt mise nach dtabharfainn an dara seans dó. Ní sa taobh a thug mise an scian an uair sin dó ach, chomh fada in Éirinn agus a bhí sí in ann, chuir mé i gceartlár trína phutóga í. Scaoil mé a phutóga amach fud na huaimhe," a deir sé, "ach bhí diabhal éicint ag baint leis an gclaíomh – bhí nimh éicint ag baint leis. Ar a dhul anuas di an dara huair, níl mé ag rá gur airigh mé ag scríobadh liom í ach theagmhaigh – scríob – rud éicint di le leathchluais liom," a deir sé, "agus thosaigh mo chuid fola ag teacht.

"Nuair nach bhfaca an bhean óg aon duine ag teacht – fathach ná aon duine – síos léi sa siléar, agus nuair a tháinig sí síos, bhí mise ag fáil bháis nó mo chuid fola ag rith.

"'Bain an ceann mór den fhathach mór,' a deirimse leis an mbean óg, 'agus gheobhaidh mise bás suaimhneach.'

"Bhain sí an ceann de lena chlaíomh mhór.

"'Ní bhfaighidh tú bás ar bith,' a deir sí. 'Cén diabhal atá ort?'

"Ní rinne sí ach rith anonn," a deir sé, "agus breith orm. Chaith sí siar ar a droim mé mar a chaithfeadh sí cleite clúmhaigh. Suas léi an staighre chomh tréan is a bhí cois uirthi agus sháigh sí síos i mbairille íocshláinte mé. Blas ar bith ach go raibh an íocshláinte teagmhaithe liom nuair a bhí mé chomh slán, chomh folláin is a bhí mé ariamh.

"Réitigh sí dinnéar," a deir sé, "chomh maith is a leagadh ar aon bhord ariamh. D'ith muid ár ndóthain agus d'ól muid ár ndóthain agus chaith mé píosa in éineacht léi agus d'inis sí chuile shórt dom – cén chaoi ar tugadh óna hathair í agus chuile bhit. Ach bhí an páiste sábháilte," a deir sé, "Bhí an bhean óg sábháilte. Dúirt mé léi go bhféadfadh sí a dhul abhaile. Dúirt sí go ngabhfadh ach ní raibh a fhios aici cé mba leis an páiste. Ach dúirt sí go dtabharfadh sí léi é.

"Ach bhí go maith is ní raibh go holc, d'imigh mé," a deir an Gadaí Dubh, "agus d'fhág mé slán aici.

"Bhí go maith is ní raibh go holc," a deir sé. "D'imigh sin ann féin ó lá go lá nó gur casadh an triúr seo liom agus sin é anois a thug an bealach anocht freisin mé."

"Bhuel anois," a deir an rí, "bhí dabht agam ort," a deir sé, "faoi na trí ghábh a d'inis tú cheana dom. Bhí dabht agam ort," a deir sé, "nach raibh an scéal fíor ach, *by dad*," a deir sé, "tá sé faighte amach anois agam go bhfuil tú ag inseacht na fírinne. Meas tú anois," a deir sé, "an dtiocfadh sé in d'intinnse go brách ná an smaoineofá choíchin air," a deir sé, "cén páiste a bhí faoi ascaill na mná an lá sin, a shábháil tusa?"

"Ní thiocfadh," a deir an Gadaí Dubh. "Ní chuimhneoinn choíchin air."

"Mise é," a deir sé. "Mise an fear sin anois," a deir sé, "agus spáinfidh mé an cruthú duit," a deir sé.

Chroch sé suas a láimh agus bhí an laidhricín bainte ón alt den mhéar.

"Ní bás ná bascadh a gheobhas tú anois," a deir sé, "ná bruith, thú féin ná do thriúr comrádaithe. Ach tagaigí in éineacht liomsa anois," a deir sé.

Thug sé isteach ar pharlús iad. Chuir sé gairm scoile amach ag iarraidh chuile chineál óil a chuaigh trí ghloine ariamh, chuile ghreim beatha a leagadh ar aon bhord ariamh. Ach níor itheadar a leithéid de dhinnéar agus níor chaitheadar a leithéid d'oíche le fiannaíocht, scéalaíocht, sú sá chodlata, spraoi agus ceol agus damhsa ar feadh naoi n-oíche agus naoi lá.

Agus dhá lá sular fhágadar an rí, chuir sé dhá shearbhónta ag tarraingt málaí leathair óir agus airgid ar an mbád. Agus dúirt sé leis an nGadaí Dubh go raibh sé ag tabhairt dó na trí chapall agus míle fáilte.

"Ach tá mé ag dul ag cur aon cheist amháin ort," a deir sé. "Ar chuir an bhanríon geasa ar na fir óga seo na caiple a choinneáil nuair a thabharfaidís chuici iad?"

"Níor chuir," a deir an mac is sine.

"Murar chuir, anois," a deir sé, "nuair a thabharfas sibhse ar ais chuig an mbanríon sin na capaill, má tá sí beo ar an *spike*, nuair a fheicfeas sí iad, ar an bpointe is a fheicfeas sí na capaill," a deir sé, "ná déanaigí ach casaigí an capall ar ais," a deir sé. "Ná bainigí srian ná diallait di. Casaigí an capall ar ais," a deir sé. "Tugaigí a tóin don bhanríon agus a haghaidh an taobh eile. Imeoidh siad," a deir sé, "ar nós a bhfeicfeá cuaifeach ag imeacht sa spéir agus ní stopfaidh siad go dtiocfaidh siad anseo. Ach mura ndéanfaidh sibh é sin," a deir sé, "beidh sibh in aiféala."

"Ná bíodh faitíos ort," a deir an Gadaí Dubh. "Beidh muide suas lenár bhfocal."

Thug sé na trí chapall dóibh le tabhairt leo, srian airgid ar chaon cheann acu agus diallait airgid. Cuireadh isteach sa mbád iad agus bhí an bád luchtaithe le hór agus airgead.

Ach d'imigh leo sa mbád go dtáinigeadar go hÉirinn. Bhuel, an caladh a dtáinig siad i dtír ann – mar a déarfá – ba gaire do bhaile don Ghadaí Dubh é. Bheadh air a dhul siar i bhfad ó bhaile le dhul in éineacht leis an triúr fear óg – an dtuigeann tú – go dtiocfaidís go dtí an bhanríon. Ach is é an margadh a rinneadar, is é a dúirt an Gadaí Dubh bocht leo, "Níl mé ag iarraidh aon seoda luachmhara agus níl mé ag iarraidh tada dá bhfuil taobh istigh de lárchraiceann an bháid ach aon mhála leathair amháin," a deir sé, "agus cuirfidh sé sin isteach mo shaol. Beidh mo dhóthain agamsa," a deir sé, "an fhad is a mhairfeas mé."

Thugadar dó an mála leathair agus é lán go clab le gineacha. Chroch sé ar a dhroim é is chroith sé láimh leo agus phóg sé iad. Agus mura raibh buíochas acu air! Agus níor mhór dóibh buíochas agus buíochas maith – is é a thug slán iad.

Ach bhí go maith is ní raibh go holc. Chuaigh an Gadaí Dubh abhaile. Agus d'imigh an triúr mac agus nuair a tháinigeadar, bhí an bhanríon thuas ar an *spike* fós.

"Tá sibh ar ais, bail ó Dhia oraibh," a deir sí, "agus na trí chapall agaibh."

"Tá," a deir an mac is sine.

"Bhuel, an bhféadfadh mise a dhul síos anois?" a deir sí.

"Ní fhéadair," a deir an mac is óige.

"Cén fáth?" a deir sí.

"Bhuel," a deir an mac is óige, "nuair a bhí muide ag imirt chártaí leatsa," a deir sé, "chuir mise an cluife deiridh ortsa agus níor chuir mé geasa ar bith ort."

"Cén geasa atá tú a chur anois orm?" a deir sí.

"Bhuel, inseoidh mé sin duit," a deir sé. "Tá mé do do chur faoi gheasa anois," a deir sé, "gan an áit a bhfuil tú ann a fhágáil go brách," a deir sé, "pé fada nó gearr é, go bhfaighidh tú triúr fear eile a thabharfas na trí chapall seo ó Rí Connell mar a thug muide anois iad."

Bhuail an oiread de spadhar feirge an bhanríon ar bharr an *spike* mar bhí a fhios aici go mb'in rud nach bhfaigheadh sí go brách, agus pé ar bith cor a baineadh aisti, caitheadh anuas de bharr an *spike* í agus déanadh miodamas ar an talamh di.

Ach pé ar bith cá raibh an rí, nuair a tháinig an rí abhaile tráthnóna, chasadar na capaill ar ais. Chasadar a dtóin le taobh na cathrach agus thugadar a n-aghaidh soir. D'éirigh mar a bheadh cuaifeach gaoithe sa spéir agus níor chónaíodar go dtáinigeadar ar ais go dtí Rí Connell.

Ach nuair a tháinig an rí abhaile ar chaoi ar bith agus bhí an triúr mac roimhe agus a raibh d'acmhainn ann cheannódh sé a raibh de ríochtaí in Éirinn agus i seacht nÉirinn a raibh d'airgead agus d'ór agus de sheoda luachmhara agus de chuile shórt. Ach ní raibh aon chuimhneamh ag an rí ar an mbanríon. Ní raibh suim sop tuí aige inti ná sa mac ab óige ach an oiread le hais an triúr mac ba sine.

Nuair a tháinig an rí, murar mhaireadar saol fada le séan, go maire muide é.

Ach nuair a bhí sé ag teacht gar don bhás, d'fhág sé an choróin ag an mac ba sine. D'ordaigh sé é a bheith ina rí ina dhiaidh.

Bhuel, níor chuala mise céard a tharla don bheirt mhac eile is níor chuala mé céard a tharla don mhac ab óige, ach tá a fhios agam nár shiúil sé ar thalamh an domhain ariamh aon fhear a bhí in ann ag an nGadaí Dubh.

Sin é mo scéalsa anois, Dia le mo bhéalsa, tiocfaidh an t-éag, ba mhór an scéal, beannacht Dé le hanam na marbh. Áiméan.

Conall Buan

Bhí rí in Éirinn sa tseanaimsir fadó agus bhí triúr mac aige. Is é an t-ainm a bhí ar an mac is sine, Comhad, is é an t-ainm a bhí ar an dara mac, Artúr, agus is é an t-ainm a bhí ar an tríú mac, Conall Buan.

Bhuel, bhí bua ag Conall Buan nach raibh ag mórán fear eile ar sheacht gcranna an domhain. Bhí sé priontáilte, gearrtha isteach ina chlaíomh: 'Seacht gcéad ar a aghaidh, seacht gcéad ina dhiaidh agus seacht gcéad ar chaon taobh de'.

Ach bhí go maith is ní raibh go holc. Lá a raibh sé ag caitheamh meáchain, bhí an t-athair is an triúr mac amuigh i bpáirc mhór a bhí chomh maith le míle ar a fhad, agus roimh am dinnéir chroch an t-athair a chloigeann, bhreathnaigh sé ina thimpeall agus, ag an gcloigeann ab fhaide uaidh den pháirc, chonaic sé fear mór ag déanamh orthu.

"By dad," a deir sé le Comhad, "tá fear ag déanamh orainn, más dea-fhear nó drochfhear é, ach tá rud éicint á thabhairt don tír seo."

Tháinig an fear agus bheannaigh sé go suáilceach dó. Bheannaigh an rí dó. B'eo é anois Ardrí Éireann, Rí Chúige Uladh, a bhí ag caitheamh an mheáchain.

Bhí go maith is ní raibh go holc. D'fhiafraigh an rí de nuair a bhí siad píosa ag caint, "Céard é do ghnó go hÉirinn," a deir sé, "nó an aon teachtaireacht atá uait?"

"Muise, by dad, caithfidh mé a rá leat gurb ea," a deir sé. "Rí na Gréige a chuir go dtí thusa mise. Tá cath comhraic ag teacht air," a deir sé, "agus níl a dhóthain cúnaimh aige. Níl aon bhack aige," a deir sé, "agus dúirt sé nach raibh aon rí ar sheacht gcranna an domhain is túisce a chuideodh leis ná Ardrí na hÉireann, Rí Chúige Uladh. Agus chuir sé mise mar theachtaire," a deir sé, "ag fiafraí cén freagra a thabharfá dó."

"Bhuel, tabharfaidh mise sin dó agus míle fáilte," a deir an tArdrí, "agus gabhfaidh mé féin ina dtosach – chuile shaighdiúir airm dá bhfuil ag dul liom," a deir sé. "Tabharfaidh mé liom iad."

"Go raibh míle milliún maith agat," a deir an fear mór.

Chroith sé láimh leis an rí agus chas sé ar ais.

"Tá mo theachtaireacht déanta agamsa anois," a deir sé. "Amárach anois lá cairde. Ní foláir duit imeacht amárach," a deir sé, "má tá tú ag iarraidh a bheith in am an cúnamh a thabhairt do Rí na Gréige."

"Beidh a shliocht orm," a deir an rí. "Nuair a bheas mo bhricfeasta ite agamsa ar maidin amárach, imeoidh mé."

D'imigh an fear mór, agus faoi cheann tamaill théis é a bheith imithe, labhair an rí leis an gclann mhac.

"Muise, a Chomhad lách," a deir sé leis an mac is sine, "níor iarr mé aon impí ariamh ort a d'eitigh tú, agus níor iarr mé aon cheo ariamh ort nár rinne tú, agus tá súil agam," a deir sé, "nach n-eiteoidh tú an geábh seo mé: tá mé ag iarraidh impí ort."

"Cén sórt impí atá tú a iarraidh orm?" a deir Comhad.

"Bhuel, inseoidh mé sin duit," a deir sé. "Nuair a imeos mise agus mo chuid airm – tá a fhios agat féin," a deir sé, "nach bhfuil aon duine eile le breathnú i ndiaidh an chathair mhór seo – bheinn an-bhuíoch díot," a deir sé, "dá bhfanfá sa mbaile agus an chathair a bheith sa gcóir agus sa gcuma chéanna a bhfuil sí anois ann nuair a thiocfas muid ar ais."

Chroith Comhad a chloigeann agus rinne sé smaoineamh.

"Bhuel," a deir Comhad, "dá n-iarrfadh aon fhear eile sa domhan é sin ormsa ach thusa, dhéanfainn min idir mo dhá láimh de nó chuirfinn de shéideog don Domhan Thoir é."

"Níl aon neart air," a deir an rí.

"Muise, a Artúir lách," a deir sé leis an dara mac, "nár iarr mé aon cheo ariamh ort a d'eitigh tú, agus a rinne chuile shórt a d'iarr mé ariamh ort, ní bheadh aon seans go bhfanfása ag tabhairt aire don chathair go dtaga muid ar ais ón nGréig agus í a bheith sa gcóir agus sa gcuma chéanna a bhfuil sí anois?"

"Bhuel, dá n-iarrfadh aon fhear eile sa domhan ormsa é sin," a deir Artúr, "ach thusa, dhéanfainn puiteach faoi mo dhá chois de nó min idir mo dhá láimh."

"Níl neart air," a deir an rí.

Chuimhnigh sé ar Chonall Buan ansin.

"Bhuel, a Chonall Buan," a deir sé, "níor iarr mé mórán ortsa ariamh. Níor iarr mé mórán impí ariamh ort," a deir sé, "ach gach ar iarr mé ort, níor eitigh tú mé, agus tá cineál náire orm é seo a iarraidh anois ort," a deir sé; "ní bheadh seans ar bith go bhfanfása agus aire a thabhairt don chathair agus í a bheith sa gcóir agus sa gcuma chéanna a bhfuil sí anois ann nuair a thiocfas muid ar ais?"

Rinne Conall smaoineamh air féin i bhfad. Agus bhí bean óg, iníon Rí an Domhain Thoir, an bhean ba bhreátha a bhí ar sheacht gcranna an domhain agus is é an t-ainm a bhí uirthi, Bos Mór Geal, agus ó bhí sé seacht mbliana d'aois, cé nach bhfaca sí ariamh é, bhí gean aici ar Chonall Buan agus bhí gean ag Conall Buan uirthi théis nach bhfaca sé ariamh í – nach mb'aisteach an rud é? Agus bhí a fhios ag Conall Buan nach raibh aon seans aige ariamh ina shaol chomh maith is a bheadh anois aige Bos Mór Geal a fheiceáil, b'fhéidir go brách, mura bhfeicfeadh sé an geábh seo í, nuair a bheadh an rí agus an t-arm agus a mbeadh ann imithe, go mbeadh seans maith aige aghaidh a thabhairt ar an bhfarraige.

"By *dad*, tabharfaidh mise aire don chathair, a athair," a deir sé, "agus beidh sí sa gcóir agus sa gcuma chéanna a bhfuil sí an lá a dtiocfaidh tú leis an lá a n-imeoidh tú."

"Go raibh míle maith agat," a deir an rí. "Ní chaillfidh tú tada leis sin."

Bhí go maith is ní raibh go holc. Ar maidin lá arna mhárach, nuair a d'ith an rí a bhricfeasta, agus an chlann, chuir gairm scoile amach agus chruinnigh sé a chuid airm uilig. Fuaireadar long – ar ndóigh, bhí neart long ag an rí – fuaireadar long mhór agus chuadar isteach uirthi, an bheirt mhac, Artúr agus Comhad, agus a n-athair agus gach a raibh d'arm uilig aige agus chuadar don Ghréig.

Buadh an cogadh sa nGréig ar chuma ar bith. Bhuaigh Rí na Gréige an cogadh ach níl mé in ann a rá cén t-achar a chaith sé ar bun.

Ach nuair a fuair Conall imithe iad, d'ith sé a bhricfeasta, agus nuair a cheap sé iad a bheith go domhain i bhfarraige, réitigh sé amach é féin agus thug sé leis a chulaith ghaisce ina mhála leathair agus, ar ndóigh, thug sé leis a chlaíomh – ní nárbh ionadh – an chlaíomh ab fhearr a bhí ar sheacht gcranna an domhain.

Ach nuair a chuaigh sé amach thar an doras, chuir sé an glas air. Agus is é an áit a raibh an chathair déanta, ar chnocán mór ard. Ní rinne sé ach láimh a chur ina phóca agus tharraing sé aníos slat draíochta agus bhuail sé trí iarraidh den tslat ar an gcnocán agus d'iarr sé draíocht ar an tslat an chathair a bheith sa gcóir agus sa gcuma cheannann chéanna, gan cleite isteach ná bunchleite amach ach mar a bhí sí, an lá a dtiocfadh a athair ar ais. Ach ní raibh Conall Buan le bheith roimhe.

Ach d'imigh Conall nuair a bhí sin déanta aige. Chuir sé an tslat ina phóca agus d'imigh sé. Bhí an lá an-fhada ach bhí sé ag siúl go raibh an ghrian le linn a dhul faoi, agus cén diabhal áit ar éirigh leis a bheith a dhéanamh ach ar an bhfarraige, agus áit an-uaigneach a bhí ann. Agus nuair a bhí sé ag déanamh ar an bhfarraige, is é an t-ainm a bhí ar an spota a raibh sé ag déanamh air – is é an t-ainm a thugaidís air lena dhonacht nó lena uaigneas, Poll an Duibhinn. Agus céard a d'fheicfeadh sé ach long agus í mar a bheadh sí ag brath ar seoladh amach as an gcaladh.

Chomh tréan in Éirinn is a bhí cois air, mhéadaigh sé ar a choisméig, ach ní raibh a fhios aige cén taobh den domhan a bhí sí ag dul a thógáil. Ach nuair a bhí sé ag teannadh léi, thug sé faoi deara nach raibh inti ach aon fhear amháin agus bhí sé ag obair ar nós an diabhail ag réiteach an bháid. Tháinig Conall agus bheannaigh sé dó agus bheannaigh an mairnéalach dó go suáilceach.

"Muise, cogar mé seo leat," a deir Conall, "an bhfuil aon dochar dom fiafraí díot cé acu de na seacht ndomhan a bhfuil do thriall nó cén taobh a bhfuil tú ag dul?"

"Tá mé ag dul don Domhan Thoir," a deir sé.

"Ní fearr ná sin é," a deir Conall. "Dea-scéal in do bhéal. Tá mise ag iarraidh a dhul don Domhan Thoir freisin," a deir Conall, "ach níl bád ná long agam. Agus bheinn fíorbhuíoch díot," a deir sé, "mura gcuirfeadh sé aon cheo as duit, b'fhéidir go dtabharfá trasna mé, go dtabharfá don Domhan Thoir sa mbád mé?"

"Muise, i nDomhnach," a deir an mairnéalach, "ní chuirfidh tú tada as domsa. Ach aon rud amháin," a deir sé, "is iomaí pointe áirid agus b'fhéidir go dteastófá uaim le láimh chúnta a thabhairt dom ar fhad do bhealaigh."

"Tabharfaidh mé sin duit agus fáilte," a deir Conall. "Íocfaidh mise go maith thú," a deir sé.

"Ní ghlacfaidh mise pingin ná leithphingin uait," a deir an mairnéalach, "mar níl tú ag dul ag cur tada as domsa."

Chuaigh sé isteach sa mbád. D'imigh leo. Níl mé in ann a mhionnú cén t-achar a thóg sé orthu, ach an ghaoth a bhí ina ndiaidh, ní raibh sí ag breith orthu agus an ghaoth a bhí rompu, bhí siad ag breith uirthi.

Ach tháinigeadar i dtír sa Domhan Thoir. Nuair a chuaigh Conall amach as an mbád, chuir sé láimh ina phóca agus shín sé ladhar airgid chuig an mairnéalach. Ní raibh an mairnéalach á ghlacadh ach chaith Conall ar urlár an bháid é.

"Tá mé thar a bheith buíoch díot," a deir Conall.

"Níl aon chall duit leis," a deir an mairnéalach.

"Ach ní bheadh tuairisc ar bith agat," a deir Conall, "nó an bhfuil mórán eolais sa domhan seo agat," a deir sé, "ar an áit a mbeadh Rí an Domhain Thoir ina chónaí? Tá iníon aige," a deir sé, "a dtugann siad Bos Mór Geal uirthi agus ag breathnú uirthi sin atá mise ag dul."

Thosaigh an mairnéalach ag gáire.

"Bhuel," a deir an mairnéalach, "tá mise chomh dall uirthi sin leat féin

– agus ar an rí – mar níl ionamsa," a deir sé, "ach tráchtálaí. Ní as an domhan seo mise chor ar bith ach mé ag tráchtáil."

"Níl neart air," a deir Conall. "Go raibh míle maith agat."

D'imigh Conall, agus pé ar bith teach ar chodail sé an oíche sin ann – le scéal fada a dhéanamh gearr – chaith sé sé seachtaine ag siúl, bhí sé ag codladh i gcocaí féir, bhí sé ag codladh i stáblaí agus bhí sé ag codladh chuile áit. Tá a fhios agat féin – rud is lú ná domhan, go mba deacair í a fháil amach ann.

Ach bhí go maith is ní raibh go holc. Nuair a bhí na sé seachtaine istigh, bhí sé ag siúl ar bhóthar an-uaigneach agus bhí sé siar go maith sa lá, agus céard a d'fheicfeadh sé ag déanamh air ach buachaill beag tuairim is trí bliana déag, asal aige, srathair air agus péire cléibh. Nuair a tháinig Conall chomh fada leis, bheannaigh sé dó. Bheannaigh an gasúr dó go suáilceach.

"Muise, ar mhiste dom fiafraí díot le do thoil," a deir Conall leis an ngasúr, "is dócha nach mbeadh tuairisc ar bith agat nó ar chuala tú aon chaint ariamh ar aon bhean óg san áit seo a dtugann siad Bos Mór Geal uirthi, iníon Rí an Domhain Thoir?"

"By dad, chualas," a deir an gasúr.

"Bhuel, cá bhfuil sí sin ina cónaí?" a deir Conall.

"Bhuel, inseoidh mise duit anois," a deir an gasúr. "Ní chasfaidh aon teach duit anois," a deir sé, "ach aon teachín amháin ceann tuí, bothánín beag ar thaobh na láimhe clé den bhóthar, i bhfoisceacht ceathrú míle díot. Ní chasfaidh aon teach duit ó ghabhfas tú thairis sin nó go dtige tú chomh fada le cathair mhór Bhos Mór Geal."

"Go raibh míle maith agat," a deir Conall.

Chuir sé láimh ina phóca agus chaith sé ladhar airgid chuige.

Ghlac an gasúr buíochas leis. D'imigh Conall, agus ní raibh déanta aige ach ceathrú míle nuair a chonaic sé an bothánín. Agus nuair a bhreathnaigh sé air, "By dad," a deir sé, "bhí an buachaill sin ag inseacht na fírinne, chomh fada le mo bharúil."

Ach d'imigh leis, agus míle eile a bhí déanta aige nuair a fuair sé amharc ar an gcathair is, ar ndóigh, tabhair cathair ar chathair ach bhí sí ann. De réir mar a bhí sé ag teannadh léi, bhí sí ní b'fhearr ná sin. Ní raibh tada timpeall uirthi ach arm agus gardaí agus chuile chineál á cosaint agus ag tabhairt aire di féin agus do Bhos Mór Geal chomh maith le chéile.

Ach bhí Conall ag imeacht go dtáinig sé go dtí cloigeann an bhóthair a bhí ag dul isteach go pálás an rí ón mbóthar mór, agus bhí geata iarainn crochta air a bhí dhá throigh dhéag ar airde. Bhí oifigeach airm ina sheasamh ag an ngeata. Bheannaigh Conall dó agus bheannaigh an t-oifigeach dó.

"Ar mhiste dom fiafraí díot," a deir Conall, "cén áit thart anseo a bhfuil Bos Mór Geal ina cónaí, iníon an rí?"

"Níl tú i bhfad uaithi anois," a deir an t-oifigeach, "ach cén taispeánadh atá agatsa nó cé as thusa," a deir sé, "le go mbeifeá in ann Bos Mór Geal a fheiceáil ar an gcaoi sin?"

"Cén taispeánadh a theastódh uaim?" a deir Conall.

"Bhuel," a deir sé, "inseoidh mise duit é. Tá trí shaghas airm," a deir sé, "ag gardáil na cathrach seo. Tá saghas airm ann in ann beirt a mharú in aghaidh duine. Tá saghas airm ann," a deir sé, "a bhfuil a gcuid féasóga tagtha orthu go folach. Tá saghas airm ann," a deir sé, "nach dtáinig a gcuid féasóga orthu go fóill. Agus cén chaoi ar féidir leatsa a dhul isteach in aghaidh na dtrí shaghas airm sin le Bos Mór a fheiceáil – gan bhuíochas dóibh – gan tú a mharú?"

Nuair a chonaic Conall an fháilte a bhí roimhe, diabhal blas a rinne sé ach a mhála a oscailt agus d'fheistigh sé air a chulaith ghaisce. Tharraing sé claíomh óna bheilt, claíomh na naoi bhfaobhar nach raibh a leithéid ar sheacht gcranna an domhain an uair sin. Thosaigh sé ag dul fúthu, tríothu agus tharstu mar a bheadh seabhac ag dul trí phlód éanacha nó préachán gearr trí pháirc cearca, nár fhág sé cloigeann ar cholainn den mhéid sin nár scioch sé.

Nuair a bhí an méid sin déanta aige, ní rinne sé ach a theacht go dtí an geata mór, leag sé a chiotóg ar an tríú ráille nó an ceathrú ráille agus d'éirigh sé de léim agus ghlan sé isteach é. Ach ní mba tada taobh amuigh go ndeachaigh sé isteach.

Nuair a chuaigh sé isteach, bhí sé ag siúl nó go dtáinig sé amach ar aghaidh na cathrach ar thaobh na gréine. Bhí fuinneog mhór oscailte air a bhí chomh mór le doras. Bhí sí ligthe anuas go dtína leath. Bhí trí bhairille nimhe socraithe i ndiaidh a chéile agus taobh amuigh den chéad bhairille, bhí stól; idir an dá bhairille, bhí stól eile; agus idir an tríú bairille agus an dara bairille, bhí stól eile. Agus taobh istigh den tríú bairille, faoin bhfuinneog, bhí stól eile. Bhí stól na fuinneoige an-leathan, mór, agus bhí an fhuinneog oscailte. Agus an fear nach mbeadh in ann éirí den chéad stól, a dhul thar an mbairille nimhe sin ar an stól eile; éirí de sin agus a dhul ar an stól eile taobh istigh den dara bairille nimhe; éirí de sin agus a dhul ar an tríú stól a bhí taobh istigh den bhairille nimhe; agus éirí den stól sin agus a dhul ar chlár na fuinneoige – nó pé ar bith ainm a thabharfas tú air, ar *sheat* na fuinneoige – taobh amuigh; agus éirí de sin agus a dhul isteach de léim i seomra Bhos Mór Geal. Agus bhí barúil ag Conall ina intinn go mba é an seomra é a raibh sí ag cónaí ann nuair a chonaic sé an chaoi a raibh an fhuinneog agus chuile shórt.

Ach ní rinne Conall ach seasamh ar an gcéad stól. Chaith sé an chéad bhairille nimhe gan anró ar bith. Chaith sé an dara bairille. Chaith sé an tríú bairille agus tháinig sé ar an stól a bhí faoin bhfuinneog. D'éirigh sé de sin agus chuaigh sé ar chlár na fuinneoige, agus nuair a bhí sé ar chlár na fuinneoige – ní raibh aon mhoill air – d'éirigh sé de léim agus chuaigh sé isteach agus cén áit ar leaindeáil sé, agus í ag fuáil nó ag cniotáil, ach ar ghualainn Bhos Mór Geal agus í ina suí i gcathaoir bhreá bhog i leataobh tine.

Agus ar an bpointe is a thug sí amharc amháin air, thosaigh na deora ag titim óna súile.

"Céad míle milliún fáilte romhat, a Chonall Buan," a deir sí. "Tá gean agamsa ort," a deir sí, "ó bhí mé seacht mbliana cé nach bhfaca mé ariamh thú. Nach fada go dtáinig tú?"

"Bhí mé ar an gcaoi chéanna leat," a deir Conall.

Mhúchadar a chéile le póga, mhúchadar a chéile le deora, thriomaigh siad a chéile le naipcíní míne síoda agus righin. Ach le scéal fada a dhéanamh gearr – nuair a bhí Conall seachtain sa gcathair, ní hamháin fáilte a bheith roimhe ach bhí cineál scátha ar an rí roimhe chomh maith le fáilte.

Ach bhí go maith is ní raibh go holc. Nuair a bhí sé seachtain sa gcathair, phós Conall agus Bos Mór Geal, agus nuair a bhí siad mí pósta – níor chorraíodar as an gcathair – tháinig máthair Bhos Mór Geal go dtí iad agus iad théis a mbricfeasta.

"Bhuel," a deir sí, "chuir mo mháthair geasa ormsa pé ar bith cé a bhuafadh m'iníon nó a gheobhadh le pósadh í, nuair a phósfaidís, nach bhféadfaidís fanacht sa gcathair seo ach mí, agus nuair a bheadh an mhí istigh, go gcaithfidís imeacht, ach nuair a bheidís sé mhí imithe, go bhféadfaidís a theacht ar ais aríst agus cur fúthu ann an fhad is a mhairfidís."

"*By dad*, níl locht air," a deir Conall.

Bhí go maith is ní raibh go holc. Ar maidin lá arna mhárach nuair a d'ith siad a mbricfeasta, réitigh Conall agus Bos Mór Geal iad féin is bhuaileadar bóthar. Agus tráthnóna siar go maith, bhíodar ag siúl ar bhóthar mór uaigneach i leataobh na farraige, agus céard a d'fheicfeadh Conall isteach ar a aghaidh ach oileán mór galánta, rabhnáilte. Is é an sórt déanamh a bhí air, bhí sé fíor-rabhnáilte ach bhí sé ag éirí suas ina lár, fíorard.

"Mo chrá is mo mhilleán," a deir sé le Bos Mór Geal, "má théim thar an spota seo a bhfuil mé go brách go mbeidh a fhios agam cé atá ina chónaí ar an oileán sin."

"B'fhéidir nach bhfuil dochar ann," a deir Bos Mór Geal.

Ach chuadar isteach ag snámh. Agus nuair a tháinigeadar ar an oileán, diabhal teach ná bun ná áras ná bráicín ná tada a bhí le feiceáil. Bhíodar ag siúl agus ag siúl ach bhíodar ag síorshiúl go ndeachadar suas bunáite ar a bharr, is nuair a tháinigeadar ar a bharr, céard a d'fheicfeadh Conall ach chomh maith le trí mhíle nó ceithre mhíle gabhar agus fáinne mór déanta timpeall uilig acu le cúig nó sé de róite ar leithead.

Agus an chéad bhreathnú eile a thug sé, céard a d'fheicfeadh sé ina shuí ar bhun crainn istigh ina lár báire idir iad ach bean óg. Níor chónaigh sé go dtáinig sé go dtí í. Bheannaigh sé di. Bheannaigh sí dó go suáilceach.

"Ar mhiste dom fiafraí díot," a deir Conall, "céard atá tú a dhéanamh anseo?"

"Tá mé ag máistreacht gabhar," a deir sí, "do mo mháistir."

"Bhuel, ar mhiste dom fiafraí díot le do thoil," a deir Conall, "cén t-ainm atá ar an oileán seo?"

"Ní miste," a deir sí. "Más maith mo luach," a deir sí, "is maith mo scéal."

Ní rinne sé ach láimh a chur ina phóca agus chaith sé ladhar airgid chuici.

"'Is é an t-ainm," a deir sí, "a thugann siad ar an oileán seo, Mic Ainnir Mhic Éadair Mhic Éide Mhic Annla."

"Bhuel, más in é an t-ainm atá air," a deir Conall, "chuir mo mháthair geasa ormsa," a deir sé, "nuair a bhí mé i mo bhuachaill óg, dá gcasfaí ar an oileán seo go brách mé, dá mbeadh i ndán is go dtitfinn i mo chodladh ar an oileán, nach ndúiseodh seacht gcatha na Féinne mé go gcodlaínn lá agus bliain."

"Is mairg duit," a deir Bos Mór Geal, "nár inis an scéal sin sul má d'fhág muid an baile. Má fheicimse tada ag teacht an t-achar sin – is fada an t-achar é – a mbeidh aon dochar ná contúirt ann, cén chaoi a ndúiseoidh mé thú?"

"Inseoidh mise sin duit," a deir sé.

Chuir sé láimh suas chuig a chloigeann agus bhí ribe mór láidir gruaige ag fás suas i mullach a chinn.

"Tarraing an ribe sin," a deir sé. "Mura ndúiseoidh sé sin mé," a deir sé, "an bhfeiceann tú an charraig mhór sin thíos?"

"Feicim," a deir sí.

"Buail í sin," a deir sé, "i gclár an éadain orm. Mura ndúisí sí sin mé," a deir sé, "gearr laidhricín na coise clé díom agus mura ndúisí sé sin mé," a deir sé, "ní dhúiseoidh seacht gcatha na Féinne mé go gcodlaí mé lá agus bliain."

Thosaigh Bos Mór Geal ag gol ach, ar ndóigh, ní raibh aon mhaith ann. Diabhal mórán achair gur thit Conall ina chodladh.

Bhí Cailín na nGabhar agus Bos Mór Geal, an bheirt, ag tabhairt cuideachta dá chéile agus iad ag tabhairt aire dó le faitíos go bpiocfadh na héanacha na súile as nó go dtarlódh tada dó. Ach – le scéal fada a dhéanamh gearr – nuair a bhí sé sé mhí ina chodladh, ar uair a dó dhéag sa lá – lá breá ciúin, te a bhí ann – pé ar bith breathnú a bhíodar a dhéanamh amach ar an bhfarraige, chonaiceadar long ag déanamh trasna agus bhí sí ag déanamh ar an oileán.

"*By dad*," a deir Cailín na nGabhar le Bos Mór Geal, "tá soitheach mór ag teacht agus iomramh na gcéadta uirthi. Agus," a deir sí, "nár fhág mé an áit a bhfuil mé i mo shuí má tá dea-chuma ar bith uirthi."

Ní rinne Bos Mór Geal ach éirí de léim agus tharraing sí an ribe a dúirt Conall léi. Ní raibh aon mhaith ann. Ní rinne sí ach rith síos agus breith ar an gcarraig mar bhí sí chomh láidir le scór. Bhuail sí i gclár an éadain air í ach níor dhúisigh sé. Ghearr sí laidhricín na coise clé de ach níor dhúisigh sí é.

B'éigean di fanacht san áit a raibh sí. Tháinig an long go dtí í – chuig an oileán – agus shiúil an fear mór amach aisti agus bhí an spéir uilig le feiceáil amach acu idir a dhá chois ach ní raibh blas ar bith le feiceáil os cionn a mhullaigh. Tháinig sé chomh fada leo agus bheannaigh sé dóibh.

Nuair a bhí sé píosa ag caint leo, thug sé faoi deara gurbh í Cailín na nGabhar is mó a raibh baint aici nó a raibh láimh san oileán aici.

"Ar mhiste dom fiafraí díot," a deir sé, "cén t-ainm atá ar an oileán seo?"

D'inis sí an scéal céanna dó a d'inis sí do Chonall. "Mic Ainnir Mhic Éadair," a deir sí, "Mhic Éide Mhic Annla."

"Bhuel, más in é an t-ainm atá air," a deir sé, "chuir mo mháthair geasa ormsa, dá gcasfaí ar an oileán seo go brách mé," a deir sé, "an chéad bhean a chasfadh dom ar an oileán, bean agus céile a dhéanamh di. Agus dá bhíthin sin," a deir sé, "tá sé chomh maith dom í seo a thabhairt liom."

Ní rinne sé ach siúl anonn go dtí Bos Mór Geal agus rug sé ar láimh uirthi. Ní raibh sí in ann a rá "Ní ghabhfad", ach thosaigh sí ag gol agus ag gol go trom. Chroch sé leis síos go dtí an bád í agus bhí Cailín na nGabhar ag aireacht ar an mbád gur imigh sí as a hamharc.

Ní raibh duine ar bith ag Cailín na nGabhar ansin ach í féin agus bhí sí ag iarraidh a bheith ag tabhairt aire do na gabhair agus ag tabhairt aire do Chonall. Ach – le scéal fada a dhéanamh gearr – *by dad*, d'imigh na sé mhí eile thart – agus an lá – ach nuair a bhí an lá is bliain istigh, ar uair a dó dhéag d'oscail Conall a dhá shúil.

"An bhfuil mé i bhfad i mo chodladh?" a deir sé agus bhreathnaigh sé ar Chailín na nGabhar.

"Tá tú i do chodladh," a deir sí, "le lá agus bliain."

"Lá agus bliain?" a deir Conall.

"Táir," a deir sí.

"Cá bhfuil mo bhean?" a deir sé.

"Más maith mo luach," a deir sí, "is maith mo scéal."

Chuir sé a láimh ina phóca agus chaith sé ladhair airgid chuici.

D'inis sí an scéal dó mar atá inste agamsa faoin mbád agus faoin bhfathach mór a tháinig agus gur chroch sé leis Bos Mór Geal agus go raibh sí ag gol go mór.

"Á, tá mé i dtrapa anois," a deir Conall, "níos mó ná a bhí mé ariamh. Níl bád ná long agam," a deir sé, "a thabharfas den oileán seo mé agus níl a fhios agam cén taobh a dtabharfaidh mé m'aghaidh. Ní bheadh tuairisc ar bith agat," a deir sé, "ar bhealach ar bith a bhfaighinn bealach ar bith le n-imeacht den oileán?"

"Bhuel, by dad, tá," a deir sí. "Más maith mo luach, is maith mo scéal."

Chuir sé a láimh ina phóca agus chaith sé ladhair eile chuici.

"Bhuel, más mac rí dlisteanach le banríon thú," a deir sí, "ag a dó dhéag a chlog amárach, i meán an lae, beidh an fharraige mar a bheadh leac oighre. Éireoidh long ansin amuigh ar d'aghaidh," a deir sí, "aníos de thóin na farraige. Ní bheidh fear ná bean inti, is ní chónóidh sí," a deir sí, "go mbuailfidh sí gob isteach ar an trá ansin. Níl ort ach rith síos," a deir sí, "agus léimneach isteach inti agus tabharfaidh sí sin an bealach ceart thú. Ach mura mac rí dlisteanach le banríon thú," a deir sí, "báfaidh sí thú le casadh do shúl."

"Is mac rí dlisteanach le banríon mé gan dabht," a deir Conall.

"Sin é an chaoi is fearr é," a deir cailín na ngabhar.

D'fhan Conall ar an oileán an oíche sin. Lá arna mhárach ar uair a dó dhéag, bhí sé féin agus Cailín na nGabhar ag ithe cnónna agus sméara. Pé ar bith breathnú a rinne Conall amach, chonaic sé an long ab áille a chonaic sé ariamh ag dul aníos de thóin na farraige. Níor chónaigh sí gur bhuail sí gob ar an trá agus ní dheachaigh sí i bhfoisceacht leathchéad slat di, nuair a d'éirigh Conall de léim agus chuaigh sé glan díreach ceart isteach i lár a hurláir. Agus feictear dó ag dul isteach dó gur airigh sé an guth ag rá, "Tá tú ar an mbealach ceart anois."

Bhí Cailín na nGabhar ag aireachas ach ní fhaca sí ag bá Chonaill í. D'imigh sí ar nós na gaoithe Mhárta is tréine a shéid as aer ariamh. Ach bhí sí ag imeacht gur stríoc sí talamh agus trá i ríocht eile ach ní raibh a fhios ag Conall cén áit é. Agus nuair a bhí sí ag dul amach aisti, feictear dó gur airigh sé an guth ag rá, "Tá tú ar an mbealach ceart anois."

D'imigh leis, agus bhí sé ag siúl píosa maith agus cén diabhal áit a casadh é ach i gcolbha coille ach ní raibh an choill an-mhór. Chuaigh sé trasna tríd an gcoill agus ní mórán a bhí siúlta aige nuair a casadh caolán galánta air. Chuir sé an-suim ann. Ní rinne sé ach láimh a chur faoina bheilt agus tharraing sé aníos a chlaíomh agus bhuail sé é. Ghearr sé é agus chroch sé leis ina láimh é.

Bhí míle eile déanta aige agus ní fhaca sé teach ná áras. Ach is gearr gur airigh sé an gleo ab uafásaí a d'airigh sé ariamh agus shíl sé gur cogadh dearg a bhí ann. Bhuail scáth agus faitíos é agus is é an chaoi a raibh sé ag snámh ar a thaobh – agus ar a lámha scaití – ag teannadh leis. Ach sa deireadh tháinig sé chomh gar dó agus go dtug sé faoi deara go mba dream iad a bhí ag bualadh báire. Ach d'éirigh sé ina sheasamh. Ní raibh feiceáil ar bith acusan air ach bhí feiceáil aigesan orthusan.

Tabhair báire ar bháire ach bhí sé á bhualadh. Diabhal blas a rinne sé sa deireadh ach tharraing sé aníos an scian agus níor thóg sé deich nóiméad air ag déanamh an chamáin ba galánta a bhí ag aon fhear ariamh den chaolán a thug sé as an gcoill. Nuair a bhí an camán déanta aige, rinne sé orthu gan fuacht gan faitíos.

Nuair a tháinig sé go dtí iad, bhíodar ag bualadh go tréan. Thug sé faoi deara *referee* a bhí orthu. Ach chuaigh sé go dtí é, agus an fhad is a bhí sé ag dul go dtí an *referee*, pé ar bith sa diabhal cé a bhuail an liathróid, casadh trasna ar Chonall í. Fuair Conall greim uirthi, agus nuair a fuair Conall greim ar an liathróid, seacht gcatha na Féinne ní bhainfeadh de í. Ach d'fhógair an *referee* sa deireadh ar Chonall a theacht go dtí é. Tháinig.

"Bhuel," a deir an *referee*, "ní fhaca mé mórán báireoir ariamh," a deir sé, "nach bhfuil leathad uaidh."

"Bhuel, cé hé thusa," a deir Conall, "nó cén ríocht í seo?"

"'Is é an t-ainm a thugann siad ar an ríocht seo," a deir an *referee*, "ríocht Ríomhainn Dearg. Sin é an t-ainm atá ar an rí ar an ríocht seo. Mac leis mise," a deir sé, "agus tá beirt dearthár liom ag bualadh an bháire freisin."

"Bhuel, an bhfuil a fhios agat céard a dhéanfas tú anois?" a deir mac Ríomhainn Dearg. "Tabharfaidh mé leath mo chuid fir duit," a deir sé, "agus coinneoidh mé féin an leath eile, agus pé ar bith cé againn a bhuafas an cluife," a deir sé, "beidh cead ag chuile fhear a bhuafas é buille dá chamán a fháil ar chuile fhear a chaillfeas an cluife."

"Ná bac le do chuid fir," a deir Conall. "Coinnigh do chuid fir agat féin agus gabhfaidh muid ag imirt cluife," a deir sé. "Má bhuann sibhse an cluife ormsa, bíodh buille dá chamán ag chuile fhear agaibh orm. Agus má bhuaimse an cluife oraibhse, beidh buille de mo chamán agamsa ar chuile fhear agaibhse."

Chuadar ag imirt ach bhuaigh Conall an cluife. Bhuail sé buille dá chamán ar chuile fhear acu agus níor fhág sé sniog ann.

Nuair a bhíodar uilig marbh, rith fear amháin – agus fear óg a bhí ann – agus lean Conall é agus i leaba é a bhualadh den chamán, is é an chaoi ar bhuail sé de chic é agus bhris sé a chois.

"Á, tabhair ceathrú m'anama dom," a deir an fear a bhí tite, "tá tú ag déanamh an-éagóir. Fear óg pósta mise," a deir sé. "Tá seisear muirín lag sa mbaile orm."

"Tuige nár labhair tú in am," a deir Conall, "agus ní dhéanfainnse tada ort?"

Chuir Conall láimh ina phóca, agus pé ar bith cén sórt deis leighis a bhí aige, tharraing sé aníos é agus ní i bhfad go raibh an fear – gur éirigh sé ina sheasamh agus bhí sé in ann siúl.

"Cén áit sa tír seo," a deir Conall, "a gcónaíonn Ríomhainn Dearg?"

"Ní fhágfaidh mise thú," a deir an fear, a deir sé, "go spáinfidh mé duit an teach nó an chathair a bhfuil sé ina chónaí ann."

"Go raibh míle maith agat," a deir Conall.

D'imigh leo, agus nuair a tháinigeadar i bhfoisceacht cúpla céad slat de thigh Ríomhainn Dearg, "Ná bíodh aon deifir ort anois," a deir an fear le Conall, "imeoidh mise romhat agus inseoidh mé do Ríomhainn Dearg go bhfuil a chlann marbh ag an ngrabaire beag as Éirinn – agus gach a raibh ag bualadh an bháire ach mise. Agus is ann is mó a bheas fáilte romhat! Ach ar aon nós inseoidh mé dó é."

Ach d'imigh sé ó Chonall is tháinig sé go Ríomhainn Dearg is d'inis sé an scéal dó.

"Bhí a fhios agamsa go maith," a deir Ríomhainn Dearg, "go dtarraingeodh an báire trioblóid sa deireadh orainn. Ach tá sé oraibh anois. Bhuel, cá bhfuil an grabaire beag anois?" a deir Ríomhainn Dearg.

"Tá sé ag teacht chuig an teach anseo," a deir an fear, a deir sé. "Is gearr go bhfeicfidh tú anseo anois é."

Diabhal mórán achair go bhfaca Ríomhainn Dearg an grabaire beag ag teacht, Conall. Agus nuair a chonaic, chuaigh sé amach roimhe agus chroith sé láimh leis.

"Céad míle fáilte romhat," a deir sé, "as Éirinn."

"Go maire tú," a deir Conall.

"An mbeadh seans ar bith," a deir Conall, "tá ocras orm – go dtabharfá mo bhéile dom?"

"Muise, *by dad*, thabharfainn," a deir Ríomhainn Dearg, "agus míle fáilte. Ach tá mise mar thú féin mórán," a deir sé; "tá máistir eile os mo chionn."

"Cén sórt máistir atá ort?" a deir Conall. "Nach thusa an rí?"

"Mise an rí," a deir sé, "ceart go leor ach tá ríthe ann is airde ná mé. Tá fathach draíochta," a deir sé, "ina chónaí i bhfoisceacht cúpla céad slat nó trí díom anseo, fathach na gcúig gceann, na gcúig mbeann agus na gcúig muiníl a bhfuil seacht saghas draíocht agus asarlaíocht aige, agus tá mé faoi gheasa aige," a deir sé, "agus chuile fhear i mo thír. Aon fhear a thiocfas thar farraige nó isteach faoi thír, má thugaim greim le n-ithe ná le n-ól dó, sin é a bhfuil de shaol agam féin ná ag mo bhean ná ag mo chlann agus a dteach lasta."

"Dona go leor," a deir Conall. "Cá bhfuil an fathach sin ina chónaí?" a deir sé.

"Spáinfidh an fear seo duit é," a deir an rí le Conall.

Seo é anois an fear a bhuail Conall de chic.

"By *dad*, spáinfead," a deir an fear.

Ach d'imigh siad, is nuair a tháinigeadar in amharc teach an fhathaigh, d'imigh an fear a bhí gortaithe. Ní dheachaigh sé ní ba gaire dó.

D'imigh Conall agus shiúil sé timpeall cathair an fhathaigh. Ní fhaca sé duine ná deoraí ag corraí. Ach sa deireadh fuair sé amach an áit a raibh an cuaille comhraic. Ní rinne sé ach a chlaíomh a tharraingt óna bheilt agus bhuail sé an cuaille comhraic. Níor fhág sé lao i mbó, searrach i gcapall, uan i gcaora, mionnán i ngabhar ná leanbh i mbroinn mná i bhfoisceacht trí chéad míle de nár mharaigh sé le fuaim an bhuille.

Ara, is gearr go bhfaca sé an fathach mór ag teacht amach agus chuirfeadh sé uafás ar an domhan mór agus bhí sruth cúir ag titim as a bhéal le teann feirge. Ach – le scéal fada a dhéanamh gearr – d'áitigh sé féin is Conall a chéile. Trí ceathrú uaire a bhíodar an troid go díreach, nuair a scioch Conall an cloigeann de, agus nuair a tháinig an cloigeann ar an talamh, lean Conall é agus bhuail sé de chic é agus chuir sé seacht n-acra agus seacht n-iomaire uaidh é.

"Bí buíoch," a deir an cloigeann. "Dá bhfaighinnse mé féin ar an gcloigeann céanna aríst," a deir sé, "thusa ná seacht gcatha na Féinne, ní chuirfeadh de mé."

"Tá tú críochnaithe anois, a bhuachaill," a deir Conall.

D'imigh Conall ar ais agus níor chónaigh sé go dtáinig sé go dtí Ríomhainn Dearg.

"Ní chuirfidh an fathach sin," a deir sé, "aon trioblóid níos mó ort ná ar aon duine i do thír. Tá sé marbh anois."

"Dea-scéal in do bhéal," a deir Ríomhainn Dearg. "*Fair play* duit. Is maith an scéal sa tír é sin, pé ar bith céard a dhéanfas mo chlann."

Ach bhí go maith is ní raibh go holc. Réitigh bean Ríomhainn Dearg béile chomh maith is a chonaic Conall ar bhord ariamh, le ól agus ithe, agus nuair a shuíodar isteach ag an mbord, bhí fuinneog mhór ar a aghaidh – ar aghaidh na gréine – agus í leathoscailte. Agus diabhal mórán achair a bhíodar ag ithe nuair a tháinig aill de chloch isteach tríd an bhfuinneog agus rinne sí miodamas dá raibh ar an mbord.

"Cén sórt ceird í seo sa tír seo?" a deir Conall le Ríomhainn Dearg.

"Sin ruifíneach atá sa tír seo," a deir Ríomhainn Dearg, "a bhfuil an cheird sin aige. Bligeard de ruifíneach é," a deir sé, "agus séard atá á chosaint," a deir sé, "níl aon fhear sa tír in ann breith air, tá sé ina choisí chomh maith sin."

"Beidh *go* agamsa leis," a deir Conall.

Níor fhan Conall le dhul tríd an doras ach éirí den chathaoir agus chuaigh sé amach de léim tríd an bhfuinneog agus lean sé é. Agus bhí tosach mór ag fear na cloiche ar Chonall ach bhí Conall ag coinneáil amhairc air agus de réir a chéile bhí sé ag baint talún de go dtáinig sé chomh gar dó is gur bhuail sé de chic é agus chuir sé seacht n-acra agus seacht n-iomaire uaidh é. Agus nuair a tháinig sé ar an talamh, bhí Conall ag teacht os a chionn.

"Má thugann tú ceathrú m'anama domsa," a deir an fear a bhí ar an talamh, "agus gan mé a mharú, inseoidh mé duit cá bhfuil do bhean."

"Cá bhfuil sí?" a deir Conall.

"Tá sé timpeall le sé mhí ó shin," a deir sé, "ó chuaigh sí thart anseo ag fathach mór draíochta," a deir sé, "a dtugann siad Bocán Mór Mac Rí na gCor air. Tá seacht saghas draíocht," a deir sé, "seacht saghas asarlaíocht aige. Ach tá sé sé mhí agus bhí sí ag gol go mór."

"Go raibh míle maith agat," a deir Conall. "Cén t-ainm atá ortsa?"

"Cois faoi Chrios," a deir sé, "a thugann siad ormsa."

Sin é an fáth a raibh sé ina choisí chomh maith, an bhfuil a fhios agat. Sin é an t-ainm a bhí air.

D'imigh Conall. D'iarr Conall in éineacht leis é agus go dtabharfadh sé páighe mhaith dó, go mb'fhearr dó é ná ag imeacht mar a bhí sé agus go mb'fhéidir nach mbeadh sé an fhad sin in éineacht leis, nach dteastódh sé an t-achar sin uaidh. Ach d'iarr sé in éineacht leis é. Dúirt sé go dtiocfadh.

D'imíodar ach níor thaobhaíodar Ríomhainn Dearg ní ba mhó. Pé ar bith teach ar chaitheadar an oíche ann, nuair a d'itheadar a mbricfeasta lá arna mhárach, d'íoc Conall muintir an tí, agus diabhal mórán le míle a bhí déanta acu nuair céard a fheiceann Conall amach trí pholl claí ach fear agus gunna aige. Agus is é an chaoi a raibh a aghaidh soir – aghaidh an ghunna soir.

Tháinig Conall go dtí é. Bheannaigh sé dó agus bheannaigh an fear dó.

"Céard atá tú a dhéanamh ansin?" a deir Conall.

"Tá mé ag foghlaeireacht," a deir sé, "ar na géabha fiáine atá sa Domhan Thoir."

"By dad," a deir Conall, "bail ó Dhia ort, caithfidh sé gur an-fhoghlaera thú nó go bhfuil an-urchar díreach agat is tú in ann bheith ag foghlaeireacht as seo ar na géabha fiáine atá sa Domhan Thoir."

"Níl aon cheo," a deir sé, "ag dul ag imeacht uaimse is cuma céard é féin."

"By dad, fear maith thú," a deir Conall.

D'iarr Conall in éineacht leis é, go ndéanfadh sé oibleagáid chomh mór is go dtabharfadh sé páighe mhaith dó agus go mb'fhéidir go mbeadh sé níos íoctha ná bheith ansin. Agus dúirt sé go dtiocfadh.

Bhí triúr acu ansin ann. Pé ar bith teach ar chaitheadar an oíche sin ann, lá arna mhárach, nuair a bhí a mbricfeasta ite acu, d'íoc Conall aríst muintir an tí sin. D'imíodar, agus diabhal mórán achair a bhí siúlta acu nuair céard a d'fheicfeadh Conall ach fear agus a chluais leagtha anuas ar an talamh aige – nó ar an bhféar – agus é sínte ar a thaobh.

Tháinig Conall go dtí é agus bheannaigh sé dó.

"Céard atá tú a dhéanamh ansin?" a deir sé.

"Tá mé ag éisteacht leis an bhféar ag fás," a deir an boc.

"Cén t-ainm a thugann siad ort?" a deir Conall.

"Cluais le hÉisteacht," a deir sé.

"Cén míniú atá leis sin?" a deir Conall.

"Bhuel, inseoidh mé sin duit," a deir sé. "An cogar anois," a deir sé, "a labhródh bean le bean eile sa Domhan Thoir, chloisfinnse anseo é."

"By dad, fear maith thú," a deir Conall.

D'inis Conall an scéal dó. An dtiocfadh sé in éineacht leis mar a tháinig an chuid eile? Agus dúirt sé go dtiocfadh. Dúirt Conall go dtabharfadh sé páighe mhaith dó agus d'imigh sé in éineacht leis. Bhí ceathrar acu anois ann.

Lá arna mhárach, pé ar bith teach ar chaitheadar an oíche sin ann, bhíodar ag imeacht agus – sea – chonaiceadar an t-iontas is mó a chonaiceadar ariamh, is ní raibh siad an-ghar dó chor ar bith nuair a thug Conall faoi deara é. Agus cén diabhal a d'fheicfeadh sé ach fear agus é ina shuí ar aill – ar charraig mhór – agus chrochadh sé suas a thóin agus bhuaileadh sé iarraidh uirthi agus dhéanadh sé miodamas di. Bhuaileadh sé iarraidh eile uirthi agus dhéanadh sé tuilleadh miodamais. Ach an tríú hiarraidh dhéanadh sé miodamas nó clocha galánta uilig di. Rinne Conall an t-iontas ba mhó de sin a chonaic sé ariamh. Tháinig sé go dtí é.

"Céard atá tú a dhéanamh anseo?" a deir Conall.

"Tá mé ag briseadh clocha do mo mháistir," a deir sé.

"Cén t-ainm a thugann siad ort?" a deir Conall.

"Tóin Iarainn," a deir sé.

"An bhfeiceann tú an charraig mhór sin thíos sa gcladach ansin?" a deir Conall.

"Feicim," a deir sé.

"Gabh síos," a deir Conall, "go bhfeice mé céard a bheifeá in ann a dhéanamh léi sin."

D'éirigh Tóin Iarainn ina sheasamh agus bhuail sé síos, agus diabhal blas a bhuail sé uirthi ach trí iarraidh dá thóin agus bhí sí imithe ina deannach sa spéir.

"By dad," a deir Conall, "fear maith thú. Tá tú ag inseacht na fírinne. Ní bheadh seans ar bith," a deir sé, "go ndéanfá oibleagáid, go dtiocfá in éineacht liomsa go ceann seachtaine nó tamall gearr? Íocfaidh mé go maith thú."

"By dad, ní fearr liom anseo," a deir sé.

D'imigh sé. Bhí cúigear acu ansin ann.

D'imigh leo agus, pé ar bith teach ar chaitheadar an oíche sin ann, bhíodar ag imeacht lá arna mhárach ach an lá sin chonaiceadar iontas eile chomh mór leis.

Bhíodar ag siúl an bóthar, agus an-fhada uaidh cén diabhal a fheiceann Conall ach fear ina sheasamh i lár an bhóthair agus bhí gabháil mhór fhéir i leathpholláire leis agus an polláire eile oscailte. Agus is é an áit a raibh sé ina sheasamh, amach ar aghaidh seanmhuileann a bhí ag cáitheadh, nó muileann ag cáitheadh. Agus is é a bhí ag coinneáil an mhuilinn ag obair leis an leathpholláire. Is é an t-ainm a bhí ar an muileann, muileann gaoithe.

Tháinig Conall go dtí é agus bheannaigh sé dó agus d'fhiafraigh sé de céard a bhí sé a dhéanamh ansin.

"Tá mé ag coinneáil an tseanmhuileann sin ag obair," a deir sé.

"Go sábhála Mac Dé sinn," a deir Conall, "shílfeá nach bhféadfá an oiread gaoithe," a deir sé, "a chur as aon pholláire amháin agus a choinneodh ag obair é."

"Choinneoinn," a deir sé, "agus dhá mhuileann."

"Bhuel, céard a tharlódh," a deir Conall, "dá dtarraingeofá an ghabháil fhéir as an bpolláire eile agus séideadh a chur faoi?"

"Dá dtarraingínn an ghabháil fhéir as an bpolláire sin," a deir sé, "agus séideadh a chur as an bpéire faoin muileann," a deir sé, "chuirfinn ina dheannach sa spéir go dtí an Domhan Thoir é."

"Tarraing í," a deir Conall, "go bhfeice mé."

Tharraing agus b'fhíor dó. Ón gcloch íochtair go dtí an maide mullaigh, d'imigh sé ina dheannach sa spéir.

"By dad," a deir Conall, "tá tú ag inseacht na fírinne."

Bhí seisear acu ansin ann. D'iarr Conall in éineacht leis é agus dúirt sé go dtiocfadh.

Ach pé ar bith áit ar chaitheadar an oíche sin, d'imigh siad lá arna mhárach, agus bhíodar ag siúl go dtáinigeadar i mbun cnoic, is nuair a tháinigeadar i mbun an chnoic, bhí an cnoc fíorard. Bhíodar ag siúl suas in aghaidh an chnoic agus bhíodar tuirseach, ach nuair a tháinigeadar ar a bharr, céard a d'fheicfidís ach chomh maith le dhá mhíle muc, nó trí mhíle, ar mhullach an chnoic agus iad ina bhfáinne timpeall. Agus an chéad bhreathnú eile a thug Conall, céard a d'fheicfeadh sé istigh ina gceartlár ach fear agus é ina shuí ar bhun crainn.

Tháinig sé go dtí é agus bheannaigh sé dó. Maor muc a bhí ann.

"Céard atá tú a dhéanamh anseo?" a deir Conall.

"Tá mé ag maoirseacht muc," a deir sé, "do mo mháistir."

Ach bhí Conall ag dul ag imeacht.

"Gabh i leith," a deir sé le Conall.

"Céard atá ort?" a deir Conall.

"Bhuel, gabh i leith go bhfeice mé cé is fearr fear thú féin ná Bocán Mór Mac Rí na gCor, a chuaigh thart anseo timpeall le sé mhí ó shin agus an bhean ba bhreátha aige a shín le haer ariamh agus í ag gol go mór."

"Cén chaoi a mbeidh a fhios agat," a deir Conall, "gur fearr an fear mise ná Bocán Mór?"

"Beidh a fhios," a deir sé. "Ligfidh mé collach cuthach chugat," a deir sé.

"Scaoil amach é," a deir Conall.

Scaoil. Ní túisce a bhí sé amuigh – agus, ar ndóigh, ní raibh uafás ar bith ach é – bhuail Conall dá chlaíomh é agus níor fhág sé sniog ann. Nuair a bhí sé marbh aige, ní rinne sé ach é a bhualadh i lár cnámh an droma agus rinne sé dhá leith díreach de.

"Seo, anois," a deir sé, "déanaigí tine mhór. Bíodh feoil rósta agaibh agus teastaíonn sí, déarfainn, ó chuile fhear againn agus b'fhéidir ón maor chomh maith linn."

Rinneadar tine mhór. Caitheadh isteach leath an chollaigh inti agus thosaigh siad ag ithe, is ní i bhfad a bhíodar ag ithe chor ar bith nuair a chonaic Conall coileáinín beag ag déanamh air. Agus nuair a tháinig an coileáinín i ngar dó, "Cúilín nó cnáimhín?" a deir an coileáinín.

"Ní cúilín ná cnáimhín a gheobhas tú," a deir Conall, "ach suigh isteach anseo mar muid féin agus ith do sháith."

Shuigh an coileáinín isteach agus d'ith sé a sháith, is nuair a bhí a sháith ite aige, thosaigh siad ag caint. Bhí siad ag dul ag imeacht.

"Bhuel anois," a deir an coileán, "ní ionadh liom go mbeadh tart oraibh, agus más maith libh é," a deir sé, "tabharfaidh mise ag tobar sibh," a deir sé, "a bhfuil barr meala air agus íochtar fíona. Nuair a ghabhfas mise chomh fada leis," a deir sé, "cuirfidh mé séideog faoin mil. Gabhfaidh an mhil síos agus an fíon aníos. Féadfaidh sibh a bheith ag ól go n-ólfaidh sibh bhur sáith."

"Go raibh míle maith agat," a deir Conall.

Bhíodar ag dul ag imeacht.

"Go raibh míle maith agat," a deir Maor na Muc le Conall. "Sin rud," a deir sé, "nach rinne Bocán Mór."

"Tá mé ag fágáil an leath eile den chollach le n-ithe agat," a deir Conall. "B'fhéidir go dteastódh sé uait."

"Teastóidh sé uaim, muis," a deir an Maor. "Go raibh míle maith agat."

Ach tháinigeadar go dtí an tobar, is b'fhíor don choileán é. Chuir sé séideog faoin mil. Chuir sé síos í agus tháinig an fíon aníos. D'óladar a sáith.

Nuair a bhí a sáith ólta acu, bhíodar ag imeacht.

"B'fhéidir, anois," a deir an coileáinín, "nach bhfuil fios m'ainmse agat?"

"Níl, by dad," a deir Conall. "Cén t-ainm atá ort?"

"Bhuel, is é an t-ainm a thugann siad ormsa," a deir sé, "Cúín na Coille Léithe, agus pé ar bith lá go brách," a deir sé, "a dteastóidh mise uait ná a dtiocfaidh aon trioblóid ort, níl ort ach fead a ligean orm," a deir sé, "agus beidh mé chugat le casadh do shúl."

"Go raibh míle maith agat," a deir Conall.

D'imigh leo, agus lá arna mhárach ina dhiaidh, bhíodar ag dul suas in aghaidh cnoc eile agus diabhal blas a chonaiceadar go dtáinigeadar ar a bharr agus céard a bhí ar a bharr sin ach plód caorach is fáinne déanta acu ar an gcaoi chéanna a raibh na muca. Bhí fear istigh ina lár ina shuí ar bhun crainn. Tháinig Conall go dtí é.

"Céard atá tú a dhéanamh anseo?" a deir Conall.

"Tá mé ag maoirseacht caorach," a deir sé, "do mo mháistir."

"Tá go maith," a deir Conall, "tá jab maith agat.

Ach bhí Conall ag imeacht.

"Gabh i leith," a deir sé, "go bhfeice mé cé is fearr an fear thú féin ná an Bocán Mór a chuaigh thart anseo tá timpeall le sé mhí ó shin, an bhean ba bhreátha a shín le haer ariamh aige agus í ag gol go mór."

"Cén chaoi a mbeidh a fhios agat," a deir Conall, "gur fearr an fear mise ná Bocán Mór?"

"Scaoilfidh mé reithe cuthach chugat," a deir sé."

"Scaoil amach é," a deir Conall.

Scaoil. Bhuail Conall dá chlaíomh é agus níor fhág sé sniog ann. Bhuail sé i lár cnámh an droma é agus rinne sé dhá leith de.

"Déanaigí tine mhór anois," a deir sé, "agus bíodh róstadh agaibh."

Rinne agus ní mórán ar bith a bhí ite acu nuair cén diabhal a fheiceann Conall ag teacht ach éinín beag, agus séard a bhí ann, seabhaicín, is ní raibh oiread na fríde ann ach go raibh chuile chineál dath air. Bhí sé an-ghalánta.

"Cúilín nó cnáimhín?" a deir an seabhaicín.

"Ní cúilín ná cnáimhín a gheobhas tú," a deir Conall, "ach suigh isteach agus ith do sháith."

Shuigh an seabhaicín isteach agus, ar ndóigh, níor mhórán é a sháith. Ach nuair a bhí a dhóthain ite aige agus iad réidh uilig, "Bhuel, anois," a deir an seabhaicín, "tá mé thar a bheith buíoch díot," a deir sé le Conall, "agus má tá aon tart oraibh," a deir sé, "agus is áirid nach mbeadh, tabharfaidh mise chuig tobar sibh," a deir sé, "a bhfuil barr meala air agus íochtar fíona. Nuair a chuirfeas mise séideog faoin mil," a deir sé, "gabhfaidh sí síos agus tiocfaidh an fíon aníos. Féadfaidh sibh a bheith ag ól go n-ólfaidh sibh bhur sáith."

"Go raibh míle maith agat," a deir Conall.

D'imíodar. Thug sé chuig an tobar iad is nuair a bhí siad ag imeacht ón seabhaicín agus a ndóthain ólta acu, "B'fhéidir anois," a deir an seabhaicín, "nach bhfuil fios m'ainmse agat," a deir sé le Conall.

"Cén t-ainm atá ort?" a deir Conall.

"Seabhaicín na Craoibhe Rua," a deir sé, "a thugann siad ormsa. Agus pé ar bith lá go deo," a deir sé, "a dteastóidh mise uaibh, níl ort ach fead a ligean orm agus beidh mé chugat le casadh do shúl."

"Go raibh míle maith agat," a deir Conall.

D'imigh siad lá arna mhárach agus bhí siad ag siúl go dtáinigeadar ar bharr cnoic eile. Agus céard a bhí ansin ach maor beithígh agus bhíodar ag caint ach bhí Conall ag dul ag imeacht.

"Gabh i leith," a deir maor na mbeithíoch, "go bhfeice mé cé is fearr an fear thú féin nó Bocán Mór a chuaigh thart anseo timpeall le sé mhí ó shin agus an bhean ba bhreátha aige a shín le haer ariamh agus í ag gol go mór."

"Cén chaoi a mbeidh a fhios agat," a deir Conall, "gur fearr an fear mise ná Bocán Mór?"

"Scaoilfidh mé tarbh cuthach chugat," a deir sé.

"Scaoil amach é," a deir Conall.

Nuair a scaoil sé amach é, bhuail Conall ar chlár na baithise é. Thit an tarbh marbh ar an talamh. Ní rinne Conall ach é a bhualadh i gcnámh an droma agus rinne sé dhá leith de.

"Anois," a deir sé, "déanaigí tine mhór agus féadfaidh sibh bhur ndóthain a ithe ar chuma ar bith."

Ach rinne. Thosaigh siad ag ithe agus ní i bhfad a bhíodar ag ithe nuair a chonaic Conall coileán eile ag teacht. Agus cén diabhal a bhí sa gcoileán sin ach mada beag uisce. Agus tháinig sé.

"Cúilín nó cnáimhín?" a deir sé.

"Ní cúilín ná cnáimhín a gheobhas tú," a deir Conall, "ach ith do sháith."

Shuigh sé isteach agus d'ith sé a dhóthain, agus nuair a bhí a dhóthain ite aige is iad réidh le n-imeacht, bhí leath an tairbh fágtha ag maor na mbeithígh. Ghlac sé buíochas le Conall agus dúirt sé gurb in rud nach rinne Bocán Mór.

"Bhuel anois," a deir an mada uisce, a deir sé, "tabharfaidh mise chuig tobar sibh," a deir sé, "a bhfuil barr meala air agus íochtar fíona. Pé ar bith cé acu is fearr libh," a deir sé, "féadfaidh sibh a bheith ag ól nó go n-ólfaidh sibh bhur sáith de chaon cheann acu."

"Go raibh míle maith agat," a deir Conall.

Ach thug agus d'ól siad a sáith de chaon cheann acu. Nuair a bhí siad ag dul ag imeacht, "B'fhéidir nach bhfuil fios m'ainmse anois agat," a deir an coileán le Conall.

"Bhuel, by dad, níl," a deir Conall.

"Bhuel, mise Mada Uisce na Toinne Duibhe," a deir sé.

"Go raibh míle maith agat," a deir Conall.

"Bhuel, lá ar bith go deo," a deir sé, "go dteastóidh mise uait, níl ort ach blaoch orm le fead. Beidh mé chugat le casadh do shúl."

Ach bhí go maith is ní raibh go holc. D'imíodar. Agus an chéad chnoc eile a casadh dóibh – bhí sé ní b'airde ná aon chnoc – níor chónaíodar go ndeachadar ar a bharr. Agus cén diabhal a bhí thuas ar a bharr sin nuair a tháinigeadar ina n-amharc ach na milliúin agus na mílte coinín agus iad ina ranganna i ndiaidh a chéile – ina róite timpeall – agus fear ina shuí istigh ina gceartlár ar bhun crainn. Agus bhí an fear an breathnú an-mheánaosta. Tháinig Conall go dtí é agus bheannaigh sé dó agus bheannaigh an fear go suáilceach dó. Agus thug Conall faoi deara gur fear an-dea-chroíúil, deas a bhí ann.

"Muise, céard atá tú a dhéanamh anseo?" a deir Conall.

"Tá mé ag maoirseacht coiníní," a deir sé, "do mo mháistir."

"Tá jab maith agat," a deir Conall.

"Bhuel, b'fhéidir nach raibh a fhios agat é," a deir an fear, "mise an fear is mó a bhfuil fios sa domhan aige. Mise an fear is mó fios sa domhan," a deir sé.

"Cén t-ainm atá ort?" a deir Conall.

"Dúnfá a thugann siad ormsa. Níl aon bhlas ag corraí ar sheacht gcranna an domhain mórán a ghabhfas amú orm," a deir sé.

Ach d'inis Conall an scéal dó agus d'fhiafraigh sé de an ndéanfadh sé an oiread oibleagáid is go dtiocfadh sé in éineacht leis go ceann seachtaine nó cúpla lá. Agus dúirt sé nárbh fhearr leis an áit a raibh sé, go dtiocfadh, go raibh na coiníní traenáilte is nach gcorróidís. Ach d'imigh siad.

Nuair a bhí an ghrian ag dul i dtalamh, tháinigeadar i gcolbha coille. Nuair a chuaigh siad píosa deas isteach sa gcoill, "Níl muid ag dul thairis seo anocht," a deir Dúnfá. "Tá muid i bhfoisceacht ceathrú míle de chathair Bhocáin Mhóir. Tá seacht saghas draíocht aige," a deir sé, "seacht saghas asarlaíocht agus tá aon rud amháin ag baint leis is measa ná sin: ní ina chorp féin atá a anam chor ar bith aige. Agus," a deir sé, "níl a fhios ag Bos Mór Geal é sin. Ach," a deir sé, "tá a fhios a agamsa é. Beidh cath comhraic ag teacht air – ar Bhocán Mór – sa Domhan Thiar amárach," a deir sé, "agus ar uair a dó dhéag fágfaidh mise an áit seo. Ní fhágfaidh ach mé féin. Ní chónóidh mé," a deir sé, "go dté mé chomh fada lena chathair agus beidh mé ag siúl go bhfaighidh mé Bos Mór Geal amach pé ar bith áit ann a bhfuil sí."

B'fhíor dó. Bhí sé ag siúl timpeall na cathrach ariamh go dtáinig sé ag seomra mór a raibh fuinneog mhór air chomh mór le doras. Agus céard a bheadh taobh istigh den fhuinneog ach Bos Mór Geal agus í ag triomú a cuid súl lena gruaig agus í ag gol. Nuair a chonaic sí Dúnfá, bhreathnaigh sí air. Scanraigh sí.

"Ná bíodh faitíos ar bith ort romhamsa," a deir Dúnfá. "Ní ag dul ag déanamh dochar ar bith duit atá mise ach ag déanamh maitheasa ort."

D'inis sé an scéal di: go raibh Conall agus cúigear eile sa gcoill – ina leithéid seo de choill – agus d'inis sé an scéal di faoin mBocán Mór: nach ina chorp féin a bhí a anam chor ar bith agus nach raibh a fhios aige cinnte dearfa cá raibh sé ach go raibh a fhios aige nach ina chorp féin a bhí sé.

"Ach," a deir sé, "gheobhaidh muid amach é. Nuair a thiocfas Bocán Mór anois anocht," a deir sé, "sín ar an leaba agus lig ort féin go bhfuil tú breoite tinn, agus abair leis go raibh tú ag brionglóidigh aréir ar an leaba agus gur tháinig seanbhean go dtí thú, chuig an leaba, agus gur rug sí ar láimh ort agus go dtug tú faoi deara nuair a rug sí ar láimh ort nach raibh uirthi ach ceithre mhinde – sin ceithre mhéar, mar a déarfá. Agus sin í máthair mhór Bhocáin Mhóir," a deir sé. "Níl uirthi ach ceithre mhéar. Agus beidh sé an-ríméadach.

"Ach abair leis," a deir Dúnfá, "gur dhúirt sí go mbeadh fear an-deas, lách, múinte, sibhialta aici ach go raibh aon rud amháin a cheil sé uirthi agus nach mba chóir dó é – nach ina chorp féin a bhí a anam chor ar bith – agus go mba gránna an rud é le déanamh le bean chéile gan an scéal sin a inseacht di.

"Ní inseoidh sé an fhírinne anocht ach an oiread," a deir Dúnfá, "ach b'fhéidir go n-inseodh sé san oíche amárach duit é. Gheobhaidh muid amach é," a deir sé.

Ach nuair a tháinig Dúnfá abhaile chuig an gcoill, chuireadar Cluais le hÉisteacht ag imeacht. D'imigh sé agus, ar ndóigh, ní raibh call dó sin a dhul i bhfoisceacht go mbeannaí Dia de chathair Bhocáin Mhóir.

Nuair a tháinig Bocán Mór, níl aon fhocal a lig sé amach as a bhéal nár airigh Cluais le hÉisteacht. Dúirt sé léi nár dhúirt an tseanbhean ariamh aon fhocal ba fírinní ná é sin: nach ina chorp féin a bhí a anam agus gur dheas an mhaise don tseanbhean a rinne é.

"Ach," a deir sé, "ba bhean mhaith í agus í ag cur na comhairle sin ort."

"Is cá bhfuil d'anam, mar sin?" a deir Bos Mór Geal.

"An bhfeiceann tú an chloch mhór ghlas sin," a deir sé, "crochta os cionn an dorais mhóir sin thíos?"

"Feicim," a deir sí.

"Bhuel, tá uan reithe istigh san aill sin. Tá lacha istigh ina bholg," a deir sé. "Tá ubh i mbolg na lachan. Tá m'anamsa istigh san ubh," a deir sé. "Agus sin é an áit a bhfuil m'anamsa."

"Ó, go sábhála Dia sinn," a deir Bos Mór Geal, "nach aisteach an rud é sin."

"Bhuel, sin é an áit a bhfuil sé anois," a deir sé.

Ach bhí go maith is ní raibh go holc. Lá arna mhárach bhí blaoch ar chath comhraic aríst agus bhí a fhios ag Dúnfá go raibh.

D'imigh Dúnfá aríst lá arna mhárach agus tháinig sé go dtí Bos Mór Geal. D'inis sí an scéal dó agus bhí a fhios ag Dúnfá roimpi é ó Chluais le hÉisteacht.

"Níor inis sé an fhírinne duit," a deir sé. "Ní hin é an áit a bhfuil a anam. An bhfuil a fhios agat céard a dhéanfas tú anois?" a deir sé. "Cheapfainn go n-inseodh sé anocht duit é. Cuir fios ar dhá fhear ceirde anois," a deir sé, "chomh maith is atá san áit – cuma cé hiad féin, bídís ar an dá fhear ceirde is fearr san áit. Cuirfidh mise dhá fhear eile chugat nach bhfaca tú a leithéidí ariamh. Pé ar bith áit ar an mballa mór sin," a deir sé, "ar mhaith leat doras a bhriseadh amach air, croch doras galánta air," a deir sé. "Cuir pabhsaetha álainn timpeall air agus bíodh sé réitithe amach agat nuair a thiocfas Bocán Mór. Agus buailfidh aiféala ansin é," a deir sé, "agus b'fhéidir go n-inseodh sé an fhírinne duit – cá bhfuil a anam – faoi thú a chur sa trioblóid."

Chuir sé an dá fhear chuici agus, maisce, cén diabhal a thagann ach Tóin Iarainn agus Polláire Gaoithe.

"Cá bhfuil an áit anseo," a deir Polláire Gaoithe le Bos Mór Geal, "a bhfuil tú ag iarraidh poll le doras a chrochadh ar an mballa ann?"

Chuir sé gabháil mhór fhéir i leathpholláire leis agus ní rinne sé ach aon tséideog amháin a chur faoi agus ghearr sé poll amach tríd a gcrochfá dhá dhoras air. Ní rinne Tóin Iarainn ach na halltracha a chuir sé as an mballa, trí nó ceathair d'iarrachtaí dá thóin a bhualadh orthu agus rinne sé clocha galánta díobh.

"Ó, *by dad*," a deir na fir cheirde, "is iontach na fir cheirde iad seo agat, pé ar bith cá bhfuair tú iad."

"Á, muise," a deir sí, "ní bheadh a fhios agat sa diabhal sin. Ach, *by dad*," a deir sí, "níl aithne ar bith agamsa orthu ach chuala mé go raibh a leithéidí ann."

"Á," a deir siad, "is iontach na fir iad."

Ach thosaigh an dá fhear ag obair is d'imigh Tóin Iarainn ar an bpointe agus Polláire Gaoithe. Chuadar ar ais go dtí an choill. Bhí doras crochta in dhá uair go leith agus thosaigh sí ag cur *flowers* nó pabhsaetha álainn timpeall ar an doras agus ar an bhfardhoras agus chuile áit. Agus nuair a tháinig Bocán Mór tráthnóna – bhí Cluais le hÉisteacht imithe aríst go gcloisfeadh sé céard a déarfadh sé an dara hoíche – ach nuair a tháinig sé an dara hoíche, chonaic sé an doras crochta agus chuile shórt. D'oscail a dhá shúil chomh mór le pota.

"Á," a deir sé, "Dia dár réiteach. Tá an-aiféala orm," a deir sé, "faoi gur chuir mé sa trioblóid sin agus sa gcostas sin thú," a deir sé le Bos Mór Geal. "Níor inis mé an fhírinne aréir duit," a deir sé. "Ní hin é an áit a bhfuil m'anam chor ar bith," a deir sé. "Tá aiféala anois orm."

"Cá bhfuil d'anam?" a deir sí.

"Bhuel, inseoidh mé an fhírinne anocht duit," a deir sé – Cluais le hÉisteacht ag éisteacht leis. "Tá crann amuigh sa ngairdín ansin," a deir sé, "ó dheas den chathair, an áit a bhfuil an choill mhór. Is é an crann is airde sa ngairdín é," a deir sé. "Tá trí ghéagán mhóra láidre áirid thuas ina bharr. Agus i mbun an chrainn sin," a deir sé, "tá uan reithe istigh ann. Tá mo mháthair mhór," a deir sé, "i bhfoirm lachan ann. Tá ubh i mbolg na lachan agus tá m'anam istigh san ubh. Agus aon fhear," a deir sé, "ar sheacht gcranna an domhain – is iomaí fear ann – níl aon fhear, aon chlaíomh ag aon fhear a bhainfeadh an oiread as an gcrann sin – oiread is pointe bioráin – ach aon chlaíomh amháin atá agamsa."

"Cá bhfuil an chlaíomh sin?" a deir Bos Mór Geal.

"An bhfeiceann tú an chlaíomh mhór sin," a deir sé, "leagtha leis an doras mór sin thíos?" – agus Cluais le hÉisteacht ag éisteacht leis – "Sin é an t-aon chlaíomh anois," a deir sé, "atá in ann fuiliú ar an gcrann sin. Agus dá dtiocfadh an trioblóid sin féin ormsa," a deir sé, "agus an t-uan reithe a chur amach as an gcrann agus an lacha nó mo mháthair mhór a chur amach as a bholg, níl aon fhaitíos orm," a deir sé, "roimh aon fhear ar sheacht gcranna an domhain. Nuair a bhéarfadh an lacha – nuair a thiocfadh trioblóid uirthi – an ubh ar thóin na farraige, nuair a chuirfeadh sí aníos a cloigeann," a deir sé, "d'éireodh sí sa spéir agus chuirfeadh sí trí ghráig aisti. Agus mharódh sí," a deir sé, "a bhfuil i bhfoisceacht seacht gcéad míle di ar chaon taobh di leis na trí ghráig sin. Níl aon fhaitíos ormsa," a deir sé, "níl aon chall dom leis – roimh aon fhear ar sheacht gcranna an domhain ach roimh aon fhear amháin."

"Cé hé sin?" a deir Bos Mór Geal.

"Bhuel, inseoidh mé sin duit," a deir sé. "B'fhéidir nár chuala tusa aon chaint ariamh ar a ríocht. Tá fear i ríocht Ríomhainn Dearg a dtugann siad an Foghlaera Díreach air agus sin é an t-aon fhear anois," a deir sé, "a bhfuil faitíos ormsa roimhe."

"Ó, *by dad*," a deir Bos Mór Geal, "níl aon chall duit faitíos a bheith ort."

"B'fhéidir," a deir sé, "nach dtiocfadh sé sin thart go brách an bealach seo."

Chuaigh Cluais le hÉisteacht ar ais go dtí an choill agus d'inis sé an scéal do Dhúnfá agus dóibh uilig, do Chonall.

Nuair a bhí sé a dó dhéag lá arna mhárach – bhí a fhios ag Dúnfá go raibh sé imithe siar an tríú lá ag troid – d'imíodar, agus ní i bhfad go raibh Bos Mór Geal faighte amach ag Conall. Ní rinne sé mórán cainte léi ach d'fhiafraigh sé di cá raibh an chlaíomh mhór a bhí in ann an crann a bhualadh.

"Sin í thíos í," a deir sí. "Ná bac léi," a deir sí; "buailfidh mé féin é."

"Á, stop," a deir Conall.

Ní rinne sé ach rith síos. Rug sé ar an gclaíomh. Chuaigh sé amach agus thug sé trí léim den talamh agus thug sé an chlaíomh timpeall a mhullaigh agus bhuail sé an crann agus leis an iarraidh a thug sé don chrann, d'fhuiligh sé ar an uan reithe a bhí istigh ann. Amach leis an uan reithe as an gcrann agus na lasracha dearga aniar as a bhéal.

"Cá bhfuil tú agam, a Chúín na Coille Léithe?" a deir Conall.

"Tá mé anseo agat," a deir an chú. "Nach fada gur labhair tú?"

Lean an chú é agus ní i bhfad go raibh poll ar a bholg aici. Amach leis an lacha as a bholg agus d'éirigh sí sa spéir.

"Cá bhfuil tú agam, a Sheabhaicín na Craoibhe Rua?" a deir Conall.

"Tá mé anseo agat," a deir an seabhac.

Lean an seabhac í agus níor lig sé i bhfad í go raibh clúmhach ag titim is go raibh sé á lot, is nuair a bhí sí an-lota, chuaigh sí ar an bhfarraige agus chonaic siad an áit ar luigh sí agus rug sí an ubh thíos ar thóin na farraige. [Nuair a rug sí an ubh thíos, tháinig sí féin aníos.

"Cá bhfuil tú agam, a Fhoghlaera Dhíreach?" a deir Conall.

"Tá mé anseo agat," a deir an Foghlaera Díreach.

Ach ní raibh blas ar bith ach go raibh cloigeann na lachan bailithe thar an uisce agus í ag dul ag éirí san aer ná gur chuir an Foghlaera Díreach piléar isteach tríd an tsúil agus amach tríd an tsúil eile agus chuir sé an cloigeann leathchéad slat sa spéir.

Ach chonaiceadar an áit ar rug sé an ubh ar thóin na farraige.]

"Cá bhfuil tú agam, a Mhada Uisce na Toinne Duibhe?" a deir Conall.

"Tá mé anseo agat," a deir an mada uisce. "Nach fada gur labhair tú?"

Síos leis an mada uisce. Tháinig sé aníos agus an ubh ina bhéal aige agus rith sé go dtí an chú léi mar bhí sé píosa ó Chonall. Rith an chú go dtí Conall agus shín sé chuige an ubh.

Agus diabhal blas ar bith ach go raibh an ubh ina láimh ag Conall nuair cén diabhal a fheiceann siad ag teacht aniar as an taobh thiar ach Bocán Mór agus na lasracha dearga aniar as a bhéal.

"Á, a dhiabhail," a deir Dúnfá le Conall, "fainic anois an ndéanfá aon *mhistake*. Nuair a bheas sé ag dul tharat amach anois," a deir sé, "lig ort féin go bhfuil tú ag dul ag caitheamh na huibhe leis. Feicfidh sé an ubh agat. Lig ort féin go bhfuil tú ag dul á caitheamh leis agus tarraing do láimh mar sin. Ach ná caith an geábh sin í. Tá ball dóráin ar a thaobh clé," a deir sé, "chomh mór leis an ngealach agus nuair a cheapfas sé go mbeidh an ubh imithe thairis, díreoidh sé suas," a deir sé. "Tóg *aim* an uair sin air agus má éiríonn leat é a bhualadh ar an mball dóráin leis an ubh sin, titfidh sé marbh ar an talamh."

Ach rinne Conall comhairle Dhúnfá. Lig Conall air féin go raibh sé ag dul ag caitheamh na huibhe. Chrom Bocán Mór is shíl sé go raibh an ubh scuabtha thairis. Dhírigh sé suas de léim, agus nuair a dhírigh sé an dara huair, thóg Conall *aim* air agus d'éirigh leis é a bhualadh i lár díreach an bhall dóráin. Thit Bocán Mór marbh ar an talamh ach ní raibh sé marbh uilig. Bhí caint aige.

"Má fhágann tú mo chloigeann féin orm," a deir Bocán Mór le Conall, "fágfaidh mé seacht saghas draíocht agat," a deir sé. "Tabharfaidh mé mo chumhacht uilig duit. Ní bheidh aon fhear," a deir sé, "ar sheacht gcranna an domhain, cuma cén fear é, in ann a dhul ag plé leat."

"Ná bac leis," a deir Dúnfá le Conall. "Gearr an cloigeann láir an chéad uair anois dó," a deir sé, "le do chlaíomh."

Bhain Conall an cloigeann láir de Bhocán Mór an chéad uair.

"Bain an ceann deas anois de," a deir Dúnfá.

Bhain.

"Bain an ceann clé anois de," a deir sé.

Bhain.

Nuair a bhí sin déanta aige, "Buail de chic anois," a deir sé, "chaon cheann acu agus cuir seacht n-acra agus seacht n-iomaire uaidh iad nó beidh cumhacht aige," a deir sé, "chomh maith is a bhí ariamh, mar tá draíocht aige."

Rinne Conall é sin. Bhí Bocán Mór réidh ansin. Ní rinneadar ach siúl isteach i gcathair Bhocáin Mhóir – gach a raibh acu ann, Bos Mór Geal, Conall, Dúnfá agus a raibh acu ann uilig. A leithéid d'oíche le spóirt, le hamhráin, damhsa is ceol; maidir le bia agus ól, bhí sé ann; ór agus airgead, glas, buí agus chuile chineál. Ach chaitheadar seachtain ann.

Nuair a bhí cúpla lá istigh acu ann, d'fhiafraigh Conall de Chois faoi Chrios cén t-achar a thógfadh sé air a dhul go hÉirinn le scéala a thabhairt dá athair go raibh sé pósta ag an mbean ba bhreátha sa domhan, iníon Rí an Domhain Thoir.

"Dá uair go leith," a deir Cois faoi Chrios.

"By dad," a deir Conall, "coisí maith thú."

D'imigh Cois faoi Chrios agus – b'fhíor dó é – níor thóg sé air ach dhá uair go leith go dtáinig sé go dtí Ardrí na hÉireann is d'inis sé an scéal dó.

Chuaigh sé ar ais agus rinneadar bád nach ndeachaigh a leithéid ar an bhfarraige ariamh. Agus thug Conall leis Dúnfá, Tóin Iarainn, Cluais le hÉisteacht, Polláire Gaoithe, an Foghlaera Díreach, Cois faoi Chrios agus d'fhág sé chuile fhear acu sa mbaile. Agus, ar ndóigh, ní raibh aon chall dó aon pháighe a thabhairt dóibh – ní rabhadar in ann é a iompar, a dtugadar d'ór is d'airgead as cathair Bhocáin Mhóir. Ach ní mórán a thug Conall as. Thug sé a dhóthain as ach níor thug sé an oiread as leosan, mar bhí sé thar a bheith buíoch díobh.

Tháinig sé abhaile, agus nuair a chonaic an rí an bhean, ar ndóigh is beag nár thit sé as a sheasamh, bhí sí ina bean chomh breá sin. Maidir le ór agus airgead, bhí málaí leathair airgid, ór agus airgead acu agus chuile shórt.

Chuir Ardrí Chúige Uladh agus Conall gairm scoile amach agus soitheach agus fiche ag iarraidh stuif bainise. Cuireadh gairm scoile ar fud na hÉireann, chuile áit ó thuaidh agus ó dheas, ag cruinniú lucht bainise.

Bhíodar ag teacht agus ag teacht nó go raibh an oiread cruinnithe ann agus a bheadh ar a raibh de bhainiseacha in Éirinn uilig. Ach bhí seacht gcéad ridire an bhoird bhig ann, bhí ocht gcéad ridire an bhoird mhóir ann, bhí naoi gcéad bord na díochta ann, bhí deich gcéad ridire bord na beochta ann agus bhí aon chéad déag ridire an bhoird fhada ann. Tháinig herdiboys agus hardiboys ann. Ach idir hardiboys agus herdiboys, mhair an bhainis sé mhí agus naoi lá agus b'fhearr na naoi lá dheireanacha ná na sé mhí eile uilig.

Ach sin é mo scéalsa anois. Tá a fhios agam gur chaitheadar saol fada le séan uaidh sin amach. Dia le mo bhéalsa, go dtiocfaidh an t-éag, ba mhór an scéal is beannacht Dé le hanam na marbh.[1]

---

[1] Is é an Foghlaera Díreach a chríochnaigh í. Nár dhúirt Bocán Mór nach raibh aon fhaitíos air roimh aon fhear eile. Ní raibh aon mhaith dóibh an fathach mór a mharú chor ar bith dá mbeadh an lacha beo. Ní raibh. Is ag an lacha a bhí an *power*. Mar mharódh an lacha seacht gcéad míle ar chaon taobh di le a raibh de dhraíocht aici dá gcuirfeadh sí trí ghráig sa spéir aisti. Is ag an lacha a bhí an *power*.

Diabhlaí nár chuimhnigh mé air sin anois. Tá tú in ann é a chur isteach.

Baintreach agus a Triúr Mac

Sa tseanaimsir bhí baintreach ann is bhí triúr mac aici is ní raibh aon deis maireachtála ag an mbean bhocht. Ní raibh aici ach botháinín beag níos mó ná púirín cearc ar thaobh an chnoic. Ní raibh greim le n-ithe ná le n-ól. Ní raibh bó ná caora ná uan ná mionnán acu. Bhí an saol go dona an t-am sin. Ach bhí siad ar anchaoi. Bhí siad ag fáil bháis leis an ocras agus leis an anó.

Ach an lá seo dúirt an mac is sine leis an mháthair, "By *dad*," a deir sé, "ní mhairfidh muid i bhfad eile. Is fearr dom imeacht ar thuairisc áit éicint a bhfaighidh mé rud éicint le saothrú nó go soláthróidh mé rud éicint."

"Muise, i nDomhnach, a stór, is dócha go bhfuil sé chomh maith duit," a deir an mháthair.

Ach d'imigh sé, agus nuair a bhí sé siar go maith sa lá, cén diabhal áit a gcasfaí é ach ag cathair mhór. Agus is é an sórt áite a bhí ansin, cathair mhór duine uasail. Bhí geatóir ar an ngeata nuair a tháinig sé go dtí é, agus is é an t-ainm a bhí air – ar an mac, mac na baintrí – Seán. Ach bheannaigh an geatóir dó agus bheannaigh Seán dó. D'fhiafraigh an geatóir de cá raibh sé ag dul nó cá raibh a thriall. Dúirt sé gur ar lorg oibre é.

"By *dad*, tá máistir anseo," a deir an geatóir; "déarfainn go gcoinneoidh sé thú; tá sé ar thuairisc fear oibre."

Chuaigh an geatóir isteach agus tháinig an máistir amach agus d'fhiafraigh sé de Sheán cá raibh sé ag dul. D'inis sé dó. Dúirt an duine uasal go raibh jab aige dó. Ach tháinig sé isteach ach ní bhfuair sé aon ghreim le n-ithe ná caint ar bith air. Thosaigh sé féin agus an duine uasal ag réiteach faoin obair agus is é an obair a bhí le déanamh aige – bhí máthair an duine uasail beo agus bhí sí an-sean – agus sé a raibh d'obair le déanamh aige, í sin a thabhairt isteach agus amach chuile uair a theastódh sé uaithi.

Ach bhí go maith is ní raibh go holc. Bhí Seán bocht sásta. Réitíodar le chéile agus shocraigh an duine uasal leis ansin, pé ar bith cé acu an chéad duine a gheobhadh locht ar an gceann eile – mar a déarfá – go bhféadfadh an té a gheobhadh locht air, go bhféadfadh sé an chluais a bhaint den fhear eile.

Ach bhí go maith – mar bhí a fhios ag an duine uasal go maith gurb é Seán an chéad duine a gheobhadh an locht, an bhfuil a fhios agat. Ach diabhal caint a bhí ar aon tsuipéar do Sheán bocht.

Ar maidin lá arna mhárach nuair a bhí a mbricfeasta á leagan ar an mbord – is tabhair bricfeasta air – bhí an seanchailín ina suí cois na tine. Bhí Seán bocht ina shuí amach ar aghaidh na tine agus, ar ndóigh, agus é díbheo leis an ocras. Ach bhí sé ag breathnú ar an mbricfeasta á leagan anuas – searbhóntaí agus togha bricfeasta – is nuair a bhí an bricfeasta bunáite leagtha ar an mbord, "Cén t-ainm atá ort?" a deir an seanchailín le Seán.

"Seán," a deir sé.

"Tabhair amach mé, a Sheáin," a deir sí.

Ní rinne Seán bocht ach láimh a bhualadh faoina hascaill agus thóg sé amach í is ní dheachaigh sé i bhfad ón doras chor ar bith. Bhíodh sí ag tabhairt corrshúil isteach nó go raibh an bricfeasta ite, is nuair a bhí an bricfeasta tógtha den bhord, d'iarr sí ar Sheán í a thabhairt isteach. Thug.

D'imigh mar sin. Bhí Seán bocht díbheo go dtáinig am dinnéir, is bhí sí ina suí cois na tine, is nuair a bhí an dinnéar leagtha anuas, "Tabhair amach mé, a Sheáin," a deir sí.

Ach thug. Ach tháinig an tráthnóna, is nuair a tháinig am an tsuipéir agus tharla an jab céanna, "Ara, go mba seacht míle milliún measa a bheas tú bliain ó anocht agus bliain ó amárach," a deir Seán, "ní thabharfaidh mise isteach ná amach thú," a deir sé. "Ach," a deir sé, "cén chaoi a bhfuil fear ar bith in ann bean a thabhairt isteach ná amach, fear nár ith aon ghreim saolta leis an bhfad seo achair is nach bhfuil aon chaint ar aon ghreim le n-ithe a thabhairt dó?"

"An bhfuil tú ag fáil aon locht air?" a deir an duine uasal.

"I nDomhnach, táim," a deir Seán. "Nach gcaithfidh mé locht a fháil air?"

Ní rinne an duine uasal ach a láimh a shá faoina bheilt is tharraing sé aníos a chlaíomh is bhain sé an chluais de Sheán bocht is chaith sé amach ar an tsráid é.

D'imigh Seán bocht, is ní raibh sé ariamh chomh dona is a bhí sé ariamh, is níor chónaigh sé go dtáinig sé abhaile is é díbheo. Bhí leath a chuid fola tagtha.

Bhí an mháthair bhocht í féin díbheo, agus bhí an bheirt eile – ní raibh ann ach go rabhadar beo.

Ach ar maidin lá arna mhárach dúirt an dara deartháir ba gaire do Sheán – dúirt sé go raibh sé chomh maith dó féin imeacht, nuair nach rinne an chéad fhear aon mhaith.

D'imigh sé is cén diabhal áit a gcasfaí é ach sa gcathair chéanna. Bhí geatóir ar an ngeata. Giorróidh mé é. Tharla an jab céanna. Dúirt sé gur theastaigh buachaill oibre ón duine uasal. Chuaigh an deartháir – deartháir Sheáin – isteach. Níl a fhios agam cén t-ainm a bhí air. Ach chuaigh sé isteach is réitigh sé féin is an duine uasal, agus ba é an aimsir chéanna a chuir an duine uasal air is a bhí ar Sheán agus an dlí céanna a leagadar amach. Bhí an chluais le baint den chéad duine a gheobhadh locht ar an gceann eile.

Ach pé ar bith achar a sheas Seán, níor sheas an dara ceann a leath oiread. Thug sé amach cúpla babhta í, ach níor thug sé amach í ach faoi dhó nuair a dúirt sé léi a dhul i dtigh diabhail, fanacht amuigh má thogair sí é ach nach dtabharfadh sé féin isteach ná amach níos mó í.

Diabhal blas a rinne an duine uasal ach an rud céanna a rinne sé le Seán – bhain sé an chluais de is chaith sé amach ar an tsráid é. Níor chónaigh an fear bocht go dtáinig sé abhaile.

Bhuel, séard a bhí sa tríú mac ansin, amadán. Ní raibh ciall ná réasún aige agus dúirt sé leis an máthair, "An áit a gcailltear, feanntar. Má mharaítear mise féin," a deir sé, "nó má bhaintear an chluais díom, ní mórán dochair é. Ní hionann is an bheirt eile," a deir sé. "Tá sé chomh maith dom féin imeacht pé ar bith céard a dhéanfas mé."

"Ní fhéadfadh tú a bheith tada níos dona," a deir an mháthair, "ná an bheirt a d'imigh."

D'imigh an t-amadán agus cén deamhan ná diabhal áit a gcasfaí é, siar go maith sa lá, ach sa gcathair chéanna. Bhí geatóir ar an ngeata agus d'fhiafraigh sé de cá raibh sé ag dul agus dúirt sé leis gur ag tóraíocht oibre. Ach ní raibh a fhios aige seo anois cá raibh an bheirt eile. Ní raibh a fhios aige go rabhadar sa gcathair seo. Ach tháinig sé isteach.

Réitigh sé féin is an duine uasal ach ní hé fearacht an bheirt eile é – ní raibh an t-amadán chomh bog leis an mbeirt eile. Nuair a shocraíodar an aimsir, chuir an t-amadán de agus ann: pé ar bith cén chéad duine a gheobhadh locht ar an gceann eile go bhféadfadh sé an chluais a bhaint de agus go mba é sin an máistir uaidh sin amach.

Bhí go maith is ní raibh go holc. Bhí an duine uasal sásta mar bhí sé siúráilte – ar ndóigh, ar nós an bheirt eile – gurb é an t-amadán a chaillfeadh an chluais. M'anam, go raibh sé i bhfad amuigh.

Bhí go maith is ní raibh go holc. Bhí an seanchailín ina suí ag an tine. Bhí an béile á réiteach is á ithe is níor thairgeadar aon ghreim don amadán. Ach ar maidin lá arna mhárach in am bricfeasta bhí an t-amadán ag aireachas ar an mbricfeasta á leagan anuas. Bhí an seanchailín ina suí ag an tine. Nuair a bhí an bricfeasta leagtha anuas, "Cén t-ainm atá ort?" a deir sí.

"Mé féin," a deir sé, "a thugann siad ormsa."

"Mé féin?" a deir sí.

"Sea," a deir sé.

"Tabhair amach mé, mé féin," a deir sí.

Diabhal blas a rinne sé ach láimh a bhualadh faoina hascaill is thug sé leis amach í. Ní dheachaigh sé i bhfad ón doras. Bhí sí ag tabhairt súil isteach. Agus taobh na láimhe deise den doras bhí coill neantóga ag fás chomh hard is go rabhadar ag bualadh an *ghutter* a bhí faoin gceann ar an teach. Bhí sí ag tabhairt corrshúile isteach, ach má bhí, bhí an t-amadán ag tabhairt corrshúil isteach nó go bhfaca sé an bricfeasta ag laghdú go maith is ní raibh aon chaint ag an seanchailín ar a dhul isteach. Diabhal blas a rinne sé ach breith uirthi agus tharraing sé cúig nó sé de chuarta cúl a cinn síos agus suas tríd an gcoill neantóga í. Thosaigh sí ag béiceach agus ag bladhrach agus ag sianaíl. Chuaigh an duine uasal amach de léim.

"Céard atá ort?" a deir sé.

"Mhill mé féin mé féin," a deir sí.

"Má mhill," a deir an duine uasal, "níl aon neart ag aon duine eile ort." Ní raibh a fhios ag an duine uasal cén t-ainm a bhí air – an dtuigeann tú.

"Tabhair isteach í," a deir sé.

Bhí go maith. Ar an bpointe is a leag an t-amadán sa gcathaoir í – nó pé ar bith cá raibh sí – shuigh an t-amadán isteach chuig an mbord is thosaigh sé ag ithe gur ith sé a dhóthain. Nuair a bhí a dhóthain ite aige, bhí stól mór fada le balla. Shín sé siar ar chúl a chinn is bhuail sé a dhá bhois faoi chúl a chinn is thit sé ina chodladh. Ní raibh aon obair le déanamh aige. B'in é an aimsir. B'in í a chuid oibre.

Bhí go maith go dtáinig am dinnéir is bhí an seanchailín ag an tine. Leagadh anuas an dinnéar, is tabhair dinnéar air. Ach má leagadh is gur leagadh, níor iarr an seanchailín ar an amadán í a thabhairt amach.

Tháinig am an tsuipéir agus leagadh anuas an suipéar. Shuigh an t-amadán isteach is níor iarr an seanchailín air í a thabhairt amach.

Bhí go maith is ní raibh go holc. M'anam ón diabhal gurb é an chaoi a raibh sé ag an duine uasal, go raibh an duine uasal á bheathú ansin is á íoc is gan é ag déanamh tada. Ní raibh aon cheo le déanamh aige. Nuair a bheadh a bhéile ite i gcónaí aige, shínfeadh sé siar is chodlódh sé a dhóthain nó go mbeadh an béile eile réidh. Ach thabharfadh an duine uasal leath a raibh aige, sula raibh sé mí aige, dá bhféadfadh sé an t-amadán a dhíbirt. Ach bhí jab aige.

Bhí go maith is ní raibh go holc. Bhí sé ag cuimhneamh san oíche is sa lá ar phlean éicint a chuirfeadh sé suas le é a dhíbirt, ach ní raibh aon mhaith ann. Ach chuimhnigh sé ar an draíodóir a bhí aige sa deireadh. Chuaigh sé go dtí an draíodóir, agus nuair a d'inis sé an scéal don draíodóir, "Ha ha," a deir an draíodóir, "ná bí ag ceapadh gur amadán é sin atá ag plé leat, pé ar bith cé hé féin. Fear smeartáilte é sin," a deir sé. "Fear cliste é. Beidh jab, cuirfidh mé geall leat, é sin a dhíbirt. Ach níl aon mhaitheas le déanamh agamsa duit an *trip* seo, ach cheapfainn," a deir sé, "go bhfuil go leor seanstáblaí agus stórtha agus chuile shórt timpeall ortsa," a deir sé, "is ní fhéadfadh sé nach mbeadh an diabhal go deo seanleatharacha ann," a deir sé, "atá chomh crua le hadharc pocaide. Seanbhróga, seandiallaiteacha caiple, sean*leggings* – chuile chineál seanleathair."

"Tá na tonnaí ann de," a deir an duine uasal.

"Bhuel, an bhfuil a fhios agat céard a dhéanfas tú anois?" a deir an draíodóir. "Nuair a ghabhfas tú abhaile anois," a deir sé, "nuair a bheas do shuipéar ite agat féin agus ag an bhfear sin, bí ag déanamh an-mhór leis agus bí cainteach leis. Agus nuair a bheas sibh píosa maith ag caint ansin," a deir sé, "buail amach. Tosaigh ag tarraingt isteach leathair nó go mbeidh maoil ar an gcisteanach agat leis an leathar sin atá chomh crua le hadharc pocaide. Agus nuair a bheas an teach lán agat," a deir sé, "beidh sé in am agat a bheith ag dul a chodladh. Beidh seisean ag breathnú ort," a deir sé, "agus sula dté tú a chodladh," a deir sé, "abair leis gurb í a chuid oibre anocht chuile orlach is leathorlach den leathar sin a bheith chomh haclaí aige maidin lá arna mhárach le hola agus le bealadh agus a bheadh stropa a mbeifeá do do bhearradh féin – ag géarú rásúr air."

Nuair a bhí an teach lán aige, "Cén diabhal atá tú a dhéanamh, mar sin?" a deir an t-amadán. Ach d'inis an duine uasal dó go mb'in í a chuid oibre. Shíl sé go bhfaigheadh sé locht air – an bhfuil a fhios agat – ach chroith an t-amadán a chloigeann is níor dhúirt sé tada. Níor fhiafraigh sé cá raibh an ola is níor fhiafraigh sé cá raibh an bealadh. Ní bhfuair sé bealadh ná ola le cur ann.

Bhí go maith. Chuaigh an duine uasal a chodladh – agus bhíodh sé idir a deich agus a haon déag nuair a d'éiríodh sé.

Nuair a bhí sé timpeall uair a dó dhéag – oíche bhreá ghealaí a bhí inti – diabhal blas a rinne an t-amadán ach éirí ina sheasamh. Bhuail sé amach i stábla a bhí ann agus fuair sé ord mór amuigh ann a bhí ceithre phunta dhéag. Bhí páirc mhór in aice cathair an duine uasail a raibh chomh maith le scór beithígh bhainne inti a bhí chomh mór le capaill, agus tarbh mór a bhí tonna meáchain. Bhí an tarbh ina luí istigh idir dhá bhó nuair a tháinig an t-amadán agus bhreathnaigh sé thar an sconsa. Diabhal blas a rinne sé ach láimh a leagan ar an sconsa is a dhul isteach de léim thairis agus cúpla léim nó trí a thabhairt ach – le scéal fada a dhéanamh gearr – bhuail sé an tarbh ar chlár na baithise den ord is níor fhág sé sniog ann. Diabhal blas a rinne sé ach *dagger* de scian a tharraingt aníos as a phóca. Chuir sé poll ar a bholg agus, ar ndóigh, maidir le geir, bhí sí air – bhí sí ar a phutóga.

Thosaigh sé ag tarraingt geir amach agus á tarraingt isteach chuig an gcathair agus á caitheamh i mullach an leathair. Ní raibh aon chaint ar aon láimh a leagan air ach á caitheamh nó go raibh an teach uilig lán le geir. Agus bhí cosán geir ón áit a raibh an tarbh go dtí an teach. Ach sin é an chaoi a raibh an leathar ar maidin nuair a d'éirigh an duine uasal. Bhí an t-amadán sínte ar chúl a chinn ar stól agus a dhá láimh faoi chúl a chinn aige agus é ina chodladh. Nuair a bhreathnaigh an duine uasal aniar, d'oscail sé doras an tseomra. Is beag nár thit sé as a sheasamh. D'airigh an t-amadán é agus dhúisigh sé.

"Ó, go sábhála Mac Dé sinn," a deir an duine uasal, "cá bhfuair tú an bealadh nó cá bhfuair tú an gheir sin?"

"Nár ordaigh tú dom," a deir an t-amadán, "iad sin a bheith chomh haclaí le stropa rásúir inniu?"

"Ní aclaí atá siad ach ar snámh."

"Ach níor thairg tú," a deir sé, "buidéal ola ná bosca bealaidh le cur iontu."

"Is cá bhfuair tú an gheir?" a deir an duine uasal.

"Ba gearr achar ar a raibh de phutóga ar an tarbh mór," a deir an t-amadán, "geir a chur iontu sin agus bealadh."

"Diabhal ar féidir," a deir an duine uasal, "gur mharaigh tú mo tharbh."

"Mharaíos gan dabht," a deir an t-amadán, "is, ar ndóigh, níl tú ag fáil aon locht air?"

"Nílim," a deir an duine uasal mar bhí a fhios aige dá bhfaigheadh, bhí an chluais le baint de.

Bhí go maith is ní raibh go holc. D'imigh seachtain eile agus – ní raibh aon mhaith don duine uasal ag caint – b'éigean dó a dhul chuig an draíodóir aríst.

"Nár dhúirt mise leat," a deir an draíodóir, "gur fear cliste é sin, nach amadán ar bith é?"

Ach bhí go maith is ní raibh go holc.

"Bhuel, bainfidh mise an ceann díot," a deir an duine uasal, "mura n-insí tú dom cén bealach a ndíbreoidh mé an fear sin. Bhí mo sheanathair," a deir sé, "ag beathú do sheanathar agus á íoc. Bhí m'athair ag beathú d'athar agus á íoc. Tá mise do do bheathúsa agus do d'íoc. Theastódh fios a thabhairt dom."

"Ar ndóigh, tá mé ag déanamh mo dhíchill," a deir an draíodóir, "ach is é a bhfuil mé in ann a dhéanamh faoi láthair anois," a deir sé, "is dócha," a deir sé, "gur chuala tú caint ar a leithéid seo d'fhathach mór draíochta – na gcúig gceann, na gcúig mbeann agus na gcúig muiníl – atá ina chónaí ina leithéid seo d'áit ar oileán farraige. Níl aon áit ar sheacht gcranna an domhain is breátha ná an áit atá aige, ach is é dúshlán aon fhear ná bean a chois a chur ar thalamh an oileáin sin. Ach níl ar an oileán," a deir sé, "ach é féin is a mháthair. Nach bhfuil muca agat?" a deir an draíodóir leis an duine uasal.

"Tá," a deir sé, "trí cinn."

"Cén aois iad?" a deir an draíodóir.

"Tá siad bliain agus ráithe," a deir sé.

"Bhuel, an bhfuil a fhios agat céard a dhéanfas tú anocht?" a deir an draíodóir. "An chaoi chéanna a raibh tú leis an leathar, bí an-mhór leis an bhfear sin, bígí ag caint is ag comhrá" – bhí sé ag tarraingt ar aimsir na Nollag – "agus abair go bhfuil tú féin agus duine uasal atá ina chónaí ar a leithéid seo d'oileán, ina leithéid seo d'áit, nach bhfuil dhá chara níos mó le chéile ná sibh. Agus abair go mbronnann tú an-ghifte chuile Nollaig air agus gurb é atá tú ag dul a bhronnadh i mbliana air, trí cinn de mhuca móra atá ansin amuigh agat.

"Agus beidh sé thar a bheith buíoch, agus diabhal a fhios céard a thabharfas sé duit. Ach bheinn buíoch díot," a deir sé, "an fhad is go mbeadh tú in ann iad a thabhairt chuige. Tabharfaidh mé féin léargas ar an mbealach duit nó spáinfidh mé an bealach duit."

"Ó, tabharfaidh mise chuige iad," a deir an t-amadán.

Lá arna mhárach nuair a bhí a bhricfeasta ite ag an amadán, bhuail an duine uasal amach agus thugadar amach na trí mhuc ar an mbóthar. Tabhair trí mhuc orthu. Thiomáineadar píosa maith ón gcathair iad nó go rabhadar píosa maith ar siúl. Ansin, mar ó dhia, thug an duine uasal léargas dó cén taobh a thógfadh sé. Agus is é an t-údar ar dhúirt sé sin leis, mar gur dhúirt an draíodóir leis dá bhfaigheadh an fathach mór a chois leagtha taobh istigh ar thalamh an oileáin gurbh in a raibh de shaol ag an amadán ná ag fear ar bith a thiocfadh ann ach an oiread leis. Ní raibh a fhios ag an amadán bocht sin.

D'fhág sé slán ag an duine uasal agus chroch sé leis na trí mhuc, agus bhí sé ag siúl go raibh sé siar go maith sa lá agus ní raibh a fhios aige cá raibh sé ag dul. Ach cén diabhal áit a gcasfaí é ach isteach i gcolbha criathrach mór dearg, caochphoill, dearglaoch. Agus chuimhnigh sé ar a phlean. Diabhal blas a rinne sé ach a láimh a chur ina phóca. Thomhais sé an chéad mhuc ó bharr a cluaise go bun an driobaill. Thomhais sé na trí cinn. Diabhal blas a rinne sé ach láimh a chur ina phóca agus *dagger* de scian a tharraingt aníos. Bhain sé na trí dhrioball díobh agus bhain na sé cinn de chluasa díobh amach ón maothán.

Bhí an mhuc tomhaiste ansin aige agus theann sé isteach in áit nach seasfadh an cat sa gcriathrach, bhí sé chomh bog sin. Ach níor thug sé na trí mhuc ann. Sháigh sé síos dhá chluais, cion leithead na muice – mar a déarfá, leithead cloigeann na muice – sháigh sé síos iad agus d'fhág sé an oiread is go mbéarfá le barr do dhá mhéar de bharr na cluaise aníos. Rinne sé an jab céanna ansin leis na drible. D'fhág sé an oiread is go mbéarfá le do dhá mhéar orthu.

Nuair a bhí sin déanta aige, ní dheachaigh sé ní b'fhaide. Diabhal blas a rinne sé ach dhá leith a dhéanamh de cheann de na muca agus í a bhualadh ar a ghualainn, agus más fada gearr a thug sé air – ní raibh aon deifir air – diabhal ar chónaigh sé ariamh gur tháinig sé abhaile chuig a mháthair agus chuig an dá mhaol agus leath na muice aige.

Agus nuair a bhí a ndóthain ite acu, chroch sé leis an dá dheartháir a raibh an dá chluais bainte díobh agus chrochadar málaí nó rópaí – nó pé ar bith céard a thugadar leo – ach bhíodar ar siúl ar chuma ar bith gur fhág an t-amadán na trí mhuc sa mbaile ag an dá mhaol agus ag an máthair.

"Ní bheidh aon ocras oraibh anois go ceann scaithimh ar chaoi ar bith."

Ach bhí go maith is ní raibh go holc. Ó, ní raibh aon deifir air. Ní raibh aon tsúil leis – an bhfuil a fhios agat. Ach d'fhan sé cúpla lá nó trí in éineacht leo sa mbaile.

Agus bhí sé seachtain imithe ar chaoi ar bith an lá seo – lá breá – pé ar bith sa diabhal céard a bhí an duine uasal a dhéanamh – bhí sé ag ceapadh an uair sin go raibh an t-amadán ite ag an bhfathach mór, an bhfuil a fhios agat – cén diabhal a fheiceann sé ag teacht ach an boc. Is beag nár thit sé as a sheasamh. Ní raibh an diabhal déanta ariamh go dtí anois.

"Shíl mé go raibh sé ite, an bastard," a deir sé. "Tá sé ag teacht."

Ach nuair a tháinig sé, "Muise, by dad, bail ó Dhia ort," a deir an duine uasal, "tá tú ar ais. Fear maith thú."

"Ní hea nó a leathmhaith," a deir an t-amadán. "Tá mé sách maith," a deir sé, "ach is aisteach an bealach a chuir fear, fear ar bith le trí cinn de mhuca, nach raibh a fhios aige cá raibh an duine uasal sin ina chónaí is nach raibh fios an bhealaigh aige. Cén diabhal áit a gcasfaí mé ach isteach i gcriathrach caochphoill is chuaigh na trí mhuc á mbá orm," a deir sé. "Dá bhfaighinn barra móin, ní tharraingeoinn iad. Chuadar chomh domhain is nach bhfuil aon ghreim le fáil orthu ach mar a bhéarfá le barr do dhá mhéar," a deir sé, "ar bharr a ndriobaill is ar bharr a dhá gcluais."

"Ó, Dia dár réiteach," a deir an duine uasal, "tá mé robáilte. Caithfidh muid a dhul san an áit sin amárach," a deir sé, "go bhfeice muid an mbeadh muid in ann na trí mhuc a thabhairt as."

Ach chuaigh. Nuair a tháinigeadar, nuair a bhreathnaigh an duine uasal, "Á, nach bhfuil siad sin dearglofa anois?" a deir an t-amadán. "Cuireadh mise amú," a deir sé. "Bhuail ceo mé, agus ar éigean," a deir sé, "a tháinig mé ar ais. Agus leis an ocras agus leis an anó chuaigh mé amú," a deir sé, "agus chaith mé dhá lá amú. Ach ní raibh mé in ann iad a tharraingt," a deir sé, "dá ndéanfainn mo dhícheall."

"Á, ní fhéadfá iad a tharraingt," a deir an duine uasal.

"Téirigh thusa ina drioball anois," a deir an t-amadán, "agus gabhfaidh mise ina dhá cluais."

Chuaigh an duine uasal i ndrioball na muice is ní raibh aon ghreim le fáil aige ach an méid sin agus, an méid sin féin, an chéad *phull* in Éirinn a thug sé di, tháinig an drioball leis agus, ar ndóigh, bhí sé leathlofa – an leath thíos. Tháinig an dá chluais leis an amadán.

"Tá siad dearglofa," a deir an t-amadán.

"Fág sa diabhal ansin iad. Ná corraigh iad," a deir sé. "Nach bhfuil boladh bréan orthu."

"Ach, an bhfuil tú ag fáil aon locht air?" a deir an t-amadán.

"Ó, nílim," a deir an duine uasal. "Dar a shon, ar ndóigh, ní raibh aon neart agat air."

"Tá siad lofa," a deir an t-amadán. "Níl aon mhaith duit á gcorraí."

Ach tháinigeadar abhaile agus is é an chaoi a raibh sé ag suí i mbun an duine uasail. Chuaigh an duine uasal go dtí an draíodóir agus seo é a raibh de sheans le fáil anois aige – ba é seo an tríú babhta.

"Tá dhá sheans faighte agat anois," a deir sé leis an draíodóir. "'Is é an chaoi a bhfuil tú," a deir sé, "ag déanamh an diabhail orm i leaba a bheith ag déanamh maitheasa dom."

D'inis sé an scéal dó.

"Ó," a deir an draíodóir, "níl mise ná thusa in ann ag an bhfear sin. Ní chinnfeadh an diabhal air sin," a deir sé. "Ní cheapfainn," a deir sé, "gurbh é an chaoi a ndeachaigh na muca á mbá ar an gcaoi sin chor ar bith. B'fhéidir gurbh é an chaoi ar mharaigh sé iad," a deir sé, "agus chroch sé abhaile iad nó pé ar bith cé as é. An bhfuil a fhios agat céard a dhéanfas tú anois?" a deir an draíodóir. "Nuair a ghabhfas tusa abhaile anois anocht," a deir sé, "pé ar bith mórtas a bhí tú a dhéanamh ariamh leis, déan a sheacht n-oiread anocht leis, agus tosaigh ag socrú aimsir nua air, agus is é an aimsir a chuirfeas tú ansin air," a deir sé – níl a fhios agamsa an fada nó gearr ón samhradh a bhí sé – "is é an aimsir a chuirfeas tú air," a deir sé, "é a bheith aige go labhróidh an chuach, is nuair a labhrós an chuach ansin beidh aimsir an amadáin istigh. Caithfidh sé glanadh."

Bhí go maith is ní raibh go holc. Scaoil an duine uasal seachtain thart.

Scaoil sé coicís thart, ach, ar ndóigh, ní raibh sé i bhfoisceacht go mbeannaí Dia d'aon chuach glaoch.

"Tabhair leat do mháthair," a deir an draíodóir leis an duine uasal, "agus an choill mhór sin," a deir sé, "atá ar leataobh an bhóthair tamaillín ón teach, tabhair leat do mháthair agus cuir sa gcrann is airde ansin í. Agus siúil, thú féin agus é féin, amach agus nuair a bheas sibh píosa thar an gcrann," a deir sé, "abraíodh do mháthair, fógraíodh sí 'Cú-cú'. Nuair a bheas sibh písín eile, fógraíodh sí aríst é," a deir sé. "Ach nuair a fhógrós sí an tríú huair é, seas thusa," a deir sé leis an duine uasal, "ó, a dhiabhail," a deir sé, "abair leis an bhfear – an airíonn sé an chuach?"

Rinne an duine uasal é. Thug sé dréimire – níl a fhios agam an dhá fhichead runga a bhí ann – thug sé leis é agus thug sé an mháthair leis agus í ina seanbhean chríochnaithe agus chuir sé idir an dá ghéagán ab airde a bhí sa gcrann ab airde a bhí i lár na coille í agus bhí bóthar ag rith trína lár.

Ach ar maidin chuaigh sé féin agus an fear amach – an t-amadán. Chuadar thar an gcrann. Ní mórán achair thairis a bhíodar nuair a d'fhógair sí "Cú-cú". Bhíodar písín eile, d'fhógair sí aríst é. Ach chuala an t-amadán í ach níor lig sé tada air féin. Ach murar lig, lig an duine uasal an tríú babhta air féin é.

"Ó, a dhiabhail," a deir sé leis an amadán, "an airíonn tú an chuach?"

"I nDomhnach, airím, ach feictear dom gur aisteach an tráth cuaiche é. Airím í ceart go leor más í an chuach í. Ach is gearr," a deir sé, "go mbeidh a fhios agamsa céard atá ann."

Diabhal blas a rinne sé ach siúl ar ais agus shiúil an duine uasal ina dhiaidh. De réir mar a bhí sé ag teannadh leis an gcrann is é an chaoi a raibh an "Cú-cú" ag neartú. Is é an chaoi a raibh sí ag neartú ag glaoch. Diabhal blas a rinne an t-amadán ach breathnú suas agus chonaic sé idir é agus léas thuas i mbarr an chrainn í agus tá a fhios ag Dia gur aithin sé í.

Diabhal blas a rinne sé, más fada nó gearr ón gcrann a bhí sí, ach shiúil sé leis agus fuair sé ailleog d'aill de chloch a bhí tuairim is cloch mheáchain agus thóg sé í is, ar ndóigh, bhí urchar aige. Thóg sé *aim* thuas uirthi. Bhuail sé ar chlár na baithise í agus chuir sé anuas glan marbh ar an talamh í as barr an chrainn.

"Ó, a dhiabhail," a deir an duine uasal, "tá mo mháthair marbh agat."

"Tá," a deir an t-amadán, "gan dabht. Deile céard a bhí le déanamh léi ach í a mharú? An bhfuil tú ag fáil aon locht air?"

"Ó, táim," a deir an duine uasal. "Nach gcaithfinn locht a fháil air," a deir sé, "mo mháthair a mharú. Pé ar bith cé air a bhfaighinn locht, chaithfinn locht a fháil air sin a dhéanamh."

Diabhal blas a rinne an t-amadán ach an chlaíomh a bhí faoi bheilt an duine uasail, breith uirthi agus í a tharraingt. Bhain sé an chluais den duine uasal.

"Mise an máistir anseo anois," a deir an t-amadán. "Bíodh smideanna beaga níos mó agat. Ortsa a bheas gach a mbeidh le déanamh a dhéanamh," a deir sé, "agus ní bheidh ormsa tada a dhéanamh."

Bhí an duine uasal mar a bhí sé ansin. Bhí sé *done*.

Bhí go maith is ní raibh go holc. Ní raibh aon bhlas ag teastáil ón dá mhaol uaidh sin amach ná ón máthair sa mbaile nach raibh acu. Bhí sé ag tarraingt bhainne, ag tarraingt ime is ag tarraingt chuile shórt acu.

Ach nuair a bhí sé píosa maith ann, bhuail tinneas éicint an duine uasal – is dócha gur bhuail briseadh croí é, ach cailleadh é.

Bhí go maith is ní raibh go holc. Cailleadh an duine uasal, agus diabhal duine a bhí ansin san áit ach an t-amadán.

Ach bhí go maith. Is, ar ndóigh, tabhair áit ar áit ach bhí áit aige – beithígh agus capaill agus talamh agus caoirigh agus chuile shórt. Ach nuair a bhí sé píosa maith ann – bhí sé i bhfad ann – bhí sé ag brath ar phósadh.

Ach an oíche seo bhí sé ina chodladh agus bhí sé ag brionglóidigh. Agus bhí bliain imithe an uair sin ó bhí sé ag tabhairt na trí mhuc chuig an duine uasal seo. Ach cén diabhal a mbeadh sé ag brionglóidigh air nó a tháinig trína bhrionglóidí ach cén sórt duine uasail é sin – go gcaithfeadh sé nach raibh léamh ná insint scéil ar chomh hardnósach is a bhí sé agus chomh mór is a bhí an boc leis agus é ag tabhairt trí cinn de mhuca de ghifte dó nó de bhronntanas.

"By *dad*," a deir sé, "an dara hoíche ní chodlóidh mé ar an leaba seo go bhfaighidh mé amach cá bhfuil an duine uasal sin ina chónaí, pé ar bith cá bhfuil sé."

Diabhal blas a rinne sé ach éirí lá arna mhárach, d'ith sé a bhricfeasta agus bhuail leis. Agus de réir mar a bhí sé ag siúl, corrtheach a bhí ag castáil dó, bhí sé ag fáil greim le n-ithe iontu. Bhí sé ag cur tuairisc. Ach bhí sé ag fáil tuairisc de réir a chéile. Ach bhí sé fíorfhada ó bhaile agus is é an sórt oileán a bhí ann – níl a fhios agam an dhá chéad nó trí chéad acra talún a bhí ann – bhí sé i bhfad amach sa bhfarraige. Ach ag an ngob thoir de – ag an ngob ab fhaide soir – bhí coill uafásach. Agus ní raibh idir é féin agus an talamh ach cainéal an-chaol. Snámhóir nach mbeadh mórán maith ar bith leis, shnámhfadh sé isteach air. Ach, ar ndóigh, ba é dúshlán aon duine a dhul air.

M'anam ón diabhal go raibh sé ag siúl ariamh go bhfuair sé amharc ar an oileán agus, ar ndóigh, tabhair oileán air. Bhí sé ag siúl timpeall ar an oileán ariamh go dtáinig sé go dtí an cainéal.

"By dad," a deir sé, "tá mé imithe mura bhfuil mé in ann a dhul isteach air sin ar chuma ar bith. Beidh a fhios agamsa cén sórt duine uasal é féin."

Diabhal blas a rinne sé ach a chuid éadaigh a chaitheamh de agus cheangail sé ar a dhroim iad. Bhuail sé sa bhfarraige agus is gearr go raibh sé leaindeáilte ar an oileán moch go maith ar maidin.

Bhí a fhios aige go maith ansin – an dtuigeann tú – go siúlfadh an boc a bhí ar an oileán – nach raibh baol ar bith nach siúlfadh sé chuile lá tríd an oileán nó tríd an gcoill agus is dócha go bhfuair sé léargas go mba fathach a bhí ann.

Ach ar an bpointe agus a leaindeáil sé ar an oileán, is gearr isteach sa gcoill a chuaigh sé, nuair a casadh crann mór leis nach raibh a fhios cén airde é. Diabhal blas a rinne sé ach breith ar ghéagán. Chuaigh sé go dtí ceann eile is bhí sé ag dul ó cheann go ceann go ndeachaigh sé ina bharr, is diabhal mórán achair a bhí sé thuas ina bharr nuair a d'airigh sé an t-oileán ag croitheadh uilig. Bhreathnaigh sé anuas. Bhí bóthar ag rith an áit a raibh sé, tríd an gcoill. Cén diabhal a fheiceann sé ach an fathach mór agus bhí sé chomh mór is go raibh sé ag croitheadh an talamh agus ag croitheadh an choill. Ach, ar ndóigh, leathnaigh an dá shúil i gcloigeann an amadáin. Ach má leathnaigh féin, níor chuir sé aon fhaitíos air agus é ag breathnú síos air.

Fuair an fathach mór boladh an amadáin agus, pé ar bith breathnú a rinne sé suas, chonaic sé thuas i mbarr an chrainn é agus gan ann ach dreoilín beag. Bhreathnaigh sé suas air.

"Óra, a scaibhtéara de ruifíneach," a deir sé, "de shramachán, de scearachán, nach beag an náire is nach beag an chúthaileacht a bhí ort," a deir sé, "is nach beag faitíos a bhí ort," a deir sé, "a theacht isteach ar mo chuid talún! Is mór liom de ghreim thú," a deir sé, "is beag liom de dhá ghreim thú. Níl a fhios agam," a deir sé, "céard is fearr dom min a dhéanamh díot idir mo dhá bhois nó min a dhéanamh faoi mo chosa díot nó thú a chur de shéideog don Domhan Thoir."

"B'fhéidir go mbeifeá sách luath," a deir an t-amadán. "Tóg d'am. Féach do neart anois," a deir an t-amadán, "tá amharc agamsa ort – féach do neart anois san áit a bhfuil tú go bhfeice mé céard atá tú in ann a dhéanamh."

Diabhal blas a rinne an fathach mór ach rith anonn is rug sé ar aill mhór de chloch. Chuir sé idir a dhá bhois í agus thosaigh sé mar seo: bhí sé ag scaoileadh min anuas ar an talamh chomh tréan is a bheadh bró ag scaoileadh min ó eorna nó ó chruithneacht nuair a bheadh sí á meilt.

Nuair a bhí sí i ngar a bheith laghdaithe go maith aige, "Caith aníos chugamsa í anois," a deir an t-amadán, "go bhfeice tú céard a dhéanfas mé léi." Bhí an crann chomh hard ansin, an bhfuil a fhios agat, agus an t-amadán idir an dá ghéagán agus, pé ar bith amharc a bhí aige ag an bhfathach mór, bhí faitíos air – an dtuigeann tú – go dtiocfadh an chloch aníos.

Chaith sé an chloch suas chuig an amadán *all right* ach, ar ndóigh, mo léan, ní raibh an t-amadán á hiarraidh. Chuaigh an chloch amach b'fhéidir i bhfoisceacht cúpla géagán – dó nó trí – ach diabhal blas a rinne an t-amadán ach láimh a chur ina phóca agus tharraing sé aníos cnap mór geir a bhí chomh mór le *halley ball*. Chuir sé idir a dhá bhois é agus thosaigh sé dhá cuimilt mar sin agus thosaigh an sú ag titim anuas faoi chosa an fhathaigh mhóir.

"Ó, a dhiabhail," a deir an fathach.

"Anois," a deir an t-amadán, "Cá bhfuil do neart? Ní raibh tusa ag baint aisti ach min," a deir sé, "ach tá mise ag baint sú aisti."

"Ó, céad míle milliún fáilte romhat," a deir an fathach. "Gabh anuas go beo go gcroithe mé láimh leat. Is tú an fear is fearr a tháinig ar an oileán seo ó chuaigh cóta ormsa ná a thiocfas aríst go brách ann. Sin rud nach bhfaca mise aon fhear a dhéanamh ariamh ach thusa."

Bhí airde sú faoi chosa an fhathaigh mhóir an uair sin. Tháinig an t-amadán anuas. Agus, ar ndóigh, chuirfeadh an fathach mór i bpóca a veiste é. Chroith an fathach mór láimh leis.

"Níl sa teach anois ach mo mháthair," a deir an fathach, "agus is fearr dúinn a dhul abhaile go mbeidh dinnéar againn."

Chuaigh. Nuair a d'inis an fathach mór an scéal don mháthair agus nuair a chonaic an mháthair an dreoilín a bhí in éineacht leis, thosaigh sí ag scairtíl gháire is ag magadh faoi, "Cén chaoi a bhféadfadh sé a bheith chomh láidir leis sin?"

"Ach, ar ndóigh, tá a chruthú ann," a deir an fathach.

"Ach," a deir sí, "mura bhfuil, is gearr go mbeidh."

Chuir sí síos dinnéar maith dóibh, agus nuair a bhí an dinnéar ite acu, "Bhuel, anois," a deir sí, "is é an chaoi a mbeidh a fhios agamsa cé agaibh fear is láidre: gabhfaidh sibh amach ag caitheamh an mheáchain a bhíonn tú a chaitheamh amuigh sa bpáirc," a deir sí leis an bhfathach.

"Tá go maith," a deir an fathach.

Ar ndóigh, ní chorródh an t-amadán an meáchan sin den talamh. Ach séard a bhí ann, ord – ach níl mé in ann a rá cén meáchan a bhí sé – agus bhíodh an fathach á chur an-fhada. Ach chuadar amach agus, ar ndóigh, bhí a fhios ag an amadán nach gcorródh sé den talamh é.

San áit a mbíodh an fathach ag seasamh, bhí stríoc gheal tarraingte aige agus aill ag chaon chloigeann de, ag chaon chloigeann den stríoc. Sheasadh sé i lár báire ansin – an dtuigeann tú – agus chaitheadh sé an t-ord.

Ach is é an fathach a chaith an chéad uair é. Bhí an t-amadán ag breathnú air. Chuir sé píosa fada é.

"Tabhair aníos chugamsa anois é," a deir an t-amadán.

Chuaigh an fathach síos agus thug sé aníos an t-ord. Agus sula raibh sé baol ar bith a bheith chomh fada leis an amadán, diabhal blas a rinne an t-amadán ach éirí de léim agus sheas sé ar an aill a bhí ag ceann de chloigne na stríce agus thosaigh sé ag breathnú soir. Tháinig sé anuas di sin de léim agus rith sé agus sheas sé ar an aill thiar agus thosaigh sé ag breathnú siar.

"Céard atá tú a dhéanamh mar sin?" a deir an fathach.

"Inseoidh mé sin duit," a deir sé. "Tá deartháir liomsa," a deir sé, "ina ghabha sa Domhan Thiar agus tá deartháir liom ina ghabha sa Domhan Thoir. Teastaíonn ord ceártan ó chaon cheann acu is níl a fhios agam cé acu fear is fearr dom é a chaitheamh chuige."

"Ó, más mar sin é," a deir an fathach, "ná leag láimh ná cois air. Ná leag láimh ar bith air," a deir sé, "mar ní thabharfainnse an t-ord sin," a deir sé, "ar a bhfuil de ghaibhne sa Domhan Thoir ná sa Domhan Thiar. Sin í mo cheird," a deir sé, "ó éireas mé chuile lá – mórán i gcaitheamh an lae, ag caitheamh an mheáchain sin."

"Ó, más mar sin é," a deir an t-amadán, "ní leagfaidh mise aon láimh air," a deir sé. "Ní maith liom," a deir sé, "rud ar bith a chur as d'aon duine."

"Ná leag láimh ná cois air," a deir an fathach. "Ach tá an seanchailín sin chomh dána," a deir an fathach, "is nach gcreidfidh sí tada."

Bhí an fathach siúráilte go mb'fhíor dó é – an bhfuil a fhios agat – go gcaithfeadh sé soir é nó go gcaithfeadh sé siar é is gan é in ann a chorraí den talamh.

Chuadar isteach. D'inis an fathach an scéal don mháthair.

"Ní maith go gcreidim é," a deir sí. "Mura bhfuil a fhios againn inniu é, beidh a fhios againn amárach é. Cuirfidh mise síos dinnéar amárach," a deir sí, "nár ith tú a leithéid ariamh," a deir sí leis an bhfathach. "Agus beidh sé ag chaon duine agaibh, an rud céanna, agus pé ar bith cé agaibh fear is mó a íosfas," a deir sí, "is é an fear is láidre é. Agus nuair a bheas a ndinnéar ite agaibh, tabharfaidh mé amach ar an bpáirc sibh a raibh tú ag caitheamh an mheáchain air agus gabhfaidh sibh ag rith rása. Pé ar bith cé a bhuafas an rása, sin é an fear is láidre."

Pé ar bith fear is láidre ansin, bheadh cead aige an fear eile a mharú.

Ach bhí go maith. Rinne sí é. Agus séard a chuir sí síos – níl a fhios cén meáchan a bhíodar – chuir sí síos péire *turkeys* ar chaoi ar bith agus pé ar bith cén sórt stuif eile a bhí in éineacht leo. Ach ní íosfadh tarbh ná bó leath an méid a bhí thíos don bheirt. Ach nuair a bhí an bord réitithe, dúirt sí leo go raibh a mbéilí réidh. Chuadar siar.

Ach an fhad is a bhí an mháthair ag bruth an dinnéir – máthair an fhathaigh – pé ar bith céard a bhí an fathach a dhéanamh, chuaigh an t-amadán amach is casadh isteach i stábla é. Agus cén diabhal a chasfadh leis ach mála mór folamh bran, is diabhal blas a rinne sé ach a sheaicéad a chaitheamh de agus a veist agus chuir sé an mála aníos taobh istigh agus chuir sé sórt slaitín beag ina bhéal – mar seo anois – agus ar nós go mbeadh sé ag cur trí ghreim nó ceithre ghreim sa mála in aghaidh ceann a bheadh sé a chur ina bhéal.

Ach bhí go maith. Rinne sé é. Chuadar ag ithe. Ní raibh an fathach ag cur láimh ar bith sa mbeatha ach ar nós mar a d'fheicfeá geadar chomhluadar muc ag ithe as tubán. Ach bhí an t-amadán ag breith ar chuile ghreim a bhí sé a ithe lena láimh, is ní raibh aon ghreim dá raibh sé a chur ina bhéal nach raibh sé ag cur ceithre cinn sa mála. Ach – le scéal fada a dhéanamh gearr – nuair a bhí an béile laghdaithe go maith ag an bhfathach, bhí sé laghdaithe go maith ag an amadán é féin. By dad, bhí sé ag aireachas ar an bhfathach ach is gearr eile an triail a bhí aige. Ach leag an t-amadán air is nár fhág mé seo go raibh sé críochnaithe roimh an bhfathach agus an béile folmhaithe aige. Agus bhí an fathach é féin i ngar a bheith réidh ach ní raibh sé réidh baileach.

D'éirigh an t-amadán ina sheasamh agus, ar ndóigh, bhí bolg air chomh mór le – níl a fhios chomh mór. Thosaigh sé ag breathnú anonn is ag breathnú anall.

"Céard atá tú a dhéanamh, mar sin?" a deir an fathach.

"Inseoidh mé sin duit," a deir sé. "Ní fheicim tada eile ag corraí ann le n-ithe. Is dócha nach bhfuil aon bhlas eile ann?" a deir sé. "Dá mbeadh turcaí eile agamsa, by dad," a deir sé, "d'íosfainn anois í."

"Á, más mar sin é," a deir an fathach, "cén mhaith a bheith ag caint," a deir sé "ach sháraigh an tseanbhean sin an diabhal," a deir sé, "tá sí chomh dána sin. Nach raibh a fhios agam i gcónaí," a deir sé, "go mba láidre an fear thú is gur mó a d'íosfá ná mé."

Ach ní raibh an t-amadán an uair seo in ann éirí ina sheasamh as an áit a raibh sé ach go dona, idir an mála agus a bholg chomh maith le chéile.

Ach pé ar bith scéal é – giorróidh muid é – thug sí amach ar an bpáirc iad agus ar éigean a bhí an t-amadán bocht in ann siúl amach. Sheas siad ag an marc. Sheas sí ag breathnú orthu. Thosaigh siad ag rith an rása is, ar ndóigh, bheadh cúrsa den pháirc rite ag an bhfathach sula mbeadh fiche coisméig déanta ag an amadán. Ach thug an t-amadán cead a chinn dó an chéad chúrsa. Ní raibh sé féin ach leath bealaigh agus bhí an chéad chúrsa rite ag an bhfathach. An dara cúrsa bhí sé ar an gcaoi chéanna.

Ach an tríú cúrsa, nuair a bhí an fathach leath bealaigh, chuimhnigh an t-amadán ar a phlean. Diabhal blas a rinne sé ach láimh a chur ina phóca agus tharraing sé aníos *dagger* de scian agus tharraing sé aníos ar a bholg í. Ara, is gearr go raibh bóthar bán ag teacht ina dhiaidh agus thosaigh sé ag neartú ar an siúl. Ach nuair a bhí an fathach leath bealaigh ar an tríú cúrsa a bhí le rith acu, bhí an t-amadán ag baint talún de. Ach sa deireadh, nuair a bhí siad i bhfoisceacht cúpla céad slat nó trí den mharc, chuaigh an t-amadán amach de sciotán thairis.

"Má tá tú ag iarraidh an rása a bhuachadh," a deir an t-amadán leis an bhfathach, "shílfeá go ndéanfá an rud a rinne mise. Breathnaigh i do dhiaidh," a deir sé.

"Céard é sin?" a deir an fathach.

"Ara, tarraing do scian aníos ar do sheanphutóga lofa," a deir an t-amadán, a deir sé. "Nach bhfuil an oiread ite agat is nach bhféadfá a bheith in ann rith? An bhfeiceann tú an rud a rinne mise?" a deir sé. "Breathnaigh i do dhiaidh."

Bhreathnaigh an fathach ina dhiaidh is, ar ndóigh, chonaic sé an bóthar. Diabhal blas a rinne sé ach láimh a chur ina phóca agus tharraing sé scian aníos ar a bholg. Scaoil sé a phutóga amach ar an talamh. Thit sé marbh ar an talamh.

Diabhal blas a rinne an t-amadán ach rith suas go dtí an seanchailín.

"Ná bíodh mórán smideanna anois agat," a deir sé; "mise an máistir anseo."

Diabhal blas a rinne sé ach a scian a tharraingt. Sháigh sé i mbun na cluaise í. Níor fhág sé sniog inti. Bhí an t-oileán faoi féin ansin aige.

B'in é anois an duine uasal – mar a déarfá – ba é an fear é ba mhó le rá nó is mó a raibh eallach, beithígh, caoirigh, muca, chuile chineál aige. Bhí seomra óir, seomra airgead glas, seomra airgead rua, chuile shórt airgid istigh sa gcathair ag an bhfathach mór. Ach bhí sé ag an amadán anois.

D'fhan an t-amadán gur shiúil sé an chathair, go raibh a fhios aige chuile shórt a bhain don oileán agus cén chaoi a raibh sé agus nach raibh sé. Agus nuair a bhí sin déanta aige, bhuail sé go dtí cathair an duine uasail a raibh sé aige ag obair agus chaith sé lá eile ann. Nuair a bhí sin déanta aige, chuaigh sé abhaile go dtí an dá mhaol agus go dtí an mháthair agus chroch sé leis iad agus is é an áit a dtug sé iad go dtí cathair an duine uasail a raibh sé aige an chéad uair. Agus dúirt sé leo go bhféadfadh an áit sin a bheith acu, idir bheithígh agus caoirigh agus talamh agus a raibh ann, ach nach raibh sé féin ag dul ag maireachtáil ann, go raibh sé ag dul ag maireachtáil san áit eile.

Diabhal blas a rinne sé ach imeacht agus cén diabhal a rinne sé ach a dhul ag tóraíocht mná. Agus, ar ndóigh, ní mba *task* air í a fháil. Ní raibh aon fhear i bhfoisceacht na mílte mílte díobh ba tréine ná é ná ba bhreátha a raibh áit aige ná é.

Ach phós sé iníon duine uasail agus fuair sé na mílte punt léi sin féin agus chuadar a chónaí ar an oileán a raibh an fathach mór air.

Ach idir an t-oileán agus an chathair a raibh sé an chéad uair ann, maidir le saol fada le séan, chaith sé féin agus an dá mhaol agus an mháthair saol fada le séan uaidh sin amach.

Mac na Baintrí

Bhí rí fadó ann sa tseanaimsir agus bhí sé pósta. Ní raibh aige ach aon iníon amháin. Ach nuair a tháinig sé in am ag an iníon, nó nuair a bhí sí suas in aois pósta, chuir an rí gairm scoile amach ar fud na ríocht nó ar fud na tíre – fear ar bith a bheadh in ann trí éitheach a bhaint as an rí, bhí an iníon le fáil aige.

Ach bhí go maith, ní raibh go holc. Mar atá a fhios agat féin, ní daoine fánach ná daoine bochta a thosaigh ag teacht ach boic mhóra ardnósacha. Ach bhíodar ag teacht. Ach má bhí féin, ní raibh aon mhaith dóibh ann. Ní raibh aon fhear ag teacht in ann trí éitheach a bhaint as an rí.

Ach bhí go maith is ní raibh go holc. Mílte fada fada ón áit a raibh an rí ina chónaí, bhí baintreach ina cónaí ar thaobh cnoic is ní raibh aici ach aon mhac amháin. Ní raibh bó ná caora ná uan, mionnán ná gabhar ag an mbaintreach ná ag an mac ach iad thar a bheith bocht.

Ach bhí go maith is ní raibh go holc. M'anam ón diabhal go raibh an scéal ag dul thart ach ní dheachaigh sé thart i ngan fhios do mhac na baintrí. Chuala sé caint air. Ach an mhaidin seo chonaic an bhaintreach an mac ag éirí – ní raibh a fhios ag an mbaintreach bhocht tada – agus chonaic sí é ag tabhairt sórt bogréiteach air féin. Ach, ar ndóigh, ní raibh aon réiteach le déanamh aige féin – ní raibh aon bhróg ar a chois, ní raibh éadach air, ní raibh tada air. Bhíodar thar a bheith bocht.

"Seo, ar mhiste liom fiafraí díot, a mhic," a deir sí, "Cá bhfuil tú ag dul? Shílfeá go raibh tú ag brath ar a dhul ag siúl."

"Muise, i nDomhnach, a mháthair," a deir sé, "tá mé ag dul san áit a bhfuil chuile fhear ag dul. Tá mé ag dul ag saothrú iníon an rí. Ar chuala tú aon chaint air?" a deir sé.

"By *dad*, níor chualas," a deir sí. "Cén diabhal atá tú a rá?" a deir sí. "Ar ndóigh, dá bhfeicfeadh an rí thusa ag teacht, chaithfeadh sé thú."

"Ní chaithfeadh," a deir sé. "Tá sé sin in aghaidh an dlí aige é sin a dhéanamh."

Ach d'inis sé an scéal di. Ar ndóigh, bhí an mháthair le ceangal. Ach má bhí féin, ní raibh aon mhaith di ann. D'imigh mac na baintrí is é stróicthe stiallta is gan aon bhróg ar a chois. Ní raibh hata ar a chloigeann ná tada. Bhí an fear bocht ach go mba fear an-bhreá a bhí ann – fear óg breá murach an bochtanas.

Ach d'imigh leis ar maidin agus bhí sé ag siúl lá fada fómhair go raibh sé an-siar sa lá. Agus bhí sé ag dul trí pháirceanna, trí ghleannta, trí chuile áit, ach casadh isteach i bpáirc ar deireadh é a raibh feilméara ag sábháilt fhéir inti. Tháinig sé go dtí é agus bheannaigh sé don fheilméara is bheannaigh an feilméara dó go suáilceach.

"*By dad*," a deir an feilméara, "bail ó Dhia ort, is cosúil le strainséir i bhfad ó bhaile thusa anseo."

"Muise, *by dad*, sea," a deir sé. "Caithfidh mé a rá leat gurb ea. Ní chasfadh Dia," a deir sé leis an bhfeilméara, "go mbeadh greim ar bith le n-ithe timpeall ort?"

"Muise, *by dad*, tá aiféala orm," a deir an feilméara. "Níl blas ar bith ach go bhfuil mo lón ite agam," a deir sé, "mar ní liomsa an talamh seo chor ar bith," a deir sé. "Conacraí atá mé a oibriú ann. Dhá mbeinn ach mo dhinnéar a bheith ite agam roinnfinn leat é. Ach má tá aon ocras ort," a deir sé, "má thagann tú chomh fada le mo theach, tabharfaidh mé do bhéile duit."

"Go raibh míle maith agat," a deir mac na baintrí.

"Seo, ar mhiste liom fiafraí díot," a deir an feilméara, "cá bhfuil do thriall nó céard a thug an bealach thú?"

"Ní miste, muise," a deir sé. "Tá mé ag dul ag saothrú iníon an rí," a deir sé, "mar atá chuile fhear."

"*By dad*, níl aon locht air," a deir an feilméara.

"Níl," a deir mac na baintrí, "ach is é an rud is measa orm," a deir sé, "níl aon éadach orm, níl aon bhróg orm agus níl tada orm. Agus tá náire orm a dhul faoi shúile an rí."

"Ní bheidh sin le rá agat," a deir an feilméara. "Má thagann tú in éineacht liomsa," a deir sé, "ag an teach, tabharfaidh mise culaith éadaigh duit, hata breá bog, péire breá bróg, is diabhal mórán fear a thiocfas isteach i bpálás an rí," a deir sé, "bail ó Dhia ort, nach bhfuil tú féin i d'fhear chomh breá leis."

"Go raibh míle maith agat," a deir mac na baintrí.

D'imigh sé féin agus an feilméara agus níor chónaíodar go dtáinigeadar chomh fada le teach an fheilméara. Fuair sé a bhéile. Nuair a bhí sé ite aige, thug an feilméara siar i seomra é. Thug sé culaith bhreá éadaigh dó, péire breá bróg, hata breá bog. Bhí sé gléasta amach. Ach nuair a bhí, ba bhreá an fear é.

D'fhág sé slán ag an bhfeilméara agus ghlac sé buíochas leis agus dúirt sé leis go raibh súil aige go gcúiteodh sé leis lá éicint. Ach d'imigh leis. Agus níor chónaigh sé ariamh gur bhuail sé cnag ar dhoras mór pálás an rí. Tháinig searbhónta amach agus d'fhiafraigh sé de cá raibh sé ag dul. Dúirt sé go raibh sé ag dul san áit a raibh chuile fhear ag dul – ag saothrú iníon an rí.

"Níl aon locht air," a deir an searbhónta. "Isteach leat."

Chuaigh. Chuaigh an searbhónta go dtí an rí agus, pé ar bith áit a raibh sé, tháinig an rí agus chroith sé láimh leis. Thug sé isteach ar an bparlús é. Chaith sé féin agus an rí an oíche sin trian le fiannaíocht, trian le scéalaíocht, trian le sú sá chodlata gur gheal an lá arna mhárach, is nuair a bhí a bhricfeasta ite ag mac na baintrí, tháinig an rí go dtí é agus thug sé amach é.

Bhí siad ag siúl píosa maith ó phálás an rí go dtáinig siad chomh fada le háit a raibh sconsa dhá throigh dhéag ar airde leataobh bóthar mór an rí agus bhí staighre cloiche ag dul suas ar an sconsa. Thug an rí suas ó spreabhsán go spreabhsán nó ó *step* go *step* é go dtug sé ar a bharr, is nuair a chuadar ar a bharr, bhreathnaíodar isteach. Bhí an chruach choirce taobh istigh den sconsa sin a chuirfeadh uafás ar an domhan mór. Bhí mac na baintrí ag breathnú uirthi agus bhí an rí ag breathnú uirthi.

"Bhuel, déan an fhírinne anois," a deir sé le mac na baintrí, "ach ná déan aon bhréag: an bhfaca tú aon chruach choirce," a deir sé, "in aon áit ar shiúil tú ariamh is mó ná í sin?"

"Muise, glacaim pardún leat, a rí," a deir sé, "tá tú i bhfad amuigh. Chonaic mise cruach choirce ag m'athair," a deir sé, "agus níl aon mhaitheas i do chruach choirce," a deir sé, "ach mar a bheadh ubh ghé lena hais."

"Ó, a scaibhtéara ruifíneach," a deir an rí, "cén chaoi a bhféadfá sin a rá? Caithfidh tú míniú a thabhairt domsa leis an scéal sin, agus má fhaighim amach," a deir sé, "go bhfuil an fhírinne agat, beidh trian de m'iníon agat. Ach má fhaighim amach," a deir sé, "go bhfuil an bhréag agat, beidh do chloigeann ar an spíce."

Bhí go maith is ní raibh go holc.

"Tabharfaidh mise míniú duit leis," a deir sé leis an rí, "agus gan aon fhocal bréige ann ach an oiread. Nuair a bhí mise," a deir sé, "idir a seacht déag is a hocht déag de bhlianta, bhí Éire Bheag agus Éire Mhór curtha ag m'athair faoi choirce. Domhnach breá sa bhfómhar," a deir sé, "a bhí ann, bhí an coirce ag teacht isteach. Ní raibh aon scil mhór agamsa ann. Bhí mise sínte ar thaobh den tine," a deir sé, "agus m'athair ar an taobh eile. Ní raibh mo mháthair beo," a deir sé. "Dhírigh m'athair aniar. 'By *dad*, a mhic,' a deir sé, 'beidh coirce le gearradh amárach againn.' B'eo é maidin Dé Luain.

"Bhuel, déanfaidh mé an fhírinne leat, a rí," a deir sé, "tháinig drioganna amach trí mo chraiceann nuair a chuala mé cén obair a bhí le déanamh. Ach mar sin féin," a deir sé, "chuaigh muid a chodladh an oíche sin, agus ar maidin lá arna mhárach ar a hocht a chlog nuair a d'éirigh mise, bhí mo bhricfeasta leagtha ar an mbord ag m'athair. Bhí a bhricfeasta féin ite aige chun tosaigh ormsa is bhí mé ag breathnú air ag éirí ina sheasamh. Sháigh sé a láimh faoin mbrat," a deir sé, "agus mar atá a fhios agat féin anois, a rí," a deir sé leis an rí, "cén sórt arm a bhí ag dul ag gearradh coirce, tharraing sé anuas corrán nua. Bhuail sé ar a ghualainn é. Nuair a bhí mise réidh, rinne mé féin an jab céanna. D'imigh an bheirt againn go dtáinig muid chomh fada leis an gcloigeann ba gaire dúinn den mhachaire, Éire Mhór.

"'Tosaigh anois anseo, a mhic,' a deir sé liomsa, 'agus gabhfaidh mise ag an gcloigeann is faide uainne.'

"D'imigh sé uaim," a deir sé, "ach ní i bhfad go raibh sé imithe as m'amharc. Chaith mé díom mo chóta. Níor fhág mé orm ach mo léine is mo threabhsar. Thosaigh mé ag gearradh coirce leis an gcorrán, agus níl aon ghlaic dá mbeinn ag crochadh nuair a bhreathnaínn amach romham nach dtigeadh drioganna fola amach tríd mo chraiceann le drogall roimh an obair a bhí le déanamh. Bhí mé ag coinneáil ag gearradh," a deir sé, "go raibh sé timpeall uair a dó dhéag agus ní i bhfad eile," a deir sé, "go mbeadh dúil i mo dhinnéar agam.

"Ach cén deamhan ná diabhal a d'éireodh as an gcoirce uaim ach giorria mór agus bhí sé chomh mór le huan caorach. Ní rinne mé ach an corrán a chaitheamh leis agus cén diabhal áit a gcuirfinn é ach i bhfastó ina cheathrú. D'imigh an giorria ar nós na gaoithe Mhárta tríd an gcoirce, ach má d'imigh is gur imigh, bhí sé ag cur coirce suas is níor chónaigh sé ariamh go ndeachaigh sé chomh fada leis an áit a raibh m'athair. Nuair a chonaic m'athair ag teacht é agus é ag cur coirce anuas mar a bhí sé, chroch sé féin an corrán san aer agus a hata agus chas an giorria. Ach le scéal fada a dhéanamh gearr, a rí," a deir sé, "bhí sé ag dul ó dhuine go duine againn go raibh an ghrian ag dul faoi, is nuair a bhí an ghrian ag dul faoi, bhí Éire Mhór leagtha ag an ngiorria.

"Ní rinne mé féin," a deir sé, "is mé an duine deireanach a dtáinig sé go dtí é – ach breith air, agus ní raibh sé deacair breith an uair sin air. Rug mé air. Bhain mé an corrán as a cheathrú. Thug mé abhaile go ceanúil é. Ní raibh muid ag caint ar aon ghreim a ithe ach muid ag breathnú ar a raibh de choirce curtha anuas. Cheangail mé suas a chois," a deir sé. "Chuir mé chuile chóir leighis uirthi le barrach agus le chuile chineál dár chuala mé ariamh. Fuair mé bosca mór," a deir sé, "agus bainne agus d'ith sé go milis iad. Tháinig mé féin agus m'athair isteach agus d'ith muid an suipéar. Ní mórán cainte a bhí idir muid," a deir sé, "chuaigh muid a chodladh.

"Bhí go maith. Lá arna mhárach nuair a d'éirigh mise, thug mé béile arán cruithneacht agus bainne don ghiorria agus d'fheistigh mé an corrán ceart ar a chois sa gcaoi go mbeadh sé in ann coirce a chur anuas. Thug mé liom amach é agus chuaigh m'athair in éineacht liom. Chuaigh m'athair ar an gcloigeann ab fhaide uainn," a deir sé, "d'Éire Bheag agus thosaigh mise ag an gcloigeann ba gaire dom.

"'Scaoil amach an giorria,' a deir sé.

"Agus má scaoileas is gur scaoileas, ní raibh aon chlocha sneachta ag titim as an spéir ariamh chomh tréan is a bhí sé ag cur coirce suas go ndeachaigh sé chomh fada leis an áit a raibh m'athair. Chas m'athair ar ais é. Ach le scéal fada a dhéanamh gearr, a rí," a deir sé, "idir a trí agus a ceathair a chlog lá fómhair, bhí Éire Bheag leagtha ag an ngiorria. Nuair a bhí, rug mise go ceanúil air. Thug mé isteach é agus bhain mé an corrán as a chois. Thug mé béile arán cruithneacht agus bainne dó.

"Nuair a bhí sin déanta, chruinnigh m'athair na céadta fear. Thosaigh muid ag ceangal is ag stucadh an choirce," a deir sé, "go raibh sé stuctha, is nuair a bhí sé stuctha, chruinnigh sé na céadta fear á chur isteach. Nuair a bhí an chruach déanta, réitithe amach, bhí dréimire ag m'athair a raibh ceithre runga agus dhá fhichid ann. Agus an fear ar chuir sé fios air ag clúdach na cruach sin," a deir sé, "tháinig sé. Chaith sé naoi lá go leith á chlúdach agus ba ghnás é – mar atá a fhios agat féin, a rí – ba ghnás," a deir sé, "go bhfágtaí an dréimire leagtha leis an gcruach nuair a bheadh sí clúdaithe, más fada gearr go dtograítí ar é a chur isteach. Fágadh an dréimire ina seasamh leis an gcruach," a deir sé.

"Bhí coileach Mártan sa teach againn, a rí," a deir sé, "is níl aon lá nach raibh mé ag breathnú air le mo dhá shúil ag dul suas ó runga go runga go barr an dréimire sin go dtéadh sé ar bharr na cruaiche. Théadh sé as sin," a deir sé, "ar an staighricín beag a bhí ar bharr na cruaiche sin agus, ar m'fhocal duit, a rí," a deir sé, "gan aon fhocal bréige an lá seo," a deir sé, "bhí mé ag breathnú air ag piocadh na réalta den spéir."

"Thug tú d'éitheach," a deir an rí.

"*By dad*, a rí," a deir sé, "tá trian de d'iníon agam."

"*By dad*, tá," a deir an rí, "agus má tá féin is maith an oidhe ort í."

Ach bhí go maith is ní raibh go holc. Tháinig sé féin agus an rí abhaile an oíche sin agus, pé ar bith cén chaoi ar chaitheadar an chéad oíche, chaitheadar an dara hoíche ní b'fhearr le ithe, le ól, trian le fiannaíocht, scéalaíocht, sú sá chodlata nó go dtáinig an lá lá arna mhárach.

Thug an rí amach an dara lá é, agus is é an áit a dtug sé an dara lá é – chuadar píosa ní b'fhaide ón bpálás ag breathnú ar *phlot* gabáiste a bhí aige. Bhí an sconsa dhá throigh dhéag timpeall air agus staighre cloiche ag dul suas ann. Thug sé mac na baintrí ar a bharr agus bhreathnaigh sé isteach. Chuirfeadh sé uafás ar an domhan mór. Ní raibh aon dos nach raibh chomh mór le cruach mhóna.

"Bhuel, déan an fhírinne anois," a deir an rí, "ach ná déan aon bhréag – tá dabht agam ort," a deir sé, "faoin gcoirce – an bhfaca tú aon ghabáiste ag fás ariamh níos uafásaí ná í sin?"

"Go bhfóire Mac Dé ar do chloigeann, a rí," a deir sé, "glacaim pardún agat. Chonaic mise *plot* gabáiste ag m'athair," a deir sé, "agus níl aon dos gabáiste agat níos mó ná *swede* ná tornap ar a ghualainn."

"Ó, a scaibhtéara ruifíneach," a deir an rí, "cén chaoi a bhféadfá é sin a rá? Caithfidh tú an míniú a thabhairt domsa," a deir sé, "leis an scéal sin – agus é a mhíniú ceart – le go bhféadfadh mé a rá," a deir sé, "go bhféadfá gabáiste a fheiceáil ag fear ar bith sa domhan mar an ngabáiste sin."

"Bhuel, tabharfaidh mise míniú duit leis," a deir sé, "agus ní rinne mise aon fhocal bréige ariamh," a deir mac na baintrí, "mura dtagann gann sa bhfírinne."

"Tá go maith," a deir an rí. "Cén chaoi a bhfaca tú an gabáiste?"

"Bhuel, chonaic mé *plot* gabáiste ag m'athair," a deir sé, "bhí sconsa dhá throigh dhéag timpeall uirthi agus is é an áit a raibh sí ag cur," a deir sé, "leataobh bóthar an rí. Nuair a bhí sí ina *prime* i dtús an fhómhair, céard a tharlódh," a deir sé, "lá fíorthe a bhí ann – ach tháinig campa tincéirí thart, carranna, miúilí, *jennets*, mná agus páistí agus fir. Agus chuadar ar chúl an sconsa ar scáth na gréine. Agus tá a fhios agat féin, a rí," a deir sé, "céard a thaganns i ndiaidh na toirní. Nuair a bhí an toirneach thart," a deir sé, "d'oscail clabhta sa spéir. Thosaigh sé ag báisteach agus bhí gach aon bhraon di chomh mór le fata. Ach," a deir sé, "bhí na tincéirí á mbá agus, pé ar bith deamhan ná diabhal a bhí i ngasúr nó scorach óg, tháinig sé amach agus chonaic sé staighre a bhí ag dul ar bharr an sconsa agus bhreathnaigh sé isteach is chonaic sé an gabáiste. Suas le tincéara agus tincéara eile ach nuair a chonaiceadar an gabáiste, ní rinneadar ach an sconsa a leagan. Tharraingíodar na carranna, na miúilí, na *jennets* agus chuile shórt a raibh acu isteach ar fhoscadh na ngabáiste is ní raibh aon deoir ag teacht orthu ach an oiread is dá mbeidís istigh i mbuidéal dubh. Nuair a bhí an bháisteach thart," a deir sé, "tá a fhios agatsa, a rí," a deir sé, "chomh maith liomsa céard a tharla."

"B'fhéidir go bhfuil a fhios," a deir an rí. "Céard é sin?"

"Tháinig cuaifeach gaoithe," a deir sé – agus b'fhíor dó é sin. "Tháinig cuaifeach gaoithe. Chroith sí an gabáiste. Agus níor thit aon dos den ghabáiste. Ach scuab sí tincéirí, carranna, miúilí, *jennets*, mná agus páistí go farraige agus níor frítheadh ariamh iad."

"Thug tú d'éitheach," a deir an rí, "agus do mhíle éitheach."

"*By dad*, a rí," a deir sé, "tá dhá thrian de d'iníon agam."

"*By dad*, tá," a deir an rí, "agus má tá féin is maith an oidhe ort í."

Bhí go maith is ní raibh go holc. Tháinigeadar abhaile an oíche sin agus, pé ar bith cén chaoi ar chaitheadar an chéad oíche, chaitheadar í seo ní b'fhearr.

Ach an tríú lá, ar maidin, nuair a bhí a bhricfeasta ite ag mac na baintrí, thug an rí amach é. Agus chuadar an-fhada ón bpálás an lá seo agus is é an áit a dtug an rí é, ag breathnú ar *phlot* fataí agus bhíodar ina b*prime*. D'imigh leo. Agus bhí sconsa dhá throigh dhéag timpeall orthu. Nuair a tháinigeadar chomh fada leis an áit a raibh an staighre cloiche, thug sé suas mac na baintrí agus bhreathnaíodar isteach ar an b*plot* fataí. Ar ndóigh, ní fhaca aon fhear a choisric a mhala ariamh aon uafás thar iad.

"Bhuel, déan an fhírinne anois, a scaibhtéara," a deir an rí le mac na baintrí, "ach ná déan aon bhréag, an bhfaca tú aon *phlot* fataí ariamh mar iad sin?"

"Bhuel, ar ndóigh, is dócha," a deir mac na baintrí, "go bhfuil dabht agat orm ach níl mise ag déanamh aon fhocal bréige leat. Glacaim pardún leat," a deir sé; "chonaic mise *plot* fataí ag m'athair, agus nuair a bhíodar ina b*prime*, níl aon bhlas i do chuid fataí ach mar a bheadh *plot* tornapaí."

Chuir sé fearg mhór ar an rí.

"Bhuel, caithfidh tú an scéal sin a mhíniú domsa," a deir sé, "agus údar maith a thabhairt dom leis – le go bhféadfadh tú a rá go bhfaca tú aon *phlot* fataí ag d'athair ná ag aon fhear eile mar iad sin."

"Tabharfaidh mise míniú duit leis, a rí," a deir sé, "agus gheobhaidh tú amach go bhfuil an fhírinne agam."

Thosaigh sé ar an scéal.

"Nuair a bhí mise i m'fhear óg," a deir sé, "sé déag nó seacht déag de bhlianta, bhí dhá chéad caora ag m'athair. Nuair a tháinig an Bhealtaine," a deir sé, "agus tháinig sé in am iad a bhearradh, chruinnigh sé na céadta fear agus chruinnigh muid na caoirigh," a deir sé, "agus chuaigh muid ag bearradh. Nuair a bhí na caoirigh bearrtha," a deir sé, "bhí sé ceann amháin gearr, agus ba í an chaora ab fhearr í a bhí ag dul leis. Ní raibh aon tuairisc uirthi," a deir sé. "Chuaigh sé go dtí an sagart paróiste ba gaire dó agus bhí sé mílte uaidh. D'fhógair sé ón altóir í ach ní raibh tuairisc uirthi. Ach mar atá a fhios agat féin, a rí," a deir sé, "nuair nach raibh, d'fhuar scéal na caorach. D'imigh chuile rud thart.

"Ach Lá 'le Peadar is Pól bhí mise sínte ar thaobh na tine agus m'athair ar an taobh eile agus ní i bhfad gur dhírigh m'athair aniar.

"'*By dad*, a mhic,' a deir sé, 'ba mhór an nuaíocht iad,' a deir sé, 'ceapaim go bhfuil fataí nua againn.'

"'Meas tú?' a deir mise.

"'*By dad*, ceapaim go bhfuil,' a deir an t-athair. 'Tabhair leat láí nó arm agus cis, téirigh amach agus féach an bhfaighfeá aon fhata. Ba mhór an nuaíocht iad Lá 'le Peadar is Pól.'

"D'éirigh mé sách támhleisciúil i mo sheasamh is bhuail mé amach ag stór mór a bhí ann agus fuair mé láí agus ciseán nó pé ar bith soitheach a thug mé liom agus – déanfaidh mé an fhírinne leat – ní dheachaigh mé thar an iomaire ba gaire dom sa b*plot*, mar dá dtéinn isteach sa b*plot* fataí, amach ní thiocfainn. Ach tharraing mé barrainn mhór," a deir sé, "agus crann daraí a bheadh ag fás le céad bliain, ní fhéadfadh a bun a bheith níos raimhre ná bhí an bharrainn sin. Nuair a tharraing mise an bharrainn sin," a deir sé, "níor tháinig aon bhlas liom.

"'*By dad*,' a deirimse, 'níl fata ar bith cruthaithe ag na fataí seo fós. Tá an iomarca barr orthu.'

"Sháigh mé síos an láí," a deir sé, "tamall siar ón áit a raibh an bharrainn. Bhuail mé diabhal éicint," a deir sé, "agus shíl mé é a iontú amach. Níor bhaineas feancadh as. Shíl mé gur aill de chloch é. Chuaigh mé aríst uirthi," a deir sé, "is ní bhainfinn feanc as. Ach an tríú huair," a deir sé, "a luigh mé uirthi, rinne mé dhá leith de chois na láí. Bhuail spadhar feirge mé agus ní rinne mé ach í a chaitheamh uaim.

"Chuaigh mé isteach sa stór agus bhí gró ag m'athair a bhí naoi dtroithe ar fad, gró iarainn a bhíodh déanta d'áiteacha cloiche. Thug mé liom amach é agus is dona a bhí mé in ann a iompar. Chuaigh mé suas," a deir sé, "ar bharr an sconsa – an staighre – gur leag mé isteach é ag an áit a raibh an bharrainn tarraingthe agam. Bhuail mé isteach agus thóg mé aill mhór de bharr an sconsa chomh maith agus bhí mé in ann a chrochadh agus leag mé síos é san áit chéanna ar thóg mé an borradh leis an láí. Rug mé ar an ngró agus chaith mé díom mo chóta. Shocraigh mé síos an gró idir an borradh agus an áit ar airigh mé an rud faoin mbarrainn. Bhuail mé ar an ngró," a deir sé, "ach níor bhain mé feanc as. Chuaigh mé an dara huair air is níor bhain mé feanc as. Ach an tríú huair a luigh mé air, lig mé mo mheáchan uilig air. Cuireadh siar ar chúl mo chinn mé. Ach d'iontaigh mé amach é is nuair a d'éirigh mé i mo sheasamh," a deir sé, "bhreathnaigh mé agus cén diabhal a bhí iontaithe amach agam, a rí, ach fata mór. Agus chaith mé timpeall ceathrú uaire ag breathnú ar an bhfata sin," a deir sé, "agus chuirfeadh sé uafás ar an domhan mór breathnú air.

"'By dad,' a deir mé i m'intinn féin, 'ní fata folláin thú. Fata cuasánach thú.'

"Ní rinne mé ach an gró a chrochadh ach ní raibh mé in ann é a chrochadh an-ard agus bhuail mé díreach ina lár é. Agus cén deamhan nó diabhal, a rí, a ghabhfadh amach as an bhfata ach an chaora ba bhreátha, a bhí ar iarraidh ó m'athair, agus dhá uan bhreátha bhaineann aici."

"Chuir tú d'éitheach," a deir an rí, "agus do mhíle éitheach agus do dheargéitheach."

"By dad, a rí," a deir sé, "tá d'iníon saothraithe agam."

"Bhuel, tá," a deir an rí, "agus caithfidh mé a rá, má tá féin, gur maith an oidhe ort í."

Bhí go maith. Ní raibh ann ach gur thug an rí chuig an gcathair nó chuig an bpálás é – níor fhan aon mhoill ann – chuir an rí gairm scoile amach ar fud na ríocht ag cruinniú stuif bainise, cóistí agus carranna, go dtáinig gach is a raibh ag teastáil uathu go dtí pálás an rí.

Chuir sé gairm scoile amach ansin ag cruinniú lucht bainise nó go raibh an chathair agus timpeall uirthi lán.

Phós mac na baintrí agus iníon an rí agus mhair an bhainis naoi n-oíche agus naoi lá. Agus nuair a bhí an bhainis thart agus chuile shórt, chuir an rí cóiste péire capall agus thug sé míle giní óir do mhac na baintrí leis an iníon.

Ach nuair a tháinig iníon an rí agus an cóiste agus an dá mhíle punt in amharc theach na baintrí, bhreathnaigh sé an-áirid d'iníon an rí. Ní raibh aige ach botháinín beag bídeach – níos mó ná bráicín maoir. Ach cuma céard a bhí aige nó uaidh, ní raibh sé ach ráithe ina dhiaidh go raibh cathair tógtha ag mac na baintrí a bhí ní ba bhreátha agus ní ba ghalánta ná a bhí ag an rí féin. Mhair sé féin agus iníon an rí agus an tseanbhean saol fada le séan uaidh sin amach.

Diabhal blas a thug sé domsa ach bróga páipéir.

Triúr Mac Rí
ag Tóraíocht Deoch Leighis

Bhí rí fadó ann sa tseanaimsir is bhí triúr mac aige, agus nuair a bhí na triúr mac ina bhfir óga, suas ina b*prime* chomh maith is a bheidís choíchin, bhuail tinneas agus breoiteacht an t-athair agus bhí sé sínte ar a leaba. Ní raibh sé ag déanamh aon mhaith. Chuir sé fios ar an draíodóir a bhí ansin aige agus tháinig an draíodóir go dtí é agus bhreathnaigh sé air.

Agus dúirt sé leis an rí nach ndéanfadh sé aon lá maitheasa go brách, nach raibh i ndán leigheas dó, nach raibh aon duine in ann é a leigheas go bhfaigheadh sé buidéal fíoruisce, uisce leighis, as tobar a bhí ar an gcnoc ab airde a bhí sa Domhan Thoir. Níor thug aon ghaiscíoch, mac ridire, rí ná banríon ná aon ghaiscíoch a tógadh ariamh aon deoir uisce as an tobar sin. Aon fhear a chuaigh á iarraidh, níor tháinig sé ar ais.

Ach ar maidin lá arna mhárach, nuair a d'inis an rí an scéal don triúr mac, d'éirigh an triúr mac. Agus ní raibh aon mheas ag an rí ar an mac ab óige – ní raibh sé ag ceapadh go raibh ann ach sórt leathamadán. Ach dúirt sé leis an mbeirt is sine dá mbeadh sé ag iarraidh a dhul in éineacht leo, dá bhféadfaidís é a fhágáil ina ndiaidh, gurb amhlaidh ab fhearr dóibh é.

Ach ní raibh aon mhaith ann. D'éirigh siad agus d'itheadar a mbricfeasta agus thug an rí costas an bhealaigh don bheirt ba sine ach níor thug sé tada don mhac ab óige. Ach d'imigh leo, agus bhíodar ag siúl go dtáinigeadar chomh fada le crosbhóthar a raibh ceithre bhóthar air. Agus tamall gearr ón gcrosbhóthar bhí teach leanna, teach mór leanna. Bhuaileadar isteach ann agus thosaigh siad ag ól. Bhí an bheirt ba sine ag tabhairt óil don mhac ab óige chomh maith is a bhí siad féin á ól. Ach – le scéal fada a dhéanamh gearr – bhíodar ag ól ann ar chuma ar bith go raibh an iomarca ólta acu, is nuair a tháinigeadar ar ais ar an gcrosbhóthar, thit an bheirt ba sine ar meisce ach, *by dad*, níor thit an mac ab óige.

Bhí sé ag breathnú orthu agus iad ina gcodladh agus ní raibh a fhios aige céard ab fhearr dó a dhul abhaile nó déanamh ar aghaidh bealach éicint. Ach sa deireadh rinne sé suas a intinn.

"Muise, ó tháinig mé chomh fada seo," a deir sé, "tá a fhios agam nach ar ais a thiocfas mé. *By dad*, déanfaidh mé ar m'aghaidh. Gabhfaidh mé an bóthar seo."

D'imigh leis agus bhí sé ag siúl nó go raibh an ghrian ag dul síos deireanach go maith. Bhí sé ligthe isteach ar sheanchlaí i gcolbha coille agus, pé ar bith cén sórt breathnú a bhí sé a dhéanamh tríd an gcoill, chonaic sé solas beag mar a bheadh réalt uaidh. Ach rinne sé air agus dúirt sé go mb'fhéidir gur áras é a bhfaigheadh sé lóistín na hoíche ann. Ach bhí sé stróicthe stiallta ag draigheanacha is ag sceacha is ag chuile rud, ach sa deireadh tháinig sé amach ar chosán beag deas caol a bhí ag imeacht trí lár na coille. Ach – le scéal fada a dhéanamh gearr – bhí sé ar shiúl go dtáinig sé chomh fada leis is ní raibh ann ach botháinín beag mar a bheadh bráicín maoir, a bheadh ar bhruach aibhne.

Ach bhí go maith is ní raibh go holc. Lig sé é féin isteach ar an leathdhoraisín a bhí ar an mbotháinín, agus nuair a bhreathnaigh sé isteach, ní raibh istigh ach seanfheairín críon liath, a ghruaig chomh geal le giobóg lín is í síos thar a bhásta, agus seanbheainín ina suí ar an taobh eile ar a aghaidh. Bhí tine bhreá adhmaid acu. Ach bheannaigh sé isteach agus d'fhiafraigh sé díobh an dtabharfaidís lóistín na hoíche dó. Agus nuair a bhreathnaigh an seanfheairín suas air, "Tabharfaidh," a deir sé, "agus míle fáilte. Céad fáilte romhat," a deir sé, "a mhac rí Éireann."

"Á, nach maith a aithníonn tú mé," a deir mac an rí, "nó nach maith atá a fhios agat."

"Aithním thú," a deir sé, "níl aon mhac rí sa domhan nach n-aithneodh mise gur mac rí é. Ach isteach leat," a deir sé.

Chuaigh sé isteach, agus nuair a bhí sé písín istigh, réitigh an tseanbheainín plaic éicint le n-ithe dó, agus nuair a bhí an phlaic ite aige, "Cuirfidh mé geall," a deir an seanfhear, "gur fear faoi gheasa thú nó tá trioblóid uafásach ort agus tú a theacht an t-achar sin ó bhaile."

"Déanfaidh mé an fhírinne leat," a deir mac an rí. "Ní faoi gheasa atá mé."

Ach d'inis sé an scéal dó faoin athair, go raibh sé breoite tinn agus gurbh é an scéal a dúirt an draíodóir leis an athair nach raibh i ndán aon leigheas dó go bhfaigheadh sé buidéal fíoruisce, uisce leighis, a bhí i dtobar a bhí ar mhullach an chnoic ab airde sa Domhan Thoir.

"Tá a leithéid de thobar ann," a deir an seanfhear, "ach tá mise," a deir sé, "trí chéad bliain anseo agus níl aon lá ná oíche acu sin," a deir sé, "mórán, nach bhfaca mé gaiscíoch – mac ridire, rí nó banríon – a chuaigh ag tóraíocht an uisce sin, ach ní fhaca mé aon fhear acu ag teacht ar ais ariamh."

"Dona go leor," a deir mac an rí, "ach cén neart atá air?"

"Níl aon neart air," a deir an seanfhear. "Ach a bhfuil le déanamh anois agat," a deir sé, "tá tú tuirseach," a deir sé, "lig do scíth nó sin," a deir sé, "téirigh a chodladh. Agus," a deir sé, "b'fhéidir go mbeadh tuairisc éicint amárach agamsa duit," a deir sé, "céard a dhéanfas tú."

Ach chuaigh mac an rí a chodladh ar chuma ar bith, agus ar maidin lá arna mhárach nuair a d'éirigh sé, thug an tseanbhean plaic le n-ithe dó. Dúirt an seanfhear leis, "Bhuel, anois," a deir sé, "tá deartháir liomsa ina chónaí trí chéad míle as seo. Tá stábla beag ó thuaidh den bhotháinín anseo a bhfuil pocaide gabhair istigh ann. Tá srian agus diallait crochta ar phionna sa mballa ann. Beir ar an tsrian," a deir sé, "agus croith í agus tiocfaidh an pocaide agus cuirfidh sé féin a cheann inti. Agus nuair a bheas an tsrian agat air," a deir sé, "leag an diallait ar a dhroim ach ná fáisc an giorta go dtaga tú anseo chuig an doras."

Rinne mac an rí mar dúirt an seanfhear. Nuair a tháinig sé chuig an doras, "Fáisc an giorta chomh crua anois," a deir an seanfhear, "agus nach bhfuil blas ar bith ach go gcuirfeá lann scine idir an giorta agus bolg an phocaide."

Nuair a bhí sin déanta ag mac an rí, chonaic sé an tseanbheainín mar a bheadh sí ag fuint cáicín min choirce ar mhias, is nuair a bhí an cáicín fuinte aici, shín sí chuige é.

"Cuir é seo i do phóca anois," a deir sí. "Feilfidh sé seo duit."

Bhí go maith is ní raibh go holc.

"An bhfeiceann tú an cheirtlín mhór snáth sin thall ar an mballa anois?" a deir an seanfheairín le mac an rí.

"Feicim," a deir sé.

"Bhuel anois," a deir sé, "an crios colbha atá uirthi sin – tá písín leathair ceangailte ar chloigeann an tsnátha agus," a deir sé, "tabhair anuas í."

Thug.

"Cuir faoi d'ascaill í sin anois," a deir sé, "agus tarraing an pocaide i do dhiaidh," a deir sé, "ach ar a bhfaca tú ariamh, a dtáinig romhat nó i do dhiaidh, ná téirigh ar marcaíocht air go dté tú amach ar bhóthar mór an rí. An bhfuil tú i do mharcach maith?"

"Chomh maith is a chuir cois i stíoróip ariamh," a deir mac an rí.

"Bhuel, is maith an cúnamh duit é sin," a deir sé, "ach ní foláir duit é, mar níor scar tú do chois," a deir sé, "ar aon chapall ariamh a thiocfadh i bhfoisceacht blao asail den phocaide sin."

Ach bhí go maith is ní raibh go holc.

"Nuair a ghabhfas tú amach ar bhóthar an rí," a deir sé, "téirigh de léim sa diallait. Faigh an písín leathair," a deir sé, "atá faoin gcrios. Beir air. Caith an cheirtlín romhat de sheanurchar an bóthar," a deir sé. "Imeoidh an cheirtlín ar nós na gaoithe Mhárta agus imeoidh an pocaide ina diaidh. Ach dá thréine a bhfuil an pocaide ag imeacht," a deir sé, "coinneoidh an cheirtlín an t-achar céanna roimhe nó go mbeidh sé ar uair a dó dhéag sa lá. Feicfidh tú an cheirtlín ag dul isteach i leataobh an bhóthair. Íslígh ansin," a deir sé. "Bain plaic as an gcáicín min choirce seo agus beidh tú chomh súpláilte, chomh slán, chomh folláin leis an lá ar fhág tú an baile. Nuair a fheicfeas tú an cheirtlín ag dul amach aríst," a deir sé, "téirigh de léim sa diallait, agus nuair a bheas an ghrian ag dul faoi tráthnóna anocht," a deir sé, "casfaidh an cheirtlín isteach i seanchosán i gcolbha coille eile mar í seo go díreach agus ní stopfaidh sí go seasfaidh sí amach ar aghaidh doras mo dhearthársa," a deir sé, "a bhfuil botháinín céanna aige mar é seo. Ach ní fear gan fáilte thú mar aithneoidh mo dheartháir an cheirtlín agus aithneoidh sé an pocaide."

Bhí go maith is ní raibh go holc. Rinne mac an rí mar a dúirt sé. Nuair a chuaigh sé amach ar an mbóthar mór, chuaigh sé de léim sa diallait agus is gearr go raibh cloigeann an tsnátha faighte aige. Chaith sé an cheirtlín ina sheanurchar roimhe, agus mar a chaithfeá urchar as gunna, d'imigh sí ar nós na gaoithe Mhárta. D'imigh an pocaide ina diaidh agus bhí sé ag baint an amhairc as a dhá shúil. Ach – le scéal fada a dhéanamh gearr – ar uair a dó dhéag chonaic sé an cheirtlín ag dul isteach i leataobh an bhóthair. Ní rinne sé ach an pocaide a lagan sa siúl. D'íslígh sé agus bhain sé plaic as an gcáca min choirce. Chuir sé an chuid eile de ina phóca agus ní raibh an phlaic i bhfad ite aige, nuair a feictear dó go raibh a chroí chomh hard leis an spéir.

Chuaigh sé de léim sa diallait agus d'imigh an pocaide ar nós na gaoithe Mhárta. Ach nuair a bhí an ghrian ag dul faoi, chonaic sé an cheirtlín ag casadh isteach seanchosán i gcolbha coille uafásach. Ní rófhada isteach sa gcoill a chuaigh an cheirtlín nuair a chonaic sé an cheirtlín ag seasamh agus bhí a fhios aige go raibh sí ar aghaidh an bhotháinín. Bhí sé féin ag teacht ina diaidh, ach ní túisce a bhí an cheirtlín ina seasamh amach ar aghaidh doras an bhotháinín ná chonaic sé seanfheairín críon liath agus a ghruaig chomh geal le giobóg lín ag dul amach agus ag breith ar an gceirtlín – an méid a bhí fanta di. Agus bhain sé trí phóg di.

"Céad míle fáilte romhat," a deir sé. "Tá sé trí chéad bliain ó bhí tú anseo cheana. Chaithfeadh sé go bhfuil ócáid uafásach éicint ag baint leat is thú a theacht anois?"

Nuair a chroch sé a chloigeann, céard a d'fheicfeadh sé ag teacht ach mac an rí agus an pocaide. Chroith sé láimh le mac an rí agus dúirt sé leis a dhul isteach.

"Breathnóidh mise i ndiaidh an bheithíoch seo," a deir sé. "Tabharfaidh mé a bhéile dó. Téirigh thusa isteach, anois," a deir sé, "go dtí an tseanbhean agus réiteoidh sí plaic le n-ithe duit."

Bhí seanbhean eile ann mar a bhí sa mbotháinín a raibh sé ann an oíche roimhe. Ach nuair a bhí plaic ite aige, thosaigh siad ag caint is ag comhrá is dúirt an seanfheairín, "Cuirfidh mé geall," a deir sé, "gur fear faoi gheasa thú is tú a theacht an t-achar seo ó bhaile."

"Ní faoi gheasa, muis, atá mé," a deir sé.

Ach d'inis sé an scéal céanna dó faoina athair mar atá inste agamsa duitse anois.

"Tá a leithéid de thobar sin ann cinnte," a deir an seanfhear. "Ach," a deir sé, "tá mise le trí chéad bliain anseo agus níl a fhios cé na gaiscígh – clann ridirí is banríonacha is prionsaíocha is gaiscíocha móra – a chuaigh tharam a chaith oícheanta anseo," a deir sé, "ach níor tháinig aon duine ar ais ariamh ón tobar sin. Agus tá an-drochbharúil agam," a deir sé, "de d'aistear. Ach b'fhéidir le Dia nach mar sin a tharlódh."

Ach bhí go maith is ní raibh go holc.

"Níl beart ar bith is fearr duit a dhéanamh anois," a deir sé, "ná a dhul a chodladh agus b'fhéidir go mbeadh scéal níos fearr agamsa ar maidin duit."

Chuaigh mac an rí a chodladh, agus nuair a d'éirigh sé maidin lá arna mhárach, bhí plaic nó béile éicint leagtha ag an tseanbheainín ar stól nó ar bhoirdín nó ar áit éicint ach d'ith sé é. Nuair a bhí sé ite aige, "Tá deartháir domsa anois," a deir an seanfhear. "Bhí triúr deartháir againn ann," a deir sé. "Tá sé ina chónaí trí chéad míle as seo. Ní mórán leabhar," a deir sé, "nár léigh sé agus ní mórán nach bhfuil a fhios aige. Níl aon fhear ar sheacht gcranna an domhain is mó fios ná é. Agus mura n-insí sé sin duit," a deir sé, "cén bealach a bhfuil tú in ann a dhul go dtí an cnoc is airde sa Domhan Thoir, níl aon bharúil agam duit. Tá stábla beag ó thuaidh den bhotháinín seo anois," a deir sé, "a bhfuil pocaide gabhair istigh ann nach bhfuil a leithéid ar sheacht gcranna an domhain. Tá srian agus diallait crochta ar phionna ann. Téirigh amach," a deir sé, "agus croith an tsrian. Cuirfidh an pocaide a cheann inti. Leag an diallait ar a dhroim," a deir sé, "ach ná fáisc an giorta go dtige tú ag an doras."

Rinne mac an rí mar a dúirt sé. Dúirt sé leis an giorta a fháisceadh ansin chomh crua is nach bhfuil blas ar bith ach go gcuirfeadh sé lann scine idir bolg an phocaide agus an giorta.

Rinne sé sin. Nuair a tháinig sé isteach, bhí cáicín min choirce fuinte ag an tseanbhean. Shín sí chuige é.

"Cuir é seo in do phóca," a deir sí. "B'fhéidir go bhfeilfeadh sé thú."

Ach chuir.

"An bhfeiceann tú an cheirtlín mhór snátha sin thall ar an mballa anois?" a deir an seanfheairín.

"Feicim," a deir mac an rí.

"Bhuel anois," a deir sé, "tabhair anuas í sin is tá píosa leathair is tá an snáth timpeall ar phíosa leathair amuigh ar cholbha an chrios corr atá taobh amuigh uirthi. Cuir faoi d'ascaill í," a deir sé. "Tarraing an pocaide i do dhiaidh," a deir sé, "agus ar a bhfaca tú ariamh, ná téirigh ar marcaíocht air go dté tú amach ar an mbóthar mór. Ach níor scar tú do chois anois," a deir sé, "ar aon chapall ariamh a thiocfadh i bhfoisceacht blao asail de sin nuair a ghabhfas sé ar an mbóthar."

Rinne mac an rí mar a dúirt sé. Tharraing sé an pocaide ina dhiaidh go ndeachaigh sé ar an mbóthar mór, agus nuair a chuaigh, chuaigh sé de léim sa diallait. Ní i bhfad go raibh an písín leathair i ngreim ina ghlaic aige. Chaith sé an cheirtlín ina sheanurchar an bóthar. D'imigh sé nós na gaoithe Mhárta. D'imigh an pocaide ina diaidh. Ach ní raibh aon mhaith sa gcéad phocaide ach mar asal le hais an phocaide seo. Ní raibh sé ag fágáil spré ina dhá shúil ach bhí sé beagán níos túisce ag an tríú bothán ná a bhí an dá phocaide eile.

Ach bhí go maith is ní raibh go holc. Nuair a tháinig sé amach ar aghaidh an tríú bothán, chuaigh seanfheairín a bhí críon, liath, a bhí ag breathnú i bhfad níos sine ná an bheirt eile, amach. Rug sé ar an gceirtlín agus bhain sé trí phóg di.

"Céad míle fáilte romhat," a deir sé. "Tá sé trí chéad bliain ó bhí tú anseo cheana, agus is dócha," a deir sé, "gur ócáid uafásach nó trioblóid mhór atá anois ort agus tú a theacht ann."

Nuair a chroch sé a chloigeann, céard a d'fheicfeadh sé ag teacht ach mac an rí. Chaith sé uaidh an cheirtlín agus chuaigh sé amach agus chroith sé láimh leis.

"Céad míle fáilte romhat," a deir sé, "a mhac rí Éireann. Chaithfeadh sé," a deir sé, "go bhfuil trioblóid uafásach ort agus thú a theacht an fhad seo ó bhaile?"

"Tá mo dhóthain," a deir mac an rí.

"Isteach leat," a deir sé. "Beidh mise isteach i do dhiaidh. Breathnóidh mise i ndiaidh an bheithíoch seo," a deir sé. "Tabharfaidh mé a bhéile dó agus feicfidh mé ceart é."

Ach rinne. Chuaigh mac an rí isteach agus réitigh an tseanbheainín – bhí seanbheainín eile ann mar a bhí sa dá bhothán eile – réitigh sí plaic le n-ithe dó, agus nuair a bhí sé ite aige, shuíodar síos ag caint is ag comhrá.

"Cuirfidh mé geall," a deir an seanfhear, "gur mac faoi gheasa thú."

"Ní hea, muis," a deir sé.

D'inis sé an scéal dó faoina athair a bheith breoite tinn, faoin draíodóir agus cá raibh sé ag dul – ag iarraidh buidéal uisce leighis a thabhairt as an tobar a bhí ar an gcnoc ab airde a bhí sa Domhan Thoir.

"Bhuel, tá a leithéid de thobar ann, ceart go leor," a deir an seanfhear, "ach tá mise le trí chéad bliain anseo," a deir sé, "agus is mé an fear is gaire don chuan atá idir muid féin agus an Domhan Thoir. Níl aon teach eile níos gaire don chladach ná mé. Is iomaí gaiscíoch," a deir sé, "a chaith oíche anseo a chuaigh ag iarraidh an uisce sin, ach níor tháinig aon fhear ar ais ariamh."

"Dona go leor," a deir mac an rí.

"Ach cogar mé seo leat," a deir an seanfheairín, "an bhfuil misneach maith agat?"

"Bhuel, más i dtaobh misnigh é," a deir mac an rí, "níor chuir sé cois i mbróg leathair ariamh," a deir sé, "aon fhear is fearr misneach ná mise."

"An bhfuil tú i do shnámhóir maith?" a deir an seanfheairín.

"Chomh maith is a chuaigh in uisce ariamh," a deir mac an rí.

"Bhuel, cogar mé seo leat," a deir an seanfhear "is maith an cúnamh duit é sin. Ach seo ceist atá mé ag dul a chur ort," a deir sé: "cogar mé seo leat," a deir sé, "ar chaith tú aon philéar ariamh as *bow and arrow?*"

"Níl mórán in ann imeacht uaim," a deir mac an rí.

"*By dad,*" a deir an seanfheairín, "fear maith thú. Breathnaíonn tú," a deir sé, "bail ó Dhia ort, gur fear maith thú. Bhuel, is é an fáth gur chuir mé an cheist sin ort anois," a deir an seanfheairín, "gach a bhfuil mise in ann a dhéanamh duit, déanfaidh mé é. Tá *bow and arrow* nua agamsa anseo," a deir sé, "nár caitheadh mórán piléar ariamh aisti. Tá bosca nua piléar agam agus tabharfaidh mé duit ar maidin amárach iad nuair a bheas tú ag imeacht as seo, agus is é an gnó a bheas de sin agat," a deir sé, "an cuan anois," a deir sé, "atá idir muide anseo agus an Domhan Thoir, is é an leithead atá sé díreach," a deir sé, "seacht míle ar leithead. Agus," a deir sé, "snámhóir maith ceart go leor atá in ann a shnámh."

"Ní *task* ar bith ormsa seacht míle a shnámh," a deir mac an rí.

"*Fair play* duit," a deir an seanfhear. "Ach tá tú níos dona ná sin," a deir an seanfhear. "Séard atá ag tarlú do chuile ghaiscíoch," a deir sé, "ní sa snámh a chaill go leor acu – ach tá iolrach nimhe," a deir sé, "ó éireos grian go dté sí faoi, ag eitilt os cionn an chuain sin agus ní bhacfaidh sé go brách le haon duine a ghabhfas ag snámh trasna an chuain go mbeidh sé timpeall leath bealaigh. Tabharfaidh sé an trí ruathar," a deir sé. "Buailfidh sé dá ghob an snámhóir sin," a deir sé. "Cuirfidh sé go tóin é agus aníos ní thiocfaidh sé. Ach," a deir sé, "má tá tusa in ann caitheamh go maith," a deir sé, "as *bow and arrow*, cuideoidh mise leat. Tabharfaidh mise duit an bosca piléir agus an *bow and arrow* agus," a deir sé, "nuair a bheas tú leath bealaigh sa snámh, feicfidh tú an t-iolrach. Aireoidh tú é ag teacht os do chionn. Tabharfaidh sé ruathar timpeall os do chionn an chéad uair," a deir sé, "ach ná bac leis. Ísleoidh sé ansin," a deir sé, "níos ísle an dara ruathar ach ná bac leis. Ach an tríú ruathar, nuair a fheicfeas tú ag teacht anuas é, ná bac go deo leis go mbeidh tú siúráilte de d'urchar. Má éiríonn leat é a bhualadh ar an gcloigeann an uair sin, ní bháfaidh sé aon duine aríst go brách."

"*Fair play* duit," a deir mac an rí. "Ní imeoidh sé uaimse nó," a deir sé, "má imíonn, beidh rud éicint bunoscionn eile ag baint liom."

Ach bhí go maith is ní raibh go holc.

"Go raibh míle milliún maith agat," a deir mac an rí. "Tá mé thar a bheith buíoch díot."

Ach bhíodar mar sin, ag trianaíocht, ag fiannaíocht nó go raibh sé an-domhain san oíche. Ach ar maidin lá arna mhárach, nuair a bhí mac an rí ag dul ag imeacht, thug an seanfheairín aniar an bosca agus an *bow and arrow* agus thug sé dó iad. Chuir sé ina phóca iad. Ach nuair a bhí mac an rí ag dul ag imeacht, ní raibh aon mhaith aige ann go dtiocfadh an seanfheairín in éineacht leis. Ach is é a raibh sé á iarraidh trasna an chuain. Ní raibh sé á iarraidh ní b'fhaide. Pé ar bith teach a chasfadh dóibh nuair a thiocfaidís ar thalamh an Domhain Thoir, go bhféadfadh an seanfhear fanacht ann nó go dtigfeadh mac an rí ar ais ón tobar.

Ach bhí go maith is ní raibh go holc is, ar ndóigh, níor thug an seanfheairín aon ugach dó. Ach pé ar bith ugach a bhí an seanfhear a thabhairt dó, ní raibh an tseanbheainín ag tabhairt a leathoiread dó. Ach, m'anam ón diabhal, go raibh mac an rí ag gabháil do mhaidí croise ar an seanfhear go dtug sé leis é.

D'imigh leo go dtáinigeadar go cladach. Chaith mac an rí de a chuid éadaigh agus cheangail sé ar a dhroim iad. Agus bhí sé ina chraiceann ach go raibh a chuid éadaigh féin ar a dhroim. Níor bhain sé snáth éadaigh ar bith den seanfhear ach dúirt sé luí os cionn a chuid éadaigh féin ar a dhroim, agus ar an bpointe agus a luigh, chuaigh mac an rí i bhfarraige.

Ní raibh an oiread agus a shilfeadh as peann d'aon deoir uisce ag teangmháil leis an seanfhear ná le haon snáth éadaigh dá raibh ar a chorp nó go rabhadar leath bealaigh. Ach is é an seanfhear a d'airigh an chéad ruathar ón iolrach.

"Aire duit anois," a deir sé.

Is gearr gur airigh sé an dara ruathar agus bhreathnaigh sé suas. Bhí an t-iolrach thuas os a chionn is é ag *circle*áil timpeall – mar a déarfá. Ach an tríú babhta thug an seanfhear faoi deara go raibh sé ag dul ag ísliú anuas, is thug sé an tríú ruathar.

"Anois," a deir sé, "tabhair aire duit féin."

Ní rinne mac an rí ach an piléar a chaitheamh leis an iolrach as a *bhow and arrow* agus cén diabhal áit a gcuireann sé an piléar ach isteach trína shúil chlé agus amach tríd an tsúil dheas. Agus chuir sé a chloigeann leathchéad slat sa spéir. Agus nuair a thit an t-iolrach mór sa bhfarraige, théis gur thit sé i bhfad uathu, is beag nár bháigh sé an bheirt lenar chuir sé de chéadta tonna uisce sa spéir – de sháile sa spéir. Nuair a tháinig an sáile anuas, is beag nár bháigh sé iad.

Ach – le scéal fada a dhéanamh gearr – d'imigh leo agus bhaineadar talamh an Domhan Thoir amach. Chuir mac an rí air a chuid éadaigh agus shiúil leo. Ní rabhadar ag feiceáil teach ná both go rabhadar an-fhada, ach casadh teach leo sa deireadh is, má casadh féin, ní ba bheirt gan fáilte iad. Mar ní fhaca an dream a bhí sa teach sin aon duine ag teacht trasna an chuain sin – ná a sinsear rompu – ach an bheirt.

Ach bhí go maith is ní raibh go holc. Chaitheadar an oíche sa teach sin, trian le fiannaíocht, scéalaíocht, sú sá chodlata; blas na meala ar chuile shórt agus gan tada tur, go maidin lá arna mhárach.

Nuair a bhí a bhricfeasta ite ag mac an rí maidin lá arna mhárach, ní raibh sé ag iarraidh an seanfheairín ní b'fhaide. Choinnigh sé a fhocal suas. Níor iarr sé ní b'fhaide é ach bhí air a dhul achar fada go dtéadh sé ar mhullach an chnoic ab airde a bhí sa Domhan Thoir. Nuair a bhí sé ag imeacht, lean an seanfhear amach é agus chuadar ar chnocán tamall ón teach.

"Bhuel anois," a deir an seanfhear, "tá ceann de na gábhanna is uafásaí thart agat ach tá gábh eile romhat fós," a deir sé, "chomh huafásach leis nó níos measa ná é. Ach cuideoidh mise leat," a deir sé, "chomh maith is a fhéadfas mé."

Chuir sé a láimh ina phóca agus tharraing sé aníos slat draíochta.

"Seo duit í seo anois," a deir sé, "agus cuir in do phóca í."

Agus is é an chaoi a raibh sí fillte suas agus ruóg uirthi mar a bheadh *fuse* ann a bheifeá a chur i mbleaist.

"Ach nuair a thiocfas tusa," a deir sé, "i bhfoisceacht leathmhíle den áit a bhfuil an tobar sin, nó ceathrú míle, tá ollphéist nimhe ag tabhairt aire don tobar sin le míle bliain. Agus gheobhaidh sí sin do bholadh," a deir sé, "is chuirfeadh sí sin uafás ar an domhan mór. Shlogfadh sí sin thú," a deir sé, "mar a shlogfadh sí ceann de na míoltóga beaga géara atá ag imeacht sa spéir. Ach," a deir sé, "bhí tú ag rá liom nár chaill tú sa misneach ariamh é, ach má bhí misneach ariamh agat, bíodh sé anois agat. Nuair a bheas tusa ag déanamh ar an tobar," a deir sé, "gheobhaidh sí do bholadh. Cuirfidh sí fead aisti agus tá misneach maith agat nó croithfidh sí go maith thú. Ligfidh sí fead eile aisti agus fear maith thú mura gcaillfidh tú an mothú. Ach an tríú huair feicfidh tú ag déanamh ort í agus a clab oscailte aici, agus i leaba cúlú uaithi, déan uirthi chomh tréan in Éirinn agus a fhéadfas tú, agus nuair a bheas sí ag teacht chomh gar duit," a deir sé, "agus a béal oscailte aici agus go bhfuil tú ag ceapadh go bhfuil sí ag dul do do shlogadh, tabhair léim i leataobh. Bíodh an tslat sin i do láimh agat," a deir sé, "agus tabhair ó mhaoil na gualann í, agus má éiríonn leat í a bhualadh idir an dá chluais, cuirfidh tú a cloigeann leathchéad slat sa spéir. Ní shlogfaidh sí aon duine aríst go brách."

"Go raibh míle maith agat," a deir mac an rí, agus chuir sé an tslat ina phóca.

Chroith sé láimh leis an seanfhear agus d'imigh leis. Bhí sé ag imeacht trí choillte, trí dhriseacha, trí chuile bhealach, trí chuile bhóthar. Níor chónaigh sé ariamh go bhfuair sé an bóthar amach a bhí ag dul go dtí an tobar a raibh uisce leighis ann ar mhullach an chnoic ab airde sa Domhan Thoir.

Nuair a bhí sé ag teacht i bhfoisceacht ceathrú míle den tobar, fuair an ollphéist a bholadh. Chuir sí fead aisti. Chuir sí a dhóthain creathnú ann ach níor chaill sé an misneach. An dara fead a chuir sí aisti, ní raibh a fhios aige an ina shuí nó ina sheasamh a bhí sé. Ach an tríú huair a chroch sé a chloigeann, chonaic sé ag teacht í. Chuirfeadh sí uafás ar an domhan mór. Bhí a béal oscailte chomh mór is go slogfadh sí cnoc. Ach bhí sí ag déanamh air mar an ghaoth Mhárta a shéid as spéir ariamh, agus i leaba cúlú, bhí seisean ag déanamh uirthi agus nuair a d'oscail sí a béal is shíl sí é a shlogadh, thug sé casadh thart timpeall agus thug sé an tslat timpeall a mhullaigh agus bhuail sé i gcúl an chinn í is chuir sé a cloigeann leathchéad slat sa spéir, is nuair a tháinig an cloigeann ar an talamh, labhair an cloigeann.

"Dá bhfaighinnse mé féin ar an gcolainn chéanna arís," a deir an ceann, "tusa ná seacht gcatha na Féinne, ní chuirfeadh di mé."

Ní rinne sé ach an cloigeann a bhualadh de chic agus chuir sé seacht n-acra agus seacht n-iomaire eile é trasna uaidh.

Nuair a bhí sin déanta aige, d'imigh sé leis agus níor chónaigh sé ariamh go dtáinig go dtí an tobar, is bhí an tobar dhá fhichead troigh ar domhain sa talamh agus staighre díreach cloiche ag dul síos go dtí é. Ach bhuail sé síos an staighre agus thóg sé a bhuidéal as a phóca. Sháigh sé síos sa tobar an buidéal agus líon sé é agus bhuail sé corc ann.

Bhí go maith is ní raibh go holc. Nuair a bhí sé ag dul aníos an staighre, ar an dara spreabhsán ab airde a bhí ar an staighre, pé ar bith cén chaoi ar bhreathnaigh sé thairis, céard a d'fheicfeadh sé ar thaobh a láimhe deise den tobar ach leaba airgid agus an cailín óg ab áille ar leag fear nó bean súil ariamh uirthi idir a bheith ina codladh agus ina dúiseacht istigh inti. Ach ní dhúiseodh sí – ach is í an ollphéist a dhúisigh í mar bhí an ollphéist ag tabhairt aire di chomh maith leis an tobar agus ní raibh sí le dúiseacht go brách nó go gcuirfeadh an ollphéist na trí fhead aisti. Ach nuair a bhí mac an rí ar an dara spreabhsán, sea chonaic sé an cailín óg.

"Muise, mo chrá is mo mhilleadh agam," a deir sé, "ó tháinig mé chomh fada is a bhfuil gaibhte de thrioblóid agam faoi má fhágaim an áit a bhfuil mé go brách go mbeidh a fhios agam cén sórt bean í seo nó cén sórt bealach atá léi."

Ach níl mé in ann cruthú duit an fada nó gearr a d'fhan sé ann ach – le scéal fada a dhéanamh gearr – ar chuma ar bith, d'imigh sé is níor chónaigh sé ariamh go dtáinig sé ar ais chuig an teach ar fhág sé an seanfhear ann.

Nuair a tháinig sé, thíos a frítheadh é ach thuas a fágadh é, agus dá mhéid fáilte a bhí ag muintir an tí roimhe, bhí a sheacht n-oiread ag an seanfhear roimhe. Agus dúirt sé go mba é an gaiscíoch ab fhearr é a bhí ar sheacht gcranna an domhain; nach dtug aon ghaiscíoch ariamh roimhe aon deoir uisce as an tobar sin ach é féin.

Chaitheadar an oíche sin sa teach sin aríst le fiannaíocht, scéalaíocht, sú sá chodlata, agus dá ríméadaí dá rabhadar an chéad oíche, bhíodar seacht n-uaire níos ríméadaí an oíche seo.

Ar maidin lá arna mhárach nuair a d'itheadar a mbricfeasta, bhí muintir an tí ag iarraidh iad a choinneáil naoi n-oíche agus naoi lá le haghaidh laethanta saoire. Ach dúirt mac an rí leo go bhfanfadh agus fáilte murach an t-athair a bheith ar a chailleadh. Ach d'imigh sé féin agus an seanfheairín go dtáinigeadar chuig an gcladach.

Chaith mac an rí de a chuid éadaigh agus cheangail sé ar a dhroim iad agus bhuail sé an seanfhear os a gcionn is níor chónaigh siad go dtáinigeadar ar an talamh abhus – ar thalamh an domhain abhus.

D'imigh leo agus níor chónaigh siad ariamh go dtáinig siad chuig an mbothán agus, ar ndóigh, nuair a chonaic an tseanbhean ag teacht iad – ní nár mhilleán ar an gcréatúr – thíos a frítheadh iad ach thuas a fágadh iad.

Chaith sé an oíche sin le sult agus le spóirt is le chuile shórt i dteach an tseanfhir agus i dteach na seanmhná go maidin. An pocaide a bhí ag teacht aige, réitigh sé amach é agus thug sé leis é go dtáinig sé chuig an dara bothán.

Chaith sé an oíche sin sa dara bothán sa gcaoi chéanna le fiannaíocht, scéalaíocht, sú sá chodlata. Agus ar maidin lá arna mhárach nuair a bhí plaic ite aige, d'fhág sé slán acu agus ghlac sé buíochas leo agus chroch sé leis an pocaide a bhí ag teacht ansin aige.

Agus d'imigh leis agus níor chónaigh sé go dtáinig sé chuig an gcéad bhothán a dtáinig sé ann agus an pocaide aige. Agus, ar ndóigh, mura raibh fáilte roimhe sa mbothán sin – mar ní raibh aon tsúil ag an seanfhear go bhfeicfeadh sé aon amharc go brách air – ní mba lá go maidin é.

Chaith sé an oíche ansin.

Bhí go maith is ní raibh go holc. Ní raibh aige ansin ach a dhul ag siúl dá chois. D'fhág sé slán agus beannacht acu agus ghlac sé buíochas leo. D'imigh leis agus bhí sé ag siúl dá chois ariamh nó go dtáinig sé ar an gcrosbhóthar céanna ar fhág sé an bheirt dearthár tite ar meisce ann, is nuair a tháinig sé chuig an gcrosbhóthar cén deamhan ná diabhal a bhí roimhe ina seasamh ag an gcrosbhóthar – is ní raibh mórán ólta acu – ach an bheirt dearthár.

Ach thugadar faoi deara go raibh an buidéal ina phóca aige agus bhíodar á mhealladh agus á mhealladh ariamh go dtugadar ag teach an leanna é. Ach – le scéal fada a dhéanamh gearr – thugadar an oiread le n-ól dó ar chuma ar bith agus dhalladar ar meisce é. Agus bhí a ndóthain ólta acu féin go maith ach níor óladar an oiread is a d'óladar an lá a rabhadar ag dul ag imeacht.

Ach thit an t-amadán bocht, a raibh an buidéal uisce leighis ina phóca aige, thit sé ar meisce ar an gcrosbhóthar agus thit sé ina chodladh, is nuair a fuaireadar ina chodladh é, ghoideadar an buidéal uaidh.

D'imigh leo is níor chónaíodar go dtáinigeadar abhaile, agus nuair a tugadh an buidéal uisce siar chuig an rí – bhí sé ar a chailleadh anois faoi láthair nó bunáite – nuair a bhain sé deoch as an mbuidéal, dhírigh sé aniar sa leaba chomh láidir le crann daraí agus bhí sé ag breathnú in aois a dheich mbliana fichead ar maidin lá arna mhárach. Ach pé ar bith uaisle a bhí á ndéanamh den bheirt mhac ba sine an chéad uair, bhí a sheacht n-oiread á dhéanamh anois díobh. Thíos a fritheadh iad ach thuas a fágadh iad. Chuir sé suas fleá agus féasta dóibh ar feadh naoi n-oíche agus naoi lá le ríméad astu – go mba iad an dá ghaiscíoch ab fhearr iad ar sheacht gcranna an domhain.

Bhí go maith is ní raibh go holc. Nuair a dhúisigh mo dhuine bocht a bhí ar meisce ar an gcrosbhóthar, a thug an t-uisce as an Domhan Thoir, maidneachan an lae lá arna mhárach, nuair a chuir sé a láimh ina phóca, ní raibh aon bhuidéal aige. Bhí a fhios aige go maith gurbh iad a bheirt dearthair a ghoid é.

"Muise," a deir sé ina intinn féin, "níl a fhios agam anois," a deir sé, "ó sheacht gcranna an domhain céard is fearr dom a dhéanamh – m'aghaidh a thabhairt ar an mbaile nó m'aghaidh a thabhairt ar cheann de na bóithre seo. Ní mórán ómóis," a deir sé, "a bhí sa mbaile dom sul má d'fhág mé an baile ariamh, ach pé ar bith ómós a bhí cheana dom," a deir sé, "diabhal a bhféadfadh sé a bheith mórán níos measa anois dom. Tá sé chomh maith dom aghaidh a thabhairt ar an mbaile," a deir sé, "faoi nó os a chionn é."

Ach thug. Nuair a tháinig sé abhaile, ar ndóigh, séard a déanadh, leathamadán ceart de. Tosaíodh ag magadh faoi. Pé ar bith cén chaoi a raibh sé ariamh, bhí sé ina dhiabhal uilig anois. Gléasadh suas le seanéadaí brocach é. Cuireadh ag tindéáil muca é agus chuile obair dá bhrocaí ar fhéad an t-athair agus an mháthair agus an bheirt eile a dhéanamh leis.

Ach bhí go maith is ní raibh go holc. Bhí a chroí briste, an fear bocht, ach níor lig sé tada air féin. D'imigh lá agus d'imigh seachtain agus d'imigh mí agus d'imigh sé mhí agus d'imigh naoi mí agus d'imigh bliain. Ach nuair a bhí lá is bliain imithe – tráthnóna breá fómhair a bhí ann – bhí duine de shearbhóntaí an rí thuas ar an dara stór sa bpálás ag cóiriú leapacha agus bhí fuinneog mhór ar an seomra agus bhí bóthar mór an rí le feiceáil amach tríd an bhfuinneog agus bóthar ag dul ó bhóthar an rí isteach go dtí pálás an rí.

Ach pé ar bith cén breathnú a bhí an searbhónta a dhéanamh, céard a d'fheicfeadh sí ag teacht ach cóiste nach bhfaca sí a leithéid ar sheacht gcranna an domhain ariamh, péire capall faoi, agus an ghaoth Mhárta a bhí ina ndiaidh, ní raibh sí in ann breith orthu, agus an ghaoth Mhárta a bhí rompu, bhíodar ag breith uirthi. Ach ní raibh an dara hamharc tugtha aici nuair a bhíodar ag dul isteach an geata mór a bhí ag déanamh isteach ar phálás an rí.

Ní rinne sí ach, chomh tréan is a bhí cois uirthi, rith anuas an staighre go dtáinig sí sa bpálás an áit a raibh an rí agus an bhanríon agus d'fhógair sí orthu go raibh cóiste ag teacht nach bhfacthas a leithéid ariamh. Ní rinne an rí agus an bhanríon ach éirí de léim agus chuadar sa doras. Agus ní blas ar bith ach go rabhadar sa doras nuair a bhí an cóiste ag teacht chucu agus ní raibh á thiomáint ach bean óg uasal agus ní raibh aon *harness* dá raibh ar na capaill ach bunáite airgead a bhí uilig iontu. Agus b'airgead an cóiste a raibh sí ann. Ach maidir léi féin, ní fhaca an rí ariamh aon bhean uasal ab áille ná ba mhó le rá ag breathnú ná í. Ach ní dheachaigh sí amach as an gcóiste chor ar bith.

Chuaigh an rí amach. Chroith sé láimh léi agus chroith an bhanríon láimh léi ach ní raibh a fhios acu cé í féin.

Ach bhí go maith is ní raibh go holc. Ní mórán cainte a rinne sí.

"Cogar mé seo leat," a deir sí leis an rí, "an bhfuil aon chlann mhac agat?"

"Tá," a deir an rí.

"Cá bhfuil siad?" a deir sí.

"Bhuel, tá beirt acu istigh anseo," a deir an rí, "ag léitheoireacht nó ag scríbhneoireacht nó rud éicint."

"Ach tabhair amach anseo iad," a deir sí, "go bhfeice mé iad."

Thug. Nuair a tháinig an bheirt deartháir amach – an bheirt mhac an rí – ní rinne sí ach a dhul amach as an gcóiste agus shiúil sí isteach go dtí balla an pháláis. Chuir sí a láimh suas chuig a peiriúic agus tharraing sí ribe gruaige as. Chuir sí a láimh suas aríst agus tharraing sí ribe eile. Agus leag sí an dá ribe suas le taobh balla pálás an rí, agus bhí sé chomh díreach agus go gcuirfeadh sé faitíos ar éanacha an aeir an dréimire a rinne sí suas le taobh an bhalla.

"Téirigh suas anseo," a deir sí leis an mac is sine, "go bhfeice mé céard atá tú in ann a dhéanamh."

Chuaigh. Ní raibh sé ach trí nó ceathair de rungaí suas nuair a bhuail faitíos é agus thit sé anuas.

"Ní thú atá mé a thóraíocht," a deir sí.

Ní rinne sí ach láimh a chur ina gruaig aríst agus rinne sí an jab céanna. Ach dá dhírí dá raibh an chéad dréimire, bhí an dara dréimire ní ba dírí.

"Téirigh suas anseo thusa," a deir sí leis an dara mac, "go bhfeice mé céard atá tusa in ann a dhéanamh."

Chuaigh. Chuaigh sé runga ní b'airde ná an chéad deartháir ach bhuail faitíos é is thit sé anuas.

"Ní ceachtar acu seo," a deir sí, "atá mé a thóraíocht. Ach cogar mé seo leat," a deir sí leis an rí, "ná déan aon bhréag liomsa," a deir sí, "an bhfuil aon mhac eile agat?"

"Bhuel, níl aon mhac eile agam," a deir an rí, "ach mac," a deir sé, "nach ligfeadh an náire dom a thabhairt faoi do dhá shúilse. Sórt leathamadán mór é," a deir sé, "is tá sé brocach salach," a deir sé. "Níl aon bhróg air is níl aon éadach air is níl aon chiall aige. Níl mórán cuma air."

"Is cuma liomsa," a deir sí, "gan snáithe éadaigh ná bróga a bheith air ach tabhair anseo é ó tá a fhios agam," a deir sí, "go bhfuil sé agat. Tá sé in áit éicint agat."

Ach chuathas ag iarraidh an mac ab óige, an fear bocht, agus, ar ndóigh – ní nárbh ionadh – níor chuimhnigh an fear bocht cá raibh sé á thabhairt ach an oiread nó go dtáinig sé i láthair. Agus nuair a tháinig, shiúil sí anall go dtí é. Chroith sí láimh leis.

"Tá gnó agam díot," a deir sí.

"Tá go maith," a deir sé.

Ní rinne sí ach siúl isteach go dtí an balla, is dá dhírí dá raibh an chéad dá dhréimire, rinne sí an tríú dréimire seacht gcéad uair ní ba dírí.

"Téirigh suas anseo," a deir sí, "go bhfeice mé céard atá tú in ann a dhéanamh."

Ní rinne sé ach siúl isteach agus shiúil sé suas air mar a shiúlfadh sé suas ar staighre cloiche a bheadh ag dul ó íochtar go huachtar i dteach. Chuaigh sé anuas mar a ghabhfadh dreoilín go ndeachaigh sé ar an runga íochtair.

Ní rinne sí ach siúl anonn go dtí an rí agus leag sí láimh ar a ghualainn.

"Sin é anois do mhac is óige, a rí," a deir sí, "agus b'fhéidir nach gcreidfeá uaimse é," a deir sí, "nach mór an chraobh ag fear nó nach mór an charachtar – nó nach mór an chraobh le fáil aige é! Sin é anois," a deir sí, "an gaiscíoch is fearr ar sheacht gcranna an domhain. Níor thug aon ghaiscíoch ariamh," a deir sí, "aon deoir uisce leighis as tobar an Domhain Thoir go dtug sé sin as é. Agus is é sin an fear," a deir sí, "do mhac, a thug an buidéal uisce as a leigheas thú agus a d'fhág thú mar atá tú. Agus nuair a tháinig sé chomh fada leis an gcrosbhóthar," a deir sí, "ar fhág sé a bheirt deartháir ar meisce ann nuair a d'imigh sé, bhíodar ann roimhe. Mhealladar ag teach an leanna é," a deir sí, "agus dhalladar ar meisce é, agus nuair a fuaireadar ina chodladh é, ghoideadar an buidéal uisce uaidh agus thugadar chugatsa é agus rinne siad amach gurbh iad féin a thug as an Domhan Thoir é. Mharaigh sé an t-iolrach nimhe," a deir sí, "a bhí idir an Domhan Thoir agus an domhan abhus ag imeacht ag eitilt os cionn an chuain, a bhí ag bá chuile ghaiscíoch a chuaigh ann ariamh. Mharaigh sé an ollphéist," a deir sí, "ba mhó sa domhan.

"Agus sin m'fhearsa anois," a deir sí, "agus sin é mo chéile. Gabh i leith anseo anois," a deir sí leis an bhfear óg – leis an amadán. Thug sí anonn chuig an gcóiste é – "go spáine mise do pháiste duit," a deir sí, "Fionn Rua, an páiste is breátha ar sheacht gcranna an domhain."

Nuair a bhreathnaigh an rí agus an bhanríon isteach sa gcóiste, chonaiceadar an páiste ab áille ar leagadar súil ariamh ina saol air ná go brách arís. Ach nuair a bhí chuile shórt thart – ní rinne sí aon mhoill – d'iarr an rí isteach ar dinnéar í – í féin – agus go gcuirfeadh sé culaith éadaigh ar an mac, nach ligfeadh an náire dó é a ligean chun bealaigh. Ach ní thabharfadh sí a chead dó.

"Ní bheidh easpa éadach ná bróga air an fhad is a mhairfeas sé agus ní bheidh aon easpa airgid air an fhad is a mhairfeas sé, mar is é m'athairse," a deir sí, "an rí is tréine agus is saibhre ar sheacht gcranna na seacht ndomhan."

Ach ní rinne sí ach a rá leis suí isteach sa gcóiste. Chas sí na caiple mar a chasfadh eascann san uisce. D'imigh sí ar nós na gaoithe Mhárta is ní i bhfad go raibh sí imithe as amharc an rí.

Nuair a d'imigh sí, bhí an rí – bhí a chroí briste le cantal faoin mbail a chuir sé ar an mac ab óige a leigheas é leis an uisce leighis a thug sé as tobar an Domhain Thoir. Séard a rinne sé leis an mbeirt mhac ba sine, rinne sé dhá bhuachaill aimsire díobh agus chuir sé ag déanamh an obair chéanna iad a bhí an t-amadán a dhéanamh ar feadh lá agus bliain roimhe – nó níos measa.

Ach níl mé in ann inseacht céard a tharla don mhac, an fear a phós an bhean thoir, ach tá a fhios agam gur chaitheadar saol fada le séan uaidh sin amach.

Sin é mo scéalsa anois, más fíor nó bréag é. Dia le mo bhéalsa, go dtiocfaidh an t-éag, mór an scéal, beannacht Dé le hanam na marbh. Áiméan.

Cailín na Scuab

Sa tseanaimsir fadó – bhí an saol go dona an t-am sin – bhí fear agus bean ina gcónaí ar thaobh cnoic tamall maith ó bhaile mór Bhaile Átha Cliath. Bhí siad pósta. Ní raibh aon mhuirín orthu ach aon iníon amháin. Agus ní raibh aon deis mhaireachtáil ag an bhfear bocht – bhí siad fíorbhocht amach is amach – ach ag baint róipín scuab nó uaillín scuab ar thaobh na gcnoc agus á dtabhairt ar an mbaile mór agus á ndíol. Bhuel, is iondúil gur laethanta margaidh sa mbaile mór is mó a dhíolfadh sé na scuaba. Ach bhí sé blianta fada á dhéanamh sin agus é ag iarraidh a bheith ag maireachtáil – maireachtáil dhona. Ach faoi dheireadh thiar thall, céard a tharlódh ach tháinig aicíd nó drochfhiabhras nó drochthinneas isteach go baile mór Bhaile Átha Cliath. Agus ní raibh sé ann i ngan fhios d'fhear na scuab ach thug sé abhaile ina cheirteacha é.

Luigh sé féin agus an bhean agus an iníon – ní raibh inti ach cailín beag óg – luigh siad agus fuair an fear agus an bhean bás, an t-athair is an mháthair, ach tháinig an cailín beag tríd.

Cuireadh iad, agus tamall théis iad a chur, ní raibh greim le n-ithe ná le n-ól ag an gcailín beag. Ach nuair a bhí sé ag dul rófhada uirthi, bhí sí sínte ar an leaba agus ní raibh sí in ann ach éirí go dona. Dúirt sí an lá seo go raibh sé chomh maith di éirí idir a beo agus a marbh agus a dhul ag soláthar rud éicint a chuirfeadh sí ina béal.

Ach d'éirigh sí agus thug sí léi an róipín a bhí ag an athair agus chuaigh sí ar thaobh an chnoic agus bhain sí róipín scuab. Ba lá margaidh sa mbaile mór é, ach nuair a tháinig sí isteach don bhaile mór, bhí sí cineál mall – bhí an margadh scaipthe ach bhí beagán ann – agus chinn sé uirthi na scuaba uilig a dhíol. D'fhan beagán acu aici agus is é an chaoi a mb'éigean di ansin imeacht ó dhoras go doras á ndíol.

Ach nuair a bhí siad i ngar a bheith díolta aici ach beagán – bhí sé siar go maith sa lá – bhí sí ina seasamh amach ar aghaidh doras agus bean ag ceannacht scuab uaithi agus nuair a d'iontaigh sí amach ón mbean sin, ar an taobh ó dheas den tsráid, bhí teach mór álainn – siopa mór láidir – ar a haghaidh díreach ó dheas. Agus nuair a bhreathnaigh sí ó dheas, chonaic sí fear óg ina sheasamh i ndoras an tsiopa agus sméid sé anonn uirthi. Is é an t-ainm a bhí ar an bhfear óg sin, Seán Ó Murchú. Sméid sé anonn uirthi agus chuaigh sí anonn go múinte agus bheannaigh sé go suáilceach di agus bheannaigh sí dó.

"Muise, cogar mise leat, a chailín bhig," a deir sé – ní raibh mórán cailíní ina haois ag teacht don bhaile mór, Baile Átha Cliath, ná sa mbaile mór ba bhreátha ná í; bhí sí ag tarraingt ar cheithre bliana déag anois – "an bhfuil aon deis mhaireachtáil agat ach ag imeacht ó dhoras go doras mar sin ag díol scuaba?"

Chuir sé cineál fearg uirthi – nó múisiam – agus d'fhreagair sí é.

"Ar chuala tú ariamh é," a deir sí, "an té a bhíonn ag magadh, bíonn a leath faoi féin? Is iomaí rud," a deir sí, "a chruthaíonn an bás."

"Á, nár lige Dia," a deir sé, "go mbeinnse ag magadh fút ná faoi aon duine eile. Ach is é an fáth a ghlaoigh mé anois ort," a deir sé; "tóg do roghain air – tá ceathrar nó cúigear searbhóntaí de chailíní agamsa istigh anseo, agus más maith leat é," a deir sé, "más fearr leat de cheird é, tógfaidh mise isteach thú. Tabharfaidh mé páighe chomh maith duit," a deir sé, "agus a fheilfeas thú nó is fiú thú, tabharfaidh mé do bhéilí go maith duit agus beidh leaba bhreá the agat le codladh inti, is déarfainn," a deir sé, "go mb'fhearr duit é ná ag imeacht mar atá tú."

Rinne sí staidéar tamall agus dúirt sí go raibh sí sásta.

"Caith isteach na scuaba sin anseo anois," a deir sé; "b'fhéidir go bhfeilfidís le haghaidh rud éicint."

Chuaigh sí isteach agus ní raibh sí seachtain ann nuair a thaithin an áit thar cionn léi agus bhí an-saol breá compóirteach aici. Bhí beatha mhaith aici agus bhí beagán páighe. Anois, ní raibh uirthi tada a cheannacht.

Ach nuair a bhí sí mí aige, tháinig sé go dtí í an lá seo.

"Bhuel anois," a deir sé, "tá mé ag dul ag cur ceiste ort."

"Céard é seo?" a deir sí.

"An bhfuil aon fhoghlaim ort?" a deir sé.

"Ní raibh mise," a deir sí, "ag scoil aon lá ariamh."

"Is mór an trua é. Is mór an trua sin," a deir sé. "Bhuel anois," a deir sé, "déan suas d'intinn, tóg do roghain air seo freisin – más maith leat anois é, cuirfidh mise chuig an scoil thú más maith leat rud a fhoghlaim. Cuirfidh mé chuig scoil thú," a deir sé, "íocfaidh mé do bhealach, agus nuair a bheas tú ar do laethanta saoire, féadfaidh tú a theacht anseo agus an t-am a chaitheamh mar atá tú i gcónaí."

"By dad, is maith," a deir sí.

Thug sé leis í lá arna mhárach, agus is é an scoil a dtug sé ann í – déarfainn go bhfuil sé ann i gcónaí – coláiste a dtugann siad Coláiste an Chlochair air. Tá sé i mBaile Átha Cliath i gcónaí.

Ach chaith sí bliain sa gcoláiste sin, agus nuair a bhí sí bliain ansin, chuaigh sé go dtí an mháthair aba agus d'fhiafraigh sé di cén chaoi a raibh an cailín seo a dhéanamh nó an raibh aon chlisteacht – nó an raibh sé éasca aon rud a mhúineadh di.

"Níor tháinig aon chailín," a deir an mháthair aba, "isteach thar na geataí ó tháinig mise ann, chomh cliste ná chomh héasca uirthi rud a fhoghlaim ná an cailín sin. Is é an trua é nach bhfaigheadh sí seans."

"Meas tú," a deir sé, "dá dtugainn bliain eile di?"

"Má thugann tú bliain eile di," a deir an mháthair aba, "beidh sí sách cliste, foghlamtha le dhul ina rogha áit."

"By *dad*, tabharfad," a deir sé.

Chuir sé bliain eile ann í, is nuair a bhí an dara bliain istigh chuaigh sé go dtí an mháthair aba agus d'fhiafraigh sé di cén chaoi a raibh an cailín anois nó an raibh sí maith go leor.

"Tá sí chomh maith," a deir sí, "le haon chailín dá bhfuil sa gcoláiste anois a bhfuil ceithre bliana is cúig bliana ag cuid acu."

"Muise, meas tú," a deir sé leis an máthair aba, "céard a déarfá dá dtugainn bliain eile di?"

"Má thugann tú bliain eile di," a deir an mháthair aba, "is cuma cén áit ar sheacht gcranna an domhain a dtabharfadh sí a haghaidh, tá sí in ann a rogha post a thógáil agus in ann a rogha saol maith a bheith aici."

"By *dad*, is maith liom é sin," a deir sé.

Thug sé bliain eile di. Nuair a bhí na trí bliana istigh – bhí sí seacht mbliana déag anois – tháinig sí tigh Sheáin Uí Mhurchú – nó is ann a bhí sí i gcónaí – agus séard a rinne sé ansin, chuir sé ina cailín siopa ar chúl an *chounter* í.

Bhí go maith is ní raibh go holc. Nuair a bhí sí bliain ar chúl an *chounter*, bhí sé ag déanamh dhá oiread gnó ó thosaigh an cailín óg ag díol agus a bhí sé roimhe sin. Bhí chuile chineál aige – bhí ól agus chuile chineál aige á dhíol.

Ach bhí go maith. Bhí sí Domhnach breá ina suí sa ngairdín ó dheas den tsiopa nó den teach agus tháinig sé go dtí í.

"Bhuel anois," a deir sé, "ní fearacht na cúpla ceist eile a chuir mé ort é, tá mé ag iarraidh ort do roghain a thógáil air seo anois," a deir sé, "agus d'intinn a dhéanamh suas. Ní rud é seo anois," a deir sé, "atá ag dul ag seasamh lá ná seachtain ná mí ná ráithe ná bliain ach rud é atá ag dul ag seasamh choíchin.

Agus caithfidh tú d'intinn a dhéanamh suas," a deir sé, "agus is cuma liomsa cén lá go ceann sé mhí nó bliain a dtiocfaidh tú go dtí mise is go bhfuil tú sásta é seo a dhéanamh: an mbeifeá sásta mise a phósadh anois?" a deir sé.

Bhreathnaigh sí air agus d'oscail sí a dhá súil.

"Muise, a Sheáin Uí Mhurchú," a deir sí, "shíl mé go rinne tú go leor dom. Rinne tú cuid mhaith liom agus chaill tú go leor liom agus shíl mé ar deireadh thiar thall," a deir sí, "nach ngabhfá ag magadh fúm."

"Nár dhúirt mé cheana leat," a deir sé, "nár lige Dia go mbeinnse ag magadh fút ná faoi aon duine eile. Níl mé ag magadh fút," a deir sé, "is tá mé dáiríre ach níl mé ag iarraidh ort a rá anois," a deir sé, "ná amárach ná arú amárach go bhfuil tú sásta é sin a dhéanamh. Tóg d'am."

Ach ní raibh sé ach seachtain nó cúpla lá ina dhiaidh nuair a tháinig sí go dtí é agus dúirt sí leis má bhí sé dáiríre go raibh sí féin sásta.

Bhí go maith is ní raibh go holc. Phósadar. Agus maidir le bainis, bhí sí ann. Mhair sí naoi n-oíche agus naoi lá agus b'fhearr a deireadh ná a tús. Ach nuair a bhíodar mí pósta, labhair sé léi an tráthnóna seo.

"Bhuel anois," a deir sé, "tá aon chara amháin i mbaile mór Bhaile Átha Cliath agamsa nach bhfaca mé le fada an lá. Níl mé ag rá," a deir sé, "nach raibh sé ag an mbainis ach ní raibh mé ina chomhluadar ceart," a deir sé. "Bhí muid ag dul ag an scoil in éineacht agus chuile rud, agus ba mhaith liom cuairt a thabhairt air mura miste leat é."

"Ní miste liomsa," a deir sí, "nach thú féin an máistir? Ní miste liomsa céard a dhéanfas tú."

"Tá go maith," a deir sé.

D'imigh sé lá arna mhárach, luath go maith tráthnóna, agus chuaigh sé ar cuairt chuig Seán Ó Dochartaigh agus bhí an bhean óg ag díol sa siopa go tréan. Ach nuair a tháinig sé go dtí Seán Ó Dochartaigh, nuair nach bhfaca Seán Ó Dochartaigh é le fada, is iad na gnóthaí céanna a bhí Seán Ó Dochartaigh a leanacht a bhí ag Seán Ó Murchú. Bhí siopa láidir aige, bhí ósta aige, agus dá thréine féin is a bhí Seán Ó Murchú, má bhí Seán Ó Dochartaigh tada, bhí sé níos tréine ná é. Ach ní raibh sé pósta.

Bhí go maith is ní raibh go holc. Bhí dinnéar breá réitithe le haghaidh Sheáin Ó Murchú. Nuair a bhí an dinnéar réidh agus nuair a bhí a ndinnéar tógtha acu, thosaigh siad ag ól braoin agus – tá a fhios agat féin – nuair a bhíodar bogtha amach ceart, thosaigh Seán Ó Dochartaigh ag fiafraí de Sheán Ó Murchú cén chaoi ar thaithin an bhean óg leis.

"Taithníonn sí go maith liom," a deir Seán Ó Murchú. "Ní cheapfainn," a deir sé, "go bhfuil mórán bean óg i mBaile Átha Cliath inniu chomh maith léi."

Ach de bharr é a bheith bogtha amach, bhí sé á moladh, is dócha, rómhór. Ach sa deireadh dúirt Seán Ó Dochartaigh, "Muise, tá sé luath agat í a mholadh chomh mór sin agus gan sibh pósta ach mí."

"Bhuel, tá sí le moladh," a deir Seán Ó Murchú.

"Bhuel, má tá sí le moladh chomh mór sin agat anois," a deir Seán Ó Dochartaigh, "níor mhiste liomsa," a deir sé, "geall a chur leat go mbeidh intinn do mhná faighte amach agam in imeacht trí oíche agus trí lá."

Bhuail spadhar ar Sheán Ó Murchú anois is dúirt sé nach mbeadh. Dúirt Seán Ó Dochartaigh go mbeadh.

"Bhuel, cén geall a chuirfeá leis?" a deir Seán Ó Murchú.

"Chuirfinn," a deir Seán Ó Dochartaigh "gach ar fiú mé leis. Chuirfinn mo theach, m'ósta, m'áras agus gach a bhfuil istigh agus amuigh agam leis."

"Muise, ó chuaigh tú chomh fada sin, más mar sin é," a deir Seán Ó Murchú, "bíodh sé ina mhargadh. Cuirfidh mise an rud céanna in d'aghaidh."

"Tá go maith," a deir Seán Ó Dochartaigh, "ach ní haon mhaith an diabhal caint," a deir sé; "caithfidh muid sin a fháil saighneáilte ó dhlíodóir."

Bhí go maith. Chuaigh Seán Ó Murchú abhaile an oíche sin, agus lá arna mhárach níor lig sé tada air féin leis an mbean óg ná tada faoi.

D'imigh an bheirt acu agus chuadar go dtí an dlíodóir ab fhearr a bhí i mbaile mór Bhaile Átha Cliath, agus nuair a d'inis siad an cás don dlíodóir – is dócha go raibh aithne aige ar chaon duine acu – thosaigh sé ag scairteadh gáire.

"By *dad*," a deir sé, "sin é an cás is áiride a tháinig fúm ariamh. Feictear dom gur cás seafóideach é."

"Cén fáth é sin?" a deir Seán Ó Dochartaigh.

"Bhuel, inseoidh mé sin duit," a deir an dlíodóir. "Beirt fhear," a deir sé, "a bhfuil an oiread airgid agus deis acu agus atá chomh foghlamtha libhse – feictear dom gur seafóideach an geall é. Pé ar bith cé a chaillfeas an geall sin," a deir sé, "ní bheidh aige ach a shrón a chur roimhe chun bóthair agus a phócaí folamh."

Ní raibh aon mhaith ann. Thosaigh an dlíodóir ag saighneáil an chása agus nuair a bhí sé tamall ag scríobh, labhair sé.

"Bhuel," a deir sé, "tá mé ag dul ag cur agúis ann."

"Céard é seo?" a deir an bheirt.

"Bhuel, inseoidh mé sin duit," a deir sé. "Pé ar bith cé agaibh fear a chaillfeas an geall sin, go mbeidh cead aige a theacht," a deir sé, "an lá a mbeidh an dáta istigh agus a chrúb a chur faoi dó i d*till* an airgid is chomh fada agus a ghabhfas pingin inti, más gine nó airgead glas é, lán a dhá chrúb a thógáil as an *till* sula dtabharfaidh sé a aghaidh ar an mbóthar."

"Níl aon locht air," a deir chaon duine acu.

Shaighneáil an dlíodóir an geall, agus nuair a bhí an geall saighneáilte, "Bhuel, cén chaoi a socróidh muid anois é?" a deir Seán Ó Murchú.

"Bhuel, inseoidh mé sin duit," a deir an dlíodóir. "Nuair a ghabhfas tusa abhaile anois go dtí do bhean anocht," a deir sé, "abair léi go bhfuair tú litir as Sasana nó go bhfuair tú cuireadh cúpla lá nó trí saoire agus go gcaithfidh tú imeacht maidin amárach. Abair léi," a deir sé, "an cara is measa leat sa mbaile mór gurb é is fearr leat a theacht ag coinneáil comhluadair léi go mbeidh sé in am codlata chuile oíche, gur féidir libh an t-am a chaitheamh ag imirt chártaí nó pé ar bith cé sórt *pastime* is mian libh, go mba mhór an chuideachta é nó go dtiocfaidh tú abhaile."

"Tá go maith," a deir Seán Ó Murchú.

Tháinig Seán Ó Murchú abhaile go dtí an bhean óg agus d'inis sé an scéal di an oíche sin agus, ar ndóigh, níor chuimhnigh sí sin ar thada. Dúirt sí go raibh sé *all right*, go mbeadh sí ceart go leor agus go mbeadh fáilte roimh Sheán Ó Dochartaigh.

Ach bhí go maith is ní raibh go holc. D'imigh Seán Ó Murchú ar maidin lá arna mhárach – níl mé in ann a rá an go Sasana a chuaigh sé nó cá ndeachaigh sé – ach ní raibh aon chead aige a theacht abhaile go dtí an ceathrú lá. Bhí Seán Ó Dochartaigh le trí oíche a chaitheamh i dteach Seáin Uí Mhurchú.

An chéad oíche, tháinig Seán Ó Dochartaigh luath go maith, is nuair a tháinig sé isteach, bhí bean Sheáin Uí Mhurchú cruógach – bhí custaiméirí is chuile shórt ann – ach nuair a bhí sí réidh, chroith sí láimh leis. Bhí chuile dhuine imithe ach searbhónta de chailín a bhí aici sa gcisteanach ag obair agus bhí bord i lár an tí. Chuaigh bean Sheáin Uí Mhurchú sa siopa agus thug sí aniar buidéal fuisce *special* agus buidéal fíon agus dhá ghloine agus leag sí ar an mbord iad. Chuaigh sí ansin agus fuair sí paca cártaí agus leag sí ar an mbord é. Shuigh sí féin síos ar chathaoir ar thaobh den bhord agus Seán Ó Dochartaigh ar an taobh eile agus thosaigh siad ag imirt.

Ní i bhfad a bhíodar ag imirt nuair a bhain Seán Ó Dochartaigh an corc as ceann de na buidéil, an buidéal fuisce. Líon sé *tumbler* nó gloine di dó féin agus d'ól sé í agus líon sé ceann eile agus shín sé ag bean Sheáin Uí Mhurchú é.

"Bhuel, glacaim pardún agat, a Sheáin Uí Dhochartaigh," a deir sí, "aon deoir dá ndeachaigh trí bhuidéal ná trí ghloine ariamh, níor leag mise mo bhéal air is níl mé ag dul á leagan anois air."

Ach bhí sé ag sárú uirthi agus á sárú ach ní raibh aon mhaith dó ann. Chuadar ag imirt cúpla cluife eile ach – le scéal fada a dhéanamh gearr –

bhain sé cúpla *bumper* eile as an mbuidéal, agus bhí sé ag dul i ndánacht léi ach ní raibh aon mhaith dó ann. Ach faoi dheireadh b'éigean dó éirí ina sheasamh agus níl a fhios agam ar dhúirt sé "Oíche mhaith" ná "Oíche dhona" ach d'imigh sé.

Agus nuair a bhí sé tamall ó tigh Sheáin Uí Mhurchú, labhair sé leis féin. "By *dad*," a deir sé, "tá trian de mo gheall caillte agam ar chuma ar bith. Níl agam anois," a deir sé, "ach dhá sheans eile."

Bhí go maith. Chuaigh sé abhaile, chuaigh sé a chodladh agus tháinig sé aríst, san oíche lá arna mhárach, ní ba luaithe ná sin.

Ní i bhfad a bhí sé istigh nuair a rinne bean Sheáin Uí Mhurchú an jab céanna. Leag sí buidéal fuisce, buidéal fíon, dhá ghloine ar an mbord is paca cártaí. Chuadar ag imirt an dara hoíche agus rinne Seán Ó Dochartaigh an rud céanna: bhain sé gloine as an mbuidéal agus líon sé gloine do bhean Sheáin Uí Mhurchú. Ach, pé ar bith sásamh a thug sí an chéad oíche dó, níor thug sí a leath oiread an dara hoíche dó. Ach bhí sé ag sárú i bhfad uirthi ní b'fhaide an dara hoíche ná an chéad oíche ach ní raibh aon mhaith ann.

B'éigean dó imeacht sa deireadh agus bhí braon maith bainte as an mbuidéal aige ach nuair a bhí sé tamall ó tigh Sheáin Uí Mhurchú, "By *dad*," a deir sé, "tá dhá thrian de mo gheall caillte agam. Níl agam anois ach aon seans amháin agus seans caol é sin," a deir sé.

Ach d'imigh leis, agus an tríú hoíche tháinig sé i bhfad níos luaithe agus níor fhan sé chomh fada. Leag sí paca cártaí, buidéal fuisce agus buidéal fíon ar an mbord agus dhá ghloine. Ní raibh sé an fhad aici an tríú hoíche gur bhain sé an corc as agus d'ól sé *tumbler* di. Líon sé ceann do bhean Sheáin Uí Mhurchú agus ní raibh aon mhaith dó ann. Dúirt sí leis gur dhúirt sí cheana leis – aon deoir dá ndeachaigh trí ghloine ná trí bhuidéal ariamh, nár leag sí béal air.

Bhí sé ag sárú uirthi go raibh sé fíorfhada nó gur chuir sé fearg sa deireadh uirthi. Ach dúirt sí leis nach raibh aon mhaith dóibh caint, go raibh sé chomh maith dó imeacht, an buidéal a ól é féin má thograigh sé ach nach raibh aon mhaith dó ag iarraidh aon deoir a chur uirthise, fíon ná fuisce ná pórtar.

Ach bhuail spadhar é is d'éirigh sé ina sheasamh is bhuail sé amach. Nuair a bhí sé tamall ó thigh Sheáin Uí Mhurchú, "By *dad*," a deir sé, "tá mo chaiscín déanta."

Bhí teach ósta tamall ó theach Sheáin Uí Mhurchú agus bhuail sé isteach ann agus thosaigh sé ag ól go raibh sé caochta ar meisce. Tháinig sé abhaile agus bhí an teach ósta roimhe sa mbaile. Thosaigh sé ag ól nó go raibh sé as a chiall. Bhí sé siar go maith san oíche ansin agus thosaigh sé ag bladhrach is ag béiceach is ag damhsa ar fud an tí.

Ach bhí chuile dhuine ina chodladh. Ach bhí aon bhean amháin ag dul thart nár mhiste léi a bheith amuigh domhain san oíche – agus is dócha go raibh aithne aici ar Sheán Ó Dochartaigh nó go raibh a fhios aici cén teach go maith é – is nuair a bhí sí ag dul thairis, d'airigh sí an béiceach is an bladhrach istigh. Tháinig sí chuig an doras. Bhuail sí é.

"Cé atá ansin?" a deir sé.

"Mise," a deir sí. "Lig isteach mé go beo."

"Bí ag imeacht," a deir sé, "nó ciceálfaidh mé thú."

"Óró, céard atá mar sin ort nó an craiceáilte atá tú? Lig isteach mé," a deir sí. "Pé ar bith cén sórt trioblóid atá ort," a deir sí, "nó céard a tháinig ort," a deir sí, "cá bhfios duit cé a d'fhuasclódh do chás?"

M'anam ón diabhal gur scaoil sé isteach í. Nuair a tháinig sí isteach, d'inis sé an scéal di. Níl a fhios agam siúráilte ach ní raibh sé ráite go dtug sé aon *tumbler* di.

Ach, ar chuma ar bith, bhuail sí amach díreach an bealach céanna a dtáinig sí isteach agus níor bhain sí méar dá srón gur bhuail sí cnag ar an doras tigh Sheáin Uí Mhurchú. Bhí bean Sheáin Uí Mhurchú agus an cailín aimsire – nó an cailín a bhí in éineacht léi sa gcisteanach – bhíodar ag réiteach le dhul a chodladh agus bhí sé píosa domhain san oíche. Nuair a buaileadh an doras, thosaigh an cailín báire ag bladhrach caoineachán taobh amuigh.

"Cé atá ansin?" a deir an cailín.

Níor aithníodar í.

"Mise," a deir sí; "scaoil isteach go beo mé. Ní bhfuair mé aon teach i mBaile Átha Cliath anocht a thabharfadh lóistín na hoíche dom is tá gach a bhfuil de mhadraí," a deir sí, "sa mbaile mór ag fiach orm."

"Scaoil isteach an díthreabhach," a deir bean Sheáin Uí Mhurchú mar ba bhean an-dea-chroíúil í. "Scaoil isteach í," a deir sí, "agus beidh dídean na hoíche go maidin aici."

Scaoil. Nuair a tháinig sí isteach, dúirt bean Sheáin Uí Mhurchú leis an gcailín bia agus deoch a thabhairt di. Fuair sí sin. Nuair a bhí sin ite agus ólta aici, "Bhuel, anois," a deir bean Sheáin Uí Mhurchú, "tá sé tamall san oíche," a deir sí. "Is fearr duit leaba a chóiriú anseo leataobh na tine di," a deir sí leis an gcailín, "nó go bhfaighidh sí solas an lae nó an lá amárach a bheith aici."

"Ní chóireoidh sí leaba ar bith domsa," a deir an cailín báire, "in áit ar bith ach san áit a bhfuil tú féin ag codladh, mar tá an-fhonn orm a bheith ag caint leat. Ní iarrfainn go deo," a deir sí, "ach ag caint leat."

Bhí bean Sheáin Uí Mhurchú simplí agus dea-chroíúil.

"Más mar sin é," a deir sí leis an gcailín, "téirigh suas agus cóirigh an leaba sa seomra a bhfuil mé féin ag codladh ann. Cóirigh an leaba le mo taobh más ar an urlár nó cá gcóireoidh tú í."

Ach rinne. Nuair a bhí an leaba réitithe, chuaigh an bheirt a chodladh. An leaba a raibh bean Sheáin Uí Mhurchú ag codladh ann, bhí bord daor leagtha le cloigeann na leapa. Agus chuile oíche nuair a théadh sí a chodladh, bhainfeadh sí dhá fháinne pósta di agus leagfadh sí ar an mbord iad.

Bhí an cailín báire lena taobh is í ag seanchas léi ach ní raibh bean Sheáin Uí Mhurchú ag déanamh aon cheo i ngan fhios di. Bhí sí ag coinneáil cainte ariamh le bean Sheáin Uí Mhurchú cé nach raibh sí ag fáil sa deireadh ach corrfhreagra. Ach sa deireadh, nuair a d'airigh sí bean Sheáin Uí Mhurchú ina sámh, d'éirigh sí. D'éalaigh sí agus ghoid sí na fáinní pósta agus chuaigh sí amach an bealach céanna a dtáinig sí isteach is níor bhain sí méar dá srón gur bhuail sí cnag ar an doras aríst ag Seán Ó Dochartaigh.

Bhí Seán Ó Dochartaigh chomh craiceáilte anois agus a bhí sé nuair a d'imigh sí, nó níos measa. Scaoil sé isteach í – d'inis sí gurb í a bhí ann. Nuair a d'inis sí an scéal dó, thug sí dó na fáinní pósta agus, ar ndóigh, is gearr a bhí an chraiceáil ag imeacht de. Thosaigh sé ag damhsa is ag gabháil fhoinn ar fud an tí. Agus ní rinne sé ach buidéal a thabhairt anuas agus thug sé *tumbler* – nó dhá *tumbler*, is dócha – nach raibh aon chur suas aici dó, don chailín báire. D'ól sí é, is nuair a bhí sin déanta aige, chuir sé a chrúb i d*till* an airgid agus chomh fada in Éirinn agus a chuaigh airgead ina chrúb, thug sé don chailín báire é.

D'imigh an cailín báire léi ina bealach féin agus, mo léan, chuaigh Seán Ó Dochartaigh a chodladh dó féin agus ní raibh aon mheisce ar maidin air. D'éirigh sé, d'ith sé a bhricfeasta agus, ar ndóigh, bhí leigheas aige má bhí sé tinn féin. Ach d'imigh sé is níor bhain sé a mhéar dá shrón go ndeachaigh sé go dtí an dlíodóir, is nuair a tháinig sé isteach, théis nach raibh gaol ná páirt ag an dlíodóir le ceachtar acu, níor thaithin sé leis an dlíodóir. Is dócha go mba mheasa leis Seán Ó Murchú nó gur cheap sé go mba cneasta, dírí an fear é.

"Bhuel, cén scéal atá agat dom?" a deir an dlíodóir le Seán Ó Dochartaigh.

"Tá scéal maith agam," a deir sé. "Tá an geall sin buaite agam."

Bhuel, níor thaithin sin leis an dlíodóir ach níor lig sé tada air féin.

"Cén cruthú atá agat leis?" a deir an dlíodóir.

"Ó, tá cruthú láidir leis," a deir sé.

Chuir sé láimh ina phóca agus bhíodar thíos i mbosca *cardboard* aige.

"Seo iad fáinní pósta," a deir sé, "bean Sheáin Uí Mhurchú."

D'oscail an dlíodóir an bosca agus bhreathnaigh sé orthu.

"By *dad*," a deir an dlíodóir, "ní fhéadfadh cruthú a bheith agat níos láidre. Tá tú ceart."

Ach níor thaithin sé leis. Leag sé i dtaisce iad go dtáinig Seán Ó Murchú.

Nuair a bhí sin déanta ag Seán Ó Dochartaigh, d'imigh sé abhaile ag feadaíl is ag gabháil fhoinn dó féin agus é sách ríméadach.

Bhí go maith. Ar maidin lá arna mhárach, timpeall a dó dhéag, cé a shiúlfadh isteach ach Seán Ó Murchú, an fear bocht, agus d'aithin sé ar an dlíodóir sula raibh sé taobh istigh den doras nach raibh aon dea-scéal aige.

"Bhuel, cén scéal atá agat dom?" a deir sé le Seán Ó Murchú.

"By *dad*, níl aon scéal maith agam duit," a deir sé, "agus ní maith liom é. Tá an geall sin caillte agat."

"Cén cruthú atá agat leis sin?" a deir Seán Ó Murchú.

"Bhuel, tá cruthú anseo," a deir sé, "tá aiféala orm," a deir sé, "go gcaithfidh mé a rá leat – agus cruthú láidir."

Thug sé amach an boiscín. D'oscail sé é.

"Sin iad fáinní pósta do mhná," a deir sé.

Thit Seán Ó Murchú as a sheasamh, ach nuair a fuair sé biseach, "Bhuel anois," a deir an dlíodóir, "níl aon mhaith duit caoineadh," a deir sé, "i ndiaidh bainne nuair a dhoirtear é. Tá an dochar déanta anois," a deir sé. "Agus coinnigh do mhisneach. Is fear óg fós thú agus tá tú in ann maireachtáil in áit ar bith a ngabhfaidh tú."

Ach bhí croí Sheáin Uí Mhurchú briste.

"Céard a dhéanfas muid anois?" a deir Seán Ó Murchú.

"Bhuel, inseoidh mé sin duit," a deir an dlíodóir. "Caithfidh mise anois," a deir sé, "a dhul in éineacht leatsa go dtí teach Sheáin Uí Dhochartaigh. Caithfidh muid Seán Ó Dochartaigh a thabhairt linn," a deir sé, "agus a dhul chuig do *hotel*sa nó chuig do theachsa, is nuair a thiocfas muid isteach," a deir sé, "caithfidh tú a rá le do bhean – nó glaoch de leataobh uirthi – go bhfuil cuireadh laethanta saoire, cúpla lá nó trí nó seachtain, oraibh ina leithéid seo d'áit agus í féin a ghléasadh amach chomh maith agus atá aici le cur uirthi, go bhfuil sibh ag dul ag imeacht."

D'imigh leo agus níor chónaíodar ariamh go dtáinigeadar go dtí Seán Ó Dochartaigh. Ar ndóigh, chuaigh sé sin in éineacht leo go ríméadach go dtáinigeadar go *hotel* – go teach – Sheáin Uí Mhurchú, is nuair a tháinigeadar isteach, bhí bean Sheáin Uí Mhurchú, an bhean bhocht – seanéadach uirthi – agus í ag déanamh dhá shúil ag freastal ar chustaiméirí agus ar chuile dhuine. Bhí an siopa lán.

Ach ghlaoigh Seán Ó Murchú de leataobh uirthi agus feictear di gur aithin sí rud éicint air ach ní chuimhneodh sí ar aon cheo mar sin go brách.

Dúirt sé léi í féin a ghléasadh, go bhfuair sé litir, go gcaithfidís imeacht go ceann cúpla lá nó trí ach go mbeadh sé ceart go leor.

D'imigh bean Sheáin Uí Mhurchú, an bhean bhocht, go dtí a seomra agus bhí amhras éicint aici nó d'aithin sí rud éicint ach ba í an chulaith a chuir sí uirthi an chulaith chéanna a bhí uirthi an lá ar phós sí féin agus Seán Ó Murchú. Ghléas sí amach í féin agus nuair a bhí sí gléasta, tháinig sí aniar agus bhí Seán Ó Murchú agus Seán Ó Dochartaigh agus an dlíodóir ina seasamh taobh amuigh den *chounter*.

"An bhfuil tú réidh anois?" a deir Seán Ó Murchú.

"Táim," a deir sí.

Ní rinne Seán Ó Murchú ach a dhul isteach thar an *gcounter* – bhí an dlíodóir ina fhianaise aige – agus chuir sé a chrúb i d*till* an airgid a bhí taobh istigh agus chomh fada agus chuaigh inti, shín sé chuig an mbean é.

"Seo anois," a deir sé, "cuir é seo i do phóca. B'fhéidir go dteastódh sé uait."

Chuir sé a chrúb an dara huair ann agus chomh fada agus chuaigh inti, líon sé í agus chuir sé í ina phóca féin é.

"Teannaigh uait anois," a deir sé.

Níl mé in ann a rá – sílim gur chroith sé láimh leis an dlíodóir is le Seán Ó Dochartaigh. Ach d'imíodar agus níor labhair Seán Ó Murchú. Níor dhúirt sé "hú" ná "há", "hú" ná "hé", leis an mbean ó d'fhágadar an teach nó go dtáinigeadar chomh fada – agus shiúladar píosa maith – le áit a raibh crosbhóthar a raibh ceithre bhóthar air, is nuair a tháinigeadar chuig an gcrosbhóthar, sheas sé.

"Tá ceithre bhóthar anseo anois," a deir sé. "Tá bóthar ag dul siar, bóthar ag dul soir, bóthar ó thuaidh agus bóthar ó dheas. Tóg thusa do rogha ceann acu," a deir sé, "agus tógfaidh mise mo rogha ceann. Rinne mise bean shaibhir díotsa," a deir sé, "ach rinne tusa fear bocht díomsa."

Bhreathnaigh sí air agus d'imigh sé. Níor chroith sé láimh ná tada léi. D'imigh sé agus thóg sé bóthar acu agus ní raibh ach cúig shlata tógtha aige, nuair a bhreathnaigh sé ina dhiaidh. Bhí an bhean tite as a seasamh ar an gcrosbhóthar. Chas sé ar ais agus thóg sé í.

D'imigh leis aríst, agus nuair a bhreathnaigh sé ina dhiaidh aríst, bhí sí tite an dara huair. Ach níor chas sé an dara huair. Ní raibh an milleán air, ar bhealach.

Ach bhí go maith. D'imigh leis agus más fada gearr a chaith an bhean óg bhocht tite, d'éirigh sí ina seasamh. Ní hé an bóthar a thóg Seán Ó Murchú a thóg sí. Thóg sí ceann eile. Ach – le scéal fada a dhéanamh gearr – bhí sí ag siúl go raibh sé siar go maith sa tráthnóna, agus an chéad teach a casadh di ar leataobh an bhóthair, bhí an doras oscailte. Bhí bean fear an tí ina seasamh sa doras agus séard a bhí ann, teach gréasaí.

Shiúil sí isteach agus bheannaigh sí do bhean an ghréasaí agus bheannaigh bean an ghréasaí di go suáilceach. D'fhiafraigh sí de bhean an ghréasaí an dtabharfadh sí lóistín na hoíche di go maidin agus dúirt sí go dtabharfadh agus fáilte, nár chuir siad aon duine amach ariamh.

Bhí an gréasaí ag fuáil bróige, isteach ar aghaidh an dorais, agus nuair a d'airigh sé an chaint, d'éirigh sé de léim agus chuaigh sé amach agus chroith sé láimh léi. Níor aithin ceachtar acu í ach bhí cuma bean uasal uirthi.

"Chomh maith agus atá sé againn," a deir an gréasaí, "beidh sé agatsa. Níor choinnigh muid aon duine amach ariamh. Céad fáilte romhat."

Chuaigh sí isteach. Chaith sí an oíche ann. Níor chuir sí mórán i bhásta orthu. B'fhéidir gur ól sí blogam ach sin an méid. Ach ar maidin lá arna mhárach, nuair a bhí sí ag imeacht, chuir sí láimh ina póca agus shín sí cúig ghine bhuí chuig bean an ghréasaí.

"Sin rud nach nglacfaidh mise," a deir bean an ghréasaí, "ná a leath ná a thríú cuid mar," a deir sí, "níl sé ag dul dom agus ní bhainfidh mé díot é."

"Caithfidh tú é a ghlacadh," a deir bean Sheáin Uí Mhurchú. "Is é Dia a thug, is é Dia a thabharfas."

Ach d'fhág sí slán acu ar aon nós agus d'imigh léi. Agus bhí sí ag siúl agus an chéad áit eile ar casadh í, isteach i gcolbha baile mhóir. Bhí sí ag siúl tríd an mbaile mór is ní achar fada a bhí siúlta aici nuair a bhí sí ag dul thar siopa éadaigh. Bhuail sí isteach i siopa an éadaigh agus cheannaigh sí culaith éadach fear. Parceláileadh suas di é agus chroch sí léi é agus d'imigh léi go bhfuair sí spota uaigneach éicint. Bhain sí di an chulaith phósta mná a bhí uirthi agus chuir sí uirthi culaith an fhir.

D'imigh léi agus bhí an chulaith phósta a bhí aici, bhí sé ina mála aici nó pé ar bith deis iompair a bhí ann an t-am sin. Ach bhí sí ag siúl go raibh sí ag tarraingt amach ar cholbha an bhaile mhóir agus cén sórt teach ar bhuail sí thairis anois ach teach bearbóir. Ní raibh aon aithne anois uirthi nach mba fear óg í cé is moite den ghruaig féin. Bhuail sí isteach go dtí an bearbóir agus d'iarr sí bearradh gruaige – ní raibh a fhios ag an mbearbóir nach mba fear í – fuair sí sin, agus nuair a bhí sí bearrtha, d'fhiafraigh sí den bhearbóir cé mhéad é féin.

"Leathghine buí," a deir sé.

Chuir sí láimh ina póca agus shín sí chuige é. Nuair a bhí sé íoctha aici, "Muise, ar mhiste liom fiafraí díot," a deir sí, "céard a bhainfeá díom anois," a deir sí, "nó cén t-achar a thógfainn, ag foghlaim na ceirde sin uait?"

"Ní miste," a deir an bearbóir. "Sé mhí," a deir sé.

"Céard a bhainfeá díom," a deir sí, "ar na sé mhí?"

"Leathscór giní buí," a deir sé.

"Tá go maith," a deir sí.

Chuir sí láimh ina póca agus shín sí leathscór giní buí chuig an mbearbóir. Nuair a shín, d'ordaigh an bearbóir do shearbhónta éicint a béile a réiteach di. Thug sé chuig seomra deas galánta í – leaba bhreá the bhruite ann agus chuile shórt a theastaigh uaithi – agus shocraigh sí síos i dteach an bhearbóir.

Ní raibh sí ach dhá mhí ag an mbearbóir agus é ag ceapadh go mba fear óg í – bhí sé siúráilte de – b'fhearr an bearbóir í i bhfad ná é féin. Agus níl aon duine a raibh sí ag tabhairt bearradh dó, nuair a thagadh sé aríst, nach raibh ag iarraidh an fear óg é a bhearradh.

Ach d'imigh sin ann féin go raibh sí timpeall deich seachtaine – tráthnóna breá fómhair a bhí ann – cé a shiúlfadh isteach ach oifigeach airm as Sasana. D'iarr sé bearradh gruaige.

"Bearrfaidh an fear óg thall thú," a deir an bearbóir. "Is fearr an bearbóir é ná mise."

"Tá go maith," a deir an t-oifigeach.

Bhearr an fear óg é, is nuair a bhí sé bearrtha, bhreathnaigh an t-oifigeach sa scáthán.

"Sin é an bearradh gruaige is fearr," a deir sé, "a fuair mé ariamh."

"By dad, chreidfinn thú," a deir an bearbóir. "Níl aon bhearbóir sa mbaile mór," a deir sé, "nach raibh mise chomh maith leis ach níl mé chomh maith leis an bhfear óg seo."

Bhí go maith is ní raibh go holc. Pé ar bith céard a bhí ar an mbearradh ag an oifigeach, d'íoc sé é, agus nuair a bhí sé íoctha aige, d'fhiafraigh sé den seanbhearbóir – bhí an fear óg ag bearradh tuilleadh custaiméirí – "Meas tú," a deir sé, "an mbeadh tuairisc ar bith agat cá bhfaighinn buachaill aimsire nó fear óg? Tá mé ag dul go Sasana ar maidin," a deir sé, "agus theastódh buachaill aimsire uaim. Is é a mbeadh d'obair le déanamh aige," a deir sé, "stábla le mo chapall a choinneáil glan, an bhéalbhach a sciúradh – agus na spoir – agus ní mórán a bheadh le déanamh aige. Tabharfaidh mé páighe mhaith dó," a deir sé, "beatha mhaith, culaith éadaigh sa mbliain agus péire bróga."

"Cén pháighe a thabharfá dó?" a deir an seanbhearbóir.

"Tabharfaidh mé leathscór giní buí sa mí dó," a deir sé, "agus sin páighe nach bhfaigheadh sé mórán in aon áit sa domhan anois."

"By dad," a deir an seanbhearbóir, "jab maith é. Bhuel," a deir an seanbhearbóir, "tá aiféala orm nach bhfuil aon tuairisc faoi láthair anois agam air ach an chaoi a bhfuil mise anseo," a deir sé, "tá a fhios agat féin – b'fhéidir go mbeadh fear amárach agam nó arú amárach."

"Tá sin chomh dona céanna," a deir an t-oifigeach airm. "Dá mbeadh sé agam anois ag imeacht dom le thabhairt liom," – bhreathnaigh sé thairis agus bhreathnaigh sé ar an bhfear óg a bhí ag bearradh – "Céard faoin bhfear óg seo," a deir sé. "An mbeifeá in ann é a ligean liom?"

"Ní bheinn," a deir an seanbhearbóir, "mar níl baint ar bith agamsa leis an bhfear óg sin. Níl an fear óg sin agamsa," a deir sé, "ach prionsabáilte. Ach inseoidh mé an scéal dó," arsa an seanbhearbóir.

D'inis sé an scéal don fhear óg a bhí ag bearradh agus, "Maisce," a dúirt an fear óg a bhí ag bearradh – go dtaithneodh an jab leis agus go ngabhfadh sé in éineacht leis an oifigeach ach a theacht á iarraidh ar maidin.

Bhí go maith is ní raibh go holc. Tháinig an t-oifigeach ag a hocht a chlog ar maidin lá arna mhárach agus bhí an fear óg réidh roimhe – seo í bean Sheáin Uí Mhurchú anois – agus a chuid málaí agus chuile shórt réitithe amach aici. D'imigh sí in éineacht leis an oifigeach go ndeachadar go Sasana. Agus nuair a bhí sí mí ag an oifigeach i Sasana, ní thabharfadh sé an fear óg uaidh ar a raibh i Sasana ná ar bhain leis ariamh, bhí an oiread sin cion aige air mar bhí sé thar cionn. Bhí sé ag coinneáil an stábla, na spoir agus cuid mhaith ba mhó ná é déanta, agus bhí an t-oifigeach an-ríméadach.

Ach bhí siad ag caitheamh saol compóirteach go raibh sé sé mhí ag an oifigeach agus céard a tharlódh ach fógraíodh cogadh agus níl aon mhaidin nach gcaithfeadh an t-oifigeach a bheith imithe ag a leithéid seo d'am lena chapall agus lena dhiallait agus lena ghunna nó raidhfil agus an mála piléar.

Ach bhí *regiment* mór faoina chúram. Nuair a thagadh sé chuile thráthnóna – ní bhíodh aon chogadh ann san oíche an t-am sin, ní an cogadh atá anois ann a bhí ann – ach nuair a thagadh sé san oíche, d'fhiafraíodh an fear óg de cén chaoi a rinneadar inniu.

"By *dad*, tá aiféala orm," a deireadh an t-oifigeach chuile thráthnóna, "tá muid ag cailleadh talún. Nuair a thagann muid ar an bpáirc ar maidin," a deir sé, "bíonn an ghaoth linn. Ach théis tamaill, ní bhíonn muid i bhfad ar an bpáirc," a deir sé, "nuair a athraíonn an ghaoth agus téann sí i dtaobh na namhad. Is tá deatach na ngunnaí eile agus an púdar," a deir sé, "agus chuile shórt atá siad a phléascadh, níl sé ag fágáil aon spré amhairc againn. Tá muid ag cailleadh talún," a deir sé, "chuile lá."

Ach bhíodh sé ag teacht go dtí an fear óg ariamh ag rá go rabhadar ag cailleadh nó go raibh siad sé mhí ag cailleadh, agus bhí go leor talún bainte díobh an uair sin ag an namhaid.

"By *dad*," a deir an fear óg, "má leanann ar an namhaid," a deir sí, "buafaidh sé oraibh."

"By *dad*, ní mé – ní thiocfaidh mé in d'aghaidh," a deir an t-oifigeach.

"Céard a déarfá," a deir an fear óg – is bhí sé traenáilte ag an oifigeach le chuile dheis chogaidh a raibh ariamh ann, le raidhfil, piléar a chaitheamh, chuile shórt a bhain le cogadh; thraenáil an t-oifigeach é mar bhí an-chion aige air – "céard a déarfá," a deir an fear óg, "dá ndéanfainnse cúnamh daoibh sa gcath amárach?"

"Ní cheidneoinn ar a bhfuil i Sasana uilig," a deir an t-oifigeach, "dá dtarlódh aon cheo duit, gan trácht ar thú a mharú, i ngeall ormsa."

"Á," a deir an fear óg, "níl aon mhaith duit á rá sin. Más é an bás atá le m'aghaidh," a deir sí, "más é an bás atá le m'aghaidh, caithfidh mé é a fháil. Ach *by dad*," a deir sé, "gabhfaidh mé i gcúnamh daoibh nó gabhfaidh mé in éineacht libh."

Ní raibh aon mhaith don oifigeach á chúladh. Maidin lá arna mhárach thugadar dhá chapall leo, dhá ghunna, neart piléar agus d'imigh leo go ndeachadar ar pháirc an áir. Nuair a tháinigeadar isteach ar an bpáirc, bhí an ghaoth leo. Thosaigh siad ag buachadh an chéad uair, ach ní i bhfad a bhíodar ann nuair a d'athraigh an ghaoth agus chuaigh sí taobh na namhad.

Bhuel, seachas na laethanta eile ansin, ní raibh sí i bhfad ar thaobh na namhad an lá seo nuair a d'athraigh sí aríst agus tháinig sí ar an taobh a raibh an fear óg agus an t-oifigeach seo air. Agus ba é an t-oifigeach ab airde ar an *regiment* sin é. Thosaigh siad ag buachadh an lá sin ach bhaineadar leathchéad nó céad slat ón namhaid an lá sin. Agus ó lá go lá, ní raibh aon lá a raibh an fear óg ag teacht ar an bpáirc nach raibh gach oifigeach eile ar an bpáirc agus an t-arm á thabhairt faoi deara. Bhí clisteacht nó beart éicint ag baint leis go rabhadar in ann a bheith ag buachadh thar mar a bhíodar roimhe sin.

Ach is gearr gur thosaigh an fear óg ag éirí suas i bposta thar a bheith ina shaighdiúir. Sin, is gearr go raibh sé ina choirnéal nó ina *lieutenant*. Ach bhí sé ag ardú suas is nuair a bhíodar sé mhí ag cogadh, bhí sé ina oifigeach ab airde – ní b'airde i bhfad ná an t-oifigeach a raibh sé ag obair aige. Bhí sé ar an oifigeach ab airde ar a raibh de champaí timpeall na háite an uair sin. Agus nuair a bhíodar sé mhí ag cogadh, bhí an oiread talún bainte den namhaid acu gur chuir an namhaid suas a gcuid gunnaí an lá seo agus chaitheadar piléir san aer agus dúradar go rabhadar ag tabhairt isteach.

Bhí go maith is ní raibh go holc. Nuair a stop an cogadh, cheannaigh an fear óg – cheannaigh sé teach mór álainn, ní ba bhreátha i bhfad ná a bhí ag an oifigeach a raibh sé ina bhuachaill aimsire aige. Bhí capaill anois aige – chuile shórt a theastaigh uaidh. Fuair sé searbhóntaí agus chuaigh sé a chónaí isteach sa teach seo, agus nuair a bhí sé sé mhí sa teach nua, bhí sé oíche amháin ina chodladh agus bhí sé ag brionglóidigh. Agus is é an bhrionglóid a tháinig ina intinn – ba í bean Sheáin Uí Mhurchú i gcónaí í, ar ndóigh – thosaigh sí ag cuimhneamh tríd an mbrionglóid cén bóthar a thóg Seán Ó Murchú an lá ar fhágadar a chéile ón gcrosbhóthar, go raibh sé ina brionglóid nach raibh aon deis mhór ná aon obair le fáil an uair sin aige mura liostálfadh sé san arm.

Ach bhí go maith. Rinne sí cineál dearmad air sin lá arna mhárach. Ach san oíche arna mhárach bhí sí ag brionglóidigh aríst. Ach an tríú hoíche bhí sí ag brionglóidigh, agus tháinig sé ina hintinn go mb'fhéidir nach mbeadh sé in aon áit sa domhan ach in arm Shasana – go mbeadh sé de réasún aige a bheith sna campaí a raibh sí féin ag cogadh ann le áit ar bith eile.

"Má bhímse beo," a deir sí nuair a dhúisigh sí ar maidin lá arna mhárach, "tosóidh mé ag an gcampa is faide uaim" – is bhí na mílte campa ann – "go dtaga mé go dtí an campa deireanach, is má tá sé i gcampa ar bith acu," a deir sí, "gheobhaidh mé amach é."

Ach bhí go maith. Nuair a d'ith sí a bricfeasta ar maidin lá arna mhárach, dúirt sí le duine de na searbhóntaí gan aon imní a bheith air mura mbeadh sí sa mbaile luath. Ní raibh a fhios acu sin nach mba fear óg í. Ach d'imigh léi. Thosaigh sí ag an gcampa is faide uaithi agus bhí capall maith aici agus bhí sí ag an dara campa deireanach nuair a bhí an ghrian le linn a dhul síos. Tháinig sí agus leag sí dhá láimh ar chaon taobh de dhoras an champa agus bhreathnaigh sí isteach. Bhí plód mór sa gcampa, ach an cúinne ab fhaide uaithi sa gcampa, thug sí faoi deara ceathrar fear ag imirt chártaí ar bhord ann agus diabhal mórán breathnú a bhí déanta aici nuair a thug sí faoi deara – d'aithin sí Seán Ó Murchú agus bhí sé ar fhear acu agus ní raibh cuma an-mhaith ar bith ar an bhfear bocht.

Níor lig sí tada uirthi féin ach sheas sí amach, agus pé ar bith oifigeach a bhí ar an gcampa ba gaire di, chuaigh sí go dtí é. Thug sí chuig doras an champa seo é agus shín sí a méar síos ar an bhfear seo – an fear a bhí ag rith leis na litreacha nó ag tabhairt amach an phosta roimhe sin. Dúirt sí leis an oifigeach seo Seán Ó Murchú a chur amach chuig a teach féin nó amach leis na litreacha an lá arna mhárach, tráthnóna. Dúirt an t-oifigeach go gcuirfeadh agus fáilte, mar b'airde an t-oifigeach í féin ná eisean.

Ach bhí go maith. Chuir, is nuair a tháinig sé isteach i dteach an oifigigh seo, leag sé na litreacha ar an rud agus bhí sé ag dul ag imeacht.

"Á, fan," a deir sí. "An íosfaidh tú greim nó plaic agus an ólfaidh tú blogam?"

"Ní fhéadfaidh mé," a deir sé, "mar b'fhéidir go mbeadh an t-oifigeach ag casaoid orm."

"Ní bheidh," a deir sí. "Ná bíodh faitíos ort."

Ach d'fhan sé agus thug sí greim le n-ithe agus le n-ól dó. Ach an oíche lá arna mhárach scríobh sí litir ansin agus thug sí dó í. Agus séard a bhí sa litir sin – le tabhairt don oifigeach céanna – é a chur amach aríst tráthnóna arna mhárach.

Chuir, is nuair a tháinig sé tráthnóna lá arna mhárach, leag sé na litreacha ar an mbord, réitigh sí beatha agus braon le n-ól dó – nó blogam le n-ól dó – agus nuair a bhí sé ólta aige, thosaigh sí ag caint leis.

"Muise," a deir sí, "ar mhiste liom fiafraí díot an bhfuil tú i bhfad san arm seo?"

D'inis sé di cén dáta is cén t-am.

"Muise, feictear dom, bail ó Dhia ort," a deir sí, "nach mbreathnaíonn sé go raibh mórán dá bharr agat má tá tú an t-achar sin ann."

"Níl," a deir sé, "cianóg rua."

"Agus an mar sin a bhí tú," a deir sí, "nuair a bhí tú i d'fhear óg nó cé as thú?"

"As Baile Átha Cliath mé," a deir sé.

"Bhuel," a deir sí, "an raibh tú díchéillí i mBaile Átha Cliath nó cén chaoi?"

"*By dad*, ní rabhas," a deir sé.

"Bhuel, an raibh tú pósta?" a deir sí.

"Bhí mé pósta, muise," a deir sé, "ach níorbh achar fada é."

"Cáid ó bhí tú pósta?" a deir sí.

"Ní raibh mé pósta ach mí," a deir sé.

"Agus céard a tharla duit?" a deir sí. "Cá bhfuil do bhean?"

"Níl a fhios agam ar sheacht gcranna an domhain," a deir sé, "Cá bhfuil sí."

"Ach – agus cén chaoi, cén chaoi ar imigh sibh ó chéile nó céard a tharla?"

Thosaigh sé ag inseacht an scéil di, san áit ar thosaigh mise anois, faoi Sheán Ó Dochartaigh agus faoin ól, faoin ngeall agus faoin dlíodóir agus faoi chuile rud. Ach nuair a bhí an scéal críochnaithe aige, "Éirigh i do sheasamh anois," a deir sí, "agus breathnaigh isteach sa scáthán mór sin."

Bhí scáthán mór ar leataobh an bhoird a raibh sé ag ithe de. Bhreathnaigh, is diabhal mórán achair a bhí sé ag breathnú isteach ann – bhí sí féin ina seasamh taobh thiar ar a chúl, culaith fir uirthi – ní raibh sé i bhfad ag breathnú isteach sa scáthán nuair a chonaic sí ag cromadh anuas é agus chonaic na deora ag titim anuas óna shúile.

"Céard atá mar sin ort?" a deir sí.

"Á, muise, an bhfuil a fhios agat," a deir sé, "céard atá mé ag dul a rá leat? Feictear dom gurb é scáil mná a chonaic mé sa scáthán sin."

"Á, tá seafóid ort," a deir sí. "Coinnigh ag breathnú isteach sa scáthán sin anois," a deir sí, "go dtaga mise ar ais."

D'imigh sí, agus pé ar bith seomra a raibh an chulaith phósta aici a bhí uirthi an lá ar scar sí féin agus é féin ó chéile ar an gcrosbhóthar a raibh ceithre bhóthar air, bhuail sí uirthi í agus chuile chaoi a raibh uirthi. Agus tháinig sí aniar is – níl a fhios agamsa cén sórt *knack* atá le scáthán a leagan – bhí scáthán eile ina láimh aici ach ní fhaca seisean é, bhí sé ag coinneáil ag breathnú isteach sa scáthán eile. Ar an bpointe is tháinig sí ar a chúl is an scáthán aici, bhreathnaigh sé isteach agus, ar ndóigh, chonaic sé í ar an gcaoi chéanna a raibh sí an lá ar fhágadar a chéile ón gcrosbhóthar, is nuair a chonaic, níor bhreathnaigh sé faoi ná os a chionn ach thit sé as a sheasamh. Thóg sí é, agus nuair a fuair sé biseach, "Céard atá ort?" a deir sí.

"Ó, chonaic mé mo bhean," a deir sé, "ar an gcaoi chéanna a raibh sí an lá ar scar muid ó chéile ag an gcrosbhóthar."

"Breathnaigh ormsa anois," a deir sí, "mar sin."

Bhreathnaigh sé suas uirthi, agus nuair a chonaic sé í, thit sé anuas mar a bhfuil an t-urlár. Bhí sí le feiceáil aige mar a bhí sí an lá céanna ar scaradar ó chéile.

"Bhuel, mise do bhean anois," a deir sí. "Mise do bhean anois agus tá sí anseo. Agus," a deir sí, "tá ríméad orm go bhfuil an scéal inste agat agus tá ríméad orm cén chaoi ar tharla sé. Deir siad," a deir sí, "gur fada a théann an éagóir agus is fíor an rud é sin. Fan ansin anois," a deir sí, "go fóilleach."

Scríobh sí litir eile agus thug sí dó í.

"Tá dhá oifigeach áirid eile anois," a deir sí, "amuigh sna campaí sin agus tabhair dóibh an litir seo."

is dócha gurb iad dhá oifigeach a raibh an-ómós aici dóibh agus bhíodar pósta agus beirt mhná acu – níl a fhios agam faoi mhuirín. Agus séard a bhí sa litir sin, ag tabhairt cuireadh chun dinnéir san oíche lá arna mhárach don dá oifigeach, a dhá mbean agus do Sheán Ó Murchú a theacht chuig an teach mór.

Bhí go maith is ní raibh go holc. Nuair a tháinig an t-am tráthnóna lá arna mhárach, tháinig an dá oifigeach agus a gcuid mná agus Seán Ó Murchú. Maidir le dinnéar, bhí sé réitithe rompu. Nuair a bhí an dinnéar tógtha, thosaigh siad ag ól braoin nó go rabhadar súgach, bogtha amach. Thosaigh bean Sheáin Uí Mhurchú ar a scéal féin agus d'inis sí don dá oifigeach gurb é Seán Ó Murchú a fear – an chaoi ar imigh sí féin agus Seán Ó Murchú – an chaoi a scaradar ó chéile. D'inis Seán Ó Murchú ansin é féin don dá oifigeach an chaoi a raibh sé agus an chaoi ar scaradh ó chéile iad.

Nuair a bhí an scéal críochnaithe, d'éirigh fear acu ina sheasamh, fear de na hoifigigh. "Meas tú," a deir sé, "an bhfuil an fear sin beo i mBaile Átha Cliath i gcónaí?"

"Tá a fhios agam go bhfuil," a deir bean Sheáin Uí Mhurchú, "agus go láidir, mura bhfuair sé bás le cúpla lá."

"Ach, bhuel," a deir sé, "leigheasfaidh mise an scéal sin. Leigheasfaidh muid é sin," a deir sé. "Ná labhair chor ar bith anois níos mó," a deir sé, "go dtaga mise chugat, agus ní i bhfad é sin."

D'imigh an dá oifigeach an oíche sin – agus a gcuid mná – abhaile, agus nuair a chuadar abhaile, séard a rinne oifigeach acu – thug bean Sheáin Uí Mhurchú seoladh *hotel* Sheáin Uí Mhurchú i mBaile Átha Cliath dó a bhí ag Seán Ó Dochartaigh – scríobh an t-oifigeach litir chuig Seán Ó Dochartaigh, agus séard a bhí sa litir sin, ag iarraidh an *hotel* a bheith réitithe ar a leithéid seo de dháta, go raibh sé féin agus cúigear eile ag teacht as Sasana le seachtain nó coicís laethanta saoire a chaitheamh sa *hotel*.

Ní raibh an litir scríofa aige ach cúpla lá nó trí nuair a fuair sé freagra ar ais ó Sheán Ó Dochartaigh, agus dúirt sé go mbeadh agus fáilte. Agus bhí an t-am d'oíche nó de lá a theacht chuig an teach ann, bhí sé socraithe amach – chuile shórt. Ach nuair a tháinig an litir chuig na hoifigigh, tháinigeadar go dtí bean Sheáin Uí Mhurchú. D'inis siad an scéal di agus spáin siad an litir di.

"Tá go maith," a deir sí.

Nuair a tháinig an dáta, d'imigh Seán Ó Murchú agus a bhean agus an dá oifigeach agus a gcuid mná féin – seisear acu – go dtáinigeadar go Baile Átha Cliath. Nuair a chuadar amach as an mbád, ní raibh aon chall an t-eolas a mhúineadh do Sheán Ó Murchú; bhí eolas maith ar bhaile mór Bhaile Átha Cliath aige mar is ann a tógadh é.

D'imigh siad, agus níor bhaineadar méar dá srón – agus bhí sé deireanach go maith – go dtáinigeadar isteach in *hotel* Sheáin Uí Mhurchú féin ach ba é Seán Ó Dochartaigh a bhí á rith anois. Ach nuair a tháinigeadar ann, bhí searbhónta rompu agus searbhónta ina ndiaidh gur tugadh isteach ar parlús mór iad. Bhí an dinnéar réitithe, leagtha ar an mbord agus tabhair dinnéar air. Sheas fear de na hoifigigh ag cloigeann an bhoird agus ghlaoigh sé ar dhuine de na searbhóntaí a bhí ag freastal.

"Cogar mise leat," a deir sé, "an bhfuil máistir an *hotel* seo nó an bhfuil máistir an tí in aice láthair?"

"Tá," a deir an searbhónta. "Tá sé ina leithéid seo de sheomra sa teach."

"Bhuel, abair leis," a deir sé, "go bhfuil na strainséirí nó na huaisle sin tagtha, agus abair leis," a deir sé, "gur dhúirt mise leis gurb é an chéad dinnéar againn sa *hotel* é agus go mba mhaith linn fear an tí a bheith inár gcomhluadar ag tógáil dinnéar ós é an chéad cheann é."

D'imigh an searbhónta agus chuaigh sé go dtí Seán Ó Dochartaigh agus, ar ndóigh, nuair a chuala Seán Ó Dochartaigh an scéal, bhí a chosa ag rith uaidh. Ach nuair a tháinig sé isteach sa bparlús, ar ndóigh, d'aithin sé Seán Ó Murchú agus a bhean agus chroith sé láimh leo agus chroith sé láimh leo uilig. Ach ní raibh aon chuimhniú aige ar thada a bhí le tarlú.

Bhí go maith is ní raibh go holc. Thógadar an dinnéar agus – ach oiread linn féin – ní folamh a bhíodar, bhí neart fuisce, branda agus rum agus chuile shórt leagtha i lár an bhoird. Bhí dúil chráite ag Seán Ó Dochartaigh ann ach thosaigh siad ag ól braoin ar chuma ar bith nó go raibh siad bogtha go maith le chéile. Ach bhí Seán Ó Dochartaigh i bhfad ní ba bhogtha ná an dream eile mar bhí dúil chráite aige ann. D'éirigh duine de na hoifigigh ina sheasamh ag cloigeann an bhoird agus labhair sé.

"Inis scéal, a Sheáin Uí Mhurchú," a deir sé.

"Muise, *by dad*, ní eiteoinn thú," a deir Seán Ó Murchú. "Glacaim pardún leat, ach déarfaidís," a deir sé, "gur ar fhear an tí a bhíonn an chéad scéal."

"Tá go maith," a deir an t-oifigeach. "Inis scéal, a Sheáin Uí Dhochartaigh," a deir sé.

Ar ndóigh, b'fhada le Seán Ó Dochartaigh go bhfuair sé an noda, mar bhí sé bogtha amach agus é ar dea-iúmar, agus cén diabhal scéal a thosaigh sé ag inseacht ach an chaoi ar bhuaigh sé an *hotel*, agus chuile shórt ó thús go deireadh, ar Sheán Ó Murchú. Bhí sé á inseacht go raibh sé críochnaithe, is nuair a bhí sé críochnaithe aige – tá a fhios agat féin cén dlí a bhí in Éirinn an uair sin: ba é dlí Shasana é.

"Tá do scéal inste agat, a Sheáin Uí Dhochartaigh," a deir an t-oifigeach – oifigeach an-ard san arm a bhí ann.

"Tá," a deir Seán Ó Dochartaigh.

"Bhuel, an raibh a fhios agat anois, a Sheáin Uí Dhochartaigh," a deir sé, "an scéal sin atá inste agat dúinne, go bhfuil cumhacht againne thú a thligean chun báis? Sin," a deir sé, "nó a cheangal de cheithre cinn de chapaill – ceann a haghaidh a thabhairt siar, ceann a haghaidh a thabhairt soir, ceann a haghaidh a thabhairt ó dheas agus ceann a haghaidh a thabhairt ó thuaidh – agus más fearr leat é sin anois," a deir sé, "ná an dá *hotel* a bheith ag Seán Ó Murchú, tóg do roghain anois air. Tá an dá chrann ar do bhois agat. Ach tá cumhacht agamsa," a deir sé, "thú a thligean chun báis mura dtógfaidh tú roghain air sin."

"Is fearr liom an dá *hotel* a bheith ag Seán Ó Murchú," a deir Seán Ó Dochartaigh.

"Bhuel, tá go maith," a deir an t-oifigeach. "Níl muid ag dul ag déanamh aon dochar duit."

Chuir sé láimh ina phóca agus tharraing sé aníos páipéar agus peann.

"Saighneáil síos domsa ar an bpáipéar seo anois," a deir sé, "go bhfuil an geall sin buaite agus gur le Seán Ó Murchú an dá *hotel* agus gur leis anois iad."

Shaighneáil Seán Ó Dochartaigh dó é agus fáilte, is ar an bpointe is a bhí sé saighneáilte aige, níor dhúirt sé "oíche bhreá" ná "oíche gharbh" ach d'éirigh sé ina sheasamh, thug sé a chúl don bhord, chuaigh sé amach doras an *hotel* agus ní fhaca fear óg ná bean óg, gasúr ná páiste, cois chlé ná dheas Sheáin Uí Dhochartaigh i mBaile Átha Cliath aon lá uaidh sin amach.

Ach sin é mo scéalsa anois. Ach diabhal blas a thugadar domsa ach bróga páipéir agus bainne ramhar.

Rí Draíochta Faoi Thalamh

Sa tseanaimsir fadó, na mílte bliain ó shin, bhí rí in Éirinn. Bhí triúr mac aige agus iad suas ina b*prime*. Agus an áit a raibh an rí ina chónaí – an pálás a raibh sé ina chónaí ann – bhí páirc mhór uafásach ó dheas den phálás. Ach an lá seo – lá breá fómhair a bhí ann, tráthnóna breá fómhair – bhí an rí agus a thriúr mac ag caitheamh meáchain an-troma amuigh sa bpáirc. Ní raibh orthu ach a léine is a dtreabhsar. Agus bhí coill mhór uafásach láidir ag fás timpeall ar sconsa na páirce.

Ach is gearr gur airigh an mac is sine an ceol ab áille a d'airigh sé ariamh ina shaol agus d'fhógair sé ar an rí. Agus d'airigh an rí féin é agus d'airigh an bheirt eile é. Ach thosaigh siad ag breathnú ar fud na coille agus bhí ag cinnt orthu tada a fheiceáil. Ach sa deireadh chonaic an mac is sine an t-éan ba galánta a chonaic sé ariamh. Is é an t-ainm a bhí air, an tÉan Gorm, agus bhí cuaille comhraic ag baint léi nó in éineacht léi.

Ach bhí go maith. Ní rinne an mac is sine ach breith ar spalla de chloch agus chaith sé léi é. Níor bhuail sé í, ach séard a rinne an t-éan, ísliú anuas ar an talamh. Thosaigh sí ag rith ar an bpáirc agus lean an rí agus a thriúr mac í agus bhí sí ag coinneáil an achar céanna rompu i gcónaí ariamh go dtáinig sí ar choirnéal den pháirc a raibh poll síos sa talamh ann. Síos léi sa bpoll. Agus théis gur ann a tógadh an rí agus a athair roimhe, bhí siad ag rá nach bhfaca aon duine ariamh an poll roimhe sin sa bpáirc chéanna. Ach chuaigh sí faoi thalamh.

"Bhuel," a deir an mac is sine, a deir sé, "an dara béile ní íosfaidh mise d'aon bhord agus an dara hoíche ní chodlóidh mise ar aon leaba, más fada gearr a ghabhfas mé," a deir sé, "caillim an t-anam nó ná caillim, go bhfaighidh mé an t-éan sin."

Ach bhí go maith is ní raibh go holc. Tháinigeadar abhaile is d'itheadar a ndinnéar, agus séard a rinne an rí, thug sé beirt shearbhóntaí leis agus cliabh mór coill agus gad – sin rópa mór fada le cur as an gcliabh – leis an mac is sine a scaoileadh síos sa bpoll. Bhíodar ag breathnú síos roimhe sin ann agus ní fhacadar tóin ar bith.

Ach bhí go maith. Chrochadar leo an cliabh agus cuireadh an mac is sine isteach ann. Scaoileadh síos é go ndeachaigh sé go tóin, agus nuair a chuaigh sé go tóin, leag sé a dhá chois ar bhóthar chomh mín, chomh deas, chomh réidh agus ar shiúil fear ariamh air.

D'imigh leis, agus d'fhág an rí an dá shearbhónta ag faire na téad agus an chléibh an oíche sin le faitíos go dtiocfadh sé ar ais. Ach d'imigh leis is bhí sé ag siúl píosa fada nó gur bhuail ocras é. Bhí a lón ar iompar aige. Shuigh sé síos ar leataobh an bhóthair seo sa ríocht faoi thalamh agus thosaigh sé ag ithe a lóin. Agus diabhal mórán a bhí ite aige de nuair a – pé ar bith breathnú a bhí sé a dhéanamh – chonaic sé fear óg uasal ag déanamh aníos an bóthar air. Tháinig an fear uasal chomh fada leis agus bheannaigh sé go suáilceach dó. Bheannaigh mac an rí dó.

"Tá tú ag ithe, bail ó Dhia ort," a deir an fear óg.

"Táim," a deir mac an rí.

"Níorbh fhéidir," a deir an fear óg, "go roinnfeá cuid den bhia liomsa?"

"Go deimhin, ní roinnfead, muise," a deir sé. "Téirigh ar do bhealach," a deir sé, "agus déan do ghnó. Ná bac liomsa. Tá sé sách gann agam féin."

D'imigh an fear óg, agus nuair a bhí a dhóthain ite ag mac an rí tamall ina dhiaidh, d'éirigh sé ina sheasamh agus d'imigh leis an bóthar, is diabhal mórán achair a bhí siúlta aige nuair a thug sé faoi deara gur thosaigh an bóthar ag cúngú. Ach sa deireadh bhí sé chomh cúng agus gurbh é an chaoi go raibh sé ag siúl ar a chorr. Ach faoi dheireadh, ní mórán achair a bhí siúlta ar a chorr aige nuair a dhún sé chomh dorcha timpeall air nár léir dó a láimh dá sínfeadh sé uaidh amach í. Agus céard a bheadh ach rúma mór ar leataobh an bhóthair agus tugadh isteach ann é, agus ar an bpointe is a bhí sé istigh, níor léir dó tada. Bhí sé gafa.

Bhí go maith is ní raibh go holc. Nuair nach dtáinig sé sin abhaile an oíche sin, an lá arna mhárach, dúirt an dara mac leis an rí, "San áit a bhfuil mo dhearthairse," a deir sé, "beidh mise ann nó sin," a deir sé, "gheobhaidh mé mo dhearthair agus an tÉan Gorm."

Ach ní raibh aon mhaith don rí ag caint. B'éigean é a thabhairt agus é a scaoileadh síos sa gcliabh céanna agus d'fhág an rí dhá shearbhónta – d'athraigh sé na chéad searbhóntaí agus chuir sé beirt eile – ag tabhairt aire don téad agus don chliabh. Agus nuair a bhí sé thíos, bhuail sé a chois ar bhóthar chomh mín, chomh réidh agus ar leag sé cois ariamh air agus d'imigh sé leis. Agus nuair a tháinig ocras air, shuigh sé síos ar leataobh an bhóthair ag tógáil lóin. Ní mórán a bhí ite aige nuair a chonaic sé an fear óg seo ag siúl aníos chuige. Bheannaigh an fear óg dó go suáilceach agus bheannaigh mac an rí dó.

"Níorbh fhéidir," a deir an fear óg, "go roinnfeá cuid den bhia sin liom?"

"Go deimhin, ní roinnfead, muise" a deir sé. "Téirigh ar do bhealach. Tá sé sách gann agam féin."

D'imigh an fear óg. Faoi cheann tamaill d'éirigh mac an rí – an dara mac – agus shiúil sé leis. Agus ní dheachaigh sé baileach chomh fada leis an mac is sine chor ar bith nuair a thug sé faoi deara an bóthar ag cúngú. Ach bhí sé ag cúngú leis go mb'éigean dó a bheith ag siúl ar a chorr sa deireadh. Ach faoi dheireadh, an rúma céanna ar tugadh isteach an mac is sine ann, tugadh isteach an dara mac ann. Agus nuair a tháinig an dara mac isteach doras an rúma, "By dad, tá tú gafa," a deir an dara mac leis an mac is sine.

"Tá, by dad," a deir sé, "agus tusa gafa chomh maith liom."

Ach dhún sé chomh dorcha timpeall orthu nach raibh a fhios acu cá rabhadar.

Bhí go maith is ní raibh go holc. Níor tháinig an dara mac abhaile an dara hoíche agus nuair nach dtáinig, maidin an tríú lá, an mac ab óige a bhí ag an rí, dúirt sé leis an rí, "Bhuel," a deir sé, "an áit a bhfuil mo bheirt deartháirse," a deir sé, "beidh mise ann nó sin caillfidh mé an t-anam. Is gheobhaidh mé an t-éan sin," a deir sé.

Ach ní raibh aon mhaith don rí ag iarraidh é a choinneáil. Ach scaoileadh sa gcliabh ar chuma ar bith é, is nuair a chuaigh sé síos, bhuail sé dhá chois ar bhóthar chomh mín, chomh deas, chomh réidh agus ar shiúil fear ariamh air. Ní i bhfad a bhí sé nuair a bhuail ocras é agus shuigh sé síos ag tógáil lóin. Ní mórán den lón a bhí ite aige nuair a chonaic sé an duine uasal óg seo ag déanamh aníos an bóthar air. Tháinig sé agus bheannaigh sé go suáilceach do mhac an rí agus bheannaigh mac an rí dó.

"Níorbh fhéidir," a deir sé, "go roinnfeá cuid den bhia sin liomsa?"

"Muise, by dad, roinnfead," a deir an mac is óige. "An fhad is a ghabhfas an bia, téadh sé."

"Go raibh míle maith agat," a deir an fear óg.

Shuigh sé síos lena thaobh, agus pé ar bith cén lón a bhí ag mac an rí, d'itheadar é, is nuair a bhí sé sin críochnaithe, ní rinne an fear óg ach láimh a chur ina phóca agus tharraing sé aníos bosca timpeall chomh mór le bosca tobac. Thóg sé an clár de agus séard a bhí istigh sa mbosca sin, buidéal fíon, ceathrú caoireola agus builín aráin. D'oscail sé é agus leag sé lena dtaobh é.

"Seo anois," a deir sé le mac an rí, "bí ag ithe go n-ithe tú do sháith."

Thosaigh mac an rí agus é féin ag ithe agus ag ól fíon, agus nuair a bhí a ndóthain ite go binn acu, thug mac an rí faoi deara nár laghdaigh an bosca – an cheathrú feola ná an buidéal fíon ná an builín – ach an oiread le nuair a thosaigh siad ag ithe.

"Shílfeá," a deir an fear óg, "go bhfuil tú ag déanamh ionaidh den bhia."

"Muise, *by dad*, táim," a deir mac an rí, "feictear dom," a deir sé, "gur ith muid ár ndóthain agus feictear dom go bhfuil sé mar a chéile."

"Bheadh," a deir an fear óg, "agus dá mbeadh a bhfuil de dhaoine sa domhan ag ithe as, is é an bosca céanna i gcónaí é. Agus anois," a deir an fear óg, "ó tharla go raibh tú féin chomh gnaíúil, chomh dea-chroíúil agus chomh deas – agus bhí tú chomh múinte – tá mise ag dul ag bronnadh an bhosca seo ort. B'fhéidir go dteastódh sé uait," a deir sé, "sula mbeidh do chúrsa déanta agat. Ach tá do bheirt deartháir," a deir sé, "gafa agamsa. Bhíodar olc, gangaideach," a deir sé, "agus tá siad ina leithéid seo de rúma ar leataobh an bhóthair sin. Ach nuair a bheas tú ag dul thairis," a deir sé, "ar a bhfaca tú ariamh, fainic an aireoidís ná an bhfeicfidís thú. Ná trust iad sin go brách," a deir sé, "ach i ngeall ar thusa a bheith chomh dea-chroíúil agus a bhí tú agus chomh deas, chomh múinte, scaoilfidh mise saor do bheirt deartháir amárach agus féadfaidh siad a dhul abhaile."

"Go raibh míle maith agat," a deir mac an rí.

"Bhuel anois," a deir sé, "sula n-imíonn tú uaimse: ní chasfaidh aon teach anois duit ach aon teach amháin go gcasfaidh teach na banríona duit a bhí ar an tír seo, ag rialú na tíre seo," a deir sé. "Casfaidh teachín ceann tuí duit ar thaobh na láimhe clé ach ní chasfaidh aon teach eile duit go gcasfaidh teach na banríona duit. Agus aint liom an bhanríon sin; agus Rí Draíochta faoi Thalamh, bhain sé an chumhacht di le teann draíocht agus asarlaíocht tá seacht mbliana ó shin. Agus tá sí ar dhroch-chuma ó shin," a deir sé.

Chuir sé láimh ina phóca agus tharraing sé aníos litir.

"Seo anois," a deir sé, "tabhair í seo don bhanríon nuair a thiocfas tú chomh fada leis an gcathair agus ní fear gan fáilte thú."

"Go raibh míle maith agat," a deir mac an rí.

D'imigh mac an rí, agus nuair a bhí achar fada siúlta aige, casadh teachín ceann tuí air.

"By dad," a deir sé, "bhí an fear sin ag inseacht na fírinne."

Ní i bhfad ina dhiaidh go bhfaca sé amharc ar an gcathair – agus tabhair cathair uirthi. Ach nuair a bhí sé ag teacht chuige, cathair na banríona, bhí an bhanríon ina seasamh sa doras agus chonaic sí é. Ach níor aithin sise chor ar bith é. Bheannaigh sé di agus bheannaigh sí dó. Shín sé chuici an litir a thug an fear dó, is nuair a léigh sí an litir, rith sí amach is chroith sí láimh leis agus thug sí isteach é.

Ach bhí go maith is ní raibh go holc. D'inis an bhanríon an scéal dó faoin Rí Draíochta faoi Thalamh: go raibh a leithéid ann agus gurbh é an ócáid a bhí ag an Éan Gorm agus ag an gcuaille comhraic amuigh ar an ríocht eile, daoine dá bhféadfaidís iad a tharraingt isteach, go mbeidís ar an gcreideamh céanna a bhí aige féin. Agus ní raibh aon fhear ar sheacht gcranna an domhain is mó draíocht ná asarlaíocht ná é. Ach chaith an bhanríon agus an fear óg an oíche le fiannaíocht, le scéalaíocht, sú sá chodlata gur gheal an lá ar lá arna mhárach.

Nuair a bhí a bhricfeasta ite ag mac an rí, "Bhuel, anois," a deir an bhanríon, "tá na céadta, céadta gaiscíoch feicthe ag teacht agamsa," a deir sí, "ag dul go dtí an rí sin ar thuairisc an Éan Gorm sin ach ní fhaca mé aon fhear acu ag teacht ar ais. Ach gach a bhféadfainn a dhéanamh duit," a deir sí, "déanfaidh mé duit é. Tá stábla beag ansin amuigh anois," a deir sí, "agus trí shearrach capaill istigh ann. Tá searrach den láir bhán ann," a deir sí, "searrach den láir chaoch agus searrach den láir dhonn. Agus tá srian airgid," a deir sí, "crochta ar phionna ann agus diallait airgid. Téirigh amach," a deir sí, "beir ar an tsrian agus croith í. Agus pé ar bith cén ceann a thiocfas go dtí thú, cuirfidh sí féin a ceann sa tsrian. Agus tabhair leat anseo isteach chuig an doras chugamsa í."

Chuaigh mac an rí amach agus bhí na trí shearrach sa stábla, agus an ceainnín ba truaí uilig acu, nuair a rug sé ar an tsrian agus chroith sé í, a tháinig go dtí é.

"Ó, muise, drochfhiach ort," a deir sé, "ní thabharfaidh mé thusa liom."

Ach bhí go maith. Tháinig sí go dtí é an dara huair agus ba é an scéal céanna é: níor thug sé leis í. Bhuail sé isteach go dtí an bhanríon.

"Cá bhfuil do chapall," a deir an bhanríon, "nó an dtug tú leat do shearrach?"

"Níor thugas, muise," a deir sé. "Is í an ceann is truaí sa stábla atá ag teacht go dtí mé agus, go deimhin," a deir sé, "níl aon ghnó agam di."

"Téirigh amach," a deir an bhanríon; "dúirt mé cheana leat, pé ar bith ceann a chuirfeadh a ceann sa tsrian, í a thabhairt leat."

Chuaigh sé amach an dara huair agus, m'anam ón diabhal, ba é an scéal céanna é. Ach tháinig sé go dtí an bhanríon an dara huair agus ní raibh aon chapall aige.

"Bhuel anois," a deir an bhanríon, "seo é an tríú huair a deirim leat é. Téirigh amach agus pé ar bith ceann a chuirfeas a ceann sa tsrian, tabhair leat í. Ná bí stuacach nó tá tú críochnaithe."

Bhí go maith. Chuaigh. Agus is í an searrach céanna a tháinig chuige. Thug sé chuig an doras í.

"Tá sí agat anois," a deir an bhanríon, "agus déarfainn," a deir sí, "gur maith duit. Fáisc an giorta anois," a deir sí, "chomh crua faoina bolg agus nach bhfuil blas ar bith ach go gcuirfeá lann scine idir an giorta agus bolg an chapaill."

Ach bhí go maith. Chuir.

"An bhfuil tú i do mharcach mhaith anois?" a deir sí.

"Chomh maith," a deir sé, "agus a chuir cois i stíoróip ariamh."

"Téirigh de léim sa diallait anois," a deir sí.

Chuaigh. Pé ar bith céard a labhair an bhanríon leis an searrach, thug an searrach trí nó ceathair de léimneacha i ndiaidh a cúil – agus ó thuaidh den chaisleán a bhí sí. Chuaigh sí thar an gcaisleán den chéad léim agus tháinig sí ar ais den dara léim. Chuaigh sí thairis an tríú léim ó dheas agus tháinig sí ó thuaidh ar an gceathrú.

"Tá sí agat anois," a deir sí, "agus níl sí ar sheacht gcranna an domhain inniu aon chapall chomh maith léi sin."

Is níor cheap mac an rí tada di. Ach thug sí lón dó le haghaidh an bhealaigh agus dúirt sí leis nuair a bhí sé ag imeacht, "Ná déan," a deir sí, "aon bhlas ó Dhia na Glóire anois as do choinsias féin ná as do mhisneach féin. Rud ar bith," a deir sí, "a déarfas an beithíoch leat, déan é – tá an beithíoch seo in ann caint – ach rud ar bith nach ndéarfaidh, ná déan thusa é."

"Tá go maith," a deir sé.

D'imigh leis agus ní i bhfad a bhí sé ón mbanríon nuair nach bhfuair sí aon amharc air. An ghaoth a bhí ina dhiaidh, ní raibh sí ag teacht suas leis, agus an ghaoth a bhí roimhe, bhí sé ag breith uirthi. Ach bhíodar ag imeacht gur chuir an searrach trí chéad míle di, gur fhág sí taobh thiar di é, is nuair a d'fhág, sheas sí.

"Seo anois," a deir sí, "seasfaidh muid. B'fhéidir go bhfuil tart agus ocras ortsa."

"Níl mórán orm," a deir mac an rí, "ach íosfaidh mé plaic agus ólfaidh mé deoch."

D'ísligh. Tharraing sé amach an bosca. D'ith sé plaic aráin, plaic feola agus d'ól sé streall den fhíon, ach má d'ól féin, ba mhar a chéile an bosca. Bhí an rud céanna ina dhiaidh ann a bhí roimhe ann.

Nuair a bhí sin déanta aige, chroch sé an buidéal ar cheann an chapaill agus d'ól sí a saindeoch as, agus má d'ól féin, bhí sé chomh lán nuair a thóg sé dá béal é is a bhí sé ariamh.

Chuir sé ina phóca é. D'imigh leo, is nuair a bhí siad ag teacht i bhfoisceacht ceathrú míle den chathair a raibh an Rí Draíochta faoi Thalamh ina chónaí ann, labhair an searrach.

"Bhuel anois," a deir sí, "tá geata mór ag dul isteach ar chathair an Rí Draíochta faoi Thalamh sin, a deir sé, atá dhá throigh dhéag ar airde. Tá sé i leataobh an bhóthair mhóir," a deir an searrach, "agus nuair a thiocfas mise chomh fada leis sin," a deir sí, "tá mé ag dul ag tógáil amhóg a ghlanfas de léim é. Coinnigh thusa do ghreim go maith sa diallait agus ní sheasfaidh mise go brách," a deir sí, "go seasfaidh mé amach ar aghaidh doras pálás an Rí Draíochta faoi Thalamh. Nuair a sheasfas mise ansin," a deir sí, "ní i bhfad go mbeidh an rí agus an bhanríon amuigh. Tiocfaidh sé go dtí thú," a deir sí, "go dtí muid. Croithfidh sé láimh leat agus beidh sé do d'iarraidh isteach agus déarfaidh sé leat go gcuirfidh sé dhá shearbhónta ag breathnú i ndiaidh do chapaill. Abair thusa leis," a deir sí, "nach bhfuil duine ar bith ag dul ag breathnú i ndiaidh do chapaill ach thú féin, ach pé ar bith áit a bhfuil an stábla, go gcuirfidh tú féin do chapall ar stábla agus go mbreathnóidh tú ina diaidh. Bhuel ansin," a deir sí, "cuirfidh tú mise ar an stábla agus nuair a bheas do shuipéar ite anocht agat," a deir sí, "tar amach go dtí mise."

Bhí go maith is ní raibh go holc. Rinne mac an rí mar a dúirt sí. Agus nuair a tháinig siad go dtí an geata mór, thóg sí amhóg agus cén diabhal a bhí ina sheasamh sa doras ach an rí agus bhí feiceáil aige orthu agus rith sé isteach go dtí an bhanríon.

"Ó," a deir sé, "tá marcach éicint ag teacht agus capall," a deir sé, "nach bhfuil a leithéid ar sheacht gcranna an domhain. Ghlan sí an geata mór," a deir sé, "isteach d'aon amhóg amháin, í féin agus é féin."

Ach ní mórán focla a bhí ráite aige nuair a bhí mac an rí agus an searrach ina seasamh amach ar aghaidh an dorais.

Bhuail sé amach agus chroith sé láimh le mac an rí agus dúirt sé leis go gcuirfeadh sé searbhóntaí ag breathnú i ndiaidh an chapaill. Dúirt sé leis gan bacadh leo, go mbreathnódh sé féin i ndiaidh an chapaill. Dúirt an searrach leis gan fuacht ná faitíos ar bith a bheith air rompu ná cúthaileacht ach an oiread.

Ach bhí go maith. Rinne sé sin. Chuir sé isteach an searrach ar stábla agus dúirt sí leis nuair a bhí sé ag dul amach, nuair a bheadh a shuipéar ite aige, a theacht amach go dtí í.

Chuaigh, nuair a bhí a shuipéar ite aige – agus labhair sí.

"Bhuel anois," a deir sí, "ná ceap go mbeidh mórán saoil anseo agat mura ndéanfaidh tú an rud a déarfas mise leat. Tá triúr iníon anseo anois ag an rí," a deir sí, "agus tá siad ar na triúr mná óga is breátha ar sheacht gcranna an domhain ach go mórmhór an bhean is sine acu. Tá fáinne ar mhinde chaon duine acu. Ach amárach, anois," a deir sí, "beidh an rí ag dul i bhfolach agus tiocfaidh sé go dtí thusa nuair a bheas do bhricfeasta ite agat agus déarfaidh sé leat go bhfuil sé ag dul i bhfolach ort, agus mura mbeidh sé faighte amach agat ag a sé a chlog, go mbeidh do chloigeann ar an spíce ag deich nóiméad théis a sé. Ach," a deir sí, "amárach, nuair a bheas do bhricfeasta ite agat, beidh cúig fháinne ar an iníon is sine. Ach an fáinne mór," a deir sí, "beidh sé chomh mór le péire den chuid eile agus beidh sé sin," a deir sí, "ar an minde is faide siar in éineacht leis an bhfáinne atá cheana uirthi. Bhuel anois," a deir sé, "nuair a bheas do bhricfeasta ite agatsa, bí ag déanamh suas leo agus ag caint leo agus an-mhór leo agus iarr amach ag siúlóid iad, gur mhaith leat breathnú timpeall ar an áit. Agus déanfaidh siad é sin duit," a deir sí; "tá siad ceart go leor ar an mbealach sin. Ach," a deir sí, "is é an rí an fáinne mór atá ar an minde is faide siar ar an iníon is sine. Nuair a bheas sibh tamall amach ón bpálás," a deir sí, "tarraingeoidh mise mearbhall agus ceo orthu is ní bheidh a fhios acu cá mbeidh siad. Agus tabharfaidh tú faoi deara," a deir sí, "go seasfaidh siad agus go dtiocfaidh mearbhall orthu. Agus éirigh de léim," a deir sí, "má fhéadann tú agus sciob an fáinne mór sin amach dá méar, agus nuair a bheas an fáinne i do ghlaic agat nó in do láimh, tá a fhios agat féin céard a dhéanfas tú."

"Tá a fhios," a deir sé, "nó barúil agam de."

Ach bhí go maith, rinne sé mar a dúirt an searrach. Chuaigh sé a chodladh an oíche sin, agus ar maidin, nuair a bhí a bhricfeasta ite aige, tháinig an rí go dtí é. Dúirt sé leis go raibh sé ag dul i bhfolach, agus mura mbeadh sé faighte amach aige ag a sé a chlog go mbeadh a chloigeann ar an spíce ag deich nóiméad théis a sé.

"Níl neart air," a deir mac an rí.

Bhí go maith. D'imigh an rí ansin. Ní raibh aon fheiceáil air. Agus ní i bhfad a bhí a bhricfeasta ite aige nuair a tháinig an triúr iníon go dtí é. Bhíodar ag caint is ag comhrá ach dúirt mac an rí nach bhfaca sé mórán áit ariamh ba bhreátha ná é is go mba mhaith leis tuilleadh de a fheiceáil, go mbeadh sé buíoch díobh dá dtugaidís amach timpeall an phálais é.

Ach thug. Diabhal mórán achair a bhíodar nuair a tharraing an searrach mearbhall orthu ar chuma ar bith nó ceo nó rud éicint. Ach sciob sé an fáinne dá méar ach níor airigh sí é.

Nuair a tháinig siad ar ais chucu féin, pé ar bith cén breathnú a rinne sí, chonaic sí an fáinne aige.

"Ó, tabhair dom an fáinne sin go beo," a deir sí.

"By dad, ní thabharfad," a deir sé.

"Á, tabhair dom an fáinne sin," a deir sí. "Sin bronntanas," a deir sí, "a fuair mise ó dhuine uasal mór amuigh sna tíortha coimhthíoch a bhíonn ag teacht anseo go dtí m'athair, is má chaillimse an fáinne," a deir sí, "bainfidh m'athair an ceann díom."

"By dad, ní thabharfad," a deir sé.

"Tabhair dom an fáinne," a deir sí, "nó maróidh m'athair mé agus níl aon ghnó abhaile agam."

"Bhuel, níl tú tada níos fearr ná an bheirt eile," a deir mac an rí, "is níl orthu ach ceithre fháinne. Tá cúig fháinne ortsa. Ach más maith leat é," a deir sé, "déanfaidh mé dhá leith de. Beidh leath ag chaon duine againn."

Ní rinne sé ach láimh a chur ina phóca agus tharraing sé aníos scian chruach agus leag sé ar an bhfáinne í, is nuair a bhí sí leagtha ar an bhfáinne aige, labhair an rí.

"Ó, ná déan. Ná déan," a deir an rí. "Mise atá ansin."

"Bhí an t-ádh ort, muis," a deir mac an rí. "Chuaigh sé i bhfoisceacht poll cnaipe díot nach raibh tú i do dhá leith agamsa murach gur labhair tú in am."

"By dad, tá mé buailte inniu agat," a deir an rí. "Is tú an fear is fearr a chas fós orm."

Bhí go maith is ní raibh go holc. Tugadh isteach é. Fuair sé a dhinnéar an tráthnóna sin agus braon le n-ól ach ní ar mhaithe leis é. Nuair a bhí a shuipéar ite aige, chuaigh sé amach go dtí an searrach. D'inis sí an scéal dó – céard a bhí le tarlú an dara lá: go raibh an rí ag dul i bhfolach aríst lá arna mhárach; agus go raibh gairdín úllaí tamall maith ón bpálás – sé chrann; agus an crann ab fhaide uaidh ar thaobh a láimhe deise, go raibh úllaí air chomh breá agus ar leag sé súil ariamh air; ach nach bhfaca sé aon úlla ariamh dá shórt seo a bhí ar an ngéagán ab airde a bhí air – bhí sé chomh mór le sé cinn nó seacht gcinn de na húllaí eile; agus go mb'in é an rí; agus nuair a bheadh a bhricfeasta ite aige, na triúr cailíní aríst – go dtiocfaidís níos éasca in éineacht leis an dara lá ná an chéad lá – a mhealladh amach agus go gcuirfeadh sí féin dallamullóg orthu nuair a bheidís ag teacht i ngar don áit a raibh na crainnte úllaí; agus nach raibh airsean nuair a bheadh an dallmullóg orthu ach éirí de léim agus an t-úlla sin, breith air agus é a bheith aige ina ghlaic nuair a d'imeodh an mearbhall díobh.

Bhí go maith. Ar maidin lá arna mhárach – an dara lá – tháinig an rí go dtí é agus dúirt sé go raibh sé ag dul i bhfolach inniu agus mura mbeadh sé faighte amach aige ag a sé a chlog, go mbeadh a chloigeann ar an spíce ag deich nóiméad théis a sé.

"Dona go leor," a deir mac an rí.

Nuair a d'imigh an rí, nuair a bhí a bhricfeasta ite aige, is gearr go dtáinig na trí chailín nó na triúr iníon. Bhí siad ag caint is ag comhrá.

"Muise," a deir sé, "chonaic mé beagán inné," a deir sé, "ach ní fhaca mé mórán. Ba mhór an grá Dia daoibh mé a thabhairt amach go bhfeicfinn tuilleadh den áit atá déanta. Ní raibh mé anseo ariamh cheana."

"Ó, tabharfaidh," a deir an iníon is sine.

Ach d'imigh leo agus bhíodar ag imeacht ariamh go dtáinigeadar i ngar don áit a raibh an gairdín úllaí. Agus thug mac an rí faoi deara go dtáinig diabhal éicint orthu, agus nuair a bhreathnaigh sé, céard a d'fheicfeadh sé ach na crainnte úllaí.

Ní rinne sé ach siúl anonn, is ní mórán breathnú a bhí déanta aige nuair a chonaic sé an t-úlla mór seo – is bhí sé chomh mór le sé cinn nó seacht gcinn den chuid eile. Diabhal blas a rinne sé ach éirí de léim agus breith air agus rug sé ina ghlaic air. Nuair a d'imigh an mearbhall díobh, chonaic an iníon is sine aige é.

"Ó, a dhiabhail," a deir sí, "cá bhfuair tú an t-úlla sin?"

"Muise, i nDomhnach," a deir sé, "fuair mé ar an gcrann ansin é."

"Ó, a dhiabhail," a deir sí, "maróidh m'athair muide agus ní thabharfaidh sé cúig nóiméad de shaol dúinn, nó b'fhéidir," a deir sí, "gur muca mara a dhéanfadh sé dínn nó clocha glasa. Má bhíonn an t-úlla sin imithe den chrann, déarfaidh sé gur muide a spáin duit é. Sin úlla," a deir sí, "a bhí fágtha ansin aige le haghaidh chuile dhuine uasal dá airde agus clann ríthe sa domhan a bheadh ag teacht anseo – le spáint dóibh – mar ní raibh a leithéid d'úlla cheana ariamh ann."

"Bhuel, ní thabharfaidh mé duit é, muis," a deir sé. "Níl aon mhaith duit ann."

Ach sa deireadh chuaigh sí chomh fada, "Bhuel, más mar sin é," a deir sé, "tá sé an-éasca é a leigheas: déanfaidh mé dhá leith de."

Ní rinne sé ach láimh a chur ina phóca is tharraing sé aníos an scian chéanna is leag sé ar an úlla í is, ar an bpointe is a leag sé ar an úlla í, labhair an rí.

"Á, ná déan. Ná déan," a deir an rí. "Do chara is do choimirce, mise atá ansin. By *dad*," a deir sé, "tá mé buailte inniu agat. Fear maith thú. Is tú an fear is fearr a tháinig anseo fós."

Ach bhí go maith. Tugadh isteach é agus fuair sé a shuipéar – neart le n-ól – an oíche sin. Chuaigh sé amach go dtí an searrach an oíche sin ansin agus d'inis sí aríst dó cén obair a bhí le déanamh lá arna mhárach aige. Ach ba mheasa ná sin é.

"Bhuel anois," a deir sí, "tá an rí ag dul i bhfolach amárach – sin é a mbeidh ann, trí bhabhta – is mura mbeidh sé faighte amach agat," a deir sí, "ag a sé, ag deich nóiméad théis a sé beidh do chloigeann ar an spíce. Ach is é an áit a bhfuil sé ag dul amárach," a deir an searrach, "anois – ar chuala tú caint ariamh ar an bhFarraige Dhubh?"

"By *dad*, chualas," a deir sé.

"Bhuel, is é an áit a bhfuil an rí anois amárach," a deir sí, "ag dul i bhfolach ar an bhFarraige Dhubh agus is é an sórt folach atá sé ag dul a dhéanamh ansin – tá a mháthair mhór," a deir sí, "trí chéad bliain ansin i bhfoirm lacha. Agus beidh an rí amárach," a deir sí, "i bhfoirm bardail in éineacht léi agus beidh siad ag snámh amuigh ar an bhFarraige Dhubh. Agus," a deir sí, "nuair a bheas do bhricfeasta ite agatsa, labhair leis na cailíní, leis an triúr iníon, agus fiafraigh díobh ar chualadar aon chaint ariamh ar aon áit thart anseo a raibh an Fharraige Dhubh air. Agus déarfaidh siad leat gur chuala. Agus abair leo go mba mhaith leat an Fharraige Dhubh a fheiceáil sula dtéiteá abhaile, go mbeadh an-ríméad ort. Bhuel anois," a deir sí, "déanfaidh mise súil reatha duit. Tarraing ribe," a deir sí, "a leithéid seo de ribe atá thuas i mbun mo dhriobaill, agus," a deir sí, "déanfaidh mise súil reatha duit. Cuir síos go ceanúil in do phóca í," a deir sí. "Agus gabhfaidh siad in éineacht leat go spáine siad an Fharraige Dhubh duit. Ní mórán achair," a deir sí, "a bheas siúlta – coinnigh thusa taobh an chladaigh de na triúr mná – nuair a fheicfeas tú an dá éan ag snámh amuigh ar an gcuan nó taobh amuigh díot ar an bhfarraige. Scaoil síos an tsúil ribe seo," a deir sí, "nó an tsúil reatha le cois do threabhsair go dté sí sa sáile. Ní bheidh dhá nóiméad ina dhiaidh," a deir sí, "go bhfeicfidh tú an dá éan sin, an lacha is an bardal, ag teacht isteach agus iad bunáite tachta ag an tsúil ribe sin go mbuailfidh siad an cladach, is nuair a bhuailfeas," a deir sí, "tá a fhios agat féin céard atá tú ag dul a dhéanamh?"

"By *dad*, tá barúil agam de," a deir sé.

Ach rinne sé amhlaidh agus thug an triúr iníon ag breathnú ar an bhFarraige Dhubh é lá arna mhárach is bhí an tsúil reatha ina phóca aige, a fuair sé ón searrach. Nuair a bhí siad ag siúl leis an gcladach, scaoil sé síos í. Agus chonaic sé an bardal is an lacha tamall maith amach. Diabhal ar lig sé tada air féin. Diabhal mórán achair eile a bhí siúlta acu nuair a chonaiceadar an bardal is an lacha is iad ag teacht isteach agus iad i ngar a bheith tachta ag an tsúil reatha timpeall ar a dhá muineál.

Nuair a tháinigeadar go cladach, "By *dad*," a deir mac an rí le clann iníon an rí eile, le clann iníon Rí Draíochta faoi Thalamh, "beidh feoil dinnéir againn. Beidh feoil le n-ithe againn le haghaidh an dinnéir."

Ní rinne sé ach breith ar an mbardal. Chuir sé a láimh ina phóca is tharraing sé aníos an scian is bhí sí leagtha ar a mhuineál aige go díreach, nuair a labhair an rí.

"Ó, do chara is do choimirce," a deir an rí, "ná déan. Ná déan. Mise atá ansin."

"Muise, bhí an t-ádh ort," a deir sé, "ní fada go mbeadh do chuid fola tagtha murach gur labhair tú in am."

"By *dad*," a deir an rí, "tá mé buailte agat. Is tú an fear is fearr a tháinig go dtí mo chathair," a deir sé, "le trí chéad bliain."

Ach bhí go maith is ní raibh go holc. Tháinigeadar abhaile an oíche sin agus d'ith mac an rí a shuipéar go deas. Chuaigh sé amach chuig an searrach.

"Anois," a deir sí, "tá tú i gcontúirt chomh mór anois," a deir sí le mac an rí, "agus a bhí tú ariamh."

"Tuige é sin?" a deir mac an rí.

"Tá an rí ag teacht go dtí thú anois ar maidin amárach," a deir sí, "nuair a bheas do bhricfeasta ite agat, agus tá sé ag dul ag rá leat a dhul i bhfolach, agus má fhaigheann seisean amach thusa roimh a sé a chlog, go mbeidh do chloigeann ar an spíce ar an mbealach céanna a raibh sé le bheith ann mura bhfaighfeása amach eisean."

"Dona go leor," a deir mac an rí.

"Ní hea," a deir sí. "Nuair a bheas do bhricfeasta ite ar maidin agat," a deir sí, "tar amach go dtí mise. Beidh an rí ina sheasamh sa doras," a deir sí, "ag breathnú ort ag dul isteach anseo sa stábla. Tar go dtí mise," a deir sí. "Sin é a bhfuil ort."

Bhí go maith. Chuaigh mac an rí a chodladh an oíche sin. Agus ar maidin nuair a bhí a bhricfeasta ite aige, chuaigh sé amach go dtí an searrach is lean an rí é agus sheas sé sa doras. Bhí sé ag breathnú air ag dul isteach sa stábla.

Nuair a chuaigh mac an rí isteach sa stábla, "Níl aon triail agat," a deir sí. "Tarraing an tairne," a deir sí, "is faide siar sa gcrú atá ar mo chois dheas dheiridh."

Tharraing.

"Téirigh thú féin ina áit sin anois," a deir sí, "agus cuir an tairne i do phóca."

Rinne sé é sin.

Nuair a bhí sé ansin, ní mórán triail a fuair sé go dtáinig an rí isteach. Ní raibh aon mhaith don rí ag tóraíocht. Ní raibh sé á fháil is níor fhág sé spalla ná poll ná scailp sa stábla nár thóraigh sé ach ní raibh aon mhaith dó ann.

Ach bhí go maith is ní raibh go holc. Diabhal blas a rinne an rí ach a dhul amach agus seasamh sa doras agus ní blas ar bith ach go raibh sé ina sheasamh sa doras nuair cé a thiocfadh amach as an stábla ach mac an rí.

"By *dad*," a deir an rí, "shíl mé," a deir sé, "nach raibh aon cheo ó thalamh go haer in ann a dhul i bhfolach orm is, by *dad*," a deir sé, "níl a fhios agam cén áit sa stábla a bhféadfá a bheith i ngan fhios dom."

"Bhuel, bhí mé ann, muis," a deir mac an rí.

"Ó, chonaic mé ag dul amach thú," a deir sé. "By *dad*," a deir sé, "tá mé buailte inniu agat ach ní bhuailfidh tú amárach mé," a deir sé.

Bhí go maith. Chaith sé an lá sin ag imeacht timpeall, é féin is an chlann iníon is chuile shórt nó go dtáinig an oíche. Chuaigh sé amach go dtí an searrach aríst an dara hoíche.

"Bhuel, tá ort a dhul i bhfolach aríst amárach," a deir an searrach. "Nuair a bheas do bhricfeasta ite agat, tar go dtí mise agus inseoidh mise duit céard a dhéanfas tú."

Ach bhí go maith. An dara lá, tháinig an rí go dtí é nuair a bhí a bhricfeasta ite aige.

"Caithfidh tú a dhul i bhfolach anois," a deir an rí, "ach, ní hé fearacht inné é: gheobhaidh mise amach inniu thú."

Bhuail mac an rí amach is isteach sa stábla is chonaic an rí ag dul isteach ann é. Ar an bpointe a chuaigh sé isteach, "Bhuel, anois," a deir an searrach, "tarraing a leithéid seo de ribe," a deir sí, "atá thuas i mbun mo dhriobaill. Cuir go ceanúil i do phóca é agus téirigh thú féin ina áit. Nuair a thiocfas an rí amach," a deir sí, "ní bhfaighidh sé thú. Tóróidh sé an stábla níos géire ná inné. Gabhfaidh sé go dtí an draíodóir ansin atá aige," a deir sí, "agus séard a ordós an draíodóir dó – na madraí fola atá aige a scaoileadh amach isteach sa stábla agus mura bhfaighidh siad sin é, nach bhfuil a fhios aige féin cá mbeadh sé."

Ach bhí go maith is ní raibh go holc. Nuair nach bhfuair an rí an dara lá é, chuaigh sé go dtí an draíodóir – ní raibh sé i bhfad uaidh – agus d'inis an draíodóir dó na madraí fola a bhí aige a scaoileadh isteach sa stábla is, má bhí sé in áit ar bith taobh istigh faoi na fraitheacha, go bhfaighidís sin a bholadh.

Ní rinne an rí ach a dhul agus scaoil sé isteach an dá mhada fola, agus ar an bpointe is a chuaigh ceann acu isteach – an chéad cheann acu a chuaigh isteach, d'éirigh sé de léim agus chuaigh sé suas ar dhrioball an chapaill. Diabhal blas a rinne an searrach ach an dá chois dheiridh a tharraingt agus bhuail sí i gclár an éadain é agus níor fhág sí snaig ann, is nuair a chonaic an mada fola eile é – an bhail a chuaigh ar an gcéad mhada – ní dheachaigh sé féin ní b'fhaide.

Bhí go maith is ní raibh go holc. Ní raibh aon mhaith don rí ann. B'éigean dó a dhul isteach sa gcathair agus ní blas ar bith ach go raibh sé ina sheasamh sa doras nuair a chonaic sé mac an rí ag siúl amach as an stábla.

"By dad," a deir sé, "tá mé buailte inniu freisin agat."

"Tá," a deir mac an rí.

"Ní fhéadfá a bheith sa stábla," a deir sé – a deir an rí draíochta.

"Bhuel, bhí mé ann, muis," a deir sé. "Chonaic tú ag dul amach as mé."

"By dad, chonaiceas," a deir an rí, "ach ní thiocfaidh tú amach amárach as," a deir sé, "mar gheobhaidh mise amach thú pé ar bith cá mbeidh tú."

An tríú hoíche, nuair a bhí a shuipéar ite ag mac an rí, chuaigh sé amach go dtí an searrach.

"Tar amach go dtí mise ar maidin amárach anois," a deir sí, "nuair a bheas do bhricfeasta ite agat. Sin é a mbeidh ort: a dhul i bhfolach amárach. Má éiríonn an lá amárach leat," a deir sí, "tá an bua agat."

Ach bhí go maith. Tháinig. Agus séard a dúirt sí an tríú lá leis, "Bhuel, anois," a deir sí, "an fhiacail is faide siar i mo ghiall dheas, tarraing í. Téirigh thú féin ina háit," a deir sí, "agus cuir go ceanúil i do phóca í. Tiocfaidh na madraí fola amach anois," a deir sí, "agus sílfidh ceann acu a dhul siar i mo bhéal. Agus déarfaidh an rí ansin ar an bpointe gur istigh i mo bholg atá tú. Cuirfidh sé fios ar an mbúistéir ansin," a deir sí, "agus maróidh sé mé agus ní fhágfaidh sé putóg in mo chorp," a deir sí, "nach dtabharfaidh sé amach ar an talamh. Agus nuair nach bhfaighidh sé ansin é," a deir sí, "buailfidh aiféala an rí. Buailfidh cineál faitíos nó scáth romhat é i ngeall ar gur mharaigh sé do bheithíoch. Cuirfidh sé fios ar an draíodóir ansin," a deir sí, "agus tiocfaidh sé sin agus pota íocshláinte agus slat draíochta aige agus déanfaidh sé mise chomh beo, chomh folláin agus a bhí mé ariamh. Ach beidh an rí buailte agatsa an uair sin ina dhiaidh sin. Ní bhfaighidh sé amach thú."

Ach tháinig an scéal mar a bhí sé. Tharraing sé an fhiacail agus chuaigh sé siar agus scaoil an rí isteach an dá mhada fola agus ní mba le ceann acu ab fhaillí é – shíl sé a dhul siar i mbéal an chapaill.

"Tá a fhios agam anois," a deir an rí, "Cá bhfuil sé."

Ní rinne sé ach a dhul go dtí an búistéir. Tháinig sé agus mharaigh sé an searrach. D'oscail sé é agus thug sé amach a raibh de phutóga istigh ina chorp, ach dá mbeadh sé ag tóraíocht ó shin, ní raibh mac an rí le fáil.

Chuir sé fios ar an draíodóir ansin. Bhuail faitíos é, agus nuair a tháinig an draíodóir, bhí an pota íocshláinte aige agus a shlat draíochta is rinne sé an capall chomh maith is chomh slán is a bhí sí ariamh.

Chuaigh an rí amach ansin agus ní blas ar bith ach go raibh sé ina sheasamh ag an doras nuair a chuaigh mac an rí amach as an stábla. Bhí dath geal air. Lig sé air féin go raibh fearg air.

"Níor cheart duit mo bheithíoch a mharú," a deir sé leis an rí.

"Á, ní raibh aon neart agam air," a deir an rí. "Nach bhfuil sí chomh slán, chomh folláin anois is bhí sí ariamh?"

"Tá," a deir mac an rí, "ach ba ghránna an jab le déanamh é."

Ach bhí go maith is ní raibh go holc. B'in í an áit a raibh an marach ansin. Bhí an rí faighte amach aigesean ach ní bhfuair an rí amach eisean.

Chuaigh sé amach go dtí an searrach ansin an oíche chéanna sin nuair a bhí a shuipéar ite aige.

"Bhuel anois," a deir an searrach, "tá siad ag leagan *plot* eile amach anois le thú a chur chun báis. Agus is é an sórt *plot* é sin," a deir sí, "gheobhaidh tú cuireadh chun dinnéir anocht sa bparlús mór atá i bpálás an rí. Beidh íseal agus uasal, gach a bhfuil de bhocs móra uilig timpeall anseo cruinnithe ann. Agus an draíodóir sin," a deir sí, "a rinne mise beo, beidh sé ag an rí agus is é an chaoi a mbeidh sé i bhfoirm mada mór dubh. Beidh sé sin istigh sa bparlús sin," a deir sí. "Tá bord mór cruinn timpeall i lár an urláir. Beidh na gréithe leagtha ar an mbord, agus an chathaoir a mbeidh tusa le bheith i do shuí uirthi – tá poll déanta san urlár agus bairille nimhe thíos ann – agus an cláirín atá leagtha ar an gcathaoir acu a mbeidh tusa le suí uirthi, ar an bpointe is a shuífeas tú uirthi, brisfidh sí. Gabhfaidh an chathaoir síos sa bpoll isteach sa mbairille nimhe is ní bheidh sí fút níos mó.

"Ach nuair a thiocfas tusa isteach sa seomra anocht," a deir sí, "a bheas an cruinniú sin ann, feicfidh tú an mada mór dubh seo ina shuí ar a thóin istigh ann. Agus tá searbhóntaí ansin agus glaofar ar chuile fhear á chur ina shuí ina áit féin agus beidh do chathaoirse fágtha ar an gceann deireanach le go suífidh tusa uirthi. Sula dté tusa chuig an mbord," a deir sí, "éirigh i do sheasamh agus tagadh fearg ort agus abair leis an rí gur iomaí comórtas a raibh tú ariamh ann ó bhí tú i do pháiste ach nach bhfaca tú aon bhlas ariamh i measc comórtas gnaíúil ar bith go dtáinig tú anseo anocht. Ná déan ach rith anonn agus beir i ngreim cúil ar an mada mór dubh. Croch díreach os cionn na cathaoireach é a bhfuil tú le suí uirthi. Gabhfaidh sé síos," a deir sí, "go dté sé sa mbairille nimhe agus sin é an deireadh a bheas ar an draíodóir. Nuair a fheicfeas siadsan é sin á dhéanamh," a deir sí, "buailfidh faitíos an rí agus an bhanríon agus a bhfuil istigh agus beidh siad ag déanamh chomh mór leat lena bhfaca tú ariamh. Agus," a deir sí, "sin é an *plot* deireanach anois a bheas déanta an geábh seo acu, ach tiocfaidh tú as."

B'fhíor di. Fuair sé an cuireadh agus, ar ndóigh, maidir le bocs, bhíodar ann. Ach chonaic sé an mada mór dubh ina shuí ar a thóin. Nuair a bhí chuile dhuine suite isteach chuig an mbord, d'ordaigh an searbhónta anonn é. Ní rinne sé ach éirí ina sheasamh agus rug sé ar an mada mór dubh agus bhuail sé síos faoin gcathaoir é. Síos leis tríd an gcathaoir is a raibh ann go ndeachaigh sé sa mbairille nimhe. Ach bhí an draíodóir críochnaithe. Tháinig dath geal ar a raibh ann ansin agus bhuail faitíos iad. Níor labhair aon duine dá raibh ann, rí ná banríon, smid aríst leis nó gur imigh sé amach go dtí an searrach sula ndeachaigh sé a chodladh.

Agus bhuail sé a chodladh an oíche sin, is nuair a chuaigh sé amach go dtí an searrach maidin lá arna mhárach sa stábla, "Bhuel anois," a deir sí, "tá faitíos orthu romhat agus tabharfaidh sé seachtain laethanta saoire anois duit inniu. Tiocfaidh sé go dtí thú ar ball agus déarfaidh sé leat go bhfuil sé ag tabhairt seachtain laethanta saoire duit. Ach is é an chaoi a bhfuil sé ag dul ag déanamh suas *plot* eile anois," a deir sí, "is measa ná aon *phlot* acu sin. Bhuel anois," a deir sí, "nuair a bheas do bhricfeasta ite inniu agat, tiocfaidh an triúr iníon go dtí thú agus beidh siad an-teanntásach inniu ort agus ag déanamh mór leat. Fiafraigh den iníon is sine," a deir sí, "an rinne sí aon chúlóg ariamh ar chapall. Agus déarfaidh sí leat gur rinne. Agus abair léi, más maith léi, gur agat atá an capall is fearr ar sheacht gcranna an domhain agus go dtabharfaidh tú trí nó ceathair de chuarta timpeall an chaisleáin í más maith léi a dhul ag déanamh aeir. Nuair a thiocfas sibh chuig an gcoirnéal ó dheas," a deir sí, "den phálás, tá *hall* mór ann atá chomh mór le páirc, agus istigh ansin," a deir sí, "atá an tÉan Gorm agus an cuaille comhraic, is tá sé in áit an-uaigneach," a deir sí.

"Agus nuair a bheas sibh ag dul thairis, beidh an tÉan Gorm ag ceol agus aireoidh tú é. Seas do chapall agus beidh sise ar do chúla agus í ag breathnú tamall air, agus abair mar seo léi," a deir sí: "'Nach álainn an t-éan é sin agus nach iontach an ceol é?' Agus abair léi, 'Feictear dom gur áirid an áit a bhfuil sé sin, san áit is uaigní a bhféadfadh sé a bheith, i leaba a bheith crochta ar an bposta mór atá ag crochadh an gheata mhóir thuas ar an mbóthar mór, san áit a mbeadh an domhan mór ag dul faoi agus thairis ag éisteacht leis agus nach bhfacadar a leithéid d'éan ariamh ná a leithéid de cheol.' Agus déarfaidh sí leat gur fíor duit é. Agus abair léi," a deir sí, "nuair a ísleos tú agus nuair a ligfeas tú anuas í – abair léi go mbeifeá an-bhuíoch di, go bhfeictear duit gur gránna an áit a bhfuil a leithéid d'éan agus gur mór an chreidiúint dá hathair é a bheith aige – agus an cuaille comhraic – agus abair léi é a athrú suas faoi cheann cúpla uair an chloig nuair a bheas an béile ite aici. Déarfaidh sí leat go n-athróidh, mar sin é a bhfuil uaithi."

Bhí go maith is ní raibh go holc. Nuair a bhí an béile ite ag iníon is sine an rí, cén diabhal a dhéanann sí ach chroch sí léi é – ní raibh a fhios ag an rí faoin gcuaille comhraic agus an tÉan Gorm – agus leag sí thuas ar an bposta mór ar an ngeata mór thuas ar an mbóthar mór iad. Agus, ar ndóigh, chloisfeá na mílte ó bhaile an tÉan Gorm ag ceol.

Ach bhí go maith. Tháinig an boc amach go dtí an searrach nuair a bhí a shuipéar ite an oíche sin aige. Agus bhí an tÉan Gorm thuas ar an bposta agus an cuaille comhraic.

"Anois," a deir sí, "níl aon ghnó againn fanacht níos faide. Tá *plot* eile á dhéanamh suas anseo anois," a deir sí, "má fhanann muid níos faide ná atá muid. Tá seans maith anois againn. Nuair a thiocfas uair an mheán oíche anois," a deir sí, "ní i bhfad uait é, is fearr fáil faoi réir – tabharfaidh tú amach mise as an stábla," a deir sí. "Cuir orm an tsrian agus an diallait agus," a deir sí, "téirigh de léim sa diallait. Agus nuair a thiocfas mise go dtí an geata mór," a deir sí, "tógfaidh mé an amhóg chomh deas, chomh mín, chomh réidh is go dtabharfaidh mé seans duitse an cuaille comhraic agus an tÉan Gorm a thabhairt leat, ó tharla thú i do mharcach maith."

"Tá go maith," a deir sé.

Nuair a tháinig uair a dó dhéag, thug sé amach an searrach as an stábla is chuir sé uirthi an diallait agus an tsrian is chuaigh sé de léim sa diallait. *Away* léi ansin ar nós na gaoithe Mhárta go dtáinig sí go dtí an geata. Nuair a tháinig, thóg sí an amhóg chomh deas, chomh mín, chomh réidh is gur thug mac an rí – ba fear maith a bhí ann – thug sé an cuaille comhraic agus an tÉan Gorm leis.

Pé ar bith siúl a bhí aici ag imeacht dóibh ón mbaile, ní choinneodh sé leis an siúl a bhí ag teacht acu. D'imigh léi ar nós na gaoithe Mhárta is tréine a shéid as aer ariamh, ní thiocfadh sí suas léi nó go raibh trí chéad míle curtha díobh acu.

"Bhuel anois," a deir sí, "an asarlaíocht agus an draíocht atá ag an Rí Draíochta faoi Thalamh, tá muid imithe thar an teorainn. Féadfaidh tú ísliú anois," a deir sí, "agus do scíth a ligean. Ith plaic agus ól deoch agus ólfaidh mise mé féin deoch."

Ach rinneadar sin. Nuair a bhí scíth ligthe acu, thugadar a n-aghaidh ar an mbaile go dtí an bhanríon. Agus ní raibh aon chuimhne ag an mbanríon ar thada agus í ina seasamh sa doras, nuair a d'airigh sí an ceol ab áille a d'airigh sí ariamh ag teacht sa spéir, is nuair a bhreathnaigh sí, cé a d'fheicfeadh sí ag teacht ach mac an rí agus an searrach agus an cuaille comhraic aige agus an tÉan Gorm agus iad ag ceol ar nós an mhí-áidh mhóir.

Ach bhí go maith. Bhí an bhanríon píosa mór rompu agus a dhá láimh sínte amach aici. Agus maidir le fáilte, bhí sé roimhe. Agus nuair a d'ísligh sé, chuir sé a chapall isteach sa stábla céanna – agus bhí an dá shearrach eile istigh roimhe i gcónaí ann – is nuair a bhí sin déanta aige, thug sé isteach an cuaille comhraic agus an tÉan Gorm.

Agus ar an bpointe a thug sé isteach thar dhoras theach na banríona an cuaille comhraic agus an tÉan Gorm, tháinig an choróin ar an mbanríon aríst mar a bhí sí an chéad lá ar bhain an Rí Draíochta faoi Thalamh di í – bhí sí ina banríon ar an tír sin aríst ar ais. Agus cé a bheadh istigh roimhe ach an fear óg a thug an bosca dó, a casadh dó ar an mbóthar nuair a bhí sé ag ithe a lóin an tseachtain roimhe sin. Ach chuir sé sin míle fáilte roimhe agus chroith sé dhá láimh leis.

Ach bhí go maith. Nuair a bhíodar tamall istigh – tamall maith ag caint is ag comhrá – d'éirigh mac an rí ina sheasamh – bhí an searrach ag cur imní air, faitíos go mbeadh call uirthi – go dtéadh sé amach go dtugadh sé beatha di.

Nuair a chuaigh sé amach sa stábla, ní raibh searrach ná capall ann. Óró, bhí sé as a chiall. Thosaigh sé ag tóraíocht, is diabhal mórán achair a chuaigh sé nuair a casadh crann mór uafásach air agus chonaic sé triúr mná óga ina seasamh le taobh an chrainn nach bhfaca sé a leithéid de mhná ariamh ba bhreátha ná iad.

Bheannaigh sé dóibh is bheannaíodar dó.

"Ní fheiceann sibh aon chapall strainséartha ag corraí thart timpeall anseo?" a deir sé.

Thosaíodar ag meangaireacht gháire agus lig chaon duine acu scairt aisti.

"Ní fhaca," a deir duine acu. "Ní fhaca is níl aon chall duit a bheith ag tóraíocht," a deir sí. "Mise, anois," a deir sí, "an iníon is óige. Is mise an searrach a bhí agat, a thug go dtí an Rí Draíochta faoi Thalamh thú agus seo iad mo bheirt deirfiúr," a deir sí, "an dá shearrach eile sin a bhí amuigh sa stábla."

Is beag nár thit sé as a sheasamh. Rith sé anonn agus chroith sé an dá láimh le chaon duine acu.

Isteach leo. Chaitheadar an oíche sin le fiannaíocht, scéalaíocht, sú sá chodlata nó gur gheal an lá, lá arna mhárach. Ach – le scéal fada a dhéanamh gearr – ghlac an bhanríon an oiread spéise i mac an rí agus gurbh é rud a dúirt sí leis, má thaithin an bhean óg leis – an iníon ab óige, an searrach a thug go dtí an Rí Draíochta faoi Thalamh é – go bhféadfadh sé í a phósadh. Dúirt sé go raibh sé sásta. Phós sé féin agus an iníon ab óige agus mhair an bhainis naoi n-oíche is naoi lá.

Ach bhí go maith is ní raibh go holc. Nuair a bhí an bhainis agus chuile shórt thart – bhí an choróin anois ar an mbanríon is í mar a bhí sí ariamh – d'imigh mac an rí agus an bhean ab óige. Agus ní imeodh sé chor ar bith ach dúirt an iníon leis – an bhean a bhí pósta aige – go mb'fhéidir gur mhaith lena athair – ó d'imigh sé ar an gcaoi a ndeachaigh sé ag tóraíocht an Éin Gorm agus an chuaille comhraic – go mb'fhéidir gur mhaith lena athair sa mbaile dá gcloisfeadh sé cúpla port féin agus cúpla amhrán ón Éan Gorm, go mba mhaith leis é sula bhfaigheadh sé bás.

"Muise, *by dad*, tá mé cinnte de sin," a deir an mac. "Agus sin é a bhfuil uaidh," a deir sé, "is bheadh sé an-ríméadach dá bhfeicfeadh sé mise anois," a deir sé, "agus an tÉan Gorm ag teacht."

"Tá a fhios agam é sin," a deir sí.

Ach bhí go maith is ní raibh go holc. Thug sí féin agus é féin leo an tÉan Gorm agus an cuaille comhraic agus níor chónaíodar ariamh go dtáinigeadar i bhfoisceacht fiche slat den áit a raibh an cliabh scaoilte anuas sa bpoll is bhí faire i gcónaí ar an gcliabh. Ach cén diabhal a bhí ar an gcliabh an uair seo ach an bheirt eile – beirt deartháir mac an rí – an mac ba sine agus an dara mac.

Ach bhí go maith. Nuair a tháinig siad go dtí sin, "Bhuel anois," a deir sí, "tá mé ag dul ag rá focail leat. Níl mise ag dul níos faide ná seo anois leat faoi láthair. Is cunórach an rud dom," a deir sí, "a dhul go dtí d'athairse nach bhfaca ariamh mé agus nach bhfuil a fhios aige cé mé féin ach mar seo is mar siúd. Ní ghabhfaidh mé níos faide. Nuair a ghabhfas tusa anois," a deir sí, "go dtí an cliabh, an áit a bhfuil do bheirt deartháir, tá siad sin olc, gangaideach," a deir sí. "Nuair a tharraingeos siad suas thú," a deir sí, "iarrfaidh siad an tÉan Gorm agus an cuaille comhraic ort. Ná cuir focal ná smid ina n-aghaidh," a deir sí, "ach tabhair dóibh iad. Mar," a deir sí, "maróidh siad sin thú ar an toirt agus ní ghabhfaidh tú níos faide. Ach déan mo chomhairlese: tabhair dóibh iad. Ná cuir tada ina n-aghaidh."

Ní rinne sí ach láimh a chur ina póca agus tharraing sí aníos scian fionn agus shín sí chuige í.

"Seo, anois," a deir sí, "gheobhaidh mise amach go fóill thú. Rud ar bith a ghearrfas tusa anois leis an scian seo," a deir sí, "píosa de ruidín beag adhmaid a ghearrfas tú léi, níl ort a rá leis, 'Bí i do chú', 'Bí i do chapall' nó 'Bí i do sheabhac' – tá sé chugat," a deir sí, "le casadh do shúl. Cuir í seo anois," a deir sí, "go ceanúil i do phóca mar b'fhéidir go dteastódh sí uait."

Ach bhí go maith. Chuir.

"Gheobhaidh mise amach go fóill anois thú," a deir sí. "Ná bíodh faitíos ort."

Ach d'fhág sé slán aici ar chuma ar bith agus d'imigh leis, agus nuair a tháinig sé go dtí an cliabh, bhí an cliabh thíos agus an rópa i bhfostú air. Shuigh sé isteach ann agus an cuaille comhraic aige. Nuair a chuaigh sé go barr cén diabhal a bhí ag barr an bhruach ach a bheirt deartháir.

"Tá tú ann," a deir an mac is sine.

"Táim," a deir sé.

Ar an bpointe is a chonaiceadar an cuaille comhraic agus an tÉan Gorm aige, "Tabhair dúinn iad sin go beo," a deir an mac is sine.

Thug.

"Do chois chlé ná dheas," a deir sé, "an fhad is a bheas féar ag fás, ná taobhaigh cathair d'athar ná cathair muide. Agus is beag a bhéarfadh orainn," a deir sé, "thú a mharú san áit chéanna a bhfuil tú i do sheasamh."

Ansin thug sé dóibh an cuaille comhraic agus an tÉan Gorm agus d'imigh leis. Ní raibh airgead ná ór anois aige agus ní raibh bia ná deoch aige. Bhí sé ag lorg oibre ach níorbh fhéidir aon obair a fháil. Ach – le scéal fada a dhéanamh gearr – bhí sé trí mhí dhéag ag siúl agus ag codladh i gcocaí féir agus ag codladh chuile áit is gan é ag fáil toradh ná tairbhe ar aon obair ná ar aon phingin le saothrú.

Ach bhí sé tugtha traochta sa deireadh, agus tráthnóna fómhair is an ghrian ag dul faoi – bhí sé mar a bheadh ceannaí bóthair an uair sin – bhí sé ligthe isteach ar sheanchlaí in aice le áit a raibh seanmhuileann, is diabhal mórán achair a bhí sé ag breathnú ina thimpeall nuair a chonaic sé seanmhuilleoir ag dul amach ón muileann agus seanmhála taobh amuigh air mar a bheadh naprún aige.

Chonaic an muilleoir é agus shiúil sé anall go dtí é.

"By *dad*, bail ó Dhia ort," a deir sé, "strainséir anseo thú."

"Sea," a deir seisean.

"Shílfeá," a deir sé, "gur fear thú a bhfuil trioblóid nó anó air nó go bhfuil tú ag lorg oibre nó rud éicint."

"Bhuel, by *dad*, tá sé chomh maith dom a rá leat," a deir mac an rí, "go bhfuil, dá bhfaighinn aon obair. Ach níl mé á fáil."

"Bhuel anois," a deir an seanmhuilleoir, "bhí buachaill agamsa," a deir sé, "chomh maith is a chuir cois i mbróg ariamh. Ach bhí an iomarca dúil san ól aige," a deir sé, "agus tá sé imithe uaim le sé mhí. Agus bhí sé agam," a deir sé, "le dhá scór blianta. Agus ní raibh aon obair le déanamh aige," a deir sé, "ach seanchairt atá ansin agus seanláirín capaill – agus níl ann ach go bhfuil sí in ann a cois a tharraingt ina diaidh – is é a raibh le déanamh aige," a deir sé, "an oiread uisce a choinneáil tarraingthe chugamsa agus a ghlanfadh an t-éadach. Bhí sé á dhéanamh," a deir sé, "ceart go leor ach bhí an iomarca dúil san ól aige. Agus d'imigh sé uaim, tá sé mhí ó shin. By *dad*," a deir sé, "más maith leat é, tabharfaidh mé páighe duit chomh maith is tá mé in acmhainn agus beidh beatha mhaith agat nó féaráilte. Tógfaidh mé thú," a deir sé, "más fada nó gearr is maith leat fanacht, go bhfaighidh mé buachaill."

"By *dad*, tá mé an-ríméadach as an ugach a fháil," a deir mac an rí.

D'imigh sé isteach in éineacht leis an seanmhuilleoir agus fuair sé a shuipéar. Agus cuireadh isteach i leaba bhreá chlúmhaigh é agus bhuail sé a chodladh. Ar maidin lá arna mhárach, sul má d'éirigh an muilleoir, bhí an oiread uisce tarraingthe ag mac an rí leis an tseanchairt is an seanchapall is a bháfadh an muileann agus a raibh ann uilig.

Ní raibh aon lá dá raibh á chaitheamh nach é an chaoi a raibh cion ag teacht acu féin ar a chéile. Ach nuair a bhí sé trí mhí ag an muilleoir, tháinig bean uasal thart san áit – ní raibh sé an-fhada uathu ach bhí sé mílte – agus cheannaigh sí feilm mhór thalúna ón tiarna. Nuair a bhí an fheilm ceannaithe aici, chuir sí sconsa dhá throigh dhéag timpeall uirthi. Nuair a bhí sin déanta aici, rinne sí cathair álainn istigh ina ceartlár. Agus nuair a bhí an chathair déanta aici, céard a dhéanfadh sí ach chuir sí gairm scoile amach ar pholeanna, ar phostaí is chuile áit ar fud na tíre is ar an nuaíocht, fear ar bith a thiocfadh a mbeadh seabhac aige a bheadh in ann rás a rith le seabhac a bhí aici féin, go mbeadh sparán mór airgid le fáil aige.

Ach bhí go maith is ní raibh go holc. Mar atá a fhios agat féin, thosaigh seabhacanna á gcruinniú. Is ag na boicíní móra is mó a bhí seabhacanna á gcruinniú. Bhuel, bhí bocht agus nocht á gcruinniú.

Bhí go maith is ní raibh go holc. Pé ar bith cá bhfuair an seanmhuilleoir seabhac nó ainm seabhaic, bhí ceann aige féin. Ach ní raibh aon cheann ag mac an rí. Maidin lá na rástaí bhíodar ag ithe a mbricfeasta moch go maith, é féin agus mac an rí. "Á, a dhiabhail," a deir an seanmhuilleoir leis, mar bhí an-chion aige air, "nach é an trua nach mbeadh sórt seabhaicín ar bith agat," a deir sé. "Is dócha go mbeidh tú ag dul chuig na rástaí ar aon bhealach. Diabhal mórán duine dá dhonacht," a deir sé, "nach bhfuil seabhac aige."

"Cá bhfios duit nach mbeadh?" a deir mac an rí.

Diabhal blas a rinne sé nuair a bhí a bhricfeasta ite aige ach éirí is bhuail sé amach i seanstábla a bhí in aice leis an muileann. Rug sé ar ruainne de shliseoigín adhmaid. Tharraing sé aníos an scian agus ghearr sé é.

"Bí i do sheabhac!" a deir sé.

Ara, le casadh do shúl – ní raibh aon dath a bhí ar aon éan ariamh nach raibh air – bhí an seabhaicín ab áille aige a bhféadfadh fear ná bean súil a leagan air.

Thug sé isteach é, is nuair a chonaic an muilleoir é is beag nár thit sé as a sheasamh.

"Á, a dhiabhail," a deir sé, "cá bhfuair tú an seabhac?"

"Ó, is cuma," a deir sé.

"Is é an seabhaicín is áille é a chonaic mé ariamh i mo shaol," a deir an muilleoir, "ach shílfeá go bhfuil sé ag breathnú lag."

"B'fhéidir go bhfuil sé ceart go leor," a deir mac an rí.

Ach d'imigh leo chuig na rástaí ar chuma ar bith, is nuair a tháinigeadar isteach i bpáirc mhór na rástaí, bhí na seabhacanna ab fhearr a bhí ar an bpáirc uilig trialite rompu ag seabhac na mná uaisle. Ach ní raibh aon mhaith dóibh ag plé leis an seabhac a bhí ag an mbean uasal.

Tháinig mac an rí anuas agus an seabhac seo aige, agus nuair a bhreathnaigh sí ar an seabhac, rinne sí cineál iontais de mar dhea. Ach scaoileadh amach an dá sheabhac agus, ar ndóigh, ní thabharfadh seabhac mhac an rí solas an lae dá seabhac. Ní thiocfadh sé in amharc an tseabhaic a bhí ag mac an rí – seabhac an bhean uasal.

Nuair a tháinig an seabhac isteach, chuir sí a láimh ina póca agus thug sí sparán mór airgid dó.

Bhí go maith. Bhí na rástaí thart. Bhí sé féin agus an seanmhuilleoir ag dul abhaile.

"By dad," a deir an seanmhuilleoir, "ní bheidh aon anó anois ort go bhfeice muid tamall ar chuma ar bith."

Ach bhí go maith. D'imigh sin dó féin. Ní raibh aon anó orthu. Bhí neart airgid acu.

Sé mhí ina dhiaidh nó trí mhí ina dhiaidh aríst, chuir sí gairm scoile eile suas ar pholeanna is ar an nuaíocht, chuile áit ar fud an ríocht, fear ar bith a mbeadh cú aige a bheadh in ann an giorria a mharú chun tosaigh ar chú na mná uaisle, go mbeadh sparán eile airgid le fáil aige.

Bhí sin ag imeacht. Pé ar bith cén tóraíocht a bhí ar na seabhcanna, bhí chuile dhuine ag tóraíocht cú. An té a bhí in ann í a cheannacht, bhíodar á gceannacht agus á mbeathú le fataí rósta agus sean-im agus chuile shórt nó go dtáinig lá na rástaí.

Pé ar bith cá bhfuair an seanmhuilleoir bocht í, bhí sórt seanchú éicint aige, ach diabhal cú ar bith a bhí ag mac an rí, is nuair a bhí siad ag ithe a mbricfeasta, "By dad," a deir an seanmhuilleoir, "ní fhaca mé aon iontas ariamh," a deir sé, "nach mbeadh seanchú go mb'fhiú duit a thóraíocht. Is mór an náire gan a dhul chuig na rástaí. Tá cú ag chuile dhuine."

"Cá bhfios duit nach mbeadh cú agam?" a deir mac an rí.

Ach nuair a bhí a bhricfeasta ite aige, bhuail sé amach. Casadh sliseoigín adhmaid leis. Rug sé uirthi is tharraing sé aníos scian as a phóca is ghearr sé í.

"Bí i do chú!" a deir sé.

Bhí an chú ab áille aige ar leag fear ná bean súil ariamh uirthi, le casadh do shúl.

Nuair a thug sé isteach í is chonaic an muilleoir í, "Á," a deir sé, "nach álainn an chú í? Ní fhaca mé a leithéid ar a ceithre cois ariamh ach shílfeá nach bhfuil sí chomh láidir le cú eile."

"Á, b'fhéidir go bhfuil sí ceart go leor," a deir mac an rí.

Ach d'imigh leo chuig na rástaí ar chuma ar bith. Nuair a tháinigeadar chuig páirc na rástaí, bhí na cúití ab fhearr a bhí as chuile áit ar fud na hÉireann trialte ag cú na mná uaisle ach ní raibh aon mhaith d'aon chú a bheith ag plé léi.

Ach nuair a bhí an boc ag teacht agus an chú bheag seo aige, thosaigh chuile dhuine ag rá, "Nach fada go dtáinig tú? By dad, is deas an chú í sin agat."

"Chuala sibh ariamh é," a deir sé: "beireann an chú mhall ar a cuid den bhia."

Ach scaoileadh amach í féin agus cú na mná uaisle agus níor thug cú mhac an rí an t-aon chor amháin féin do chú na mná uaisle ar an ngiorria nuair a bhí sí marbh aige. Agus nuair a tháinig sé isteach, bhí sparán eile uafásach airgid aige.

Bhí go maith.

"Bhuel, mura raibh muid saibhir cheana," a deir an seanmhuilleoir agus iad ag dul abhaile, "tá muid saibhir anois. Ní bheidh aon lá anó anois orainn," a deir sé, "nó is olc an saol a thiocfas."

"By dad, ní bheidh," a deir mac an rí.

Bhí go maith. D'imigh oíche eile agus cén diabhal a dhéanann sí ach gairm scoile eile a chur suas agus is é an gairm scoile a bhí thuas anois – b'eo é a dheireadh – fear ar bith a mbeadh capall aige – láir nó stail nó gearrán nó capall ar bith agus é féin a bheith ar a dhroim – a bheadh in ann a dhul isteach thar an sconsa dhá throigh dhéag a bhí timpeall na páirce, go raibh sí sásta ar é a phósadh.

Bhí go maith is ní raibh go holc. Pé ar bith cén tóir nó cruinniú a bhí ar na cúití ná ar na seabhcanna, ní mba tada é le hais seo anois mar ba bhean álainn uasal a bhí inti agus, ar ndóigh, ní raibh a fhios cén saibhreas a bhí aici.

Ach na clanna uaisle ansin ba mhó sa ríocht, is iad is mó a bhí ag caint faoin rása is chuile chineál. Ach lá na rástaí bhí na mílte is na mílte timpeall an sconsa. Agus ar maidin ní raibh aon chapall ag an seanmhuilleoir bocht. Ní raibh sé in ann aon chapall a fháil. Ach bhí mac an rí in ann í a fháil dá mbeadh sé ag iarraidh í a fháil.

Ach nuair a bhíodar ag ithe, "Á," a deir an seanmhuilleoir, "bhí muid maith go leor cheana," a deir sé, "ach níl tada inniu againn. Níl capall ar bith ag ceachtar againn inniu," a deir sé. "Bhí cú cheana againn nó bhí diabhal éicint againn ach níl tada inniu againn. Is dócha," a deir sé, "gur inniu ba mhaith linn a dhul chuig na rástaí. Is mór an náire an bheirt againn thar chuile dhuine dá bhfuil ag teacht ann."

"Céard faoin seanláirín?" a deir mac an rí.

"An seanláirín!" a deir an muilleoir is chuir sé scairt as. "Seanláir," a deir sé, "nach bhfuil in ann a cosa a tharraingt ina diaidh le go mbeadh sí in ann a dhul dhá throigh dhéag d'amhóg thar sconsa agus a mbeidh de chaiple rása agus de chaiple dá bhfeabhas ag rith ansin!"

"A, a dhiabhail, ní bheadh fhios agat," a deir mac an rí. "B'fhéidir go bhfuil an seanláirín níos fearr ná a cheapfá."

Ach nuair a bhíodar réidh ar chuma ar bith, diabhal blas a rinne mac an rí ach an seanadhastar a bhíodh aige ar an seanláirín a chaitheamh isteach ar a cloigeann. Agus ní dheachaigh sé ag marcaíocht uirthi mar bhí cnámh a droma ceithre horlaí suas ó aon bhlas feola. Ní dheachaigh sé ag marcaíocht chor ar bith ach é féin agus an seanmhuilleoir ag imeacht agus é á tarraingt ina ndiaidh mar a bheadh ceannaí ag tarraingt seanasail nó gasúr.

Agus nuair a chonacthas ag teacht chuig an bpáirc iad, ní raibh aon strainséir dá raibh ag breathnú ar an seanchapall nach raibh ag titim as a sheasamh. Chloisfeá míle ó bhaile an scairtíl gháire iad. Níor lig mac an rí tada air féin. Chonaic sé iad – é féin agus an seanmhuilleoir. Agus bhí na caiple ab fhearr triailte. Ach chonaiceadar ag dul i ndiaidh a gcúil iad, ag tabhairt rite reaite. Chuiridís an dá chois tosaigh suas píosa maith den sconsa ach maidir le dhul thar a bharr, ní raibh aon mhaith dóibh ann.

Thosaigh mac an rí agus nuair a tháinig sé chomh fada leis an sconsa – sheas sé tamall siar ón sconsa, an seanláirín – diabhal blas a rinne sé ach a dhul de léim ar a droim. Agus, ar ndóigh, pé ar bith scairtíl a bhí roimhe sin ann, bhí a seacht n-oiread anois ann. Ach nuair a chuaigh sé de léim ar a droim, d'iompaigh sé siar. Chuir sé síos a láimh ina phóca, agus an scian a thug sé aníos, pé ar bith céard a rinne sé le bun a driobaill, nuair a bhí sin déanta aige, chuir sé an scian ina phóca.

"Tabhair amhóg, a sheanláirín," a deir sé.

Ní rinne an seanláirín ach mar a chaithfeá urchar as gunna. Thug sí trí léim i ndiaidh a tóna, trí léim ar a haghaidh, agus an tríú léim a thug sí ar a haghaidh chuaigh sí dhá throigh eile thar bharr an sconsa isteach. Scanraigh a raibh ann. Ní raibh a fhios acu cén sórt míorúilt nó gifte a bhí aici. Agus, ar ndóigh, b'fhíor dóibh – bhí.

Ar an bpointe is a leaindeáil sé taobh istigh, rith an bhean uasal anall go dtí é. Chuir sí a dhá láimh timpeall ar a mhuineál agus phóg sí é. Agus d'aithin sí sin go maith é.

Thug sí isteach sa gcathair ansin é agus spáin sí páiste dó nach raibh a leithéid ar sheacht gcranna an domhain – níl a fhios agam an bliain agus sé mhí d'aois a bhí sé – a bhí in éineacht leis an mbean uasal.

Ach bhí go maith. Chuir sí gairm scoile amach ar fud na ríochta – chomh fada agus a d'fhéadadar – ag cruinniú lucht bainise. Agus tháinig an lucht bainise.

Mhair an bhainis lá agus fiche. Níor caitheadh a leithéid in Éirinn ariamh cheana agus ní chaithfear aríst go lá deireadh an domhain.

Agus nuair a bhí an bhainis thart is chuile shórt – is iad socraithe síos – labhair an bhean uasal agus iad ag dul a chodladh.

"Bhuel anois," a deir sí, "tá rud amháin le rá agam leat. Tá mé ag dul ag iarraidh impí ort ach, más maith nó olc leat é," a deir sí, "caithfidh sé tarlú. Liomsa agus leatsa," a deir sí, "an tÉan Gorm agus an cuaille comhraic atá sa mbaile ag d'athair."

"By dad, sea," a deir sé.

"Bhuel anois," a deir sí, "níl sé ag dul níos faide ná amárach, caithfidh mise an tÉan Gorm sin agus an cuaille comhraic a fháil – mé féin agus tú féin."

"Tá go maith," a deir sé.

Nuair a bhí a mbricfeasta ite ar maidin lá arna mhárach acu, thugadar leo cóiste agus péire capall agus níor chónaíodar ariamh go dtáinigeadar go dtí cathair an rí. Agus bhí geata mór ag dul isteach ar an gcathair agus chonaic searbhónta an cóiste ag teacht agus d'éirigh leis an geata a bheith oscailte. Agus níor sheas an cóiste ariamh gur sheas sé amach ar aghaidh doras pálás an rí.

Agus ón lá a dtug an bheirt dearthair an tÉan Gorm agus an cuaille comhraic chuig an rí, níor oscail an tÉan Gorm a bhéal ná a ghob agus níor labhair an cuaille comhraic, agus ní labhródh go lá deiridh an domhain. Bhí a fhios ag an seanrí go raibh rud éicint bunoscionn nuair nach dtáinig an mac is óige ar ais agus nár labhair an tÉan Gorm ná an cuaille comhraic aon bhlas.

Ach ar an bpointe agus a sheas siad amach ar aghaidh doras an pháláis, tháinig an rí amach. D'aithin sé an mac ach níor aithin sé an bhean uasal. Chroith sé láimh le chaon duine acu agus thosaigh siad ag caint.

"Seo é do mhac anois," a deir sí leis an rí. "An fear is fearr ar sheacht gcranna an domhain inniu – agus is iomaí fear ann. Thug sé an tÉan Gorm agus an cuaille comhraic ón Rí Draíochta faoi Thalamh agus chuir sé an choróin," a deir sí, "ar mo mháthairse a bhain an Rí Draíochta faoi Thalamh di sa ríocht atá faoi thalamh agus," a deir sí, "is é an fear is fearr ar sheacht gcranna an domhain é. Tá beirt dearthair aige," a deir sí, "anseo agat is sine ná é. Tá siad sin olc, gangaideach," a deir sí, "is ná trust go brách iad. Bhaineadar an tÉan Gorm agus an cuaille comhraic den mhac seo," a deir sé, "nó dá ndearthair nuair a tharraingíodar aníos sa gcliabh é. Thugadar chugatsa é agus dúirt siad gurbh iad féin a fuair é. Agus," a deir sí, "ná trust go brách iad. Caithfidh mise an tÉan Gorm sin agus an cuaille comhraic a fháil anois," a deir sí, "más maith nó olc leat é."

"Tá sin le fáil agat," a deir an rí, "agus míle fáilte. Ach níor oscail an tÉan Gorm sin a ghob," a deir sé, "ón lá a dtugadar isteach anseo é – ná an cuaille comhraic."

"Ní osclódh," a deir sí, "ná go lá deiridh an domhain."

"Agus ar an bpointe is a thosaigh sé ag ceol inniu," a deir an rí, "nó ar ball, dúirt mé go raibh rud éicint bunoscionn suas agus anois atá a fhios agam é," a deir sé.

Ach – le scéal fada a dhéanamh gearr – d'iarr an rí isteach ar dinnéar iad ach ní thiocfadh. Ach thug sí cuireadh faoi cheann míosa don rí agus don bhanríon a theacht ar cuairt chuici agus go gcloisfeadh sé a dhóthain ceoil agus amhrán ón Éan Gorm agus ón gcuaille comhraic.

Tháinigeadar abhaile agus mhaireadar saol fada le séan uaidh sin amach. Agus níor chuala mise aon chaint orthu ó shin.

An *Talking Bird*, an *Singing Tree* agus an *Golden Water*

Bhuel, sa tseanaimsir fadó, na mílte bliain ó shin, bhí rí ina chónaí – níl mé in ann a rá an mba in Éirinn é – ach, pé ar bith cá raibh sé ina chónaí, fear óg gan pósadh a bhí ann. Bhí an tseanbhanríon, a mháthair, agus an seanrí básaithe. Bhuel, bhí riar searbhóntaí aige. Ach bhí dhá shearbhónta aige a raibh an-ómós aige dóibh agus an-chion aige orthu agus is é an cheird a bhíodh acu, ag fiach agus ag foghlaeireacht.

Ach chuile thráthnóna nuair a bheadh a ndinnéar tógtha acu, thugadh sé leis an dá shearbhónta agus théidís amach ag siúlóid. Agus is é an gnás a bhí aige, pé ar bith cén t-achar ó bhaile a ghabhaidís anocht, tráthnóna anocht, ba mhaith leis a dhul beagán níos faide tráthnóna amárach.

Ach d'imigh sin mar sin go ceann i bhfad. Ach an tráthnóna seo chuadar amach ag siúlóid agus d'éirigh leo a dhul an-fhada ó bhaile. Ach, barr ar an mí-ádh, nuair a bhí acu casadh abhaile, dhún sé ina cheo anuas ar an talamh is bhí sé chomh dorcha is nár léir dóibh a láimh. Ach cuireadh amú iad. Bhíodar á dtreascairt i bpoill is i bprochóga is chuile áit ach cén áit mar mhí-ádh uilig – ar chuma ar bith, cár casadh iad ach isteach i lár coille. Anois, ní raibh tús ná deireadh ar an gcoill agus i leaba a bheith ag dul amach aisti is é an chaoi a rabhadar ag dul isteach inti. Ach bhíodar stróicthe stiallta sa deireadh – a gcuid éadan agus láimh – is bhíodar chomh tuirseach agus go mb'éigean dóibh suí síos.

Nuair a bhí siad tamall ina suí síos, d'éirigh an searbhónta ba sine ina sheasamh agus bhí sé ag breathnú uaidh. Agus d'fhógair sé ar an rí.

"*By dad*, a rí," a deir sé, "níl mé in ann cruthú an réalta nó solas é ach feicim réalta nó solas i bhfad uaim sa gcoill agus ní i ngar dom."

"Dea-scéal i do bhéal," a deir an rí.

D'éirigh an rí ina sheasamh – agus an searbhónta eile – agus is gearr go bhfacadar féin an solaisín agus bhí siad ag déanamh amach nach mba réalta é.

"Bhuel anois," a deir an rí, "más stróicthe nó stiallta muid nó pé ar bith cén chaoi a mbeidh muid, ní fearr dúinn tada a dhéanamh," a deir sé, "ná a dhul go bhfeicfidh muid ar solas nó réalta é sin."

D'éirigh siad ina seasamh agus d'imigh leo agus ní raibh siad fíorfhada chor ar bith nuair cén áit ar éirigh leo a theacht amach ach ar chosáinín deas fada caol a bhí ag rith tríd an gcoill. Ach níor theangmhaigh dris ná mórán ar bith leo uaidh sin amach go dtáinigeadar chomh gar don solas agus go raibh a fhios acu nach mba réalta é.

"Bhuel anois," a deir an rí, "níl aon ghnó againn a dhul róghar don solas le faitíos gur fathach draíochta a bheadh ann nó dream – drochdhream éicint – a mharódh muid. Ach éalóidh muid linn go bhfeicfidh muid ar cathair mhór é nó bothán beag."

D'imigh leo agus bhíodar ag teacht chomh gar sa deireadh dó agus go bhfacadar nach raibh ann ach botháinín beag bídeach, chomh mór timpeall is le bráicín maoir, a bheadh ar abhainn.

Rinneadar air agus bhí an solaisín ag spealladh amach tríd an gcoill. Shuíodar síos ansin agus dúirt an rí leis an dá shearbhónta go mb'fhearr dóibh éalú – dá mbeidís in ann a theacht ar an doraisín a bhí air, go bhfeicfidís cé a bheadh ina chónaí ann nó an raibh duine ar bith ann.

Ach d'imigh leo – d'éalaíodar – agus nuair a tháinigeadar chomh fada leis an áit a raibh an doraisín air, séard a bhí sa doras, mapa tuí.

Chromadar taobh amuigh agus chuireadar cluais orthu féin ag éisteacht agus is gearr gur airíodar an gheoin nó an chaint istigh. Chaitheadar i bhfad ag éisteacht agus céard a bhí istigh – bhí a fhios acu nach raibh aon fhear sa mbothán – céard a bhí istigh ach triúr mná óga. Agus séard a bhí iontu, triúr deirfiúr.

Bhí an rí ag éisteacht leo – le chuile shórt a bhíodar a rá – ach sa deireadh, is gearr gur dhúirt an bhean ba sine acu, "Ó," a deir sí, "nárbh aoibhinn Dia domsa dá mbeinn pósta ag a leithéid seo de shearbhónta atá ag a leithéid seo de rí."

"Nach mbeinnse chomh maith leat," a deir an dara deirfiúr, "dá mbeinn pósta ag an searbhónta eile atá ag a leithéid seo de rí."

"Nach mbeinnse chomh maith nó níos fearr ná ceachtar agaibh," a deir an bhean ab óige, agus ba í an bhean ba bhreátha uilig acu í, "dá mbeinn pósta ag an rí féin," agus chuir sí scairt gháire aisti.

Ach chuala an rí chuile fhocal a rabhadar a rá. Faoi cheann tamall maith ina dhiaidh, bhuail an rí bleid ar an dá shearbhónta agus dúirt sé leo go mb'fhearr dóibh a dhul isteach. Ach chuaigh is nuair a tháinigeadar isteach, tháinig faitíos ar na triúr mná óga – rud nárbh ionadh, iad i lár na coille agus gan duine ar bith in éineacht leo – agus bhí a fhios ag an rí go raibh faitíos orthu. Ach d'fhógair sé orthu gan faitíos ná eagla a bheith orthu rompu féin, nach ndéanfaidís aon dochar ná díobháil dóibh ar bhealach ar bith. Agus d'inis siad an scéal dóibh – cén chaoi ar cuireadh amú iad agus chuile shórt – ach ní raibh a fhios acu go mba é an rí é ná a shearbhóntaí iad. Ach níor lig sé air féin é ach an oiread.

Ach bhí go maith. Shuigh sé síos amach ar aghaidh na tine. Bhí tine bhreá adhmaid acu. Bhí an solas ag dul amach tríd an gcoill. Ach bhí siad ag caint is ag comhrá agus d'fhiafraigh an rí sa deireadh den bhean is sine, "Muise, ar mhiste dom fiafraí díot, le do thoil," a deir sé, "cén deis mhaireachtála atá anseo agaibh nó cén chaoi a bhfuil sibh ag maireachtáil ina leithéid seo d'áit iargúil dhona?"

"Muise, maireachtáil dhona atá againn," a deir sí. "Bíonn muid ag baint scuab," a deir sí, "ar thaobh na gcnoc agus bíonn muid ag cniotáil stocaí."

Ach bhí sí ag inseacht dó ach sa deireadh, "Bhuel anois," a deir sé, "céard a bhí sibh a dhéanamh anocht? An raibh sibh ag cniotáil?"

"Ní raibh muid ag cniotáil aon stoca anocht," a deir sí, "mar ní raibh aon tsnáth againn."

"Bhuel, is dócha go raibh sibh ag déanamh rud éicint," a deir an rí. "Bhí sibh ag cur síos ar rud éicint, is dócha, nó ag caint ar rud éicint?"

"Á, muise" – mar bhraithfeadh sí an rí gur airigh sé iad, thosaigh sí ag inseacht dó – "Á, muise," a deir sí, "bhí muid ag seafóid. Dúirt mise leis an mbean seo, an ceann seo thall, ar ball," a deir sí, "dá mbeinn féin pósta ag a leithéid seo de shearbhónta a bhí ag a leithéid seo de rí, go mb'aoibhinn Dia dom. Dúirt sí seo thall," a deir sí, "dá mbeadh sí féin pósta ag an searbhónta eile, go mb'aoibhinn Dia di. Ach dúirt an cailín báire seo thall," a deir sí faoin gceann ab óige, "dá mbeadh sí féin pósta ag an rí féin, go mbeadh sí ní b'fhearr ná ceachtar againn."

Ach chuir sí scairt gháire aisti.

"Ó, níl dochar ansin," a deir an rí. "Níl aon locht air sin."

Ach d'fhan an rí tamall maith – agus bhí ocras orthu agus iad stróicthe stiallta ach, pé ar bith cén sórt cóiriú a chuireadar – na mná óga – ar ghreim éicint le n-ithe agus ar bhlogam le n-ól, thugadar rud éicint le n-ithe don dá shearbhónta agus don rí – ach faoi dheireadh, d'éirigh an rí ina sheasamh agus sheas sé i lár an urláir.

"Bhuel anois," a deir sé, "is dócha nach smaoineodh an triúr agaibhse go brách nó nach gcuimhneodh sibh gurb é an rí atá ag caint libh anois agus an dá shearbhónta sin a raibh sibh ag caint anocht orthu?"

Tháinig cúthaileacht agus náire orthu agus dheargadar suas.

"Ná bíodh cúthaileacht ná náire oraibh," a deir an rí. "Ní coir ar bith é sin. Bhuel anois," a deir sé leis an mbean is sine, "sula dté sé níos faide – tá sé ag éirí deireanach san oíche – an mbeifeá sásta an searbhónta seo a phósadh dá bpósfadh sé thú?

"Bhuel, i nDomhnach," a deir sí, "is dócha go bhfuil sé chomh maith agam a rá go mbeinn."

"Bhuel, an mbeifeása sásta é seo a phósadh?" a deir sé leis an dara deirfiúr.

"Ó, is dócha go mbeinn," a deir sí.

"Ach, bhuel, céard fútsa?" a deir sé leis an mbean is óige. "An mbeifeá sásta mise a phósadh dá bpósfainn thú?"

"By dad," a deir sí, "is dócha go bhfuil sé chomh maith agam a rá go mbeadh."

Ach bhí go maith is ní raibh go holc.

"Tá go maith," a deir an rí. "Táim fíorbhuíoch díobh. Agus bheinn fíorbhuíoch díobh dá mbeadh sibh in ann an bealach a spáint dom amach as an gcoill anseo."

"Beidh," a deir an bhean is sine, "is fáilte."

Níl a fhios agam ar choinneal chéarach a fuair sí nó sliseog mhór adhmaid ach, pé ar bith céard a chuir sí ar an adhmad, ní raibh aon laindéar a déanadh ariamh a bhuailfeadh é.

D'imíodar leo – an dá shearbhónta agus an rí agus na triúr mná óga – agus níor chónaíodar gur fhágadar an rí agus an dá shearbhónta ar an mbóthar mór is nuair a bhí siad ag fágáil slán acu, "Bhuel, anois," a deir an rí, "tá an cleamhnas sin déanta. Má bhíonn sibh anseo ar maidin amárach," a deir sé, "ar a naoi a chlog, tiocfaidh mise do bhur n-iarraidh le cóiste péire capall agus pósfaidh muid ina leithéid seo d'áit."

Gheall na triúr mná óga dó go mbeadh.

D'imigh an rí abhaile agus an dá shearbhónta. D'imigh na mná óga abhaile agus – go bhfóire Dia orainn – pé ar bith cén sórt caoi a bhí le cur acu orthu féin, réitíodar iad féin chomh maith is a d'fhéadadar. Agus d'imigh leo agus bhíodar tamall ar an mbóthar mór – ach ní rabhadar i bhfad ann – nuair a chonaiceadar an cóiste ag teacht – is bhí tinte dearga agus dhá chapall bhreátha faoi – agus an dá shearbhónta agus an rí.

Chuaigh na triúr mná óga isteach ann agus, pé ar bith áit ar pósadh iad, pósadh iad. Ach níl mé in ann a rá ar mhinistéara ná sagart nó cé a phós iad.

Tháinigeadar abhaile agus bhí na trí bhainis á gcaitheamh ar aon bhainis amháin agus mhair sí naoi n-oíche agus naoi lá.

Bhí go maith is ní raibh go holc. Bhí teach ag chaon duine den dá shearbhónta dó féin. Agus bhí siad féin agus an rí ag imeacht ag foghlaeireacht agus ag fiach agus iad ag caitheamh saoil chomh compóirteach le haon dream ar sheacht gcranna an domhain.

Ach d'imigh lá agus d'imigh ráithe is d'imigh trí ráithe agus d'imigh bliain agus i gceann na bliana, tháinig cúram páiste ar bhean an rí. Ach níor tháinig cúram ar bith ar mhná an dá shearbhónta. Agus tamall gearr sula raibh an páiste le bheith ann, bhíodh an rí ag fiafraí den bhanríon, nó den bhean, cé ab fhearr léi ag tabhairt aire di nuair a bheadh an trioblóid ann.

"Muise, feictear dom," a deir sí, "nach bhfuil duine ar bith is gaire dom le haire a thabhairt dom ná mo bheirt deirfiúr féin."

Ach bhí sí i bhfad amuigh an uair sin.

Bhí go maith is ní raibh go holc.

"Tá go maith," a deir an rí; "sin a bhí mé féin ag cuimhneamh air."

Agus níor chuir sé cois i mbróg ariamh aon fhear ba dea-chroíúla ná an rí. Ach bhí an lá ag imeacht is nuair a thagadh sé chuile thráthnóna, an chéad rud a d'fhiafraíodh sé den bhean is sine – cén chaoi a raibh an bhean óg.

"Tá sí *all right*," a deireadh sí.

Ach ní raibh tada suas fós.

Ach an lá seo tháinig sé tráthnóna.

"An raibh aon bhlas suas fós?" a deir sé.

"Bhí inniu," a deir sí.

"Ó, buíochas le Dia," a deir an rí. "Cén chaoi a bhfuil an bhean óg?"

"Tá an bhean óg go maith," a deir sí, "ach tá aiféala orm, a rí," a deir sí, "go gcaithfidh mé a rá leat nach páiste nádúrthach a bhí ann," a deir sí; "gur a leithéid seo de rud a bhí ann."

Tháinig dath geal ar an rí agus rinne sé staidéar an-fhada. Séard dúirt sé nuair a labhair sé, "Ó, Dia linn is Muire," a deir sé, "níl neart air. Caithfidh muid glacadh le toil Dé. Is cuma faoi," a deir sé, "ach an bhean óg a bheith go maith."

Agus séard a bhí ar an mbeirt deirfiúr – bhí an bheirt deirfiúr *jealous* nó éad orthu i ngeall ar an iníon ab óige a bheith ag an rí agus iad féin ag na searbhóntaí.

Ach bhí go maith is ní raibh go holc. Nuair a tháinig an páiste ar an saol, níor thugadar triail ar bith dó ach é a chrochadh leo. Agus ghléasadar suas é san éadach a bhí le cur air nuair a bhéarfaí é – éadach daor costasach. Fuaireadar ciseán breá agus chuireadar síos sa gciseán é, agus séard a bhí ann, páiste fir.

Thugadar leo é agus bhí abhainn bháite faoi chaisleán an rí a bhí trí chéad míle ar a fhad. Leagadar an ciseán amach ar an abhainn agus thugadar cead dó imeacht leis.

Bhí go maith is ní raibh go holc. Fuair bean an rí níos fearr. D'éirigh sí suas chomh maith is a bhí sí ariamh. Bhí an rí mar a bheadh sé ariamh – is an dá shearbhónta – is bhíodar ag caitheamh an tsaoil go compóirteach.

Ach d'imigh an ciseán leis ar nós ar bith agus bhí sé ag snámh leis ariamh ariamh agus i bhfoisceacht dhá mhíle nó trí de dheireadh na habhann – an áit a raibh an abhainn le deireadh a bheith léi – bhí duine uasal – an-ardnósach amach is amach, ní ba saibhre ná an rí féin – bhí sé ina chónaí ar bhruach na habhann, cathair mhór álainn aige ann. Agus bhí sé pósta ach ní raibh aon mhuirín air.

Bhuel, bhí seangharraíodóir aige le cúig bliana agus dhá fhichead agus bhí sé féin pósta agus ní raibh aon mhuirín air. Ach an lá seo bhí an seangharraíodóir ag obair sa ngairdín in aice na habhann agus lá breá te a bhí ann. Agus is é an chaoi a raibh an abhainn i bhfoisceacht leathamhairc den chathair, leibhéalta mar a déarfá. Ní raibh aon tsruth ann. Ach pé ar bith breathnú a bhí sé a dhéanamh suas an abhainn, chonaic sé an sonda seo ag dul anuas go réidh deas ar bharr an uisce.

"Tá tú ann," a deir an seangharraíodóir. "Tá mé anseo," a deir sé, "le cúig bliana agus dhá fhichead is ní fhaca mé aon cheo," a deir sé, "ag teacht an bealach seo ar an uisce."

Agus nuair a bhí sé ag teannadh leis, thug sé faoi deara go mba ciseán é.

"'Chrá Dia," a deir sé, "nach ngabhfaidh tú tharam go brách go mbeidh fhios agam céard atá ionat."

Ní rinne sé ach rith suas go dtí seanstábla nó stór a bhí ann. Fuair sé seangheaf agus chuir sé ar bharr cleithe é. Luigh sé ar bhruach na habhann go dtáinig an ciseán amach ar a aghaidh agus sháigh sé amach an geaf is tharraing sé isteach an ciseán.

Ní dheachaigh sé, le teann uafáis agus deifir, i bhfad ón mbruach nuair a thóg sé an clár den chiseán agus nuair a thóg, leath an dá shúil ina chloigeann. Céard a d'fheicfeadh sé thíos ann – agus ní raibh a fhios aige ar bhásaithe nó ina chodladh a bhí sé – ach an páiste ba bhreátha ar leag fear súil ariamh air. Ach shíl sé gur básaithe a bhí sé.

Rug sé ar an gciseán agus chroch sé leis é agus, pé ar bith cén sórt corraí a rinne sé air, osclaíonn an páiste a dhá shúil agus tosaíonn sé ag bladhrach caoineachán.

"Ó, míle glóire leat, a Mhic Dé," a deir an seangharraíodóir, "murar gheall Dia muirín ar bhealach dúinn gheall sé ar bhealach eile dúinn é. Tá muirín anois againn."

Rith sé go dtí an tseanbhean agus nuair a chonaic an tseanbhean an páiste, ar ndóigh, cibé ríméad a bhí ar an seangharraíodóir as, bhí a sheacht n-oiread ag an tseanbhean as.

D'imigh an garraíodóir ag obair agus chuir bean·an gharraíodóir – fuair sí bosca mór galánta agus rinne sí sórt cliabháin – chuir sí bainne i mbuidéal agus chuir sí chuile shórt caoi ar an bpáiste. Ach chuaigh sé a chodladh.

Chuaigh an garraíodóir sa ngarraí agus ní i bhfad a d'fhan sé ann go dtáinig sé aríst.

"Bhuel anois," a deir sé leis an tseanbhean, "tá muid chomh dona is a bhí muid ariamh. Ní fhéadfadh an páiste sin a bheith againn i ngan fhios don duine uasal. Anois, cuirfidh mé geall leat," a deir sé, "nuair a fheicfeas an duine uasal é go mbeidh sé á iarraidh, nó sin a bhean."

"Sin a bhfuil de mhaith dóibh ann," a deir an tseanbhean.

"Ach níl aon mhaith duit á rá sin," a deir an garraíodóir. "Is orthu atá muid ag maireachtáil," a deir sé, "le cúig bliana agus dhá fhichead. Pé ar bith céard a d'iarrfadh siad orainn," a deir sé, "ní féidir linn iad a eiteachtáil. Caithfidh mé a inseacht don duine uasal ar aon nós."

D'imigh leis. Níor chónaigh sé go dtáinig sé isteach go teach an duine uasail agus bhí an duine uasal agus a bhean ina suí istigh roimhe agus dúirt sé leis an duine uasal go raibh scéal nua aige dó.

D'inis sé an scéal dó. Níor fhan an duine uasal le breathnú ina thimpeall ach chomh tréan is a bhí cois air go dtáinig sé ar theach an gharraíodóir agus gur bhreathnaigh sé ar an bpáiste is, ar ndóigh, nuair a chonaic sé an páiste, ní raibh airgead ná ór ná maoin ag dul á choinneáil uaidh gur rith sé abhaile agus d'inis sé don bhean é.

Tháinig an bhean agus, pé ar bith céard a bhí ag dul á choinneáil ón duine uasal, ní raibh tada ag dul á choinneáil ó bhean an duine uasail. Dúirt sí le bean an tseangharraíodóir nach mbeadh aon mhaith ann – nó go brách uirthi – ach an páiste a thabhairt di. Ach b'éigean dóibh é a thabhairt dóibh. Thugadar leo é agus maidir le haire an uair sin, bhí sé á fáil.

D'imigh chuile shórt thart. D'imigh lá aríst agus d'imigh ráithe agus d'imigh bliain. Agus an dara bliain aríst, tháinig cúram páiste eile ar bhean an rí, ar bhean an tseanrí.

Bhí go maith. Níor tháinig cúram ar bith ar mhná an dá shearbhónta. Ba é an scéal céanna é. D'fhiafraigh an rí dá bhean cé ab fhearr léi ag tabhairt aire di nuair a bheadh an páiste aici is dúirt sí leis an rud céanna: gurbh iad an bheirt deirfiúr ba ghaire di agus go mb'fhacthas di nach raibh dochtúir ná *nurse* – ní raibh mórán acu ann san am sin – ab fhearr a thabharfadh aire di ná an dá dheirfiúr.

Ach bhí go maith is ní raibh go holc. Bhí an lá ag imeacht, ach an tráthnóna seo, tháinig an rí. D'fhiafraigh sé cén chaoi a raibh chuile shórt, an raibh chuile shórt ceart.

"Bhuel, tá chuile shórt ceart," a deir an bhean is sine, an deirfiúr is sine. "Tharla rud áirid inniu," a deir sí, "tá an bhean óg *all right* – tá an bhean ceart go leor. Ach dá dhonacht a raibh an scéal cheana," a deir sí, "is measa ná sin anois é."

Rugadh páiste breá eile fir do bhean an rí agus ar an bpointe is a tháinig sé ar an saol, thug an dá dheirfiúr leo é agus ghléasadar suas é in éadach ní ba daoire agus ní ba costasaí ná a bhí ar an gcéad pháiste. Fuaireadar ciseán maith ní ba bhreátha ná an chéad chiseán agus leagadar síos ann é agus chuireadar air an clár. Thugadar leo agus leagadar amach ar an abhainn chéanna é. Nuair a tháinig an rí ansin agus d'inis sí an scéal sin dó: go mba mheasa anois é ná cheana, bhí dath geal ar an bhfear bocht – ní nárbh ionadh.

"*By dad*," a deir sé, "shíl mé go raibh sé dona go leor *trip*, ach, *by dad*," a deir sé, "tá sé ag éirí ródhona."

Ach shíl an dá dheirfiúr go ndéanfadh sé *away* leis an mbean óg – nó sin go maródh sé í – agus sin é an fáth a rabhadar á dhéanamh sin.

Ach bhí go maith is ní raibh go holc. Fuair bean an rí biseach.

"Céad míle fáilte," a deir sé, "roimh ghrásta Dé is go maire tú an tsláinte a bheith aici féin. Caithfidh muid glacadh le toil Dé."

Níor thaithin sin leis an dá dheirfiúr.

Ach d'imigh an ciseán leis ar chuma ar bith is fuair bean an rí biseach. Bhí siad ar an gcaoi chéanna a rabhadar – agus sin ag foghlaeireacht is ag fiach.

Ach d'imigh an ciseán leis agus cothrom an am céanna a raibh an seangharraíodóir ag obair an bhliain roimhe sin, bhí sé lá breá te fómhair sa ngarraí aríst is pé ar bith breathnú a thug sé suas an abhainn, chonaic sé an sonda ag teacht.

"*By dad*, tá tú ann," a deir sé, "agus, is dócha," a deir sé, "gurb é bunáite an rud céanna é pé ar bith cé as a bhfuil sibh ag teacht," a deir sé. "Is aisteach. Ní fhaighim aon mheabhair air."

Ní rinne sé ach rith suas agus fuair sé geaf agus nuair a tháinig an ciseán amach ar a aghaidh, tharraing sé isteach é. Agus thóg sé an clár – ó thug sé ní b'fhaide anois ón mbruach é ná an chéad bhabhta – agus pé ar bith cé chomh breá is a bhí an chéad pháiste, bhí sé seo ina pháiste i bhfad ní ba bhreátha agus é ina chodladh.

"Á, buíochas le Mac Dé," a deir an garraíodóir. "Ní fhéadfadh an duine uasal aon chlamhsán a bheith anois aige. Mura dtug Dia muirín do dhuine ar bith againn roimhe seo," a deir sé, "tá sé ag chaon duine againn anois. Ní fhéadfadh sé a bheith ag iarraidh an pháiste seo."

Ach chroch sé leis é go dtí an tseanbhean is, m'anam, bhí sí ag damhsa ar fud an tí le gliondar. Ach cuireadh chuile chóir ar an bpáiste.

Ach mar sin féin tráthnóna, nuair a tháinig an garraíodóir isteach, "Bhí mé ag smaoineamh sa ngarraí," a deir sé leis an tseanbhean, "ní féidir linn an páiste seo a bheith againn ach an oiread i ngan fhios don duine uasal agus b'fhéidir go mbeadh fearg air mura n-insíonn muid dó é agus, is dócha," a deir sé, "go mbeidh sé á iarraidh seo freisin."

Ach, ar ndóigh, bhí an tseanbhean le ceangal.

"Níl aon mhaith dó ann," a deir sí.

Ach chuaigh an garraíodóir go dtí é agus d'inis sé dó agus, pé ar bith deifir a bhí ar an duine uasal ag breathnú ar an gcéad pháiste, bhí a seacht n-oiread air nuair a tháinig sé ag an dara páiste is nuair a bhreathnaigh sé sa mbosca air. "Bhuel," a deir sé leis an seangharraíodóir, "cuimhnigh," a deir sé, "ar an rud atá mise a rá leat. Ní ó dhaoine bochta atá na páistí seo ag imeacht. Pé ar bith cé as a dtáinig na páistí sin," a deir sé, "clann ríthe nó prionsaí nó dream an-ardnósach iad," a deir sé, "agus an chaoi a bhfuil siad gléasta."

Ach rith sé go dtína bhean agus d'inis sé an scéal di. Ach ní raibh aon mhaitheas ag dul ag coinneáil an dara páiste ón duine uasal ná ón mbean – ór ná airgead – b'éigean dóibh é a fháil. Bhí an chéad pháiste anois ag siúl an urláir agus maidir le haire, fuaireadar í.

Bhí go maith is ní raibh go holc. D'imigh an saol thart. Déanadh dearmad. Seanrí is searbhóntaí, ní raibh a fhios acu tada. Ach d'imigh chuile shórt thart agus d'imigh bliain eile.

Agus i gceann an tríú bliain, tháinig cúram páiste eile ar bhean an rí. Agus ba é an scéal céanna é – d'fhiafraigh sé di cé ab fhearr léi ag tabhairt aire di is dúirt sí an rud céanna: gurbh iad a beirt deirfiúr ba ghaire di. Ach chuile thráthnóna nuair a thagadh an fear bocht abhaile, d'fhiafraíodh sé cén chaoi a raibh an bhean óg agus déarfadh an bhean is sine, an deirfiúr is sine, go raibh sí go maith.

Ach an lá seo tháinig sé. "Bhuel, by *dad*, a rí," a deir sí, "tá an bhean óg *all right* ach déanfaidh mé an fhírinne leat – dá dhonacht maol," a deir sí, "is measa mullach – pé ar bith cén chaoi a raibh an scéal cheana," a deir sí, "is measa ná sin an geábh seo é."

Tháinig dath geal ar an rí agus thit sé as a sheasamh. Ach nuair a fuair sé biseach, "Bhuel, by *dad*," a deir an rí, "is dócha nach bhfuil aon mhaith ag clamhsán," a deir sé. "An fhoighid a bhí an chéad uair agam," a deir sé, "tá sé chomh maith agam í a bheith anois agam. Caithfidh mé glacadh le toil Dé ach is mór an tsúil mo bhean a bheith go maith."

Níor thaithin sin leis an deirfiúr is sine. Nuair a tháinig an tríú páiste ar an saol, pé ar bith triail a fuair an chéad cheann, níor thugadar a leath oiread don tríú ceann. Thugadar leo é agus ghléasadar suas é agus chuireadar i gciseán eile é agus leagadar amach sa spota céanna é ar an abhainn chéanna.

Fuair bean an rí biseach agus chuaigh chuile shórt thart. Bhí an rí is an dá shearbhónta ag foghlaeireacht is ag fiach.

Ach d'imigh an ciseán leis.

Agus an tríú bliain, bhí an seangharraíodóir ag obair sa ngairdín nó sa ngarraí – agus bhí sé ag éirí meánaosta go maith anois – agus pé ar bith cén breathnú a thug sé suas an abhainn, chonaic sé an sonda ag teacht anuas. Bhain sé de a chaipín nó a hata agus choisric sé é féin.

"By dad," a deir sé, "sin rud áirid. Ní fhaighim aon mheabhair ar cé as a bhfuil na ciseáin sin ag teacht, ach is dócha," a deir sé, "gurb é an rud céanna é."

Rith sé suas agus fuair sé geaf agus ghluais sé ar a bholg ar bhruach na habhann agus tharraing sé isteach an ciseán. Thóg sé é agus nuair a d'oscail sé an ciseán seo, ní choinneodh an dá pháiste eile coinneal don tríú páiste, bhí sé chomh breá sin. Bhí sé ag baint an amhairc as a dhá shúil agus é ina chnap codlata.

Thug sé chuig an tseanbhean é agus ba é an scéal céanna é. Ní raibh aon bhlas ag dul á bhaint den tseanbhean. Ach ba é an scéal céanna i gcónaí é – b'éigean dó inseacht don duine uasal agus dá bhean go raibh a leithéid ann agus nuair a tháinigeadar sin, ní raibh aon cheo ag dul á choinneáil uathu. Bhí an dá chéad pháiste anois ag siúl agus ag spóirt dóibh féin i gcathair an duine uasail. Pé ar bith aire a fuair an chéad bheirt, fuair an tríú ceann aire níos fearr.

D'imigh chuile shórt thart. Bhíodar ag cruóg leo. D'imigh bliain eile agus tháinig cúram páiste aríst ar bhean an rí. Agus an chaoi chéanna a raibh sé cheana, bhí an rí ag fiafraí den bhean óg – bhí sé níos géire anois uirthi ná roimhe sin – cé ab fhearr léi ag tabhairt aire di is ní raibh aon ghlacadh aici le haon dochtúir ná duine ar bith ach an dá dheirfiúr.

"Tá go maith," a deir an rí, má ba go doicheallach féin é, "sin a bhí mé ag ceapadh."

Ach bhí go maith. Thagadh sé chuile thráthnóna is bhí sé ag cur tuairisce, ach an tráthnóna seo, tháinig sé agus d'fhiafraigh sé an raibh aon cheo suas.

"By *dad*, tá," a deir an deirfiúr is sine, "ach," a deir sí, "cén mhaith dom a bheith ag rá tada – dá dhonacht a raibh sé cheana is measa ná sin an babhta seo é."

Agus séard a rugadh an babhta seo do bhean an rí, iníon óg, agus ní raibh sí ar sheacht gcranna an domhain aon pháiste mná ba bhreátha ná í.

Ar an bpointe is a tháinig sí ar an saol, ghléasadar suas í seacht n-uaire ní b'fhearr ná an triúr mac, thugadar leo ciseán ba bhreátha ná na trí chiseán eile, chuireadar isteach ann í agus leagadar amach ar an abhainn í.

Ach nuair a chuala an rí an ceathrú babhta é, chuir sé an-fhearg go deo air – nó chuir sé an-mhúisiam air – ach shuaimhnigh sé anuas is rinne sé staidéar.

"Bhuel," a deir sé, "céad míle fáilte roimh ghrásta Dé. Cén mhaith dom," a deir sé, "pé ar bith céard a dhéanfas mé, caithfidh mé foighid a bheith agam. Buíochas le Dia," a deir sé, "go bhfuil an bhean go maith."

D'imigh sin ann féin. Fuair bean an rí biseach. Bhí sí chomh maith is a bhí sí ariamh.

Ach d'imigh an ciseán. Ach sa gceathrú bliain, bhí an garraíodóir ag obair sa spota céanna agus pé ar bith cén chaoi ar chrogh sé a chloigeann an lá seo, chonaic sé ag teacht é. Ach ní raibh aon chall fiafraí de céard a bhí ann anois; bhí a fhios aige go maith é. Chuaigh sé ag iarraidh an gheaif is tharraing sé isteach an ciseán is nuair a thóg sé an clár de, bhí an páiste mná ba bhreátha ar leag fear nó bean súil ariamh uirthi ina codladh sa gciseán.

"Ó, míle glóire leat, a Mhic Dé," a deir sé. "Nach áirid an rud é sin, cibé cé as a bhfuil na páistí seo ag teacht?"

Ach bhí go maith is ní raibh go holc. Tháinig an duine uasal agus a bhean agus b'éigean dóibh an páiste mná a fháil. Pé ar bith cion a bhí ag bean an duine uasail ar na triúr mac, bhí a sheacht n-oiread aici ar an bpáiste mná.

D'imigh chuile shórt thart. Fuair bean an tseanrí biseach is bhí siad ag fiach is ag foghlaeireacht – é féin is an dá shearbhónta. Ach níor tháinig aon chúram ar bhean an rí ná ar mhná an dá shearbhónta uaidh sin amach. Bhí siad ag caitheamh saoil chomh compóirteach agus dá mbeadh deichniúr clainne acu – ag an rí agus ag an mbean agus ag na searbhóntaí – chuile shamhradh chomh compóirteach agus a d'fhéadfaidís a chaitheamh, ag fiach is ag foghlaeireacht ar chuile bhealach.

Ach bhí an ceathrar clainne ag éirí suas ag an duine uasal nó go raibh sé in am iad a chur ar scoil. Chuir sé chuig an scoil iad agus nuair a bhí siad réidh leis an scoil náisiúnta, chuir sé chuig coláiste iad. Ach chuir sé chuig an gcoláiste ab airde a bhí sa ríocht iad nó go rabhadar ar an gceathrar clainne ba foghlamtha a bhí ar sheacht gcranna an domhain. Agus ní raibh mórán ceathrar daoine uaisle óga ar bith ar sheacht gcranna an domhain ba bhreátha ná iad.

Ach bhí go maith is ní raibh go holc. Nuair a bhí siad ina b*prime* agus iad réidh le scoil, bhí foghlaeireacht múinte aige dóibh – fiach, chuile chineál a theastódh uathu. Ach fuair an seangharraíodóir bocht bás agus an tseanbheainín agus nuair a tháinig an duine uasal é féin sa bpreib dheireanach, rinne sé uachta agus d'fhág sé an áit uilig, an chathair is a raibh ann, ag an gceathrar uasal óg.

Bhí go maith is ní raibh go holc. Fuair sé bás agus fuair a bhean bás. Ach bhí an chathair acu.

Bhí go maith is ní raibh go holc. Is é an cheird chéanna a bhí acu a bhíodh ag an athair sa mbaile agus a chonaiceadar ag an duine uasal – bhí caiple rása acu, bhí cúití fiaigh acu is bhí madraí foghlaeireachta acu, *setters*, na gunnaí ba bhreátha a bhí ar sheacht gcranna an domhain. Ach sin í an cheird a bhí acu.

Ach an oíche seo, faoi cheann cúpla bliain nó trí théis an duine uasal a chailleadh, bhí an mac is sine ina chodladh. Agus bhí sé ag brionglóidigh agus is é an bhrionglóid a tháinig ina intinn go raibh an áit ba bhreátha acu ar sheacht gcranna an domhain dá mbeadh trí achtúr acu a bhí ar mhullach an chnoic ab airde a bhí sa Domhan Thoir. Bhuel, níor rug aon ghaiscíoch ariamh na trí achtúr sin as sin agus chaill na mílte céadta gaiscíoch – d'fhágadar a n-anam ann nó déanadh clocha glasa díobh nó muca mara.

Bhí go maith is ní raibh go holc. Oíche lá arna mhárach, níor lig sé tada air féin nó go raibh sé féin agus an dá dhearbháir agus a dheirfiúr ag tógáil dinnéir. Agus labhair sé ag an mbord.

"Bhuel," a deir sé, "bhí mise ag brionglóidigh aréir go raibh an áit a mba bhreátha againn a bhí ar sheacht gcranna an domhain dá mbeadh trí achtúr ann atá ar mhullach cnoic sa Domhan Thoir."

Thosaigh an deirfiúr ag scairtíl gháire faoi.

"Tá uabhar ort," a deir sí.

"Níl," a deir sé.

"Tá," a deir sí. "Níl aon mhaitheas dá bhfuil ag teastáil uaibh anois," a deir sí, "nach bhfuil agaibh agus níl aon mhaith ina dhiaidh sin ann go bhfaighidh sibh tuilleadh. Níor rug aon duine ariamh," a deir sí, "na trí achtúr sin de mhullach cnoic an Domhain Thoir gan trácht ortsa."

"Bhuel," a deir sé, "an dara béile ní íosfaidh mise den bhord sin anois agus an dara hoíche ní chodlóidh mé sa gcathair seo go bhfaighidh mé na trí achtúr sin, sin nó go gcaillfidh mé an t-anam."

Thosaigh an deirfiúr ag bladhrach caoineachán agus bhí an dá dheartháir ag iarraidh foighid a chur inti ach ní raibh aon mhaith ann. Ghlaoigh sé ar an searbhónta ab fhearr a bhí aige agus dúirt sé leis an capall ab fhearr a bhí sa stábla, srian agus diallait a bheith faoi réir aige ag a hocht a chlog ar maidin lá arna mhárach go dtugadh sé faoi Domhan Thoir.

Dúirt an searbhónta go mbeadh. Agus maidin lá arna mhárach bhí an capall – srian agus diallait uirthi – ina sheasamh sa doras agus is dócha nach mórán a d'ith aon duine acu, ceachtar den cheathrar acu. Ach ar airigh mise de – ghlaoigh sé suas ina sheomra ar an deirfiúr, tharraing sé amach *drawer* nó d'oscail sé *press* agus thug sé amach rásúr as agus d'oscail sé í. Agus níor thit aon deoir uisce de bharr aille ba glaise ná í, ina béal agus chuile áit.

"Breathnaigh uirthi seo anois," a deir sé leis an deirfiúr.

Bhreathnaigh.

"Bhuel anois," a deir sé, "má choinníonn sin sa gcuma chéanna a bhfuil sí anois ó imeos mise go dtaga mé – seans go dtiocfad," a deir sé, "in aghaidh dhá sheans nach dtiocfad – beidh mise beo. Ach má fheiceann tú cosúlacht dusta ar a béal nó meirg," a deir sé, "beidh mé marbh nó beidh mé faoi dhraíocht."

Bhí sí ag bladhrach ach ní raibh aon mhaith di ann. Leag sí le hais na fuinneoige oscailte í.

Ní rinne sé ach a dhul anuas agus chuaigh sé de léim sa diallait agus ní i bhfad a bhí sé ar an gcapall sin nuair a bhí sí ag baint an amhairc as a dhá shúil. An ghaoth a bhí ina diaidh, ní raibh sí ag breith uirthi agus an ghaoth a bhí roimpi, bhí sí ag dul tríthi. Bhí sí ag tógáil acraí, rútaí, péirsí, curraigh, cnoc agus gleann – agus seacht mbaile caisleáin dá mbeidís ann – nó gur bhuail sí a dhá cois tosaigh ar thalamh an Domhain Thoir.

Tamall roimh an lá bhí sí ag imeacht ar an mbóthar mór a bhí ag imeacht leis an bhfarraige sa Domhan Thoir nó go dtáinig sí ar chloigeann an bhóthair a bhí le casadh suas ar an gcnoc ab airde a bhí sa Domhan Thoir.

Ní i bhfad suas an bóthar a bhí sé chor ar bith nuair a thosaigh torann. Agus ní bheadh aon bhlas toirní – dá mhéid a mbeadh sí – ach mar a bheifeá ag bualadh píosa adhmaid ar thóin ceaintín nó sáspan ar ghualainn an torainn.

Ach mhéadaigh an torann chomh mór sa deireadh is gur chaill sé a mhothú agus thit sé den chapall agus nuair a thit sé den chapall, tiontaíodh isteach é féin agus an capall ina ndá chloch ghlasa ar chaon taobh den bhóthar. Agus bhí siad suas ar fhad an bhóthair uilig – na clocha glasa – le gaiscíocha agus clann prionsaí agus ríthe a bhí ag iarraidh na trí achtúr sin.

Bhí go maith is ní raibh go holc. Ar maidin lá arna mhárach nuair a bhreathnaigh sí ar an rásúr, thug sí faoi deara go raibh lorg dusta nó cosúlacht éicint air is níorbh fhéidir aon fhoighid a chur sa mbean bhocht, bhí sí as a ciall.

Ach bhí go maith. Nuair a bhí siad in ainm is ag tógáil dinnéir san oíche lá arna mhárach, "Bhuel anois," a deir an dara mac, "san áit a bhfuil mo dhearthárise," a deir sé, "beidh mise ann. Gheobhaidh mé na trí achtúr," a deir sé, "nó sin," a deir sé, "gheobhaidh mé mo dhearthár, beo nó marbh."

Ach, ar ndóigh, ní raibh aon chiall ag an deirfiúr bhocht – bhí sí as a ciall. Ní raibh aon mhaith di ann. Ghlaoigh sé ar an searbhónta céanna agus dúirt sé leis an capall eile ab fhearr a cheap sé a bheith sa gcró a bheith aige faoi réir ar maidin ag a hocht a chlog – srian agus diallait. Dúirt sé go mbeadh.

Sular imigh sé, ghlaoigh sé ar an deirfiúr suas ina sheomra agus dá fheabhas a raibh an rásúr a thug an chéad mhac amach, ní raibh tada inti ach mar a bheadh seanráipéar de scian ar ghualainn an rásúir a thug an dara mac amach. Dúirt sé an scéal céanna léi a dúirt an dearthár roimhe sin.

Ach d'imigh leis agus dá fheabhas an capall dá raibh ag an gcéad dearthár, ní raibh dul ar bith aici ar an dara capall. Ach bhí sí ag tógáil acraí, rútaí, péirsí, curraigh, cnoc agus gleann nó gur leag sí dhá chois tosaigh ar thalamh an Domhain Thoir. Agus bhí sé ceathrú uair nó leathuair níos túisce ar thalamh an Domhain Thoir ná an chéad dearthár.

Bhí sé ag imeacht ar an mbóthar mór céanna nó go dtáinig sé go dtí an bóthar a bhí ag casadh suas an cnoc ab airde. Ansin thosaigh an torann mór. Agus is é a ndeachaigh sé leis an torann, timpeall dhá fhichead slat thar an áit a ndeachaigh an chéad dearthár nó gur chaill sé an mothú agus gur thit sé anuas den chapall. Déanadh dhá chloch ghlasa díobh.

Bhí go maith. Nuair a chuaigh sí ag breathnú ar an rásúr an dara maidin, ba é an scéal céanna é. Bhí a fhios aici go raibh sé faoi dhraíocht nó marbh, nach bhfeicfeadh sí choíchin é.

Ach an tríú hoíche nuair a bhí siad ag tógáil dinnéir nó in ainm is ag tógáil dinnéir, ní raibh siad in ann aon dinnéar a ithe, í féin is a dearthár ab óige. Labhair an dearthár ab óige.

"Bhuel anois," a deir sé, "san áit a gcailltear, feanntar. Bíodh an scian is géire ag feannadh," a deir sé. "Ach pé ar bith cén chaoi a mbeidh sé," a deir sé, "ní íosfaidh mise an dara béile den bhord seo agus ní chodlóidh mé an dara hoíche ar aon leaba go bhfaighidh mé mo bheirt dearthár," a deir sé, "sin," a deir sé, "nó na trí achtúr sin atá ar mhullach cnoc an Domhain Thoir."

Ara, bhí an deirfiúr bhocht ag cailleadh a ciall uilig anois, ní raibh duine ar bith le bheith aici. Ach ní raibh aon mhaith di a bheith ag caint. Ghlaoigh sé ar an searbhónta agus dúirt sé leis an capall ab fhearr a cheap sé a bhí sa stábla anois a phiocadh agus í a bheith aige ar maidin ag a hocht a chlog agus go mbeadh sé féin faoi réir le bheith ag imeacht.

Ghlaoigh sé suas ar an deirfiúr ina sheomra agus an rásúr a thug sé amach as – ní raibh aon mhaith sa dá rásúr eile ach mar a bheadh dhá sheanscian mheirgeacha ar ghualainn an tríú rásúr.

"Bhuel anois," a deir sé, "bíodh misneach agat. Tá Dia láidir," a deir sé, "má choinníonn an rásúr seo sa gcuma chéanna amárach, arú amárach nó an lá ina dhiaidh sin a bhfuil sí anois ann, beidh mise beo. Ach má fheiceann tú cuma mheirge nó tada ar a béal," a deir sé, "beidh mise faoi dhraíocht nó marbh. Ach coinnigh do mhisneach," a deir sé; "tá Dia láidir."

Ach d'fhág sé slán acu, chuaigh sé ag marcaíocht ar an gcapall agus – ara, ní raibh sa dá chapall eile ach mar a bheadh dhá sheanasal bhacach – ní raibh sí ag fágáil spré ina dhá shúil. Bhí sí ag tabhairt acraí, rútaí, péirsí, curraigh, cnoc agus gleann ach bhí sí timpeall is uair go leith ar thalamh an Domhain Thoir chun tosaigh ar an dá chéad chapall.

Bhí sé ag imeacht ar an mbóthar mór leis an bhfarraige. Bhí an oíche agus an lá bunáite ag scaradh ó chéile nuair a thug sé faoi deara sonda ag déanamh air ar an mbóthar. Ghlac sé an capall sa siúl agus nuair a bhí sé ag teannadh leis, thug sé faoi deara go mba seanfheairín críon liath é. Bhí a chuid gruaige chomh geal le giobóg lín agus í síos thar a bhásta agus a chuid féasóige chomh geal céanna is í síos ar a chliabhrach, is nuair a bhí mac an rí ag teannadh leis, ghlac sé an capall sa siúl agus bheannaigh an seanfheairín dó.

"Go mbeannaí Dia duit," a deir sé, "a mhac Rí Éireann."

"Go mbeannaí Dia agus Muire duit féin," a deir mac an rí. "Cén chaoi a n-aithníonn tú gur mac rí mise?"

"Níl aon mhac rí," a deir sé, "ar sheacht gcranna an domhain nach n-aithneodh mise."

Ach bhí siad ag caint.

"Tá barúil agam," a deir sé, "cá bhfuil do thriall agus tá faitíos orm," a deir sé, "gur suarach í d'aistear. Ach cogar mise leat," a deir sé, "an bhfuil misneach maith agat?"

"Bhuel, más i dtaobh misnigh," a deir mac an rí, "níor chaill mise ariamh sa misneach é."

"Cogar mise leat," a deir an seanfheairín, "ní chasfadh Dia go mbeadh aon ghráinne tobac timpeall ort?"

"Tá, *by dad*," a deir mac an rí is chuir sé a láimh ina phóca is chaith sé ceathrú tobac chuige.

"Go raibh míle maith agat," a deir an seanfheairín. "Bhuel, níl tú i bhfad ón mbóthar mór anois," a deir an seanfheairín, "go gcasfaidh tú suas cnoc, an cnoc sin a bhfuil na trí achtúr sin air. Tá sé sin," a deir sé, "ar chaon taobh de, daite le clocha glasa, agus níl aon chloch ghlas ansin," a deir sé, "nach capall, gaiscíoch, mac prionsa nó mac banríona é – ach chuile dhream ardnósach sa domhan. Níl aon chnoc," a deir sé, "ar sheacht gcranna an domhain inniu – is is iomaí cnocán ann – is mó draíocht agus asarlaíocht ná an cnoc sin. Nuair a chasfas tusa suas an bóthar sin anois," a deir sé, "tosóidh torann. Agus ní i bhfad suas a bheas tú," a deir sé, "beidh an torann ag méadú chomh mór go gcaillfidh tú do mhothú. Titfidh tú den chapall," a deir sé, "agus beidh tú iontaithe isteach, thú féin agus í féin, ina ndá chloch ghlasa."

Chuir sé a láimh ina phóca. Tharraing sé aníos mar a bheadh – í déanta suas mar a bheadh fiús bleaist ann agus séard a bhí inti, slaitín draíochta agus gruaig nó téip timpeall uirthi.

"Seo anois," a deir sé. "Cuir í seo i do phóca agus nuair a thiocfas tusa go dtí ceann an bhóthair sin," a deir sé, "scaoil í agus," a deir sé, "nuair a bheas tú suas píosa, nuair a thosós an torann, dá mhéid a bheas an torann ag méadú, coinnigh do mhisneach. Tabhair corrbhuille den tslat seo taobh thiar don chapall agus is é an chaoi a mbeidh an capall ag éirí ar an maide. Ach coinnigh thusa do mhisneach féin. Beidh sí ag baint lasracha dearga," a deir sé, "as na clocha glasa agus ag tabhairt toibreacha fíoruisce aníos ó na cosa le teann siúil. Coinnigh thusa géar í leis an tslaitín agus má choinníonn tú do mhisneach, *by dad*," a deir sé, "b'fhéidir go ndéanfá mullach an chnoic – nó barr an chnoic – amach.

"Ach sin é an áit a bhfuil an chontúirt ansin ort," a deir sé. "Nuair a thiocfas tú go dtí barr an chnoic sin, tá ollphéist ag tabhairt aire do na trí achtúr sin le seacht gcéad bliain agus," a deir sé, "gheobhaidh sí do bholadh. Cuirfidh sí sin fead aisti agus bainfidh sí an mothú asat. Cuirfidh sí an dara fead aisti agus ní foláir duit do mhisneach an uair sin. Ach an tríú fead," a deir sé, "ní i bhfad go bhfeicfidh tú ag teacht í. Bhuel, beidh a clab sin oscailte," a deir sé, "agus slogfaidh sí thú féin agus do chapall mar a shlogfadh sí ceann de na míoltóga géara a fheiceann tú ag imeacht sa spéir."

Chuir sé a láimh ina phóca aríst.

"Tá slat anseo agam," a deir sé, "agus más fear misniúil thú b'fhéidir go ndéanfá an gnó. Seo duit í," a deir sé, "ach fainic a gcuirfeá an tslat eile ag obair uirthi. Nuair a aireos tú an chéad fhead," a deir sé, "scaoil an tslat seo agus tabhair corr*tip* den chéad tslat a thug mé duit an chéad uair don chapall agus i leaba a bheith ag cúlú ón ollphéist bí ag déanamh uirthi. Ach nuair a thiocfas an ollphéist," a deir sé, "chomh gairid is go gceapann tú go mbeidh sí ag dul do do shlogadh, bíodh an oiread siúil ag an gcapall is go scuabfaidh tú amach thairisti. Agus nuair a scuabas tú amach lena taobh, má éiríonn leat í a bhualadh den tslat seo i gcúl a cinn, cuirfidh tú a cloigeann leathchéad slat sa spéir. Ní shlogfaidh sí aon duine aríst go brách.

"Tá agat ansin," a deir sé; "tá bóthar saor agat, déan do rogha rud. Nuair a thiocfas tú go dtí na trí achtúr," a deir sé, "agus nuair a fheiceann tú iad, níl ort ach a dhul anuas agus an chéad slat a thug mise duit – inseoidh mé duit cá bhfuil do bheirt deartháir agus a dhá gcapall – buail buille den tslaitín seo ar chaon cheann acu agus éireoidh siad chomh slán, chomh folláin agus chomh meanmnach agus a bhíodar ariamh. Téadh an triúr agaibh suas ansin," a deir sé, "agus má tá sibh in ann na trí achtúr sin a thabhairt libh, tugaigí libh iad ach ní bheidh aon cheo le sibh a bhacadh."

"Go raibh céad míle maith agat," a deir mac an rí agus chuir sé a láimh ina phóca agus chaith sé ceathrú eile chuige.

"Beannacht leat anois," a deir an seanfhear. "Tá cuma fear maith ort ceart go leor."

Ach d'imigh mac an rí is nuair a tháinig sé go dtí cloigeann an bhóthair, bhí an tslat scaoilte aige. Ghlac sé suas aríst í ar chuma ar bith nuair a thosaigh an torann. M'anam ón diabhal gur gearr go raibh sé ag cailleadh mothú ach nuair a cheap sé go raibh, thosaigh sé ag bualadh corrbhuille den tslat ar an gcapall taobh thiar di. Gearr go bhfaca sé na lasracha dearga ag dul sa spéir os a chionn óna cosa agus í ag tabhairt toibreacha uisce aníos tríd na clocha glasa.

Ach – le scéal fada a ghiorrú – rinne sí barr an chnoic a bhaint amach agus mac an rí chomh maith léi. Ní mórán achair a bhí sé ag siúl ar bharr an chnoic nuair a d'airigh sé fead ón ollphéist agus, pé ar bith céard a rinne an torann, chroith sí sin é. An dara fead, chroith sé ní b'fhearr é. Ach dúirt sé go raibh sé chomh maith dó, an fhad is a bheadh sé beo, a bheith beo.

Ach an tríú huair céard a d'fheicfeadh sé ag teacht ach í – agus chuirfeadh sí uafás ar an domhan mór. Bhí béal uirthi chomh mór agus go slogfadh sí leathchnoc agus sruth cúir anuas ar an talamh as a béal. Níor chúlaigh sé tada uaithi. Rinne sé uirthi agus bhí an tslat a thug an seanfheairín dó faoi réir aige. Nuair a shíl an ollphéist é chuici, thug sé tarraing cham don chapall agus scuab sé amach thairsti. Agus ar a dhul amach taobh léi dó, tharraing sé an láimh dheas agus bhuail sé i gcúl a cinn í agus chuir sé a cloigeann leathchéad slat sa spéir.

Nuair a tháinig an cloigeann ar an talamh, chaith sé é féin anuas den chapall agus lean sé an cloigeann agus bhuail sé de chic é agus chuir sé seacht n-acra agus seacht n-iomaire uaidh é.

"Bí buíoch," a deir an cloigeann, "dá bhfaighinn mé féin," a deir sé, "ar an gcolainn chéanna aríst, thusa ná seacht gcatha na Féinne, ní chuirfeadh di mé, a ridire gaisce."

"Tá tú críochnaithe anois," a deir mac an rí.

D'imigh leis is chuaigh sé ar an gcapall aríst agus is gearr a bhí sé nuair cén diabhal a d'fheicfeadh sé thuas sa *gcage* mór ach an t-éan mór seo, is nuair a chonaic an t-éan ag teacht é, d'éirigh chuile ribe clúmhaigh – nó chuile chleite – uirthi – ar a cholainn – ina sheasamh agus bhí sé ag iarraidh a dhul amach as an *gcage* go bpiocfadh sé an dá shúil as. Diabhal blas a rinne mac an rí ach an chéad slat a thug an seanfheairín dó a tharraingt as a phóca agus chroch sé í agus spáin sé don éan í.

"Smideanna beaga uait anois," a deir sé leis an éan.

"Céad míle fáilte romhat," a deir an t-éan. "Tú an fear is fearr," a deir sé, "a tháinig ar mhullach an chnoic seo le seacht gcéad bliain nó a thiocfas aríst ann," a deir sé, "go lá deiridh an domhain."

D'fhág sé an t-éan ansin. D'imigh leis agus is gearr a chuaigh sé nuair a chonaic sé an t-uisce óir seo ag éirí as tobar óir agus ag dul suas is anuas sa spéir is bhí sé ag baint an amhairc as a dhá shúil. Diabhal blas eile a chuaigh sé nuair a d'airigh sé an glór ab áille a d'airigh sé ina shaol ariamh – chuirfeadh sé éanacha an aeir a chodladh – agus pé ar bith cén chaoi ar bhreathnaigh sé, céard a d'fheicfeadh sé ach crann galánta agus é ag gabháil fhoinn. Agus bheadh ciall le bheith ag gabháil fhoinn ach chuirfeadh sé an domhan ina chodladh.

"*By dad*, tá sibh ann cinnte," a deir mac an rí.

Ní rinne sé ach an capall a chasadh anuas agus an spota céanna ar inis an seanfheairín dó, chonaic sé an ceithre cinn de chlocha. Bhuail sé snaidhm den tslaitín ar chaon cheann acu agus is é an deartháir is sine an chéad fhear a d'éirigh mar gurbh é a bhuail sé an chéad uair. Phógadar a chéile agus chroitheadar lámha le chéile. Bhuail sé an ceann eile agus d'éirigh an capall. Tháinig sé beagán ní b'fhaide agus bhuail sé an ceann eile agus d'éirigh an dara deartháir.

Ach – le scéal fada a dhéanamh gearr – bhí na trí chapall agus an triúr deartháir in éineacht aríst suas an bóthar go ndeachadar san áit a raibh na trí achtúr. Níl mé in ann a chruthú cén chaoi a dtugadar leo iad ach, pé ar bith bealach a dtugadar leo iad, thugadar anuas le fána iad agus níor chónaíodar ariamh go dtáinigeadar ar an talamh abhus.

Bhí go maith is ní raibh go holc. Bhí an deirfiúr óg ag breathnú ar rásúr an tríú deartháir – nó an mac ab óige – chuile mhaidin agus bhí sé dhá mhaidin nó trí imithe is ní raibh aon chuma mheirge ná dusta uirthi agus m'anam ón diabhal gur thosaigh misneach ag teacht di.

Ach an lá seo bhí sí thuas i gceann de na seomraí sa dara stór agus í ag breathnú amach trí fhuinneog mhór den seomra taobh theas agus – bhí bóthar mór ag déanamh ar an gcathair – cén diabhal a d'fheicfeadh sí ag teacht – agus d'airigh sí an glór an chéad uair – ach an triúr deartháir, trí chapall agus na trí achtúr ag teacht acu. Thit sí as a seasamh le ríméad ach san am céanna nuair a fuair sí biseach, bhí sí rompu. Thíos a frítheadh iad ach thuas a fágadh iad.

Bhí go maith is ní raibh go holc. Chuireadar suas féasta ar feadh naoi n-oíche agus naoi lá agus nuair a bhí an féasta agus chuile shórt thart, shocraíodar an tobar óir amuigh sa ngairdín ar aghaidh an dorais mhóir a bhí ar an gcathair; agus chuireadar an crann a bhí ag gabháil fhoinn in aice leis; agus thugadar leo an t-éan mór agus chrochadar in halla mór a bhí istigh sa gcathair é i g*cage*. Bhí an t-éan sin in ann a inseacht dóibh céard a bhí le teacht agus céard a bhí caite.

Ach bhí go maith is ní raibh go holc. Ní raibh aon cheo ag teastáil uathu nach raibh sé in ann a inseacht dóibh.

Ach bhí go maith is ní raibh go holc. Nuair a shuaimhnigh chuile shórt síos, bhíodar anois – ní raibh aon cheo ag teastáil uathu. Bhí an áit ba bhreátha ar sheacht gcranna an domhain acu. Is é an cheird a bhí acu, ag fiach agus ag foghlaeireacht agus plód searbhóntaí acu, madraí fiaigh, cúití fiaigh agus chuile shórt. Ach théidís fíorfhada ó bhaile ag foghlaeireacht.

Bhuel, bhí an seanrí ansin a bhí sa mbaile, bhí an gnás céanna aige féin – pé ar bith achar a ghabhfadh sé is an dá shearbhónta inniu ba mhaith leis a dhul níos faide amárach – ach an lá seo bhí an seanrí agus an dá shearbhónta amuigh ag foghlaeireacht agus chuadar níos faide ná a chuadar ariamh agus cén áit ar shocraíodar síos a dhul ag tógáil lóin, ar bharr mullach cnoic a bhí fíorard. Nuair a bhí an lón tógtha ag an seanrí agus ag an dá shearbhónta, an searbhónta ba sine acu d'éirigh sé de léim.

"Bhuel, *by dad*, a rí," a deir sé, "airím urchar."

"Urchar anseo?" a deir an rí.

"Sea, *by dad*," a deir sé.

Is gearr gur éirigh an searbhónta eile de léim.

"*By dad*," a deir sé, "airímse ceann eile.

D'éirigh an rí agus ba fada gur airigh sé sin ach d'airigh sé sa deireadh é. "Ó, go sábhála Mac Dé sinn," a deir sé. "Pé ar bith cá bhfuil na hurchair á gcaitheamh," a deir sé, "níl a fhios cén t-achar uainn iad. Níl aon mhaith in ár gcuid urchar," a deir sé, "ach mar a bheifeá ag bualadh píosa cipín ar thóin sáspan nó ar thóin seancheaintín ar a ngualainn sin. Pé ar bith cé atá á gcaitheamh sin, níor chuala mé gur caitheadh aon urchar thart anseo ariamh is níor chuala mé aon duine a bheith ina chónaí," a deir sé, "i bhfoisceacht mílte de lena gcaitheamh. Ach pé ar bith dream atá á gcaitheamh sin, dream an-ardnósach iad. Caithfidh sé," a deir sé, "nach bhfuil léamh ná inseacht scéil ar na gunnaí atá acu."

Ach bhí go maith. Bhíodar ag aireachtáil corrchraic uaidh sin amach agus sa deireadh, bhí sé ag éirí siar sa lá.

"Bhuel anois," a deir an seanrí, "séard a dhéanfas muid anois," a deir sé, "gabhfaidh muid abhaile agus inseoidh mise an scéal don bhean agus insígí do bhur mná é. Agus," a deir sé, "éireoidh muid níos moiche maidin amárach is tabharfaidh muid linn lón níos fearr is ní chaithfidh muid urchar le cearc ná le giorria go dtí go mbeidh muid sa spota céanna. Agus má airíonn muid na hurchair sin amárach," a deir sé, "más fada gearr a thógfas sé orainn, *by dad*," a deir sé, "déanfaidh muid orthu."

"Tá go maith," a deir an dá shearbhónta.

Tháinig an seanrí abhaile agus sula ndeachaigh sé a chodladh d'inis sé an scéal don bhean agus dúirt sé léi an lá arna mhárach, gan aon imní a bheith uirthi mura mbeidís sa mbaile ag a leithéid seo d'am féin, gur airíodar urchair agus go mba mhaith leis fios a fháil cé a bhí á gcaitheamh nó cé as an dream a mbeidís aige. Dúirt an bhean go raibh sé ceart go leor.

D'éiríodar an lá arna mhárach agus d'imigh leo is níor chónaigh siad go dtáinigeadar sa spota céanna ar bharr an chnoic. Bhí an lón tógtha go díreach acu nuair a d'éirigh an searbhónta is sine ina sheasamh de léim.

"*By dad*," a deir sé leis an rí, "tá siad ag pléascadh aríst inniu."

"Dea-scéal in do bhéal," a deir an rí.

D'éirigh an rí ina sheasamh agus is gearr gur airigh sé trí phléascadh i ndiaidh a chéile.

"Bhuel anois," a deir an rí, "ní dhéanfaidh muid aon mhoill. Déanfaidh muid orthu anois," a deir sé, "agus is dócha nuair a bheas muid ag teannadh leo go mbeidh na hurchair níos láidre."

Ach bhí cnoc mór ard eile píosa an-fhada uathu is diabhal ar chónaigh an seanrí ná an dá shearbhónta go ndeachadar ar bharr an chnoic sin. Agus bhíodar píosa ina suí síos ach is gearr gur airigh siad cúig nó sé de cheanna pléascadh ag dul amach. D'éirigh an seansearbhónta de léim.

"*By dad*, a rí," a deir sé, "feicim idir mé is léas iad. Feicim uaim iad."

"Tá go maith," a deir an rí. "Ní féidir," a deir sé, "go bhfuil siad chomh dona sin is go gcaithfeadh siad muid nó go maródh siad muid, pé ar bith cé hiad. Déanfaidh muid orthu," a deir sé.

D'imíodar chomh tréan agus a bhíodar in ann agus, maisce, ní rabhadar fíorghar do na huaisle ardnósacha chor ar bith nuair a chonaiceadar sin iadsan. Agus i leaba déanamh uathu is é an chaoi ar thosaigh na strainséirí ag déanamh ar an seanrí agus ar an dá shearbhónta. Agus chomh tráthúil lena bhfaca tú ariamh, is é an áit a dtáinigeadar ina chéile ar bharr cnoicín eile biorach agus nuair a tháinigeadar ina chéile, ní hiad a mharú ná tada – ach chroitheadar lámha le chéile.

Thosaigh siad ag caint is ag comhrá agus shuíodar síos agus tharraing na huaisle óga – ní raibh an rí ag tógáil súil ar bith díobh, ní fhaca sé aon uaisle ó cuireadh cóta air ab ardnósaí ná ba tréine ná ba saibhre; ní raibh aon lasair ina ghunna ach mar a bheadh seandos gabáiste ar ghualainn na ngunnaí a bhí acu; ní raibh aon lasair ina gcuid urchar ach an oiread – ach bhíodar i bhfad ag caint is ag comhrá. Ach rinneadar chomh mór ar a chéile sa deireadh agus gur iarr na huaisle strainséartha an seanrí lá arna mhárach ar chuireadh dinnéir agus go bhfeicfeadh sé an áit a bhí acu – agus go mbeidís féin roimhe sa spota céanna.

Ar ndóigh, tháinig ríméad ar an seanrí agus d'imigh sé féin is an dá shearbhónta abhaile agus d'imigh na huaisle óga abhaile.

Ach nuair a tháinig an seanrí go dtína bhean, d'inis sé an scéal di agus iad ag tógáil dinnéir agus dúirt sé léi gan aon imní a bheith uirthi lá arna mhárach, go bhfuair sé cuireadh óna leithéidí seo de strainséirí agus nach bhfaca sé mórán uaisle ariamh ab ardnósaí ná ba saibhre ag breathnú ná iad – ná ba mhúinte ná iad.

"Ach," a deir sé, "ní mórán seans go dtiocfaidh muid abhaile san oíche amárach anois chor ar bith. Tá siad dár n-iarraidh chun dinnéir."

"Ó, níl aon locht air sin," a deir an bhean; "ní bheidh aon imní orm."

"Tá go maith," a deir an seanrí.

Lá arna mhárach d'imigh sé féin agus an dá shearbhónta is níor chónaíodar go dtáinigeadar sa spota ar casadh na huaisle óga leo an lá roimhe sin. Ní i bhfad a bhíodar ann nuair a chonaiceadar ag teacht iad. Agus ní i bhfad a chaitheadar ag caint ach an oiread gur imíodar.

Ach nuair a tháinig na huaisle óga abhaile théis an tseanrí a fheiceáil, d'inis an deartháir ba sine don deirfiúr gur casadh a leithéid seo de rí orthu agus dhá shearbhónta in éineacht leis agus gur iarr siad féin – go dtugadar cuireadh chun dinnéir dóibh.

"Ó," a deir an deirfiúr, "níor cheart duit é sin a dhéanamh," a deir sí. "Cá bhfios domsa ó Dhia na Glóire anois," a deir sí, "ná ag mo chuid searbhóntaí, cén chaoi a leagfaidh muid bord don rí sin nó céard ba chóir dúinn a leagan chuige lena dhinnéar?"

"Á, ná cuireadh sé sin imní ar bith ort," a deir an deartháir is sine, a deir sé, "ní i bhfad go mbeidh fios air sin."

"Cá bhfaighidh tú fios air?" a deir sí.

"Tá sé crochta ansin sa *hall*," a deir an deartháir is sine, "an t-éan," a deir sé, "a inseos duit pé ar bith a theastós uait a leagan sa mbruth agus a réiteach don rí sin nó do rí níos fearr ná é."

"Tá go maith," a deir an deirfiúr.

Ar maidin lá arna mhárach d'imigh na huaisle óga go gcasfadh an seanrí leo agus thosaigh an deirfiúr agus a cuid searbhóntaí féin ag bruith is ag cócaireacht agus ag réiteach nó go raibh chuile shórt a theastaigh uaithi – bhí sí ag dul go dtí an t-éan is bhí an t-éan ag inseacht di. Ach nuair a bhí an bord leagtha dúirt an t-éan léi go raibh sé ceart.

Ach d'imigh na huaisle agus níor chónaigh siad féin agus an seanrí go dtáinigeadar go dtí an chathair is, ar ndóigh, nuair a chonaic an seanrí an chathair, ní raibh aon bhlas aige ach mar a bheadh stáblaí beithíoch sa mbaile ar ghualainn an áit a bhí ag na huaisle seo. Cén bhrí ach nuair a spáineadar an *Singing Tree* agus an *Talking Bird* agus an *Golden Water* dó ba bheag nár thit sé as a sheasamh. Bhí a fhios aige ansin nach raibh aon áit ar sheacht gcranna an domhain mar a bhí acu, nárbh iontas iad a bheith ardnósach.

Ach bhí go maith. Nuair a tháinigeadar isteach agus chuaigh sé siar doras an tseomra mhóir ina raibh an bord leagtha, leath an dá shúil ina chloigeann nuair a chonaic sé é. Ní fhaca sé aon bhord leagtha in áit ariamh mar é.

Thosaigh siad ag ithe. Bhí an bhean óg – an deirfiúr óg – agus na triúr deartháir, an seanrí agus an dá shearbhónta – sin a raibh ag an mbord. Shuíodar isteach uilig ag ithe is ag ól go raibh a ndóthain ite acu. Dúirt an t-éan ansin leis an deirfiúr – leis an mbean óg – nuair a bheadh an dinnéar tógtha ag an seanrí sin agus ag na searbhóntaí agus ag an triúr deartháir – scilléad *pearls* a bheith thíos sa mbruth aici mar dhea – agus nuair a bheadh a ndinnéar tógtha acu, pláta *pearls* a leagan amach ar aghaidh chuile dhuine acu mar bhí a fhios aige go gcuirfeadh sé seo fearg nó múisiam ar an rí.

Bhí go maith is ní raibh go holc. Rinne sí mar a dúirt an t-éan. Ní raibh aon neart aici air. Nuair a bhí an dinnéar tógtha agus an rí ríméadach – ní fhaca sé a leithéid de dhinnéar, ar ndóigh, leagtha ariamh – agus é féin is na huaisle óga ag caint, d'éirigh an bhean óg ina seasamh. Tháinig sí aniar sa gcisteanach. Chuaigh sí siar is leag sí pláta *pearls* amach ar aghaidh chuile dhuine acu. Nuair a chonaic an seanrí pláta *pearls* leagtha ar a aghaidh, dhearg sé suas go dtí bun an dá chluais is tháinig cuthach feirge air.

"Bhuel," a deir sé, "níl mé ag déanamh aon iontas, ceart go leor, pé ar bith céard a dhéanfas sibh," a deir sé. "Bhuel, bail ó Dhia oraibh," a deir sé, "tá sibh chomh hardnósach agus nach iontach sibh a bheith ag sórt magadh nó ag frithmhagadh féin faoi dhaoine. Ach is iomaí comórtas a raibh mise ariamh ann agus níor leagadh aon phláta *pearls* ariamh chugam le n-ithe," a deir sé, "ná ag aon duine eile, mar níor ith aon duine ariamh *pearls.*"

Dhearg na triúr deartháir suas go dtí bun na gcluais le náire agus pé ar bith náire a bhí orthu sin bhí a sheacht n-oiread ar an mbean óg. D'éirigh an deartháir is sine de léim agus leag sé láimh ar a gualainn agus d'fhiafraigh sé di cén chaoi ar chuimhnigh sí ar *phearls* a leagan anuas chuig aon duine le n-ithe.

"Bhuel," a deir sí, "thú féin is ciontach. Dúirt tú liomsa," a deir sí, "go raibh éan anseo a bhí in ann a inseacht domsa chuile shórt a theastódh ar an mbord."

"Bhuel, caillfidh an t-éan sin an cloigeann anois," a deir sé, "mura n-insíonn sé domsa," a deir sé, "cén fáth ar ordaigh sé duit *pearls* a leagan chuig duine ar bith."

Chuaigh sé siar go dtí an t-éan.

"Ar ordaigh tusa do mo dheirfiúr *pearls* a leagan chugainne théis an dinnéir, nó ag an rí, nó ag an dá shearbhónta?" a deir sé.

"*By dad*, d'ordaigh," a deir an t-éan.

"Nach a raibh a fhios agat," a deir an deartháir, "nár ith aon duine ariamh *pearls?*"

"Bhí a fhios," a deir an t-éan, "chomh maith leatsa. Téirigh síos anois," a deir an t-éan, "agus abair leis an seanrí sin a dhul aníos anseo, a dhá shearbhónta, do bheirt eile deartháir agus do dheirfiúr. Agus seasaigí ansin."

Sheas. Nuair a tháinig an seanrí aníos, bhí sé chomh dearg le fearg agus chomh hoibrithe. "Nach raibh a fhios agat," a deir sé leis an éan, "nár ith aon duine ariamh *pearls* nó an ag déanamh beagáin díom atá tú?"

"Ní raibh mise ag déanamh beagáin ar bith díot," a deir an t-éan. "Bhí a fhios agamsa chomh maith leatsa," a deir sé, "nár ith aon duine ariamh *pearls*. Ach anois," a deir sé, "an bhfuil sé chomh cóir domsa – nó chomh réasúnach – pláta *pearls* a leagan amach ar d'aghaidh le n-ithe, le mise a rá suas díreach leatsa anois gurb in iad do thriúr mac agus d'iníon a bhfuil tú ag caint leo agus ag tógáil dinnéir leo."

Bhreathnaigh an rí ar an gclann agus bhreathnaigh an chlann ar an rí.

"Ná habraígí tada anois," a deir an t-éan.

Thosaigh an t-éan ar an scéal san áit ar thosaigh mise duitse anois air agus bhí sé ag inseacht ariamh go dtáinig sé chomh fada leis an áit a bhfuil mise anois, is nuair a tháinig sé go dtí sin, ní rinne an seanrí ach rith anonn agus ritheadar féin chuig a chéile. Thíos a frítheadh iad ach thuas a fágadh iad. Mhúchadar a chéile le póga, mhúchadar a chéile le deora agus thum siad a chéile le bratacha míne síoda.

Ach nuair a tháinigeadar chucu féin, ní raibh a fhios acu céard a bhíodar a dhéanamh le ríméad. Ach níor caitheadh a leithéid d'oíche sa gcathair sin ó leagadh an chéad chloch ariamh uirthi is ní chaithfear aríst go lá deireadh an domhain.

Bhí go maith is ní raibh go holc. Maidin lá arna mhárach nuair a bhí a mbricfeasta ite acu, d'imigh an rí agus ní raibh a fhios aige cén chaoi a raibh sé ag dul abhaile, le ríméad. Anois, ní raibh a fhios ag an gclann é. Ach d'imigh sé féin agus na triúr uaisle óga aríst gur fhágadar sa spota céanna é ar bhuaileadar leis an lá roimhe agus nuair a d'fhág, thug an seanrí cuireadh chun dinnéir do na triúr clainne agus don deirfiúr lá arna mhárach – go mbeadh sé sa spota sin rompu. Ach dúirt sé leo, ar bhfacadar ariamh, nuair a thiocfaidís chuig an dinnéar, gan tada a ligean orthu féin leis an máthair – ná fios cé hiad féin – nach mba iad na strainséirí ab fhaide uathu sa domhan iad nó go bhfeicfeadh sé an dtabharfadh an mháthair tada faoi deara nó an dtiocfadh aon cheo ina hintinn.

D'imíodar abhaile, an seanrí agus an dá shearbhónta, agus, ar ndóigh, bhí fáilte ag an mbean bhocht roimhe faoi go dtáinig sé slán is d'inis sé an scéal di. Agus dúirt sé léi go dtug sé cuireadh chun dinnéir lá arna mhárach dóibh, nár casadh a leithéidí d'uaisle ariamh air ba ghnaíúla ná ab ardnósaí is ní raibh aon mhaith san áit a bhí aige féin ach mar a bheadh áit bhocht ar ghualainn an áit a bhí acu.

"Bhuel, Dia dhar réiteach," a deir bean an rí, "ní bheidh mé in ann aon dinnéar a réiteach dóibh sin," a deir sí. "Cá bhfios dom céard a dhéanfainn?"

"Níl aon chall duit," a deir sé, "a bheith chomh géar sin chor ar bith. Tá siad an-réchúiseach," a deir sé. "Pé ar bith cén chaoi a mbeidh sé, ní chuirfidh siad tada i d'aghaidh, ní bhfaighidh siad aon locht air."

Ach bhí go maith. An mhaidin lá arna mhárach, d'imigh an seanrí agus an dá shearbhónta agus níor chónaigh siad go dtáinigeadar sa spota ar fhág siad na huaisle óga. Agus ní rabhadar i bhfad ann nuair a tháinigeadar. B'eo iad anois na ceathrar clainne.

D'imigh siad féin agus an seanrí agus níor chónaigh siad go dtáinig siad go dtí pálás an athar is nuair a tháinig siad isteach, chroith an bhanríon – nó bean an rí – láimh leo. Agus tugadh isteach sa siopa mór iad a raibh an dinnéar ann.

Shuigh bean an rí agus an rí agus na ceathrar clainne timpeall an bhoird agus bhí mná an dá shearbhónta ag tindeáil agus ag freastal. Agus bhí an dá shearbhónta iad féin ann ach ní raibh siad ag an mbord céanna.

Ach ó thosaigh siad ag ithe go rabhadar réidh, bhí an seanrí ag tabhairt corrshúil ar an mbanríon – ar an máthair – go bhfeicfeadh sé an aithneodh sé tada uirthi. Ach ní raibh sí ag tógáil súil ar bith den iníon ó thosaigh siad ag ithe nó go rabhadar réidh, is faoi cheann tamall maith théis iad a bheith réidh, bhí an rí ag cloigeann an bhoird. "Bhuel anois, déan an fhírinne," a deir sé leis an mbean. "Ó thosaigh tú ag ithe anois," a deir sé, "go bhfuil tú réidh, an dtáinig tada i d'intinn nó ar smaoinigh tú ar aon cheo nó faoi rud ar bith?"

"Muise, *by dad*," a deir sí, "caithfidh mé an fhírinne a rá leat," a deir sí; "tá rud éicint ag baint liom, nó leo seo, nach bhféadaim a thuiscint. Feictear dom," a deir sí, "go bhfuil nádúr éicint iontu nach bhfaighim aon mheabhair air."

"Bhuel anois," a deir an rí, "fan go mbeidh mise réidh."

D'éirigh an rí ina sheasamh agus sheas sé suas ag cloigeann an bhoird agus thosaigh sé ar an scéal san áit chéanna ar thosaigh mise duitse anois air agus bhí sé á inseacht ariamh go dtáinig sé chomh fada leis an áit a bhfuil mise anois. Agus nuair a tháinig, thit an bhanríon as a seasamh nuair a bhí a fhios aici go mb'iad a ceathrar clainne iad. Thit sí as a seasamh. Agus ba fada a chaitheadar léi sular chuireadar aon mheabhair inti. Ach faoi dheireadh nuair a fuair sí biseach, rith sí go dtí an iníon agus chuir sí dhá láimh timpeall ar a muineál. Ritheadar féin chuig a chéile, ach thiteadar uilig i mullach a chéile le teann ríméid agus buaireamh ar bhealach.

Ach d'imigh dhá bhean an dá shearbhónta le cúthaileacht agus le náire nuair a d'airíodar an scéal. Bhí a fhios acu go rabhadar crochta anois.

Ach nuair a fuaireadar biseach trína chéile, chuir an rí gairm scoile amach ag cruinniú stuif le haghaidh féasta agus pléisiúir a mhair naoi n-oíche agus naoi lá. Agus nuair a bhí an naoi n-oíche agus naoi lá caite, d'imigh na ceathrar clainne agus chuadar abhaile agus d'ordaigh an rí dóibh a bheith ag teacht agus ag imeacht agus nuair a gheobhadh sé féin bás, dá bhfaigheadh sé bás roimh aon duine acu, go mbeadh an choróin ar an mac ba sine acu dá dtagadh sé, nó dá mba mhaith leis a theacht, chun cónaithe ins an áit a raibh a athair.

Ach bhí go maith is ní raibh go holc. Séard d'ordaigh sé a dhéanamh le mná an dá shearbhónta – níor ordaigh sé iad a chur chun báis ná tada dá shórt. Chuaigh sé amach agus in achar gearr ina dhiaidh, fuair sé beirt mhná uaisle eile agus phós siad féin agus an dá shearbhónta céanna a bhí pósta ag beirt deirfiúr bean an rí. Agus d'ordaigh sé don dá shearbhónta an dá chailín aimsire a chur ag déanamh obair bhrocach – ag tindeáil muca, ag tindeáil chuile shórt dá dhonacht – agus iad a bheith ag obair síoraí in éadach brocach. Ach níor chuir sé chun báis iad.

Ach bhí go maith is ní raibh go holc. Níl aon mhí ná aon tseachtain uaidh sin amach an fhad is a mhair an seanrí nach raibh sé ag teacht ar cuairt ar an gclann agus iad sin ag teacht chuige nó gur phós cuid acu. Ach maidir le saol fada faoi shéan, mhaireadar uaidh sin amach é. Níor chuala mise aon chaint ó shin orthu.

Sin é mo scéalsa anois, Dia le mo bhéalsa. Tiocfaidh an t-éag, ba mhór an scéal. Beannacht Dé le hanam na marbh. Áiméan.

Fionn Mac Cumhaill agus na Fir Bheaga

Sa tseanaimsir fadó, an t-am a raibh na Fianna Éireann in Éirinn, an fear ba mhó le rá acu nó ba mhó a raibh ainm air ba ea Fionn Mac Cumhaill. Ach bhí sé lá ag siúl leis an bhfarraige – is leis an bhfarraige is mó a chaitheadh sé a shaol ag siúl – agus, pé ar bith breathnú a thug sé amach, chonaic sé long ag dul isteach faoi lán tseoil. Bhí iomramh na gcéadta uirthi, ach de réir mar a bhí sí ag teannadh leis, thug sé faoi deara nach raibh á hiomramh ach aon fhear amháin. Ach tabhair fear air sin. Níor chónaigh an long go dtáinig sí i dtír, díreach glan ar aghaidh na háite a raibh Fionn Mac Cumhaill ina sheasamh.

Chuaigh an fear amach aisti. Tharraing sé isteach í. Agus chuaigh sé amach aisti agus chuirfeadh sé Fionn Mac Cumhaill – bhí sé chomh mór is go gcuirfeadh sé síos i bpóca a veist é.

Ach tháinig sé go dtí Fionn agus bheannaigh sé go suáilceach dó. Bheannaigh Fionn dó. Nuair a bhí siad píosa beag ag caint, d'fhiafraigh Fionn de, "Muise, le do thoil," a deir sé, "ar mhiste dom fiafraí díot céard é do ghnó don tír seo nó cá raibh tú ag dul?"

"Ní miste, muis," a deir sé. "Ar chuala tú caint ariamh," a deir sé, "ar an ríocht a dtugann siad Ríocht Oileán na bhFir Mhóra uirthi?"

"By dad, chuala mé trácht uirthi," a deir Fionn, "ach ní baileach go bhfuil a fhios agam cá bhfuil sí."

"Tá sí go domhain i bhfarraige," a deir an fear mór. "Bhuel, is é Rí Oileán na bhFir Mhóra a chuir mise go hÉirinn," a deir an fear mór, "le teachtaireacht, agus chuig Fionn Mac Cumhaill atá sé ag cur an teachtaireacht. Agus is é an chaoi a bhfuil sé ag iarraidh oibleagáid air," a deir sé. "Fear óg é an rí; níl sé pósta ach ceithre bliana. Nuair a rugadh an chéad pháiste fir dó," a deir sé, "nuair a bhí sé seachtain d'aois, bhí nurse ar chaon taobh de chloigeann an chliabháin ag tabhairt aire dó ó oíche go maidin agus ó mhaidin go faoithin, ach tugadh an páiste uathu ar uair mharbh an mheán oíche," a deir sé, "os comhair a dhá súil, is ní raibh a fhios acu cá ndeachaigh sé. Bhí croí an rí briste ansin," a deir sé, "agus croí na banríona.

"Ach d'fhuaraigh an scéal sin," a deir sé. "D'imigh sin go dtáinig an chéad bhliain eile agus bhí mac óg eile aici. Agus nuair a rugadh an dara mac," a deir sé, "ní fearacht an chéad mhac é – gach a raibh d'arm ag an rí, chuir sé timpeall an pháláis iad, armáilte amach le chuile chineál airm, chúns nach bhféadfadh an deamhan ná an diabhal as ifreann féin an páiste a thabhairt leis i ngan fhios dóibh. Ach bhí an páiste sa gcliabhán céanna," a deir sé, "agus an dá nurse chéanna ag tabhairt aire dó agus ar uair an mheán oíche," a deir sé, "ina dhiaidh sin, tugadh an páiste uathu os comhair a dhá súil agus ní raibh a fhios acu cá ndeachaigh sé agus ní fhaca an t-arm ag imeacht é.

"Ach bhí go maith is ní raibh go holc," a deir sé. "Tá an dá bhliain sin imithe anois," a deir sé, "agus an dá pháiste, agus tá an bhanríon le haghaidh páiste óg eile anois," a deir sí. Agus, pé ar bith cá raibh an rí ag siúl ansin," a deir sé, "tá mí ó shin, chuala sé caint ar ghaiscíoch a bhí in Éirinn a raibh Fionn Mac Cumhaill air agus dúirt sé gur dhúirt an fear a bhí ag caint leis mura sábhálfadh Fionn Mac Cumhaill an páiste nuair a thiocfadh sé ar an saol, nach raibh aon ghnó aige ag ceapadh go sábhálfaí aon pháiste go brách dó. Agus chuir sé mise go hÉirinn," a deir sé, "le teachtaireacht chuig Fionn Mac Cumhaill ag iarraidh oibleagáid air a dhul chomh fada leis lena pháiste a shábháil dá mbeadh sé in ann."

Bhí an oiread faitís ar Fhionn roimh an bhfear mór is nár lig an faitíos dó ligean air féin ab é Fionn a bhí ann.

"Bhuel, tá aiféala orm," a deir Fionn, "nach bhfuil Fionn Mac Cumhaill ag baile inniu ach beidh sé sa mbaile amárach nó anocht agus tabharfaidh mise an scéala sin dó," a deir sé, "agus déanadh sé féin a rogha comhairle nó a chomhairle féin."

"Go raibh míle milliún maith agat," a deir an fear mór.

Ní rinne sé ach láimh a chroitheadh le Fionn – ní raibh a fhios aige gurbh é Fionn Mac Cumhaill é. D'imigh leis agus chuaigh sé síos go dtí a bhád agus is gearr go raibh sé glanta as amharc Fionn.

Ní raibh aon bhlas cuimhne ag Fionn Mac Cumhaill ar a dhul go dtí Rí Oileán na bhFir Mhóra ach an oiread is a bhí agamsa, mar bhí an oiread sin faitís air nuair a chonaic sé an fear mór seo. Bhí a dhóthain ann.

Ach ar maidin lá arna mhárach d'éirigh Fionn. D'ith sé a bhricfeasta agus bhuail sé síos go dtí an spota céanna a raibh sé ann an lá roimhe sin nuair a chonaic sé an bád agus d'imigh sé thar an spota sin. Agus bhí tuairim is míle eile déanta aige nuair a tháinig sé go dtí trá iontach – feictear dó – nach bhfaca sé ariamh. Agus céard a d'fheicfeadh sé ar an trá ach ochtar firíní beaga agus iad ag bualadh báire. Chuir sé meangadh gáire ar a bhéal nuair a bhreathnaigh sé orthu, bhíodar chomh beag sin. Tháinig sé go dtí iad agus bheannaigh sé dóibh agus an fear ba gaire acu dó bheannaigh sé dó.

"Muise, ar mhiste dom fiafraí díbh," a deir Fionn, a deir sé, "le bhur dtoil, céard é bhur ngnó don tír seo nó céard a thug don tír seo sibh nó cén sórt ceird atá agaibh?"

"Tá a cheird féin ag chuile dhuine againne," a deir an fear ba gaire dó.

"Cén t-ainm a thugann siad ortsa?" a deir Fionn.

"Droim Leisciúil," a deir sé, "a thugann siad ormsa."

"Cén míniú atá leis sin?" a deir Fionn.

"Bhuel, inseoidh mise duit é," a deir sé. "Dá suífinnse síos ar charraig ansin anois," a deir sé, "nó ar bhacán nó ar bhun crainn, thusa anois – agus tá tú ag ceapadh gur fear láidir thú – ná seacht gcatha na Féinne, ní chorródh de mo thóin mé."

Chuirfeá dos gabáiste siar i mbéal Fionn, d'oscail sé a bhéal chomh mór sin ag scairtíl gháire faoin bhfear beag.

"Suigh síos anseo," a deir Fionn, "go bhfeice mé an gcrochfaidh mise thú."

Shuigh an fear beag síos ar charraig agus chuir Fionn barróg aniar faoina dhá ascaill agus shíl sé go gcuirfeadh sé suas thar mhullach a chloiginn é mar a chuirfeadh sé sicín circe, ach níor bhain sé feanc as. Thug sé an dara hiarraidh faoi ach ba é an rud céanna é. Ach an tríú hiarraidh a thug Fionn faoi, shíl sé gur bhris sé a dhroim ach níor chorraigh sé an fear beag dá thóin.

"By dad," a deir Fionn, "bail ó Dhia is ó Mhuire ort, fear maith thú. Tá tú ag inseacht na fírinne. Cén t-ainm atá ortsa?" a deir sé leis an bhfear ba gaire dó.

"Éisteacht Fada," a deir sé, "a thugann siad ormsa."

"Cén míniú atá leis sin?" a deir Fionn.

"Bhuel, inseoidh mé sin duit," a deir sé. "An cogar a labhródh bean anois," a deir sé, "le bean sa Domhan Thoir, chloisfinnse anseo é."

"Fear maith thú," a deir Fionn. "Cén t-ainm atá ortsa?" a deir sé leis an bhfear ba gaire dó sin. Bhí ochtar acu ann.

"Aireachtáil Fhada," a deir sé, "a thugann siad orm."

"Cén míniú atá leis sin?" a deir Fionn.

"Inseoidh mise duit é," a deir sé. "An spíonán a thitfeadh anois ar an talamh de chrann spíonáin sa Domhan Thoir, d'aireoinnse anseo é."

"Fear maith thú," a deir Fionn. "Cén t-ainm atá ortsa?" a deir sé leis an gceathrú fear.

"Fios Fada," a deir sé, "a thugann siad ormsa."

"Cén míniú atá leis sin?" a deir Fionn.

"Inseoidh mise duit é," a deir sé. "Níl aon bhlas anois ag tarlú ar sheacht gcranna an domhain ar an nóiméad seo nach bhfuil a fhios agamsa."

"Fear maith thú," a deir Fionn. "Cén t-ainm atá ortsa," a deir sé leis an cúigiú fear.

"Labhairt Íseal," a deir sé, "a thugann siad ormsa.

"Cén míniú atá leis sin?" a deir Fionn.

"Bhuel, inseoidh mé duit é," a deir sé. "Ghoidfinnse an ubh ón ngabhar agus an diabhal ina dhiaidh. Ghoidfinn an ubh," a deir sé, "ó thóin an naosc agus í ina luí ar an nead agus is í an t-éan is airí sa domhan í."

"Fear maith thú," a deir Fionn. "Cén t-ainm atá ortsa?" a deir sé leis an séú fear.

"Bogha Díreach," a deir sé, "a thugann siad ormsa."

"Cén míniú atá leis sin?" a deir Fionn.

"Bhuel, inseoidh mise duit é," a deir sé. "Chonaic tú an phláigh míoltóga géara sách tréan go minic sa spéir, nach bhfacais?"

"Chonaiceas," a deir Fionn.

"Bhuel, an phláigh míoltóga géara is mó a chonaic tú sa spéir ariamh," a deir sé, "pé ar bith cén airde a bheidís, chuirfinnse ceann aonraic acu sin anuas le piléar as mo *bhow and arrow*."

"Fear maith thú," a deir Fionn. "Cén t-ainm atá ortsa?" a deir sé leis an seachtú fear.

"Strapadóireacht Ard," a deir sé.

"Cén míniú atá leis sin?" a deir Fionn.

"Inseoidh mé duit é," a deir sé. "Is cuma cén poll é," a deir sé, "nó cén balla é nó cén *battery* é, amháin," a deir sé, "é a bheith ina pholl gloine agus é a bheith dhá fhichead troigh ar airde, ghabhfainnse suas den talamh air chomh héasca is a ghabhfadh gealún buí i gcrann cuilinn."

"Fear maith thú," a deir Fionn. "Cén t-ainm atá ortsa?" a deir sé leis an ochtú fear.

Ní rinne sé sin ach cromadh síos ar an trá agus thóg sé trí phísín bheaga de thrí shnoíochán de chipín beag. Bhíodar i ngreim ina láimh aige.

"Inseoidh mise duit," a deir sé, "cén cheird atá agam. Dhéanfainnse bád anois," a deir sé, "chomh breá is a shnámh i bhfarraige ariamh an fhad is a bheifeá ag casadh do chloiginn timpeall. Breathnaigh soir," a deir sé le Fionn.

Bhreathnaigh Fionn soir, is nuair a chas sé a chloigeann anoir, bhí bád faoi thrí seolta tamall amach ón trá ar an bhfarraige ina sheasamh chomh breá agus ar leag sé a shúil ariamh uirthi.

"By dad, fir mhaithe uilig sibh," a deir Fionn. "Tá sibh ag inseacht na fírinne. Seolfaidh mise ar an mbád seo anois," a deir Fionn, "don Domhan Thoir ach," a deir sé, "sula seolfaidh mé uirthi, bheinn ag iarraidh impí oraibh. Agus tá súil agam nach n-eiteoidh sibh mé."

"Pé ar bith impí a iarrfas tú orainn," a deir an t-ochtar, "ní eiteoidh muid thú, mar tá cuma fear gnaíúil ort agus níl muid cruógach."

"Bhuel, is é an impí atá mé a iarraidh oraibh," a deir Fionn, "ar chuala sibh aon chaint ariamh ar oileán a dtugann siad Ríocht na bhFir Mhóra air?"

"Tá a fhios agamsa go maith cá bhfuil sé," a deir Fios Fada, "agus níl aon oileán," a deir sé, "ar sheacht gcranna an domhain nach bhfuil a fhios agam."

"Fear maith thú," a deir Fionn. "Bhuel," a deir Fionn, "bheinn ag iarraidh impí oraibh a theacht i mo chuideachta."

Ach d'inis sé an scéal dóibh faoin rí ar Oileán na bhFir Mhóra agus na páistí. Agus thóg siad isteach ina gcloigeann é agus dúirt siad go dtiocfaidís ag tabhairt cúnaimh dó.

Isteach leo ar an mbád, agus nuair a bhíodar na mílte i bhfarraige, "Tá muid chomh dona is a bhí muid ariamh anois," a deir Fionn. "Cá bhfios dúinn faoi sheacht gcranna an domhain cén áit ar fud na farraige móire a luíonn Oileán Rí na bhFir Mhóra?"

"Orlach féin," a deir Fios Fada, "ní ghabhfaidh sí as compás go stríocfaidh tú caladh agus trá."

B'fhíor dó. Stríoc siad caladh agus trá ar Oileán Rí na bhFir Mhóra. Chuadar amach as an mbád agus tharraingíodar suas í agus d'imigh leo. Agus, "Nach bhfuil muid chomh dona is a bhí muid ariamh anois," a deir Fionn nuair a bhíodar píosa maith ón mbád; "cá bhfios againn ar sheacht gcranna an ríochta seo a bhfuil an rí ina chónaí?"

"Orlach féin," a deir Fios Fada, "ní ghabhfaidh tú as compás go leaga mise mo láimh ar an doras ann."

"Fear maith thú," a deir Fionn.

B'fhíor dó. Níor chónaigh sé ariamh gur bhuail sé cnag ar dhoras Rí Oileán na bhFir Mhóra agus scaoil sé Fionn chun tosaigh nuair a bhuail sé an doras.

Bhí scarbhónta taobh istigh. D'oscail sé an doras agus d'fhiafraigh sé cé hé sin. Níor aithin sé iad. Nuair a d'inis Fionn dó gurbh é Fionn Mac Cumhaill as Éirinn é, chroith sé láimh leis agus phóg sé é.

"Céad míle fáilte romhat," a deir sé. "Is tú atá ag teastáil. Níl an páiste," a deir sé, "tagtha ar an saol ach dhá uair an chloig díreach anois."

"Ó, scéal maith é sin, buíochas le Dia," a deir Fionn.

Ní rinne an searbhónta ach rith go dtí an rí agus d'inis sé dó go raibh Fionn Mac Cumhaill as Éirinn thíos sa gcisteanach. Tháinig an rí aniar agus chuir sé a dhá láimh timpeall ar a mhuineál agus phóg sé Fionn. Ach is é an t-iontas is mó, bhí a dhá shúil chomh mór le tornap, is é an chaoi a raibh sé ag breathnú síos ar na Fir Bheaga, ní raibh a fhios aige sa diabhal cén sórt dream iad féin. Ach níor dhúirt sé tada. Ach ghlac sé buíochas le Fionn.

Thug sé isteach ar an bparlús ansin iad agus ní dheachaigh aon deoir óil trí aon ghloine ná aon bhuidéal ariamh ná aon ghreim beatha ar aon bhord nár leagadh ar an mbord acu. D'itheadar agus d'óladar a ndóthain.

Bhí an lá á chaitheamh. Nuair a bhí sé ag éirí deireanach, labhair Fionn.

"Bhuel anois, a rí," a deir sé, "má tá tú ag iarraidh do pháiste a shábháil, faigh an rúma is láidre sa gcaisleán, sa bpálás. Faigh dhá *nurse*," a deir sé. "Cuir duine ar chaon taobh de – chaon chloigeann an chliabháin – agus cuir an páiste a chodladh ann, is gabhfaidh mise agus na Fir Bheaga seo," a deir sé, "timpeall na tine, agus is é díol an diabhail é," a deir sé, "má thugann amháin an diabhal as ifreann féin an páiste uainn go maidin amárach."

"Fear maith thú," a deir an rí.

Ach fuair sé an rúma ba láidre agus cuireadh isteach an cliabhán agus an dá *nurse* agus cuireadh an páiste ann. Bhí an rí agus Fionn ag caint nó go raibh sé ag éirí deireanach go maith, agus bhí duine de na searbhóntaí a bhí ag an rí in éineacht leis an rí. Ach nuair a bhí an rí ag dul ag imeacht ó Fhionn agus ó na Fir Bheaga agus ó na *nurse*anna, "Bhuel, tá súil agam, a Fhionn Mac Cumhaillll, anois," a deir sé, "go ndéanfaidh tú do dhícheall ar mo pháiste a shábháil ar chuma ar bith. Tá súil le Dia agam," a deir sé, "nach ndéanfaidh tú aon fhaillí air."

"Ná bíodh faitíos ort," a deir Fionn, "go bhfágfaidh do pháiste an áit a bhfuil sé. Tabharfaidh mise mo ghealladh duit," a deir sé, "nach bhfágfaidh sé an cliabhán sin nó mo cheann." Chuir sé a chloigeann in áit an pháiste – an dtuigeann tú, ach b'in gealladh mór.

Ach bhí go maith. Níor labhair aon duine.

"Go raibh míle maith agat," a deir an rí. "Ní féidir leat a dhéanamh ach sin."

D'imigh an rí agus d'fhág sé slán acu agus tuairim is leathuair nó mar sin, "*By dad*, a Fhionn Mac Chumhaill," a deir Fios Fada, "is dona an áit ar chuir tú do cheann anocht."

"Tuige a bhfuil tú á rá sin?" a deir Fionn.

"Bhuel, inseoidh mise sin duit," a deir sé. "Tabharfar an páiste sin uait anocht," a deir sé, "ar uair an mheán oíche, os comhair do dhá shúil, is ní bheidh a fhios agat cá ndeachaigh sé."

"Má tá fios chomh fada sin agat," a deir Fionn, "meas tú cé atá ag tabhairt na bpáistí leis?"

"Tá a fhios go maith," a deir Fios Fada. "Tá deirfiúr an rí á dtabhairt léi."

"Deirfiúr an rí?" a deir Fionn.

"Is í," a deir sé.

"Go sábhála Dia sinn," a deir Fionn. "Is aisteach an scéal é sin."

"Ó, ní aisteach," a deir Fios Fada. "Tá dhá thaobh ar chuile bhád," a deir sé, "is tá dhá inseacht ar chuile scéal. Nuair a phós an rí anseo," a deir sé, "tá ceithre bliana ó shin, bhí an bhean óg seo, a dheirfiúr, bhí sí anseo sa teach, sa bpálás, ina cónaí. Agus ní mórán achair a bhíodar pósta chor ar bith," a deir sé, "nuair a thosaigh briseadh amach agus argóinteacht éicint ag teacht idir na mná i dtosach.

"Ach bhí an argóinteacht ag méadú agus ag dul chun donacht ó lá go lá idir an rí agus a bhean agus an deirfiúr, go raibh sé chomh mór, chomh dona," a deir sé, "is nach raibh an rí in ann é a sheasamh. Agus b'éigean dó," a deir sé, "a dhul go dtí a dhraíodóir go bhfeicfeadh sé céard a d'fhéadfadh sé a dhéanamh. Tháinig an draíodóir agus dúirt an draíodóir leis nach raibh sé in ann aon leigheas a dhéanamh di ach aon leigheas amháin. Agus d'fhiafraigh an rí de cén sórt leighis é sin. 'Níl mé in ann aon leigheas a dhéanamh di,' a deir sé; 'ní féidir í a leigheas mura ndéanfaidh mé *witch* di.' 'Déan do rogha rud léi,' a deir an rí, 'ach ní bheidh sí anseo. Ní féidir liomsa é a sheasamh.'

"Rinne an draíodóir *witch* den deirfiúr is níor shiúil sí féar ná talamh ariamh *witch* ba mheasa ná í agus is é an chaoi a ndeachaigh sí a chónaí don Domhan Thoir. Rinne sí caisleán ann agus is é an sórt caisleán a bhí ann caisleán rabhnáilte agus bhí sé dhá fhichead troigh ar airde is ní raibh doras ar bith air ach aon doras amháin a bhí síos, suas faoina mhullach. Agus bhí staighre cloiche ghlas dhá fhichead troigh – dhá fhichead spreabhsán, sílim, a thugann siad orthu – ag dul óna bharr go dtí a íochtar."

Ach bhí go maith is ní raibh go holc. Nuair a bhí an scéal inste do Fionn aige, "Cén t-am a dtiocfaidh sí, meas tú?" a deir Fionn.

"Tiocfaidh sí," a deir sé, "nuair a bheas an dá dhord déag buailte ag an gclog mór sin a fheiceann tú ansin."

"Tá go maith," a deir Fionn. "Tá sé chomh maith do chuile dhuine a bheith ar a aireall féin. Cén chaoi a dtabharfaidh sí léi an páiste?" a deir Fionn.

"Ní thiocfaidh sí i ngan fhios," a deir Fios Fada, "sin aon rud amháin."

"Tá tú ceart, anois," a deir Aireachtáil Fhada.

"Tá tú ceart, anois," a deir Éisteacht Fada, "mar," a deir sé, "ní chorróidh sí ar a cois is ní labhróidh sí smid, cuma sa Domhan Thoir nó sa Domhan Thiar í," a deir sé, "nach mbeidh a fhios againne."

Bhí go maith. Faoi cheann tamall maith labhair Éisteacht Fada.

"Ó, a dhiabhail," a deir sé, "tá an witch ag cur an dá ghasúr a chodladh sa gcaisleán," a deir sé, "sa Domhan Thoir. Tá mé ag éisteacht léi ag caint is á gcur a chodladh is á mbréagadh."

Faoi cheann tamall beag ina dhiaidh labhair Aireachtáil Fhada.

"By dad," a deir Aireachtáil Fhada, "tá siad ina gcodladh aici. Airím ag srannadh iad. Tá sí ag dul suas na spreabhsáin anois," a deir sé, "agus níl sí ag teacht in aon áit ar bith ach ag iarraidh an pháiste seo. Tá sí ar bharr an chaisleáin anois," a deir sé. "Tá sí ag dul anuas taobh amuigh anois," a deir sé, Tá sí ar an mbealach go dtí an fharraige anois," a deir sé. "Ach le scéal fada a dhéanamh gearr," a deir sé, "tá sí ag déanamh oraibh. Tá sí ar a bealach, ag teacht."

"Bíodh chuile dhuine ar a aireachas anois," a deir Fionn, "agus chuile shórt atá sé in ann a dhéanamh, déanadh sé é. Cén chaoi a dtabharfaidh sí léi an páiste anois?" a deir Fionn le Fios Fada.

"Inseoidh mise sin duit," a deir sé. "Ní fhaca mise mórán fear ariamh, bail ó Dhia ort," a deir sé le Fionn, "is faide láimh ná thusa, agus is faide an láimh atá ar an witch," a deir sé, "ná dhá láimh mar do láimh. Cuirfidh sí láimh anuas tríd an simléar sin," a deir sé, "agus tabharfaidh sí an páiste, mar tá draíocht aici. Tabharfaidh sí an páiste amach as an gcliabhán ansin agus tú ansin," a deir sé, "agus ní bheidh a fhios agat é."

Diabhal blas a rinne Droim Leisciúil ach éirí ina sheasamh agus gan é níos airde ná cupán glúin Fionn.

"Muise, mo chraiceannsa dílis ag an diabhal," a deir Droim Leisciúil, "má chuireann sí láimh," a deir sé, "tríd an simléar seo agus í a chur anuas thar áirse an tsimléir! Má fhaighimse greim uirthi," a deir sé, "ní thabarfaidh sí léi go réidh í."

Diabhal blas a rinne sé ach éirí as an áit a raibh sé agus shuigh sé síos istigh sa tinteán. Faoi cheann tamall maith bhí sé ina shuí ann, dúirt Aireachtáil Fhada, "Tá sí ag dul suas taobh amuigh ar bharr an tsimléir anois. Bí ar d'aireachas anois," a deir sé.

Bhí Droim Leisciúil mar a bheadh súile firéid ag faire. Is gearr go bhfaca sé láimh an witch ag dul anuas thar áirse an tsimléir agus cén diabhal a dhéanann sé ach fuair sé greim rosta uirthi. Tharraing an witch suas agus tharraing Droim Leisciúil anuas ach níor chorraigh an *witch* Droim Leisciúil dá thóin ach níor thug Droim Leisciúil anuas an *witch* ach an oiread.

Tharraing an *witch* ní ba láidre an dara huair ach, má tharraing féin, níor chorraigh sí Droim Leisciúil dá thóin agus níor chaill sé a ghreim.

Ach an tríú huair a thug an *witch* an tríú hiarraidh faoi – is dócha go dtáinig sí chomh fiáin nó chomh feargach – cén diabhal a dhéanann Droim Leisciúil ach thug sé an láimh ón ngualainn aisti. Agus chuir sé ina sheanurchar suas fud an tí í.

Scanraigh a raibh ann agus – mar tá a fhios agat féin – fuaireadar *shock*. Éiríonn an dá *nurse* de léim ón gcliabhán. D'éirigh Fionn, d'éirigh na hochtair Fir Bheaga ag breathnú ar an láimh agus ag déanamh iontais di.

Agus cén diabhal a dhéanann siad ach ag dul á tomhais le láimh Fionn, is nuair a fuair an *witch* ar an obair sin iad, diabhal blas a rinne sí ach an láimh eile a chur anuas agus crochann sí léi an páiste as an gcliabhán. Ghlan sí léi go ndeachaigh sí go dtí an Domhan Thoir.

Bhí go maith. Nuair a d'iontaigh an dá *nurse* tharstu, diabhal páiste a bhí sa gcliabhán. Tháinig dath orthu chomh geal leis an mballa, agus is beag nár thiteadar as a seasamh. Tháinig dath ar Fhionn chomh geal leis an mballa, mar bhí a chloigeann le cailleadh aige.

Ach bhí go maith is ní raibh go holc, níor fhan smid ag aon duine. Is gearr gur éirigh Droim Leisciúil ina sheasamh.

"By *dad*, a Fionn Mac Cumhaill," a deir sé, "níl a fhios agam nach dona an áit a bhfuil muid."

"Tuige a bhfuil tú á rá sin?" a deir Fionn.

"Bhuel, ní beag dúinn do cheannsa a bheith in áit an pháiste agus gan ceann an ochtar againn féin a bheith ann. Nuair a dhúiseos an rí," a deir sé, "má fhaigheann sé an páiste imithe, beidh sé chomh feargach agus é as a chiall chomh mór is go mbainfidh sé na naoi gceann dínn i leaba aon cheann amháin."

"Tá sé chomh maith dúinn," a deir Droim Leisciúil, "a bheith ag imeacht ar chuma ar bith, pé ar bith céard a dhéanfas tusa."

"Ní chorróidh muid as an áit a bhfuil muid," a deir Fionn. "Ach an bhfuil a fhios agat céard a dhéanfas muid," a deir sé, "leanfaidh muid an *witch*."

"By *dad*, níl aon locht agam air," a deir Droim Leisciúil.

"Níl aon locht agam air," a deir chuile fhear den ochtar.

Thugadar cogar don dá *nurse* gan gíog ná geaig a dhéanamh – corraí anonn ná anall – agus d'éalaíodar amach as an bpálás go ndeachadar go dtí an bád agus thugadar a n-aghaidh ar an bhfarraige mhór – ar an Domhan Thoir – is nuair a bhíodar timpeall leath bealaigh, "Tá muid chomh dona is a bhí muid ariamh anois," a deir Fionn. "Cá bhfios dúinn, ó Dhia na Glóire, cá bhfuil an Domhan Thoir?"

"Orlach féin," a deir Fios Fada, "ní ghabhfaidh sí as compás go stríoca tú trá agus talamh ann."

B'fhíor dó. Nuair a tháinigeadar i dtír, "Tá sé chomh maith do chuid éicint agaibh anois," a deir Fionn, "fanacht ag tabhairt aire don bhád le faitíos go dtiocfadh an *witch* ag déanamh aon choir ar an mbád nó aon dochar di, mar beidh a fhios aici," a deir sé, "gur lean muid í. Ach," a deir sé, "tiocfaidh Labhairt Íseal," a deir sé, "agus Strapadóireacht Ard, Fios Fada agus Éisteacht Fada in éineacht liomsa is fanfaidh an chuid eile agaibh ag tabhairt aire don bhád."

Is, ar ndóigh, bhí aire mhaith le fáil ag an mbád an fhad is a bhí Bogha Díreach ann mar ní raibh aon cheo ag dul ag imeacht uaidh. Ach d'fhágadar é sin ag tabhairt aire di ar chaoi ar bith, in éineacht leis an gcuid eile.

D'imigh leo agus dúirt Fionn ansin nuair a bhíodar píosa maith ag siúl, "Cá bhfios dúinn faoi sheacht gcranna an domhain cá bhfuil caisleán an *witch* ann?"

"Orlach féin," a deir Fios Fada, "ní ghabhfaidh tú as compás go leaga mise mo láimh ar an mballa ann."

B'fhíor dó. Nuair a tháinigeadar go dtí é, bhíodar ag dul timpeall air, is dá mbeidís ag dul timpeall ó shin air, ní raibh strapa ná *step* ná fuinneog ná doras ná tada le feiceáil air. Ní rinne Strapadóireacht Ard ach breith ar Labhairt Íseal. Chaith sé siar ar a dhroim é mar a chaithfeadh sé cleite clúmhaigh. D'éirigh sé den talamh agus chuaigh sé suas in aghaidh an bhalla ar nós mar a ghabhfadh gealún i gcrann cuilinn go ndeachaigh sé ar a bharr.

Shuigh sé síos ar a thóin thuas ar bharr an chaisleáin is d'fhógair Éisteacht Fada ar Fionn, "Tá an *witch* ina codladh," a deir sé. "Tá sí ag srannadh ar nós an diabhail. Is dócha," a deir sé, "go bhfuil pian uirthi chomh maith le chuile shórt."

Diabhal blas ar bith ach go raibh Strapadóireacht Ard ina shuí ar a thóin nuair a chonaic sé Labhairt Íseal ag dul aníos an staighre díreach agus an páiste aige faoina ascaill. Shín sé chuig Strapadóireacht Ard é agus chuaigh sé anuas agus shín sé chuig Fionn é.

Chuaigh Strapadóireacht Ard suas aríst agus nuair a bhí sé thuas, diabhal blas ar bith ach go raibh sé thuas nuair a chonaic sé Labhairt Íseal ag dul aníos agus páiste eile aige. Ach ní páiste a bhí aige ach páiste ba mhó ná beirt mar é féin.

Bhí go maith is ní raibh go holc. Chuaigh Strapadóireacht Ard anuas agus thug sé d'Fhios Fada é nó d'fhear eile a bhí abhus.

Chuaigh Strapadóireacht Ard suas aríst an tríú huair, agus nuair a chuaigh sé suas an tríú huair, bhí Labhairt Íseal ag dul aníos agus páiste eile aige ba mhó ná beirt mar an gcéad cheann.

Shín sé chuig Strapadóireacht Ard é agus thug sé sin anuas é. Agus nuair a bhí sé sin fágtha abhus aige, chuaigh sé féin suas agus thug sé anuas Labhairt Íseal.

Bhíodar gliondrach ríméadach. Bhí an *witch* ag srannadh i gcónaí mar ní raibh aon ghair aici aon chor a chur di nach raibh a fhios ag na Fir Bheaga.

D'imigh leo go dtáinigeadar go dtí an bád is chuadar isteach sa mbád agus bhí dhá dhuine dhéag anois uilig inti. Bhí ochtar Fir Bheaga inti agus Fionn agus b'eo iad beirt mhac an rí, an dá pháiste mhóra – an bhfuil a fhios agat – agus an páistín óg a rugadh go deireanach.

Ach bhí go maith is ní raibh go holc. Nuair a bhíodar mílte fada i bhfarraige, labhair Fios Fada aríst.

"Tá sibh trí ghábhanna móra anois," a deir sé, "ceart go leor, is tá gábhanna meán gafa agaibh tríd ach ní raibh sibh in aon ghábh ariamh," a deir sé, "chomh contúirteach is atá sibh anois ann."

"Cén fáth a bhfuil tú á rá sin?" a deir Fionn.

"Inseoidh mé sin duit," a deir sé. "Nuair a dhúiseos an *witch* anois," a deir sé, "beidh an cúr geal ag titim anuas as a béal le teann feirge agus cuthach. Agus gach a bhfuil sí in ann a dhéanamh ina cumhacht," a deir sé, "déanfaidh sí é nuair a gheobhas sí an triúr clainne imithe," a deir sé. "Leanfaidh sí muid agus báfaidh sí an bád nó cinnfidh sé uirthi."

"Bhuel, is é díol an diabhail é," a deir Aireachtáil Fhada agus Éisteacht Fada, "tá muid in ann aon rud amháin a dhéanamh ar chuma ar bith," a deir siad, "ní thiocfaidh sí i ngan fhios orainn."

"*By dad*, is maith an cúnamh é sin," a deir Fionn, "*all right*."

Bhí go maith is ní raibh go holc. Ní mórán achair ina dhiaidh gur labhair Éisteacht Fada.

"Tá an *witch* ina dúiseacht sa gcaisleán," a deir sé, "agus chuirfeadh sí an talamh atá thíos thuas i mullach an aeir," a deir sé, "ag eascainí agus ag mallú is í oibrithe."

An chéad rud eile, labhair Aireachtáil Fhada.

"Tá sí ag dul suas na spreabhsáin," a deir sé. "Tá sí ag dul anuas taobh amuigh anois," a deir sé, "agus tá sí ag déanamh ar an bhfarraige is tá sí ag teacht inár ndiaidh."

"Ó, má bhí sibh ar bhur n-aireachas ariamh anois," a deir Fionn, "tagaigí ar é a shábháil."

"Ná bíodh faitíos ort," a deir Aireachtáil Fhada agus Éisteacht Fada. "Ní thiocfaidh sí i ngan fhios orainn ar chuma ar bith."

Ach ní raibh Bogha Díreach ag labhairt smid ar bith. Labhair Fionn.

"Anois," a deir sé le Bogha Díreach, "má fhaigheann tú sórt leid ar bith, ar a bhfaca tú ariamh," a deir sé, "fainic an gclisfeá anois má chlis tú ariamh."

"Ná bíodh faitíos ort," a deir Bogha Díreach. "Má fhaighimse leid ar bith uirthi," a deir sé, "ní imeoidh sí uaimse."

Ach bhí go maith is ní raibh go holc. Is gearr gur fhógair Aireachtáil Fhada, "Tá sí i bhfoisceacht céad slat anois díbh," a deir sé.

Bhí Bogha Díreach ar a aireachas ach ní raibh sé ag labhairt smid ar bith. Agus séard a bhí inti, oíche brocghealaí. Bhí cloigeann an *witch*, mar a déarfá, le feiceáil beagán as an uisce. Ach ní fhaca aon duine eile é. Ach pé ar bith cén chaoi a bhfaca Bogha Díreach é – ar chuma ar bith níor airigh Fionn ná na Fir Bheaga tada gur airigh siad an t-urchar. D'airíodar an phléasc. Chuir sé piléar isteach trí chlár a baithise agus amach trí chúl a cinn is chuir sé go tóin í.

"Ní bháfaidh sí aon bhád aríst lena saol," a deir sé, "agus ní ghoidfidh sí aon pháiste ach an oiread."

D'imigh leo ansin. Thosaigh siad ag gabháil fhoinn agus thosaigh siad ag béiceach agus ag bladhrach le gliondar agus le ríméad. Níor chónaíodar ariamh go dtáinigeadar i dtír aríst ag pálás Rí na bhFir Mhóra. Agus níor airigh an dá *nurse* ariamh – ní raibh cuimhne ar bith acu go rabhadar sa Domhan Thoir féin, nuair céard a d'éalódh isteach an doras ach Fionn agus an páiste faoina ascaill. Agus bhí an páiste ina chodladh.

Rug an dá *nurse* ar an bpáiste agus leagadar sa spota céanna é a raibh sé roimhe sin. Chuireadar dhá láimh timpeall mhuineál Fionn agus phógadar é. Phógadar na Fir Bheaga agus, ar ndóigh, ba mhaith an oidhe orthu é. Ach bhí beirt strainséirí in éineacht leo nár aithin an dá *nurse* agus bhíodar ag déanamh an-iontas díobh ach níor fhiafraíodar cérbh iad féin.

Ach nuair a bhíodar píosa ina suí síos, "By *dad*, bail ó Dhia oraibh," a deireann duine de na *nurse*anna le Fionn, "tá beirt fhear eile in éineacht libh anois nach raibh in éineacht libh ag imeacht daoibh."

"Nach bhfaca sibh cheana iad sin?" a deir Fionn.

"M'anam nach bhfaca muid ariamh iad," a deir duine de na *nurse*annaí.

"Ó, chonaic," a deir sé. "Tá sé chomh maith dom an fhírinne a dhéanamh leat. Sin iad anois," a deir sé, "an bheirt chéad pháiste a rugadh don bhanríon nó a bhí ag an rí anseo. Tá siad in éineacht leis an bpáiste a thug sí léi anocht."

Agus d'inis sé an scéal ansin di faoin *witch* agus an chaoi ar lean sí an bád agus faoi chuile shórt. Ach bhí láimh an *witch* caite i gcúinne éicint.

Ach bhí go maith is ní raibh go holc. D'éirigh an dá *nurse* ina seasamh agus réitíodar bord chomh maith agus a chonaic Fionn Mac Cumhaill lena dhá shúil ariamh, le hól agus le beatha agus le chuile shórt. D'itheadar agus d'óladar a ndóthain is bhí an oíche an-fhada.

Amach deireadh na hoíche dhúisigh an rí. D'éirigh sé agus chuaigh sé go dtí an seomra a raibh an searbhónta ann ina chodladh a bhí in éineacht leis sa rúma a raibh an páiste ann nuair a d'imigh sé féin agus Fionn as, agus dúirt sé leis breathnú isteach ann trí pholl na heochair go bhfeicfeadh sé a raibh Fionn Mac Cumhaill agus na Fir Bheaga agus na *nurse*anna ag caint, agus mura raibh, go raibh an páiste imithe, agus má bhíodar ag caint agus ag comhrá, go raibh an páiste sábháilte.

D'imigh an searbhónta, agus nuair a bhreathnaigh sé trí pholl na heochair, nuair a chonaic sé an páiste sa gcliabhán, bhíodar ag caint is ag gáire is ag comhrá. Ach thug sé faoi deara beirt fhear eile strainséartha nach bhfaca sé ann nuair a d'imigh sé roimhe sin.

Chuaigh sé go dtí an rí agus d'inis sé an scéal dó. Ar ndóigh, bhí an rí ríméadach. Ní raibh an lá ná an oíche briste ó chéile nuair a d'éirigh an rí de léim agus bhuail sé anuas agus níor airíodar ariamh gur shiúil sé isteach sa rúma is nuair a chonaic sé an páiste sa gcliabhán agus é sábháilte, níor chuimhnigh sé ar an mbeirt fhear strainséartha an chéad uair chor ar bith. Chuir sé a dhá láimh timpeall mhuineál Fionn, phóg sé é agus phóg sé na Fir Bheaga agus maidir le buíochas, ghlac sé leo é.

Pé ar bith cén chaoi ar bhreathnaigh sé ina thimpeall, céard a d'fheicfeadh sé ach an dá fhear strainséartha seo – nó níorbh iontas Oileán na bhFir Mhóra a thabhairt air ach bhíodar chomh mór le beirt mar na Fir Bheaga a bhí in éineacht le Fionn.

"Ó," a deir sé, "tá beirt strainséirí in éineacht libh nach raibh in éineacht libh chor ar bith," a deir sé le Fionn, "nuair a d'fhág mé an rúma."

Thosaigh Fionn ar an scéal anois san áit ar thosaigh mise air faoin *witch*, is nuair a bhí an scéal críochnaithe aige, thit an rí as a sheasamh. Ach nuair a fuair sé biseach, "Ní thabharfaidh sí aon pháiste aríst go brách uait," a deir Fionn, "agus ní bháfaidh sí aon bhád ach an oiread agus," a deir sé, "tá súil agam," a deir sé, "go gcaithfidh tú saol fada le sólás aríst, thú féin agus do bhanríon an fhad is a mhairfeas sibh."

"Bím buíoch díotsa," a deir an rí le Fionn.

Choinnigh sé naoi n-oíche agus naoi lá le Fionn agus na hochtar Fir Bheaga le ithe, le ól agus spraoi agus spóirt, amhráin agus damhsa agus chuile shórt. Agus dhá lá sular sheoladar go hÉirinn, chuir sé beirt fhear ag tarraingt málaí leathair – ór agus airgead, seoda luachmhara, chuile shórt dá dhaoire – go dtí an bád, go raibh sí luchtaithe.

Agus an lá a raibh Fionn ag dul ag imeacht, chuaigh an rí agus an bhanríon agus na *nurs*eanna go dtí an bád gur fhágadar slán acu, agus dúirt an rí le Fionn dá dtigeadh aon chath chomhraic go brách air nó aon trioblóid, nach raibh air ach blaoch air féin – le casadh a shúl, go mbeadh sé chuige agus a chuid airm a chúnamh dó. Ach níor chuala mise aon chaint ar Fhionn Mac Cumhaill ná ar Rí Oileán na bhFir Mhóra ó shin.

Lán-Dearg Mac Rí in Éirinn

Bhí rí fadó ann – na mílte bliain ó shin nó sa tseanaimsir – agus bhí sé pósta agus triúr mac aige. Is é an obair a bhíodh air, ag fiach agus ag foghlaeireacht ó d'íosfadh sé a bhricfeasta go dtí an tráthnóna.

Ach an lá seo chuaigh sé amach ag fiach agus ag foghlaeireacht – agus ag fiach is ag foghlaeireacht a bhí sé ó chuaigh slat go leith de chóta air; ach bhí an triúr mac ag an scoil – agus ní raibh sé fíorfhada ó bhaile chor ar bith is é ag dul suas taobh cnoc, nuair a chonaic sé fear mór uafásach ag déanamh air. Rinne an fear mór air go dtáinig sé chomh gar dó agus go mba cheart dó beannú dó. Níor bheannaigh sé chor ar bith dó ach shiúil sé anall go dtí é agus bhuail sé clabhta ar a leiceann agus chuir sé anuas sa lathach é – an rí – agus bhain sé trí fhiacail as agus chroch sé leis na trí fhiacail agus thug sé a dhroim ansin dó. D'fhág sé an rí ansin.

Faoi cheann tamall maith d'éirigh an rí agus dúirt sé go raibh sé chomh maith dó casadh abhaile. Ach ar éigean a rinne sé an baile amach, bhí sé an-dona tinn. Chuaigh sé ar an leaba.

Is é an t-ainm a bhí ar na triúr mac: Úr, Artúr agus Lán-Dearg. Ba é Úr an mac ba sine, Artúr an dara mac agus Lán-Dearg an tríú mac. Bhí siad ag an scoil agus bhí an oiread ómóis acu féin dá chéile agus gurbh é Úr a bheadh chun tosaigh ag teacht i gcónaí agus ag imeacht dó, Artúr an dara duine agus Lán-Dearg an tríú duine.

Ach an tráthnóna seo, nuair a tháinigeadar ón scoil, nuair a tháinigeadar isteach, is é Úr a bhí chun tosaigh. Bhí an mháthair istigh – an bhanríon – agus bhíodar sa seomra a raibh an rí ar an leaba ann. Bhí sé oscailte, agus ní mórán achair a bhí Úr ina shuí ar an gcathaoir nuair a d'airigh sé a athair ag éagaoineadh sa seomra.

"Céard atá ar m'athair?" a deir sé leis an mbanríon.

"Tá sé go dona tinn," a deir a mháthair.

D'éirigh Úr ina sheasamh agus chuaigh sé siar.

"Céard atá ort, a athair?" a deir sé.

"Céard a dhéanfása le fear," a deir an rí, "a thiocfadh go dtí thú, a bhuailfeadh de chlabhta thú, a chuirfeadh anuas sa lathach thú agus a bhainfeadh trí fhiacail asat agus a thabharfadh leis iad?"

"Tharraingeoinn ó chéile é idir ceithre cinn de chapaill," a deir Úr, "nó sin," a deir sé, "chuirfinn de dhusta don Domhan Thoir le séideog é."

Tháinig Úr aniar. Nuair a tháinig Úr aniar, chuaigh Artúr siar.

"Céard atá ort, a athair?" a deir Artúr.

"Céard a dhéanfása le fear," a deir an rí, "a bhuailfeadh de chlabhta thú, a chuirfeadh sa lathach thú, a bhainfeadh trí fhiacail asat is a chrochfadh leis iad is a d'fhágfadh ansin thú?"

"Dhófainn idir ceithre cinn de thinte cnámha é," a deir Artúr.

Bhí go maith. Chuaigh Artúr aniar agus chuaigh Lán-Dearg siar.

"Céard atá ort, a athair?" a deir Lán-Dearg.

"Tá mé go dona tinn," a deir an t-athair. "Céard a dhéanfása le fear a thiocfadh go dtí thú, a bhuailfeadh de chlabhta thú, a chuirfeadh sa lathach thú agus a bhainfeadh trí fhiacail asat agus a thabharfadh leis iad?"

"Bhuel, dhéanfainn mo dhícheall air," a deir Lán-Dearg, "agus b'fhéidir go mba gearr é mo dhícheall air; b'fhéidir go ndéanfadh sé an cleas céanna liom a rinne sé leat féin."

"Ní mac an athar thú," a deir an rí, "agus aon phingin de mo chuid óir ná airgid, cuid ná maoin, ní thitfidh go brách ort."

Chuaigh Lán-Dearg bocht aniar agus é sách brónach.

D'itheadar an suipéar, agus ar maidin lá arna mhárach, nuair a bhí a mbricfeasta ite ag Úr agus ag Artúr, bhí siad *all right* ach b'fhada leo go dtéidís ar thuairisc an fhir a bhuail an t-athair de chlabhta agus a bhris a chuid fiacla. Ach chuir sé Lán-Dearg bocht amach gan greim le n-ithe ná le n-ól agus gan pingin ná leithphingin ina phóca. Ach chuaigh Artúr agus Úr siar agus thug sé costas an bhealaigh dóibh agus go maith freisin.

Tamall sular imíodar, is é an obair a bhí ar Lán-Dearg bocht, ag siúl soir is siar an bóthar ar aghaidh pálás an rí – geata mór iarainn ag dul isteach ann. Thugadh sé súil soir is siar an bóthar go dtagaidís amach. Ach nuair a tháinigeadar amach, "Muise, *by dad*, bail ó Dhia oraibh," a deir Lán-Dearg, a deir sé, "feictear dom beirt mhac rí chomh hardnósach agus ina ngaiscíocha chomh maith libh, go mba cheart go dteastódh buachaill aimsire uaibh. Ba cheart daoibh mise a ligean in éineacht libh."

"Go mba seacht míle measa a bheas tú bliain ó anocht agus bliain ó amárach," a deir Úr, "ach is é an chaoi go mbeifeá sa mbealach orainn."

"Á, muise, scaoil leis," a deir Artúr, "ní fearr dúinn an bóthar folamh."

Ach lean Lán-Dearg iad ar chuma ar bith agus d'imigh an triúr is bhí siad ag siúl is ag síorshiúl. Lá fada a bhí ann nó go raibh an deireanas ag teacht agus thugadar faoi deara cúirt álainn tamall uathu. Rinneadar ar an gcúirt, agus nuair a bhíodar ag teannadh léi – ba cúirt álainn í, ní raibh bunchleite isteach ná barrchleite amach aisti – ba é Úr a bhí chun tosaigh, mar ba é a ghnás é, Artúr an dara duine, agus Lán-Dearg.

Ach nuair a tháinig Úr ag an doras, bhí an doras oscailte. Chuaigh sé isteach is ní raibh istigh roimhe ach aon bhean amháin agus í ag cíoradh a cinn le raca airgid. Bheannaigh Úr isteach; níor labhair an bhean tada. Bheannaigh Artúr isteach is níor labhair an bhean tada. Bheannaigh Lán-Dearg isteach; níor labhair sí tada nó go ceann tamaill.

Chaith sí siar a gruaig ansin ar chaon taobh dá ceann agus labhair sí.

"Fáilte romhat, a Úr," a deir sí. "Fáilte romhat, a Artúr. Póg agus fáilte romhat, a Lán-Dearg," a deir sé.

"By *dad*, is aisteach an rud é," a deir Úr: "fáilte i gcónaí roimh an aois agus fáilte agus póg roimh an óige."

"Sin é an chaoi a raibh sé ariamh," a deir sí, "rud é a bheas amhlaidh dá mb'ionann agat é is do bhás."

Ach ní mórán achair ina dhiaidh gur thosaigh sí ag réiteach bia – dinnéar. Leag sí bord chucu nach bhfacadar a leithéid ariamh. D'itheadar agus d'óladar a ndóthain, agus nuair a bhí a ndóthain ite is ólta acu, shuíodar féin agus an bhean síos timpeall tine bhreá shoilseach, ghlórmhar gan dé, gan deatach, gan smál ach solas breá uirthi. Chaith siad píosa maith den oíche le fiannaíocht is le scéalaíocht nó go raibh sé in am codlata.

Chuaigh triúr clainne an rí a chodladh, ach má chuaigh, níor éirigh an lá orthu. D'éirigh siad ar maidin, chuireadar braon uisce ar a n-éadan, ar a n-urla, chuireadar an raca ina gceann, dúradar a dtráth agus tháinigeadar aniar. Agus nuair a tháinig, bhí a mbricfeasta leagtha ar an mbord ag bean an tí.

Nuair a bhí a mbricfeasta ite acu – níor labhair sí aon fhocal go dtí sin, "Muise, ar mhiste liom fiafraí díot, a Úr," a deir sí, "céard a thóg as baile thú?"

"By *dad*, ní miste," a deir sé. "Tá mé ag lorg nó ar thuairisc an Ridire Uaine," a deir sé, "go bhfaighidh mé beo nó marbh é go mbaine mé a chamán beatha de," a deir sé, "agus a chóróin, nó sin," a deir sé, "go maraí mé é."

"Muise, a Úr," a deir sí, "tá mise anseo le céad bliain is níl aon lá acu sin nach bhfaca mé céad gaiscíoch ag dul thart, agus an gaiscíoch ba dona acu sin," a deir sé, "a chonaic mise, is fearr an chuma ghaiscíoch a bhí air ná mar atá ortsa. Ba é mo chomhairle duit casadh abhaile, dá dtógfá uaim í."

"Ní le casadh abhaile a d'fhág mise an baile," a deir Úr.

"Bhuel, cá bhfuil do thriallsa?" a deir sí le hArtúr.

"An aistear chéanna dom," a deir Artúr.

"Cá bhfuil do thriall?" a deir sí le Lán-Dearg.

"An aistear chéanna dom," a deir Lán-Dearg. "Tá mise mar bhuachaill aimsire acu."

"Is feictear dom," a deir sí, "gur áirid an chuma bhuachaill aimsire atá ort." Ach bhí go maith is ní raibh go holc.

"Bhuel anois," a deir sí le Lán-Dearg, "nuair nach bhfuil aon fhilleadh abhaile ar an mbeirt seo, tá stábla ansin amuigh," a deir sí, "agus tá each chaol dhubh istigh ann. Tá srian airgid ann agus diallait airgid. Tar amach," a deir sí, "tóg an tsrian den phionna agus croith í agus tiocfaidh an láir agus cuirfidh sí féin – nó an each – a ceann inti."

Chuaigh Lán-Dearg amach agus tharla mar a dúirt an bhean. Chuir sé an tsrian ar an each – diallait – agus thug sé chuig an doras í.

"Fáisc an giorta anois," a deir sí, "chomh crua agus nach bhfuil blas ar bith ach go gcuirfeá lann scine idir bolg an chapaill agus an giorta."

D'fháisc.

"Bhuel anois," a deir sí, "téirigh ar marcaíocht. Tá deirfiúr liomsa ina cónaí trí chéad míle as seo. Agus," a deir sí, "is é an chóir chéanna atá ar an gcathair aici is atá ar an gcathair seo. Tá geataí iarainn ag dul isteach ón mbóthar mór, agus nuair a thiocfas tú chomh fada leis sin," a deir sí, "cuirfidh an each seo a dhá cois tosaigh roimpi agus seasfaidh sí. Agus," a deir sí, "mura mbeidh aon tuairisc aici sin daoibh ar an Ridire Uaine, níl a fhios agam céard a déarfainn. Féadfaidh tú an bheirt seo," a deir sí, "a chur ar do chúla má thograíonn tú é, is mura dtograíonn, tabhair cead dóibh siúl."

Chuir sé ar a chúla iad agus ghlac sé buíochas le bean an tí.

"Nuair a thiocfas tú chomh fada le mo dheirfiúrsa anois," a deir sí, "caith an tsrian siar ar mhuineál an chapaill, cas ar ais í an bealach a dtug tú í is tiocfaidh sí sin agamsa," a deir sí, "ar nós na gaoithe Mhárta."

Ach bhí go maith. Rinne sé mar sin. An ghaoth a bhí ina ndiaidh, ní raibh sí ag teacht suas leo, agus an ghaoth a bhí rompu, bhíodar ag breith uirthi. Ach – le scéal fada a dhéanamh gearr – nuair a bhí an ghrian le linn a dhul síos, tháinigeadar go dtí cathair eile ar an gcóir agus ar an gcuma chéanna a rabhadar ann an oíche roimhe. D'ísligh Lán-Dearg agus d'ísligh Úr agus Artúr. Chaith sé an tsrian siar ar mhuineál an chapaill agus chas sé ar ais í is d'imigh sí mar a chaithfeá urchar as gunna.

Chuaigh Úr isteach – is é a bhí chun tosaigh – is nuair a tháinig sé isteach, ní raibh istigh roimhe ach bean a bhí ag cíoradh a cinn le cíor óir agus raca airgid. Tháinig Artúr isteach. Bheannaigh chaon duine acu ach níor labhair an bhean smid ar bith.

Nuair a bhíodar tamall deas istigh, chas sí an ghruaig siar chaon taobh dá ceann agus dúirt sí, "Fáilte romhat, a Úr," a deir sé. "Fáilte romhat, a Artúr. Póg agus fáilte romhat, a Lán-Dearg."

"*By dad*," a deir Úr, "is é an scéal céanna i gcónaí é: fáilte i gcónaí roimh an aois agus fáilte is póg roimh an óige."

"Rud é sin a bhí amhlaidh ariamh," a deir sí, "dá mb'ionann leat é is do bhás is a bheas."

Ach réitigh sí béile breá dóibh, ní ba bhreátha aríst ná an béile a réitigh an chéad deirfiúr, agus chaitheadar an oíche sin ag an tine mhór le fiannaíocht, scéalaíocht, sú sá chodlata nó go raibh sé ag tarraingt ar am a dhul a chodladh.

Chuadar a chodladh, ach má chuaigh is go ndeachaigh, níor éirigh an lá ar thriúr clainne an rí. D'éiríodar ar maidin, chuireadar braon uisce ar a n-éadan agus ar a n-urla, chuireadar an raca ina gceann, dúradar a dtráth, tháinigeadar aniar agus bhí a mbricfeasta leagtha ar an mbord. Níor labhair an bhean nó go raibh an bricfeasta ite.

"Ar mhiste liom fiafraí díot, a Úr," a deir sí, "céard a thóg as baile thú?"

D'inis sé an scéal di mar a dúirt mise: go raibh sé ar thuairisc an Ridire Uaine go bhfaigheadh sé beo nó marbh é agus go mbainfeadh sé a chomán beatha de.

"Muise, a Úr," a deir sí, "tá mise anseo le dhá chéad bliain is níl aon lá acu sin nach bhfeicim dhá chéad gaiscíoch ag dul thart ag cur tuairisc an bhuachalla sin. Ní fhaca mé aon fhear acu a chuaigh an bealach ariamh ag teacht ar ais aríst," a deir sí. "Agus an gaiscíoch ba dona acu," a deir sí, "b'fhearr an chosúlacht a bhí air ná mar atá ortsa. Ba é mo chomhairle duit," a deir sí, "tóg í nó ná tóg, casadh abhaile."

"Ní le casadh abhaile a d'fhág mise an baile," a deir Úr.

"Bhuel, tá go maith," a deir sí, "a chomhairle féin do Mhac danra agus ní bhfuair ariamh níos measa é. Céard a thug tusa as baile?" a deir sí le hArtúr.

"An aistear chéanna," a deir Artúr.

"Céard a thug tusa as baile?" a deir sí le Lán-Dearg.

"An aistear chéanna," a deir Lán-Dearg. "Tá mise mar bhuachaill aimsire acu."

"Feictear dom," a deir sí, "gur aisteach an feisteas buachaill aimsire atá ort. Ach nuair nach bhfuil aon fhilleadh abhaile orthu seo anois," a deir sí le Lán-Dearg, "tá stábla ansin amuigh a bhfuil each chaol dhonn ann. Tá sriananna airgid ann, diallait airgid agus," a deir sí, "gabh amach agus croithfidh tú an tsrian agus cuirfidh sí féin a ceann sa tsrian agus cuir uirthi an diallait agus tabhair anseo chuig an doras í."

Thug.

"Fáisc an giorta anois," a deir sí, "chomh géar nó chomh crua is nach bhfuil blas ach go gcuirfeá lann scine idir bolg an chapaill, mar," a deir sí, "níor scar tú do chois ariamh ar aon bheithíoch is luaithe ná í sin. Ach an bhfuil tú i do mharcach mhaith?" a deir sí.

"By dad, ní raibh aon chailleadh sa mbaile orm," a deir Lán-Dearg.

"Bhuel, ní foláir duit é," a deir sí, "ach tá deirfiúr liomsa," a deir sí, "triúr deirfiúr againn a bhí ann – tá sí trí chéad míle as seo, agus mura mbeidh aon tuairisc aici sin duit," a deir sí, "ar an Ridire Uaine, ba í mo chomhairle duit," a deir sí, "gan a dhul níos faide."

"Go raibh míle maith agat," a deir Lán-Dearg.

"Téirigh ar marcaíocht anois," a deir sí.

Chuaigh.

"Féadfaidh tú iad seo," a deir sí, "má thograíonn tú é a chur ar do chúla, agus mura dtograíonn, tabhair cead dóibh siúl."

Chuir sé ar a chúla iad.

"Tóg go réidh anois an each sin," a deir sí, "nó go mbeidh tú cúpla míle an bóthar, go bhfeice tú cén sórt cineál bealach atá léi."

Ghlac Lán-Dearg buíochas léi agus chuaigh sé ar marcaíocht agus chuaigh an bheirt ar a chúla. D'imigh siad ar nós na gaoithe Mhárta. Bhí sí ag tabhairt cnoc agus gleann – agus seacht mbaile caisleáin dá mbeidís ann – nó go raibh an ghrian le linn a dhul faoi agus bhí sí achar fada níos luaithe ag teach an tríú deirfiúr ná a bhí sí ag an dá theach eile.

Ach bhí go maith. D'ísligh Lán-Dearg, chaith sé an tsrian siar ar a muineál agus chas sé ar ais í agus d'imigh sí sin mar a chaithfeá urchar as gunna nó go dtáinig sí abhaile.

Úr a chuaigh isteach chun tosaigh sa tríú teach agus ba mhar a chéile na trí chathair. Ba í an chóir agus an chuma chéanna a bhí orthu. Ní raibh istigh roimhe ach bean a bhí ag cíoradh a cinn le cíor óir agus raca airgid.

Tháinig Artúr isteach, bheannaigh sé, níor labhair sí. Tháinig Lán-Dearg isteach, níor labhair sí.

Ach bhí go maith. Faoi cheann tamaill bhreathnaigh sí thart.

"Fáilte romhat, a Úr," a deir sí. "Fáilte romhat, a Artúr. Fáilte agus póg romhat, a Lán-Dearg."

"By dad," a deir Úr, "is é an scéal céanna i gcónaí é fáilte i gcónaí roimh an aois, fáilte agus póg roimh an óige."

"Mar sin a bhí sé ariamh," a deir sí, "is a bheas sé choíchin dá mb'ionann leat é is do bhás."

D'éirigh sí ina seasamh agus ní i bhfad go raibh dinnéar, ab fhearr ná an dá dhinnéar a fuaireadar sa dá theach eile, réitithe aici dóibh. D'itheadar agus d'óladar a sáith agus shuíodar síos timpeall tine bhreá agus chaitheadar an oíche le fiannaíocht is le scéalaíocht, sú sá chodlata go raibh sé in am a dhul a chodladh.

Agus nuair a bhí sé in am a dhul a chodladh, chuaigh triúr clainne an rí a chodladh, ach má chuaigh, níor éirigh an lá orthu. D'éirigh siad, chuireadar braon uisce ar a n-éadan is ar a n-urla, dúradar a dtráth, chuireadar an raca ina gceann is tháinigeadar aniar is bhí a mbricfeasta leagtha ar an mbord ag bean an tí.

Níor labhair sí tada go raibh a mbricfeasta ite acu.

"Ar mhiste liom fiafraí díot, a Úr," a deir sí, "céard a thóg as baile thú?"

"Ní miste, muise," a deir sé. "Tá mé ar thuairisc an Ridire Uaine," a deir sé, "go bhfaighidh mé beo nó marbh é go mbainfidh mé a chamán beatha de is go mbainfidh mé trí fhiacail m'athar uaidh."

"Bhuel anois, a Úr," a deir sí, "tá mise anseo le trí chéad bliain agus níl aon lá acu sin," a deir sí, "nach bhfaca mé trí chéad gaiscíoch ag imeacht ar thuairisc an bhuachalla sin. Ní fhaca mé aon ghaiscíoch ariamh acu ag teacht ar ais. Agus an gaiscíoch ba dona acu sin," a deir sí, "b'fhearr an chuma ghaiscíoch a bhí air ná mar atá ortsa. Ba é mo chomhairle duit, dá dtógfá í, filleadh abhaile.

"Ní le filleadh abhaile a d'fhág mise," a deir Úr.

Dúirt sí an rud céanna le hArtúr. Ní raibh aon fhilleadh air.

Labhair sí ansin le Lán-Dearg.

"Is é a bhí pósta agam mé féin," a deir sí, "ridire gaisce a bhí ann agus is é an t-ainm a bhí air," a deir sí, "an Ridire Lóchrainn.

["Bhí gearrchaile d'iníon agam agus bhí sí ag fuáil thuas ar stól na fuinneoige ar an dara stór a bhí sa teach seo. Agus cé a ghabhfadh thart an lá seo ach an Ridire Uaine agus chuir sé a mhéar faoina crios agus chroch sé leis í. Ní raibh an Ridire Lóchrainn sa mbaile nuair a thug an Ridire Uaine leis an iníon. D'imigh an Ridire Lóchrainn á tóraíocht lá arna mhárach, ach má d'imigh, níor tháinig sé ar ais agus ní fhaca mé í féin ná é féin ó shin.][1]

"Agus san am, a Lán-Dearg," a deir sí, "a mbíodh an Ridire Lóchrainn ag déanamh a chleasa gaisce, bhíodh a chulaith ghaisce air. Agus tá a chulaith ghaisce crochta ar phionna ansin thiar sa seomra. Nuair nach bhfuil aon fhilleadh abhaile ar an mbeirt seo," a deir sí, "téirigh siar agus féach an bhfeilfeadh sí thú."

Chuaigh Lán-Dearg siar agus chuir sé air culaith an Ridire Lóchrainn agus shílfeá gurb é an chaoi ar déanadh dó í.

Tháinig sé aniar.

"By dad," a deir sé, "tá sí togha. Is maith liom í."

"Téirigh siar anois aríst," a deir sí, "agus tá leaba mhór sa seomra sin. Tá carnán mór claimhte thíos fúithi," a deir sí, "agus bí ag cartadh go dté tú go dtí an chlaíoamh is íochtaraí. Agus," a deir sí, "tabhair leat í sin agus b'fhéidir go mb'fhearr duit í ná maide láimhe."

Chuaigh Lán-Dearg siar is bhí sé ag cartadh go bhfuair sé an ceann ab íochtaraí uilig, agus nuair a thóg sé amach í, bhí cnoc meirg uirthi. Ní rinne sé ach breith ina láimh dheas uirthi agus chroith sé í agus thit ualach mór di. Thug sé an dara croitheadh di. Ach an tríú croitheadh a thug sé di, bhí sí chomh sciúrtha chomh glanta agus dá gceannaíodh sé nua amach as an siopa í. Tháinig sé aniar.

"Tabhair leat í sin anois, a Lán-Dearg," a deir sí, "agus b'fhearr duit í ná maide láimhe. Tá each chaol bhán," a deir sí, "amuigh i stábla ansin amuigh – srian airgid agus diallait airgid – nach bhfuil a leithéid eile d'each," a deir sí, "ar sheacht gcranna an domhain. Téirigh amach," a deir sí, "tabhair leat an tsrian, croith í agus cuirfidh sí féin a ceann inti, cuir uirthi an diallait ach tabhair anseo chugamsa, chuig an doras í."

Thug.

"Fáisc an giorta anois," a deir sí, "chomh maith agus nach gcuirfeá lann scine idir í féin agus bolg an chapaill. Téirigh ar marcaíocht anois," a deir sí.

Chuaigh. Nuair a fuair sí ar marcaíocht é, "Bhuel anois," a deir sí, "sin í an each is fearr ar sheacht gcranna an domhain. An bhfuil tú i do mharcach mhaith?"

"By dad, bhí mé féaráilte go maith," a deir Lán-Dearg.

"Bhuel, níorbh fholáir duit é," a deir sí. "Nuair a imeos sí sin anois," a deir sí, "an ghaoth a bheas ina diaidh, ní bheidh sí ag teacht suas léi, agus na seacht ngaotha Mhárta," a deir sí, "is tréine a shéid as spéir ariamh, beidh sí ag dul tríothu. Beidh sí ag tabhairt cnoc agus gleann," a deir sí, "agus seacht mbaile caisleáin dá mbeidís ann, an fharraige mhór de dhá choisméig is léim agus dhá thruslóg, nach gcónóidh sí choíche go seasfaidh sí ar an tamhnach bhán atá sa Domhan Thoir. Nuair a sheasfas sí ansin," a deir sí, "ísleoidh tú. Beir ar do chlaíomh," a deir sí, "agus an spreab atá faoi chois tosaigh an chapaill – an chois dheas – bain í. Feicfidh tú thíos fút a deir sé, feicfidh tú an domhan mór thíos fút agus is é an t-ainm a thugann siad air sin, Gleann an Uafáis, is mura bhfaighidh tusa aon tuairisc ar an Ridire Uaine i nGleann an Uafáis, níl aon bharúil agam duit," a deir sí.

Nuair a chuaigh Lán-Dearg ar marcaíocht, "Bhuel anois," a deir sí, "féadfaidh tú an bheirt seo a thabhairt leat ar do chúla nó sin," a deir sí, "tabhair cead dóibh siúl. Ach ní shiúlfaidís go brách ansin."

Chuir Lán-Dearg mar sin féin ar a chúla iad agus b'fhíor di faoin each. Ní rinne sí mórán siúil áirid ar bith go raibh cúpla míle nó trí fágtha ina diaidh aici ach d'imigh sí ansin ar nós na gaoithe Mhárta. Ní raibh spré ina dhá súil leath an ama ach, *by dad*, mura raibh féin, níor leag sí iad. Níor chónaigh an each bhán ariamh gur sheas sí ar an tamhnach bhán sa Domhan Thoir.

Ar an bpointe is a sheas sí, d'ísligh Lán-Dearg. D'íslibh an triúr. Rug sé ar a chláíomh agus ghearr sé an spreab a bhí faoina cois dheas tosaigh. Nuair a bhreathnaigh sé síos, chuirfeadh sé uafás ar an domhan mór an rud a chonaic sé: Gleann an Uafáis. Ach thóg sé aníos a cheann agus labhair sé leis an mbeirt.

"Céard is fearr libhse anois, a dheartháireacha," a deir sé, "ag déanamh bia reatha don Domhan Thoir nó ag dul ag déanamh cléibh?"

"Is fearr dúinn dul ag déanamh cléibh," a deir Úr.

"Tá go maith," a deir sé. "Téigíse ag déanamh an chléibh agus gabhfaidh mise ag déanamh gadracha."

Chuaigh Lán-Dearg ag déanamh na ngadracha agus chuaigh Úr agus Artúr ag déanamh an chléibh. Agus is é an gnó a bhí leis an gcliabh, nuair a bheadh na gadracha déanta, iad a chur sa gcliabh, agus pé ar bith cé a ghabhfadh sa bpoll i dtosach, é a scaoileadh síos.

Ach bhí na gadracha déanta ag Lán-Dearg sula raibh an buinne béil ar an gcliabh ag Úr agus ag Artúr. Ach pé ar bith scéal é, nuair a bhí an cliabh réidh, "Cé atá ag dul sa gcliabh anois?" a deir Lán-Dearg.

"Cé a bheadh ag dul ann ach mise?" a deir Úr.

Nuair a chuaigh sé síos sa gcliabh, "Bhuel anois, a dheartháireacha," a deir sé, "má thagann aon fhaitíos ormsa nó má fheicim aon cheo," a deir sé, "a chuirfeas faitíos orm nuair a ligfeas sibh síos mé, fainic an ndéanfadh sibh aon éagóir orm." Agus níor thug sé deartháir ar Lán-Dearg ó d'fhág sé an baile ón athair go dtí sin.

"Ná bíodh faitíos ort," a deir Lán-Dearg, "ní dhéanfaidh muid anó ar bith ort."

Cuireadh sa gcliabh agus scaoileadh síos é, agus ní raibh sé achar ar bith síos nuair a thosaigh sé ag béiceach agus ag bladhrach ag iarraidh é a tharraingt aníos. Tharraingíodar aníos é agus nuair a tharraing, chuaigh sé amach as an gcliabh.

"Cé atá ag dul sa gcliabh anois?" a deir Lán-Dearg.

"Cé a bheadh ag dul ann," a deir Artúr, "ach mise? Nuair a bheas mise ag dul síos anois," a deir Artúr, "ní rinne mise aon anó ortsa," a deir sé le hÚr, "fainic an ndéanfadh sibh aon anó orm má fheicim tada a chuirfeas faitíos orm."

"Ná bíodh faitíos ort," a deir Lán-Dearg, "ní dhéanfaidh muid."

Ní dheachaigh Artúr leath chomh fada le hÚr, nuair a thosaigh sé ag bladhrach ag iarraidh é a tharraingt aníos. Tharraingíodar aníos é.

"Bhuel, is dócha," a deir Lán-Dearg, "gurb é mo *turn*sa anois é."
Chuaigh Lán-Dearg sa gcliabh.

"Agus," a deir sé, "ach an oiread libh féin, má fheicimse tada a chuirfeas
faitíos anois orm, fainic an ndéanfaidh sibh aon éagóir orm."

"Ná bíodh faitíos ort," a deir Artúr.

Scaoileadh síos é agus ní dheachaigh Lán-Dearg leath chomh fada leis
an mbeirt eile, nuair a léim sé amach as an gcliabh agus shiúil sé síos uaidh
féin. D'fhág sé an bheirt in uachtar.

Bhí go maith is ní raibh go holc. D'imigh leis, agus bhí sé ag siúl go
raibh píosa mór den lá ann, bóthar chomh mín chomh réidh agus ar leag sé
a chois ariamh air. Ní fhaca sé duine ná deoraí, beithíoch ná éan ná caora
ná uan ná mionnán go raibh sé i bhfad ag siúl, is d'airigh sé gleo mór ag
déanamh air is nuair a bhreathnaigh sé, céard a bheadh ann ach arm – mar
a bheadh timpeall seacht gcéad saighdiúir airm. Agus séard a bhíodar sin a
dhéanamh, ag gardáil an ghleanna don Ridire Uaine.

Ach nuair a tháinig Lán-Dearg chomh gar dóibh – nó chomh gar dóibh
is go raibh aige labhairt leo, "Ar mhiste liom fiafraí díot," a deir sé leis an
oifigeach a bhí chun tosaigh, "cén áit anseo ina gcónaíonn an Ridire Uaine?"

"Faraor," a deir an t-oifigeach, "nach bhfuil greim agamsa ort agus sin
ceist nach gcuirfeá orm aríst."

"Bhuel, ní i bhfad," a deir Lán-Dearg, "go mbeidh greim againn ar a
chéile mura bhfreagraíonn tú an cheist a chuir mise ort."

D'fhreagair fear eile ansin é.

"Faraor," a deir sé, "nach bhfuil greim againn ort agus sin ceist nach
gcuirfeá orainn aríst go brách: fiafraí cén áit a gcónaíonn an máistir."

Ach nuair a chonaic Lán-Dearg an fháilte a bhí acu roimhe, d'fheistigh
sé suas air a chulaith chrua ghaisce ghíocach gheangach faoina chuid spoir.
Rug sé ar a chlaíomh, Claíomh na Naoi bhFaobhar, agus thosaigh sé ag dul
fúthu, tríothu agus tharstu mar a bheadh seabhac uasal ag dul trí phlód
éanacha nó préachán gearr trí phlód cearc, nár fhág sé cloigeann ar cholainn
den mhéid sin nár mharaigh sé.

Nuair a bhíodar marbh aige, rinne sé trí charnán díobh – carnán dá
gceanna, carnán dá gcosa agus carnán pléamasach dá gcuid éadach agus dá
gcuid arm.

Nuair a bhí sin déanta aige, bhí sé tuirseach ach thug sé aghaidh ar an
mbóthar agus bhí sé ag imeacht ariamh, ariamh nó go raibh sé siar go maith sa
tráthnóna is cá gcasfaí é ach ar bhruach tobair. Bhí tart air. Bhain sé de a hata
– más hata nó caipín a bhí air – agus choisric sé é féin sular ól sé aon deoch.

Chuaigh sé síos agus d'ól sé a shaindeoch as an tobar, is nuair a bhí an deoch ólta aige, shín sé siar ar bhruach an tobair, is céard a dhéanfadh sé ach titim ina chodladh. Chodail sé an chuid eile den lá sin agus an oíche sin ag an tobar. Agus bhí sé ina chodladh moch go maith ar maidin lá arna mhárach. Bhuel, ba é an tobar céanna é a gcaithfeadh bean an Ridire Uaine trí bhuidéal uisce a fháil as chuile mhaidin le haghaidh í féin a níochán agus a ghlanadh nuair a d'éireodh sí. Agus bhí cailín aimsire aici le cur á iarraidh.

An mhaidin seo d'éirigh an cailín. Ní raibh bean an Ridire ina suí. D'éirigh an cailín agus d'imigh léi, agus nuair a bhí sí ag déanamh ar an tobar, tháinig sí in amharc an tobair, chonaic sí an fear ba bhreátha a chuir a cheann le haer ariamh ina chodladh – nó caillte, ní raibh a fhios aici ar bhásaithe nó ina chodladh a bhí sé – ar bhruach an tobair.

Bhí sí ag dul i ndiaidh a cúil agus bhí sí ag dul i ndiaidh a haghaidh agus bhí faitíos uirthi a dhul ag iarraidh an uisce, ach sa deireadh dúirt sí go seansálfadh sí é. Thóg sí na trí bhuidéal is bhí sí ag tabhairt corrshúil air. Ach ní raibh a fhios aici ar ina chodladh nó ina dhúiseacht a bhí sé.

Bhí sí ní b'fhaide amuigh ansin ná a bhíodh sí na maidineacha eile agus nuair a tháinig sí ar ais go dtí bean an Ridire, bhí bean an Ridire ina suí ag fanacht léi agus a culaith chodlata uirthi fós.

"Donas ort," a deir bean an Ridire, a deir sí, "tá tú an-fhada amuigh."

"Muise, donas agus seacht ndonas ortsa," a deir an cailín aimsire, "dá bhfeicfeása an gaiscíoch," a deir sí, "atá ina chodladh nó básaithe ar bhruach an tobair sin, ní bheifeá féin leath chomh luath."

"Ní gaiscíoch ar bith é sin," a deir bean an Ridire. "Tá tú ag déanamh bréige. Níl aon ghaiscíoch le bheith ansin," a deir sí, "go dtagann Lán-Dearg, Mac Rí Éireann, pé ar bith lá go brách é, má thagann sé ann. Agus níl sé sin," a deir sí, "in inmhe gaisce go ceann seacht mbliana fós."

"Níl a fhios agamsa," a deir an cailín, "cén gaiscíoch atá ann ach tá gaiscíoch éicint ann."

Ní rinne bean an Ridire – gan snáithe éadach codlata ar bith a bhaint di ná aon deoir uisce a chur uirthi – ach bhuail sí amach agus níor chónaigh sí ariamh go dtáinig sí in amharc an tobair.

[Á, a dhiabhail, rinne mé dearmad ar chuid de! Nach é an trua é! Anois! Bhuel, cuirfidh mé isteach é nuair a bheas mé á chríochnú.[1]]

Ach bhí go maith is ní raibh go holc. Nuair a tháinig sí in amharc an tobair, chonaic sí an gaiscíoch agus bhí a fhios aici gur ina chodladh a bhí sé, agus nuair a chuaigh sí anonn os a chionn, d'aithin sí é. Ní rinne sí ach é a dhúiseacht, agus nuair a dhúisigh sí é, chuireadar lámha timpeall muineál a chéile, mhúchadar a chéile le póga agus bhádar a chéile le deora is thriomaíodar a chéile le naipcíní míne síoda. Bhuaileadar lámha faoi ascaill a chéile agus níor chónaíodar go ndeachadar go dtí teach an Ridire Uaine, is nuair a tháinigeadar isteach, ní raibh duine ar bith istigh ach an cailín.

Réitigh bean an Ridire dinnéar breá do Lán-Dearg agus bhí sé ag ithe is ag ól go dtí gur ith sé is gur ól sé a dhóthain. Agus nuair a bhí a bhéile ite aige, "Bhuel anois," a deir bean an Ridire, "níl tada le déanamh ag an Ridire Uaine liomsa. Nuair a rug sé leis mise," a deir sí, "ó m'athair agus ó mo mháthair, chuir mise faoi gheasa é gan baint ná páirt a bheith aige liom go ceann lá agus seacht mbliana. Is é a bhfuil orm a dhéanamh, mar nach bhfuil aon cheo eile le déanamh agam leis," a deir sí, "a bhéile a réiteach dó. Tá sé imithe ag fiach agus ag foghlaeireacht," a deir sí, "é féin agus a thrí shaghas airm. Agus is gearr go mbeidh sé isteach anois," a deir sí. "Nuair a imíonn sé, caitheann sé dhá lá – níl a fhios agam, trí lá scaití – ach is gearr go mbeidh sé isteach."

"Féadfaidh tusa a dhinnéar a réiteach dó," a deir Lán-Dearg, "ach spáin an rúma is mó nó is fairsinge sa teach domsa."

D'éirigh sí ina seasamh agus thug sí léi Lán-Dearg agus spáin sí seomra dó a bhí chomh mór le leath páirce.

Chuaigh Lán-Dearg isteach ann. Bhí a chulaith ghaisce air agus a chlaíomh aige agus shuigh sé síos. Agus diabhal mórán achair a bhí sé ina shuí síos nuair a tháinig an bhean aríst go dtí é.

"Níl aon bhlas a tharla aréir," a dúirt sí, "nach n-inseoidh an Fear Práis don Ridire Uaine nuair a thiocfas sé."

"Is cuma liomsa sa diabhal," a deir Lán-Dearg, "céard a inseos sé dó ach níl tada le déanamh agatsa leis sin."

Ach chuaigh an bhean aniar agus diabhal blas go raibh sí abhus nuair a tháinig an Ridire Uaine agus a thrí shaghas airm in éineacht leis. Bhí mias mhór dinnéir réitithe ag an mbean dó agus í leagtha ar an mbord.

Shuigh sé isteach agus ní raibh ite aige ach dhá phlaic nuair a tháinig an Fear Práis isteach.

"Go mba seacht míle measa a bheas tú bliain ó anocht," a deir an Fear Práis. "Shíl mé go raibh spiorad fola nó braon fola éicint ariamh ionat – nó spiorad fir – go dtí inniu."

"Agus cén fáth go bhfuil tú á rá sin?" a deir an Ridire.

"Dá bhfeicfeá an spriosán gabhair Éireannach," a deir sé, "a bhí ag caitheamh bia agus óil le do bhean anseo aréir nó ar maidin inniu, ní íosfá aon ghreim dá chuid fuílligh go brách."

"Muise, 'chrá Dia," a deir an Ridire Uaine ag éirí ina sheasamh, "má ithim aon ghreim eile," a deir sé, "go n-ithe mé a chuid aobha agus scamhóga i dtosach.

"A arm úr óg," a deir sé, "nár chlis ariamh orm agus nár lig aon chath síos ariamh orm, téigí siar agus tugaigí aniar a chuid aobha agus scamhóga sin chugam."

Chuaigh an t-arm siar – an chéad saghas a bhí aige – agus de réir mar a bhíodar ag cur a gcuid cloigne isteach an doras, bhí Lán-Dearg ag scuabadh na gcloigne díobh nó gur scuab sé an cloigeann deireanach, is nuair a bhí an cloigeann deireanach scuabtha aige, chaith sé iad, idir chloigne agus cholainneacha, in aon choirnéal amháin den tseomra. Bhí an seomra chomh mór le páirc.

Bhí go maith is ní raibh go holc. Nuair nach bhfaca an Ridire Uaine aon duine ag teacht, "Caithfidh sé," a deir sé le bean an tí, "go bhfuil cleas éicint imeartha ag an mbuachaill seo atá ag coinneáil mo chuid fir.

"Téigí siar," a deir sé leis an dara harm. "Níor chlis sibh ariamh orm agus níor eitigh sibh ariamh mé agus bhuaigh sibh chuile chath dom a tháinig orm. Agus tugaigí aniar in éineacht a chuid aobha agus a scamhóga chugam."

Chuadar siar, ach pé ar bith achar a mhair an chéad arm, níor mhair an dara harm a leathoiread go raibh na cloigne sciobtha ag Lán-Dearg díobh.

Bhuel, an t-arm ba mheasa uilig a bhí ansin aige, séard a bhí iontu – ba é an tríú harm aige é – arm amhais. Níl mé in ann a chruthú a raibh aon arm acu ach b'arm amhais iad.

"Téigí siar," a deir sé, "a arm amhais úr óg a bhuaigh chuile chath a tháinig ormsa ariamh agus a bhuafas go brách é agus tugaigí aniar a chuid aobha agus a scamhóga chugam."

Chuadar siar agus chuaigh Lán-Dearg i bhfolach ar chúl an dorais nó go dtáinig an duine deireanach acu isteach. Agus séard a bhí ann, stumpa beag ramhar. Fuair Lán-Dearg greim caol dhá chois air, chroch sé os cionn a mhullaigh é agus thosaigh sé ag gabháil ar na hamhais eile leis agus bhí an t-amhas deireanach marbh aige leis. Agus bhí an t-amhas a bhí i ngreim aige caite go dtí áit a láimhe nuair a bhí an ceann deireanach acu marbh.

Nuair nach bhfaca an Ridire Uaine aon duine de na hairm ag teacht, "'Chrá Dia," a deir sé, "caithfidh go bhfuil saghas cleas éicint imeartha aige seo atá ag coinneáil mo chuid airm."

Ansin labhair sé le Lán-Dearg.

"Gabh aniar, a Lán-Dearg," a deir sé, "céad fáilte romhat – go mbeidh bia agus deoch in éineacht againn."

"Go mba seacht míle milliún measa a bheas tú bliain ó anocht agus bliain ó amárach," a deir Lán-Dearg. "Gabhfaidh mise síos anois," a deir sé, "agus beidh an greim is fearr sa teach agam agus ná raibh maith ná fad saoil agat."

Tháinig Lán-Dearg aniar agus bhí mias an athar leagtha i lár an bhoird.

Rug sé ar chathaoir agus shuigh sé síos air agus tharraing sé chuige an mhias agus níor fhág sé an oiread uirthi agus a ghabhfadh i gclaibín píopa, nár ith sé.

Nuair a bhí sé ite aige, d'éirigh sé ina sheasamh agus bhuail sé amach – níor chuir an Ridire Uaine caidéis ar bith air – bhuail sé amach. Agus bhí barúil ag an mbean óg cá ndeachaigh sé – ach níor tháinig sé isteach an oíche sin – agus, pé ar bith áit a raibh sé, chuir sí scéala chuige go raibh an Ridire Uaine ag dul á throid an lá arna mhárach, agus má bhí faoi an cath a bhuachadh, go mba mhaith an cúnamh dó dá mbeadh sé ina shuí maidneachan an lae agus an cuaille comhraic a bheith buailte aige chun tosaigh ar an Ridire Uaine.

"Tá seacht saghas draíocht," a deir sí, "seacht saghas asarlaíocht ag an Ridire Uaine agus mura mbeidh sé ag fáil an ceann is fearr ort," a deir sí, "nuair a theannfas sé siar sa lá, iontóidh sé ina shlám ceo agus éireoidh sé sa spéir. Agus tiocfaidh sé anuas ansin aríst ort," a deir sí, "ina chuma féin lena chlaíomh. Má éiríonn leis thú a bhualadh den chlaíomh sin," a deir sí, "déanfaidh sé cloch ghlas díot.

"Nuair a éireos tú ar maidin," a deir sí, "má fhéadann tú a bheith i do shuí agus an cuaille comhraic buailte agat, nuair a thiocfas tú go dtí an cuaille comhraic," a deir sí, "an spreab a bheas faoi do chois dheas – sula mbuailfidh tú é – gearr le do chlaíomh í agus sáigh do chlaíomh le taobh an chuaille comhraic. Nuair a bheas sé amach sa lá," a deir sí, "nuair nach mbeidh sé ag fáil an bhua ort, éireoidh sé san aer ina shlám ceo. Tiocfaidh sé anuas ansin aríst; bí thusa ag aireachas. Nuair a fheicfeas tusa ag iontú ina shlám ceo é," a deir sí, "beir ar an spreab seo agus bíodh sí i do láimh agat agus bí ag aireachas air go mbeidh sé ag dul anuas. Agus nuair a bheas sé ag dul anuas," a deir sí, "tá ball dóráin ar a thaobh clé. Má éiríonn leat é a bhualadh den spreab sin ar an mball dóráin sin, déanfaidh tú cloch ghlas de, agus mura n-éiríonn, déanfaidh seisean cloch ghlas díotsa."

Ach bhí go maith is ní raibh go holc. Níor le Lán-Dearg ab fhaillí é, níor tháinig an lá air. D'éirigh sé agus d'imigh sé. Nuair a tháinig sé go dtí an cuaille comhraic, bhain sé de a hata agus choisric sé é féin, agus an spreab a bhí faoina chois dheas, rug sé ar a chlaíomh agus ghearr sé í agus leag sé i bhfolach sa tulán cíbe í. Bhuail sé an cuaille comhraic. Níor fhág sé lao i mbó, searrach i gcapall, uan i gcaora, mionnán i ngabhar, giorria i dtom, iasc i líon ná páiste i mbroinn mná i bhfoisceacht trí chéad míle de nár bhain sé trí iontú tuathal, trí iontú deiseal astu leis an gcroitheadh a thug sé don ríocht nuair a bhuail sé an cuaille comhraic. Agus bhuail sé cloigeann an Ridire Uaine faoin mbord a raibh sé ag ithe air agus bhain sé an mothú as.

Ach bhí go maith. Nuair a tháinig an Ridire Uaine chuige féin, d'éirigh sé is chuaigh sé amach. D'áitíodar a chéile mar a d'áiteodh dhá leon a chéile ar lota nó dhá tharbh a chéile i bhfásach. Bhíodar ag tabhairt toibreacha fíoruisce aníos tríd na clocha glasa. Bhíodar ag déanamh ardán den ísleán agus ísleán den ardán, cruán den bhogán agus bogán den chruán. Ach nuair a bhí sé ag teannadh siar sa lá – ní raibh ceachtar acu ag fáil an ceann ab fhearr ar an gceann eile – cé a thiocfadh amach ach an bhean óg – ach bhí sí an-fhada uathu – is bhí sí ag breathnú orthu.

"Méadaigh ar do bhuille. Neartaigh ar do mhisneach," a deir sí le Lán-Dearg. "Níl fear do shínte ná bean do chaointe anseo ach mise."

Nuair a d'airigh an Ridire Uaine an bhean ag rá na cainte sin, d'iontaigh sé ina shlám ceo agus d'éirigh sé sa spéir. Is níor le Lán-Dearg ab fhaillí é. Nuair a fuair sé imithe suas é, rug sé ar an spreab agus bhí sí ina láimh dheas aige. Agus leis an gcuthach a bhí ag teacht anuas ar an Ridire Uaine agus é ar a chuma féin aríst agus a chlaíomh ina láimh aige, thit a chóta amach thar a mhullach agus bhuail Lán-Dearg an spreab ar an mball dóráin air agus rinne sé aill ghlas de.

Bhí go maith is ní raibh go holc. Nuair a bhí Lán-Dearg ag filleadh go dtí an chathair, bhí an bhean óg leath bealaigh roimhe. Shiúladar isteach sa gcathair agus d'ith Lán-Dearg a bhéile – nó pé ar bith céard a bhí – agus ní rinneadar aon mhoill. Thugadar cúpla máilín óir leo, spúnóga airgid, sceana airgid, forcanna airgid. D'imigh leo mar bhí a fhios ag Lán-Dearg go mbeadh a bheirt dearthár ag fanacht leis san áit a raibh an cliabh scaoilte anuas i nGleann an Uafáis.

D'imigh an bhean óg in éineacht leis, agus nuair a tháinig siad i bhfoisceacht leathchéad slat den áit a raibh an cliabh – nó an poll – bhí a fhios ag Lán-Dearg cá raibh sé. Sheas sé.

"Bhuel anois, a bhean óg," a deir sé, "nó, a bhean uasal, tá mé idir dhá chomhairle. Níl a fhios agam céard is fearr dom a dhéanamh. Má fhágaim anseo thú," a deir sé, "níl a fhios agam cén trioblóid a tharlós duit, is má ligim suas thú," a deir sé, "tá seans éicint agat."

"Is róchuma thuas ná thíos," a deir sí, "a fhágfas tú mé."

Ní rinne sí ach fáinne a bhí ar a méar a bhaint di.

"Seo duit é," a deir sí, "agus cuir go ceanúil i do phóca é agus má thigeann sé sa saol go brách," a deir sí, "go gcasfaidh muid ar a chéile, aithneoidh mise an fáinne seo."

"Tá go maith," a deir Lán-Dearg.

D'imigh leis agus thug sé go dtí an cliabh í agus chuir sé isteach sa gcliabh í. Agus nuair a chuir, chuir sé béic thíos as.

Bhí an bheirt thuas – Úr agus Artúr – agus tharraing siad aníos an cliabh agus cén diabhal a bheadh sa gcliabh ach an bhean óg ab áille ar leag fear nó bean súil ariamh uirthi.

Nuair a chonaic Úr an bhean óg ag teacht, "Ó, céad míle fáilte romhat," a deir sé, "mo bhean agus mo chéile go dtaga Lá an tSléibhe. An té atá thíos anois," a deir sé, "fanadh sé thíos agus an té atá thuas, tá sé thuas."

Nuair a tháinig an bhean óg ar an mullach, chuaigh sí amach as an gcliabh.

"Ní bheidh mise mar bhean ná mar chéile agat," a deir sí. "Tá mise do do chur faoi gheasa," a deir sí, "gan láimh ná páirt a bheith agat liomsa, baint ná páirt go ceann lá agus seacht mbliana."

"Níl sé sin rófhada," a deir Úr, "ná a mbeidh sé ar a fhad eile."

Bhí go maith. Chrochadar leo í, agus leath bealaigh ag teacht abhaile dóibh, casadh seanchapall caillte ar an mbealach dóibh agus bhain Úr trí cinn d'fhiacla aisti, ag déanamh amach go mba iad fiacla an athar iad. Agus thug sé leis ina phóca iad, is nuair a tháinig sé abhaile, bhí an Ridire Uaine marbh ag Úr, mar ó dhia, agus an bhean óg tugtha uaidh agus mar seo is mar siúd – is é a rinne chuile shórt. Ach, ar ndóigh, thíos a frítheadh Úr agus Artúr ach thuas a fágadh iad. Cuireadh suas fleá agus féasta ag an rí dóibh go ceann seacht n-oíche agus seacht lá.

Ach fágadh Lán-Dearg bocht i nGleann an Uafáis agus gan a fhios aige cá ngabhfadh sé. Nuair a bhí an bhean óg tamall imithe, ní raibh aon bhealach aige leis an áit a fhágáil.

D'imigh leis ag siúl an bóthar céanna ar ais a dtáinig sé ann agus diabhal mórán achair a bhí siúlta aige nuair a chonaic sé gaiscíoch ag déanamh air. Agus nuair a tháinig sé chomh gar don ghaiscíoch is gur labhair sé, "Muise, ar mhiste liom fiafraí díot," a deir sé, "cén bealach a d'fhágfainn Gleann an Uafáis nó cén bealach a gheobhainn as?"

"Faraor, nach bhfuil greim agamsa ort," a deir an gaiscíoch, "agus sin ceist nach gcuirfeá orm aríst."

"Ní i bhfad go mbeidh greim againn ar a chéile," a deir Lán-Dearg, "mura bhfreagraíonn tú an cheist a chuir mise ort."

Is é an t-ainm a bhí ar an ngaiscíoch sin, Gaiscíoch Leath-Chaol Crua. Ach rugadar ar a chéile. Ach ní i bhfad go ndeachaigh an Gaiscíoch Leath-Chaol Crua in íochtar agus go raibh Lán-Dearg á cheangal. Thug sé ceangal na gcúig gcaol go daor agus go docht air, timpeall a chinn, a bhéil agus a mhuiníl nó go raibh sé in aon cheirtlín amháin, go raibh laidhricín a choise deise in ann scéal a inseacht do pholl a chluaise.

Nuair a bhí sin déanta leis, "Ó, do chara is do choimirce," a deir an

Gaiscíoch Leath-Chaol Crua, "má fhágann tú ceathrú m'anama agamsa," a deir sé, "spáinfidh mé an bealach duit a bhfágfaidh tú Gleann an Uafáis."

"Go mba seacht míle measa a bheas tú bliain ó anocht," a deir Lán-Dearg, "ní measa liom thú a cheangal ná thú a scaoileadh."

Ach scaoil sé é, is nuair a bhí sé scaoilte aige, cén diabhal a rinne an Gaiscíoch Leath-Chaol Crua ach é a chur faoi gheasa gan an dara béile a ithe d'aon bhord ná an dara hoíche a chodladh ar aon leaba go dtabharfadh sé scéal chuige cén fáth nach rinne Ridire an Gháire Ghil aon gháire le seacht mbliana agus gurbh é an t-ainm a bhí ó shin air, Ridire an Gháire Dhuibh.

Ní rinne Lán-Dearg ach a dhroim a iontú leis agus d'imigh sé. Agus níor bhain sé méar dá shrón nó go dtáinig sé ag doras Ridire an Gháire Dhuibh, is nuair a tháinig sé ag an doras, bhí Ridire an Gháire Dhuibh á bhearradh féin.

Agus nuair a chonaic Ridire an Gháire Dhuibh sa doras é, "Ó, nach dána an mhaise duit é," a deir sé, "a theacht ag cur isteach orm agus mé do mo bhearradh féin? Ach, faraor," a deir sé, "nach bhfuil greim agamsa ort. Níl a fhios agamsa céard is fearr dom thú a chur de shéideog don Domhan Thoir nó min a dhéanamh faoi mo chosa díot."

"Éirigh i do sheasamh," a deir Lán-Dearg.

D'éirigh.

"Cén fáth," a deir Lán-Dearg, "nach rinne tusa aon gháire le lá agus seacht mbliana?"

"Dá mbeadh greim agamsa ort," a deir an Ridire, "sin ceist nach gcuirfeá aríst orm."

"Bhuel, ní i bhfad go mbeidh greim againn ar a chéile," a deir Lán-Dearg, "mura bhfreagraíonn tú an cheist sin."

Ach rugadar ar a chéile. Ach is gearr go raibh Ridire an Gháire Dhuibh ceangailte ag Lán-Dearg – an ceangal céanna a thug sé ar an nGaiscíoch Leath-Chaol Crua – nó go raibh laidhricín a choise deise in ann scéal a inseacht do pholl a chluaise.

"Á, do chara is do choimirce," a deir an Ridire. "Is tú an gaiscíoch is fearr a casadh ariamh orm. Má fhágann tú ceathrú m'anama agamsa," a deir sé, "inseoidh mé an scéal sin duit agus tabharfaidh mé údarás leis."

Scaoil sé é. Bhí tine bhreá thíos ag Ridire an Gháire Dhuibh agus shuigh duine acu síos ar chaon taobh den tine agus d'inis an Ridire an scéal do Lán-Dearg – cén fáth nach rinne sé aon gháire.

"Is é an obair a bhí orm," a deir sé, "ó bhí mé seacht mbliana, ag fiach is ag foghlaeireacht. Agus an lá seo," a deir sé, "bhí mé ag dul suas taobh cnoic agus céard a d'fheicfinn ag dul anuas i m'aghaidh," a deir sé, "ach giorria. Bhí taobh óir uirthi," a deir sé, "agus taobh airgid. Agus séard a dúirt mé nuair a chuaigh sí amach tharam – bhí sí ag imeacht ar nós na gaoithe Mhárta – go mba deas an pabhsae i dteach mór í.

"Ach ní rinne mé," a deir sé, "ach casadh ar mo chois agus lean mé í. Bhí mé ag coinneáil ina hamharc ariamh," a deir sé, "ach bhí sé ag cinnt orm aon bhlas talaimh a bhaint di. Ach mar a chéile i gcónaí ariamh, ariamh," a deir sé, "go bhfaca mé ag dul isteach sa mbrúidín í. Lean mé isteach í. Agus nuair a tháinig mé isteach doras an bhrúidín, ní raibh istigh romham ann ach seanbhean agus í ina suí síos ar bhun crainn, is nuair a chuir mise mo chloigeann isteach," a deir sé, "'Go mba seacht míle measa a bheas tú bliain ó anocht,' a deir sí, 'agus bliain ó amárach mura deas an bhail atá ort, ag spriosán an bhrúidín ó mhaidin. Ach fan,' a deir sí, 'go dtaga an Fear Gearr Donn ar ball agus ní measa an bhail atá ag an spriosán ort ná a chuirfeas sé sin ort.'

"Ní i bhfad," a deir an Ridire, "gur airigh mé – bhí coill timpeall na brúidín – gur airigh mé an crann úr ag lúbadh agus d'airigh mé an crann críon ag pléascadh agus, pé ar bith breathnú a rinne mé," a deir sé, "chonaic mé an Fear Gearr Donn ag teacht. Bhí cailleach mharbh ar a dhroim, torc ar a ghualainn agus mar a bheadh crann, a dhéanfadh crann seoil, de mhaide láimhe aige. Nuair a tháinig sé, bhreathnaigh sé orm. Chaith sé an torc ar an urlár.

"'Seo,' a deir sé liomsa," a deir an Ridire, "'bí ag réiteach do dhinnéir.'

"Ní rinne mé," a deir an Ridire, "ach mo chlaíomh a tharraingt ó mo bheilt agus bhuail mé an torc agus dá mbeinn ag gabháil ó shin uirthi," a deir sé, "ní bhainfinn an oiread agus ribe de. Ní i bhfad a bhí mé mar sin," a deir sé, "go dtáinig an Fear Gearr Donn is ní rinne sé," a deir sé, "ach a láimh a chur suas ar chlár, thug anuas coinlín cruithneacht agus bhuail sé an torc ag bun a driobaill is níor fhág sé an ribe fionnaidh uirthi ó bhun a driobaill go barr a sróine nár ghlan sé den iarraidh sin.

"Chroch sé leis ansin í," a deir sé, "rinne sé dhá leith di agus chaith sé isteach i m*boiler* mór í, is nuair a cheap sé í a bheith bruite, d'fhiafraigh sé díomsa," a deir sé, "cé ab fhearr liom bior iarainn nó bior maide le mo chuid a thógáil. Dúirt mé leis," a deir sé, "go mb'fhearr liom an bior iarainn. Sháigh mé síos an bior iarainn," a deir sé, "agus céard a thug mé aníos, sáilín beag den torc. Sháigh an Fear Gearr Donn síos a bhior adhmaid agus thóg sé iomlán an toirc. Agus chaith sé amach ar an mbord í, is nuair a bhí sí caite ar an mbord aige," a deir sé, "dúirt sé liomsa seasamh idir an bord agus an balla, go mbeadh a bhéile ite aige. Sheasas," a deir sé, "agus níl aon chnámh a bhí sé a ghlanadh nó a changailt den torc nach raibh sé ag bualadh idir an t-ucht agus an croí orm nó go raibh a bhéile ite aige."

"Tá cleas eile imeartha agamsa anois," a deir sé ansin le Ridire an Gháire Ghil, mar a bhí an chéad uair air, "nach bhfuil agatsa."

Thug sé anuas píosa de shlabhra.

"Beir ar chloigeann de seo anois," a deir sé leis an Ridire.

"Rugas," a deir an Ridire.

Rug seisean ar an gcloigeann eile, agus pé ar bith acu a thabharfadh an ceann eile ansin isteach sa m*boiler* leis an tarraingt a thabharfadh sé dó, bheadh sé sin faoi anó an domhain an fhad is a mhairfeadh sé.

"Ach pé ar bith strachailt a thug sé dó," a deir an Ridire, "thug sé mise ann. Agus sin é a d'fhág mise," a deir sé, "ó shin gan aon gháire a dhéanamh ach gáire dubh."

"Go raibh míle maith agat," a deir Lán-Dearg. "Ach ar mhiste liom fiafraí díot," a deir Lán-Dearg, "an dtagann an giorria sin anuas an cnoc sin i gcónaí?"

"Chuile lá a éiríonn an ghrian," a deir Ridire an Gháire Dhuibh.

"Tá go maith," a deir Lán-Dearg. "'Chrá Dia," a deir sé, "ó tháinig mé chomh fada nach ngabhfaidh mé abhaile go brách go bhfeice mé cén sórt giorria í sin."

Maidin lá arna mhárach d'éirigh sé féin agus an Ridire. D'itheadar a mbricfeasta agus bhuaileadar suas taobh an chnoic. Is gearr a bhí siúlta acu nuair a chonaic Lán-Dearg an giorria ag dul anuas, taobh airgid agus taobh óir uirthi. Chas Lán-Dearg ar a chois ar nós na gaoithe Mhárta ina diaidh agus lean an Ridire Lán-Dearg. Is é an chaoi a raibh an giorria – bhí Lán-Dearg ag baint talún an chéad uair di, ach bhí sí ag coinneáil an *limit* chéanna sa deireadh uaidh nó go ndeachaigh sí isteach doras na brúidín is chuaigh Lán-Dearg isteach ina diaidh.

Nuair a tháinig sé isteach, ní raibh istigh roimhe ach seanchailleach agus í ina suí ar bhun crainn.

"Go mba seacht míle measa a bheas tú bliain ó anocht," a deir sí, "agus bliain ó amárach. Nach deas an bhail atá ar spriosán na brúidín ó mhaidin agat! Ach ní measa a bhail ná an bhail a chuirfeas an Fear Gearr Donn ort ar ball nuair a thiocfas sé."

"Go mba seacht míle measa a bheas tusa," a deir Lán-Dearg, "bliain ó anocht agus bliain ó amárach. Ní bheidh tusa i do bhean fianaise ná i d'fhear fianaise ar cheachtar againn."

Tharraing sé a chlaíomh óna bheilt agus bhuail sé faoin smig í agus chuir sé a cloigeann go boimbéal na huamhnach – nó na brúidín.

D'fhan sé ansin. Is gearr a bhí sé ann nuair a chonaic sé Ridire an Gháire Dhuibh ag teacht. Diabhal mórán achair a bhí Lán-Dearg, is gearr gur airigh sé an talamh ag croitheadh agus an choill ag croitheadh. D'airigh sé an crann úr ag lúbadh, an crann críon ag pléascadh agus an talamh a bhí faoina dhá chois ag croitheadh.

Bhreathnaigh sé uaidh agus is gearr go bhfaca sé an Fear Gearr Donn ag teacht. Bhí cailleach mharbh ar a dhroim, torc ar a ghualainn is mar a bheadh crann báid seoil de mhaide láimhe aige. Tháinig sé agus chaith sé an torc faoi chosa Lán-Dearg.

"Seo," a deir sé, "bí ag réiteach do dhinnéir."

Ní rinne Lán-Dearg ach éirí de léim – mar bhí tuairisc aige anois – agus tharraing sé coinlín cruithneacht anuas de chlár a bhí ann agus bhuail an torc i mbun a driobaill is níor fhág sé ribe uirthi go barr a sróine. Chaith sé isteach sa m*boiler* í. Nuair a bhí sí bruite tháinig an Fear Gearr Donn agus dhá bhior aige.

"Cé is fearr leat: bior maide," a deir sé, "nó bior iarainn?"

"Is fearr liom bior maide," a deir Lán-Dearg.

Chuir an Fear Gearr Donn síos an bior iarainn is níor rug aníos ach crúibín den torc. Chuir Lán-Dearg síos an bior maide agus thóg sé iomlán an toirc is chaith sé ar an mbord í.

"Seo, anois," a deir sé le Ridire an Gháire Dhuibh, "suigh isteach is ith do sháith."

Shuigh an bheirt isteach agus chuireadar an Fear Gearr Donn ina sheasamh idir an bord agus an balla, is níl aon chnámh a bhíodar a ghlanadh di nach rabhadar á bhualadh idir an t-ucht agus a chroí air go raibh a mbéile ite acu.

Nuair a bhí, "Tá cleas imeartha eile agamsa," a deir an Fear Gearr Donn le Lán-Dearg, "nach bhfuil agatsa."

"Níl cleas imeartha ar bith agat," a deir Lán-Dearg, "nach bhfuil cleas imeartha agamsa chomh maith leis, agus tá cuid mhaith cleas agam nach bhfuil agat chor ar bith."

Ach tharraing sé anuas píosa de shlabhra. Ach le scéal fada a dhéanamh gearr – an chéad strachailt a thug Lán-Dearg dó, thug sé sa dabhach nimhe é ar chaoi ar bith.

"Deasaigh suas an tine fúithi sin anois," a deir Lán-Dearg le Ridire an Gháire Dhuibh.

Thosaigh Ridire an Gháire Dhuibh á deasú.

"Á, ná deasaigh. Ná deasaigh," a deir an Fear Gearr Donn. "Pé ar bith impí a iarrfas tusa ormsa, tabharfaidh mé duit é ach lig as seo mé. Fágfaidh mé leath mo ríocht le mo bheo agat," a deir sé, "agus an leath eile le mo mharbh."

"Níl mé ag iarraidh ríocht ná tada ort," a deir Lán-Dearg, "ach an bhfeiceann tú an fear sin ansin?"

"Feicim," a deir an Fear Gearr Donn.

"Cuir é sin," a deir sé, "sa gcuma chéanna a raibh sé an lá ar bhuail tú do chleite draíochta an chéad uair air. Bíodh sé ina Ridire an Gháire Ghil," a deir sé, "agus caithfidh tú a dhul le húlla óir," a deir sé, "chuile mhaidin agus chuile thráthnóna anois aige an fhad is a mhairfeas sé. Agus mura dtuga tú an impí sin domsa," a deir sé, "fanfaidh tú san áit a bhfuil tú."

"Is fearr liom fanacht san áit a bhfuil mé féin," a deir an Fear Gearr Donn, "ná sin a dhéanamh."

"Tá go maith," a deir Lán-Dearg. "Deasaigh suas an tine faoi," a deir sé leis an Ridire.

Chuaigh sé á deasú.

"Á, ná deasaigh. Ná deasaigh," a deir sé. "Do chara is do choimirce, lig as seo mé," a deir sé, "agus tabharfaidh mé an impí sin duit."

Thóg Lán-Dearg as é agus bhí sé ina shuí i lár an urláir. Pé ar bith cén sórt cleasa a bhí sé a dhéanamh lena lámha ar feadh cúig nóiméad, nuair a bhí sé sin déanta aige, d'aithin Lán-Dearg ar Ridire an Gháire Dhuibh go raibh Ridire an Gháire Dhuibh imithe de is é ina Ridire an Gháire Ghil anois.

Ach d'fhág siad an Fear Gearr Donn sa diabhal ansin agus d'imigh leo agus ní gáire dubh a bhí ag Ridire an Gháire Ghil ag teacht abhaile ach gáire geal. Chaith sé an oíche sin in éineacht le Ridire an Gháire Ghil le fleá agus féasta, le fiannaíocht, scéalaíocht go maidin lá arna mhárach, is nuair a bhí sé ag dul ag imeacht, "Bhuel anois," a deir an Ridire, "gach a bhfuil mé in ann a dhéanamh de mhaith ort," a deir sé, "déanfaidh mé é. Tabharfaidh mé leath mo ríocht le mo bheo duit, leath eile le mo mharbh. Maidir le hór agus airgead," a deir sé, "ní fheicfidh tú a dheireadh caite go brách, is tá gearrchaile d'iníon ansin agam," a deir sé, "agus tabharfaidh mé duit le pósadh í."

"Go raibh míle maith agat," a deir Lán-Dearg. "Tá mé buíoch díot ach tá geallúint pósta ormsa cheana."

D'fhág sé slán aige is níor chónaigh sé go dtáinig sé go dtí an Gaiscíoch Leath-Chaol Crua agus an scéal sin aige, is nuair a bhí an scéal sin inste aige, cén diabhal a dhéanann an Gaiscíoch Leath-Chaol Crua ach é a chur faoi gheasa eile ba mheasa ná é. Is é na geasa a chuir sé anois air gan an dara béile a ithe d'aon bhord ná an dara hoíche a chodladh ar aon leaba go dtabharfaidh sé chuige ualach aobha agus scamhóga na hollphéist mhór a bhí ina codladh ar an trá thiar-thuaidh den Domhan Thoir.

D'imigh Lán-Dearg. Thug sé a dhroim dó agus d'imigh leis agus níor chónaigh sé ariamh go dtáinig sé ar an trá a bhí ar an taobh thiar den

Domhan Thoir, an trá ba mhó a bhí sna seacht ndomhan. Nuair a tháinig sé ina hamharc, chonaic sé an ollphéist mhór ina codladh ar an trá. Thosaigh sé ag siúl síos agus suas thart uirthi agus dúirt sé an tríú huair, "'Chrá Dia," a deir sé, "nach dtiocfaidh mé ag foghlaeireacht go brách ort."

Pé ar bith é, is é an chaoi a bhfuair an ollphéist a bholadh. Diabhal blas a rinne sí ach a béal a oscailt agus sloigeann sí siar ina bolg é. Nuair a tháinig Lán-Dearg isteach i mbolg na hollphéist, céard a bheadh istigh roimhe ach triúr fear ag bord agus iad ag imirt chártaí agus an-spóirt acu. Nuair a chonaic siad Lán-Dearg ag teacht, thosaigh siad ag gáire.

"Cén t-údar gáire atá agaibh?" a deir Lán-Dearg.

'Á, tá an-spóirt anseo againn," a deir duine acu, "agus is mór is fiú tuilleadh comhluadair."

"Ní i bhfad a bheas mise agaibh," a deir Lán-Dearg.

Ní rinne sé ach a chlaíomh a tharraingt óna bheilt agus bhuail sé an ollphéist idir dhá easna agus rinne sé poll amach inti, idir dhá easna, a ngabhfadh tarbh ann. Amach leis. Agus nuair a chonaic an triúr an doras oscailte, níor bhreathnaigh siad ina ndiaidh. Agus nuair a chuadar amach, níor bhreathnaíodar ina ndiaidh is níor fhiafraigh siad cé a lig amach iad ach, chomh tréan is a bhí cois orthu, bhuaileadar bóthar.

D'éirigh Lán-Dearg. D'áitigh sé féin agus an ollphéist a chéile. Bhí sé ag dul di ariamh gur bhain sé an bolg agus a scamhóga di, is nuair a bhí sí ardaithe ar a dhroim aige, pé ar bith breathnú a thug sé uaidh ar an trá, chonaic sé trí dhuine uasal óga ina suí síos ar an trá. Bheannaigh sé dóibh agus bheannaíodar dó.

"Muise, ar mhiste liom fiafraí díbh," a deir Lán-Dearg, "céard atá sibh a dhéanamh ansin nó céard a thug an bealach seo sibh?"

"Á, muise, thug bealach dona ann muid," a deir duine acu. "Triúr clann rí muid," a deir sé, "atá faoi gheasa ag a leasmháthair. Chuir sí faoi gheasa muid," a deir sé, "gan an dara béile a ithe d'aon bhord ná an dara hoíche a chodladh ar aon leaba go dtabharfadh muid chuici trí hualaí d'aobha agus scamhóga na hollphéist mhór a bhí ina codladh ar an trá ar an taobh thiar thuaidh den Domhan Thoir. Tháinig muid," a deir sé, "ach," a deir sé, "chuala muid ar an mbealach ag teacht dúinn nach raibh i ndán dúinn iad sin a fháil go brách, an fhad is a bheadh uisce ag rith nó féar ag fás, nó go dtiocfadh Lán-Dearg, Mac Rí Éireann nuair a bheadh sé in inmhe ghaisce. "Agus níorbh fhéidir," a deir sé, "gur tú a bheadh ann?"

"Is mé an fear céanna atá ann anois," a deir Lán-Dearg. "Agus tá trua agam daoibh agus a bhfuil gafa agaibh tríd. Ach," a deir sé, "is measa dom anois a dhul don ollphéist."

Bhí sé ag dul di ariamh gur chuir sé ualach ar gach aon duine acu.

D'imigh an ceathrar is na ceithre hualaí orthu, is nuair a bhí siad píosa maith ag siúl – nó go raibh sé in am acu scarúint ó chéile, dúirt an deartháir ba sine – triúr deartháir a bhí iontu – le Lán-Dearg, "Tá gearrchaile de dheirfiúr sa mbaile agam," a deir sé, "chomh breá is a shiúl le haer ariamh. Tá trí fheilm thalúna ag m'athair," a deir sé, "agus tabharfaidh muid feilm acu sin duit agus an deirfiúr le pósadh má thagann tú in éineacht linn."

"Go raibh maith agaibh," a deir Lán-Dearg. "Ach tá geallúint pósta ormsa cheana."

Ghlac siad buíochas leis.

Ach d'imigh Lán-Dearg agus níor chónaigh sé go dtáinig sé go dtí an Gaiscíoch Leath-Chaol Crua. Shín sé chuige an t-ualach.

"Bhuel, má chuireann tú mise faoi gheasa aríst," a deir Lán-Dearg, "ní bheidh tusa romhamsa nuair a thiocfas mé."

"Ní chuirfidh mise faoi gheasa thú," a deir an Gaiscíoch Leath-Chaol Crua, "mar níl aon mhaith dom ann," a deir sé. "An bhfeiceann tú an tsrian sin thall," a deir sé, "caite ar an talamh?"

"Feicim," a deir Lán-Dearg.

"Bhuel, an bhfeiceann tú na trí eachín sin," a deir sé, "anonn ar d'aghaidh?"

"Feicim," a deir Lán-Dearg.

Níor leag Lán-Dearg súil ar aon trí eachín ariamh – ar aon trí shearrach – ba ghránna ná iad. Bhí cnámha a ndroma trí horlaí suas ón bhfeoil.

"Croith an tsrian anois," a deir an gaiscíoch Leath-Chaol Crua, "agus pé ar bith acu sin a chuirfeas a ceann inti, tabhair leat í agus ní chónóidh sí sin,"a deir sé, "go bhfágfaidh sí ar do chuid talún féin thú."

Bhí go maith. Chuaigh sé anonn agus chroith sé an tsrian. Agus rith sí anall go dtí é, is nuair a bhreathnaigh sé uirthi, níor leag sé a shúil ar aon bheithíoch ceithre chois a bhí chomh gránna léi. Ach bhuail sé de léim ar a droim is ní mórán achair a bhí déanta aici nuair a bhí a cnámha droma ag dul go smior agus go smeanta ann.

"Go mba seacht míle measa a bheas tú bliain ó anocht," a deir Lán-Dearg, "agus bliain ó amárach dá mhéid a bhfuil gafa tríd agamsa leat."

Ach diabhal mórán achair gur thosaigh sí ag géarú ar a maidí. Gearr go bhfaca sé an craiceann ag athrú agus í déanta chomh sleamhain le heascann. Agus an áit a raibh sé ag marcaíocht uirthi, is gearr go raibh sé chomh bog le piliúr. Ach ní raibh a fhios aige ar bhog nó crua é mar, gan mórán achair, ní raibh a fhios aige cá raibh sé – ní raibh sí ag fágáil spré ina dhá shúil.

Ach sa deireadh níor chónaigh an eachín nó an searrach beag ariamh gur leaindeáil sí Lán-Dearg ar a chuid talún féin. Nuair a leaindeáil, chas sé ar ais í agus chaith sé an tsrian siar ar a muineál.

D'imigh leis. Le scéal fada a dhéanamh gearr – bhí sé ag siúl ariamh anois go dtáinig sé go dtí an teach ba gaire d'áras a athar sa mbaile. Agus níl a fhios agamsa céard a mhíníonn sé ach séard a bhí ina gcónaí sa teach sin, dream a dtugaidís úcairí orthu.

Bhuail sé an doras.

"Cé atá ansin?" a deir an seanúcaire.

"Mise," a deir Lán-Dearg.

"Céard atá tú in ann a dhéanamh?" a deir an seanúcaire.

"Sheinmfinn," a deir sé, "do dháréag, dhéanfainn an oiread le dháréag agus dhéanfainn an oiread le a bhfuil uilig agaibh ann."

"Scaoil isteach go beo é," a deir an seanúcaire – bhí beirt shlubairí de bheirt mhac ábalta aige. "Scaoil isteach go beo é," a deir sé, "agus caith píosa de scadán agus rud éicint sa bpota dó."

Níl a fhios agamsa céard a caitheadh síos nó suas dó ach ní i bhfad a bhí Lán-Dearg istigh nuair a chonaic sé an seanúcaire ag breith ar rásúr breá cruach, mias uisce agus gallaoireach. Agus bhearr sé amach é féin. Nuair a bhí sin déanta aige, thug sé don mhac is sine í is rinne sé an jab céanna. Nuair a bhí sé sin déanta aige sin, thug sé don deartháir eile í agus rinne sé an jab céanna is nuair a bhíodar réitithe amach, "Shílfeá, bail ó Dhia," a deir Lán-Dearg, "go bhfuil sibh ag brath ar a dhul ag siúlóid nó ag *travel*éaracht?"

"Á, go mba seacht measa a bheas tú bliain ó anocht agus donas ort," a deir an seanúcaire, "ar i do chodladh a bhí tú le seacht mbliana," a deir sé, "nó faoi thalamh nó nár chuala tú an scéal mór seo atá thart?"

"Níor chuala mé tada," a deir Lán-Dearg.

"Caithfidh sé gur faoi thalamh a bhí tú," a deir an seanúcaire, "nár chuala tú," a deir sé, "gur mharaigh Úr, Mac Rí Éireann, an Ridire Uaine, go dtug sé an bhean uaidh," a deir sé. "Agus nuair a thug sé ar an talamh seo í," a deir sé, "chuir an bhean faoi gheasa é gan baint ná páirt a bheith aige léi go ceann lá agus seacht mbliana. Tá an dáta sin istigh anocht," a deir sé, "is tá Úr agus an bhean óg sin ag dul ag pósadh. Tá an bhainis á caitheamh anocht in áras an rí."

Bhí go maith is ní raibh go holc.

"An bhfuil seans ar bith," a deir Lán-Dearg, "go ligfeadh sibh mise in éineacht libh?"

"Ní fearr dúinn an bealach folamh," a deir an seanúcaire. "Tá míle fáilte romhat. Tá fáilte roimh chuile dhuine ann."

"Cogar mise leat," a deir Lán-Dearg, "an mbeadh a dhath bráillíní timpeall ort?"

"Tá riar acu ann," a deir an seanúcaire.

Bhuail sé siar.

"Tabhair aniar trí cinn," a deir Lán-Dearg.

Thug. Níor thóg sé an-fhada ar Lán-Dearg ach an fhad is a bheifeá ag baint trí ghal as píopa go raibh trí mhála bhreá déanta de na trí bhráillín aige. Shín sé ceann chuig an seanúcaire, ceann chuig an mac is sine agus ceann chuig an tríú duine.

D'imigh leo agus níor chónaíodar ariamh go dtáinigeadar isteach i bpálás an rí. Agus an chisteanach mhór a raibh an bhainis le bheith ann, bhí trí bhord as a chéile ann a bhí chomh fada le páirc. Agus ní i bhfad go raibh an chéad bhord leagtha anuas le chuile chineál bia a leagadh ar bhord ariamh.

Bhí go maith is ní raibh go holc. Nuair a chonaic Lán-Dearg an bord, nach raibh aon bhlas eile in ann a dhul air, ghlaoigh sé ar an seanúcaire.

"Oscail béal an mhála sin," a deir sé.

D'oscail.

"Seas ag cloigeann an bhoird sin anois," a deir sé.

Sheas. Ní rinne Lán-Dearg ach a dhá láimh a chur ag cloigeann an bhoird agus gach a raibh de bhia uilig air a bhailiú leis in aon *sweep* amháin gur chuir sé síos i mála an tseanúcaire iad. Chuir sé cor muiníl ann.

"Beir air seo anois," a deir sé.

Rug an seanúcaire ar a bhéal.

"Croch ort é seo. Anois," a deir sé, "déarfainn go bhfuil do dhóthain agatsa agus téirigh abhaile."

Faoi cheann tamaill leagadh anuas bord eile – an dara bord – agus d'éist Lán-Dearg ariamh go raibh sé – gach a raibh le dhul air air agus ghlaoigh sé ar mhac is sine an úcaire.

"Oscail béal an mhála sin agat," a deir sé.

D'oscail. Rinne Lán-Dearg an jab céanna. Níor fhág sé liobar ar an mbord nár chuir sé síos sa mála do mhac an úcaire. Chroch sé air é.

"Tiomáin leat abhaile. Anois," a deir sé, "déarfainn go bhfuil do dhóthain agat go ceann tamaill."

Nuair a leagadh an tríú bord, ghlaoigh sé ar mhac eile an úcaire – ar an dara mac.

"Oscail béal an mhála sin," a deir sé.

Is nuair a chonacthas ag glanadh an tríú bord é – níor fhág sé liobar ar an tríú bord nár chuir sé sa mála – chuaigh coisí don tseomra san áit a raibh Úr, Artúr, an rí agus an bhanríon, agus na boics mhóra uilig – bhí an sagart sa seomra agus an cléireach maide ann agus is ann a bhí an pósadh ag dul á dhéanamh am éicint amach san oíche – agus dúirt sé go raibh bligeard nó scaibhtéara éicint thíos. Ach d'ardaigh Lán-Dearg an mála ar dhara mac an úcaire is dúirt sé leis a dhul abhaile.

Ach bhí go maith. Tháinig Úr aniar sa doras.

"Bhuel," a deir sé, "ní hí an oíche anocht le haon duine a chaitheamh amach ach," a deir sé, "pé ar bith scaibhtéara nó bligeard atá ag déanamh an rud seo as bealach nó nach bhfuil ag fágáil aon ghreim le n-ithe ag na daoine, mura bhfanfaidh sé socair, caithfidh mé é a chaitheamh amach chuig na beithígh fiáine."

Bhí go maith. Níor lig Lán-Dearg tada air féin.

Faoi cheann tamall gearr ina dhiaidh blaodh an pósadh sa seomra. Bhí an rí agus an bhanríon – bean an tseanrí, máthair Úr – ina seasamh i lár an urláir. Bhí Úr ina sheasamh ann agus an bhean óg seo a thug sé aníos as an gcliabh, an bhean a bhí sé le pósadh.

Bhí go maith is ní raibh go holc. Nuair a bhí an sagart ag dul á bpósadh, labhair an bhean óg.

"Bhuel," a deir sí, "is é an dlí," a deir sí, "a bhí sa ríocht a dtáinig mise as, nach bpósfadh aon bhean óg aon fhear óg gan an bhean óg bronntanas éicint a thabhairt do mháthair an fhir óig."

Ní rinne sí ach láimh a chur ina póca agus tharraing sí aníos corda síoda. Shín sí chuig an mbanríon é.

"Seo," a deir sí, "fáisc é seo aniar faoi do lár."

D'fháisc.

Nuair a bhí an corda ar an mbanríon, "Bhuel anois, déan an fhírinne," a deir an bhean óg. "Ar mac rí dlisteanach le banríon é Úr?"

Níor labhair an bhanríon tada.

"Fáisc. Fáisc, a chorda," a deir an bhean óg leis an gcorda.

Thosaigh an corda ag fáisceadh na banríon nó gur shíl an bhanríon go raibh sí crochta sa spéir agus labhair sí ansin.

"Bhuel, déanfaidh mé an fhírinne leat, a bhean uasal," a deir sí. "Ní mac rí dlisteanach le banríon é Úr. Agus ní mac rí dlisteanach le banríon é Artúr. Ach ba mhac rí dlisteanach le banríon é Lán-Dearg, pé ar bith áit sna seacht ndomhan a bhfuil sé, má tá sé beo chor ar bith."

Bhí go maith is ní raibh go holc. Ní rinne an bhean óg ach seasamh aniar i ndoras an tseomra.

"Pé ar bith scaibhtéara nó bligeard," a deir sí, "atá ag déanamh rud as bealach thíos ansin, tar aníos anseo," a deir sí, "go bhfeice mé cén sórt duine thú féin."

Ar ndóigh, chuaigh Lán-Dearg siar, agus ar an bpointe is a chuaigh sé siar doras an tseomra, rinne sé comhartha éicint di gurbh é a bhí ann.

Ach líon sí gloine fíon agus shín sí chuige í. D'ól sé í ach d'fhág sé braon beag ar a tóin agus nuair a d'fhág, chuir sé láimh ina phóca agus scaoil sé síos an fáinne ar thóin na gloine. Shín sé chuici an ghloine, agus ar an bpointe is rug an bhean óg ar an ngloine, d'éirigh an fáinne de léim aníos as an ngloine is chuaigh sé isteach ar a méar.

Bhreathnaigh sí ar a méar agus chonaic sí an fáinne agus, ar ndóigh, d'aithin sí ar an bpointe é. Ní rinne sí ach an ghloine a chaitheamh ar an mbord agus rith sí anonn go dtí Lán-Dearg agus chuir sí a dhá láimh timpeall ar a mhuineál.

"Céad míle milliún fáilte romhat, a Lán-Dearg," a deir sí, "an fear is fearr ar sheacht gcranna an domhain inniu. Seo é do mhac anseo, a rí, anois," a deir sí, "agus nach mór an *character*," a deir sí, "an fear is fearr ar sheacht gcranna an domhain – ná a bheas aríst go brách ann. Mharaigh sé an Ridire Uaine," a deir sí, "agus thug sé mise uaidh. Agus tá sé anseo anocht. Agus," a deir sí, "is mór an náire dá bheirt deartháir an éagóir a rinneadar air. Tá do trí fhiacail anseo ag Lán-Dearg," a deir sí, "nó tá mé i bhfad amuigh."

Ní rinne Lán-Dearg ach láimh a chur ina phóca – mar thóg sé ón Ridire Uaine na fiacla – agus thug sé anonn iad. Agus chuir sé i mbéal a athar iad, is nuair a chuir, níor bhreathnaigh an rí thar dheich mbliana fichead.

Ní rinne an rí ach rith anall agus chuir sé a dhá láimh timpeall ar a mhuineál is chuir sé na mílte fáilte roimhe.

"Níl mé á ligean níos faide," a deir sé. "Tá mé an fágáil leath mo ríocht anocht le mo bheo agat, a Lán-Dearg, agus an leath eile le mo mharbh. Agus dá bhfaighinn bás ar maidin, is é m'ordú duitse," a deir sé, "déanfaidh tú buachaillí aimsire," a deir sé, "le chuile obair dá brocaí agus dá thútaí agus dá dhonacht, d'Úr agus d'Artúr, mar rinneadar jab olc ortsa."

Ach bhí go maith is ní raibh go holc. D'fhan an bhainis mar a bhí sí ach níor phós an bhean óg an oíche sin, ná Lán-Dearg. Ach ar maidin lá arna mhárach chuir an bhean óg agus Lán-Dearg agus an seanrí féin soitheach agus fiche ar an bhfarraige ag iarraidh stuif bainise. Nuair a tháinigeadar sin le chuile shórt allúntas a cheap siad a bhí ag teastáil, cuireadh gairm scoile amach ar fud na ríocht ag iarraidh lucht bainise. Thosaigh siad ag teacht agus ag teacht. Ach bhíodar ag teacht go dtáinig seacht gcéad ridire an bhoird bhig ann. Tháinig ocht gcéad ridire an bhoird mhóir ann. Tháinig naoi gcéad ridire an bhoird fhada ann. Tháinig deich gcéad ridire bord na díochta ann. Tháinig aon chéad déag ridire bord na beochta ann. Tháinig *herdiboys* ann. Tháinig *hardiboys* ann.

Ach le scéal fada a dhéanamh gearr – idir a theacht agus imeacht dóibh, mhair an bhainis lá agus seacht mbliana. Níor caitheadh a leithéid de bhainis in Éirinn ariamh agus ní chaithfear aríst go brách. Phós Lán-Dearg agus an bhean óg. Agus murar mhaireadar sin saol fada le séan trína chéile, go maire muide é.

Sin é mo scéalsa anois, Dia le mo bhéalsa. Tiocfaidh an t-éag, ba mhór an scéal, beannacht Dé le hanam na marbh. Áiméan.

---

1   Agus rinne mé dearmad agus cuirfidh mé agús anois ann. Ba í an bhean óg í sin, an tríú bean a dtáinigeadar go dtí í, bean an Ridire Lóchrainn agus b'eo í iníon a bhí ag an Ridire Lóchrainn. Agus is é an áit a raibh sí, ag fuáil thuas ar stól na fuinneoige ar an dara stór. Agus cé a ghabhfadh thart an lá seo ach an Ridire Uaine agus chuir sé a méar faoina crios agus chroch sé leis í. Bhuel, b'in í an bhean óg anois a thug Lán-Dearg ón Ridire Uaine ach ní raibh sí pósta ag an Ridire Uaine ná tada le déanamh aige léi mar bhí sé faoi gheasa aici. Bhuel sin í anois an bhean óg atá mé a mhíniú duit, a phós Lán-Dearg. Sin í iníon an Ridire Lóchrainn. Ach nuair a chuaigh an Ridire Uaine thart an lá sin – ní raibh an Ridire Lóchrainn sa mbaile – thug sé leis an iníon. D'imigh an Ridire Lóchrainn á tóraíocht lá arna mhárach ach má d'imigh níor tháinig sé ar ais. Ach thug Lán-Dearg an bhean óg ar ais. Bhuel phós sé féin agus an bhean óg ansin. Sin é a chríochnú.

Loinnir Mac Leabhair

Sa tseanaimsir fadó bhí rí ann agus bhí sé ina ardrí ar an domhan uilig. Agus bhí sé an-ghéar, bhí sé an-olc, géar. Ach dúirt rí an Domhain Thoir ansin agus rí an Domhain Thiar nár chóir go mbeadh sé ina chomhairleach uilig ar an domhan uilig ar fad agus go raibh sé róghéar agus ródhona agus go gcaithfidís a theacht timpeall lá éicint air agus a chomán beatha agus a choróin a bhaint de.

Ach bhí sé ina chodladh an mhaidin seo agus níor airigh sé ariamh go raibh an dá arm timpeall na cathrach – agus ar a chuid airm féin chomh maith céanna. Mharaíodar é féin agus mharaíodar a chuid airm uilig. Ach bhí ceathrar mac aige agus mharaíodar triúr acu. Agus nuair a tháinigeadar go dtí an ceathrú mac, bhí sé ina fhear chomh breá agus gur bhuail scrúdú coinsiasa iad an ceann a bhaint de.

Thugadar bóthar saor dó, ach sular ligeadar uathu é, chuireadar faoi gheasa é gan aon fhear a ligean thairis go brách, is cuma cá mbeadh sé, gan a ainm agus a shloinne a fháil uaidh – sula dtugadh sé a ainm nó a shloinne féin d'fhear ar bith eile.

D'imigh leis agus is é an t-ainm a bhí ar an mac sin, Loinnir Mac Leabhair. Bhí sé ag imeacht ó choill go coill go bhfuair sé an choill ba tábhachtaí nó ba fiáine a bhí sa domhan. Chuaigh sé isteach ina ceartlár, agus bhí sé ag maireachtáil ar thoradh na gcrann, cnónna, airní, fraochóga – chuile shórt.

Nuair a bhí sé tamall maith inti, rinne sé bráicín beag dó féin a ligfeadh an oíche thairis. Ach nuair a bhí sé lá is bliain inti, bhí sé lá ag piocadh cnónna is máilín aige, d'airigh sé torann ag teacht tríd an gcoill. Chroch sé a chloigeann agus céard a d'fheicfeadh sé ag teacht ach gaiscíoch mór óráilte ag déanamh air, agus "Mo chrá agus mo mhilleadh agam," a deir Loinnir, "mura bhfiafraí mé thú," a deir sé, "más liom a chuideos tú agus más i m'aghaidh a ghabhfas tú. By *dad*," a deir sé, "mistfidh mé thú, mura mistfidh tú mé." Is doigh gurb in é a dhul ag troid leis.

Ach tháinig an gaiscíoch óráilte suas go dtí é agus bheannaíodar dá chéile.

"Ar mhiste dom fiafraí díot," a deir Loinnir, "cén t-ainm atá ort nó sloinne?"

"Ní miste," a deir an gaiscíoch, "ach ar mhiste domsa fiafraí díot féin cén t-ainm nó sloinne atá ort?"

"Bhuel, tá mise faoi gheasa," a deir Loinnir, "gan m'ainm ná mo shloinne a thabhairt d'fhear ar bith go bhfaighidh mé a ainm agus a shloinne i dtosach."

"Bhuel, sin geasa nach bhfuil ormsa," a deir an gaiscíoch óráilte. "Mac Rí Lochlannach mé," a deir sé. "Tháinig cogadh agus úsáid ar m'athair. Maraíodh é féin agus a chuid airm," a deir sé, "ach thug mise na cosa uathu. Thug mé na coillte fiáine orm féin," a deir sé, "agus sin é a chas sa gcoill seo mé."

"Maith mar a tharla," a deir Loinnir. "Mise Mac Ardrí an Domhain," a deir sé, "Rí na Sceitheach, agus maraíodh m'athair agus a raibh d'arm aige agus maraíodh uilig iad ach mé féin agus bhuail scrúdú coinsiasa an t-arm," a deir sé, "agus scaoileadar mo cheann liom. Agus is iad a chuir orm na geasa sin atá orm anois. Tá mé lá is bliain sa gcoill seo anois," a deir sé, "ag maireachtáil ar chnónna is ar thoradh na coille."

"Bhuel, má tá tú an fhad sin inti," a deir Mac Rí Lochlann nó mac rí óráilte, "ba cheart go mbeadh bráicín beag déanta agat."

"Tá," a deir Loinnir, "bráicín déanta agam a ligfeas drúcht na hoíche tharam."

"Muise, más mar sin é," a deir Mac Rí Lochlann, "tá sé chomh maith dúinn beirt deartháir a dhéanamh dá chéile an fhad is a bheas muid ann."

"Níl aon locht agam air," a deir Loinnir. "Is fada an lá i ndiaidh cuideachta mé."

D'imigh leo agus tháinigeadar chuig an mbráicín agus bhí máilín cnónna bainte ag Loinnir a bhí aige le haghaidh lá arna mhárach. Fuaireadar dhá bhlocán agus thosaíodar ag briseadh cnónna is á n-ithe go raibh a ndóthain ite acu agus chaitheadar an oíche go compóirteach.

Ar maidin lá arna mhárach thugadar dhá mháilín leo agus bhuaileadar amach. Thosaigh siad ag piocadh nó go raibh a ndóthain pioctha acu. Ach ó lá go lá agus ó mhí go mí agus ó ráithe go ráithe, bhíodar lá agus bliain eile sa gcoill ar an gceird sin, ag piocadh cnónna agus ag maireachtáil orthu. Agus aon tráthnóna amháin fómhair nuair a bhí an dá lá is an dá bhliain istigh an uair sin – lá agus bliain ag Mac Rí Lochlann – d'éirigh le Mac Rí Lochlann go raibh sé istigh sa mbráicín roimh Loinnir. Nuair a tháinig

Loinnir isteach, bhí a bhois faoina leiceann ag Mac Rí Lochlann agus é ag breathnú buartha, cantalach.

"Shílfeá," a deir Loinnir, "go bhfuil rud éicint ort," a deir sé, "nó an tinn atá tú nó céard atá ort?"

"Ní hea, muis," a deir sé. "Tá briseadh croí orm."

"Cén fáth é sin?" a deir Loinnir.

"Is bocht an chaoi a bhfuil muid," a deir sé, "beirt clainne dhá rí. Tá muid istigh i gceartlár na seanchoille lofa seo," a deir sé, "agus gan a fhios againn cén pointe a dtiocfaidh úsáid nó tóir nó arm inár mullach. Agus níl an oiread againn agus ruainnín de bháidín nó de churachín snámh a thabharfadh an fharraige mhór amach muid."

"Cén ghair atá agat í sin a fháil?" a deir Loinnir.

"Tá," a deir sé, "tá mise deaslámhach," a deir sé, "nó stuamlámhach, agus dá mbeadh an t-adhmad agam," a deir sé, "dhéanfainn soithín a thabharfadh ar an bhfarraige muid."

"Ní bheidh sin le rá agat," a deir Loinnir. "Tá neart adhmaid sa gcoill seo."

Ar maidin lá arna mhárach, nuair a d'itheadar a mbricfeasta cnónna, chuadar amach is ní i bhfad ón mbráicín a chuadar nuair a casadh crann mór uafásach daraí leo. Bhreathnaigh Drúcht Uaine air – Drúcht Uaine an t-ainm a bhí ar Mhac Rí Lochlann.

"Dá mbeadh sé sin againn," a deir sé le Loinnir, "dhéanfadh sé ball don tsoithín."

Ní rinne Loinnir ach barróg a chur timpeall ar an gcrann agus bhain sé croitheadh as. An dara croitheadh a bhain sé as, bhog sé seacht n-acra agus seacht n-iomaire den talamh ina thimpeall, agus thug sé cuid de bharr na rútaí i mbarr na créafóige. An tríú hiarraidh a thug sé faoi, chuir sé seacht n-acra agus seacht n-iomaire thar chúl a chinn é.

"Oidhe do shaoil agus do shláinte leat," a deir Drúcht Uaine, "is deas an spreacadh atá ionat, bail ó Dia ort."

Bhí go maith. D'imigh leo. Ní i bhfad uaidh sin a chuadar nuair a casadh crann sleamhain leo – tá a fhios agat anois céard é crann sleamhain, is iondúil gur i gcíle báid a théann sé.

"Dá mbeadh sé sin againn," a deir Drúcht Uaine, "dhéanfadh sé cíle di."

Pé ar bith barróg a chuir Loinnir ar an gcéad cheann, chuir sé níos crua ná sin ar an dara ceann é. Ach – le scéal fada a dhéanamh gearr – chuir sé seacht n-acra agus seacht n-iomaire thar chúl a chinn é agus chuir sé trasna ar an gcéad cheann é a leag sé.

D'imigh leo agus bhíodar ag siúl gur casadh crann uafásach eile daraí leo ba mhó ná ceachtar acu.

Bhreathnaigh Loinnir air.

"Tá sé seo an-uafásach," a deir Loinnir.

"Tá," a deir Drúcht Uaine, "ach dá mbeadh sé sin againn, dhéanfadh sé postaí di."

Ní rinne Loinnir ach barróg a chur air agus chloisfeá an gearradh fiacla a bhí air dhá mhíle ó bhaile. An chéad chroitheadh a thug sé dó, chroith sé an talamh timpeall uilig orthu. An dara croitheadh, bhog sé sna rútaí é, agus an tríú hiarraidh, chuir sé seacht n-acra agus seacht n-iomaire thar chúl a chinn é.

"Tá do dóthain adhmaid anois agat," a deir Drúcht Uaine.

Cheangail siad na trí cinn dá chéile agus tharraingíodar ina ndiaidh iad go dtugadar amach ar aghaidh doras an bhráicín bheag iad.

Ar maidin lá arna mhárach fuair Drúcht Uaine a chuid oirnis agus thosaigh sé ag obair. Agus lá agus bliain díreach ón lá sin, bhí an soitheach ba galánta déanta aige a leag cíle ar fharraige ariamh.

Nuair a bhí sí críochnaithe aige tháinig sé isteach. Bhí Loinnir ina shuí ar bhloc.

"Tá muid chomh dona is a bhí muid ariamh, a Loinnir, anois," a deir sé, "gan gléas lena haghaidh."

"Ní bheidh sin le rá agat," a deir Loinnir. "Scríobh síos ar phíosa páipéir domsa anocht," a deir sé, "chuile shórt a theastaíonn uaithi ón gcrann íochtair go dtí an crann uachtair agus gabhfaidh mise chuig an mbaile mór amárach agus gheobhaidh mé iad."

Ar maidin lá arna mhárach thug Drúcht Uaine dó an páipéar. Chroch Loinnir téad mhór leis a bhí na céadta slat ar a fad.

D'imigh leis agus thosaigh sé i gcolbha an bhaile mhóir, agus pé ar bith céard a bhí sé a cheannacht, níor fhiafraigh aon fhear de cé mhéad é féin ná céard é féin nó go raibh sé i ndeireadh an bhaile mhóir. Agus nuair a bhí chuile shórt ceannaithe aige, bhíodar in aon charnán amháin ach níor íoc sé pingin ná leithphingin orthu, mar níor lig an faitíos d'aon fhear aon phingin a iarraidh air.

Bhuail sé rópa orthu agus bhuail sé ar a dhroim iad agus chroch sé leis iad go dtug sé chuig an mbráicín iad.

Ar maidin lá arna mhárach chuaigh Drúcht Uaine ag obair agus tráthnóna arú amárach ina dhiaidh bhí an bád gléasta. Nuair a bhí sí gléasta, tháinig sé isteach go dtí Loinnir.

"Tá muid níos dona ná a bhí muid ariamh anois," a deir sé. "Níorbh fholáir dúinn cúnamh le í a chur i bhfarraige."

"Muise, diomú dhaor duit," a deir Loinnir. "Téirigh thusa faoina cloigeann," a deir sé, "agus gabhfaidh mise faoina deireadh."

Chuaigh. Chrochadar ar a gcuid guailní í agus, más fada gearr a bhí an fharraige uathu, thugadar chuig an bhfarraige í.

Bhí trá mhór san áit a dtáinigeadar ar an trá is chuireadar píosa deas amach ón trá í agus chaitheadar amach ancaire. D'fhágadar ansin í. Tháinigeadar isteach dá bord agus níl blas ar bith ach go rabhadar ina seasamh ar an trá nuair, pé ar bith cén breathnú bhí siad a dhéanamh amach an fharraige, céard a d'fheicfidís ag teacht idir iad is léas ach curachín snámh agus iomramh na gcéadta uirthi. Agus is é an chaoi a raibh sí ag déanamh ar an soithín.

"'Chrá Dia," a deir Loinnir, "nach bhfuil a fhios agam faoi ghéarchoscara bhonnacha an diabhail cén sórt tóir atá ag an gcurachín sin ar mo shoitheachínse," a deir sé. "Chaithfeadh sé gur ar a tóir atá sí ag teacht agus an bealach a bhfuil sí a dhéanamh."

"Ná bac léi," a deir Drúcht Uaine, "chor ar bith. Tar uait abhaile chuig an mbráicín. Ná bac chor ar bith léi."

"'Chrá Dia," a deir Loinnir, "nach bhfágfaidh mé an áit a bhfuil mé go brách go mbeidh a fhios agam cén t-éileamh atá aici sin ar mo shoitheachínse pé ar bith cé atá sa gcurach sin."

D'imigh Drúcht Uaine abhaile agus d'fhan Loinnir ar an trá, agus nuair a tháinig sí chomh gar dó agus go mba léir dó í, ní raibh á hiomramh ach bean óg. Ach is í a bhí in ann í a iomramh. Chuaigh sí trí huaire timpeall ar an soithín, is nuair a bhí sin déanta aici, tháinig sí isteach ar an trá, agus leis an dá mhaidhm uisce a chuir sí ón dá mhaide, chuir sí uisce amach thar bhéal buataisí Loinnir a bhí ina sheasamh ar an trá.

"Níl a fhios agam faoi bhonnacha an diabhail," a deir Loinnir léi, "cén sórt éilimh atá agat ar an soithín sin nó céard atá le déanamh agat léi?"

"Ná bac le cén t-éileamh atá agamsa ar do shoithín," a deir sí, "ach tá mise do do chur faoi gheasa," a deir sí, "agus faoi mhórdhiomú na bliana gan an tríú béile a ithe d'aon mhéis, gan an dara hoíche a chodladh ar aon leaba go bhfaighidh tú amach," a deir sí, "cár bhain mise díom an dá bhróg seo aréir agus cár chuir mé orm inniu iad."

"Crua go leor," a deir Loinnir ina intinn féin.

Thug sí buille cúil agus buille iomraimh agus thug sí aghaidh na curaí ar an bhfarraige mhór. D'imigh Loinnir is níor chónaigh sé go dtáinig sé chuig an mbráicín, agus nuair a tháinig sé isteach, d'aithin Drúcht Uaine go maith air nach raibh aon ghiúmar air.

Shuigh sé síos ar bhlocán, agus diabhal mórán achair a bhí sé ina shuí ar an mblocán nuair a lig sé osna. Agus leis an méid a bhí san osna tharraing sé cloigeann an bhráicín isteach i mullach an bheirt acu.

"Cuirfidh mé geall," a deir Drúcht Uaine, "gur fear faoi gheasa thú."

"Sea," a deir sé, "agus geasa troma."

"Cé na geasa atá ort?" a deir Drúcht Uaine.

D'inis sé dó.

"*By dad*," a deir Drúcht Uaine, "níl mé ag rá nach bhfaighidh muid rud le déanamh."

Bhí go maith is ní raibh go holc. Níor bhacadar le cloigeann a chur ar an mbráicín an oíche sin. D'éiríodar ar maidin lá arna mhárach. Thugadar leo dhá mháilín agus chuadar chuig an gcoill. Thosaigh siad ag baint cnónna, agus más fada gearr a thóg sé orthu, bhíodar ag baint agus ag tarraingt chuig an soithín ariamh gur chuireadar lucht lá agus seacht mbliana isteach uirthi. Agus nuair a bhí sin déanta acu, istigh uirthi, chuadar féin ar bord, ar bord an tsoithigh.

Thugadar a ceann do mhuir agus thugadar a deireadh do thír. Chrochadar suas seolta móra bocóideacha bacóideacha, bándearg go bun na gcrann, chomh fada, chomh réidh, chomh díreach nach bhfágfadh téad tíre gan tarraingt, maide rámha gan briseadh ná halmadóir gan róbhriseadh, ag dul ag treabhadh na farraige móire nár treabhadh rompu ariamh cheana nó go raibh an fharraige chomh measctha acu agus gur éirigh sí ina trí thonna tuilmheara a raibh na hardálaí cíoch iontu – bhuel, sin iad anois na maidhmeanna móra geala a fheiceann tú, na hardálaí cíoch iontu. Bhí eascanna na farraige móire, bhí lúb orthu ag dul in ascaillí a chéile leis an meascadh a bhí siad a thabhairt don fharraige.

Bhíodar ar an treabhadh sin gur chaitheadar lá is bliain ar an bhfarraige agus nuair a bhíodar lá is bliain ar an bhfarraige, dúirt Drúcht Uaine le Loinnir, "Talamh ná trá," a deir sé, "ní fheicfidh muid go brách."

"Feicfir," a deir Loinnir. "Bhí mise ag brionglóidigh aréir," a deir sé, "go dtiocfadh muid in amharc talamh idir a dó dhéag is a haon a chlog inniu. Téirigh thusa suas i mbarr an chrainn anois," a deir sé, "agus bí ag breathnú romhat."

Chuaigh. Diabhal mórán achair a bhí Drúcht Uaine i mbarr an chrainn nuair a d'fhógair sé talamh.

"*Fair play* duit," a deir Loinnir.

"Tharla jab an-dona, suarach dúinn," a deir Drúcht Uaine, "nó chlis muid go dona," a deir sé, "sular fhág muid an baile."

"Céard é seo?" a deir Loinnir.

"Nár rinne curachín snámh," a deir sé, "nó báidín beag a thabharfadh chun talún muid is d'fhéadfadh muid an soithín a fhágáil ar ancaire."

"Ná bac léi," a deir Loinnir. "Scaoil léi," a deir sé. "An fhad is a ghabhfas sí," a deir sé, "téadh sí."

Bhí an bád ag imeacht agus tháinig Loinnir aníos ar an deic agus bhí cábla nua leagtha ar an deic. Ní rinne sé ach breith ar chloigeann den chábla agus chuir sé ina bhéal é agus choinnigh sé ina bhéal é gur cheap sé go raibh sé i bhfoisceacht fad an chábla den trá nó den talamh. Ní rinne sé ach – chuaigh sé siar i ndeireadh an tsoithigh agus thug sé rite reaite agus sheas sé ar chloigeann amuigh ar an mball ar an tsoithín agus d'éirigh sé de léim agus an téad ina bhéal. Agus leis an tarraingt a thug sé don bhád – leis an teannadh a bhí leis – chuaigh sé píosa mór suas ar an talamh tirim agus thug sé an stiúir glan tirim suas ar an duirling.

"Tá sí ceart go leor anois," a deir Drúcht Uaine, "mura dtaga aon stoirm os a cionn," a deir sé. "Agus má thagann stoirm os a cionn," a deir sé, "gan aon taoille, raiceálfar í."

"Diomú dhaor agus donacht duit," a deir Loinnir. "Téirigh thusa faoina cloigeann," a deir sé, "agus gabhfaidh mise faoina deireadh."

Chuaigh. Chrochadar leo í agus is é an áit a rabhadar, leaindeáilte ar oileán. Bhíodar píosa maith suas an t-oileán léi nuair a casadh aill dóibh a bhí chomh mór le páirc agus caipín eibhinn leagtha anuas, fásta uirthi.

Ní rinneadar ach an soithín a leagan anuas agus rug an bheirt acu ar an gcaipín eibhinn agus thógadar suas don aill é. Leagadar an soithín isteach faoi agus scaoileadar anuas an caipín eibhinn uirthi.

"Ní fheicfidh aon fhear ansin í, dá ghrinne é," a deir Loinnir, "go bhfaighidh muid amach aríst í."

Ach d'imigh leo. Bhíodar ag siúl tríd an oileán go raibh sé an-siar sa lá, deireanach tráthnóna, gan teach, gan both, gan duine ná deoraí a fheiceáil. Ach sa deireadh chonaiceadar cúirt álainn uathu is bhíodar ag déanamh uirthi. Ní raibh bunchleite isteach ná barrchleite amach aisti ach aon chleite amháin péacóige a bhí ag déanamh foscaidh agus dídean don chuid eile den chúirt. Bhí ceannbháin bhána moinge mar chóta tuí uirthi agus snáthadaí cruach nimhe mar scoilb ann. Bhí pábháil rásúir cruach agus a mbéal oscailte ina seasamh ar a gcloigeann ina garda timpeall uirthi.

Nuair a tháinigeadar chomh fada léi, d'éirigh Loinnir de léim agus chaith sé na rásúir de léim. D'éirigh Drúcht Uaine agus rinne sé an rud céanna, ach nuair a tháinigeadar isteach agus sheasadar sa doras, ní raibh istigh rompu ach aon bhean óg amháin agus í ag cóiriú tine nó ag cur caoi ar thine.

Bheannaíodar di agus bheannaigh sí dóibh go suáilceach.

"Isteachaigí libh," a deir sí.

Tháinigeadar isteach, agus nuair a bhíodar istigh, ba é Loinnir an fear ab fhaide síos. Bhí doras oscailte ar sheomra mór siar ar chúl na tine is bhí seanduine tinn thiar ar an leaba. Nuair a bhíodar píosa istigh, d'airigh sé ag caint iad. D'fhiafraigh sé aniar den bhean óg cén sórt fir iad seo a tháinig isteach nó a bhí ag caint léi.

"Muise, donas agus mírath shíoraí ort," a deir Loinnir, "mura uait a theastaíonn fios. Is barrúil an fear thú," a deir sé, "ag fiafraí de dhuine ar bith cén sórt fir a tháinig isteach Oíche Nollag Mór na hÉireann," a deir sé, "nach bhfuil a fhios acu cén blas atá ar aon ghreim bia saolta leis an fhad seo aimsire – Oíche Nollag Mór na hÉireann."

"Muise, mo chrá is mo mhilleadh agam," a deir an seanfhear, "mura bhfuil tú ag rá na fírinne."

Ba í iníon an tseanfhir a bhí ag cóiriú na tine. Ghlaoigh sé ar an iníon.

"An suipéar is fearr anois," a deir sé, "a leagadh ar an mbord sin ó chuaigh clár an chéad lá ariamh air, leag anuas dóibh é."

Leag, agus nuair a bhí a ndóthain ite agus ólta acu, "Cén sórt fir anois sibh?" a deir an seanfhear aniar leo.

"Muise, donas agus mírath shíoraí ort," a deir Loinnir, "is tú atá fiafraitheach. Ach cén sórt fear thú féin?" a deir sé.

"Fear mise," a deir sé, "atá faoi anó an tsaoil le scaitheamh fada, agus is dócha," a deir sé, "gur amhlaidh a bheas mé go deireadh mo shaoil anois."

"Céard atá ort?" a deir Loinnir.

"Inseoidh mé sin duit," a deir sé. "Mise Scológ Rí na nArd-Oileán. Tháinig an fathach mór," a deir sé, "na gcúig gceann, na gcúig mbeann, na gcúig muiníl as an Domhan Thoir tá trí bliana agus trí lá is an lá inniu ann. Thug sé m'aghaidh," a deir sé, "mo gháire, mo shúil, m'fhiacail, dhá chíos na seacht seise agus na seacht seirse uaim agus tá mise mar sin ó shin," a deir sé, "anseo agus is dócha gur amhlaidh a bheas mé choíchin. Chuir mé an gearrchaile sin amach," a deir sé, "tá tamall ó shin, an áit ar chuala mé go raibh fear in Éirinn," a deir sé, "nó gaiscíoch a raibh Loinnir Mac Leabhair air, ach dá mbeadh sé sin agam, go mb'fhéidir go mbeadh sé in ann iad a fháil dom ar ais. Ach tháinig sí," a deir sé, "agus dúirt sí go bhfaca sí é ach, má chonaic," a deir sé, "is dócha nach bhfeicfidh mise é."

"Bhuel, níl aon chall duit a dhul i bhfad á thóraíocht anois," a deir Loinnir. "Sin é an fear céanna atá ag caint leat anois: Loinnir Mac Leabhair."

Dhírigh an seanfhear aniar sa leaba agus d'éirigh sé aniar chomh díreach le crann bád seoil ar bith a chuaigh ar fharraige ariamh. Bhí sé chomh díreach le ceachtar acu. Chaitheadar an oíche leis na trí thrian, trian le fiannaíocht, trian le scéalaíocht agus trian le sú sá chodlata, chuile shórt dá fheabhas, blas na meala ar chuile shórt ach gan tada tur.

Ach níor gheal an lá, lá arna mhárach, ar Loinnir Mac Leabhair. Anuas leis ar an bpointe is a bhí an lá agus an oíche ag briseadh ó chéile. Anuas leis ag dul ag tabhairt seacht gcnoc, seacht ngleann, seacht mbaile caisleáin dá mbeidís ann, ag dul ag breith ar na seacht ngaotha Mhárta is tréine a shéid as aer ariamh a bhí roimhe sula mbéarfadh aon ghaoth Mhárta a bhí ina dhiaidh i mbéal aon bhearna air nó go raibh sé idir a dó dhéag is a haon a chlog sa lá agus bhí sé ina sheasamh le taobh an chuaille comhraic a bhí socraithe ag an bhfathach mór a bhí sa Domhan Thoir – fathach mór na gcúig gceann a thug na rudaí ón Scológ.

Ní rinne sé ach a chlaíomh a shá faoina bheilt agus bhuail sé iarraidh ar an gcuaille comhraic. Níor fhág sé lao i mbó, searrach i gcapall, uan i gcaora, mionnán i ngabhar, giorria i dtom raithní ná leanbh i mbroinn iníon mná i bhfoisceacht seacht gcéad míle de ar chaon taobh de nár bhain sé cúig iontú tuathal agus cúig iontú deiseal astu leis an gcroitheadh a thug sé don ríocht.

Is gearr go dtáinig an fear freagartha amach. D'fhiafraigh sé de céard a bhí sé a iarraidh.

"Tá mé ag iarraidh seacht gcéad ar m'aghaidh," a deir sé, "seacht gcéad i mo dhiaidh, seacht gcéad ar gach taobh díom, seacht gcéad," a deir sé, "in aghaidh gach céad dár dhúirt mé, sin nó fear mo theangmhála."

"Tá sin le fáil freisin agat," a deir an fear freagartha.

Tháinigeadar amach. Ní rinne Loinnir ach breith ar a chlaíomh, Claíomh na Naoi bhFaobhar. Chroch sé í agus bhí sé ag dul tríothu, fúthu agus tharstu mar a bheadh seabhac uasal ag dul trí phlód éanacha nó préachán trí phlód cearca, nár fhág sé cloigeann ar cholainn an méid sin nár mharaigh sé i dtrí ceathrú uaire.

Bhuail sé aríst an cuaille comhraic. Tháinig an fear freagartha.

"Níl le fáil anois agat," a deir sé, "ach trí chéad, bain fada nó gearr astu."

Ach ar ndóigh, is gearr go raibh na trí chéad – na cloigne sciobtha ag Loinnir díobh.

Bhí go maith is ní raibh go holc. Bhuail sé aríst é. Nuair a bhuail sé an tríú huair é, tháinig an fear freagartha amach.

"Níl aon duine le fáil anseo anois agat," a deir sé, "ach an fathach mór é féin. Tá sé sin ag réiteach le d'aghaidh."

Is gearr go bhfaca Loinnir an fathach mór ag teacht is, ar ndóigh, chuirfeadh sé uafás ar an domhan mór é a fheiceáil. Tháinig sé chomh fada le Loinnir nó i ngar go maith dó.

"Céard is fearr leatsa," a deir sé, "ag coraíocht ar leacracha glasa nó ag cur sceana i mbolgeasnacha a chéile?"

"Is fearr liom ag coraíocht ar leacracha glasa," a deir Loinnir, "san áit a mbeidh mo dhá choisín gheala mhíne ag dul in uachtar agus do dhá sheanchráig mhóra lofa ag dul in íochtar."

Ach rugadar ar a chéile ach is gearr gur chuir Loinnir faoi é.

"Go mba seacht míle measa a bheas tú bliain ó anocht agus bliain ó amárach," a deir Loinnir. "Beidh sé ina oíche dhubh orm leat," a deir sé, "ag tarraingt a chuid cordaí as a phócaí agus ag tosaí á cheangal. Agus bhí sé á cheangal go dtug sé ceangal na gcúig gcaol go daor is go docht air, go raibh na cúig cheann, na cúig mbeann, na cúig muiníl agus an cholainn in aon charnán amháin.

Agus nuair a labhair an fathach, "Do chara is do choimirce," a deir sé, "an gaiscíoch is fearr a chas ormsa ariamh," a deir sé, "má thugann tú ceathrú m'anama domsa," a deir sé, "níl aon áit go brách a dteastódh mo chúnamh gaisce uait ann nach mbeidh sé chugat le casadh do shúl."

"Go mba seacht measa a bheas tú bliain ó anocht agus bliain ó amárach," a deir Loinnir, "cén mhaith domsa do chúnamh gaisce agus do dhonacht duit féin anois thú nuair a theastaíonn sé uait? Níl mise ag iarraidh tada ort," a deir Loinnir. "Tá mé ag iarraidh," a deir sé, "aghaidh, súil, gáire agus fiacail, ardchíos na seacht seise agus na seacht seirse a thóg tú ó Scológ an Ard-Oileáin."

"Bhuel, is é an áit a bhfuil siad sin," a deir an fathach mór, "faoin aill mhór a fheiceann tú ansin thall a bhfuil an caipín glas anuas uirthi. Ach ní cheapfainn," a deir sé, "go mbeifeá in ann a chorraí gan duine éicint a bheith a chúnamh duit."

"Cheapfainn," a deir Loinnir, "rud ar bith a rinne tusa ariamh go mbeinnse in ann a dhéanamh."

Ní rinne sé ach rith anonn agus an chéad strachailt a thug sé don chaipín, chroch sé suas é. Fuair sé chuile cheann acu istigh fúithi. Chaith sé in aon charnán amháin ar chloigeann na haille iad. Cheangail sé rópa orthu agus bhuail sé ar a ghualainn iad. Shiúil sé anonn go dtí an fathach mór agus scaoil sé aon chor amháin de na greamanna nó de na snadhmanna.

"Scaoil thú féin an chuid eile anois," a deir sé.

D'imigh leis agus bhí an ghrian ag dul faoi nuair a shiúil sé isteach i gcúirt an Scológ ar an Ard-Oileán sa Domhan Thiar.

Nuair a tháinig sé isteach, chaith sé ar an mbord iad. Nuair a chaith, bhí an Scológ istigh. Thíos a frítheadh é ach thuas a fágadh é. Bhí an Scológ ag bualadh a chloiginn faoi na boimbéil le teann ríméid. Níor caitheadh a leithéid d'oíche ar an Ard-Oileán ariamh agus a chaitheadar an oíche sin le spraoi agus spóirt, ithe agus ól, fiannaíocht, scéalaíocht, sú sá chodlata, chuile shórt.

Labhair an Scológ amach deireadh na hoíche.

"An bhfuil mé in ann de mhaith a dhéanamh ort anois," a deir sé le Loinnir, "pé ar bith céard a dhéanfainn duit, ní dhéanfainn mo leathdhóthain duit – déanfaidh mé é. Tabharfaidh mé an gearrchaile seo le pósadh duit," a deir sé. "Tabharfaidh mé leath mo ríocht le mo bheo duit agus an leath eile le mo mharbh. Ceathrú cuid de mo chuid óir nó mo chuid airgid," a deir sé, "ní fheicfidh tú caite go brách."

"Go raibh míle milliún maith agat," a deir Loinnir. "Ach an oíche ar rugadh mise," a deir Loinnir, "rugadh leathéadach liom agus rugadh leathéadach eile," a deir sé, "le bean eile, iníon Rí Alban, a dtugann siad Lasair Chinn Dearg uirthi. Agus caithfidh mise an bhean sin a fheiceáil," a deir sé, "is é sin, má tá sí beo. Ní phósfaidh mise aon bhean go brách go bhfeicfidh mise í sin. Ach," a deir sé, "seo fear anseo," a deir Loinnir, "agus b'fhéidir nach bhfuil aon gheallúint pósta air. Seo é Drúcht Uaine."

"Níl aon gheallúint pósta ormsa," a deir Drúcht Uaine.

"Bhuel, mura bhfuil," a deir an Scológ, "mar a chéile é. Tabharfaidh mise an gearrchaile duitse chomh maith is a thabharfas mé do Loinnir í."

Ach bhí go maith is ní raibh go holc. Ar maidin lá arna mhárach chuaigh soitheach agus seacht fichead ar an bhfarraige ag cruinniú stuif bainise, is nuair a tháinigeadar sin luchtaithe le chuile shórt allúntais a cheap siad a theastaigh, chuaigh gairm scoile amach ar fud an Ard-Oileáin uilig ag iarraidh dream fleá agus féasta agus bainise.

Thosaigh an bhainis. Ní raibh tús ná deireadh uirthi. Mhair sí lá agus bliain agus b'fhearr an lá deireanach ná an chéad lá.

Ach bhí go maith is ní raibh go holc. Nuair a bhí an bhainis thart agus chuile shórt, dúirt Loinnir leis an Scológ go gcaithfeadh sé féin a dhul go hAlbain.

D'imigh sé. D'fhág sé slán acu. Ach chuaigh Drúcht Uaine tamall ón gcathair in éineacht leis agus tháinigeadar go dtí áit a raibh lochán uisce nach raibh i bhfad ón gcathair.

"Tá muid chomh dona is a bhí muid ariamh anois," a deir Drúcht Uaine. "Cén chaoi a mbeidh a fhios agamsa," a deir sé, "cén áit ar fud an domhain, an marbh nó beo a bheas tusa?" a deir sé le Loinnir.

"Beidh a fhios," a deir Loinnir.

Chrom Loinnir síos sa lochán agus nigh sé a dhá láimh ann, is nuair a thóg sé aníos iad: "Tabhair aire mhaith don lochán seo," a deir sé le Drúcht Uaine. "Agus pé ar bith lá go brách," a deir sé, "a dtiocfaidh tú go dtí an lochán seo, a mbeidh brat fola ar a bharr, beidh mise marbh nó beidh mé faoi dhraíocht nó beidh mé i ngéibheann."

"Tá go maith," a deir Drúcht Uaine.

D'fhág sé slán aige agus d'imigh Loinnir, agus bhí sé ag déanamh ar an áit a raibh an soithín faoin gcaipín eibhinn faoin aill acu. Níor iarr sé aon duine in éineacht leis. Bhí sé ag dul trí mhionchoill nach raibh an-mhór agus casadh caolán galánta leis ar chuir sé an-suim ann. Ní rinne sé ach breith air agus tharraing sé as an talamh é. Bhuail sé ar a ghualainn é. D'imigh leis go dtáinig sé go dtí an aill. Thóg sé an caipín eibhinn is thóg sé amach an soithín. Chaith sé isteach an caolán inti agus bhí an caolán chomh fada is go raibh sé ag dul ceithre troithe siar thar a deireadh agus ceithre troithe thar a tosach.

Ní rinne sé ach a ghualainn a bhualadh isteach fúithi agus chroch sé leis go dtug sé ag an bhfarraige í agus é ag déanamh ar Albain, is nuair a bhí sé trí lá ag seoladh, céard a d'fheicfeadh sé ag déanamh air ach cabhlach soithí – is tabhair cabhlach air. Agus is é an chaoi a rabhadar ag teacht ina bpéire agus ina bpéire i ndiaidh a chéile.

Nuair a bhí siad ag teacht gar do Loinnir d'airigh sé fear – bhí beirt i chaon tsoitheach acu – d'airigh sé fear acu ag rá leis an bhfear eile, "Tá a leithéid seo de bháidín ag teacht. Is fearr dúinn é a bhá."

"Ná bac léi," a deir an fear eile. "Soithín ceannaí bocht í sin."

Ach d'airigh Loinnir é.

Chuaigh Loinnir amach tharstu agus d'éist sé ariamh leo go raibh sé istigh ina gceartlár – go raibh sé tuairim is leath bealaigh trína lár – is nuair a bhí, ní rinne sé ach éirí de léim agus breith ar an gcaolán, agus chuaigh sé amach de léim as a bhád féin agus isteach i gceann acu. Níor fhág sé mac inste scéil go brách na ndeor in aon bhád dá raibh ann nár mharaigh sé leis an gcaolán, is nuair a bhí an fear deireanach marbh aige, bhí an caolán caite aige go dtí áit a láimhe, théis an fad a bhí ann.

Nuair a bhí sé ag dul amach as an mbád deireanach, d'airigh sé an caoineachán ba cráite a d'airigh sé ariamh thíos faoin deic nó thíos sa gcábán.

Ní rinne sé ach a dhul síos agus an cábán a oscailt, agus nuair a d'oscail sé doras an chábáin, bhí sí ag baint an amhairc as a dhá shúil. An bhean óg ba bhreátha ar leag sé súil ariamh uirthi, bhí sí thíos sa gcábán agus í ag gol go mór agus í ag triomú na ndeor lena gruaig.

"Cén t-údar caoineacháin atá agat?" a deir Loinnir, "nó á gcaoineadh seo atá tú?"

"Ní hea, muis," a deir sí.

"Do chaoineadh féin atá tú mar sin?" a deir Loinnir.

"Ní hea, muis," a deir sí.

"Is aisteach an rud é sin," a deir Loinnir. "Tá tú ag caoineadh rud éicint."

"Tá mé ag caoineadh fear," a deir sí, "nach bhfaca mé ariamh agus is dócha nach bhfeicfidh mé é choíchin."

"Is aisteach an rud é sin," a deir Loinnir, "fear nach bhfaca tú ariamh, go mbeifeá á chaoineadh is nach bhfeicfidh tú choíchin."

"Bhuel, inseoidh mé duit," a deir sí, "cén míniú atá leis. An oíche ar rugadh mise," a deir sí, "rugadh leathéadach liom agus rugadh leathéadach le fear eile – gaiscíoch a bhí in Éirinn a dtugaidís Loinnir Mac Leabhair air – is bhí sé ráite ag chuile dhuine," a deir sí, "go mbeadh muid pósta ag a chéile. Agus sin é an fear atá mise a chaoineadh."

Ní rinne Loinnir ach láimh a chur ina phóca agus tharraing sé aníos an leathéadach a bhí aige féin agus dúirt sé léise an leathéadach a bhí aicise a tharraingt aníos, agus tharraing. Chuireadar an péire le chéile, agus ar an bpointe is a chuireadar le chéile iad – i ngar dá chéile – ghreamaigh an dá éadach dá chéile.

Bhí a fhios ag Loinnir ansin go mba í Lasair Chinn Dearg í agus bhí a fhios aicise go mba é seo Loinnir is, ar ndóigh, thíos a fríotheadh iad ach thuas a fágadh iad. Phlúchadar a chéile le póga, bháthadar a chéile le deora agus thriomaigh siad a chéile le bratacha míne síoda.

Ní rinne sé ach méar a shá faoina chrios agus tharraing sé leis isteach ina bhád í ag déanamh ar Albain, is nuair a bhí sé trí lá ag seoladh, bhuail tinneas na farraige Lasair Chinn Dearg.

"Tá tú caillte," a deir sé.

"Níl mé caillte," a deir sí.

"An chéad talamh a chasfas dom," a deir sé, "caithfidh mé thú a thabhairt isteach," a deir sé, "a dhul i dtír" a deir sé, "go bhfaighidh tú boladh an aeir agus na talún agus déanfaidh sé maith duit."

"Ná bac leis," a deir sí. "Níl baol báis ar bith ormsa."

Ach an chéad talamh a chas dó, chuaigh sé isteach ann. Chuadar suas ar chnocán mór ard agus shuíodar síos.

"Má thitimse i mo chodladh anois," a deir sé, "tá codladh ag teacht orm – ní dhúiseoidh seacht gcatha na Féinne mé go gcodlaí mé seacht n-oíche agus seacht lá."

"Dia linn is Muire!" a deir Lasair Chinn Dearg. "Má fheicimse aon cheo ag teacht a chuirfeas aon cheo as duit, céard a dhéanfas mé? Cén chaoi a ndúiseoidh mé thú?"

"An bhfeiceann tú an ribe mór gruaige sin," a deir sé, "thuas i mullach mo chinn?"

"Feicim," a deir sí.

"Tarraing é sin," a deir sé. "Mura ndúisí sé sin mé," a deir sé, "bain laidhricín na coise deise díom. Mura ndúisí sé sin mé," a deir sé, "an bhfeiceann tú an charraig mhór sin thíos?"

"Feicim," a deir sí.

"Buail í sin," a deir sé, "san ucht orm nó sa gcroí, is mura ndúisí sin mé," a deir sé, "ní dhúiseoidh seacht gcatha na Féinne mé go gcodlaí mé seacht n-oíche agus seacht lá."

Bhí go maith is ní raibh go holc. Ní raibh sé i bhfad ina chodladh chor ar bith – bhí sí ag breathnú amach ar an bhfarraige – is gearr go bhfaca sí fear mór ag dul aníos ón bhfarraige, a bhfeicfeá an spéir uilig amach idir a dhá chois agus ní fheicfeá tada os cionn a mhullaigh – fathach mór.

Tháinig sé go dtí í.

"Cén sórt liúdramán é seo," a deir sé, "in éineacht leat?"

"Sin é mo dhearthair," a deir sí, "atá tite ar meisce."

"Tá a fhios agam gurb é," a deir sé.

Ní rinne sé ach Loinnir a bhualadh de chic agus chuir sé seacht n-acra agus seacht n-iomaire é. Lean sé aríst é agus bhuail sé de cheann eile é agus b'fhearr í sin ná an chéad cheann. Lean sé an tríú huair é agus b'fhearr an tríú cic ná ceachtar acu ach níor dhúisigh sé Loinnir.

Bhí gasúr ag fosaíocht le beithígh in aice leis an áit a rabhadar agus shíl sé, an bhail a chonaic sé ag dul ar Loinnir – an bhfuil a fhios agat – go raibh sé marbh, go raibh sé caillte.

Ní rinne an fathach mór ach siúl anonn go dtí Lasair Chinn Dearg agus rug sé ar láimh uirthi. Chroch sé leis í síos go dtína bhád agus thug sé a aghaidh siar an fharraige mhór.

Bhí go maith is ní raibh go holc. Shíl an gasúr go raibh Loinnir caillte. Cén diabhal a dhéanann an gasúr ach thosaigh sé ag cruinniú bileoga crainnte agus thosaigh sé ag pacáil dhá pholláire sróine Loinnir leis na bileoga. Agus nuair a stop na polláirí an anáil ar Loinnir, d'oscail sé a dhá shúil. Agus dhúisigh sé is chonaic sé an gasúr, is bhí an gasúr ag dul ag leagan rud éicint ar leathshúil leis – más bileog nó rud éicint é. Ní rinne Loinnir ach a dhá shúil a oscailt agus rith an gasúr.

Lean Loinnir é agus bhuail sé de chic é agus chuir sé seacht n-acra agus seacht n-iomaire uaidh é. Ach ní raibh sé ag iarraidh an dara cic air murach gur labhair an gasúr.

"Má thugann tú ceathrú m'anama domsa," a deir an gasúr, "inseoidh mé duit cá bhfuil do bhean."

"By dad, gasúr maith thú," a deir Loinnir, "má tá a fhios agat cá bhfuil mo bheansa."

"Tá sí imithe don Domhan Thiar," a deir sé, "ag an bhfathach mór a tháinig anseo an lá cheana."

D'inis sé an scéal do Loinnir. Chuir Loinnir láimh ina phóca agus chaith sé ladhar airgid chuige.

Chuaigh Loinnir síos go dtí a bhád san áit a raibh sí fágtha agus thug sé aghaidh ar an Domhan Thiar aríst, agus chaith sé lá agus bliain ar an bhfarraige, is nuair a tháinig sé i dtír sa Domhan Thiar, thug sé feisteas ar an mbád go ceann seacht mbliana chomh maith is dá mbeadh sí acu ach uair an chloig.

D'imigh Loinnir leis agus diabhal mórán achair ón bhfarraige a bhí sé nuair a chonaic sé caisleán mór nó cathair mhór álainn tamall uaidh. Shiúil sé suas go dtí í is bhuail sé a dhroim le balla. Agus séard a bhí ann, tráthnóna breá fómhair.

Diabhal mórán achair a bhí sé ina sheasamh leis an mballa is an ghrian á dó nuair a d'airigh sé braonacha báistí ag titim anuas sa gcloigeann air. Rinne sé an-iontas dó cé as a mbeidís ag teacht.

Theann sé amach agus bhreathnaigh sé suas, is céard a bheadh thuas ach fuinneog mhór agus a cloigeann amuigh ag Lasair Chinn Dearg tríd an bhfuinneog, agus an caoineachán a bhí sí a dhéanamh, bhí na deora ag titim anuas sa gcloigeann air.

Bhreathnaigh sé suas.

"Tá tú ann," a deir sé.

"Táim," a deir sí.

"Céard a thug suas ansin thú?" a deir Loinnir.

"Leag an fear mór aníos ann mé," a deir sí.

"Tabhair thusa fear mór air sin," a deir Loinnir.

Ach bhí go maith is ní raibh go holc.

"Déanfaidh mé treisleán de mo ghruaig anois," a deir Lasair Chinn Dearg, "agus féachfaidh mé le thú a thabhairt aníos."

"Ná bac le treisleán ar bith," a deir sé, "ach ísligh an fhuinneog sin beagán eile."

D'ísligh. Theann sé amach tamall maith ón mballa agus thug sé rite reaite agus rith sé suas in aghaidh an bhalla agus d'éirigh leis greim a fháil ar stól na fuinneoige. Fuair sí greim cába air agus thug sí isteach é.

Chaitheadar an oíche sin sa gcathair ach níor gheal an lá ar Loinnir. Ar an bpointe is a fuair Loinnir maidneachan an lae, ní rinne sé ach a dhul amach glan de léim tríd an bhfuinneog ar an talamh is d'imigh leis. Agus pé ar bith áit a raibh an cuaille comhraic socraithe ag an bhfathach mór, thug sé an chlaíomh óna bheilt agus bhuail sé é. Níor fhág sé lao i mbó, searrach i gcapall, uan i gcaora, mionnán i ngabhar, leanbh i mbroinn mná nár bhain sé cúig iontú tuathal agus deiseal astu le fuaim an bhuille.

Tháinig an fear freagartha amach. D'fhiafraigh sé de céard a bhí sé a iarraidh.

["Tá seacht gcéad romham, seacht gcéad i mo dhiaidh, seacht gcéad ar gach taobh díom, seacht gcéad in aghaidh gach céad dár dhúirt mé, sin nó fear mo theangmhála."]

D'inis sé dó go raibh sin le fáil aige, neart. Tháinigeadar amach. Thosaigh Loinnir ag dul tríothu mar a ghabhfadh seabhac uasal trí phlód éanacha nó préachán trí phlód cearc.

[Bhuail sé an cuaille comhraic aríst.

"Níl le fáil anois ach trí chéad," a deir an fear freagartha.]

Tháinig trí chéad amach nuair a bhí an méid sin marbh.

Nuair a tháinig an fear freagartha amach an tríú babhta, séard a dúirt sé le Loinnir, "Níl le fáil anois agat," a deir sé, "ach trí cinn de chait agus," a deir sé, "ní beag duit iad sin."

Tháinig na trí chat amach, agus nuair a chonaic Loinnir na trí chat ag teacht, chuirfidís uafás ar an domhan mór. Bhí na fiacla a bhí ina gcloigeann ocht n-orlaí ar fad agus na súile a bhí ina gcuid cloigne, bhíodar ar nós a bheadh lasracha dearga as tine.

D'áitíodar a chéile. Ní raibh aon áit a raibh cat acu ag cur crúb i Loinnir ó bhun a smige go dtí a thrácht nó go dtí a rúitín nach raibh sé ag tabhairt na feola amach ón gcnámh.

B'éigean do Loinnir a chlaíomh a chaitheamh uaidh.

"'Chrá Dia," a deir sé, "gur le haghaidh mo bháis a tháinig mé."

Chaith sé uaidh a chlaíomh – ní raibh sé ag déanamh aon mhaith léi. Agus pé ar bith sa diabhal cén sórt seans a fuair sé ar cheann acu, d'éirigh leis breith air. Rug sé ar chab íochtair agus cab uachtair air agus d'oscail sé ó bharr a shróine é go bun a dhriobail is chaith sé leath ar chaon taobh de, is nuair a chonaic an dá chat eile an bás a fuair an cat sin, chomh tréan in Éirinn is a bhí cois orthu, thugadar do na boinn é.

Bhuail sé aríst é. Níor tháinig aon cheo go dtí é. Ní fhaca sé *sight* ar bith ar an bhfathach mór. Is dócha nár lig an faitíos dó.

Ach d'imigh leis agus bhí sé ag triall ariamh go dtáinig sé faoin bhfuinneog a raibh Lasair Chinn Dearg thuas ann a d'fhág sé ar maidin. Agus is é an obair a bhí ar Lasair Chinn Dearg ó d'imigh Loinnir, bhí sí ag cur bráillíní agus pluideanna, ag fuineadh iontu as a chéile, ag déanamh súgáin a chuirfeadh sí anuas tríd an bhfuinneog mar bhí a fhios aici go mbeadh Loinnir i ngar a bheith marbh nuair a thiocfadh sé, nach mbeadh sé in ann a dhul isteach.

Agus scaoil sí anuas chuige iad.

"Beir le do bhéal anois," a deir sé, "ar chloigeann ceann acu sin. Cuir do dhá láimh tamall suas os cionn an áit a mbéarfaidh tú le do bhéal anois uirthi," a deir sí, "agus b'fhéidir," a deir sí, "go dtabharfainnse isteach thú."

By dad, rinne. Ach le chuile scrubáil agus chuile líotramáil, thug sí isteach é. Nuair a tháinig sé isteach, ní raibh ann ach go raibh sé beo. Bhí sé díbheo.

"Tá dhá bhairille anseo anois," a deir sí, "bairille nimhe agus bairille íocshláinte. Níl a fhios agamsa," a deir sí, "cé acu an ceann ceart."

"Ná bac le bairille íocshláinte ná bairille nimhe," a deir Loinnir, "ach cé is measa leat mise anois nó an fear mór?"

Bhí fearg air – an bhfuil a fhios agat.

"Ní milleán liom beagán feirge féin a bheith ort," a deir sí.

Diabhal blas a rinne sí ach caitheamh di ina craiceann agus isteach léi de léim i gceann de na bairillí, agus cén diabhal bairille a ndeachaigh sí ann ach an bairille nimhe. Chuaigh sé go cnámh inti. Scall sé go cnámh í. Ní rinne sí ach éirí de léim agus a dhul isteach sa mbairille íocshláinte. Tháinig sí aníos chomh slán, chomh folláin is a tháinig sí ariamh.

"Isteach leat go beo anseo," a deir sí le Loinnir.

Chuaigh. Tháinig Loinnir amach chomh slán, chomh sábháilte is a bhí sé ariamh.

Chaitheadar an oíche sin ansin, is ar maidin lá arna mhárach chuadar go dtí an bád. Ní fhacadar fathach ná duine ná deoraí. Thugadar a n-aghaidh ar Albain aríst ach bhí an diabhal ar Loinnir. Nuair a bhíodar cúig lá ar an bhfarraige aríst, bhuail tinneas na farraige aríst Lasair Chinn Dearg.

"'Chrá Dia!" a deir sé, "gur measa anois thú ná cheana. An chéad talamh a chasfas dom," a deir sé, "caithfidh mé thú a thabhairt i dtír ann le go bhfaighidh tú boladh an aeir is na talún go ndéanfaidh sé maitheas duit."

"Ná bac leis," a deir sí. "Níl baol báis ar bith ormsa."

Ach cén diabhal áit a gcasfaí iad ach iad ag dul thar oileán agus ba é an t-oileán ba galánta é a chonaic sé ariamh.

"'Chrá Dia," a deir sé, "nach ngabhfaidh mé thairis go brách, tinneas ort nó díot, go mbeidh a fhios agam cé atá ina chónaí anseo."

Isteach leis. Tharraing sé suas an bád. D'imigh sé féin agus Lasair Chinn Dearg, agus cén deamhan nó diabhal áit a gcasfaí iad ach isteach i dteachín beag, agus is é an sórt teachín a bhí ann – séard a bhí ann, teachín Chailleach na gCearc agus Muicí na Muc. Agus is é an fáth a raibh an t-ainm sin orthu, ba le duine uasal, fear óg gan pósadh, an t-oileán. Mac duine uasail a bhí ann. Bhí Cailleach na gCearc ag beathú cearca dó agus á dtindeáil agus bhí Muicí na Muc ag beathú muc agus á dtógáil.

Ach bhí Muicí na Muc agus Cailleach na gCearc ag cúirtéireacht agus sin é an fáth a raibh sé istigh tigh Chailleach na gCearc.

Ó tháinig Lasair Chinn Dearg isteach tigh Chailleach na gCearc, níor thóg Muicí na Muc súil ar bith di. Ní fhéadfadh sé súil ar bith a thógáil di, bhí sí ina bean chomh breá sin. Ach d'fhan sé rófhada ann is bhí sé deireanach nuair a d'imigh sé. Agus nuair a tháinig sé, thosaigh an duine uasal óg ag dul le buile leis is d'fhiafraigh sé cén deamhan nó diabhal áit a raibh sé ó mhaidin, go raibh na muca ag sianaíl leis an ocras.

"Muise, droch-chríoch agus go mba mheasa a bheas tú bliain ó anocht," a deir Muicí na Muc leis. "Dá bhfeicfeása an bhean óg," a deir sé, "a bhfuil mise ag breathnú ó mhaidin uirthi, atá thíos tigh Chailleach na gCearc, ní chodlófá féin aon néal go maidin."

Cé a bheadh istigh tigh an duine uasail ach an draíodóir a bhí ag an duine uasal nó an Seanfhear Glic.

"Téirigh síos," a deir sé, "agus breathnaigh ar fíor dó an scéal sin."

Chuaigh. Nuair a tháinig an draíodóir isteach, pé ar bith cén deifir a bhí ar Mhuicí na Muc ag dul amach, diabhal a leathoiread a bhí ar an draíodóir. Ach d'fhan sé féin fada go maith ann.

Ach d'imigh sé. Nuair a tháinig sé, d'fhiafraigh an duine uasal de an mb'fhíor dó – do Mhuicí na Muc – go raibh sí ann agus an mairnéalach in éineacht léi agus dúirt sé go raibh.

"Má tá," a deir an draíodóir, "thusa," a deir sé, "a bhfuil d'arm ar d'oileán ná de shearbhóntaí ag dul leat ná a bhfuil ar an oileán uilig," a deir sé, "ní mhairfidís trí ceathrú uaire," a deir sé, "don mhairnéalach atá in éineacht léi sin, gan trácht ar thusa ag dul á baint de."

"Bhuel," a deir an duine uasal, "bhí mo sheanathairse ag beathú do sheanatharsa agus á íoc. Bhí m'athair ag beathú d'athar agus á íoc. Tá mise do do bheathúsa agus do d'íoc. Mura n-inseoidh tú domsa," a deir sé, "cén chaoi a mbainfidh mé an bhean sin den mhairnéalach sin, bainfidh mé an ceann díot."

"Bhuel, níl aon neart agamsa ort," a deir an Seanfhear Glic, a deir sé. "Níl aon bhealach le é sin a dhéanamh ach aon bhealach amháin. Tabhair cuireadh chun dinnéir," a deir sé, "don mhairnéalach sin agus don bhean óg sin anocht anois," a deir sé. "Ní fhágfaidh siad an áit a bhfuil siad go dtí amárach. Tabhair cuireadh chun dinnéir dóibh agus tiocfaidh siad. Nuair a bheas an dinnéar tógtha agaibh, buail *challenge* óil air. Abair leis," a deir sé, "nach bhfaca tú aon fhear ariamh a d'ólfadh gach re gloine fuisce leat. Agus déarfaidh seisean leat," a deir sé, "go n-ólfaidh sé trí cinn in aghaidh chuile cheann duit. Agus má abraíonn féin," a deir sé, "is fíor dó é. D'ólfadh agus cúig cinn. Déanfaidh mise fóiséad páipéir duit," a deir sé, "le cur aníos taobh istigh de do léine agus," a deir sé, "nuair a thosós sibh ag ól, pé ar bith cén sórt óil a théann sa bpuins úd – puinsín óil a bhí air. Tugadh anuas puinsín óil. D'fholmhaíodar é. Tugadh anuas an dara puinsín, agus chuile trí ghloine dá raibh Loinnir a ól nach raibh an duine uasal ag cur gach re ceann síos sa bhfóiséad páipéir agus é ag dul amach ar an urlári mbarriallacha a bhróga.

Tugadh anuas an tríú puinsín agus d'fholmhaíodar é, agus nuair a bhí an tríú puinsín ólta, shíl an duine uasal go raibh Loinnir ar meisce.

"Cén spreacadh atá anois ionat?" a deir sé le Loinnir.

Chroith Loinnir a chloigeann.

"Buachaill maith a gheobhadh an ceann is fearr fós orm," a deir Loinnir.

Tugadh anuas puinsín eile. Ach – le scéal fada a dhéanamh gearr – thit Loinnir ar meisce.

"Cén spreacadh atá anois ionat?" a deir an duine uasal.

"Cheanglódh dhá shnáithe síoda anois mé," a deir Loinnir.

"Bhuel, má cheanglódh," a deir an duine uasal, "ní iontas ar bith go gceanglódh na cordaí atá thiar faoi mo leabasa thú."

Chuir sé a chuid searbhóntaí siar agus thug siad aniar na cordaí móra is tugadh Loinnir amach ar an tsráid agus ceanglaíodh chomh crua é is go ndeachaigh na cordaí isteach sa bhfeoil gur bhuaileadar an cnámh.

Is nuair a bhí sin déanta aige, bhí cailín ag an duine uasal. Tugadh searbhónta amach agus las an duine uasal an choinneal os a chionn is go mbeadh an choinneal ag leá anuas air. Is bhí cailín sa teach agus thóg sí trua dó – agus is dócha nár bhac an searbhónta léi ach an oiread – ach ní raibh aon deoir ag titim as an gcoinneal nach raibh cupán faoi aici agus nach raibh sí a scaoileadh síos sa gcupán. Is é an t-ainm a thugadar uirthi, Cailín na Coinnle.

Bhí go maith is ní raibh go holc. D'iarr Lasair Chinn Dearg cead ar an duine uasal, nuair a chonaic sí an bás a bhí Loinnir a fháil, é a chaoineadh. Agus dúirt sé go dtabharfadh. Thug. Nuair a bhí a dóthain caointe aici, chuir sí an duine uasal faoi gheasa, gan baint, gan páirt, gan láimh ná cois a bheith aige léi go ceann lá agus seacht mbliana.

"Tá go maith," a deir sé.

Bhí go maith is ní raibh go holc. Nuair a bhí an bhail sin ar Loinnir, cuireadh isteach i mbarra rotha é – sin *wheelbarrow*. Shádar leo é agus ar bhruach an oileáin in áit éicint, bhí alltracha móra a bhí dhá chéad troigh nó trí chéad troigh ar airde. Bhí strapa isteach is strapa amach chuile áit go ndeachadar go híochtar na farraige. Bhí carraig mhór thíos faoina bun.

Ach bhí go maith. Caitheadh amach an barra agus é féin le fána an ruda agus thit Loinnir amach as an mbarra. Agus ar a dhul síos do Loinnir, bhí éan san aill – an t-éan is mó sa domhan – a raibh nead mhór aici. Agus céard a tharlódh go tráthúil ar a dhul síos do Loinnir ach bhí an t-éan ag teacht isteach le cosamar ag lapracháin a bhí aici. Chonaic sí Loinnir ag dul síos agus diabhal blas a rinne sí ach breith lena gob air mar a bhéarfadh sí ar dhreoilín agus tharraing sí isteach sa nead é. Choinnigh sí ansin é agus mharaigh sí ceann de na laprachán. Agus bhog sí na cordaí a bhí á cheangal – riar mór air.

Ar maidin lá arna mhárach d'imigh sí ag cruinniú di féin is don dá laprachán eile agus do Loinnir chomh maith. Nuair a bogadh na cordaí ar Loinnir is nuair a fuair sé biseach ón meisce, cén diabhal a dhéanann sé ach ceann eile de na laprachán a mharú is d'ith sé é. Nuair a tháinig sí, bhí sí le buile is le báiní. Ar ndóigh, níor mhilleán uirthi.

Ach an tríú lá d'imigh sí agus nuair a tháinig sí an tríú lá, bhí an tríú laprachán ite aige.

"Bhuel," a deir sí, "tá a fhios agam go maith," a deir sí, "nach ar olc liom a mharaigh tú iad agus nach raibh tú ag iarraidh aon cheo a chur as dom. Tá a fhios agam anois," a deir sí, "cén fáth ar mharaigh tú iad. Is é an fáth ar mharaigh tú na trí lapracháin," a deir sí, "tá tú ag iarraidh a bheith marbh i leaba a bheith beo. Tá tú ag ceapadh go maróidh mise thú ach ní mharóidh mise thú."

Bhí go maith. D'fhág sí ansin é. Ní rinne sí tada air. Faoi cheann dhá lá ina dhiaidh cén diabhal a bhí ag dul thart sa spota céanna ach bád. Agus bhí uaine ceo chomh mór anuas ar an bhfarraige gur cuireadh an bád amú, agus cén diabhal a dhéanann sí ach an charraig mhór a bhí thíos faoin aill mhór a raibh nead ag an nGríobh Ingneach ann, bhuail sí an charraig is chuaigh sí i bhfastó is ní chuirfeadh an diabhal as í. Bhí caiptín uirthi agus mairnéalaigh, dochtúirí is chuile fhir cheirde.

Bhí go maith is ní raibh go holc. Nuair nach raibh siad in ann í a chur as, chuaigh an caiptín an lá seo go dtí ceann de na mairnéalaigh.

"Téirigh suas i mbarr an chrainn. Tabhair leat an *spyglass*," a deir sé. "Tá éan san aill sin a bhfuil nead aici is ní raibh sí ariamh," a deir sé, "gan solamar nó éadáil áirid éicint a bheith sa nead aici is níl sí inniu gan rud éicint a bheith ach an oiread inti."

Chuaigh an mairnéalach suas, agus ar an gcuma a bhí ar Loinnir istigh sa nead – an bhail a bhí air – d'fhógair an mairnéalach anuas ar an gcaiptín agus an *spyglass* aige, ar a dhul anuas dó. "Pé ar bith céard a bhí ariamh aici inti," a deir sé, "tá an diabhal inniu inti."

"Bhuel, más diabhal nó deamhan atá inti," a deir an caiptín, "caithfidh sé a theacht anuas ar deic anseo pé ar bith céard atá ann."

Caitheadh amach téadracha. Cuireadh timpeall ar an nead iad. Crochadh an nead agus Loinnir agus tugadh ar an gcéad deic é. Tugadh as sin ar an dara deic é agus nuair a tháinig sé ar an dara deic – is, ar ndóigh, tá a fhios agat féin cén chuma a bhí air.

Ach bhí go maith. Tugadh ar an dara deic é. Tháinig an caiptín go dtí é.

"Cén sórt fear thusa?" a deir an caiptín.

"Muise, donas agus diabhal agus mírath shíoraí ort," a deir Loinnir. "Is barrúil an caiptín thú," a deir sé, "ag fiafraí d'fhear ar bith," a deir sé, "a fheiceann tú – na téadracha isteach go dtína chnámha, trí mo chuid feola – ag fiafraí de cén sórt fear é. Ach shílfeá go bhfaighfeá duine éicint," a deir sé, "a bhogfadh nó a scaoilfeadh mé."

Bhí dhá dhochtúir ar an mbád is chuir an caiptín fios orthu. Tháinigeadar agus is gearr go raibh sé scaoilte agus cóir leighis curtha air. Nuair a bhí sin déanta aige, "Cén sórt fear anois thú?" a deir an caiptín.

"Donas agus diabhal agus mírath shíoraí ort," a deir Loinnir, "agus shílfeá sa diabhal," a deir sé, "go mbeifeá in ann culaith éadaigh a fháil dom. An bhfeiceann tú an t-éadach atá orm?"

Bhí cóta mór ag an gcaiptín agus thug sé do Loinnir é le cur air. Agus nuair a chuireadar ar Loinnir é, nuair a chuir Loinnir an dá láimh amach ann, rinne sé miodamas de – bhí sé róbheag, rinne sé miodamas de. Bhí dhá tháilliúir ar an mbád agus séard a d'ordaigh an caiptín – chuir sé ag déanamh culaith nua chanbháis do Loinnir iad.

Rinneadar culaith bhreá chanbháis dó agus cuireadh air í.

"Cén sórt fear anois thú?" a deir an caiptín.

"Donas agus diabhal agus mírath shíoraí ort," a deir Loinnir, "ach shílfeá sa diabhal," a deir sé, "go mbeifeá in ann greim éicint a thabhairt le n-ithe dom, fear nach bhfuil a fhios aige," a deir sé, "cén blas atá ar aon ghreim saolta le cúig lá dhéag."

Tugadh isteach sa gcábán é agus an béile is fearr a leagadh chuig fear ariamh, leagadh chuige é.

Nuair a bhí sé sin ite aige, tháinig an caiptín.

"Cén sórt fear anois thú?" a deir an caiptín.

"Donas agus mírath shíoraí ort," a deir Loinnir, "ag fiafraí díom," a deir sé, "cén sórt fear mé nó go dtuga tú arm in mo láimh dom."

Shín an caiptín a chlaíomh féin chuige.

"Ná bac le cén sórt fear mise anois," a deir Loinnir, "ach cén sórt fear thusa?"

"Fear mise," a deir an caiptín, a deir sé, "a bhfuil cath comhraic tagtha ar Dhrúcht Uaine in Ard-Oileán. Tá cúig chéad gaiscíoch," a deir sé, "ag cur isteach air le mí agus gach a bhfuil sé a mharú inniu," a deir sé, "tá siad beo amárach. Agus chuir sé soitheach agus fiche ar an bhfarraige," a deir sé, "ag tóraíocht Loinnir Mac Leabhair. Agus pé ar bith soitheach a thiocfas go dtí é agus é aige," a deir sé, "tá bord an tsoithigh d'ór le fáil aige."

"Agus cén deamhan nó diabhal atá do do choinneáil anseo mar sin?" a deir Loinnir leis an gcaiptín.

Chuimhnigh an caiptin an uair sin go mba é Loinnir é.

"Tá muid buailte in aghaidh na carraige," a deir an caiptín, "agus níl muid in ann í a fhágáil."

Bhí sail a casadh leo i lár na farraige agus iad ag teacht ann an chéad uair leagtha ar an deic. Ní rinne Loinnir ach éirí de léim agus rith sé anonn agus, ar nós a bhéarfadh sé ar mhaide rámha a mbeadh sé ag iomramh curach leis, rug sé ar an tsail agus bhuail sé a cloigeann in aghaidh na haille móire a raibh nead ag an éan ann. Agus leis an teannadh a chuir sé leis an mbád, chuir sé dhá mhíle go leith i bhfarraige den iarraidh sin í.

"Tabhair d'aghaidh siar anois. Tabhair do chúrsa siar anois," a deir sé leis an gcaiptín."

Thug. Thug. Agus nuair a bhíodar ag teacht i bhfoisceacht ceathrú míle den áit a raibh an tArd-Oileán – an pháirc go raibh an cath le bheith air – cén diabhal a fheiceann Loinnir uaidh ach Drúcht Uaine agus é ag teacht chuig an bpáirc.

Ní raibh sé i bhfoisceacht cúig chéad slat den talamh nuair a thug sé rite reaite. D'éirigh sé de léim agus níor tháinig sé ar an talamh gur sheas sé le taobh Dhrúcht Uaine agus é ag dul isteach ar an bpáirc lena chuid airm ag dul ag troid na cúig chéad gaiscíoch a bhí ag teacht ina aghaidh. Chroitheadar lámha le chéile agus, ar ndóigh, thíos a frítheadh iad ach thuas a fágadh iad.

"Téirigh thusa abhaile chuig mo theachsa anois inniu," a deir Drúcht Uaine le Loinnir, "agus lig do scíth. Troidfidh mise inniu," a deir sé, "agus féadfaidh tusa an lá amárach a theacht ar mo shon."

"Ní ghabhfaidh mise chuig do theach," a deir Loinnir, "nuair nach bhfuil tú féin ann. Téirigh thusa abhaile," a deir sé, "agus troidfidh mise an lá inniu ar do shon."

Ach ní raibh aon mhaith do Dhrúcht Uaine ag caint.

Ach chuaigh Drúcht Uaine abhaile go dtí teach na mná agus an Scológ. Chuaigh Loinnir ar an bpáirc agus is gearr a bhí sé ann nuair a tháinig na cúig chéad. Tharraing sé a chlaíomh óna bheilt. Trí ceathrú uaire go raibh an cloigeann bainte den fhear deireanach aige.

Nuair a bhí sin déanta aige, diabhal blas a rinne sé ach síneadh siar.

Chaith sé corp faoi, corp os a chionn, corp ar chaon taobh de agus thit sé ina chodladh. Ní dhúiseodh seacht gcatha na Féinne é.

Nár lige Dia an t-ádh ar an mí-ádh mura raibh fathach mór sa Domhan Thoir agus is é an t-ainm a thugaidís air, Fathach Mór Mháire. Máire a bhí ar a bhean agus bhí sé pósta aici, agus diabhal greim a bhí le n-ithe ná le n-ól acu ar feadh cúpla lá nó trí. Agus is é an sórt bastaird a bhí sa bhfathach a bhí sa Domhan Thoir, níl aon dinnéar ná bricfeasta a d'íosfadh sé nach gcaithfeadh sé dhá chailín óga nó dhá bhuachaill óga a bheith le n-ithe ina dhiaidh aige nuair a bheadh sé réidh.

Ach bhí dhá chailín óga istigh faoi ghlas i seomra an tráthnóna sin aige agus tháinig sé isteach go dtí Máire agus bhí an dá chailín óga ag éisteacht leis.

"Mo chrá agam, a Mháire," a deir sé, "mura bhfaighidh muid bás leis an ocras," a deir sé. "Chuala mé go raibh marú mór ar an Ard-Oileán inné" a deir sé, "agus is fearr dom an chis a chrochadh liom. Croch síos an *boiler* mór sin," a deir sé, "agus diabhal blas ach go mbeidh sé fiuchta nuair a bheas mise ar ais agus íosfaidh muid ár ndóthain."

Chroch sé leis an chis agus diabhal ar chónaigh sé ariamh go dtáinig sé ar an bpáirc a raibh na cúig chéad marbh ag Loinnir uirthi.

Cén diabhal áit a dtáinig sé ach an fear a bhí caite os cionn Loinnir. Is é an chéad fhear é a chaith sé isteach sa gcis. Chaith sé Loinnir isteach mar dhara fear is Loinnir ina chodladh. Chaith sé isteach inti nó go raibh an chis bunáite lán.

Ach bhí go maith is ní raibh go holc. Ní raibh Loinnir ag dul amú. Tháinig sé chuig an Domhan Thoir agus bhí an *boiler* ag fiuchadh ag Máire. Thosaigh sé ag caitheamh síos is nuair a d'airigh Loinnir – bhí Loinnir idir ina chodladh is ina dhúiseacht – nuair a d'airigh sé ag teannadh síos le híochtar na cise é, chuir sé a mhéar nó a laidhricín amach idir dhá easna sa gcis go mbeadh greim aige. Ach ní dheachaigh an fathach chomh fada leis. Níor theastaigh sé uaidh. D'fhág sé duine nó beirt eile ar a thóin in éineacht leis. Agus bhí lota mór istigh sa gcathair agus níor chorraigh an fathach chor ar bith ach casadh thairis nuair a bhí an *boiler* lán aige agus, chomh fada in Éirinn is a bhí sé in ann an chis a chur in urchar siar ar an áiléar, chuir sé ann í. Bhí Loinnir istigh inti.

Bhí go maith is ní raibh go holc. Nuair a d'ith an fathach mór agus Máire a ndóthain, chuadar a chodladh. Diabhal mórán achair a bhíodar ina gcodladh nuair a d'éirigh an fathach mór aniar de léim sa leaba.

"Mo chrá agam, a Mháire," a deir sé, "mura bhfuil mé ag támháil go bhfuil duine éicint sa teach anocht le mé a mharú."

"Á, scread mhaidne ort, a amadáin," a deir Máire. "An iomarca atá ite agat," a deir sí.

Shín sé siar aríst agus thit sé ina chodladh is diabhal mórán achair gur
dhírigh sé aríst.

"Mo chrá agam, a Mháire," a deir sé, "mura bhfuil mé ag támháil go
bhfuil duine éicint sa teach le mé a mharú."

"Á, an bhfuil a fhios céard atá ort?" a deir Máire. "Tá aiféala ort nár ith
tú an dá chailín óga sin a bhí sa seomra anocht agat i ndiaidh do shuipéir."

Shín sé siar aríst. Ach an tríú huair nuair a dhírigh sé aniar – bhí
Loinnir anuas den áiléar an uair seo agus é ar an teallach abhus agus, ar
ndóigh, maidir le gríosach, bhí sí faoin m*boiler* mór, gríosach dhearg – is
nuair a dhírigh an fathach mór aniar an tríú huair, "Mo chrá agam, a
Mháire," a deir sé, "mura bhfuil mé ag támháil go bhfuil duine éicint sa teach
le mé a mharú anocht."

D'airigh Loinnir é. D'fhreagair Loinnir siar é.

"Ní miste duit a bheith siúráilte féin de," a deir Loinnir.

Ara, d'éirigh an fathach mór de léim. Rith sé aniar go n-itheadh sé
Loinnir d'aon phlump amháin ach níor éirigh leis. Tháinig sé aniar agus
d'áitigh sé féin is Loinnir a chéile. Má d'áitigh féin, is gearr go raibh sé in
íochtar ag Loinnir agus é ag tosaí á cheangal, is nuair a d'airigh Máire an
rúcam abhus – bhí tuairgín mór thiar ag colbha na leapa aici a bhí leath-
tonna meáchain – ní rinne sí ach éirí de léim agus rith sí aniar is bhí Loinnir
cromtha anuas os cionn an fhathaigh mhóir agus shíl sí Loinnir a leaindeáil
i mullach a chinn. Ach d'airigh Loinnir an buille ag teacht agus chas sé a
chloigeann is chuaigh an buille amú uirthi. Diabhal blas a rinne Loinnir ach
a chiotóg a shíneadh amach agus fuair sé greim brollaigh uirthi – nó pé ar
bith cár rug sé uirthi – is tharraing sé chuige í is tharraing sé trasna ar an
bhfathach mór í agus ceanglaíonn sé a gcuid loirgní dá chéile.

Is nuair a bhí siad ceangailte dá chéile aige, tharraing sé trasna sa
ngríosach mhór an bheirt agus í trí lasadh, agus sula raibh maidneachan an
lae agus an lá ag scaradh ó chéile, is é an smior a bhí sna loirgní a gcuid cosa
a bhí ag déanamh solais do Loinnir le imeacht as teach an fhathaigh.

Thug sé dhá chulaith bhreá nua éadaigh leis an bhfathach mór leis agus
leathscór punta. Sin a dtug sé leis. Is nuair a bhí sé ag dul amach an doras
ba gaire don tsráid, d'airigh sé an caoineachán ba cráite a d'airigh sé ariamh
thiar sa seomra a bhí ann. Ní rinne sé ach teannadh amach uaidh is thug sé
gualainn dó is chuir sé siar é is cé a bheadh thiar ann ach an dá chailín óga
ba bhreátha ar leag sé súil ariamh orthu agus iad ag gol.

"Céard atá sibh a chaoineadh?" a deir Loinnir nó, "á gcaoineadh seo
atá sibh?"

"Go deimhin, ní hea," a deir duine acu, "ach bheadh muid ar a shuipéar ag an bhfathach mór aréir murach gur chuala sé go raibh marú mór sa Domhan Thiar. Ach beidh muid ar a bhricfeasta inniu aige."

"Ná bíodh faitíos oraibh," a deir Loinnir. "Tá an doras oscailte anois," a deir sé. "Ní bhacfaidh an fathach mór níos mó libh. Fanaigí anseo anois," a deir sé, "má thograíonn sibh é, nó sin téigí abhaile."

D'imigh Loinnir. Nuair a bhí sé trí lá ag siúl, casadh fear bocht ar an mbóthar dó a bhí ag iarraidh déirce.

"Ná bac le déirce ar bith," a deir Loinnir.

An chulaith éadaigh a bhí ar an bhfear bocht, ní raibh an oiread agus orlach di le chéile. Bhí a chuid seanstocaí agus leath a chosa amach trína sheanbhróga agus bhí a mhullach gruaige ar fad amach trína sheanhata.

"Caith díot an chulaith éadaigh atá ort," a deir Loinnir, "idir hata agus bróga is a bhfuil ort," a deir sé, "agus babhtálfaidh mise leat. Tabharfaidh mise duit an chulaith nua éadaigh seo atá orm."

"Muise, shíl mé," a deir an fear bocht, "duine uasal nó gaiscíoch, bail ó Dia ort," a deir sé, "chomh hardnósach nó chomh honórach leat, nach ngabhfá ag magadh faoi fhear bocht ar bith nach bhfuil aige ach ag cruinniú."

"Níl mé ag magadh chor ar bith fút," a deir Loinnir, "ach déan deifir chomh tréan is atá cois ort."

Thosaigh an fear bocht ag caitheamh de agus thosaigh Loinnir ag caitheamh de.

Bhuail an fear bocht air an chulaith bhreá éadaigh agus chuile shórt dá dtug Loinnir dó – is thug sé páipéar cúig phunt dó in éineacht leis an éadach – agus d'imigh Loinnir. Agus, ar ndóigh, ní aithneodh aon fhear a chuir an chroch chéasta ar a bhaithis Loinnir, mar bhí cuma an tramp cheart air.

Ach – le scéal fada a dhéanamh gearr – níor bhain Loinnir méar dá shrón ariamh gur shiúil sé isteach aríst go dtí Cailleach na gCearc agus go dtí Muicí na Muc. Ach ní raibh Muicí na Muc istigh. [D'iarr sé lóistín na hoíche uirthi.

"M'anam nach dtabharfad," a deir sí.

Ach d'inis sí dó faoin mbainis – go raibh an bhainis á caitheamh anois an oíche seo, an dtuigeann tú, ar Lasair Chinn Dearg agus ar an duine uasal, an dtuigeann tú anois, ar an bhfear óg – agus dúirt sí leis go bhféadfadh sé a dhul ansin dá dtogródh sé.]

Céard é ach go raibh an tseanchailleach ag baint an tsíl as tuí le haghaidh na gcearc don duine uasal. Diabhal blas a rinne Loinnir ach a dhul amach agus léimneach isteach thar an gclaí. Thosaigh sé ag déanamh súgáin as an tuí go rinne sé súgán dalba, láidir. Leag sé ar an talamh é.

Nuair a bhí sin déanta aige, thosaigh sé ag déanamh ceann eile is rinne sé péire. Chuir sé ceann aniar faoina dhá ghlúin ar a dhá ioscaid agus ceann ar an gcois eile – dhá shúgán tuí – is, ar ndóigh, an treabhsar a bhí air, ní bhreathnódh tada air. Rinne sé ceann eile agus chuir aniar faoina lár é. Agus an chéad cheann a rinne sé, an ceann láidir, ní rinne sé ach bualadh isteach. Is bhí an bhainis á caitheamh anois, an oíche seo, an dtuigeann tú, ar Lasair Bhinn Dearg agus ar an duine uasal, an dtuigeann tú anois, ar an bhfear óg. Diabhal blas a rinne sé ach an súgán láidir a bhualadh faoi dhá ascaill na caillí agus chaith sé siar ar a dhroim í mar a chaithfeadh sé cleite clúmhaigh.

Away leis is níor chónaigh sé ariamh go ndeachaigh sé isteach i dteach na bainise is an chailleach ar a dhroim, na súgáin tuí ar a chosa agus ceann faoina lár.

Agus séard a mharaigh uilig a raibh istigh i dteach na bainise roimhe, thosaigh sé ag léimneach agus ag déanamh a chuid clis. Ní raibh aon léim dá raibh sé a thabhairt, nach raibh an chailleach ag hapáil ar a dhroim. Bhí gach a raibh ann is a gcroí briste ag gáire.

Nuair a d'airigh an duine uasal óg an rúcam a bhí abhus sa gcisteanach – thiar sa seomra a bhí Lasair Chinn Dearg agus na boics mhóra uilig agus an duine uasal óg – nuair a d'airigh sé an rúcam is an spóirt a bhí abhus, ní raibh a fhios aige sa diabhal céard a bhí suas.

Tháinig sé aniar sa doras. Bhreathnaigh sé agus b'éigean dó féin pléascadh ag gáire.

"Muise, cá bhfios dom," a deir sé, "dá dtugainn siar sa seomra é," a deir sé; "níor nocht an bhean óg fiacail le gáire ón lá a dtáinig sí sa teach agus cá bhfios dom sa diabhal," a deir sé, "nach nochtódh sí fiacail le gáire dá bhfeicfeadh sí é?"

Bhí go maith is ní raibh go holc. Tháinig sé aniar agus thug sé siar Loinnir is an chailleach ar a dhroim agus an rópa tuí aniar faoina dhá hascaill agus na rópaí tuí air féin. Thosaigh Loinnir ag dul timpeall mar a bhí sé sa gcisteanach. Babhta dá ndeachaigh sé thart, rinne sé comhartha do Lasair Chinn Dearg gurbh é a bhí ann – an dtuigeann tú.

Ach bhí go maith is ní raibh go holc. M'anam ag an diabhal, babhta sa deireadh dá ndeachaigh sé thart, phléasc sí ag gáire chomh hard is a bhí sé ina cloigeann. Ní rinne an duine uasal ach gloine mhór fíona a líonadh go clab agus shín sé chuici í.

"Seo anois," a deir sé. "Ól do shláinte anois leis an té is mian leat sa teach, is cuma cé hé féin. Ní fearr liom," a deir sé, "ná cúig chéad déag míle punt ná go bhfaca mé an meangadh gáire sin ar do bhéal mar ní fhaca mé meangadh gáire ar do bhéal ó tháinig tú sa teach cheana."

Diabhal blas a rinne sí ach breith ar an ngloine agus bhain sí braon maith aisti. Agus nuair a bhí sé sin bainte aici aisti, "Muise, bheirim do shláinte, a dhuine bhoicht," a deir sí. "Ól mo shláinte."

Shín sí chuig Loinnir – agus an chailleach ar a dhroim – shín sí an leath eile den ghloine chuige is nuair a shín, d'ól Loinnir í. Nuair a bhí sí ólta ag Loinnir, shín sé chuici an ghloine.

"Ní móide gur ceideánaí duit," a deir Loinnir, "ar an oiread eile féin é," a deir Loinnir is é ag scaoileadh na caillí anuas go deas righin réidh dá dhroim gan gortú, gan tada eile.

Agus nuair a chonaic an dream a bhí sa seomra agus an dream a bhí sa gcisteanach Loinnir ag scaoileadh na caillí dá dhroim, bhí a fhios acu go maith – chuimhnigh siad ar rud éicint – go raibh rud éicint ag dul ag tarlú.

D'éirigh sé de léim agus d'fhógair sé orthu.

"Ná corraíodh aon fhear," a deir sé, "ná bean as an áit a bhfuil sé nó, má chorraíonn, is é an bás céanna a gheobhas sé."

Níor chorraigh. Ní rinne sé ach siúl anonn go dtí an duine uasal agus rug sé i ngreim brollaigh air is bhí leac mhór leathan scaitheamh suas ón tinteán. Chroch sé díreach os cionn a mhullaigh é mar a chrochfadh sé dreoilín agus bhuail cúl a chinn faoin leic.

"Ní hé an ceangal a thug tusa ormsa," a deir sé, "seacht mbliana is an oíche anocht a thabharfas mise ortsa anocht ach ceangal nach scaoilfidh go lá an bhreithiúnais."

Níor fhág sé sniog ann. Tharraing sé aníos an scian agus rinne sé ceithre cheathrú de agus chroch sé ceathrú ar chaon choirnéal dá raibh sa teach is nuair a bhí sin déanta aige, "Anois," a deir sé le lucht na bainise, "pé ar bith cén chaoi ar chaith sibh tús na hoíche le spraoi agus spóirt," a deir sé, "caithigí an chuid eile di seacht n-uaire níos fearr."

Bhí a shliocht orthu. Chaitheadar é. Ní raibh an duine uasal ag cur aon imní orthu.

Ach bhí go maith is ní raibh go holc. Nuair a bhí píosa deas den lá ann, pé ar bith áit a raibh Loinnir ina sheasamh, pé ar bith cén chaoi ar bhreathnaigh sé, d'fhiafraigh sé an raibh Cailín na Coinnle ar an mbainis – is bhí. Scanraigh Cailín na Coinnle ansin, an créatúr, mar shíl sí gurbh é an bás céanna a bhí sí féin ag dul a fháil.

Agus ghlaoigh sé uirthi. Chaith sí í féin ar a dhá glúin agus d'iarr sí pardún.

"Ní ag iarraidh aon dochar a dhéanamh duit a bhí mise," a deir sí, "an oíche a raibh an choinneal lasta agam agus mé ag coinneáil an chupáin fút."

"Tá a fhios agamsa nach ea," a deir sé. "Níl aon chall faitíos ar bith a bheith ort romhamsa. Éirigh i do sheasamh anois," a deir sé. "Breathnaigh timpeall an tí anois," a deir sé, "agus tóg do roghain. Fear ar bith," a deir sé, "dá bhfuil sa teach a dtógfaidh tú do roghain air," a deir sé, "caithfidh sé thú a phósadh más maith nó olc leis é."

"Muise, má tá mo roghain agam," a deir sí, "bhínn féin agus an seanchóisteoir an-mhór le chéile fadó."

"An bhfuil an cóisteoir ar an mbainis?" a deir Loinnir.

"Tá," a deir sí.

"Má tá," a deir Loinnir, "tabhair anseo é."

An sagart a bhí leis an duine uasal a phósadh agus Lasair Chinn Dearg, phós sé Cailín na Coinnle agus an seanchóisteoir. Nuair a bhreathnaigh Loinnir thairis, cén diabhal a d'fheicfeadh sé ach Cailleach na gCearc fós ar an mbainis.

"Diabhal ar féidir," a deir sé, "go bhfuil an tseanbhean a bhí ar mo dhroim ar an mbainis fós."

"Tá, by dad," a deir duine éicint.

Rith sí sin anonn. Chaith sí í féin ar a dhá glúin.

"Tá aiféala orm, a dhuine uasail," a deir sí, "nár aithin mise tráthnóna thú, mar dá n-aithninnse thú, ní hin í an fháilte a chuirfinn romhat. Thabharfainnse do bhéile duit," a deir sí, "agus ní hin é an t-ainm a thabharfainn ort."

"Tá a fhios agam nár aithnís," a deir sé. "Níl mé ag tabhairt aon mhilleáin air. Éirigh i do sheasamh anois," a deir sé, "agus pé ar bith fear sa teach a dtógfaidh tú do roghain air, caithfidh sé thú a phósadh más maith nó olc leis é."

D'éirigh.

"Á, muise," a deir sí, "bhínn féin agus Muicí na Muc bunmhór go maith le chéile fadó. Nach bhfuil sé chomh maith dom é a phósadh anois féin?"

"Is dócha go bhfuil," a deir Loinnir.

Ach pósadh Muicí na Muc agus Cailleach na gCearc, Cailín na Coinnle agus an seanchóisteoir.

Séard a rinne Loinnir, rinne sé dhá leith den áit a bhí ag an duine uasal. D'fhág sé leath ag Cailín na Coinnle agus ag an gcóisteoir agus d'fhág sé an leath eile ag Muicí na Muc agus ag Cailleach na gCearc.

D'imigh sé féin agus Lasair Chinn Dearg, agus nuair a bhí siad cúig lá ag siúl – más ag déanamh ar Albain a bhíodar nó pé ar bith diabhal áit a rabhadar ag dul – shuíodar síos i leataobh an bhóthair.

"By dad," a deir sé, "tá beagán codladh ag teacht orm. Leagfaidh mé mo chloigeann ar do ghlúin."

Leag.

"Má thitim i mo chodladh anois," a deir sé, "ní dhúiseoidh seacht gcatha na Féinne mé go gcodlóidh mé seacht n-oíche agus seacht lá."

"Dia linn," a deir sí. "Mairg nár fhan san áit a raibh tú. Má fheicim aon cheo ag teacht anois," a deir sí, "céard a dhéanfas mé?"

D'inis sé di – an ribe gruaige a tharraingt as a chloigeann, laidhricín na coise deise a bhaint de nó é a bhualadh den charraig.

Diabhal mórán achair a bhí sé ina shuí chor ar bith nuair a thit sé ina chodladh is chonaic sí an triúr fear ag teacht. Is nuair a tháinig an triúr, rinne sí an t-aicsean ach níor dhúisigh sé.

"Cén sórt liúdramán é seo," a deir duine acu, "in éineacht leat?"

"Sin é mo dhearthár," a deir sí, "atá tite ar meisce."

"Tá a fhios agam gurb é," a deir sé.

Bhuail duine de chic é agus bhuail an dara fear de chic é agus níorbh fhearr an chéad chic ná an dara cic. Bhuail an tríú fear de chic é agus níorbh fhearr an dara cic ná an tríú cic. Ach nuair a bhí sin déanta acu, shiúladar anonn agus rugadar ar láimh ar Lasair Chinn Dearg agus chrochadar leo í, is diabhal mórán achair a bhí siúlta chor ar bith acu an bóthar – bhí Loinnir ina chodladh – nuair a thosaigh siad ag troid fúithi. Dúirt fear acu gur leis féin í. Dúirt an fear eile go mba leis féin í agus dúirt an tríú fear go mba leis féin í.

Ach bhuaileadar a chéile. Ach leis an troid, labhair fear acu sa deireadh.

"Níl aon mhaith dúinn ag troid fúithi," a deir sé. "An bhfuil a fhios agat céard a dhéanfas muid anois?" a deir sé. "Fágfaidh muid ar bhreithiúnas an chéad fhear a chasfas dúinn ar an mbóthar cén chaoi a socróidh muid an chúis: cé aige a mbeidh sí."

Cén diabhal – an chéad fhear – a chasann dóibh is iad ag siúl an bóthar ach Fionn Mac Cumhaill. Agus d'inis siad a scéal dó.

"Cén aois thú?" a deir Fionn leis an bhfear ba sine acu, feictear dó.

"Bhuel, inseoidh mé sin duit," a deir sé. "Chuir mise fios," a deir sé, "ar shoitheach píopaí cailce go na hIndiacha Thiar. Níor chaill mé ceann," a deir sé. "Níor bhris mé ceann. Soitheach dhá thonna, agus sin é a bhfuil fágtha agam den cheann deireanach, an méid sin anois," a deir sé, "a fheiceann tú amach as mo bhéal."

Is ní raibh fágtha den chois ach tuairim is leath orlach.

"Tá aois chothrom agat," a deir Fionn.

"Cén aois thusa?" a deir sé leis an dara fear.

"Bhuel, chuir mise fios," a deir sé, "ar shoitheach snáthadaí cruach go na hIndiacha Thiar. Tháinigeadar," a deir sé, "soitheach dhá thonna. Níor chaill mé ceann," a deir sé, "níor bhris mé ceann, níor dhíol mé ceann. Agus sin í an ceann deireanach anois," a deir sé agus bhí sí caite i bhfoisceacht ceathrú orlaigh den chró. "Sin í an ceann deireanach anois," a deir sé, "sáite i gcois mo threabhsair."

Bhí go maith is ní raibh go holc.

"Cén aois thusa?" a deir sé leis an tríú fear.

"Nuair a bhí mise i m'fhear óg," a deir sé, "chuir mé fios ar shoitheach rásúr cruach go na hIndiacha Thiar. Tháinigeadar. Níor chaill mé ceann, níor dhíol mé ceann, níor bhris mé ceann."

Chuir sé an láimh ina phóca is thóg sé aníos í.

"Sin í an ceann deireanach anois," a deir sé agus ní raibh sí an ceathrú orlaigh féin ón gcúl nach raibh caite.

"Bhuel, an fear is óige agaibh," a deir Fionn, "tá sé róshean ag an mbean seo. Agus tá mé ag ceapadh dá réir sin," a deir sé, "go dtabharfaidh mé féin liom í."

Agus más faitíos a bhí acu roimh asarlaíocht Fionn – nó pé ar bith cén sórt faitíos a bhuail iad – níor chuireadar aon araoid air. Thugadar cead dó Lasair Chinn Dearg a thabhairt leis. Ní rinne siad ach filleadh ar ais agus, pé ar bith cén sort draíocht nó asarlaíocht a bhí acu, níor chónaigh siad ariamh gur dhúisíodar Loinnir Mac Leabhair. Agus dúirt siad leis go raibh a bhean imithe ag Fionn Mac Cumhaill.

Ní rinne Loinnir ach éirí agus níor bhain sé méar dá shrón go dtáinig sé go cathair na bhFianna, is nuair a tháinig sé taobh amuigh den chathair, tharraing sé a chlaíomh óna bheilt agus bhuail sé iarraidh ar an gcuaille comhraic.

Bhuel, b'Éireannach a bhí i Loinnir, an dtuigeann tú. Tháinig Goll amach agus d'fhiafraigh Loinnir de an raibh sé sásta troid ar son a mhnaoi agus dúirt Goll go raibh. Tháinig Goll amach agus thosaigh siad ag troid agus is é an sórt troid a bhíodar a dhéanamh, bhí Goll ag iarraidh Loinnir a mharú ach bhí Loinnir ag cosaint chuile bhuille. Ní mharódh Loinnir Goll dá bhfaigheadh sé a raibh de Lasair Chinn Dearg in Albain ariamh, bhí an oiread sin ómóis aige do na hÉireannaigh. Níor mhaith leis Goll a mharú.

Ach – le scéal fada a dhéanamh gearr – chaitheadar naoi n-oíche agus naoi lá ag troid, agus an naoú lá bhuail cantal Loinnir. Níor ith sé is níor ól sé aon ghreim an t-achar sin. Ní rinne sé ach breith ar a chlaíomh agus sháigh sé sa talamh í. D'éirigh sé de léim den talamh agus tháinig sé anuas díreach uirthi. Lig sé a chroí anuas uirthi. Chuaigh sí trasna trína chroí agus amach trína dhroim.

Nuair a chonaic Lasair Chinn Dearg an bás a bhí faighte ag Loinnir, d'iarr sí impí ar Gholl cead a thabhairt di é a chaoineadh. Dúirt sé go dtabharfadh.

Chuaigh sí amach. Ní mórán a bhí caointe aici, ní rinne sí ach breith ar an gclaíomh a bhí i gcroí Loinnir agus tharraing sí an chlaíomh as a chroí agus ní rinne sí ach í a shá sa talamh mar a sháigh Loinnir. D'éirigh sí féin de léim agus tháinig sí anuas uirthi agus bhí sí féin chomh marbh le Loinnir.

Fan go bhfeice tú.

Nuair a bhí, bhuail aistíl Fionn. Diabhal blas a rinne Fionn ach ordú do na Fianna iad a thabhairt leo agus is é an cur a d'ordaigh sé a thabhairt orthu ansin, iad a thabhairt in áit a raibh dhá chnoc mhóra agus iad a shocrú istigh idir an dá chnoc agus an dá chnoc a chaitheamh in aghaidh a chéile; iad a fhágáil ansin ansin. Rinneadar sin.

Bhí go maith is ní raibh go holc. Ní raibh aon mhaidin ag faire ar Dhrúcht Uaine ar an Ard-Oileán nach raibh sé ag teacht chuig an lochán an mbeadh an fhuil air nuair a bheadh Loinnir marbh. Tháinig sé an mhaidin seo agus, a mhaisce, go raibh scríob maith fola ar an lochán.

Ar ndóigh, bhuail spadhar feirge é. Bhuail cuthach é. Chuir sé scéal amach ar fud an oileáin uilig. Chruinnigh sé a chuid soithí. Ach bhí soitheach is fiche airm ag teacht aige, luchtaithe le gunnaí agus le chuile chineál airm agus ar Éirinn a thug sé aghaidh mar is ann a bhí amhras aige a bhí Loinnir.

Níl aon lá ó cuireadh idir an dá chnoc Lasair Chinn Dearg agus Loinnir nach raibh Fionn ag cur an ordóg ina bhéal, mar bhí cumhacht aige fios a bhaint as an ordóg nuair a chuirfeadh sé ina bhéal í.

Nár fheice Dia an t-ádh ar an mí-ádh murar bhain sé fios aisti go raibh Drúcht Uaine ag teacht, ag déanamh ar Éirinn, a dhiabhail, ag dul ag cur cogaidh uirthi is nach bhfágfadh sé duine de na Fianna in Éirinn gan marú i gceathrú uaire.

Diabhal blas a rinne sé ach fógairt ar na Fianna. Chruinnigh sé plód acu. Thugadar leo potaí íocshláinte agus slat dhraíocht agus chuadar go dtí an dá chnoc. Agus is é an t-ordú a thug sé dóibh, gan ceann de na cnoic a chorraí chor ar bith ach an cnoc eile a chaitheamh anonn agus braon den íocshláinte agus an tslat dhraíocht, nuair a bheadh an íocshláinte caite uirthi, a bhualadh ar Loinnir agus ar Lasair Chinn Dearg agus go n-éireoidís chomh slán, chomh beo is a bhíodar ariamh. Ach níorbh fholáir dó.

Rinneadar é agus d'éirigh. D'imigh an dream a chuaigh agus a rinne beo iad – agus d'imigh siad féin agus Fionn, Loinnir agus Lasair Chinn Dearg agus bhíodar ag teacht go dtí cathair na bhFiann díreach, nuair cén diabhal a bhí ag teacht ag cathair na bhFiann ina n-aghaidh ach Drúcht Uaine. Agus scanródh sé thú, a chuid airm uilig ag teacht ina dhiaidh.

Nuair a chonaic Drúcht Uaine Loinnir – is, ar ndóigh, ní raibh a fhios aige go raibh sé marbh – tháinigeadar chun a chéile is chroitheadar lámha agus thíos a frítheadh iad ach thuas a fágadh iad.

Séard a rinne Drúcht Uaine ansin, d'ordaigh sé a chuid airm is soithí uilig abhaile go dtí an tArd-Oileán gan troid ná gleo ná achrann. D'imigh sé féin in éineacht le Lasair Chinn Dearg agus le Loinnir agus thugadar leo a mbád agus chuadar go hAlbain, is nuair a tháinigeadar isteach go dtí Rí Alban, thíos a frítheadh iad ach thuas a fágadh iad mar ní raibh aon tsúil aige go bhfeicfeadh sé a iníon go brách.

Agus ní raibh a fhios aige cé hé Loinnir ach ní fhaca sé aon fhear ariamh ba bhreátha ná é.

Ach thíos a frítheadh iad ach thuas a fágadh iad. Nuair a bhíodar seachtain in Albain, chuaigh soitheach agus seacht fichead ar an bhfarraige ag cruinniú stuif bainise. Tháinigeadar sin. Chuaigh cuireadh amach, fleadh agus féasta, ar fud an oileáin uilig go dtáinigeadar. Mhair an bhainis lá is bliain. Bhí ocht gcéad an bhoird bhig ann. Bhí naoi gcéad an bhoird mhóir ann. Bhí deich gcéad an bhoird fhada ann. Bhí aon chéad déag de bhord na díochta ann. Tháinig *herdiboys* ann. Tháinig *hardiboys* ann.

Ach mhair an bhainis lá agus bliain. Phós Loinnir agus Lasair Chinn Dearg, agus nuair a bhí siad pósta, d'ordaigh Drúcht Uaine, nuair a bheidís mí pósta, thug sé cuireadh chun cuarta dóibh go dtí teach na Scolóige, Rí na nArd-Oileán.

Níor chuala mise aon chaint ó shin orthu. Diabhal blas a thug siad domsa ach bróga páipéir is stocaí bainne ramhar is bíodh an diabhal acu... cead siúl as Baile Átha Cliath.

An Giorria Draíochta

Tá áit amuigh ansin a dtugann siad an Chloch Bhric uirthi. Níl sé mórán le céad go leith bliain ó bhí an Blácach ann, drochthiarna a bhí anseo thíos ar an Tulaigh.

Bhí go maith is ní raibh go holc. San am sin ansin, na sléibhte seo atá timpeall ormsa anois, Seanadh Phéistín, Fionnán, Clochar Mór, Suí Con, ní raibh úinéara ar bith acu. Is é an chaoi a mbíodh lucht na gcladach, chuile áit ón Spidéal anoir go dté tú go *Tower* Cheann Gólaim, sa samhradh, a gcuid beithígh bhainne athraithe aniar acu ann.

Rinneadar rud a dtugann muide "teáltaí" air i nGaeilge, sin sórt púirín nó teachín beag le bheith ag fanacht san oíche ann. Agus ní thomhaisfeá cé a bhíodh ag tabhairt aire do na beithígh agus á mbleán – bhí na fir ag déanamh rud sa mbaile – ach na mná, mná pósta. Agus chaitheadar na séasúir fhada amuigh ann ag buachailleacht na mbeithígh agus á mbleán. Thagadh na fir ag iarraidh an bhainne ansin, b'fhéidir chaon dara lá nó tríú lá, an méid a bheadh ag dul dóibh is bhí laonta óga beirthe acu sin amuigh ar na cnoic agus na mná ag tabhairt an bhainne dóibh.

Ach bhí go maith is ní raibh go holc. Anseo amuigh ar an gCloch Bhric ansin bhí ceathair nó cúig teáltaí déanta ann agus mná as Cois Fharraige a bhí ann agus iad ag tabhairt aire do na beithígh. M'anam, muise, nach bhfuil bréag ar bith anseo anois – chomh fírinneach is atá tú i do shuí ansin.

Ach an mhaidin seo – maidin bhreá fómhair a bhí inti is í chomh ciúin – d'éirigh siad agus chuaigh siad ag bleán na mbeithígh, más beag mór na beithígh anois, i dteálta amháin nó dhá theálta. Ach ní raibh deoir bhainne ar bith acu agus bhí sé acu – mar a déarfá – san oíche.

Ach bhí go maith is ní raibh go holc. M'anam ón diabhal, gur rinne siad an-iontas is ní raibh a fhios acu sa diabhal, mar maidin lá arna mhárach ní raibh aon deoir aríst acu.

Ach an tríú maidin d'éirigh siad agus chuadar ag aireachas nuair a bhí an lá agus an oíche ag scaradh ó chéile. Bhí barúil acu gur rud éicint a bhí á ndiúl nó á mbleán. Agus nuair a sheasadar i ndoras an teálta bheag, bhí cnocán mór ard ar a n-aghaidh agus cén diabhal a fheiceann siad ach bó bhreá – bhí úth bhainne aici chomh mór le cliabh – cén diabhal a bhí á diúl ach giorria agus bhí sé chomh mór le huan caorach.

Bhí go maith is ní raibh go holc, d'imigh sé leis ó bhó go bó gur shiúil sé gach a raibh de bheithígh ag an dá theálta sin ar chuma ar bith. Nuair a tháinig na fir ag iarraidh an bhainne, ní raibh aon bhainne le fáil acu agus cuireadh amach *report* ansin – mar atá a fhios agat féin – cuireadh amach an scéala go mb'aisteach an rud é go raibh a leithéid de rud amhlaidh.

M'anam ag an diabhal go raibh sé ag dul thart ar chuma ar bith nó gur chuala an Blácach ar an Tulaigh é – mar is ar a dhúiche a bhíodar, an dtuigeann tú. Agus, ar ndóigh, drochbhuachaill a bhí ann ach chuir sé gairm scoile amach ag cruinniú cúití gur chruinnigh sé a raibh de chúití ón gClochán aniar go dtí barr na Gaillimhe, barr Rathúin, is chuile áit.

Tháinigeadar ann go moch ar maidin agus má tháinig féin ní i bhfad a bhíodar ann nuair a chonaiceadar an giorria ag teacht agus é ag diúl bó.

Bhí chuile fhear ansin agus a chú féin aige agus cú ar bith a mharódh é, bhí an-suim airgid le fáil aige, ag fear na cú.

Ach scaoileadh amach chomh maith le b'fhéidir ceithre chéad cú i ndiaidh an ghiorria. D'imigh leo. Diabhal blas beann a bhí ag an ngiorria sin orthu ach an oiread is a bheadh aige ormsa. Níor tháinig cuid de na cúití ar ais chor ar bith ansin. Níor frítheadh ariamh iad.

Ach bhí go maith is ní raibh go holc. Sin é a chuir an cuthach ansin ar an mBlácach. Ní raibh aon chú ansin – feictear dó – ar a dhúiche, in áit ar bith chomh fada is a chuaigh an dúiche ná taobh amuigh de, nach raibh faighte aige – chuile chú dá fheabhas ach aon chú amháin. Cúín bheag a bhí inti sin a bhí ag fear anseo thoir in áit a dtugaidís Clochar na Locha air. Thuas os cionn an Locháin Bhig anois atá sé.

Micil Chearra a bhí air. Is aige sin a bhí an chúín ab fhearr – bhí siad a cheapadh – in áit ar bith i gConnachta. Ach chuir an Blácach fios air. Ní raibh aon mhaith dó a rá nach dtiocfadh sé. Ach tháinig is chuaigh an Blácach féin in éineacht leis agus bhí a chuid cúití féin ag an mBlácach, togha na gcúití.

Ní i bhfad a bhíodar ina suí – maidneachan an lae – ina suí amuigh ar chnocán ann nuair a chonaiceadar an giorria ag teacht. Agus nuair a bhreathnaigh Micil Chearra ar an ngiorria, choinnigh sé greim ar a chú. Níor choinnigh an Blácach.

"Scaoil amach do chú go beo," a deir sé le Micil Chearra.

"By *dad*, ní scaoilfead," a deir sé. "Níl baol orm. Ní thaithníonn an giorria sin liom," a deir sé, "le mo chú a scaoileadh ina dhiaidh."

Choinnigh Micil Chearra a chú. Níor scaoil sé i ndiaidh an ghiorria chor ar bith í ach níor tháinig cú an Bhlácaigh ar ais.

Nuair a chinn sin ar an mBlácach, bhraith sé go raibh diabhal éicint sa ngiorria. Bhraith sé Cearra ach ní raibh aon ómós ag Cearra dó. Ach níor lig Cearra amach a chú. Ach is dócha go raibh barúil aige dá ligfeadh, nach dtiocfadh sí ar ais.

Cén diabhal a dhéanann an Blácach ansin, "Bhuel," a deir sé, "dá mba é an diabhal féin a bheadh ann faoina dhá adharc amárach," a deir sé, "críochnóidh mise é."

Chuaigh sé abhaile. Tháinig sé aníos lá arna mhárach agus gunna bairille dúbailte aige agus, ar ndóigh – tá a fhios agat féin – ní easpa urchar a bhí air. Diabhal mórán achair a bhí sé ina shuí, pé ar bith cé a bhí in éineacht leis ar an gcnocán, nuair a tháinig an giorria agus shuigh sé síos ar a thóin amach ar a aghaidh. Ní raibh sé i bhfad uaidh chor ar bith.

Óra, tharraing an Blácach an *trigger* agus scaoil sé an dá bhairille ann agus shíl sé go raibh an giorria buailte i gclár a éadain aige. Ach nuair a bhí an dá philéar caite, ní rinne an giorria ach éirí suas san aer de léim go hard.

Diabhal blas a rinne an Blácach le teann feirge ach é a leanacht agus chaith sé an gunna leis. Diabhal blas a rinne an giorria ach breith ar an ngunna ina bhéal agus chroch sé leis é. Agus diabhal gunna a fuair an Blácach ariamh. Níor chuir sé aon araoid ar an ngiorria ansin uaidh sin amach. Níl aon fhocal bréige ansin anois.

Bhí go maith. Ní mórán beithígh a diúladh uaidh sin amach ann ach an oiread. Ní raibh neart ar bith ag an ngiorria air más fíor don scéal.

D'imigh sin ann féin agus d'imigh bliain. Faoi cheann bliana ina dhiaidh, an fear a raibh an chúín bheag aige, Micil Chearra, cheannaigh sé bromach ar aonach na Féile Sain Bairtliméid i nGaillimh agus nuair a bhí an bromach mí sa ngarraí, d'imigh an bromach uaidh san oíche. D'éalaigh sé uaidh. Tá mé a cheapadh gur ó fhear éicint soir taobh ó dheas de Chondae an Chláir a cheannaigh sé é.

D'imigh Micil, an créatúr, á thóraíocht agus léir mar a bhí sé ag dul síos, bhí sé ag fáil tuairisc cá ndeachaigh an bromach thart. M'anam ón diabhal go raibh sé ag fáil tuairisc go raibh an bromach thart go ndeachaigh sé trí bhaile mór na Gaillimhe. Bhí sé ag imeacht ariamh, Micil Chearra, go ndeachaigh sé go Condae an Chláir. Agus bhí sé ag fáil tuairisc go bhfacthas an bromach ag a leithéid seo d'am.

Ach bhí sé ag siúl ar chuma ar bith go ndeachaigh sé suas taobh an chnoic agus bhí sé ag éirí deireanach go maith. Ach cén diabhal a d'fheicfeadh sé ach botháinín. Diabhal blas a rinne sé ach déanamh air agus bhí leathdhoraisín beag air. Lig sé é féin isteach ar an doras agus é tuirseach tnáite an uair sin.

Diabhal duine a bhí istigh sa mbotháinín ach seanbhean agus bean óg. Bhí an tseanbhean ina suí ar an *hob*. Bheannaigh sé isteach. Bhreathnaigh an tseanbhean suas.

"Míle fáilte romhat, a Mhicil Chearra," a dúirt sí.

"Muise, go maire tú," a deir Micil Chearra, "ach cén chaoi a n-aithníonn tú mise?" a deir sé.

"Ó, aithním go maith thú," a deir sí. "Isteach leat ansin," a deir sí, "go bhfaighidh tú greim bia."

Dúirt sí leis an iníon greim bia a réiteach do Mhicil Chearra. Nuair a bhí a bhéile ite aige, "Chomh fada le mo bharúil," a deir sí, "tá barúil agam cá bhfuil tú ag dul."

"Muise, b'fhéidir go bhfuil," a deir Micil.

"Ar thuairisc do chapaill nó do bhromach atá tú," a deir sí.

"Sea," a deir sé.

"Níl sí i bhfad uait anois," a deir sí. "Beir ar an tsrian sin as a láimh," a deir sí leis an iníon, "agus téigh ag iarraidh an chapaill sin dó."

Chuaigh. Agus ní bheadh trí ghal bainte as píopa agat nuair a tháinig an bhean óg ag an doras agus an bromach aici.

Cheangail sí den ghiall taobh amuigh den doras é.

"Bhuel anois, a Mhicil Chearra," a deir an tseanbhean, "b'fhéidir nach gcuimhneofá choíche air. Meas tú," a deir sí, "an gcuimhneofá go deo," agus, pé ar bith cén chaoi ar bhreathnaigh sé, thug sé faoi deara gur cosa giorria a bhí uirthi, "ach b'fhéidir nach gcuimhneofá choíche air, a Mhicil – an gcuimhníonn tú ar an lá a raibh tú amuigh ar an gCloch Bhric i gConamara, a raibh an chú bheag agat agus an Blácach in éineacht leat?"

"Cuimhním," a deir Micil.

"Dá scaoilfeá do chú i mo dhiaidhse an lá sin ní fheicfeá do chú go brách agus ní fheicfeá do chapall inniu," a deir sí, "ach an oiread. Ach," a deir sí, "is beag an rud a bhíonn idir an t-olc is an mhaith. Ní raibh aon neart agamsa air sin," a deir sí. "Bhí muide sé mhí den bhliain," a deir sí, "faoi dhraíocht. Ní raibh aon bhainne againn agus b'éigean domsa," a deir sí, "imeacht. Sin é an fáth a raibh mise ag tabhairt an bhainne sin liom. Bhíomar sé mhí," a deir sí, "ar ár gcuma féin ach bhíomar sé mhí eile faoi dhraíocht agus mise a bhí ag bleán na mbeithígh sin, á ndiúl. Ní mharódh," a deir sí, "a raibh de Bhlácaigh ar an Tulaigh ná sa domhan ariamh mise an uair sin, ná a raibh de chúití aige ach an oiread. Tá mé an-bhuíoch díot, a Mhicil Chearra," a deir sí.

"Bhuel, tá mise buíoch díot," a deir Micil.

"Tabhair leat an bromach anois," a deir sí, "ach ar a bhfaca tú ariamh," a deir sí, "fainic an mbainfeá aon siúl as an mbromach sin nó go mbaileoidh tú baile mór na Gaillimhe agus féadfaidh tú do rogha siúil a bhaint ansin as."

Ach d'imigh sé agus thug sé leis an bromach agus thug sé abhaile é. Ní raibh aon chaint ar an ngiorria as sin amach.

Aguisín I

Innéacs an ábhair a thóg Proinsias de Búrca atá ar fáil i lámhscríbhinní Chnuasach Bhéaloideas Éireann atá ar caomhnadh in Lárionad Uí Dhuilearga do Bhéaloideas na hÉireann agus Cnuasach Bhéaloideas Éireann, An Coláiste Ollscoile, Baile Átha Cliath.

Is tagairt don imleabhar i mbailiúchán lámhscríbhinní Chnuasach Bhéaloideas Éireann (CBÉ) leithéid "CBÉ 1583" thíos agus is tagairt d'uimhreacha na leathanach sa lámhscríbhinn leithéid "36–48".

CBÉ 1583:

36–48	Scéal (Trí Éitheach)
48–51	Seanchas
55–71	Seanchas
72–89	Scéal (An Gadaí Dubh)
89–125	Scéal (Rí Óg)
125–155	Scéal (Scorach Ghlionnáin)
155–168	Scéal (Fear Glic)
168–188	Scéal (Clann Rí)
189–216	Scéal (Amadán)
216–261	Seanchas
261–267	Scéal (Giorria na Cloiche Brice)

CBÉ 1630:

46–100	Seanchas

CBÉ 1631:

96–97	Seanchas
98–136	Scéal (Éan an Cheoil Bhinn)
137–144	Amhráin
145–172	Seanchas
252–289	Seanchas

CBÉ 1632:

40–116	Seanchas

CBÉ 1633:

56–89	Seanchas
90–127	Scéal (Mac Chonchúir Iarla)
127–163	Scéal (Éan an Cheoil Bhinn)
164–174	Scéal (Píobaire)
174–213	Scéal (Iníon Rí Láimh Gan Aithne)
213–242	Scéal (Mac Uachtaire na Coille Léithe)
243–259	Scéal (Baintreach a Raibh Triúr Mac Aici)
261–303	Scéal (Gabha an Óir)
303–340	Scéal (An tÉan Órach)
340–363	Scéal (Triúr Clainne na Bard Scolóige)
364–366	Seanchas

CBÉ 1683:

24–135	Seanchas
135–171	Scéal (Leasmháthair)

180–223   Seanchas

CBÉ 1685:
385–446   Seanchas

CBÉ 1700:
46–294   Seanchas

CBÉ 1703:
1–4   Amhrán
5–27   Scéal (An Fathach Brú)
27–44   Scéal (Tomáisín)
160–164   Amhrán
165–179   Scéal (Leasmháthair)
180–203   Scéal (Fear Bocht a Bhíodh ag Baint Adhmaid)
230–249   Scéal (Maoinis)
249–294   Seanchas

CBÉ 1739:
37–85   Seanchas

CBÉ 1740:
1–26   Scéal (Seán na Scuab)
27–60   Scéal (Mac Baintrí)
61–86   Scéal (Mac agus Fiche)
87–107   Scéal (Iníon Rí)

CBÉ 1763:
98–135   Scéal (Fear an Chaipín Dubh)
135–151   Scéal (Rí na bhFir Mhóra)
151–159   Seanchas

CBÉ 1764:
117–327   Seanchas
327–356   Scéal (Dhá Thiarna)

CBÉ 1765:
181–187   Seanchas
262–292   Seanchas

CBÉ 1773:
161–185   Seanchas

CBÉ 1778:
39–63   Seanchas

CBÉ 1779:
82–110   Seanchas

CBÉ 1792:
283–288   Scéilín (An Fhírinne agus an Bhréag)
290–295   Scéilín (An Dá Cheannaí)
296–310   Scéal (Mac na Baintrí agus Iníon an Rí)
311–333   Scéal (Mac Uachtaire na Coille Léithe)
334   Seanchas
335–365   Scéal (Deartháir is Fiche) Scéal (Éan an Cheoil Bhinn)
559–571   Seanchas

CBÉ 1794:
2–38   Scéal (An tÉan Órach)
77–84   Seanchas
85–138   Scéal (Loinnir Mac Leabhair)
247–260   Scéal (Clann Baintrí)
260–281   Scéal (Triúr Mac Rí)
333–370   Scéal (Scológ na Féasóige Liath)
371–377   Seanchas

CBÉ 1836:
226–265   Scéal (Conall Buan agus Bos Mór Geal)

Aguisín II

Ábhar ó Mhicheál Breathnach atá i gcartlann Raidió na Gaeltachta.

Uimh. CD	Rian	Dáta Craolta	Ábhar
CD 0189	19	11/11/1976	Scéal: Mac na Baintrí.
CD 0307	11	17/04/1995	Amhrán a chum sé féin.
CD 0307	10	26/03/1995	Scéal: Mac na Baintrí ó Éirinn.
CD 0409	27	06/02/1977	Gleann Mhac Muirinn, luibheanna, leigheasanna, Paidir: An Mharthainn Phádraig, amhráin, Scéim na Móna, Amhrán an Phríosúin.
CD 0760	19	09/04/1996	Scéalta, dánta agus seanchas.
RG201103	2(3)	20/11/2003	Filíocht.
CD 0522	20	11/11/1991	Clár faoi féin a rinne Micheál le Aingeal Ní Chonchubhair i 1977.
CD 1284	10	11/11/1991	Ag caint faoi chlub dornálaíochta Chamais/Ros Muc.
CD 0011	5	26/02/1978	Amhrán.
CD 0011	35	11/11/1991	Amhráin: Céad Slán don Oíche Aréir, Caisleán Uí Néill.
CD 0075	21	11/11/1991	Tráth na gCeist.
CD 0133	59	11/09/1991	Tráth na gCeist, Craobh Chonamara.
CD 0159	1	19/11/1987	Clár doiciméide faoi Scéim na Tuaithe.
CD 0248	9	13/02/1996	Filíocht.
CD 0409	25	27/03/1977	Filíochta, scéalta.
CD 0460	11	22/01/1996	Filíocht.
CD 0696	14	29/08/1976	
CD 0760	19	09/04/1996	Scéalta, dánta agus seanchas.
CD 0773	24	31/08/1994	Dán Ghleann Mhac Mhuirinn.
CD 1519	26	11/11/1991	Amhrán: Ros an Mhíl Cois Cuain.
CD 1556	2	11/11/1976	Scéal: Mac na Baintrí.
CD 1592	5	26/04/2000	Scéal.